黄宣佩考古学文集

黄宣佩 著

上海古籍出版社

图书在版编目(CIP)数据

黄宣佩考古学文集/黄宣佩著.—上海：上海古籍出版社，2014.12
ISBN 978-7-5325-7314-1

Ⅰ.①黄… Ⅱ.①黄… Ⅲ.①考古学—文集 Ⅳ.①K85-53

中国版本图书馆 CIP 数据核字(2014)第 145347 号

黄宣佩考古学文集

黄宣佩 著

上海世纪出版股份有限公司
　　　　　　　　　　　　　　　　　出版
上 海 古 籍 出 版 社

(上海瑞金二路272号 邮政编码200020)

　　(1)网址:www.guji.com.cn
　　(2)E-mail:guji1@guji.com.cn
　　(3)易文网网址:www.ewen.co

上海世纪出版股份有限公司发行中心发行经销　上海丽佳制版印刷有限公司印刷
开本787×1092　1/16　印张30.75　插页8　字数567,000
2014年12月第1版　2014年12月第1次印刷
ISBN 978-7-5325-7314-1
K·1884　定价：150.00元
如有质量问题,请与承印公司联系

黄宣佩（1930—2013），著名考古学家，上海考古事业奠基人，原上海博物馆副馆长、上海市文物管理委员会委员、上海文物博物馆学会副理事长、上海大学文学院兼职教授、华东师范大学城市与环境考古遥感开放研究实验室学术委员、中国社会科学院中国古代文明研究中心专家委员会委员。先后主持发掘了马桥、崧泽、福泉山等一批新石器时代遗址，主持筹建了青浦、嘉定、松江、奉贤等区县博物馆。1993年获国务院颁发的为文化艺术事业作出突出贡献证书。

马桥遗址发掘人员合影（1960年）

福泉山发掘雪中留影（1981年）

向朱镕基市长介绍福泉山发掘成果（1986年秋）

在苏联莫斯科艺术博物馆与苏联专家座谈（1989年9月）

在崧泽遗址为文博同仁作介绍（1994年）

参观日本佐贺古田町中国陶瓷名品展（1995年）

在位于西郊的上海历史博物馆前的合影（1995年）

在台北故宫博物院与院长秦孝仪交流（1996年）

在台北故宫博物院作崧泽良渚玉器演讲（1996年）

在台北与华裔考古学家张光直教授作学术交流（1999年）

目　录

1. 上海地区古文化遗址综述 ………………………………………………………… 1
2. 上海考古五十年成就 ……………………………………………………………… 28
3. 远古时代上海历史探索 …………………………………………………………… 44
4. 上海考古发现与古地理环境 ……………………………………………………… 49
5. 略论我国新石器时代玉器 ………………………………………………………… 56
6. 从考古发现谈上海成陆年代及港口发展 ………………………………………… 78
7. 关于河姆渡遗址年代的讨论 ……………………………………………………… 93
8. 马家浜文化对我国远古科技文化的贡献 ………………………………………… 99
9. 关于崧泽文化 ……………………………………………………………………… 108
10. 略论崧泽文化的分期 ……………………………………………………………… 112
11. 崧泽文化显示的文明曙光——纪念苏秉琦先生诞辰 90 周年 ………………… 119
12. 关于崧泽墓地文化的几点认识 …………………………………………………… 125
13. 新石器时代崧泽文化的陶器与玉器 ……………………………………………… 134
14. 崧泽文化对中国远古文明历史的贡献 …………………………………………… 140
15. 良渚文化 …………………………………………………………………………… 151
16. 福泉山良渚文化 …………………………………………………………………… 164
17. 良渚文化特征分析 ………………………………………………………………… 183
18. 论良渚文化的分期 ………………………………………………………………… 195
19. 良渚文化分布范围的探讨 ………………………………………………………… 218

20. 关于良渚文化若干问题的认识 …………………………………… 230
21. 关于良渚文化绝对年代的探讨 …………………………………… 237
22. 关于良渚文化"神像"的探讨 …………………………………… 243
23. 良渚文化陶器 ……………………………………………………… 248
24. 福泉山遗址发现的文明迹象 ……………………………………… 254
25. 福泉山良渚文化墓地的家族与奴隶迹象 ………………………… 263
26. 福泉山考古记 ……………………………………………………… 274
27. 良渚文化研究五十年 ……………………………………………… 278
28. 关于良渚玉器的研讨 ……………………………………………… 286
29. 福泉山良渚文化玉器 ……………………………………………… 292
30. 良渚玉器用途之研究 ……………………………………………… 296
31. 良渚文化玉砭——锥形器之探讨 ………………………………… 307
32. 良渚文化玉器变白之研究 ………………………………………… 313
33. 良渚玉器上砣研痕之研究 ………………………………………… 321
34. 良渚文化晚期玉器的异变 ………………………………………… 335
35. 良渚玉器与中华文明起源 ………………………………………… 341
36. 说琮 ………………………………………………………………… 352
37. 齐家文化玉礼器 …………………………………………………… 355
38. 金沙村十节神面纹玉琮分析 ……………………………………… 366
39. 上海博物馆藏良渚文化刻符玉器 ………………………………… 371
40. 陶鬶起源探讨 ……………………………………………………… 375
41. 太湖地区新石器时代文化剖析 …………………………………… 381
42. 略论太湖地区几何印纹陶遗存的分期 …………………………… 394
43. 马桥类型文化分析 ………………………………………………… 402
44. 上海宋墓 …………………………………………………………… 409
45. 上海出土唐宋元明清玉器(主编前言) …………………………… 413
46. 中国隋唐至清代玉器研讨会论文集(前言) ……………………… 416

47. 上海马桥遗址第一、二次发掘(结语) …………………………………… 418
48. 崧泽——新石器时代遗址发掘报告(结语) …………………………… 421
49. 福泉山——新石器时代遗址发掘报告(结语) ………………………… 431
50. 甲子华诞话上博 …………………………………………………………… 446
51. 我的考古之路 ……………………………………………………………… 453
附录　上海福泉山遺跡と良渚文化の編年 ………………………………… 460
黄宣佩论著目录 ……………………………………………………………… 483
编后记 ………………………………………………………………………… 486

上海地区古文化遗址综述[*]

上海市暨郊区十县,地处长江三角洲的东南前缘,面积 6 185 平方公里。按照海陆变迁过程,自嘉定县外冈、方泰经上海县的诸翟、俞塘和奉贤县的南桥,直抵杭州湾北岸的柘林一线以西,其陆地形成于五六千年以前[1]。在此线以西,经过考古调查和发掘,至今已发现了青浦县的福泉山、果园村、凌家角、寺前村、崧泽、淀山湖、金山坟、刘夏、乐泉村、千步村,松江县的汤庙村、姚家圈、广富林、机山、北干山、钟贾山、佘山,金山县的亭林、张堰口、查山、戚家墩、南阳港,上海县的马桥、董家村,以及奉贤县的柘林等二十五处古文化遗址(图 1-1)。这些考古发现为研究太湖地区的古文化和上海地方的古代史提供了丰富的资料。

一、地 理 环 境

上海的二十五处古遗址,根据其所处的地理环境不同,分别有土墩遗址六处,山坡遗址一处,冈身(高地)遗址二处,湖底遗址一处,平地遗址十五处。遗址所反映的地理环境概况是:

1. 崧泽文化以前的堆积,都在土墩或山坡高地上面。结合崧泽、亭林等有关遗址所作的孢粉分析来看,五千多年前的上海,气候温热湿润,湖沼面积较大,四千多年前的气候略为凉干,湖沼面积缩小。这就告诉我们,古代的上海曾经是一片沼泽,考古调查找寻早期遗址时必须注意高地。

2. 马桥遗址恰好位于海岸遗迹——竹冈冈身上面。竹冈的位置北起吴淞江,经

---

[*] 本文与张明华合作。本文作于 20 世纪 80 年代,当时的行政区划与现在的颇有不同,为保持文章风貌与便于理解,一仍其旧,类似的文章均作如此处理,特此说明。

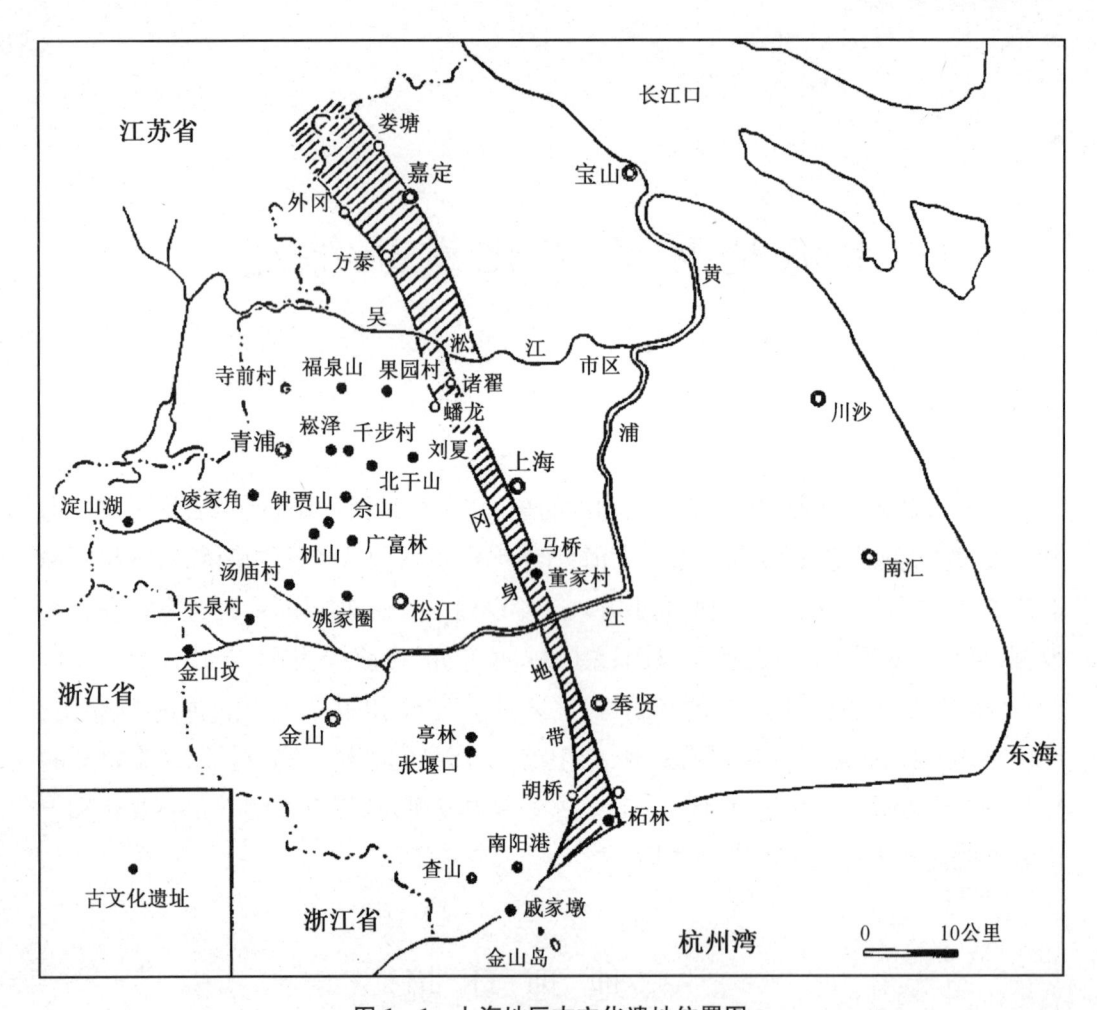

图 1-1 上海地区古文化遗址位置图

诸翟、俞塘、南桥西,直达柘林海边。马桥遗址的下层文化为典型的良渚文化,所出陶器经热释光测定,其平均年代为距今 4 410±110 年。构成竹冈的大批海生介壳堆积,经碳十四测定,其年代为距今 5 680±180 年。这就告诉我们,竹冈一线在五千多年前尚为海洋,而至四千五百多年前时,已经成为陆地,并且有了人类活动的遗迹。马桥遗址的发现,为推断上海的成陆进程提供了科学的依据。

3. 在海滩上发现了戚家墩和柘林两处遗址。戚家墩遗址位于清代雍正年间重修的钦公塘外约一百米处的海滩上,发现时已在潮水冲刷之中,表土流失,遗物暴露在面上,其早期文化为西周时代的几何印纹陶遗存。柘林遗址,位于钦公塘外约三百米处,其周围,今天已建盐场。早期遗存属良渚文化。两处海滩遗址的发现证明,上海成陆的进程虽然主要是由西南向东北逐渐延伸的,它的东南部在距今四千多年前已经成陆,但往后,却又由陆变海,在距今二三百年前再次成为海洋。这一演变对上海的城市建设来说,值得注意。

4. 在位于青浦县金泽、西岑、商塌中间的淀山湖底,也发现遗址一处。从出土遗物来看,包含有良渚文化、商代几何印纹陶和东周几何印纹陶三类文化遗存,这证明淀山湖的南部在数千年前也曾经是陆地,之后才陷入湖中。

二、文 化 内 涵

二十五处遗址包含的文化类型有,马家浜文化三处,崧泽文化四处,良渚文化十一处,以及几何印纹陶文化的马桥(第四层)类型十一处,亭林(上层)类型十处和戚家墩(下层)类型十三处(表1)。这些文化包含的遗物基本特点是:

表1　上海地区古遗址文化内涵一览表

文化 遗址	汉代文化	戚家墩类型文化	亭林类型文化	马桥类型文化	良渚文化	崧泽文化	马家浜文化
福泉山☆		▓		▓			
果园村☆					▓		
凌家角	▓						
寺前村☆		▓					▓
崧　泽☆			▓			▓	
淀山湖		▓			▓		
金山坟			▓	▓			
刘　夏		▓		▓			
乐泉村					▓		▓
千步村			▓	▓			
汤庙村☆		▓				▓	
姚家圈				▓			
广富林☆		▓		▓	▓		
机　山			▓				▓
北干山		▓	▓				
钟贾山		▓	▓				
佘　山		▓					

续 表

文化 遗址	汉代文化	戚家墩类型文化	亭林类型文化	马桥类型文化	良渚文化	崧泽文化	马家浜文化
亭　林☆			▥	▥			
张堰口			▥	▥			
查　山☆							▥
戚家墩☆	▥	▥					
南阳港							
马　桥☆				▥	▥		
董家村							
柘　林☆	▥	▥			▥		

☆ 已经发掘　　▥ 文化层

1. 马家浜文化

石器磨制较精,斧、锛是这一时期的主要器形,刀一类的切割工具比较少。斧呈舌形,有穿孔。锛作长条形,有的背面弧突。

遗址中动物骨骼极多,使用的骨器有镞、凿、锥、针等形制。

玉器已经成为饰件,器形以玦为主,璜较少。

陶器的特点是用泥条盘叠法手制,以颜色不甚纯粹的红陶为主,灰黑陶较少。炊器陶土的羼和料是石屑和粗砂。器物的表面极少有纹饰,多素面,但往往有红褐色陶衣。造型上习用小方把、鸡冠耳、牛鼻耳、高圈足和圜底或平底装饰。器形有釜、鼎、豆、盉、匜、盘、钵、盆、罐、壶等。代表性的典型器是腰檐釜、外红里黑豆、牛鼻耳罐和带把短嘴盉等(图1-2)。

1. 斧(崧 T1∶4)　　　　　　　　2. 玦(崧 T4∶28)

3. 釜(崧 T4∶44)　　　　　　4. 炉箅(崧 T4∶45)

图 1-2　马家浜文化器形示例

2. 崧泽文化

石器的类别与马家浜文化相似，但斧作长方形弧刃穿孔，锛的背部有的已微露脊线。晚期开始出现三角形石犁。

遗址中的动物骨骼和骨器大为减少。

玉器中饰件多璜，并有镯和环，玦则少见。墓葬头骨口中开始发现玉琀。

陶器的特点是，制法上已经使用慢轮修整，陶色除炊器仍为红陶外，其他泥质陶多灰陶或黑衣灰陶，红陶少见。炊器陶土的羼和料习用蚌壳末和谷壳。各类器物的器表常见各种装饰，如盛行锯齿形的附加堆纹，以圆形和弧边三角形为主的镂孔，压划的各种弧线勾连纹，以及用红色和淡黄色描绘的图案等，并且在器肩或底部还出现了压划的符号。造型上习见扁铲形、凹弧形或扁凿形的鼎足，各式高把或粗矮把豆，瓦棱形的器腹以及花瓣形圈足或小方足。器物的类别，从马家浜文化的多釜少鼎，演变为多鼎少釜，还出现了觚和澄滤器，而盉则少见或不见。这一时期的典型器有扁铲足鼎，多节把豆、瓦棱腹壶、折腹凸棱平底罐以及花瓣足杯等(图1-3)。

3. 良渚文化

石器类别增多，有长方形穿孔平刃斧、有段锛、三角形犁、耘田器，以及镰和镞等。

玉器中不见玦，少见璜，而多锥形挂饰和玉管、玉珠等。附近地区还经常发现琮、璧和佩饰。

陶器的特点是盛行轮制。炊器陶土的羼和料常用细砂。不仅泥质陶以灰陶和黑衣灰陶为主，夹砂陶也常见灰陶。器表一般多为素面，仅在少量器物上有堆纹、镂孔、

1. 斧(崧 M16∶2)

2. 鼎(崧 M40∶1)

3. 犁(汤 T1M1∶11)

4. 豆(崧 M7∶3)

5. 璜(崧 M9∶3)

6. 壶(崧 M52∶8)

7. 罐(崧 M33∶2)

图1-3 崧泽文化器形示例

彩绘以及细刻纹和锥刺纹等装饰,个别器物上还有刻划文字。造型上扁方或T字形的鼎足、袋足、贯耳、阔把和圈足极为盛行。典型器有T字形足鼎、贯耳壶、三鼻簋、锥刺纹罐、阔把杯和壶、竹节把豆、圈足盘以及袋足鬶和实足盉等(图1-4)。

1. 斧(果 T3∶10)

2. 盘(马 T10∶10)

3. 镰(马 T8∶8)

4. 壶(马 M4∶1)

5. 锛(马 D10∶21) 　　　　6. 簋(马 M8∶1)

7. 鼎(广 M2∶7) 　　　　8. 壶(马 M9∶1)

图 1-4　良渚文化器形示例

4. 马桥类型文化

石器制作不精，往往利用板岩或页岩的平整的自然断裂面，在打制成形后，只对刃部进行磨制，穿孔也常用琢凿的方法。类别有有肩斧(或称钺)、有段石锛、三角形带柄刀、长三角形穿孔犁、长条形斜柄刀，以及镰、铲、凿、镞等。

已出现小件青铜器，器形有铲、凿等。玉器少见。

陶器在陶系上大体可分三类。一类是夹砂绳纹陶，制法是泥条盘筑成形后，再作轮修和拍打绳纹，因此，陶器内壁常有垫印窝。这类陶器的陶色都是红陶。器形有凹弧足和舌形足鼎、圆柱足甗和圜底釜等。一类是泥质印纹陶，制法同夹砂绳纹陶，但陶色由于烧制时所受火候的不同，而有淡黄、橙黄、橙红、紫褐等，陶质也随之软硬不一。拍印的纹饰有篮纹、叶脉纹、方格纹、蓆纹、云雷纹等多种。造型多圜底内凹，几乎无一例外。

·上海地区古文化遗址综述·

器形有罐、盆、碗、杯以及鸭形壶等。另一类是泥质灰陶和黑衣灰陶,这一陶系使用轮制,器表除素面以外,常见拍印一组带状的云雷纹或鱼鸟纹。器形有觚、斝、尊、豆、簋等(图1-5)。

1. 刀(马A11:13)

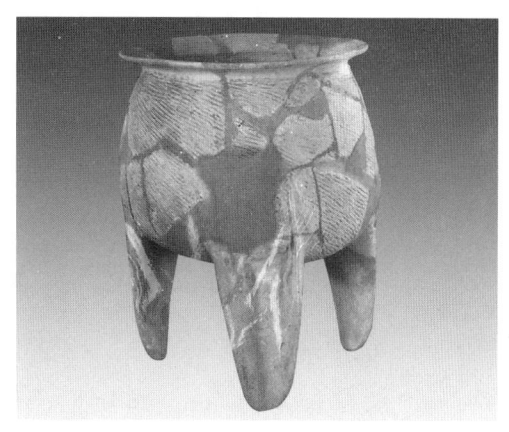

2. 鼎(马TⅢ:16)

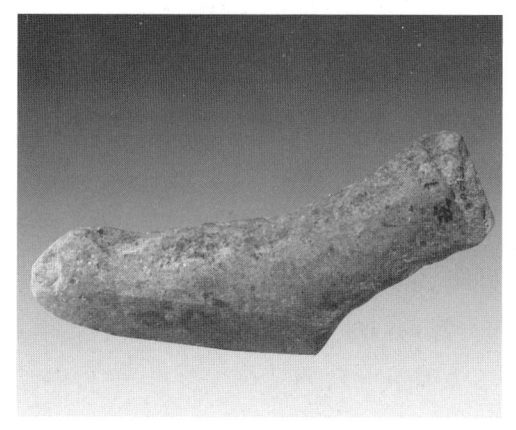

3. 刀(淀采集)

4. 豆(马T1:5)

5. 刀(马D11:20)

6. 觚(马T13:6)

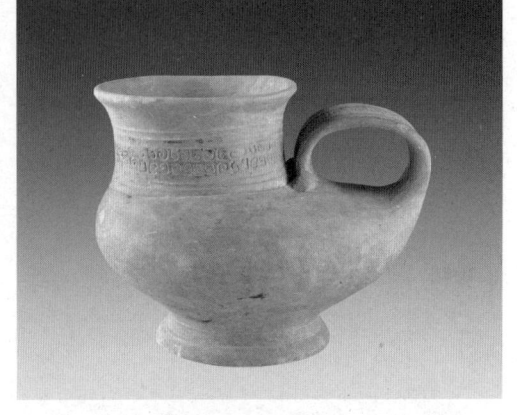

7. 罐(马 T103：17)　　　　　　8. 壶(马 T103：10)

图1-5　马桥类型器形示例

5. 亭林类型文化

这一类文化遗存中，石器减少，仅偶见镰、凿和带柄石铲，经常有铜器残片发现。

晚期逐渐出现原始瓷器，器形有豆、盘等。釉色青绿，厚而不匀，常有凝聚的小块，器内底有明显的轮旋纹，外底无釉，还有制作时的线割纹。

陶器仍有夹砂绳纹陶、印纹陶和泥质灰黑陶三类。绳纹陶器形主要为鼎，仍无鬲，特点是鼎足下端有足状外撇。印纹陶中硬陶数量大增，泥质陶减少，纹饰多回字纹、折线纹、梯形纹以及篮纹、蓆纹、方格纹等。器形有瓿、罍、罐、坛等种。器底不见圜底内凹的，而以平底的为主，有少量圜底器。泥质灰黑陶有浅腹三足盘、细高把豆、高圈足簋以及盆、罐等(图1-6)。

1. 鼎(寺 T2：10)　　　　　　2. 罐(骆 73M2：1)

·上海地区古文化遗址综述·

3. 鼎(寺 T5∶19)

4. 罐(骆采集)

5. 盒(崧 T2∶2)

6. 豆(寺 T11∶3)

7. 碗(崧 T2∶3)

图 1-6　亭林类型器形示例

6. 戚家墩类型文化

石器已基本不见,偶见铜镰、铁锄等铜铁器。

原始瓷器盛行,器形有杯、盅、碗、盘、匜、罐等。釉色有青绿和米黄两种,一般都薄而匀。器内底早期尚有明显的轮旋纹,晚期轮旋纹浅平。

陶器中夹砂绳纹陶减少,只有少量鼎和鬲。鼎的特征是腹、底交接处成明显的折线,平底,下安圆锥足。大部分印纹陶为硬陶,纹饰有方格填线纹、米字纹、米筛纹、小方格纹、麻布纹等。造型上习见乳丁足、贯耳和"S"形堆纹,器形有罐、坛、盅等。泥质灰黑陶多盆、盘、甑、罐,一种直口高颈、扁圆腹、环耳和乳丁足的罐最具特征(图 1-7)。

1. 罐(福采集) 　　　　　2. 罐(戚 M7：1)

3. 坛(寺 M1：1) 　　　　　4. 碗(寺 M1：6)

图 1-7　戚家墩类型器形示例

三、各类文化的时代序列及绝对年代

通过发掘获得的地层关系,这些文化的时代序列问题已经科学地得到解决。例如经过崧泽遗址的发掘,得知崧泽文化叠压于马家浜文化之上;在福泉山遗址,良渚文化叠压于崧泽文化之上;在亭林遗址,有戚家墩类型、亭林类型、马桥类型和良渚文化的多层叠压关系;在戚家墩,则汉代文化叠压在戚家墩类型之上。由此可知,它们的时代序列是马家浜文化——崧泽文化——良渚文化——马桥类型——亭林类型——戚家墩类型——汉代文化。

各类文化的绝对年代,通过碳十四和热释光的年代测定,也获得了一批参考数据:

1. 马家浜文化

崧泽下层61A1的H1中出土的木头,碳十四年代为距今 5 985±140 年(采用树轮校正的距今年代,下同)。这一层的出土器物有腰檐釜、敞口窄肩平底盆、鸡冠耳罐和黑衣灰陶罐残器、小镂孔豆把、牛鼻形器耳、炉箅、弧刃梯形斧和玉玦等,可作为这一数据的器形参考(图1-8)。

2. 崧泽文化

崧泽中层76T3的M87的人股骨,碳十四年代为距今 5 180±140 年。此墓的随葬器物有盆形粗把豆、花瓣形足杯、弧腹四横鼻圈足罐和弧腹凸棱平底罐,可作这一数据的器形参考(图1-9)。

汤庙村下层80T1中有同层三座墓的四件陶器经过热释光测定,它们的平均年代为距今 4 950±245 年。属于这一年代的出土器物,以M2的随葬器为例,有扁平弧刃穿孔斧、折腹扁凿足鼎、侈口大陶罐、束腰把豆、直口弧肩罐、四系筒腹圈足罐、三耳穿孔盆、直口折腹盆、假腹盘、花瓣足筒腹杯、花瓣足凸棱筒腹杯、平底筒形杯、带纽盖等(图1-10)。

3. 良渚文化

果园村T6良渚文化灰黑土层出土的木头,碳十四年代为距今 4 505±145 年。这一层的出土器物有平刃穿孔斧、有段锛、浅盘大镂孔高圈足豆、袋足鬶、实足盉、高圈足筒形杯、扁三角形鼎足、黑衣灰陶细刻纹罐等,可作器形参考(图1-11)。

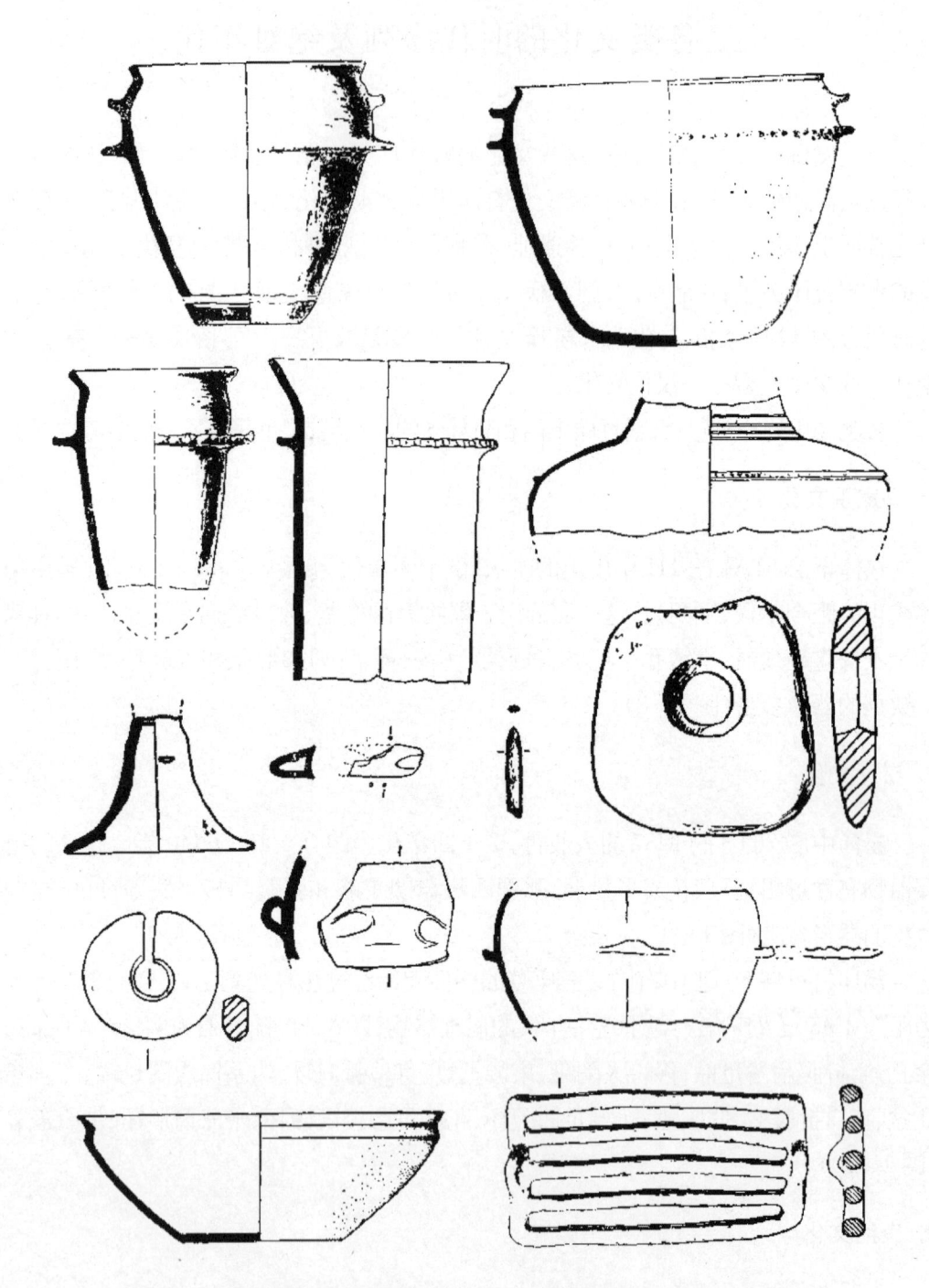

图 1-8 崧泽遗址下层器物(同出木炭碳十四测定距今 5 985±140 年)

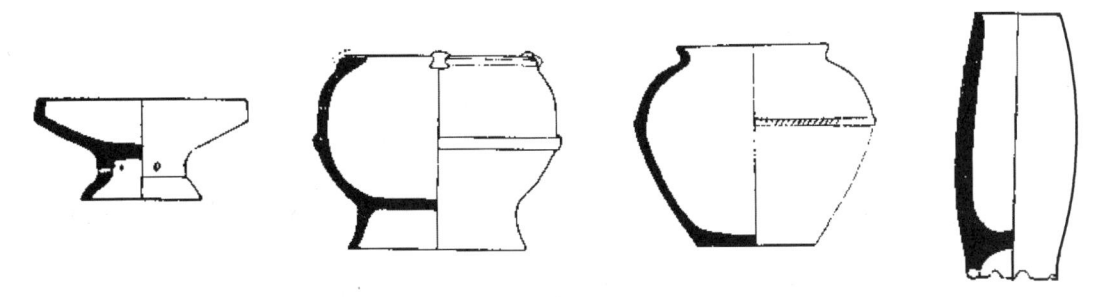

图1-9　崧泽遗址中层 M87 随葬器物（人骨架碳十四测定距今 5 180±140 年）

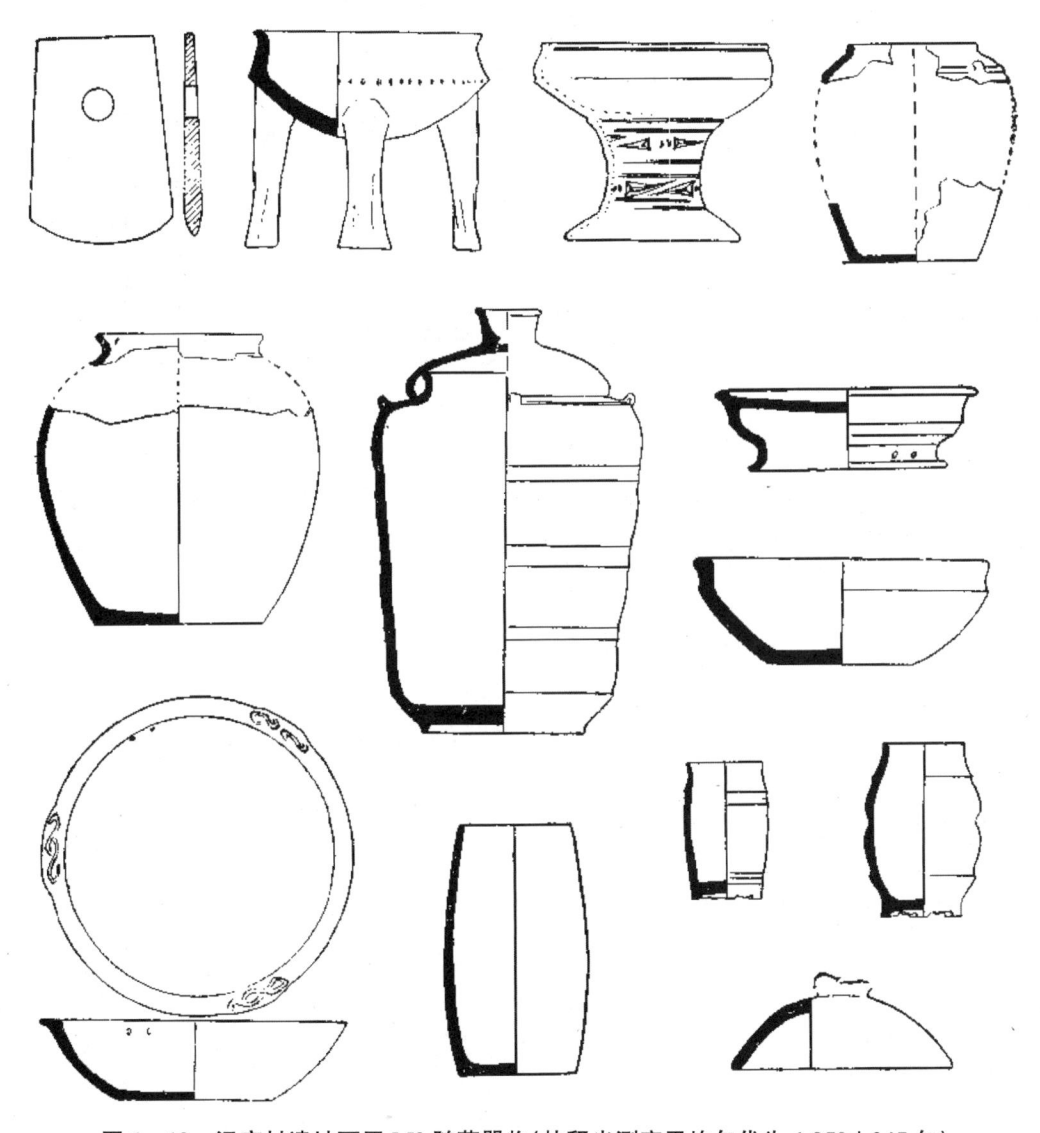

图1-10　汤庙村遗址下层 M2 随葬器物（热释光测定平均年代为 4 950±245 年）

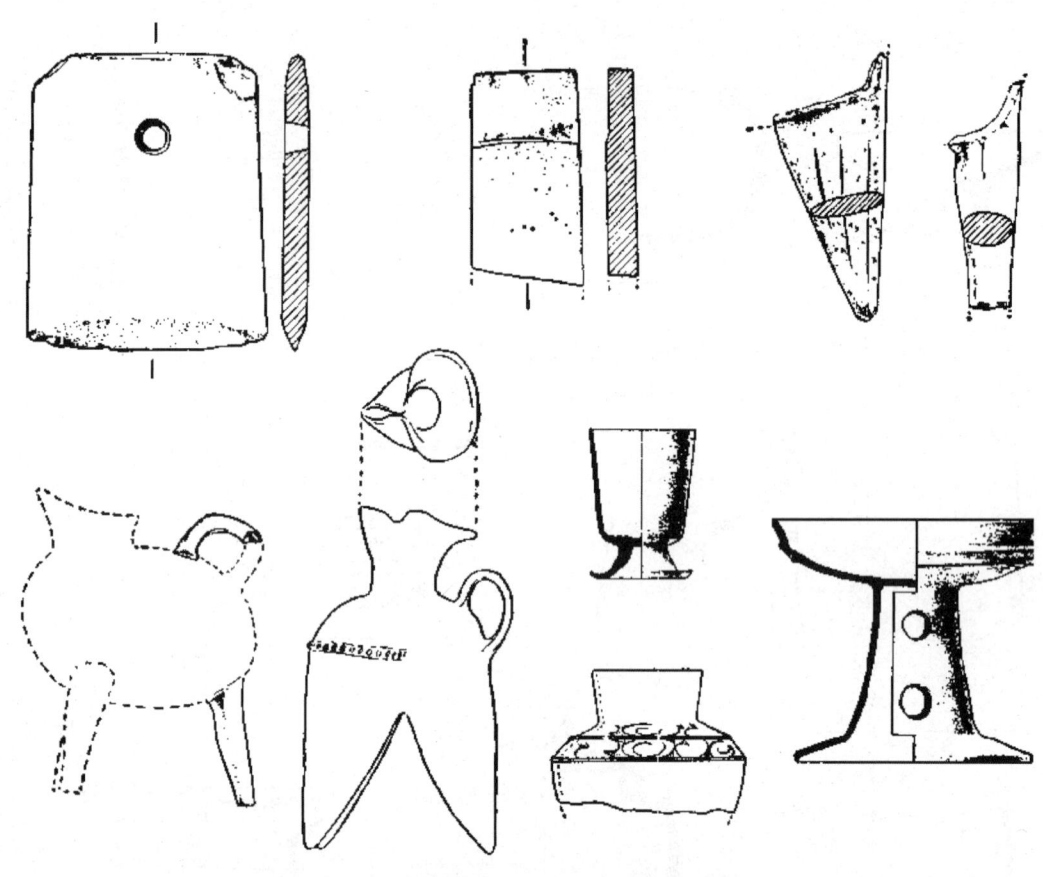

图 1-11 果园村遗址下层器物(同出木炭碳十四测定距今 4 505±145 年)

马桥遗址下层出土陶器,经热释光测定的有四个数据(图 1-12):

黑衣灰陶宽把杯残把,距今 4 490 年;锥刺纹橘黄陶罐口沿,距今 4 510 年;夹细砂黄褐陶鬶袋足,距今 4 550 年;黑衣灰陶实足盉口沿,距今 4 100 年。

4490年　　　4510年　　　4550年　　　4100年

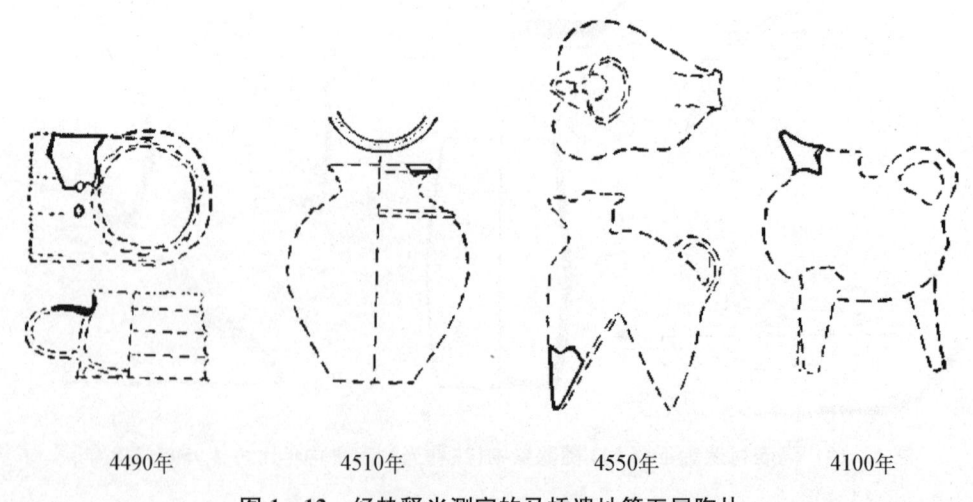

图 1-12 经热释光测定的马桥遗址第五层陶片

4. 马桥类型文化

亭林马桥类型灰坑 73H2 出土的木炭,碳十四年代为距今 3 730±150 年。这一灰坑内的出土器物有石镰、石耘田器、骨锥、扁侧足硬陶豆、圜凹底篮纹罐和方格纹罐、方格纹圜凹底盆、夹砂绳纹釜等(图 1-13)。

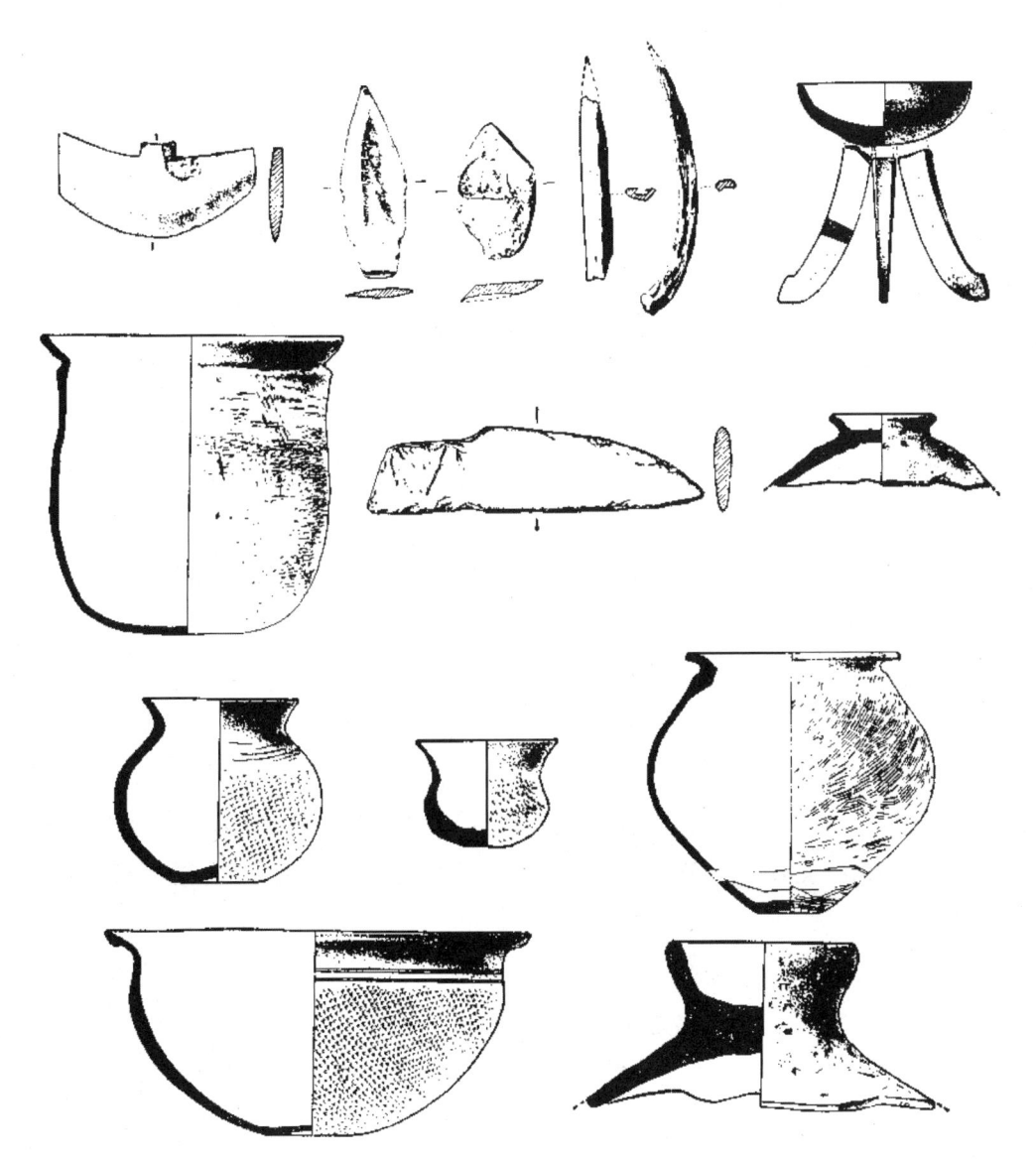

图 1-13 亭林遗址中层 73H2 灰坑器物群(同出木炭碳十四测定距今 3 730±150 年)

上述文化序列、年代测定和器物例证,大体显示出这一地区古文化的基本面貌,也可作为太湖地区考古的重要参考。

四、上海地区古遗址简介

(一) 青浦县

地处上海西部,西境分别与江苏的昆山和吴江县,浙江的嘉善县交界。境内有三泖和淀山湖,河网密布。这一带有许多墩形遗址,发现的遗址已达十处。

1. 福泉山遗址

位于县城东北约九公里处,重固镇的西首。据清光绪《青浦县志》记载:"重固镇……一名魋魁,相传宋韩蕲王掩军士骸骨处,故名。后人去鬼为重固",该处是古代的一处丛葬地。1977年镇西发现新石器时代陶器。遗址在一个东西长94、南北宽84、高约6米,当地称为福泉山的土墩上面及其周围。1979年曾进行试掘,发掘面积130平方米,发现了四个不同时期的文化堆积。马家浜文化遗存在土墩的西面,文化层土色青灰,深2.60~3.00米,出土了腰檐釜、高颈鼓腹平底罐等残陶器,鹿角、猪牙床等动物遗骸。崧泽文化遗存在山的北面,文化层土色灰黑,深0.94~1.60米,出土了折腹凸棱罐、多节把豆、扁铲足鼎,以及饰有弦纹、绚纹和附加堆纹的残陶器。良渚文化遗存在土墩的东面和北面,文化层土色灰黄,深0.24~1.12米。出土了扁方形、T字形鼎足,以及饰弦纹、镂孔、锥刺纹的壶、豆、盉、罐等残片。其中福泉山北面,良渚文化叠压在崧泽文化上面,是证实崧泽早于良渚的重要地层关系。几何印纹陶文化遗存在山的南面和庄泾港两岸,地层上还可分为上、下二层。上层,深0.50~1.00米,土色灰黄,是春秋至战国时期的几何印纹陶文化戚家墩类型遗存,出土器物有方格斜线纹、网格纹、回字纹、米字纹、米筛纹、曲折纹等坛和罐的残片,原始瓷杯,以及夹砂陶残器。下层,深1.00~1.52米,土色灰黑,是商代的几何印纹陶文化马桥类型遗存,出土器物以夹砂红陶和泥质灰陶为主,只有少量硬陶,器形有鼎、豆、罐、簋等,纹饰有绳纹、叶脉纹、蓆纹、篮纹、回字纹等。

2. 果园村遗址

位于青浦县东北部的凤溪镇果园村旁,沈家浜河道、张家台桥的西侧。1973年修筑北青公路时发现,并进行了清理发掘。在北青公路两侧,共发掘了60平方米。地层情况以T3坑南壁为例:

第一层　黄色耕土层。深0~0.83米。

第二层　黑土层。深 0.80~1.12 米。似泥碳层,未见其他遗物。

第三层　青灰土层。深 1.08~1.48 米。地层中包含少量古代遗物,有折肩尊、T字形足鼎、圈足簋等。

第四层　黑灰土层。深 1.26~2.16 米。地层中有大量草木灰和古代遗物,出土了扁三角形鼎足,镂孔豆、袋足鬶、实足盉,以及穿孔石斧、有段石锛和石镰等。

以下即生土。

从青灰土和黑灰土两层所出的遗物来看,两层均属于良渚文化遗存。

3. 凌家角遗址

位于青浦县城西南约六公里处,沈巷公社的凌家角村。1978 年 2 月,由于开挖西大盈港,河道通过凌家角村,河道两岸暴露出了文化层。遗物的分布面长约 700 多米,采集的遗物有西周的折线纹、叶脉纹、回字纹的硬陶瓿、罍残器,有东周的水浪纹、米筛纹、填线方格纹、米字纹和小方格纹硬陶罐和坛的残片,以及原始瓷杯,还采集到不少汉代绳纹瓦。这是一处西周至汉代的文化遗址。

4. 寺前村遗址

位于青浦县城北约四公里处,东距青安公路和大盈港不到一公里。寺前村因居于慧日寺之南而得名。遗址在村后土墩上,墩高约 1.5 米,南北长约 150、东西宽约 140 米,东、西、北三面环绕寺溪河。1966 年春天,当地社员在平整土地时发现。在土墩北部已平整的范围内试掘了 53 平方米,发现有三个文化层。上层,灰黑土层,深 0~0.56 米(按平整后的地面计算,下同),是春秋战国时期的几何印纹陶文化戚家墩类型文化层,出土器物有印纹硬陶坛和罐,原始瓷碗和杯等。中层,黄褐土层,深 0.4~0.96 米,是周代的几何印纹陶文化亭林类型文化层,出土器物有带柄石刀,器足外撇的鼎、浅腹三足盘、敞口深腹高圈足簋、高颈折肩尊等。下层,灰土层,深 0.9~1.84 米,出土了具有崧泽文化特点的多节把镂孔豆、镂孔双腹花瓣足罐、筒形花瓣足杯,以及良渚文化的贯耳壶、扁方足鼎和长方形穿孔石斧、石镰等。遗址的时代相当于崧泽文化晚期至良渚文化早期。

5. 崧泽遗址

位于青浦县城东五公里的崧泽村后。1958 年,在考古调查时发现。遗址面积约 150 000 平方米,新石器时代遗存主要堆积在村后,相传是在晋袁山松将军墓的假山墩上;晚期印纹陶文化遗存在土墩北面,青沪公路两侧的农田里也有较多发现。1960~

1961年进行了第一次发掘[2],揭开面积501平方米。1974～1976年又进行了第二次发掘[3],揭开面积202平方米。农田里的地层以60T3坑的北壁剖面为例:

第一层 表土层。深0～0.75米。土色上部灰黄,下部灰黑。出土有近代的砖瓦和陶瓷片,有宋代的豆青色瓷片,有几何印纹硬陶片等遗物。

第二层 白灰土层。深0.75～0.91米。包含大量的几何印纹硬陶、泥质红陶、泥质灰陶、夹砂红陶、原始瓷器、铜鼎足、残石器,以及烧土块和灰烬等。几何印纹陶多拍印蓆纹、回字纹、细网格纹和米筛纹等。原始瓷器釉层极薄。

第三层 黄褐色土层。深0.91～1.20米。土质较纯,陶片等遗物出土很少。

第四层 灰色土层。深1.20～1.75米。发现大量的与第二层相似的各类陶片。

以下为生土层,土色浅蓝,是一种淤泥土。

假山墩上的地层以61A2坑的西壁剖面为例:

第一层 扰土层。从现存墩面的水平标算起(海拔约4.18米),深0～0.40米,土色黄褐。包含少量回字纹、蓆纹、方格纹和曲折纹等几何印纹硬陶片和原始瓷器,也有近代的砖瓦和新石器时代的夹砂红陶、泥质灰陶片。

第二层 灰土层。深0.12～1.70米,土色极杂,有较多灰层。这一层包含的主要是墓葬,有大量的人骨架和随葬品。随葬器物的种类有石器、陶器、玉器和动物骨骼等。

第三层 蓝灰土层。深1.42～2.10米。土质坚实,并带有大量细砂。遗物中有较多的陶片和动物骨骼,还有植物种子和果核。遗迹仅发现灰坑一种。

以下为生土层,土色灰黄或黄褐。

根据遗址文化层堆积情况,古代遗存可分作上、中、下三层。上层,出土遗物以几何印纹硬陶和原始瓷器为主,属于晚期几何印纹陶文化亭林类型文化层。中层,前后清理发掘了一百座墓葬,随葬的典型器物有长方形穿孔弧刃斧、长条形石锛和石凿、半环形或桥形玉璜、扁铲足或凹弧足鼎、多节把豆、卷沿折腹凸棱罐,以及花瓣形足的壶、瓶、杯等,是一处崧泽文化的氏族丛葬地。下层,出土的典型器有夹砂陶小方把腰檐釜、泥质红陶牛鼻耳罐,以及外红里黑的泥质陶豆等,并伴存有炭化了的谷粒,应属于马家浜文化层。

6. 淀山湖遗址

位于青浦县城西南的淀山湖中。出土器物集中在金泽、西岑、商榻的中间地带。1958年,当地群众打捞湖底的冲积铁矿时发现。从出土器物分析,该遗址大致包含三种遗存,有良渚文化的有段石锛、石耘田器和黑衣灰陶陶片,有属于早期几何印纹陶文化马桥类型的带柄石刀、石钺，以及篮纹、叶脉纹、雷纹等印纹陶片，也有属于晚期印纹陶文化戚家墩类型的米字纹、填线方格纹、米筛纹等印纹硬陶。

7. 金山坟遗址

位于青浦县城西南，蒸淀镇南，紧邻松江县界处。1960年文物普查时发现。在一个东西长约100、南北宽30~40、高1.5米，相传是汉濮阳王墓的椭圆形小土墩及其周围发现大量古代遗物。采集的有属于良渚文化的黑衣陶残器及T字形鼎足，有属于早期印纹陶文化马桥类型的篮纹、叶脉纹、回字纹、斜线纹等几何印纹陶片等。

8. 刘夏遗址

位于青浦县东，赵巷公社刘夏村村北。1976年12月，开挖淀浦河时发现。在河岸的断面上，深1.50~2.00米处，有一层灰黑色土的文化层。采集的遗物有商代的叶脉纹圜凹底硬陶罐、大方格纹灰陶瓿和鹿角锄形器，也有大量东周时代的蓆纹、绳纹、回字纹、弦纹硬陶片和原始瓷杯、碗，以及青铜刀等。这是一处商周时代的文化遗址。

9. 乐泉村遗址

位于青浦县城西南，小蒸镇的东北。1960年考古调查时发现。在村西北的一个被当地群众称为台基的高地上采集到许多东周时代的米筛纹、波浪纹等印纹釉陶片和网格纹、方格纹等硬陶片。这是一处晚期几何印纹陶文化遗址。

10. 千步村遗址

位于青浦县东，崧泽村东南约二公里的千步村南面。1962年，青浦县淡水养殖场在这一带开挖鱼塘，暴露出古文化堆积。根据鱼塘壁面，地层大体可分三层。第一层为厚约0.30米的灰褐色耕土层，第二层是厚约0.20米的灰黄色土层，内含折线纹、回字纹、方格纹等周代的印纹硬陶片。开鱼塘时采集的有段石锛、三角形石刀、半月形石刀，可能即是这一时期的遗物。距地表0.50米以下为第三层，土色变成青灰色，内含灰黑陶和夹砂陶片，其中有扁平长方形和三角形的鼎足等，为良渚文化的文化层。

（二）松江县

位于上海地区南部，是古华亭县治的所在地，上海地区的三泖九峰半在境内。发

现的遗址大部傍山,计有七处:

1. 汤庙村遗址

位于松江县城西约十公里处,小昆山西南的汤庙村及其周围。1962年考古调查时在华田泾两岸发现许多古代遗物。1980年12月进行试掘。遗址面积约64 000平方米,有早晚两期文化遗存。晚期遗存位于深1.34～2.20米的黑土层中,扰乱严重,出土遗物有属于早期印纹陶文化马桥类型的三角形石刀、半月形石刀和篮纹、叶脉纹的圜凹底印纹陶罐,有晚期印纹陶文化戚家墩类型的米筛纹、米字纹的硬陶坛残器,也有汉代的绳纹瓦和窗格纹的印纹陶片。早期遗存,位于深2.20米左右的黄色锈斑土层中,堆积极薄,主要清理了四座墓葬。出土遗物有长方形穿孔石斧、三角形穿孔石犁、扁凿足陶鼎、腰鼓形花瓣足杯、假腹盘、豆等,大致属于崧泽文化晚期。

2. 姚家圈遗址

位于松江县西部,小昆山南面,昆冈公社山前大队姚家圈村北。1980年开挖山前河时发现。采集的遗物有二类,一类是崧泽文化的各式夹砂陶鼎足,如刻划直条纹的扁方足,有指捺纹的凹弧足及扁凿足,以及灰陶罐的器底等,另一类是早期印纹陶马桥类型的文化遗存,有有段石锛和拍印叶脉纹、回字纹的印纹陶片等。

3. 广富林遗址

位于松江县城北约六公里处,辰山塘东岸的广富林村北首。1959年考古调查时发现。遗物集中地发现在新开的施家浜河道的两岸,按采集遗物的范围,面积在10 000平方米以上。1961年组织探掘[4],揭开面积73平方米。地层概况是:

第一层 灰褐土层。深0～0.48米(其中包括开河时从下层翻上来的厚约20厘米的砂土),土质疏松。出土有泥质灰陶、夹砂红陶器,器表多素面,次为绳纹和蓆纹,硬陶多米筛纹,次为回字纹、网格纹。此外,还有残石器、唐宋瓷片以及近代砖瓦等伴存。

第二层 灰黄土层。深0.48～0.95米,土质较硬。出土了石斧、柳叶形石镞、刻花黑衣陶罐、圈足盘、贯耳壶、实足盉、T字形足鼎等,是典型的良渚文化遗存。

第三层 锈斑土。深0.72～1.20米,土质较硬,砂质增多。遗物逐渐减少,并与第二层所出者类同。

第四层 生土层。深1.20米以下,土色青灰,砂粒更多,成为亚砂土,土质极纯。
此外,在遗址的西部,还找到良渚文化的墓葬两座。

4. 机山遗址

机山位于天马山的西北,为松江有名的九峰之一。遗址位于机山的东侧山脚下,1960年考古调查时发现。在南北穿过山脚下平原村的新开河道的两岸暴露出古代遗物。采集的遗物主要属于晚期印纹陶文化亭林类型,有灰陶三足盘和弦纹圈足簋,夹砂陶圆锥足鼎,以及曲折纹、绳纹、蓆纹等印纹陶片。1979年,村内的天马公社农机厂进行基建。在挖掘深坑时,在深0.80米的黑土层内发现了崧泽文化的长方形磨光穿孔石斧,镂孔纹粗把灰陶豆、四系鸡冠耳罐和压划网纹坛等遗物。因而了解到这一遗址至少包含两类文化。

5. 北干山遗址

位于松江县北部,南距佘山4.5公里,和青浦的刘夏遗址相邻。1960年考古调查时发现。遗址分布在北干山南山脚下,在一条水沟的两壁暴露出文化层,文化层长约30米,深0.50米。文化遗物暴露不多,采集到的有两周时代的绳纹、叶脉纹、网格纹、回字纹、米筛纹和米字纹等印纹陶片。

6. 钟贾山遗址

钟贾山在松江县的西北,东距佘山3.5公里,是一座高仅数十米的小山,遗址位于南山脚下,面积约1 000平方米。1960年,当地挖掘煤球泥时发现。采集的遗物有黑衣灰陶高把豆,泥质灰陶碗等残器和回字纹、网格纹等印纹陶片,以及残石器等,其时代相当于西周。

7. 佘山遗址

佘山位于松江县北部,分东佘山和西佘山,遗址发现在东佘山西北山脚下的一片竹林里。在水沟断面和耕土内可采集到斜线方格纹、米筛纹、米字纹,以及小方格纹等戚家墩类型的东周时代的晚期印纹硬陶片。

(三) 金山县

南濒杭州湾,北邻松江县,是古海盐县的北境,境内发现古遗址五处。

1. 亭林遗址

位于金山县亭林镇西。1966年,当地自来水厂建造机房时发现。遗址分布在镇西的祝家港东岸,南起亭林小学的篮球场,北至综合加工厂。遗址南北长 200 米、东西宽 100 米。1972 年进行试掘,揭开面积 73 平方米。1973、1975 两年为配合当地的基建工程,又清理发掘了 125 平方米。地层概况以位于公社办公室南面的 T3 坑北壁为例:

第一层　房基堆土。深 0～2.00 米。有大量明清砖瓦及陶瓷片。

第二层　灰黄土层。深 0～2.60 米。出土唐代砖瓦,黄釉瓷碗及晋代青瓷残器。

第三层　灰土层。深 2.60～2.90 米。包含遗物除少量米字纹、小方格纹等东周时代的印纹硬陶坛、罐的残片以外,主要出土绳纹、折线纹、回字纹、梯形纹等印纹陶片,以及灰陶三足盘,细高把豆等。该层是太湖地区西周几何印纹陶文化的一处典型遗存。

第四层　青黄土层。深 2.90～3.30 米。出土的印纹硬陶大为减少,泥质陶增多。纹饰多篮纹、叶脉纹、绳纹、大方格纹和云雷纹。器形有圆锥形和凹弧形的鼎足、圜凹底罐、鸭形壶、粗把豆、高圈足簋,以及瓿、觯等。该层属于早期印纹陶文化的马桥类型,时代相当于商代。

第五层　灰黑土层。深 3.30～4.30 米。出土遗物有贯耳壶、高把豆、袋足鬶、实足盉、扁方足鼎等,该层为典型的良渚文化层。

以下为生土层。青灰色土。

2. 张堰口遗址

位于亭林镇南约一公里的亭新公社东新九队新开河两岸。1975 年考古调查时发现。枯水季节从河岸断面上能观察到文化层堆积情况,文化层在深 1.70 米以下。采集的遗物有晚期印纹陶、早期印纹陶,以及良渚文化遗物。文化内涵大致与亭林遗址相似。

3. 查山遗址

查山,又名大石头,位于金山县城东南,距杭州湾约五公里,松金公路在其西侧经过。1972 年,因当地进行基建施工,发现地下有古文化堆积。当年前往发掘,揭开面积 163 平方米。遗址分布在山的东面山坡上下,南北长 250、东西宽 60 米的范围内。地层情况有两种:

在山的东南方坡面上,T3 坑的地层如下:

第一层　灰黑土层。距坡面(高出地平面约 2.5 米)0～0.50 米。包含有西周时代的折线纹平底硬陶瓿,商代的篮纹、圜凹底印纹陶罐,以及早期的夹砂红陶片等遗物。

第二层　灰褐土层。距坡面0.50~2.50米。土质板结坚硬,包含的遗物有腰檐釜的口沿及小方把手,以及罐的牛鼻形器耳等,该层为马家浜文化堆积层。

以下即生土。

在坡下耕田里的T11坑的地层如下:

第一层　耕土层。深0~0.28米。出土有近代砖瓦和唐宋陶瓷片。

第二层　黄褐土层。土质较硬,深0.20~0.77米。出土遗物有南北朝至唐宋时期的瓷碗、瓶及建筑上的陶塑等。

第三层　灰黄土层。土质疏松,深0.68~1.39米。除了面上出土麻布纹、米筛纹、米字纹、回字纹等春秋战国时代印纹硬陶片和原始瓷片以外,主要遗物有半月形石刀、石镰、三角形石刀,以及夹砂绳纹凹弧足鼎、圆锥足鬲、篮纹和叶脉纹圜凹底罐、盆、鸭形壶和云雷纹的觯、簋等陶器。该层属于早期印纹陶文化马桥类型遗存。

第四层　灰黑土。土质松软,深1.10~1.97米。包含遗物丰富,类别同灰黄土层下部。

以下为生土。黄褐色。

4. 戚家墩遗址

位于金山县山阳公社的海滨,杭州湾的东北部。该遗址最初发现于1935年,是上海地区最早发现的一处古遗址。遗址分布于戚家墩村地下,以及村西南约600米外的海滩上。在村西校场大队办公室东侧,以及周公墩一带(今上海石油化工总厂)发现了它的墓地。1963年2月和1964年5月曾作两次发掘[5],揭开面积140平方米,在墓区清理了八座墓葬。这里的地层概况以海滩上的T10坑东壁为例:

地表土已为海水冲去。

第一层　深灰土。土质松软,深0.20~0.95米。其南段打破了第二、三层。出土遗物有西汉时期的筒瓦、板瓦、圜底罐、瓿、盆等残器,以及红烧土、铁渣和木炭等。

第二层　黄褐土。土质较硬,深0.20~0.86米。

第三层　青灰土。土质较软,深0.65~1.24米。第二、三两层所出的文化遗物比较一致,其中除几何印纹硬陶片和原始瓷片外,还有一定数量的夹砂红陶、泥质灰陶和黑衣陶片。几何印纹以米筛纹、米字纹、填线方格纹、小方格纹、回字纹、蓆纹,以及麻布纹为主。器形有罐、坛、杯、盅、盆、釜等。该层是太湖地区东周时代几何印纹陶文化的一处典型遗存。

以下即为生土。

除此以外,在滩地的两侧,尚有一片已被冲毁的遗址,地上可采集到石器,刀、镰、铲、镞,以及折线纹、回字纹、云雷纹的瓿、罍等陶器残片。这些遗存的时代可到西周。

5. 南阳港遗址

南阳港在金山县的东南部,西距金山卫戚家墩遗址约 3.5 公里,遗址位于南阳港西段的田地中。1960 年考古调查时,在南阳港和青龙港汇合处的两岸看到灰黑色的文化层。文化层在深约 1.50 米以下,长约 50 米。采集的遗物有回字纹、网格纹、米字纹等印纹硬陶片,以及夹砂绳纹陶釜和扁足鼎等残器,时代相当于东周。

(四) 上海县

为古华亭县的北境,有距今五千多年前的古海岸遗迹——冈身贯穿南北,境内发现遗址二处。

1. 马桥遗址

位于上海县南部,马桥公社办公室东一华里,紧靠俞塘和竹港的汇合处。1959 年,是在当地基建工程中发现的。遗址先后进行过两次发掘[6]。第一次在 1960 年,探明了遗址范围,南北长约 80、东西宽约 60 米,并清理发掘 2 000 平方米。第二次在 1966 年,揭开面积 589 平方米。遗址的地层概况以 T108 坑西壁为例:

第一层 耕土层。黄色土。深 0~0.90 米。出土少量近代砖瓦和明清时代的青花瓷片。

第二层 灰色土。深 0.88~1.02 米。出土宋代釉陶瓶、刻花影青瓷碗、绍圣通宝和祥符通宝铜钱,以及唐、五代的黄釉瓷碗。还发现五代墓葬一座,出土越窑青釉瓷盒、盂,黄釉陶罐和残铜镜等随葬器物。

第三层 灰黄色土。深 1.02~1.66 米。此层下部出土东周时代的米筛纹、米字纹、麻布纹、回字纹和曲折纹等印纹硬陶片,以及挂有青绿色或青灰色釉的原始瓷器。

第四层 黑灰色土。深 1.65~2.30 米。出土大量的陶、石、骨器,动物骨骼和灰烬等,并有少量小件铜器。陶器中,夹砂红陶拍印绳纹,器形有凹弧足或舌形足鼎、圆锥足甗,泥质红陶大部分拍印篮纹、叶脉纹、蓆纹、方格纹和云雷纹,器形有圜凹底罐、盆、杯和鸭形壶等,同时出土一批拍印带状云雷纹的觯、觚、尊、簋等灰黑陶器。遗迹有灰坑和烧塘。这是一处太湖地区早期印纹陶文化的典型遗存。

第五层 青灰色土。深 2.10~2.70 米。这一层西半部,除包含稀少的红烧土粒外,无其他遗物。东半部出土以素面为主的泥质灰、黑陶和夹砂红陶片,器形有实足盉、圈足盘、阔把杯、贯耳壶和 T 字形足鼎等，也发现了建筑遗迹，蛤壳坑和墓葬。该层为良渚文化层。

以下为生土层。此外，还发现有一条南北向的介壳砂带，系古海岸的遗迹。

2. 董家村遗址

位于上海县马桥遗址以南约二公里的董家村南面。1960 年考古调查时发现。在村南水塘的土层内可采集到篮纹、叶脉纹、方格纹等早期印纹陶片，遗址的时代相当于马桥遗址第四层。

(五) 奉贤县

南濒杭州湾，为古海盐县的北境，距今五千多年前的古海岸遗迹——冈身贯穿西部。在冈身上面发现遗址一处。

柘林遗址

位于濒海的柘林镇南约一点五公里，钦公塘外三百米处。1973 年开河时发现，当年前往发掘。遗址中心在海光小学校舍以西的新开河两岸，竹冈遗迹的周围。这一带是由陆变海后再次涨滩的土地，所以，大部分文化层已为海水冲毁。发现的堆积薄而扰乱严重，出土的遗物有良渚文化的黑衣陶残器、夹砂陶 T 字形鼎足，长方形穿孔石斧、有段石锛、柳叶形石镞，以及晚期印纹陶的米筛纹、米字纹等硬陶片。

注释

[1] 黄宣佩、吴贵芳、杨嘉祐：《从考古发现谈上海成陆年代及港口发展》，《文物》1976 年第 11 期。
[2] 上海市文物保管委员会：《上海市青浦县崧泽遗址的试掘》，《考古学报》1962 年第 2 期。
[3] 黄宣佩、张明华：《青浦县崧泽遗址第二次发掘》，《考古学报》1980 年第 1 期。
[4] 上海市文物保管委员会：《上海市松江县广富林新石器时代遗址试探》，《考古》1962 年第 9 期。
[5] 上海市文物保管委员会：《上海市金山县戚家墩遗址发掘简报》，《考古》1973 年第 1 期。
[6] 上海市文物保管委员会：《上海马桥遗址第一、二次发掘》，《考古学报》1978 年第 1 期。

(本文原载于《上海博物馆集刊——建馆三十周年特辑》，上海古籍出版社，1983 年)

上海考古五十年成就

地处长江下游冲积平原的上海地区,地势平坦,古遗址之上覆盖了厚厚的土层,不容易被发现。而黄河中上游的地形,有一级级的台地,古遗址的文化层常常在台地边缘的土壁上显露。租界时期的上海浚浦局外国工程师曾推算,按现代长江水流中的泥沙在口岸的沉积量,长江三角洲的岸线为每六十年前进一英里。依此推算,他认为六千年前的长江口约在镇江一带,上海尚在水中,因此上海的成陆年代不早。这种上海无古可考的观念对人们影响很大。1936年,位于金山区杭州湾北岸的金山卫戚家墩,由于海水的冲刷,岸线不断后移,在海滩上暴露了一片古代遗物,发现了一处春秋战国时代的遗址。此后就再未找到其他遗迹、遗物。建国以来,随着生产建设的蓬勃发展,开河筑路、挖掘鱼塘,甚至在淀山湖中打捞铁矿石,发现了许多地下古物。上海的考古工作者运用办展览的方式,深入到每一个乡镇并介绍什么是古代文物,文物有哪些特征,宣传保护文物并进行文物普查。通过这一系列的工作,在当地干部和群众的帮助下,五十年来陆续发现了许多古文化遗址,数量从建国前的一处增至二十七处,年代从春秋战国时代,推前到距今六千年左右的新石器时代(图2-1)[1];并且已对上述遗址中的十四处,进行了二十八次的科学发掘,面积达一万一千多平方米。通过这一系列的工作可以排出本地区古文化的发展序列:六千年前的马家浜文化、五千年前的崧泽文化、四千年前的良渚文化和三千多年前的马桥文化。对于古墓葬,也清理了五百余座,其时代包含西周、春秋战国、两汉、南北朝、唐、宋、元、明、清(图2-2)。上海考古五十年获得了一批珍贵资料和重要文物,既使上海史的研究,从距今一千六百年的晋代沪渎推前到六千余年前的新石器时代,也培养了一支具有较高科学水准的考古工作队伍,其中已有七人取得国家文物局颁发的考古领队资格证书,开创了上海地区的考古事业。上海考古五十年取得了如下成就:

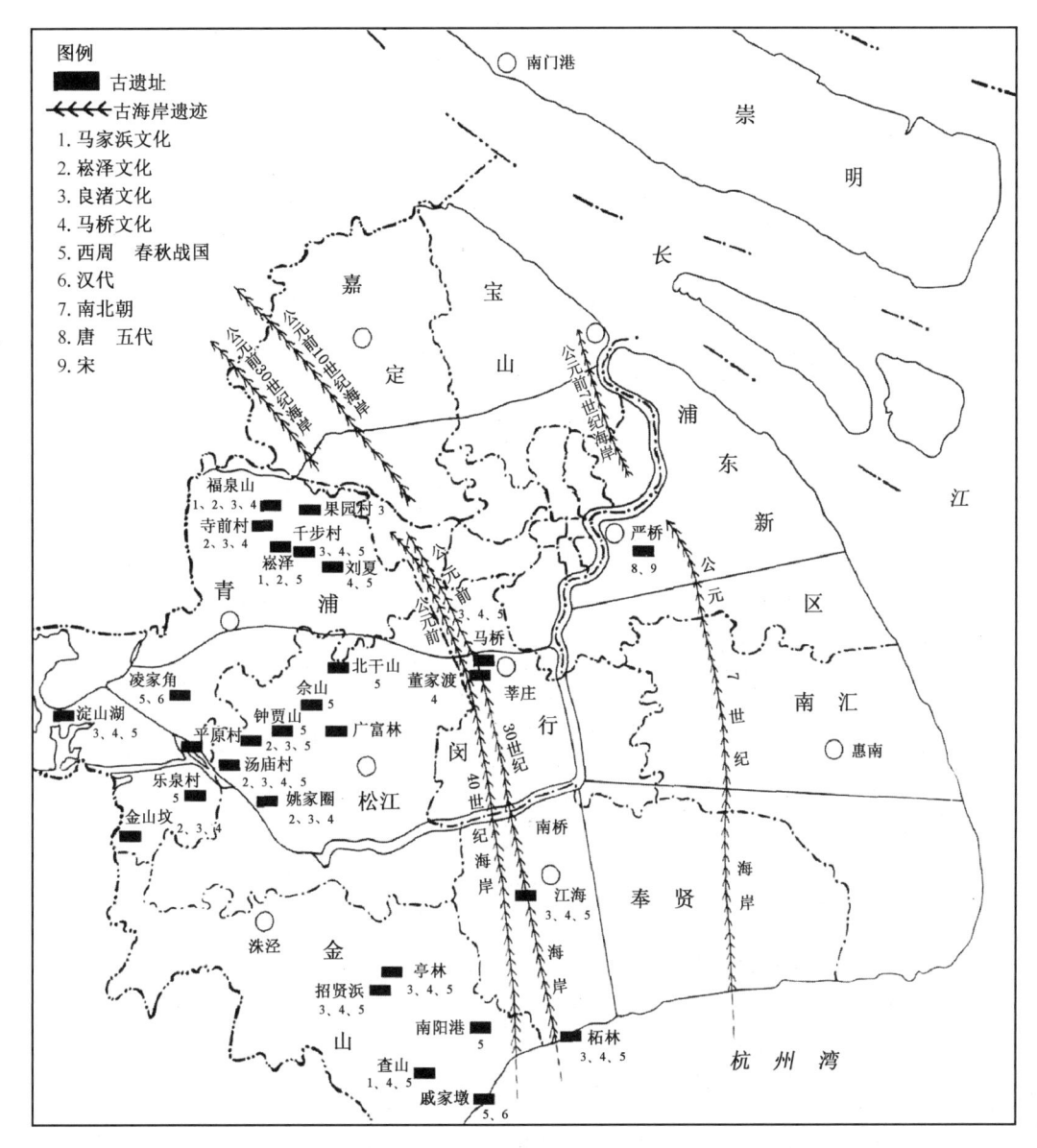

图 2-1 上海地区古代海岸遗迹与古遗址分布图

一、为上海地区成陆年代的研究提出了科学的依据

上海是由海成陆的,在市区地下,至今多次发现鲸鱼骨。而成陆的因素既有长江水带来的泥沙在口岸外逐年的沉积,也有随着气候变化引起的海平面升降等等。至于泥沙沉积的数量,古今也不一致。远古时代长江两岸未被开垦,植被良好,被水流

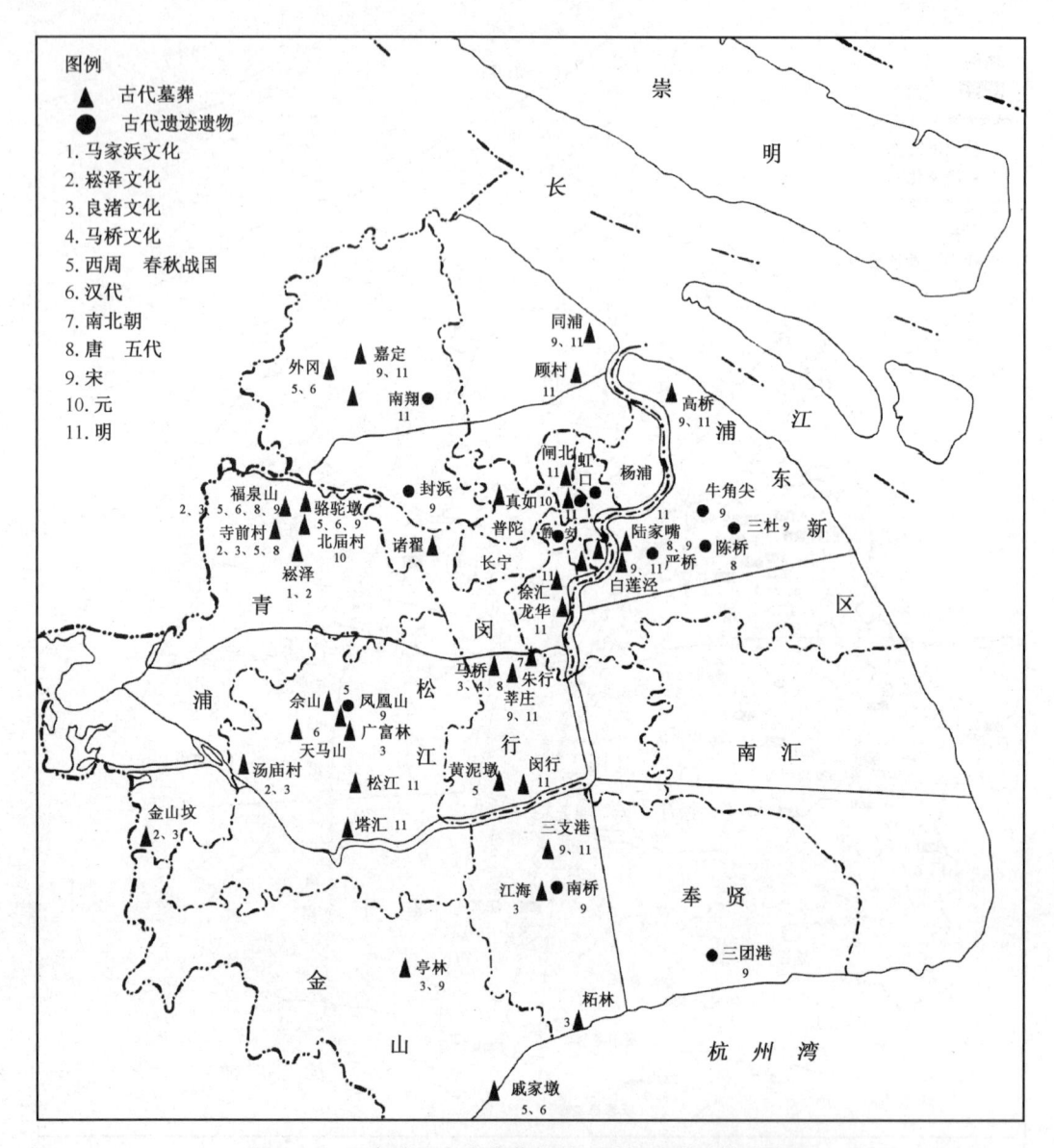

图例
▲ 古代墓葬
● 古代遗迹遗物
1. 马家浜文化
2. 崧泽文化
3. 良渚文化
4. 马桥文化
5. 西周 春秋战国
6. 汉代
7. 南北朝
8. 唐 五代
9. 宋
10. 元
11. 明

图 2-2 上海地区古代墓葬与地下重要遗迹遗物分布图

冲刷带至长江口的泥沙远远少于近现代。所以前述用现代沉沙量推算成陆进程的方法，显然是不科学的。新中国建立后，上海地区许多远古文化遗址的发现，证明了这一点。上海成陆年代的论证主要集中在境内几条古海岸遗迹年代的推断上。古海岸遗迹，当地称为冈身。据南宋绍熙《云间志》记载："古冈身在县（指华亭县，今松江城区）东七十里。凡三所，南属于海，北抵松江，（吴淞江）长一百里，入土数尺皆螺蚌壳，世传海中涌三浪而成。"据调查，上海地下确有多条冈身。引起讨论的有以下几条：

1. 沙冈南起金山县的漕泾，经闵行区的马桥镇、青浦县的蟠龙镇，北抵吴淞江岸，在此线的地下有断续的砂带。2. 竹冈,在沙冈东,南起奉贤县的柘林,经闵行区马桥东的俞塘村、诸翟镇,北抵吴淞江。此线的地下有断续的贝壳砂带。3. 吴淞江以北的外冈冈身,南起吴淞江,经嘉定区的方泰、外冈,太仓县城镇,向西北方向延伸。其地下也有断续的砂带。4. 传说中的捍海塘,南起奉贤县海边,经奉城西,南汇县的下沙、周浦,浦东新区的北蔡,宝山区的月浦、盛桥,北抵长江边。在此线的地下同样有砂带。对于这几条古海岸遗迹的年代,在上海古遗址发现之前都推断得不准确。如有人认为冈身以东城镇的建置年代,并无早于汉代的,因此冈身的年代,不早于距今两千年。也有据唐建捍海塘的长度一百二十里,推算上海境内唐代的海岸线。海岸线在柘林城东十里左右,经闸港,沿黄浦江北上,经龙华徐家汇东,抵曹家渡北的吴淞江边。

如按上列意见,则上海大部地区成陆于距今两千年以后,市中心曹家渡、龙华以东在唐代时尚在水中。1959年,马桥古遗址的发现和发掘,打破了冈身是两千年海岸线的推论。马桥遗址恰好建立在竹冈古海岸遗迹俞塘段之上。其下的由东南向西北延伸的贝壳沙层,最厚处达2米以上,并且西坡面斜直、东坡面缓斜,有三个波脊,呈现海滩迹象。贝壳的年代经用碳十四测定为距今5 680±180年(经树轮较正,下同)。叠压在贝壳沙之上的古代文化层,自下而上有距今四千多年新石器时代的良渚文化,夏商时代的马桥文化,春秋战国时代的吴越文化,唐宋元明清的遗物堆积层等[2]。这就表明,距今六千年前,竹冈一带尚在海中,到距今四千多年前,竹冈上已经有人居住了,并建立了村庄。海边的土地,必须在盐碱淡化和海浪的入侵远离之后才适合居住,所以竹冈古海岸的年代早于良渚文化,可以推断为距今五千年前后。竹冈上的遗址除马桥之外,还在奉贤县境内发现了江海和柘林两处。位于竹冈西的沙冈,六千年前的古遗址都分布在此线以西,其年代当不会晚于距今六千年。市中心区历年来有一些重要的考古发现,如广中路菜场的地下发现了南朝时代上下相合的一件青瓷碗和一件四系瓷罐,中山北路出土了唐代的黄褐釉瓷碗,共和新路出土了唐代青黄釉瓷罐,浦东白莲泾也出土了唐青釉瓷碗,唐代的遗物已经发现多起。更为难得的是,1975年在浦东严桥开挖南张家浜河道时,发现了一处唐宋时代村落遗址[3],在下层出土了大批唐长沙窑、越窑的瓷壶、瓷碗以及盆、钵、罐等陶器和砺石、牛头骨等动物骨骼,在上层则发现了宋代的砖井和陶瓷器。1979年又在北蔡附近的陈桥发现了一条唐代的大木船。此船的结构为木板与独木舟的结合,极为古老。该船是研究船史的珍贵资料[4],而此船是搁置在古代的沙滩上的,可以推断唐代的海岸线不在奉城闸港徐家汇、蟠龙一带,应在周浦、下沙、北蔡一线,今市中心区及浦东西侧。市中心区在唐代早已成陆。不仅上述岸线如此,考古发现还辨明吴淞江以北的冈身,并非江南竹冈与沙冈的延伸,而是与江南不同的古海岸;江北外冈这一条,在冈身方泰段外侧的地下挖出了鲸鱼骨等古海生动物骨骼,经碳十四测定年代为距今 2 185±90 年。在冈身外冈镇段的冈身上发现了一座战国晚期的楚墓[5]和一件春秋时代的印纹陶罐。太仓县城镇也出土了年代相同的鲸鱼骨等,加上嘉定与太仓境内,至今未发现早于东周的遗址或墓葬。吴淞江北岸的外冈这一条冈身,仅是距今三千年左右的岸线,因此五千多年前的长江口极为宽阔。处于长江三角洲前缘的上海地区,不仅土地不断向外延伸,在古代个别地段也发生坍塌,如金山区在杭州湾的大金山、小金山与乌龟山。据记载,原来是与陆地相连的,人们可以到大金山上的寺庙进香,至今山上仍见遗址。而山北的土地也已被冲刷成海,使金山卫东的戚家墩春秋战国时代遗址暴露在海滩上,考古人员只能利用潮落的间隙时间进行抢救发掘。在淀山湖东部商榻、西岑与金泽三镇之间的湖底,1958 年打捞出一批新石器时代至唐宋的文物,发现湖底也有一处古遗址[6],该处水深约 1~1.5 米,与陆地上古遗址在地下的深度相近,说明湖中的遗址并不是因土地下陷进入湖中的,而是受风力、水浪的冲刷使湖岸坍塌而进入湖中的。类似的太湖底古遗址,在江苏的吴县有澄湖遗址,在常州的滆湖水下、浙江吴兴钱山漾附近的湖底,同样有古遗址。依此分析,古太湖的面积,自古至今变化也很大。

二、发现了上海最早的古人,使上海史的年代推前到六千余年

在地下遗址发现之前,据晋建沪渎垒的记载,上海在距今一千六百多年前只是一处滨海渔村。或据相传春秋时吴王寿梦筑华亭,上海曾是吴王的狩猎休憩地,再前就无据可查了。1961 年发掘了青浦县崧泽遗址,[7]第一次在本地区发现了距今六千年左右的马家浜文化遗址。此后,在青浦县福泉山下层和金山区的查山下层也有这类文化遗存的发现。马家浜文化以首次发现于浙江嘉兴的马家浜而得名,是我国长江下游太湖地区现知最早的新石器时代古代遗存之一,尚处于母系氏族社会晚期。崧泽遗址下层出土的木炭,经作碳十四年代测定,距今为 5 985±105 年和 4 035±140 年。这一时期古人的住地是亚沙土,而其周围为沼泽泥。古人是在沼泽环境中择高地居住的。生产工具主要是石器和骨器。石器中的石斧,长方梯形,采用磨制工艺,并以琢凿方法穿一孔,可以装柄;骨器有镞、锥、凿等,利用动物的肢骨或角制作。遗址出土的动物骨骼种类很多,有猪、狗、牛、獐、梅花鹿、四不像以及龟、青鱼、蚌、蛤等,都是先民们食后丢弃的残骨。其中猪骨的牙齿磨损不严重,猪龄不大,经鉴定属于饲养猪。这些反映牧畜和渔猎在当时的经济生活中占很高比重。最突出的是,在一个

灰坑(地窖)中发现了许多已经炭化的稻茎和谷粒,经鉴定其属于籼稻和粳稻,都是人工培植稻(图2-3),在当时是全国最早的古水稻标本。这说明距今六千年前后,上海古人已经种植水稻了。出土的古人的生活用器都是陶器,炊器用釜,以夹砂陶土制作,敞口直筒形、圜底,在肩部有一周宽沿(见图1-2-3),在宽沿以下的器表有烟灰,是套入灶眼中炊煮的器皿;还发现了陶炉箅,长方框,中间有三根炉条,两端各有一环形把手(见图1-2-4)。

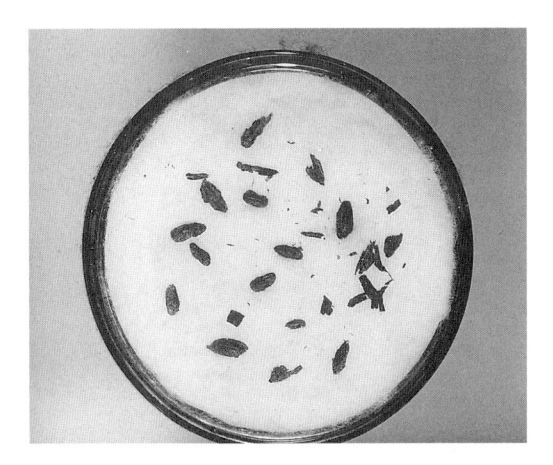

图2-3 马家浜文化籼稻和粳稻谷粒(崧泽遗址出土)

用灶及炉条,说明古人已经注意到了防风和透气,使燃料充分燃烧。盛食器用比较纯净的泥土烧制,有类似高足盆的豆和盆等,豆的外壁常涂一层红褐色陶衣作装饰。盛贮器有安装牛鼻形器耳的罐。这些陶器都用泥条盘叠然后抹平修整的方法制成,所以在内壁可见一圈圈的盘叠痕,烧制方法是在场地上堆器堆草,再将整体涂泥封盖,然后点火烧成。由于不能密封,陶器在氧化焰中烧成,所以都是红陶或红褐陶。崧泽遗址马家浜文化层的发掘还发现了两口水井,直筒形,井口略呈椭圆形,圜底,井壁光滑,口径67～75厘米,深226厘米,井底沉有红陶盆、陶釜等[8]。这两口井被誉为全国最早的古井。在多水沼泽地带挖井,是为了取得净水,说明古人已经考虑改善饮水的条件了。考古是一门综合研究的学科,将马家浜土层泥土作孢粉分析,获知距今六千年左右的古上海,在佘山、凤凰山、天马山等地有茂密的常绿和落叶阔叶的混交林,平地上多湖泊沼泽,气候温暖湿润,气温比目前约高2℃～3℃,与浙江的中南部相近。上海马家浜文化遗址的发掘,描述了上海最早古人的生活情况。

三、上海地区的考古,在中国考古学上获得了崧泽文化和马桥文化的命名

在崧泽遗址发现和发掘之前,长江下游太湖地区新石器时代的古文化,仅知有六千年前的马家浜文化和四千多年前的良渚文化两种类型。1961年崧泽遗址的发掘,在下层马家浜文化之上,发现另有一处新石器时代的墓葬群。遗物特点是炊器用鼎,鼎足呈凹弧形或扁铲形,像是釜与支座相连;盛食用豆,豆把作腰鼓形,或叠珠形,并

有圆形与弧边三角形镂空图案装饰,壶的圈足往往分割成花瓣状,罐的器表常见压划藤竹编织纹。这些特征与马家浜文化显著不同。例如马家浜文化陶器,全是红陶,而崧泽层陶器大部是灰陶和黑衣灰陶。使用的炊器,马家浜文化用陶釜,而崧泽中层普遍用三足鼎。崧泽中层的特点与良渚文化相比也不同,崧泽的陶鼎都是沿着器腹向下延伸的鼎足,一般称之为抱腹式足,而良渚的鼎足支撑于器底;盛食的豆,崧泽的豆把上部束颈、中间呈腰鼓形,底下敞开作喇叭口,而良渚豆大部为竹节形把手;至于陶壶,在崧泽文化中颈部无鼻,底部圈足,多剔刻成花瓣形,而良渚陶壶盛行颈上有双鼻或器腹附阔把。所以崧泽中层是一种新的文化类型,其年代经用骨骼作碳十四测定为距今5 180±140和5 860±245年。由于发现的遗迹和出土器物非常典型,又及时发表了考古报告,因此该遗存被考古界命名为"崧泽文化"。崧泽文化的遗存在上海境内除崧泽中层以外,还有福泉山第4～6层、汤庙村下层、寺前村下层、金山坟下层、姚家圈下层、广富林下层、平原村下层等多处,由此反映出,这一时期的居民点比马家浜时期增多。崧泽文化的遗址经过多次发掘,按照文化层的土色变化和器物形制的演变,年代上还可以排出早晚四期,它的一期,具有马家浜文化的遗风,四期又出现向良渚文化过渡的状态。这表明崧泽文化继承了马家浜文化,又向良渚文化演变,是太湖古文化发展序列中的一个重要环节。崧泽古人的经济生活,据崧泽墓葬 M13、M42 和 M93 都用猪颚骨陪葬,说明畜牧饲养已成为重要的生活来源。在汤庙村 M1 墓中,还出土了一件石犁[9],扁平三角形,中间穿一孔,这是我国最早的石犁之一,说明农业开始进入犁耕时代。与此同时,生活用具中出现陶杯,并且成为主要器皿之一。参考比之稍晚的良渚早期遗址和墓葬,发现了过滤酒糟的器皿,证明这一时期因为农作物产量的增加,已经开始酿酒。陶杯是一种饮酒用具。社会组织也从母系氏族社会开始向父系氏族社会过渡,如发现的墓葬在崧泽一地仍见儿童与成年女性合葬,有子女从母的现象。在福泉山已有青年男女男左女右的合葬墓,及一个成年男性在中间,左右各有一个儿童的三人合葬墓。子女从父,男性成为主体,显示了父系氏族社会的迹象。崧泽文化在我国新石器时代诸文化中,属于一支繁荣而优秀的古文化。生产技术不仅进入犁耕,在陶器制造方面还发明了轮制技术,如在许多壶、杯等小件器皿的内壁,底部有一凸出点,周

图 2-4 崧泽文化陶壶内壁的轮制痕迹(福泉山出土)

壁有左旋的旋痕,遗留有明显的轮制痕迹(图2-4)。崧泽古人使用半机械的方法制作陶器,其年代在崧泽晚期,距今约五千四百年左右,是我国最早使用轮制技术的古人之一。在金山坟遗址又发现了一件陶甗,此器用夹砂陶土制作,外形如鼎,大口弧腹圜底,安装三只凿形足,在腹部的内壁有一周凸沿,可以置箅,而在凸沿之下还有一个通向外壁的小流,用以向内注水[10]。这是一件结构特殊的蒸煮用器,证明古人开始使用蒸气。在精神生活方面,显示了对火的崇拜,于崧泽遗址的崧泽文化墓群北部,发现了一堆燎祭的遗迹。该遗迹为直径约九平方米隆起的火烧土堆,一层红烧土与灰烬间夹一层灰土,有五六层之多,是古人多次祭祀祖上的祭坛;另在每一墓葬的南侧或西侧,也有堆土火烧的祭祀遗迹。这是比甲骨文记载又早出两千多年的燎祭习俗。我国是玉文化历史悠久的古国,而太湖地区是它的发源地之一,上海地区早在崧泽遗址马家浜文化中就出现了耳饰玉玦。在崧泽文化各遗址中,更发现了玉璜、玉镯、玉坠和玉琀等,无论种类和数量都比马家浜时期增多。璜、镯、坠是女性佩戴于颈上或手臂上的饰件。琀发现于人骨口内,有扁平鸡心形、圆形和环形数种(图2-5),是我国现知年代最早的玉琀。琀的出现,反映我国用玉由此进入了意识形态的领域。崧泽文化的发现,证明五千年前的上海,无论经济和文化,在全国新石器时代诸文化中均处于发展的前列。

图2-5 崧泽文化玉琀(崧泽遗址出土)

位于今闵行区的马桥遗址,经1959年至1960年第一次发掘和1966年的第二次发掘,发现它的中间一层是一种新的文化类型。陶器的器表通体拍印编织纹,器底普遍内凹,并有与中原二里头文化相似的觚、鬶、尊等。这类文化在马桥遗址未发掘与整理研究之前,考古界曾经泛称为几何印纹陶文化,以后又归入首次发现于南京湖熟镇的湖熟文化。经过整理研究,马桥中层与湖熟文化显著不同。例如在文化特征中非常重要的烹饪器,在马桥是三实足的陶鼎,是我国东部地区的传统炊器,而湖熟主要是三袋足的鬲,鬲是黄河中上游地区的常见器。即使是蒸煮器,在马桥也为上甑下鼎,而湖熟是甑鬲的结合。再以两者共有的印纹陶器作分析,器形方面,在马桥全是圜底内凹的器底,而湖熟则有较多的平底器。马桥盛行的鸭形壶,在湖熟未见,而湖熟常见的一种梯格形的印纹,在马桥则属偶见。至于一种类似青铜器的觚、鬶、尊、豆等灰陶器,与拍印的各种变形云雷纹,在马桥是主要器形与纹饰之一,在湖熟不多见。所以马桥中层是一处我国东南地区的古越文化遗存,而湖熟则是古越与中原商周文化结合的另一类文化。这些发现与《史记》所记商末周太伯与虞仲奔吴的传说有关,因此马桥中层应另外予以命名。在考古报告发表之后,马桥中层被考古界称之为"马桥文化"。马桥遗址,在1993年至1995年又进行了第三次发掘,进一步发现了这类文化的墓葬与水井。1996年发掘了奉贤县的江海遗址,在马桥文化中又发现了陶窑[11]。因此,对于马桥文化的内涵,已有了比较全面的认识。它的年代据木炭的碳十四测定,约为距今3 580±125年,处于夏至商代早中期阶段。出土遗物中已有小件青铜工具刀、凿、镞、铲等,一些灰陶器也与铜器的器形有关。所以它是我国太湖地区的一种青铜时代文化。这类文化与在它之前的良渚文化相比,面貌截然不同,如马桥文化陶器以红陶为主,器表普遍拍印绳纹或叶脉纹、篮纹、方格纹和蓆纹等印纹,而良渚则盛行灰陶和黑衣灰陶,器表大部保持素面,或部分作刻划纹。马桥器形常见圆底内凹,在良渚这类器基本不见。良渚已有高度发展的制玉工艺,在马桥中则不见。以此观察,马桥文化并非继承良渚文化而来。根据它与浙南闽北古文化的相似性,它应该是从那一地区向太湖传播甚至入侵的古文化,是太湖地区古文化发展史上的一大转折点。马桥文化的发现与命名,揭开了夏商时代古越文化的一段历史。

四、上海考古五十年,为良渚文化的研究作出了重大贡献

良渚文化是我国新石器时代的一支优秀而影响巨大的古文化,精美的良渚玉器与良渚黑陶闻名国内外。良渚文化在我国古代何时进入文明时期的研讨,更是一个重点研究对象。所以关于良渚文化的研究,是我国考古学上的重点课题之一。上海地区的考古则为这一文化的研究作出了如下贡献。

1959年马桥遗址的发掘,在其下层第一次发现了良渚文化的墓地。良渚文化在1936年发现之后,直至50年代,因各种原因,各地仅做了若干次小面积的探掘,研究内容局限于文化特征的初步探讨。马桥遗址下层墓地的发现揭露了良渚最基层平民的生活与葬俗概况,使研究工作进入了新的领域。马桥遗址的良渚墓地,位于居住遗址近旁的一片平地上,在40个5×5米的发掘坑位内仅见10座,墓位分散,与崧泽文化时期在一个5×10米的发掘坑内,即有墓葬26座的情况相比有了很大变化,反映出氏族内血缘关系的松散。埋葬方式采用平地堆土掩埋,未见葬具,与金山亭林及青

浦福泉山等处的良渚文化墓葬,挖掘长方形土坑,又用葬具的埋葬习俗不同,显得极为简陋。墓内人骨大部保存尚好,姿势仰身直肢,头向南,身旁随葬品极少,一般为每座一至二件,最多的一座仅六件,有三座无物,而且都是墓内人生前用的生活用具如鼎、豆、壶等,在鼎的底部尚见烟炱,生产工具很少。这是一处良渚一般氏族成员的葬地。这一发现,与此后福泉山发现的良渚贵族高台墓地有了由于贫富和贵贱不同而形成的对比。

1966年马桥遗址的第二次发掘,首次解决了良渚文化与马桥文化的地层叠压关系,证明马桥在上,良渚在下,良渚文化早于马桥文化。在此之前,由于对黑衣灰陶的年代特征认识不足,仅知这类陶器是良渚文化的重要标识,不知道它的制造技术延续到马桥文化甚至更后,因此把马桥文化中也有黑衣灰陶,看作是两类文化的共存,当时的结论是这两类文化在同一文化层中,只不过在上部马桥的内涵多于良渚,而下部则良渚内涵多于马桥。马桥遗址的第二次发掘,分清了这两类文化在地层方面的上下叠压。如T103的第四层黑灰色土,内涵为马桥文化遗物,而第五层青灰色土,其中全是良渚文化遗物,两者并不混淆。又通过出土器物的整理,看出良渚黑衣陶与马桥同类陶器有所不同,不仅是器形与纹饰上的差别,而且马桥的黑衣陶器胎厚,表面黑灰泛白,良渚则胎薄,表面深黑,有的还呈铅样光泽。这次发掘划清了地层,又区别了两者的不同,为良渚文化年代的研究提供了科学依据。

1984年青浦福泉山的发掘,第一次揭示了良渚高台贵族墓地并非利用天然土山,而是人工堆筑高台的秘密。福泉山是一个高7.5米,东西长94米,南北宽84米的大土台,呈不甚规则的长方形,顶面平整,东南西三面斜坡,北坡较缓有两个台阶

图 2-6 福泉山良渚文化高台墓地全景

（图 2-6）。[12] 发掘发现，这座土山底下是一处崧泽文化中期的距今约五千六百多年前的村落遗址，其中有方形的地面建筑遗迹，如四周遗留的木柱下的垫板，中间有灰黑色已经踏硬的居住面和红烧土粒堆积，也有从屋顶坍下的树条，在屋北有室外炊煮食物的灶塘，灶旁遗留一件破碎的大陶鼎，屋东见一堆生活垃圾，垃圾中除碎陶器外，尚有食后丢弃的獐、鹿、猪、鱼等动物碎骨和骨器以及半件玉璜。在村落废弃之后，遗址被大自然覆盖了一层黄褐土，其上又成为崧泽文化后期古人的墓地，土色变为灰黑，发现了多座墓葬，再后成为良渚文化第一二期古人的墓地，为黄土和黑土，最后在良渚文化晚期，古人进行大规模的修建，把它堆成目前所见的大土台。这最后一次的修建堆土，土色灰黄而杂乱，其中夹杂不少马家浜文化和崧泽文化的陶片，是从它处破坏了另一个遗址搬来的堆土，厚约 1.5 米，土方量在一万立方米以上。在古代这是一项巨大的工程，其目的只是为了作显贵们的墓地。这一发现揭开了良渚高台墓地是人工修筑的面纱，引起考古界的广泛注意。考古界的老前辈、曾任中国考古学会理事长的苏秉琦给予高度评价，说人工建造的福泉山良渚高台墓地，是"中国的土建金字塔"。这一发现，其意义远远超过玉器的出土。福泉山从 1982 年到 1987 年前后发掘了三次，在山上找到良渚墓葬 30 座，山顶南部良渚墓群顶上还有一座燎祭的祭坛，长方形，从北向南，自下而上铺了三层台面，逐步升高，周围堆置许多不规则的土块。最高一层还有一个土块堆成的祭台，台面是一块长 100 厘米，宽 40 厘米，厚约 10 厘米平整的大土板，板下置一件祭祀用的大口尖底陶缸。整个祭坛连同土块都被大火烧红，然而地面却又清扫干净，不见丝毫草灰。所有燃烧物都被置于山的北坡第一台阶上，一个专用于堆放草灰的土坑内。在燎祭祭坛之下，即叠压着 M144、M145、M146、M149、M150、M151 等多座墓葬，在其中良渚文化考古方面又第一次发现了使用人殉和人牲陪葬的现象。人殉墓见 M144 一座。此墓挖深 90 厘米的大土坑埋葬，坑内先见一层椁板的板灰痕迹，有一具朽蚀严重的人骨躺在椁板上，身旁有玉珠、陶壶和陶鼎各一件陪葬。这是一具殉人，在椁板下发现葬具痕迹，盖底都呈凹弧形，似一棵大树对剖挖空后相合而成。葬具内有人骨，身旁有玉钺、玉镯、玉锥形器、棒形器及陶鼎、陶豆、陶壶等陪葬。在 M144 旁的 M145，则在墓主土坑的北端另挖了一个埋葬人牲的小土坑，坑长仅 97 厘米，宽 80 厘米，深 37 厘米。在这样一个小坑内，塞入两具人骨，屈肢屈身双手朝后，面额朝上，似反缚状，经鉴定，一为青年女性，另一是儿童。这是杀人祭祀的土坑。又在 M145 以东，良渚文化早期的地层内见 M139，此墓挖掘墓坑与使用葬具，葬具内的人骨仰身直肢，口含玛瑙玲，身上分两行置 12 件玉石钺，足后见绘有彩绘图案的陶器，形象威武。就在墓坑之东北角，紧压坑口之上有一具人牲骨架，属青年女性，手足弯曲，似跪着倒下状，此人头顶有玉环一件，面额旁

图 2-7　福泉山良渚文化高台墓地 M139 用人牲祭祀的墓葬

有玉饰片一粒,颈部和下肢骨旁各有玉管一件,身旁并置一件祭祀用的陶大口缸(图 2-7)。这是良渚时期用家奴作祭祀的例证。福泉山的各个良渚大墓内,都放置了大批精美的玉器和陶器,甚至还有象牙雕刻器。玉器有斧、钺、琮、璧、锥形器、冠形器、半圆形器、角状器、柄形器、靴形器、珠、管、环、镯、坠、玉鸟以及用于镶嵌的各种小玉粒等,往往一墓出土百余件(粒)。玉质之优美,制作之精也为良渚考古所罕见,尤其是发现的一件玉带钩(图 2-8),把我国使用带钩的历史,从春秋战国提前到新石器时代。出土的石器斧、钺、锛、凿或刀,虽然都是武器或生产工具,但也是器形规整,刃部钝口,器表经过高度抛光,光亮鉴人。这些石器属于礼仪用器,是我国新石器时代石器中的精品。出土的陶器,有的器形奇特,如黑陶鸟形盉,形如伫立的企鹅,雍容大方。高柄盖陶罐,盖柄高伸,形如插烛,柄心上下贯穿与罐相通,在黑色的器表上又有多道红褐色的彩绘,十分庄重。一件双层陶簋,器盖下的容器又作第二层容器的器盖,类似现代上层盛菜、下层放饭的饭盒。另有一件陶薰,竹节纹圆筒形,容器的器盖,密集地镂刻了许多透气的小孔。这些器形都属于良渚考古的第一次发现。至

图 2-8　玉带钩(福泉山良渚文化墓出土)

图 2-9　细刻曲折鸟纹阔把翘流黑陶壶
（福泉山良渚文化墓出土）

于陶器上的纹饰，有的从盖至足整体细刻精美的鸟首蛇身盘曲纹或各种形态的飞鸟，既具神秘感，又非常优美（图2-9），是原始艺术中杰出的作品。这些器物精工细作，并非实用器，而是象征身份地位的礼器。福泉山良渚文化大墓，从高台墓地的建筑和燎祭祭坛，以至使用人殉与人牲及占有大量珍贵的玉、石、陶制礼器，说明早于夏代的良渚文化已经进入文明时期。这为研究我国国家起源提供了一个重要实例。

五、清理发掘的古墓证明上海的历史绵亘不断

　　五十年来清理发掘的古墓已达五百余座，其年代接新石器时代之后有夏、商、周、秦、汉、南北朝以至唐、五代、宋、元、明、清，各代齐全，证明上海这一片滨海地区，历史绵亘不断。有史以来未曾遭受过大的海浸，并且在出土的文物中，有许多属于国家级的珍贵文物。其中除了新石器时代的青玉细刻神像飞鸟纹玉琮、柄部有象牙镦的青玉钺、胎薄器表乌亮细刻旗形曲折纹与鸟纹的阔把翘流黑陶壶等以外，进入历史时期的重要发现尚有：战国时期的楚墓[13]出土了楚国的泥质郢爰、带彩绘附耳蹄足盖上有三只伏兽的陶鼎、器盖四角有凤鸟形出戟和彩绘的陶钫、彩色琉璃珠、琉璃璧、青玉牛首双尾龙纹璧和陶俑等。器物形制与两湖及安徽所见的楚文化器物一致，而与同时期的本地越人的印纹陶显著不同。这些是楚国官吏的墓葬，是史载公元前333年楚灭越，上海地区成为楚相春申君的封地，因而上海又简称"申"的由来。青浦重固元代水利专家与画家任仁发及其侄墓群的发现，也出土了一批珍贵文物，有罕见的陶渊明赏菊图雕漆盒、五节八瓣莲花形漆奁、官窑青瓷开片垂胆瓶、三足炉和碗等。这些都是国家一二级文物。[14]卢湾区明代豫园主人潘氏家族墓群的清理，出土了一套乐队、皂隶、侍从、轿夫等仪仗木俑及家具模型，具有很高的历史价值与艺术价值，尤其是床、椅、凳、柜等家具成为研究明式家具的典范（图2-10~12）。[15]建于明正统年间的松江西林塔，修缮时在天宫与地宫中出土了玉器四百余件，有炉顶、带钩、牌饰、发笄、持荷童子、兔、龟及春水秋山玉牌等。[16]数量之多、制作之精，都属罕见，是研究

图2-10　明代潘氏墓出土木家具明器之一（上海市卢湾区肇嘉浜路出土）

图2-11　明代潘氏墓出土家具明器之二（上海市卢湾区肇嘉浜路出土）

明代民间玉器的一大收获。宝山月浦明朱察卿墓出土了一套文人书案用具,有笔搁、笔架、镇纸、砚台、水盂、水壶等,尤其是一件明代嘉定竹刻名家朱小松的刘阮入天台图透雕竹刻香薰,雕刻的草木山石层次分明,人物栩栩如生,是明代嘉定竹刻三朱中唯一见于出土的真品。[17]再如嘉定澄桥出土的一套十二本明成化说唱本,其中,《刘知远白兔记》是我国现存最早的传奇刻本,《花关索传》是研究三国演义不同版本的重要资料,其他尚有《包龙图断曹国舅公案传》、《张文贵传》、《莺哥行孝义传》、《石郎驸马传》等[18]。各书的插图都是国内现有最早的戏曲小说插图版画,对研究我国的文学、戏曲或版画史都具有重要价值。其他珍品尚有松江凤凰山出土、铸造工艺高超的

图 2-12　明代潘氏墓出土木仪仗俑（上海市卢湾区肇嘉浜路出土）

春秋镶嵌变形兽体纹青铜尊，青浦福泉山出土的汉代圆形石砚，浦东新区川杨河工地出土的唐代大木船[19]，嘉定封浜出土的宋代木船[20]，宝山月浦出土的宋代黑漆碗、盘、盒和闵行区出土的明代印花布与木尺等。

这些发现，为我国的文物考古与上海史的研究作出了一定的贡献。

注释

[1]《上海文物博物馆志》编纂委员会编：《上海文物博物馆志》第一编《古文化遗址篇》，上海社会科学出版社，1997年。

[2] 上海市文物保管委员会：《上海马桥遗址第一、二次发掘》，《考古学报》1978年第1期，第109～136页；上海市文物管理委员会：《上海市闵行区马桥遗址1993—1995发掘报告》，《考古学报》1997年第2期，第197～236页。

[3] 黄宣佩、吴贵芳：《从严桥遗址推断上海唐代海岸的位置》，《考古》1976年第5期；黄宣佩、吴贵芳、杨嘉祐：《从考古发现谈上海成陆年代及港口发展》，《文物》1976年第11期，第45～55页。

[4][19] 王正书：《川杨河古船发掘简报》，《文物》1983年第7期，第50～53页、95页。

[5] 黄宣佩：《上海市嘉定县外冈古墓清理》，《考古》1959年第12期，第685～686页。

[6] 青浦县文物调查工作组：《青浦县淀山湖新石器时代文物的初步调查》，《文物》1959年第4期，第9～10页。

[7] 上海市文物保管委员会：《崧泽——新石器时代遗址发掘报告》，文物出版社，1987年。

[8] 上海市文物管理委员会：《1987年上海青浦县崧泽遗址的发掘》，《考古》1992年第3期，第

204～219 页。
[9] 上海市文物保管委员会:《上海松江县汤庙村遗址》,《考古》1985 年第 7 期,第 584～594 页。
[10] 上海市文物保管委员会:《上海青浦县金山坟遗址试掘》,《考古》1989 年第 7 期,第 577～590 页。
[11][17] 上海市文物管理委员会:《上海奉贤江海遗址 1996 年发掘简报》,《考古》2002 年第 11 期。
[12] 黄宣佩、张明华:《上海青浦福泉山遗址》,《东南文化》1987 年第 1 期,第 1～17 页;黄宣佩:《福泉山遗址发现的文明迹象》,《考古》1993 年第 2 期。
[13] 黄宣佩:《上海市嘉定县外冈古墓清理》,《考古》1959 年第 12 期,第 685～686 页;上海市文物保管委员会:《上海青浦县重固战国墓》,《考古》1988 年第 8 期,第 688～693 页。
[14] 沈令昕、许勇翔:《上海市青浦县元代任氏墓葬记述》,《文物》1982 年第 7 期,第 54～60 页。
[15] 上海市文物保管委员会:《上海市卢湾区明潘氏墓发掘简报》,《考古》1961 年第 8 期,第 425～434 页。
[16] 上海市文物管理委员会:《松江县西林塔修缮简报》(待发表)。
[18] 汪庆正:《记文学戏曲和版画史上的一次重要发现》,《文物》1973 年第 11 期,第 58～67 页。
[20] 倪文俊:《嘉定封浜宋船发掘简报》,《文物》1979 年第 12 期,第 32～36 页。

(本文原载于《上海博物馆集刊》(8),上海书画出版社,2000 年)

远古时代上海历史探索

在古代上海曾经是一片海洋,嘉定的方泰、宝山的北宗、上海县的七宝和闵行,以及市区的彭浦和龙华等地,在地下深约4～6米处都发现的鲸骨可作证明。"上海"地名也与海有关。嘉庆《上海县志》说"华亭县其东北为华亭海",表明松江东北曾经是海,大致后来冲积成陆,仍延用了海的地名。于是在江浦中有一条被称为"上海浦",而另一条被称为"下海浦"。在上海浦近旁形成的对外贸易集镇就被称为上海镇。这可能就是"上海"地名的来历。

但华亭海究竟是何时成为陆地的,志书上却无记载。于是人们从上海原是海滩这一模糊概念出发,总以为上海的历史不古。直至发现了许多新石器时代的遗存,这一观念才逐渐改变。现知上海地区的陆地形成时间,自西向东至少可以划分三条线。其一位于上海地区的中部,从上海县的诸翟,经俞塘至奉贤的南桥西,直达柘林一线。这是一条古海岸遗迹,是志书记载中竹冈的所在地。1959年,在俞塘一段的上面发现了马桥遗址;1973年又在柘林盐场冈身之上发现柘林遗址。二处遗址的早期都属于新石器时代的良渚文化。据马桥出土陶器所作的热释光测定,其年代距今4 390±240年;其下堆积的介壳,经碳十四测定,距今为6 340±250年(树轮校正),表明这一带在6 000余年前是海,而到了4 000余年前早已成陆,并有人在此生息。其二是位于宝山的盛桥、月浦,经川沙的北蔡和南汇的周浦、下沙,直达船头一线,这是另一条古海岸遗迹。考古工作者在此线西侧严桥地方发现了唐、宋时代的遗址。在外侧陈桥附近,发现了一艘废弃在海滩上的唐代木船。据此可以把此线定为唐代的海岸线。其三是近海的,从川沙的顾路、龚路,经川沙县城到南汇的惠南镇和大团,再向西延伸到奉贤的奉城和柘林一线。这是一条古代的海塘遗迹。在此线内侧,如三团、牛角尖等地,不断发现宋代砖井;在外侧发现宋代的废船,在三团港还有一处宋代的瓷碗堆栈,堆积了近千只用稻草捆扎的从浙南闽北运来的瓷碗,近旁尚有生活用的锅灶。因此这是一条不迟于宋代的古海岸线。上海地区考古发现的各时代的遗址与遗物,其分布地点与这三条海岸线时代的推断也完全相符;新石器时代至汉代的遗址与墓葬都在竹冈以西;唐代以前的遗址、墓葬与遗物,都在第二条海岸线以西;而海塘遗迹以西则不断发现宋元时代的遗迹和遗物。所以上海陆地由西向东逐步形成,上海的古史,从西部开始。

关于上海地区的古代历史,叙述的年代最早的是宋绍熙《云间志》:"华亭在禹贡为扬州之城,在周为吴地。"但是,按考古发现的材料,上海的历史还可推前2 000年。青浦城东5公里的崧泽遗址下层属于新石器时代的马家浜文化,据出土木炭碳十四测年,其距今为5 985±140年和4 035±140年;金山县的查山和青浦的福泉山也发现过马家浜文化的居住遗址,这说明早在距今6 000年前,古人已在开发着上海西部。当时,在松江的佘山、凤凰山和天马山等山地上,有茂密的常绿阔叶和阔叶落叶的混交林,平地上多湖泊沼泽,气候温暖湿润,气温约比目前高2℃~3℃,与浙江的中南部相近。生存的动物群有梅花鹿、四不象、鹿、水獭、牛、狗、猪、龟、鲤、蛤、蚌等,其中狗与猪已成家畜。人们在高地上搭建干栏式建筑,在地下挖地窖储藏食物,使用石、骨材料制作的工具,种植籼、粳两种稻谷,也猎获一些动物以作食物不足的补充。崧泽遗址发现的水井,是我国目前所知最早的人工水井。生活用具以陶器为主,有炊器釜,盛食器豆、盆、罐,水器壶,纺纱器纺轮等。虽然物质生活相当贫乏,但人们已有爱美的观念,身上佩戴着玉玦、骨管等饰件。从墓葬材料上可知,当时还处于母系氏族社会,实行男子出嫁的族外婚。人们能获得的生活资料不多,过着共同劳动、平均分配的原始氏族公社生活,死后埋于氏族的公共墓地。

历史进展到距今5 000多年前,继承马家浜文化的是崧泽文化。这类遗址除崧泽以外,尚有青浦的福泉山、寺前村和金山坟,松江的汤庙村、平原村和姚家圈等处。聚落的增多,反映了人口密度的提高。文化年代经碳十四测定,为距今5 800~4 900年。这一时期,本区生活的人群已与今宁镇、黄淮、浙江等地的人群发生了联系。考古发掘材料证明,人们已使用三角形单孔的石犁,农业从耜耕进入犁耕阶段。农业经济的地位已大大高于狩猎经济的地位,人们食后丢弃的动物碎骨,其出土数量比马家浜文化时期大为减少。墓葬中用猪颚骨陪葬的现象,说明人们对饲养更加重视。陶器在手制的基础上,已使用陶轮修整,器形比较规整,器类大大增加,造型比过去优美、科学,如烹饪改用三足鼎。在器皿的圈足上,镂刻圆形和凹弧边三角形孔等。陶器上还出现了刻划符号,可能与文字的起源有关,同时,作为一种标志,也是私有观念的反映。人们佩戴的饰件增多,在墓葬中,女性人骨的颈部往往有玉璜,手臂上有玉镯,胸前有多件玉坠,有的口内还有玉琀,这也是我国目前所知的最早的含玉习俗。崧泽遗址的墓葬材料,为研究当时的社会形态提供了绝好的例证。崧泽文化早期还处于母系氏族社会时期,到了晚期,已出现父系家庭,福泉山遗址崧泽文化晚期地层中出现了成年男女和儿童的三人合葬墓。所以说,这一时期正处于从母系向父系氏族社会的转变阶段。墓葬人骨年龄鉴定表明,由于生活的艰辛,大多数人都死于中青年时期。

到了距今 4 000 多年前,崧泽文化逐渐演变为良渚文化。这一类的遗址和遗迹,在上海县有马桥,奉贤有柘林,金山有亭林与张堰口,松江有广富林和汤庙村,青浦有福泉山、金山坟、果园村和寺前村等 10 余处,除张堰口以外,目前都已进行了试掘或大面积的考古发掘,资料比较丰富。这些遗址的年代据碳十四测定为距今 4 800~4 200 年。那时气候比较温暖湿润。居住在这里的部落,处于原始经济蓬勃发展时期。从出土遗物来看,他们掌握了比较进步的水稻种植技术:如使用石斧的三角形带柄大石刀砍除树丛杂草,耕田使用三孔石犁,有了石耘田器,已经知道进行中耕除草。这时还出现一种捞河泥的工具——千篰,可能掌握了施肥技术,普遍使用收割工具石镰,也有了剩余粮食可以酿酒。陶器中壶、杯、盉、鬶等饮器占了很大比例。除水稻以外,其他植物的培植也发展起来,在有些遗址中,发现了蚕豆、芝麻、花生、甜瓜等。掘井技术更加进步,在青浦朱家角西洋淀养殖场发现的良渚文化水井,已经用去皮的大树对剖剜空而成的弧形木料做井圈。水井的普遍使用,对农业的收获和人们的长期定居有重要作用。随着生产的发展,有的手工业可能已与农业生产分离。以制陶为例,器形用快速旋转的陶轮制成,用还原焰烧成灰色陶器,有的还进行渗炭处理,使陶器的表面有一层铅黑色陶衣,成为著名的良渚黑陶。这些难度较高的制造技术似乎非专业陶工而不可为。再从陶器的器形看,各地出土的都相似,就如同一地点的产品一样,估计当时已经有了制陶的手工业作坊。玉器制造,不仅数量多,而且从解剖玉料、琢磨成形、浮雕或细刻花纹镂孔等,到最后表面抛光处理,已经有了一系列比较完整的工艺,这也不是一般家庭手工业所能胜任的。有的遗址发现了残麻布、绢片和丝带等,亭林遗址还发现了竹篾编织器。良渚文化时期,人们的精神生活有了很大发展,出现了共同崇拜的神像和许多原始宗教用器。神像的图形为头戴羽毛帽子,脸部呈倒梯形,双目圆睁,张口露齿,上身与手臂有云雷等纹身花纹,下部是一兽面和一双弯曲的兽腿,脚上三爪,呈神兽相合的形象。这类神像大部采用简化的图像,被刻在玉制的祭器上或人们佩戴的饰件上。宗教用器出土了玉制的琮、璧和锥形器等。在福泉山还发现了祭祀祖先的遗迹,人们在先人墓葬的上面或前后堆置许多大块砖形的红烧土,有的中间尚有一件尖底的缸形器。出土玉器大部有火烤的痕迹,青浦福泉山和金山坟发现的部分良渚文化墓葬人骨有火烧龟裂现象,据此分析,良渚古人可能对火神极为崇拜。良渚文化时期文字开始出现,马桥遗址出土的一件阔把竹节形黑陶杯底部刻有"甲木"二字,邻近的江苏吴县澄湖良渚古井陶壶上也有"个耳区𦈢"四字。这些字形与商代的甲骨文相似。良渚文化时期,社会组织在进入父系氏族公社以后逐渐向产生阶级,建立国家的方向演变,从人们死后的埋葬情况来看,已经有了平民墓地与显贵墓地的区别。平民墓地都靠近村落,位于西或北方,墓位分散,不似崧泽文化时期那样集中。这说明氏族成员之间的血缘纽带已经比较松散。在上海县马桥遗址发现的10座墓葬,都是单身葬,仰身直肢,头向接近正南,其中一个成年女性的头骨,经人类学家复原,其相貌与现代上海市郊的女性相似。这些墓的陪葬品极为贫乏。松江广富林遗址发现的2座墓,一为男性,陪葬石箭头、陶鼎、陶盘、陶罐及一具狗骨;另一为女性,陪葬陶纺轮和鼎、盉、壶、罐、盘等陶器及一具猪骨。这些发现表明,当时已有了男子耕种狩猎,女子纺织、饲养家畜的男女分工现象。首领和显贵的墓葬位于高土墩上,这些土墩是在平地上用土堆筑而成的。如青浦福泉山,高7.5、东西长74、南北宽84米,用土达数万立方米,如同后代的帝王陵寝。仅从驱使大批劳力为自身营造墓地这一点,就可以看出墓主的权势。他们在土墩的上面挖掘长方形土坑作墓穴,埋葬时有棺有椁,棺用一棵大树对剖后中间刳空而成。墓内随葬许多精美的玉、石、陶器和象牙器,有的甚至用奴隶殉葬。如福泉山第9号墓,墓主身下垫玉璧,手臂上戴玉镯,胸前有用玉珠、管、坠串成的项饰,身旁有玉石精制的钺、琮、璧、锥形器等100余件和1件极罕见的象牙雕刻器,显示出墓主生前的权势和富有。福泉山第139号墓,墓主是一年约25岁的男性青年,他仰身直肢,头向南,口内有玛瑙琀,头前有玉锥形器,手臂戴玉镯,身上有玉管和玉饰片,四肢上分二行排列石斧玉钺12件,十分威严,足后有制作精美并彩绘红、黄色的陶器多件,而在他足后的棺木上,发现另有一具年约25岁的女性人骨架,虽也用几件玉器随葬,但她屈肢侧卧,头向西,呈跪着倒下的状态。她显然是殉葬的女奴。这些迹象表明,上海地区在良渚文化时期,社会形态已经从野蛮时期向文明阶段过渡,甚至可能已出现国家的雏形。它也表明,远古时代的上海地区曾经有着较为发达的原始文明。

到了夏商时期,在上海地区居住生活的是被称为马桥文化的古人。马桥文化是以上海县的马桥遗址中层作为典型而命名的。这类遗址在上海地区还有上海县的董家村、奉贤的柘林、金山的亭林、张堰口和查山;松江的平原村、姚家圈和汤庙村;青浦的刘夏、福泉山、金山坟、千步村、寺前村、淀山湖(塌陷到湖底的遗址)等。上海的人口这时有较大发展,年代约为距今3 700～3 200年。马桥文化的分布,大致东抵海滨;北至长江南岸,过江逐渐为商文化;西与分布在宁镇地区的湖熟文化相邻,与史书记载商代晚期奔荆蛮的周人太伯、仲雍在今镇江地区建立的吴国关系密切。南与浙南的早期印纹陶文化接界。所以马桥文化的范围,包含春秋时越的政治中心绍兴地区,文化面貌又与越的印纹陶文化上下相接,是越文化的前身。马桥文化在时间上继承良渚文化,但是文化面貌与后者相比起了突变。生产工具中,石矛、石、骨箭头大量出现,表明狩猎活动增多。农业上仍使用石犁、石刀、石镰等,但不见耘田器。小型的青铜工具如削和凿已经出现,这些铜器可能是从相邻地区通过交换得来的。良渚文化时期大量制造玉器和崇拜原始神像的现象这时已消失，而制造陶器的方法也与传说的不同，总的印象是比之过去显得粗犷而原始。这时除部分黑衣灰胎陶器仍使用陶轮制造以外，大部分改为泥条盘叠方法成形，然后抹平并用刻有几何形花纹的拍子拍实。所以，这类陶器的表面都有篮纹、方格纹、蓆纹、叶脉纹或云雷纹等印纹。入窑烧制时采用氧化焰的方法，室温已达 1 200℃ 以上，烧成的陶器质硬，呈橘红、红褐、灰褐等色，与良渚文化的素面灰黑陶不同，器形都作圜凹底，器物特征也起了很大变化。其中觚、觯、尊、簋、豆等的形制与相距千里以外的中原地区夏文化器物极为相似，可见当时本区与中原已有文化上的交往。有迹象表明，进入上海地区的使用几何印纹陶器的人群，似乎并未继承良渚文化集团的全部优秀文化成果。马桥文化时期的社会组织仍处于原始氏族公社阶段，而当时的中原地区已进入发达的奴隶社会时期。上述发现使人们提出良渚文化后来到哪里去了这样一个历史问题。

三千年以前的上海地区，经历了马家浜文化、崧泽文化、良渚文化、马桥文化四个前后相继的发展阶段，它始终归属于太湖流域古文化系统，大致从西周开始，逐渐成为吴国的一部分。公元前 473 年，吴灭属越，公元前 306 年，楚又灭越，上海成为春申君的封地之一。这段历史已经多少有些文献资料可供研究了。

参 考 文 献

1. 黄宣佩、吴贵芳、杨嘉祐：《从考古发现谈上海成陆年代及港口发展》，《文物》1976 年第 11 期。
2. 黄宣佩、张明华：《上海地区古文化遗址综述》，《上海博物馆集刊——建馆三十周年特辑》，上海古籍出版社，1983 年。
3. 上海市文物保管委员会：《崧泽——新石器时代遗址发掘报告》，文物出版社，1987 年。
4. 黄宣佩、张明华：《上海青浦福泉山遗址》，《东南文化》1987 年第 1 期。
5. 上海市文物保管委员会：《上海福泉山良渚文化墓葬》，《文物》1984 年第 2 期。
6. 上海市文物保管委员会：《上海马桥遗址第一、二次发掘》，《考古学报》1978 年第 1 期。
7. 上海市文物管理委员会：《上海市松江县广富林新石器时代遗址试探》，《考古》1962 年第 9 期。
8. 上海市文物管理委员会：《上海松江县汤庙村遗址》，《考古》1985 年第 7 期。
9. 黄宣佩、孙维昌：《马桥类型文化分析》，《考古与文物》1983 年第 3 期。
10. 黄宣佩：《太湖地区新石器时代文化剖析》，《史前研究》1984 年第 3 期。
11. 宋建：《马桥文化探源》，《东南文化》1988 年第 1 期。

(本文原载于《东南文化》1990 年第 1 期)

上海考古发现与古地理环境[*]

一、上海境内的南北冈身地带形成于不同年代

上海境内的古海岸线分布于吴淞江两岸,目前尚可找到遗迹的在吴淞江以南有沙冈和竹冈。二冈自西北向东南并行:沙冈北起青浦县蟠龙镇,经闵行区马桥镇,抵奉贤县的漕泾;竹冈自青浦县诸翟镇,经闵行区俞塘村东、奉贤县的南桥西,抵柘林海边,二冈皆北抵吴淞江。吴淞江以北的外冈则南起吴淞江,经嘉定区的方泰、外冈,江苏省的太仓县,向西北方向延伸[1]。据此现象,有不少学者把外冈与沙冈、竹冈相连,将这一地带统称为冈身地带,且年代相同[2]。今据考古所见,沙冈、竹冈和外冈虽然隔江相望,却并不属于同期岸线。外冈的年代值得讨论。

首先,构成这三条冈身的物质存在着明显的区别。沙冈的堆积物主要是黄褐色细砂,仅个别地区见贝壳砂;竹冈大部由贝壳砂堆成,所谓"入土数尺,皆螺蚌壳",其中贝壳含量约60%～80%,种类有蚬蚶、蛏的碎片,还有牡蛎、文蛤、青蛤、圆田螺、环稷螺、础螺、乌蛳、扁卷螺等[3]。外冈则属于有少量铁锰结核的沙堤,除个别地点有薄薄的一层贝壳砂以外,未见成堆贝壳[4]。它们显然是不同时期、不同的自然环境的堆积物。

从考古发现分析:沙冈以西上海境内发现的新石器时代古文化遗址已达14处之多,其中如青浦崧泽古文化遗址的下文化层和金山县查山古文化遗址的下文化层都属于马家浜文化,据崧泽61T1下层出土的木炭碳十四测定,其年代距今5 985±140年(经树轮校正,下同)。竹冈以西、沙冈以东的新石器时代古文化遗址有2处,位于竹冈冈身上的闵行区马桥和奉贤县柘林古文化遗址,二者的下文化层都属良渚文化,

---

[*] 本文为与周丽娟合作作品。

以马桥出土的陶片作热释光年代测定,其距今 4 400±220 年[5]。而外冈以西上海境内迄今未见新石器时代的古文化遗址或遗物,仅在嘉定县的外冈之上发现一件春秋时代的印纹陶罐,一座战国晚期墓和两座西汉初期墓葬[6]。

再以冈身的包含物作年代测定,据采自沙冈冈身上的漕泾沙脊村的海生贝壳的碳十四测定,距今 6 400±100 年[7](用海相沉积物测定的年代当为海洋的年代);采自竹冈冈身上的马桥俞塘的海生介壳碳十四测定为距今 5 680±180 年[8];外冈嘉定方泰先锋大队出土的鲸鱼肋骨碳十四测定为距今 2 128±70 年。

依照上述分析,笔者认为:沙冈一线应形成于 6 400±100 年(海的年代)和 5 985±140 年(有居民年代)之间,是距今 6 000 年前后的海岸线;竹冈一线在距今 5 680±180 年和 4 400±220 年之间形成;至于外冈一线的形成,最早不会超过距今 2 500 年,其外侧(即外冈以东)的成陆时间应更晚些。

外冈的成陆年代晚于沙冈、竹冈,那么与沙冈、竹冈同期的吴淞江北岸的古海岸线应在何处?其大致位置可根据下列考古发现予以推算。

江苏省张家港市杨舍镇与鹿苑镇之间有许多村庄遗址[9],鹿苑镇东南约 2 公里处有徐湾村遗址,塘桥镇东北首有蔡墩遗址,东面有妙桥遗址,西张镇西北有西张遗址,港口镇西北约 3 公里处有凤凰山遗址[10],这些遗址均发现了距今 5 000 年前的崧泽文化遗存。

常熟市西南的三条桥遗址,市南 10 公里处的黄土山遗址,市西 20 公里处的嘉菱荡遗址均有距今 4 000 多年的良渚文化遗存[11]。

昆山县南的荣庄遗址[12]和赵陵山遗址[13]有良渚文化遗存,正仪镇北 2 公里的绰墩遗址的下层还有距今 6 000 年以前马家浜文化的遗存。[14]

1981 年土壤普查时,在嘉定县黄渡镇附近也发现了一条砂带,其组成物质与沙冈的类似,亦是黄褐色粉砂。

我们把以上这些遗址所在地用线相连,亦可以区分出东、西两个区域。线西:上述遗址所反映的文化类型、年代与沙冈、竹冈以西上海境内的新石器时代古文化遗址相一致;线东:与外冈以西上海境内的情况一样,迄今未见新石器时代古文化遗址。再从线东、西的地貌来看,也存在差异。线西海拔高度多在 3.5 米以下,最低处不足 2 米,地势低洼,局部地区水位接近地表,湖荡密布,属于由黄褐色、灰色、灰黑色粉砂质粘土构成的湖沼洼地平原。线东包括此线,海拔高度一般都超过 4 米,地下水位较低,埋深 1～1.2 米,河渠纵横,属于由黄泥头、夹砂泥、潮沙泥、沟干泥等土壤组成的滨海平原。[15]

也就是说,吴淞江以北与沙冈、竹冈同期的海岸线自黄渡镇向西北进入江苏省,沿昆山的荣庄、赵陵山、正仪镇,常熟的三条桥、黄土山、嘉菱荡,张家港的港口镇、塘桥镇、鹿苑镇一线(图4-1)。

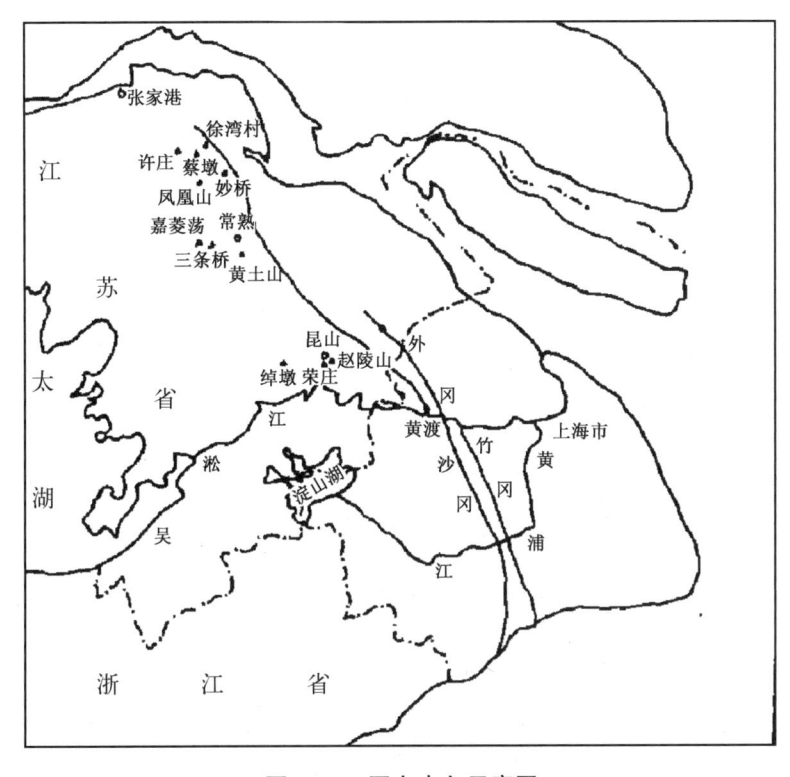

图4-1 冈身走向示意图

二、远古时代的上海是一片湖沼地带

纵观上海地区发现的新石器时代古文化遗址,它们的地形有的位于山坡高地,如金山县查山遗址马家浜文化层即在山坡的高地上;有的位于高土墩上,如青浦县寺前村遗址崧泽文化层堆积在一座有着寺基的高墩上,金山坟遗址崧泽文化层位于被称为大坟的土墩上,福泉山遗址崧泽文化层在大土山上,崧泽遗址主要亦在假山墩上。[16]但至良渚文化及其以后的遗址,已有较多分布在平地农田中了,如松江广富林、汤庙村和平原村遗址,青浦果园村、寺前村、刘夏和林家角遗址,金山县戚家墩、亭林等遗址。

其次,遗址的周围环境都是河网地带。如福泉山周围河道纵横,东有通波塘,西有堰西港,南傍山泾港和庄泾港[17](图4-2);崧泽遗址东有南北向的崧泽塘,南紧靠假山浜,村庄的南面还有大河横泖[18](图4-3);寺前村遗址东、西、北三面被寺溪河环绕。这些遗址几乎都是处在水乡泽国之中。

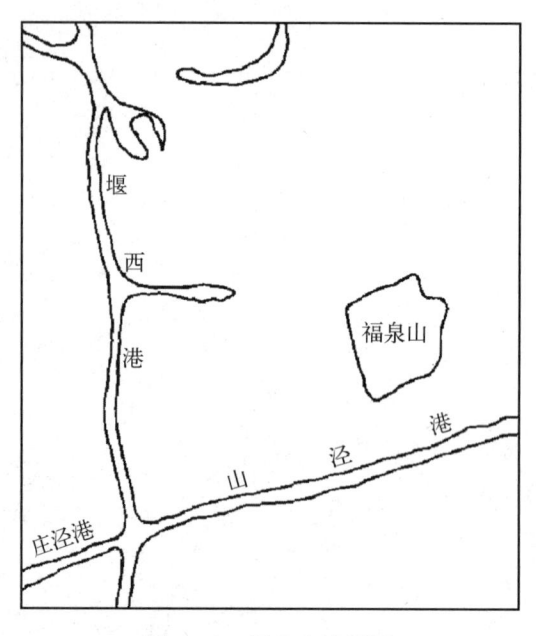

图 4-2 福泉山遗址图

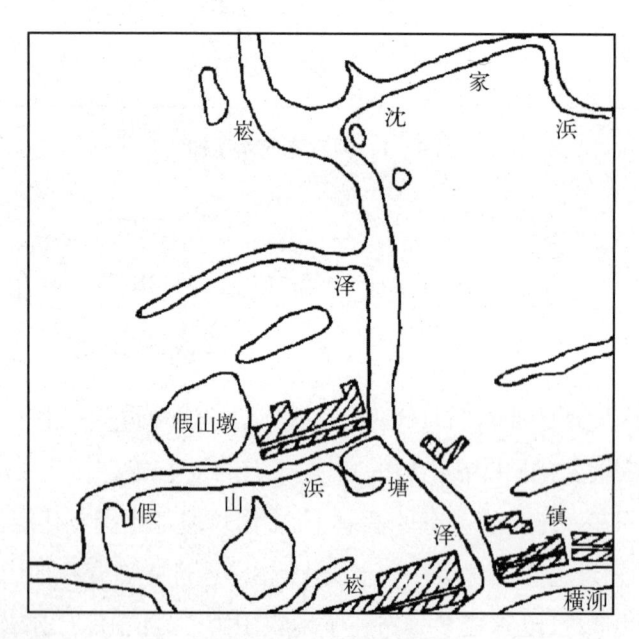

图 4-3 崧泽遗址图

再次,遗址古代地面的土质不同,年代也有所不同。以崧泽遗址为例:

崧泽遗址文化堆积分布在村后的假山墩上和墩旁农田里两处。假山墩上的以 61T2 西壁为例:第一层,扰土层,深 0～0.4 米;第二层,灰色土,深 0.12～1.7 米,发现崧泽文化的墓葬群;第三层,蓝灰色土,深 1.42~2.1 米,带有大量细砂,属于马家浜文化层;三层以下为生土层,即古人居住的基地,土质坚实,呈灰黄或黄褐色,夹有大量细砂,属亚砂土。墩北农田里的文化堆积以 60T2 北壁为例:第一层,农耕地,深距地表 0~0.75 米;第二层,白灰色土,深 0.75~0.91 米;第三层,黄褐色土,深 0.91~1.2 米,土质极纯;第四层,灰色土,深 1.2~1.25 米,二和四层都包含大量春秋战国至西周的遗物。四层以下古人居住的基础为蓝灰色土,土质粘软,是一种沼泽相的淤泥。

从以上遗址的地形与地层概况可见,崧泽文化之前的古人是避水择高而居的。至良渚、马桥文化之后,湖沼干涸,人们才逐渐选用平地。

三、古遗址出土遗物反映的古地理环境

新石器时代的上海是一个临海,湖沼水域面积广大,气候温热、潮湿的地区,不仅从自然遗存中得到反映,亦可由出土遗物得到印证。

水稻,在新石器时代已是本地区的主要农作物。在青浦县崧泽遗址的下层马家浜文化层的一个灰坑内发现许多稻草茎和谷粒。在出土的红陶器座胎土内也掺和较多的稻草、谷壳,因此烧成的陶器器壁上留有稻谷印痕。中层崧泽文化层的鼎、甗、釜等陶器有的也以稻草屑为羼和料,陶质相对比夹砂的那种显得更疏松些。类似的器物在汤庙村、福泉山等遗址的崧泽文化遗存中皆有发现。经对崧泽遗址中下层出土的稻谷和炭化米作鉴定,可分出瘦长型的籼稻及短圆而厚的粳稻。不同稻属的出现,一方面证明古代农作物栽培技术的进步,另一方面告诉我们当时的气候条件。崧泽遗址马家浜文化籼稻的发现,说明当时的年平均气温应不低于 17℃(籼稻生长所需年平均气温在 17℃以上),这与崧泽遗址孢粉分析研究的结果相一致。

湿热的气候适合水稻的栽种,人们也能较普遍地食用稻米。食用稻米的结果是出现了有别于北方鬲、釜的炊煮器——鼎、釜、甗。这个陶器组合被广泛地应用于稻作农业区。除这组陶器外,还出现一种澄滤器(图 4-4)。关于澄滤器究竟作何用途,考古界存在两种意见,有些人认为是碾磨食物用的"碾磨器"。但我们所

图 4-4 澄滤器

见的出土澄滤器基本上烧成温度不高,陶质较软,不能承受研磨,而且器内底刻划的密集的条形凹槽并无强力的磨损痕迹。据以上迹象,我们认为澄滤器不是碾磨器,而是为沉淀稻米中的砂粒、石子而特制的一种器皿。据说现在浙江农村的有些地方还在使用类似的器物。

上海新石器时代遗址出土的许多动物遗骸也显示出其水乡泽国的特性。

马桥遗址位于竹冈之上,在良渚文化的地层中往往有成堆的蛤壳,如 H1 和 H2 的坑内充满单扇的蛤壳和许多火烧的红烧土粒。单扇的蛤壳是古人食后丢弃之物。蛤是生长于近海河口的淡水与海水之交的一种贝类,是海滨居民容易采拾的食物。

生活于湖沼水草中的草龟,在上海各遗址中是出土数量最多的动物之一。福泉山崧泽文化建筑遗迹近旁,马桥遗址良渚文化、马桥文化中,崧泽遗址的马家浜文化层都有大量发现。

崧泽、马桥两遗址所见动物的种属有喜潮湿,栖息于沼泽地的四不象、獐,喜暖湿丛林地带的梅花鹿,栖息于土岗、土丘灌木丛中的獾,以及虎、象等[19],其中虎与象的野生种如今在上海已经绝迹。这从一个侧面告诉我们,上海地区在新石器时代比现今要暖湿。

上海新石器时代遗址出土的陶器,有些是仿水鸟造型的,如鸭嘴形翘流阔把盉(图 4-5)和鸟形盉,有些在器表镌刻盘蛇纹。这些陶器器形及其上刻琢的纹饰也反映了一个多水的环境。

图 4-5 阔把盉

注释

[1] 黄宣佩、吴贵芳、杨嘉祐:《从考古发现谈上海成陆年代及港口发展》,《文物》1976 年第 11 期。

[2] 谭其骧:《上海市大陆部分的海陆变迁和开发过程》,《考古》1973 年第 1 期。

[3] 上海市文物保管委员会:《上海马桥遗址第一、二次发掘》,《考古学报》1978 年第 1 期(以下有关马桥遗址的资料均采自此文,恕不另列)。

[4] 许世远、黄仰松、范安康:《上海市地貌类型与地貌分区》,《华东师范大学学报(自然科学版)》1986 年第 4 期。

[5][16] 黄宣佩、张明华:《上海地区古文化遗址综述》,《上海博物馆集刊——建馆三十周年特辑》,上海古籍出版社,1983 年。

[6] 黄宣佩:《上海市嘉定县外冈古墓清理》,《文物》1959 年第 12 期。

[7][8] 章申民等:《上海滨海平原贝壳砂堤》,《长江三角洲现代沉积研究》,华东师范大学出版社,1987年。
[9] 王德庆:《江苏张家港许庄新石器时代遗址调查与试掘》,《考古》1990年第5期。
[10] 王德庆、缪自强:《江苏沙洲县新石器时代遗址调查简报》,《考古》1987年第10期。
[11] 常熟市文物管理委员会:《江苏常熟良渚文化遗址》,《文物》1984年第2期。
[12] 王德庆:《江苏昆山荣庄新石器时代遗址》,《考古》1960年第6期。
[13] 赵陵山遗址资料尚未发表。
[14] 汪遵国、陈兆弘:《江苏昆山绰墩遗址的调查与发掘》,《文物》1984年第2期。
[15] 章申民等:《上海地区地貌类型与地貌区划》,《长江三角洲现代沉积研究》,华东师范大学出版社,1987年。
[17] 黄宣佩、张明华:《上海青浦福泉山遗址》,《东南文化》1987年第1期。
[18] 上海市文物保管委员会:《崧泽——新石器时代遗址发掘报告》,文物出版社,1987年(以下引用有关崧泽遗址的资料均不另注)。
[19] 黄象洪、曹克清:《上海马桥、崧泽新石器时代遗址中的动物遗骸》,《古脊椎动物与古人类》1987年第1期。

[本文原载于《同济大学学报(人文社会科学版)》1997年第2期]

略论我国新石器时代玉器

一、新石器时代玉器的考古发现情况

玉器是我国具有悠久历史的传统手工艺品，早在新石器时代已经出现。建国以来出土的玉器资料就足以说明它的历史。

1973年发掘的浙江省余姚河姆渡遗址第四层，经碳十四测定其年代为距今6 725±140和6 960±100年，与相邻的马家浜文化早期以及黄河流域的仰韶文化早期相当。在该层出土的28件装饰品中，就有多件玉器，种类有璜形器、玦、管、珠等[1]，可说是我国目前发现的最早的新石器时代玉器。

太湖地区出土的玉器最为丰富。1979年浙江桐乡罗家角遗址第三层出土的一件玉管约距今6 500年[2]，说明马家浜文化早期也有了玉器。距今约六千年的马家浜文化晚期的诸遗址，普遍有玉器出土。1959年发掘的浙江嘉兴马家浜遗址出土玦2件[3]；1957年发掘的吴兴邱城遗址，其下层也有玦出土[4]；1976年发掘的上海市青浦崧泽遗址，下层出土玦一件[5]；1973年发掘的江苏省常州圩墩遗址，中、下层出土玦、管各一件[6]；1972～1973年发掘的吴县草鞋山遗址，第八、九层出土玦、环、镯[7]。大体上以玦为主兼有管、环、镯成为这一时期玉器器形的特点。

崧泽文化的年代距今约为5 800～4 900年。江苏的圩墩、草鞋山，上海的崧泽、福泉山，以及浙江的邱城等遗址中有较多的玉器出土。如上述崧泽遗址墓地，即出了璜19件，璧2件，琀3件。以璜为主是这一时期玉器的特色；玦除了早期还能偶见以外，中晚期已经消失；琀和璧则开始出现，其他尚有珠、管、坠、镯等。

良渚文化是太湖地区新石器时代最晚的一期文化，年代约距今4 900～3 900年。不仅遗址文化层中常见玉器，一些大型墓葬中更有成批玉器出土。例如草鞋山遗址第二层良渚文化晚期的墓葬中，就出土了琮、璧、管、珠、斧等20余件，并第一次证实兽面纹琮和素璧的年代属于新石器时代晚期。1977年江苏吴县张陵山遗址的发掘，在上层良渚文化早期的05和02墓中，发现了琮、璧、管、珠、斧、觹等36件[8]，不仅把琮出现的年代上推到良渚文化早期，而且使我们了解到，这一时期的玉工已经掌握了细刻、镂孔、抛光等高超的玉雕工艺。1978～1979年江苏武进寺墩遗址的发掘，在上层良渚文化晚期1号墓中，发现了排列整齐的珠、管、坠等玉器，说明组合玉挂饰在良渚文化时期已经出现[9]。1981年余杭吴家埠遗址上层发掘的良渚文化早期8号墓，出现了珮饰、珠、管、璧、璜的组合佩挂方式，把出现组合挂饰的年代也推前数百年。1982～1983年江苏寺墩和1984年上海福泉山遗址发掘的良渚文化墓葬，每座都分别出土了琮、璧、珮饰、珠、管、坠、斧、带钩、杖饰、锥形器和镶嵌的小玉片等玉器百余件[10]。这两地的发掘，不仅出土玉器种类多、数量大，而且随葬位置比较清楚，是我国新石器时代玉器资料的重大发现。

与太湖流域相邻的江苏宁镇地区和安徽潜山地区也有较多玉器发现。1955～1958年发掘的南京北阴阳营第四层的年代，据分析相当于马家浜文化晚期至崧泽文化早期，玉器类别具有以璜为主、有玦共存的特点[11]，也与太湖地区相同，至于泡形玉饰件则为其他地区所不见。1979年发掘的潜山薛家岗遗址第四层墓地，在第二、三期墓中都有玉器出土，第二期出土的玉璜与崧泽文化中、晚期的相似，第三期出土琮、璜、斧、镯、环等150余件[12]，其年代与良渚文化早期的相当。这里出现的琮是早期琮的例证之一，至于斧、镯、环、璜的形制，也与良渚文化所出的大部相似。

除了长江下游是古玉器出土最为集中的地区以外，其他地区尚有：

1959年发掘的山东大汶口遗址，出土了玉石饰件坠、镯、环、斧、璜、管等数十件[13]。大汶口遗址的年代与良渚文化早、中期相当，玉器形制也大部近似。

1972～1975年发掘的河南郑州大河村遗址，在仰韶文化晚期（第四期）和龙山文化早期（第五期）的墓葬与地层中，出土玉石饰件璜、环、坠等22件[14]，四、五期文化的年代相当于崧泽文化晚期，而条形璜的形制却接近崧泽文化早期的。从这一遗址同时出土某些崧泽类型的陶豆、陶鼎来看，条形璜的出现可能与崧泽文化有联系。

1978年发掘的山西襄汾陶寺遗址，其晚期墓葬中出土了铲、璜、琮、管、臂环和梳等玉器多件[15]，陶寺遗址无论早晚期都有我国长江下游所特有的曲尺形石器出土，所以玉器斧、瑗、琮的出现可能也与良渚文化有关。

1958年和1975年发掘的四川巫山大溪遗址，其早期墓出土玉玦和玉坠，晚期墓出土半璧形璜、桥形璜、小玉璧和玉镯[16]，玦、璜、璧出现的年代亦略晚于长江下游。

1973～1976年广东曲江石峡遗址的发掘，在其下层的第三期墓葬中出土了琮、璧、璜、环、坠、臂饰、锥形器等玉器多件[17]，三期的年代距今约 4 000 多年，出土的玉器和石钺亦与良渚文化有一定的联系。

至于我国东北辽河地区，则有新石器时代红山文化的玉器出土，例如：

1973 年清理的辽宁阜新县胡头沟红山文化墓，出土了双联和三联玉璧，勾云形玉珮、玉鱼、玉龟、玉鸟和玉管、珠、环等[18]。

1979 年和 1982 年发掘的喀左县东山嘴红山文化建筑遗址，出土了双龙首玉璜。其他如建平县牛河梁出土了马蹄形玉箍，内蒙古翁牛特旗三星他拉村发现了玉龙[19]。

红山文化的玉器，工艺独特，题材不限于珠、环、璧、玦一类佩饰，而多为龙、虎、龟、鱼、鸟等动物造型。其年代从共存的遗物来分析：有的是接近半坡和后岗类型的红顶碗陶器，有的是庙底沟类型风格的勾叶圆点纹彩陶，有的陶器出现了类似马家窑文化的多道同心圆纹和发达的器内彩，还有比较进步的磨光泥质黑陶圈足器。因此红山文化玉器的年代可能包含了从新石器时代中期到晚期的不同时期。

总之，上述一系列的考古发现说明，我国早在新石器时代玉器已经非常盛行，因此出土地点遍布全国。而其造型则可分为以玦、璜、琮、璧、珮饰、锥形器为主，和以龙、虎、龟、鱼、鸟等动物型为主的两大类。动物型的玉器分布在东北辽河流域一带，为红山文化的产物。而玦、璜、琮、璧、锥形器的分布地点，虽然广达黄河、长江和珠江流域，而其中心则在长江下游太湖流域一带，是马家浜—崧泽—良渚文化的典型器物。至于新石器时代玉器的产生序列，从太湖流域的例证来看，则是先有珠、管、坠等仿石、骨器的饰件，再有耳饰玦，然后出现项饰璜，最后才有随葬和礼仪上用的琀、斧、琮、璧和锥形器、杖饰等玉器。

二、新石器时代玉器的形制与用途

新石器时代玉器的各类形制和用途，根据出土资料可作如下分析：

(一) 饰件

1. 管

佩带的饰件，以南京北阴阳营遗址下层发现玉管的 21 座墓的出土位置为例：位于头、颈部的 5 例，胸部的 8 例，腰、腹部的 6 例，足下的 2 例，可见它主要是佩戴在头上、胸前和手臂上的。使用时往往是数件串连在一起。至良渚文化时期,也有与珠、坠一起组合使用的,如寺墩遗址1号墓,即以管4,珠13,坠1,组成一串项饰(图5-1)。管的形制有五式:

Ⅰ式　圆柱形,如福泉山4号墓所出,径1.4、长8.6厘米(图5-2-1)。

Ⅱ式　方柱形,如福泉山4号墓所出,宽1.3、长5.3厘米(图5-2-2)。

Ⅲ式　三角柱形,如薛家岗遗址第三层墓地所出,宽2.2、长1.5厘米(图5-2-3)。

Ⅳ式　柱础形,如福泉山6号墓所出,管的上端作卷刹形,管面浮雕兽面纹两组,底径2、长2.5厘米(图5-2-5)。

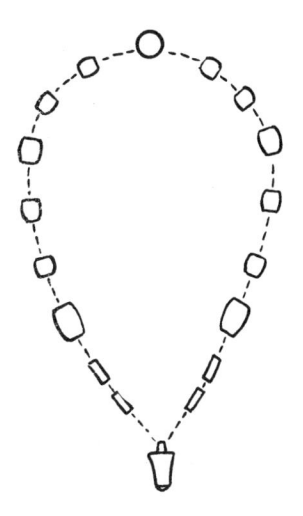

图5-1　寺墩1号墓出土项饰

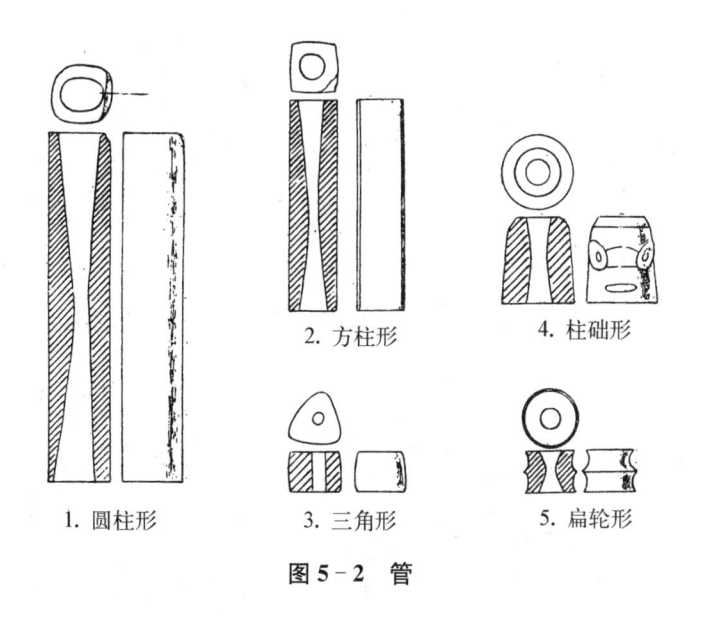

1. 圆柱形　2. 方柱形　3. 三角形　4. 柱础形　5. 扁轮形

图5-2　管

Ⅴ式　扁轮形,如福泉山6号墓所出,形制近似纺轮,上下面平整,管壁以两道凹弧突出三条凸棱,径1.3、高1.1厘米(图5-2-4)。

早期的管如河姆渡第四层的,器形不甚规整,两端平面多不平齐,孔由两端对钻,钻孔往往偏斜;晚期的如良渚文化管,器形规整,整体精磨,管面抛光,钻孔除两端对钻外,已有从一端直钻的。

2. 珠

佩戴的方式同管相似,形制有二式:

Ⅰ式　圆珠形,如福泉山6号墓所出,径1.2、长1.4厘米(图5-3-1)。

Ⅱ式　腰鼓形,如福泉山6号墓所出,最大径0.9、长1.3厘米(图5-3-2)。

早期的珠如河姆渡遗址第二、三层所出的,珠体狭长椭圆,形制接近管形,球面磨制不精,孔从两端对钻。良渚文化的珠,器形规整,表面抛光,有的孔在一侧斜向对钻,已经出现"牛鼻孔",如福泉山2号墓所出的(图5-3-3)。

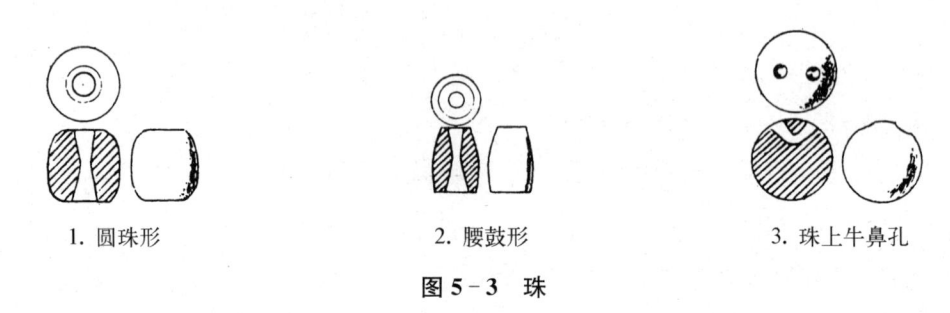

1. 圆珠形　　　2. 腰鼓形　　　3. 珠上牛鼻孔

图5-3　珠

3. 坠

其佩戴的方式有的同珠、管,也有作头饰的,如大汶口10号墓所见,还有的作耳饰,如巫山大溪205号墓所见,形制有六式:

Ⅰ式　各种不规则的玉片形,有的如兽牙,有的呈梯形,也有作三角形的,都在一端穿孔。如张陵山下层墓葬所出(图5-4-1~3)。

Ⅱ式　蘑菇形,形如未张开的小蘑菇,柄端有小孔,如张陵山上层墓葬所出,长2厘米(图5-4-4)。

Ⅲ式　铃形,柄的一端有小孔,从寺墩第1号墓所出的一件来看,位于成串的珠、管、项饰的下部,起重心下坠的作用。福泉山6号墓出土与之相同的一件,最大径

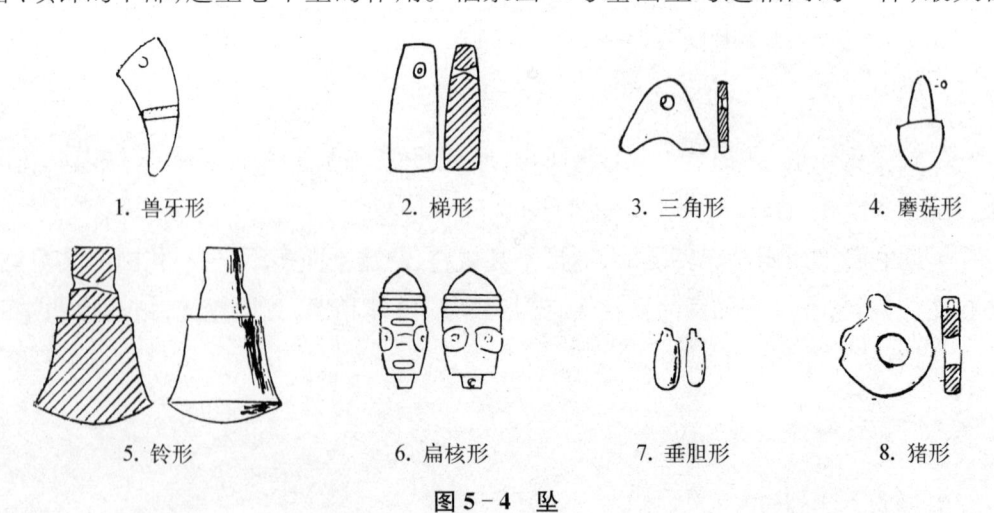

1. 兽牙形　　2. 梯形　　3. 三角形　　4. 蘑菇形

5. 铃形　　6. 扁核形　　7. 垂胆形　　8. 猪形

图5-4　坠

2.6、长 4.2 厘米(图 5-4-5)。

Ⅳ式　扁核形,顶端小柄有一孔,坠面以两侧为中线各浮雕一组兽面纹,如福泉山 6 号墓所出,长 2.5、宽 1.8 厘米。此件发现于人骨的上肢骨旁,可能系于手臂(图 5-4-6)。

Ⅴ式　垂胆形,柄端有小孔,如福泉山 2 号墓所出,长 1.3 厘米(图 5-4-7)。

Ⅵ式　猪形,扁平玉片,中间镂孔,以廓线构成猪形,背部有孔可系挂,如福泉山 2 号墓所出,长高各 2.2 厘米(图 5-4-8)。

上列玉坠年代以Ⅰ、Ⅱ式为最早,出土的地点有大溪遗址的早期文化层,草鞋山遗址的崧泽文化层,薛家岗遗址的第三期,张陵山遗址的早期良渚文化层以及大汶口遗址等,时间都在距今五千年左右。制作粗糙简略,器形都不规整。其他各式都属良渚文化晚期。

4. 玦

出土位置都在人骨的耳部,如圩墩 60 号墓,儿童左耳部有玉玦 1 件,53 号墓女性人骨左右耳有玉玦各一件,应是马家浜文化人们习用的耳饰,形制有三式:

Ⅰ式　圆珠形,珠体的一侧有一缺口,如圩墩 53 号墓所出,中间穿孔,径 2.17 厘米(图 5-5-1)。

Ⅱ式　管形,管体的一侧有一缺口,如草鞋山第八、九层所出,径 1.5、长 1.2 厘米(图 5-5-2)。

Ⅲ式　环形,环的一侧有一缺口,如崧泽下层所出,径 3.1、厚 0.6 厘米(图 5-5-3)。

1. 圆珠形　　　2. 管形　　　3. 环形

图 5-5　玦

三式玦中,Ⅰ、Ⅱ式出于马家浜文化中、晚期,Ⅲ式出于马家浜文化的晚期和崧泽文化早期,从早期的玦往往呈管或珠形来看,玦可能是从管、珠派生而来的。

5. 璜

早期璜的出土位置都在人骨的颈部或其附近,如崧泽 60 号墓所出的。往后逐渐下移成为组合挂饰中的一部分,如浙江余杭吴家埠遗址中良渚文化早期 8 号墓发现的一例,颈部是珮,下面连接一串珠、管,再连接呈品字形排列的三件系璧,最下面是璜。璜的形制有五式:

Ⅰ式 长条形,中间凹弧,两端较宽并各有一孔,孔上侧有系线磨损的凹痕,如崧泽 59 号墓所出,长 13.6、最宽处 1.8 厘米(图 5 - 6 - 1)。

Ⅱ式 半环形,圆弧的夹心角接近 180 度,形状与断环非常相似,两端的穿孔上也有穿线悬挂磨损的凹痕,如崧泽 60 号墓所出,横剖面呈楔形,长 8.5、宽 1.3 厘米(图 5 - 6 - 2)。

Ⅲ式 桥形,倒置似桥形,是条形璜向扁宽方向的发展,如崧泽 92 号墓所出,长 11.2、最宽处 2.6 厘米(图 5 - 6 - 3)。

Ⅳ式 鱼鸟形,形制与桥形璜近似,但一端或两端作鱼或鸟形,是早期动物型玉器,如崧泽 62 号墓所出,一端略宽作鱼首形,以穿孔作目,长 7.2、宽 2.1 厘米(图 5 - 6 - 4);又如 64 号墓所出一端作鸟首形,喙部张开,一端作鱼首形,鱼嘴也张开,长

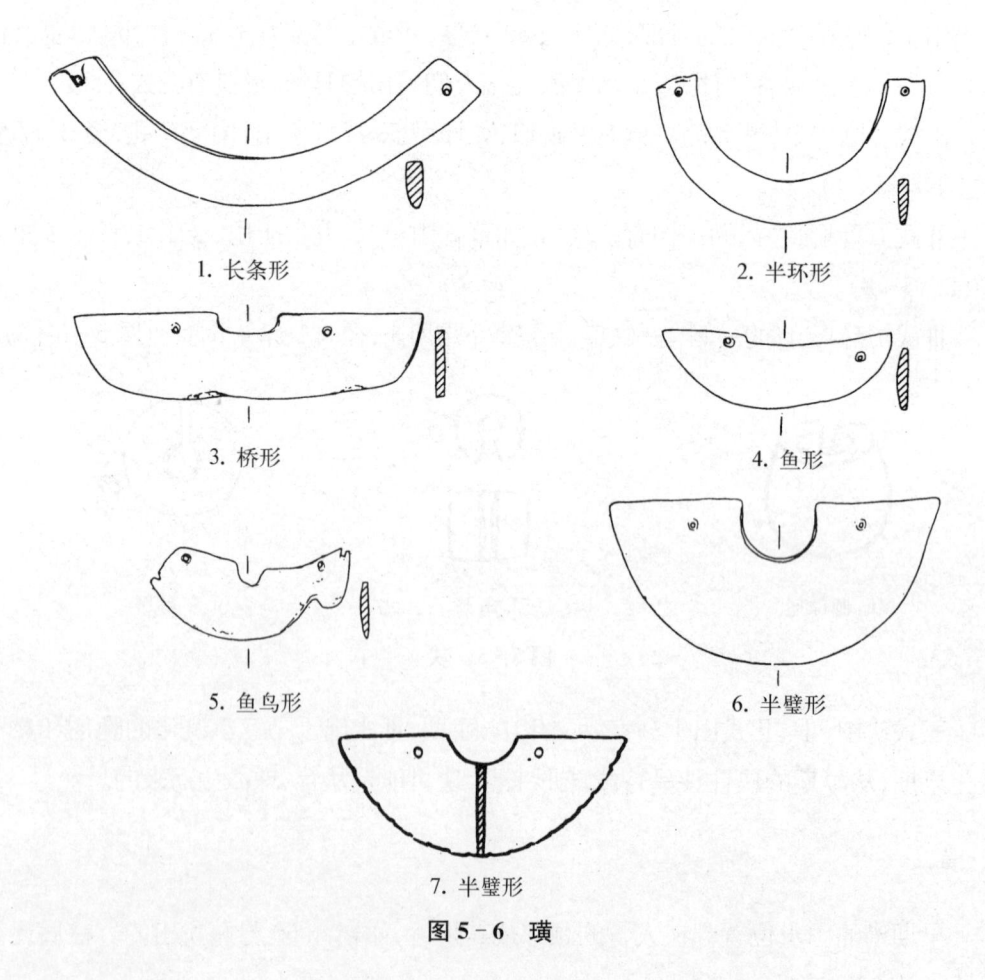

1. 长条形

2. 半环形

3. 桥形

4. 鱼形

5. 鱼鸟形

6. 半璧形

7. 半璧形

图 5 - 6 璜

6.6、宽2.1厘米(图5-6-5)。

Ⅴ式　半璧形,形如断璧,有的似璧的一半,如崧泽97号墓所出,长10.6、宽5厘米(图5-6-6);有的大于半圆,如崧泽65号墓所出,圆弧形角218度,长7.9、宽3.2厘米;也有弧边作锯齿形的,如巫山大溪文化晚期104号所出,两端都有一孔(图5-6-7)。

五式璜出现的序列,条形璜最早,见于马家浜文化晚期和崧泽文化早期,半环形、桥形和鱼鸟形璜见于崧泽文化中期,半璧形璜见于崧泽文化晚期。至于良渚文化时期偶见的璜,器形虽然也是半璧形的,但切线中间的凹弧线小,与崧泽时期的有所不同。

6. 珮饰

都属于良渚文化,出土位置如浙江余杭瓶窑吴家埠第8号墓位于人骨的颈部,与崧泽文化时期璜的佩戴位置相同,在造型上璜、珮形制也接近,因此珮可能是从璜派生的饰件,形制有三式:

Ⅰ式　半圆形,使用时弧边朝上,薛家岗第三期49号墓出土的一件,弧边正中有一孔,切线一端饰镂孔纹,长5.5、高2.2厘米;福泉山良渚文化2号墓出土的一件,背面原有作品字形排列的三组牛鼻孔,因其中一孔断裂另钻二孔,器长7.6、高4.3厘米(图5-7-1);故宫博物院收藏的一件,造型和背面钻孔与福泉山的一致,而正面浮雕和细刻兽面纹,虽属传世品,但从造型和纹饰特点来看,也属于良渚文化玉器。

Ⅱ式　兽面形,整器呈倒梯长方形,上边凸起两耳一角如兽面,福泉山4号墓出土一件,角下有一孔可以系挂,底边有两孔用于连接其他饰件,长6.9、宽3.6厘米(图5-7-3);南京咎庙出土一件,角下有一孔,耳下有两个凸起的贯耳,正面雕琢兽面

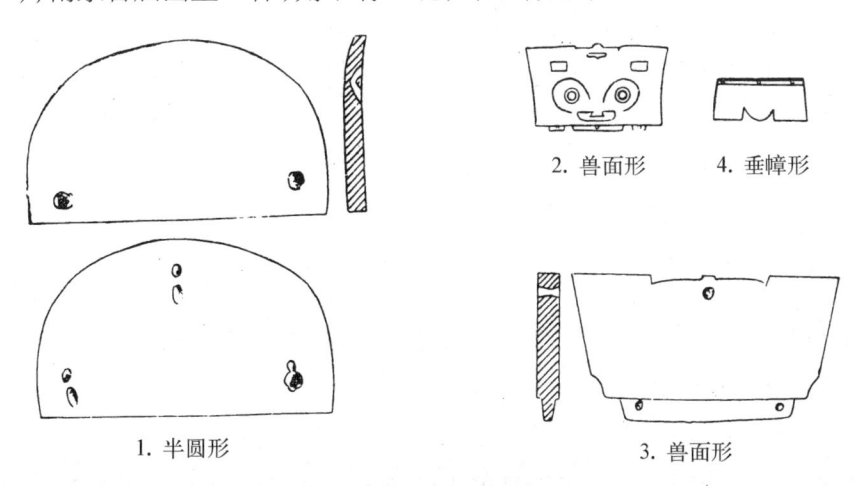

1. 半圆形
2. 兽面形
3. 兽面形
4. 垂幛形

图5-7　珮饰

纹,底边有三孔,是其中最精美的一件(图5-7-2)。

Ⅲ式　垂幛形,如张陵山4号墓所出,上边两面均刻一道横槽,槽内钻三小孔可以与其他饰件连接,长5、宽2厘米(图5-7-4)。

7. 镯

手臂上的饰件,形制有三式:

Ⅰ式　环形,环的横剖面呈圆角三角形的,如张陵山01号墓所出,径环9、边宽1.5厘米(图5-8-1);也有呈长方形的,如福泉山2号墓所出,径环6.5、边宽0.9厘米(图5-8-2)。

Ⅱ式　管形,如福泉山6号墓所出,径7、高4.5厘米(图5-8-3)。

Ⅲ式　由两件半环合成,如福泉山6号墓所出,半环的夹角约160°,两件相合不构成整圆,但半环的两端各有一孔,可以以线连成手镯,长8.2、边宽1.3厘米(图5-8-4)。

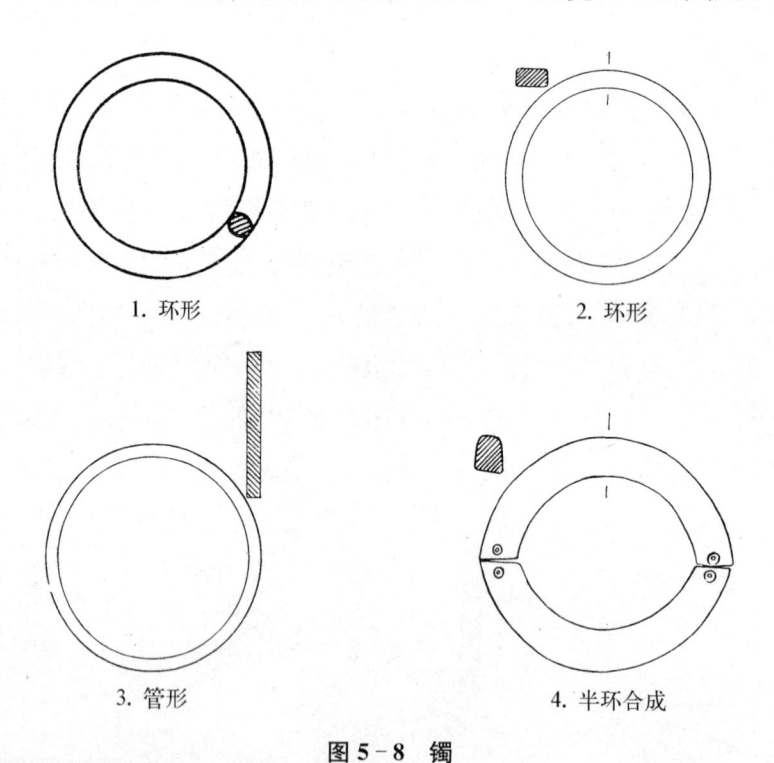

1. 环形　　　　　　　　2. 环形

3. 管形　　　　　　　　4. 半环合成

图5-8　镯

玉制的镯最早见于大溪文化晚期和崧泽文化,而在良渚文化时更为盛行。

8. 环

形如镯但较小,大汶口第25号墓的发现于人骨的指部,张陵山第05号墓的发现于人骨的左上臂外侧,与珠、坠等在一起,所以有的是指环,有的是佩戴的饰件,张陵山第05号墓所出径4厘米(图5-9-1)。

9. 菱形饰

可能是手上的饰件,如福泉山2号墓所出,位于人骨架的左臂骨旁,造型似戒面上镶嵌的宝石,制作小巧精致,正面圆边,背面平整有一斜向对钻的牛鼻孔,长1.7、宽0.5、厚0.5厘米,其属于良渚文化(图5-9-2)。

(二) 葬玉和礼玉

1. 琀

出土时都位于人骨的口内,形制有四式:

Ⅰ式 圆饼形,如崧泽60号墓所出,一侧有一孔,径1.7厘米(图5-9-3)。

Ⅱ式 璧形,如崧泽82号墓所出,其形制与小件的璧相似,径3.7、宽1.2厘米(图5-9-4)。

Ⅲ式 底边圆弧的等腰三角形,中间有圆孔,如崧泽92号墓所出,长4.2、宽2.6厘米(图5-9-5)。

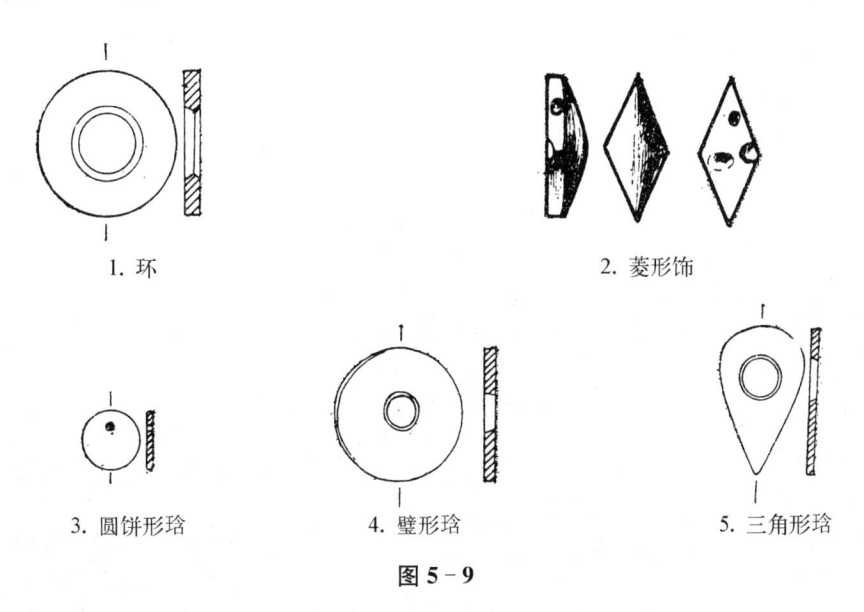

1. 环　　　　　　　　2. 菱形饰

3. 圆饼形琀　　4. 璧形琀　　5. 三角形琀

图 5-9

Ⅳ式 镞形,如胶县三里河遗址一期墓葬所出[20]。

琀的前三式见于崧泽文化,第Ⅳ式属于大汶口文化,是我国目前发现的玉琀的最早式别。关于琀的出现,据考古资料分析,在大汶口和北阴阳营文化中,发现有不少人骨口内含有石卵,并且已使颌骨变形[21],说明我国东部古人生前有口含小石卵的习俗,而死后仍以石卵随葬。今早期琀也发现于这一地区,并且形制都呈圆形或圆的变形,因此琀的起源可能与这一习俗有关。

2. 琮

属于发掘出土的都见于墓葬中,如寺墩3号墓有琮33件,围绕人骨架排列,又凡是出土琮的墓葬,往往可见涂朱的葬具,随葬器物也特别丰富,可见墓主人的特殊地位。琮的纹饰,其主题都是繁简不同的兽面纹,无一例外,似乎包含一定的信仰含义。因此分析,它可能是一种原始的宗教性用器,随葬在墓中既反映墓主人生前的社会地位,又象征着驱魔避邪不受侵犯。

琮的形制有四式:

Ⅰ式 圆筒形,都比较短矮,在圆壁上有四块对称的长方形凸面,如张陵山4号墓所出,凸面上线刻粗眉圆眼、阔口獠牙的兽面纹,琮径9.9、高4.5厘米(图5-10)。

Ⅱ式 矮方柱形,器身扁矮,琮面一般都雕刻精细而形象的兽面纹,如福泉山6号墓所出,体外壁的四块凸面呈角尺形,使琮成为内圆外方,凸面上以角线为中心,浮雕圆眼、宽鼻、阔嘴的兽面纹,在眼、鼻、嘴的框内,再填刻以细密的云纹、弧线和横竖条直线组成的几何形纹,兽面纹的上、下、左、右四角各线刻一只以几何形纹组成的鸟纹,雕琢的纹饰精细繁缛,呈现高度的技巧性,器面宽6.6、高5厘米(图5-11)。

图5-10 圆筒形琮

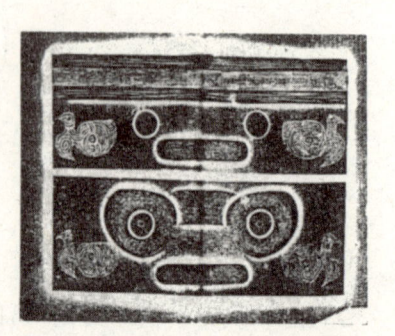

图5-11 矮方柱形琮及拓片

Ⅲ式　长方柱形,内圆外方,上大下小,外壁分节有多达十七节的,每节以四角为中线雕刻兽面纹,福泉山3号墓所出的一件,方柱,面宽6、高8.4厘米,外壁分为三节,每节的四角各线刻一对圆圈和浮雕一个长方形的凸面象征兽面纹(图5-12)。

Ⅳ式　方柱形小琮,形制与大琮相似但小巧,可能用于佩戴,薛家岗47号墓有一件,琮面虽分为两节,而素面无纹,径1.6、高2.1厘米,器形极小;福泉山6号墓有一件,琮面也分两节,每节浮雕两组兽面纹,琮面宽1.3、高6.5厘米(图5-13)。

图5-12　长方柱形琮

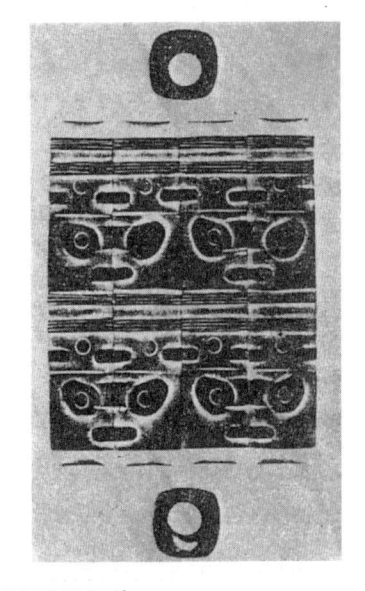

图5-13　方柱形小琮及拓片

四式琮的年代:Ⅰ式见于张陵山遗址上层,Ⅳ式中有一件出于薛家岗第三期,属于良渚文化早期或相当于崧泽文化晚期,年代最早;Ⅲ式年代较晚,所出地层如草鞋山第二层和寺墩上层,都属于良渚文化晚期,至于Ⅱ式和Ⅳ式,主要见于良渚文化的中、晚期,因此大体可以看出琮的演变规律,形制上由圆筒形至矮方柱形,再发展到长方柱形,纹饰上由形象生动的线刻兽面纹,发展到使用浮雕和填纹的精雕细刻的兽面纹,最后盛行仅以两圈作眼,或以横条作嘴的象征性的简略兽面纹。

3. 璧

凡发掘出土的亦见于墓葬中,在墓内的位置,崧泽文化时期如崧泽65和59号墓发现于头前和足后,都与随葬陶制器皿在一起。良渚文化早期的璧,如吴家埠8号墓的,与珠、管、璜等组成挂饰佩戴在胸前。至于良渚文化晚期所出的大璧,如寺墩3号墓的,有的垫于人骨之下,有的置于人骨之上,也有的与琮在一起置于身旁。因此分析其用途可能与琮一样,也象征着驱魔避邪保护墓主人。璧的形制都作扁平圆形中间有孔,大多数为素面无纹,小件玉璧如崧泽65号墓所出,璧径4.1、好径2厘米,大璧如福泉山3号墓所出,璧径23、好径4.7厘米(图5-14)。

图5-14 璧

4. 锥形器

一端钝尖,一端有短柄。小件的曾发现于女性盆骨附近,如马桥2号墓所出[22];属于悬挂于腰部的器物,如福泉山2号墓所出,曾发现其与成串的珠、管在一起,成为项饰的一部分(图5-15);但多数发现于人骨的四周,尤其是大件的锥形器出土时往往与琮、璧在一起。而且有的短柄处无孔,不能悬挂,有孔的也无穿线摩擦的痕迹,可能是插于某类器物上的。因此无论佩戴的还是插立的,与琮、璧一样,它可能也是一种原始宗教上的用器。形制有四式:

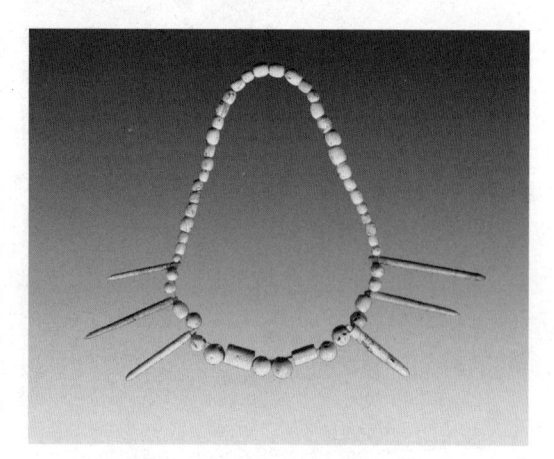

图5-15 管珠锥形器项饰

Ⅰ式 圆柱形,短柄处都有小孔,小件的如马桥遗址下层所出,长3.1、径1厘米(图5-16-1);长的如福泉山4号墓所出,残长28.6、径0.7厘米;也有制作极精的,在圆柱体上浮雕叠圈纹,如福泉山4号墓所出(图5-16-2)。

Ⅱ式 镞形,横剖面作半圆形,柄端无孔,如马桥遗址下层所出,长4.4、宽1.3厘米(图5-16-3)。

Ⅲ式 方柱形,短柄仍作圆柱形,有的有孔,有的无孔,方柱体上有的光洁无纹,如福泉山3号墓所出,短柄处无孔,长14.9、宽0.6厘米(图5-16-4);有的雕刻多节兽面纹,形象如琮,如福泉山6号墓所出,短柄处有孔,方柱体上浮雕两节纹饰,每节各两组

·略论我国新石器时代玉器·

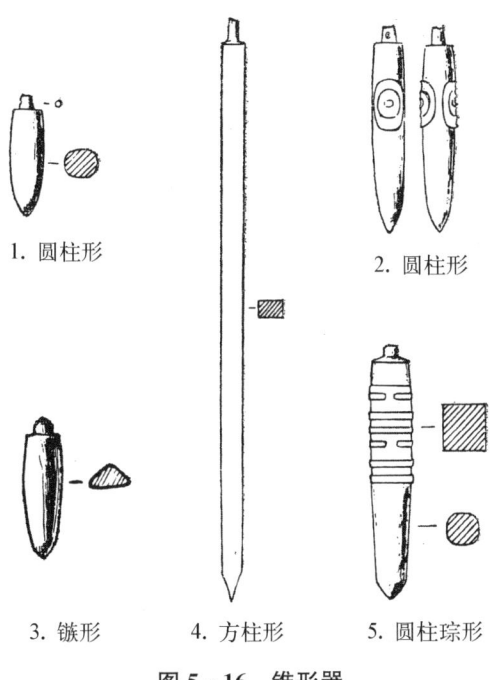

1. 圆柱形　　2. 圆柱形

3. 镞形　　4. 方柱形　　5. 圆柱琮形

图 5-16　锥形器

兽面纹,长 15.3、宽 1.5 厘米(图 5-17)。这类器也有极长的,如福泉山 6 号墓所出,钝尖一端残损,残长 32.5 厘米、宽 1.6 厘米,柄部无孔而似榫,方柱体上浮雕六节纹饰,每节有 4 组简略的兽面纹。

图 5-17　方柱形锥形器及拓片

Ⅳ式　圆柱琮形,这是一种Ⅰ式与Ⅲ式的结合型,上段如琮作方柱形,下端作圆柱形,柄无孔,如福泉山遗址所出(图 5-16-5)。

四式锥形器的年代，Ⅰ式见于大汶口文化和良渚文化早晚期，Ⅱ～Ⅳ式都属于良渚文化晚期。

5. 斧

或称钺，长方形，弧刃，器薄，刃部无使用痕迹，应是一种礼器。主要出于良渚文化时期，薛家岗第三期58号墓所出年代最早，斧身较厚，钻二孔，长17.6、刃宽8.4、厚约1.6厘米（图5-18-1）；福泉山6号墓所出年代较晚，钻一孔，器薄，整器抛光，长17.1、刃宽10.9、厚0.5厘米（图5-19）；另一种器身狭长，如福泉山6号墓所出，长31.2、宽14.8、厚0.3厘米，形制上接近圭，年代也较晚（图5-18-2）。

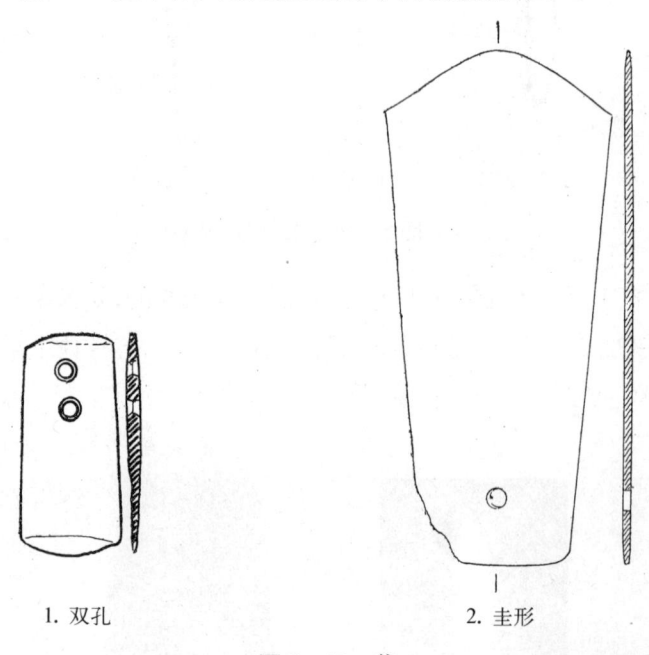

1. 双孔　　2. 圭形

图5-18　斧

6. 柄饰

形如精巧的手杖柄，但较小，出土位置在人骨的右侧手臂附近，都发现于良渚文化，形制有二式：

Ⅰ式　马鞍型，圆柱形的横柄作马鞍形弯曲，下面凸出一銎，有凹槽可以装柄，凹槽的两侧各有一孔，有插销孔，如福泉山2号墓所出，长6、高3.7、宽2.8厘米（图5-20-1）。

Ⅱ式　靴形，倒置似靴，下面有一狭长的凹槽，可以装

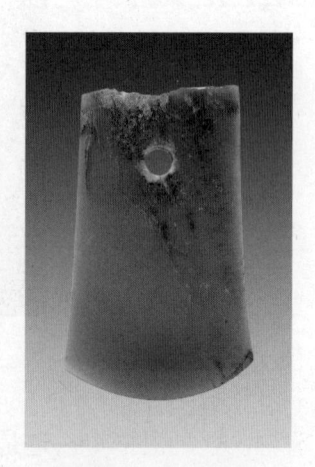

图5-19　斧

柄,如福泉山 5 号墓所出,长 9.2、宽 1.3、高 4 厘米(图 5-20-2)。

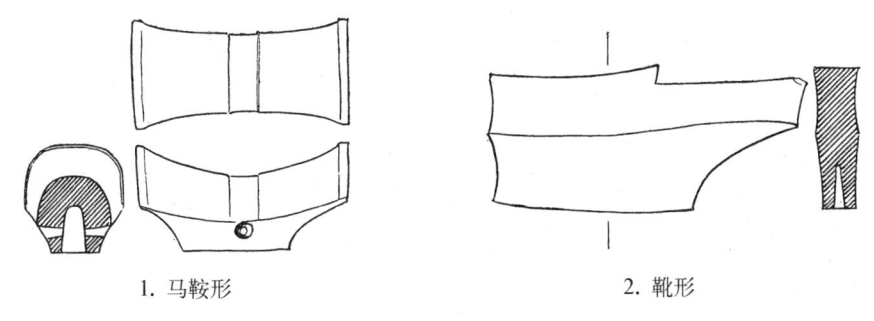

1. 马鞍形　　　　　　2. 靴形

图 5-20　权杖柄

(三) 其他

1. 带钩

长方形,一端作方块状,中间对穿一孔,可以系绳,另一端作钩形,呈直角弯曲,如福泉山 4 号墓所出,属于良渚文化,长 2.8、宽 2.3、厚 1.8 厘米,出土于人骨的腰部,是目前仅见的一件新石器时代带钩(图 5-21-1)。

2. 觿

扁平角形,透雕崧泽文化所习见的弧线三角形镂孔,雕琢精巧,如张陵山 5 号墓所出,长 6、宽 1.3 厘米(图 5-21-2)。

3. 蛙形器

底平,面微鼓,以阴线勾勒头足,并以双孔作眼,腿部亦有一孔,似可悬挂,如张陵山 4 号墓所出,长 4.8、宽 3.3 厘米(图 5-21-3)。

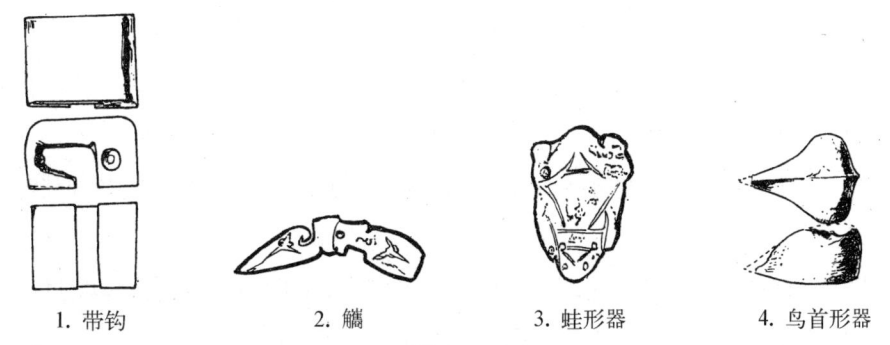

1. 带钩　　2. 觿　　3. 蛙形器　　4. 鸟首形器

图 5-21

4. 鸟首形器

是一种底部平整的鸟首形圆雕形器,啄部尖突,自喙至额有一脊线,整器素面无纹,如福泉山3号墓所出,长2.8、宽2、高1.3厘米(图5-21-4)。

5. 镶嵌小玉片

有圆形、椭圆形、长条形、圆角方形、凹弧边方形以及钩形等种,都是底面平整、正面弧凸和抛光的,大的径(长)1.3,小的仅0.3厘米,制作精巧,如福泉山3号墓所出,出土于人骨之上及其四周。从其背面有某种黄色的物质来看,像是粘附或镶嵌于葬具或其他器物上的玉片(图5-22)。

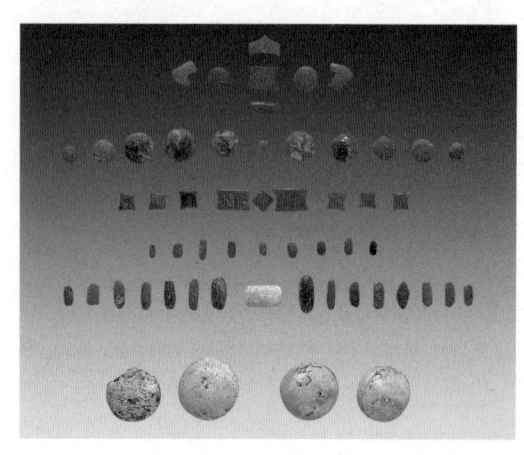

图5-22 镶嵌小玉片

(四) 红山文化玉器

红山文化玉器,是20世纪80年代通过科学发掘,被证实属于新石器时代的玉器群。由于它的分期和用途还待进一步探索,所以这里暂作简介。

1. 马蹄形箍

圆筒形,一端斜口,一端平口,斜口一端边缘薄而锐,平口一端两侧有对穿双孔,如牛河梁所出,长16.4厘米(图5-23-1)。

2. 异形璧

其特点是边如刃,孔对钻,形制有三式:

Ⅰ式 圆璧,近方圆形,一边钻一小孔,如胡头沟1号墓所出,径4厘米(图5-23-2)。

Ⅱ式 双联璧,如二璧相连,上小下大,如牛河梁所出,长12.6厘米(图5-23-3)。

Ⅲ式 三联璧,连接的三璧,自上而下依次增大,上璧有一条系槽,可佩挂,如胡头沟3号墓所出,长6.4厘米(图5-23-4)。

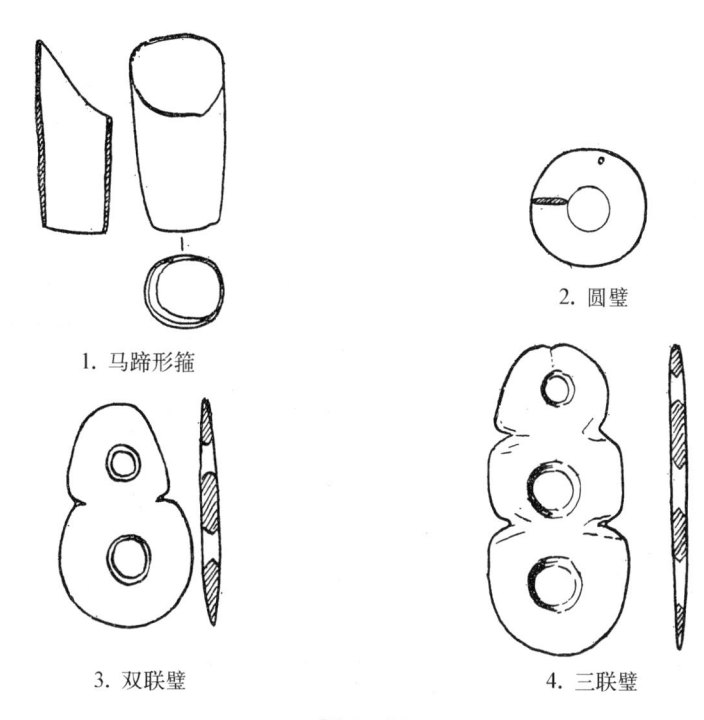

1. 马蹄形箍
2. 圆璧
3. 双联璧
4. 三联璧

图 5-23

3. 勾云形珮

略作长方形,正面雕纹,中部盘卷中心处的镂孔及四角,均作勾云状,背面四角各有一牛鼻孔,如三官甸子所出,长 22.4 厘米(图 5-24-1)。

4. 双龙首璜

圆条形,两端各雕一龙首,中部有一牛鼻孔,龙身一面雕瓦沟纹,另一面无纹,如

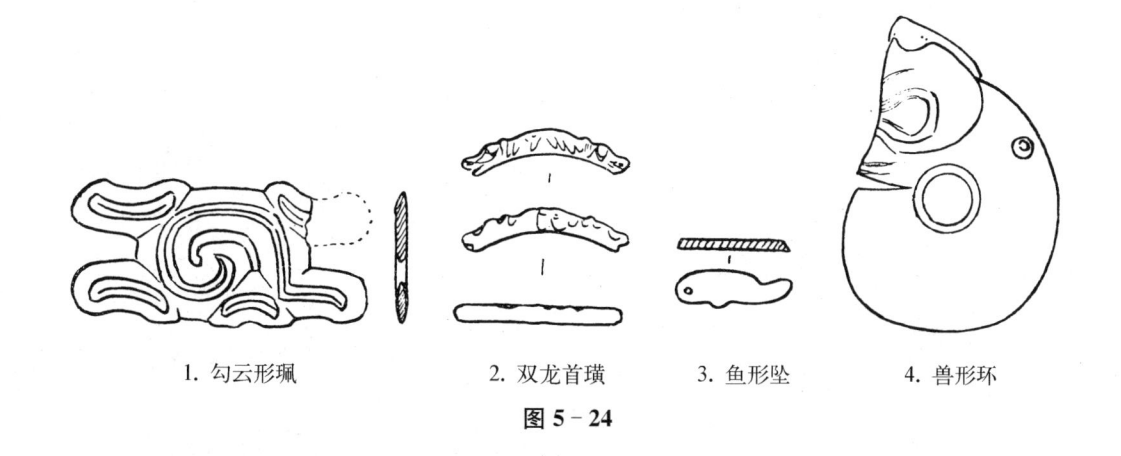

1. 勾云形珮
2. 双龙首璜
3. 鱼形坠
4. 兽形环

图 5-24

东山嘴所出,长4.2厘米(图5-24-2)。

5. 鱼形坠

有头、尾、鳍,头部穿一孔作目,如胡头沟3号墓所出,长2.7厘米(图5-24-3)。

6. 兽形环

造型似带兽首的玉环,兽背有一小孔,可以系挂,如巴林右旗羊场公社所出,高约15厘米(图5-24-4)。

7. 龙

龙体卷曲,横截面略呈椭圆形,径2.3~2.9厘米,雕刻精细,双眼突起呈棱形,额及颚底皆刻细密的方格网纹,颈脊起长鬣,鬣作扁薄片状,背部有一穿孔,如三星他拉村所出,器高2.6厘米(图5-25-1)。

8. 龟

有二式,均胡头沟1号墓所出:

Ⅰ式 颈前伸,背面近椭圆形,腹面正中有一竖脊,中间横穿一孔,长4.8厘米(图5-25-2)。

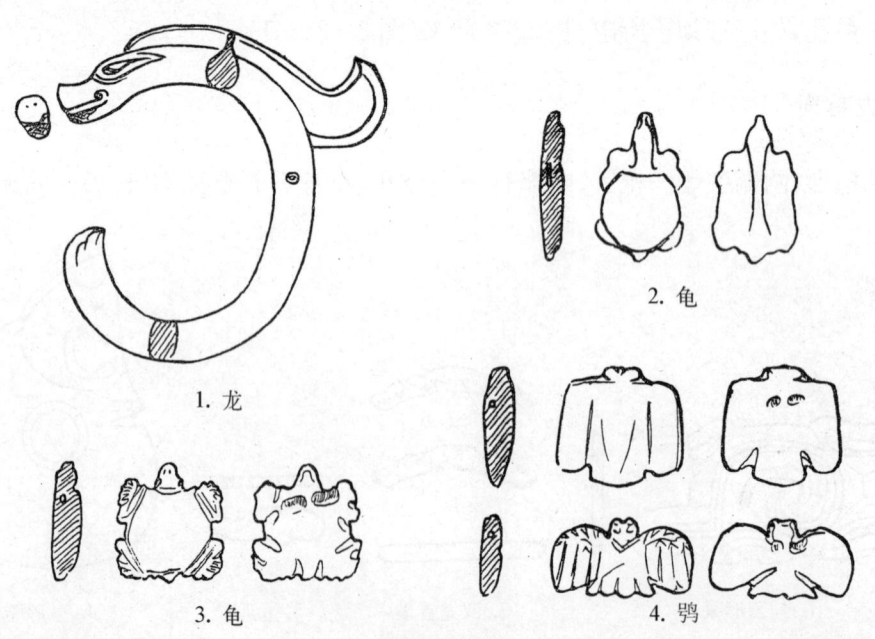

1. 龙

2. 龟

3. 龟

4. 鹗

图5-25

Ⅱ式 头部微缩,雕出目、口、爪等细部,背部略微鼓起,近六角形,腹部有一牛鼻孔,长3.9厘米(图5-25-3)。

9. 鹗

正面作展翅形,背面有一牛鼻孔,头部雕出耳、目,翅尾有表现羽纹的刻线,如胡头沟1号墓所出,长2.5厘米(图5-25-4)。

三、新石器时代玉器的制作手法与玉料来源

关于新石器时代各类玉器的制作方法,以太湖地区的马家浜、崧泽和良渚三期文化玉器为例,可以看到它从产生到逐步成熟的过程。

马家浜文化管、珠、玦的制作,与制造磨制石器一样,先将玉料打击成形,再进行钻孔和通体磨光,所以器物面虽然光洁,但不十分平整。钻孔是以桯钻从两端对钻而成的,孔的剖面略呈"定胜"形。

崧泽文化的玉器如璜、环、玲,大部呈片状,一般厚仅0.2~0.3厘米,从两件遗留锯痕的璜来看,面上有一片弧形的摩擦痕迹(图5-26),与角料上发现的锯切痕相似,可见这一时期已掌握了锯解玉料的技术。制作工具可能是一种旋转的轮子,这在已经掌握慢轮制陶技术的崧泽文化时期,也是可能的。至于在玉斧上的加工,也使用磨与钻的方法,所以器形仍比较简朴,而且表面光素而无纹。

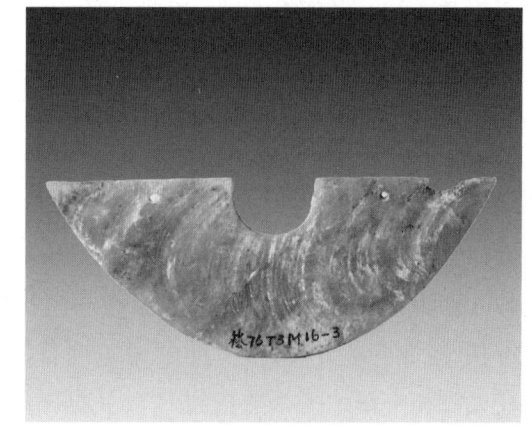

图5-26 璜面上遗留的制造痕迹

良渚文化的玉器,在制作上掌握了浮雕、圆雕、细刻、镂孔以及抛光等技术,工艺上已达到很高的水平,加上种类增多、器形较大,可说已进入制造玉器的蓬勃发展阶段。大玉璧面上遗留的切割痕迹,充分显示了当时对大件玉料进行解剖的能力。

上海博物馆收藏的一件高约32.9厘米的长玉琮,中间圆孔使用两端对钻的方法。如此深长的圆孔,两头对钻,钻孔不偏,在尚未出现金属工具的新石器时代,这一钻孔技巧是惊人的。

在一件觿上雕琢的镂孔,图案线条弯曲多变,不但需要以钻透孔,同时必须掌握

线割技术才能制成。

一些细刻纹的琮,更是呈现了当时玉雕工艺的高超技巧。琮面的花纹往往具有三个层次,在圆筒体上先雕琢四块凸面,在凸面上再浮雕椭圆形的目、扇形的鼻和圆角长方形的口,构成兽面的基本图案,然后再在目、鼻、口的凸面内细刻几何纹。这些填刻的纹饰,线条流畅,细如毫发,是以熟练的技术随手刻成的。四组兽面纹的图形和大小,都大体一致,像是雕琢前先已有一番构图设计。

玉器雕琢基本完成以后,最后采用抛光工艺,技术也极为成熟。因此发现的玉器,大部表面光亮如镜,可以鉴人。

至于当时使用的雕琢工具,从一些斧面和锥形器的器身上遗留的同心圆弧线,以及弧形的凹痕来看(图5-27),应该已经使用了轮旋的工具,与轮制陶器处于同一发展水平。这些玉雕技艺显示,在良渚文化时期我国的制玉工艺已达到了相当成熟的程度。

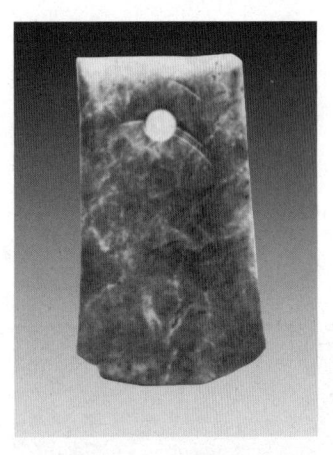

图5-27 斧面上遗留的制造痕迹

新石器时代的玉料来源,以出土玉器较多的辽河地区和太湖地区为例:东北的辽宁省岫岩县,至今仍是我国重要的玉料产地之一,所出玉料被称为岫岩玉。红山文化玉器,可能大部取材于本地或近邻。而太湖地区的玉器,玉色青绿,灰绿或绿褐,大都属于青玉。有些所谓鸡骨白的,也是这类青玉钙化蚀变的结果,虽然表面一层呈乳白色,而其下仍透现青绿色。它们的矿属,据地质部南京地质矿产研究所郑建工程师的初步鉴定,大部属角闪石,玉料有片状的晶体;少量为阳起石,它的质地致密呈纤维状,有油脂般光泽;也有部分为蛇纹石,硬度低,质差;个别属玉髓硬玉。这些玉石在太湖和宁镇地区都能找到[23]。又据同济大学海洋地质系的分析,这类玉石是火山作用晚期和其后的喷气及热液作用蚀变的产物。经对上海市郊北干山、佘山等基岩出露区进行考察,基岩属中酸性火山岩系,是中生代侏罗——白垩纪时期火山喷发的产物,出土玉器的岩石类型和岩性与之一致,也可能包含某些玉料。太湖地区新石器时代盛行制作玉器,与本地或邻近地区古时产玉有一定的关系。

四、结　语

总之,我国的制玉工艺早在距今6 000多年前已从制造石器中分离出来,逐渐成为一项专门的手工艺。到了新石器时代晚期,各种琢玉技巧更加成熟,已为殷商精湛玉器的制作建立了良好的基础。

注释

[1] 浙江省文物管理委员会、浙江省博物馆:《河姆渡遗址第一期发掘报告》,《考古学报》1978年第1期。

[2] 罗家角考古队:《桐乡县罗家角遗址发掘报告》,《浙江省文物考古所学刊》,文物出版社,1981年。

[3] 浙江省文物管理委员会:《浙江嘉兴马家浜新石器时代遗址的发掘》,《考古》1961年第7期。

[4] 梅福根:《江苏吴兴邱城遗址发掘简介》,《考古》1959年第9期。

[5] 黄宣佩、张明华:《青浦县崧泽遗址第二次发掘》,《考古学报》1980年第1期。

[6] 吴苏:《圩墩新石器时代遗址发掘简报》,《考古》1978年第4期。

[7] 南京博物院:《江苏吴县草鞋山遗址》,《文物资料丛刊(3)》,文物出版社,1980年。

[8] 南京博物院:《江苏吴县张陵山遗址发掘简报》,《文物资料丛刊》(6),文物出版社,1982年。

[9] 南京博物院:《江苏武进寺墩遗址的试掘》,《考古》1981年第3期。

[10] 上海市文物保管委员会:《上海福泉山良渚文化墓葬》,《文物》1984年第2期。

[11] 南京博物院:《南京市北阴阳营第一、二次的发掘》,《考古学报》1958年第1期。

[12] 安徽省文物工作队:《潜山薛家岗新石器时代遗址》,《考古学报》1982年第3期。

[13] 山东省文物管理处、济南市博物馆:《大汶口——新石器时代墓葬发掘报告》,文物出版社,1974年。

[14] 郑州市博物馆:《郑州大河村遗址发掘报告》,《考古学报》1979年第3期。

[15] 中国社会科学院考古研究所山西队、临汾地区文化局:《山西襄汾县陶寺遗址发掘简报》,《考古》1980年第1期。

[16] 四川省博物馆:《巫山大溪遗址第三次发掘》,《考古学报》1981年第4期。

[17] 广东省博物馆、曲江县文化局石峡发掘小组:《广东曲江石峡墓葬发掘简报》,《文物》1978年第7期。

[18] 方殿春、刘葆华:《辽宁阜新县胡头沟红山文化玉器墓的发现》,《文物》1984年第6期。

[19] 郭大顺、张克举:《辽宁喀左县东山嘴红山文化建筑群遗址发掘简报》,《文物》1984年第11期。

[20] 昌潍地区艺术馆、考古研究所山东队:《山东胶县三里河遗址发掘简报》,《考古》1977年第4期。

[21] 韩康信、潘其风:《大墩子和王因新石器时代人类颌骨的异常变形》,《考古》1980年第2期。

[22] 上海市文物保管委员会:《上海马桥遗址第一、二次发掘》,《考古学报》1978年第1期。

[23] 郑建:《江苏吴县新石器时代遗址出土的古玉研究》,《考古学集刊》(3),中国社会科学出版社,1983年。

(本文原载于《上海博物馆集刊》(4),上海古籍出版社,1987年)

从考古发现谈上海成陆年代及港口发展[*]

上海市位于长江三角洲伸向海洋的前缘,是广大富饶的长江流域的门户。阐明上海地区历史上的海陆变迁和河道变迁,关系到今天的社会主义经济建设,是上海地区历史研究的一项重要课题。

关于上海市境内各地区的成陆年代,由于过去缺乏科学资料,长时期未能作出较为确切的结论。帝国主义和资产阶级反动学者,更以形而上学的谬说,歪曲自然演变规律,贬低人为因素,从而抹杀上海人民在悠久历史中的创造力量。

对于研究上海的历史地理,考古发现有着重大的意义。新中国建立以来,特别是无产阶级"文化大革命"以来,上海文物考古工作者遵照毛主席的"古为今用"的方针,在广大工农兵的积极支持和协助下,发现了一系列古文化遗址和遗物。结合文献资料,考察这些古代遗存的地点、层位、文化类型等,有助于阐明上海市各地区成陆年代、港口发展的一些实际情况,为问题的深入探讨提供科学根据。现在就我们所接触和了解到的若干考古收获,札记于下。

一、从古文化遗址推断古海岸遗迹的年代

地质时期的上海地区,曾经有过多次海陆变迁。当进入新生代第四纪冰期的最后一期(大理冰期)时,地球上气候寒冷,冰川覆盖着亚欧大陆北部和北美洲北部,海平面远比现在低。那时候,上海地区连同现在的大陆架西部都露出于海平面之上,构

---

[*] 本文为与吴贵芳、杨嘉祐的合作作品。

成了古长江三角洲的一部分。地质工作者在地面下十二至五十四米处发现的暗绿色硬粘土层,大体标明了大理冰期上海地表的位置。冰期过后,气候逐渐变暖,大陆冰川消融并泄入海洋,使海平面大幅度上升。古长江三角洲的大片陆地复被海水所浸没。上海地区又一次开始了冲积成陆的进程。

在此期间,由于海岸线曾经有较长时期稳定在今上海中部偏西北走向东南一带,海浪在那里堆积了大量泥沙和介壳残骸,形成了高于地面的条条冈阜,人们称其为"冈身"。清代雍正元年(1723 年),在嘉定县方泰出土的唐开元间(713~741年)的琅邪人券版,其上就有"东至广浦三十步,西至冈身二十步"等语,可见"冈身"这个名称由来已久。北宋时,郏亶《水利书》和朱长文《吴郡图经续记》都提到了冈身。后者说:"尝闻濒海之地,冈阜相属,俗谓之冈身。此天所以限沧溟而全吴人也。"事实上,当然不是什么天限沧溟,而恰恰是沧溟给自身制造了对立面,体现了自然过程的辩证性质。

南宋以来,对冈身的来历、位置作了比较具体的叙述。南宋绍熙《云间志·古迹》说:"古冈身在县(指华亭县,今松江县城)东七十里,凡三所,南属于海,北抵松江,(吴淞江)长一百里。入土数尺皆螺蚌壳,世传海中涌三浪而成。其地高阜,宜种菽麦。"这里说吴淞江以南有三所,在明代人的记述中,是指沙冈、紫冈和竹冈。自西而东,三冈并列,其旁皆附有水道。从至今尚存的沙冈和竹冈,可以辨认出古冈身的位置。沙冈南起今上海市奉贤县的漕泾,经上海县马桥镇、青浦县蟠龙镇,北抵吴淞江岸;竹冈南起奉贤县柘林,经上海县俞塘村、诸翟镇,北抵吴淞江。紫冈水道已湮没,据方志记载,其位置当在沙冈与竹冈之间。

北部的冈身,据南宋《吴郡志》、《中吴纪闻》引旧图经之说,有外冈、青冈、五家冈、蒲冈、涂松冈、徘徊冈、福山冈七处,分布在今上海市嘉定县和江苏的太仓、常熟境内。根据上海境内五家冈、外冈的位置,冈身地带大致是东濒今横沥,经过南翔、马陆、嘉定南门等地,西临盐铁塘,经过外冈、方泰等地。

冈身虽早已见诸古代文献,但它究竟何时形成并无明文记载。近半个世纪以来,在探讨长江三角洲的形成问题中,冈身形成年代也就成了中心问题。上海浚浦局的海登斯坦也曾讨论过这一问题。他估量长江上游每年挟带下来的泥沙可形成一英里见方、四百英尺高的大堆积物,从而推断长江下游海岸线的伸展速度是每六十年一英里。地质学家丁文江又以苏北东台到浙江嘉善一线以东的城镇建置年代为依据,并根据近几百年中局部地区所筑海塘的年代推算,得出每六十九年海岸线伸展一英里的说法。按照他们的理论,德国人费师孟更具体地将福山至漕泾的冈身一线定为公元 1 世纪的海岸线。新中国建立前后,有些地理研究的文章中,也将冈身定为二千年前的海岸线。

海登斯坦孤立地把长江输沙量作为决定长江三角洲伸展速度的唯一因素,并且静止地把输沙量看成是一成不变的。其实,长江下游陆地的扩展,除了上游输沙量这一因素之外,还有海流冲击的因素,这在清代《华亭县志》中业已述及。此外,还有潮汐、风向、海面升降变化等因素,都应估计在内。就是输沙量,也因长江流域人们生产活动的发展而不断地在变化着。丁文江把城镇建置作为成陆年代的标志,根本没有看到在城镇建置之前,早已有劳动人民在那里开发,筑堤、围垦也是影响成陆迟速的重要因素。长江下游海岸线的推进,不会永远是一个速度,有时很快,有时停滞不前,甚至发生坍塌。

1958年以后,文物考古工作和地下勘探的发现,为探讨冈身形成的年代提供了重要的佐证。冈身以西发现古文化遗址二十余处,其中青浦县崧泽遗址[1]距沙冈约十二三公里,其下层文化遗存相当于青莲岗文化的马家浜期,绝对年代经碳十四放射性同位素测定为距今5 360年±105年。崧泽遗址下层土壤,经孢粉分析,适应于海滨盐生的藜科植物花粉减少,水生草本花粉大增,反映当时崧泽已距海较远,土壤中的水分已经淡化。此外,距沙冈十余公里的查山遗址[2]下层,也发现了同一时期的古文化遗址。青浦县寺前村遗址[3]下层,相当于青莲岗文化崧泽期的遗存,距今年代也在四千五百年以上。这些都说明了我们的祖先在距今五千年前后,已在今上海地区的西部劳动、生息、繁衍。这一地区早已成陆,而不是像海登斯坦所推算的那样,五千年前的海岸线还在江阴。

在冈身地带东部的竹冈上面,1959年在上海县马桥公社以东的俞塘北岸、竹港西岸发现了马桥古文化遗址。它的下层是良渚文化人们的居住遗址和墓地(图6-1～3)。其绝对年代,按金山县亭林遗址[4]下层同类型文化遗存碳十四测定,为距今3 855年±95年。"文化大革命"中,又在竹冈南端柘林的海塘外面发现了另一个新石器时代的遗址。马桥遗址的发现证明,早在四千年前,大海已离开竹冈一线,使它成为海岸遗迹,由于竹冈地形高爽,新石器时代的人们已选它作居住地点。但那里废弃的地窖中发现的大量蛤蜊壳的堆积,又说明当时的海岸距竹冈还不太远,人们可以经常到海边去采集蛤蜊作为食物。

总的来说,关于冈身地带几条海岸遗迹的年代,考古发现所能阐明的是:西面的沙冈,至迟是五千年前的海岸,因此在其以西有了距今五千三百年的人们的居住点;而最东面的一条竹冈,其形成的年代不会迟于四千年前(图6-4)。

图6-1 马桥遗址下层良渚文化墓葬

图6-2 马桥遗址下层良渚文化陶杯

图6-3 马桥遗址下层良渚文化陶壶

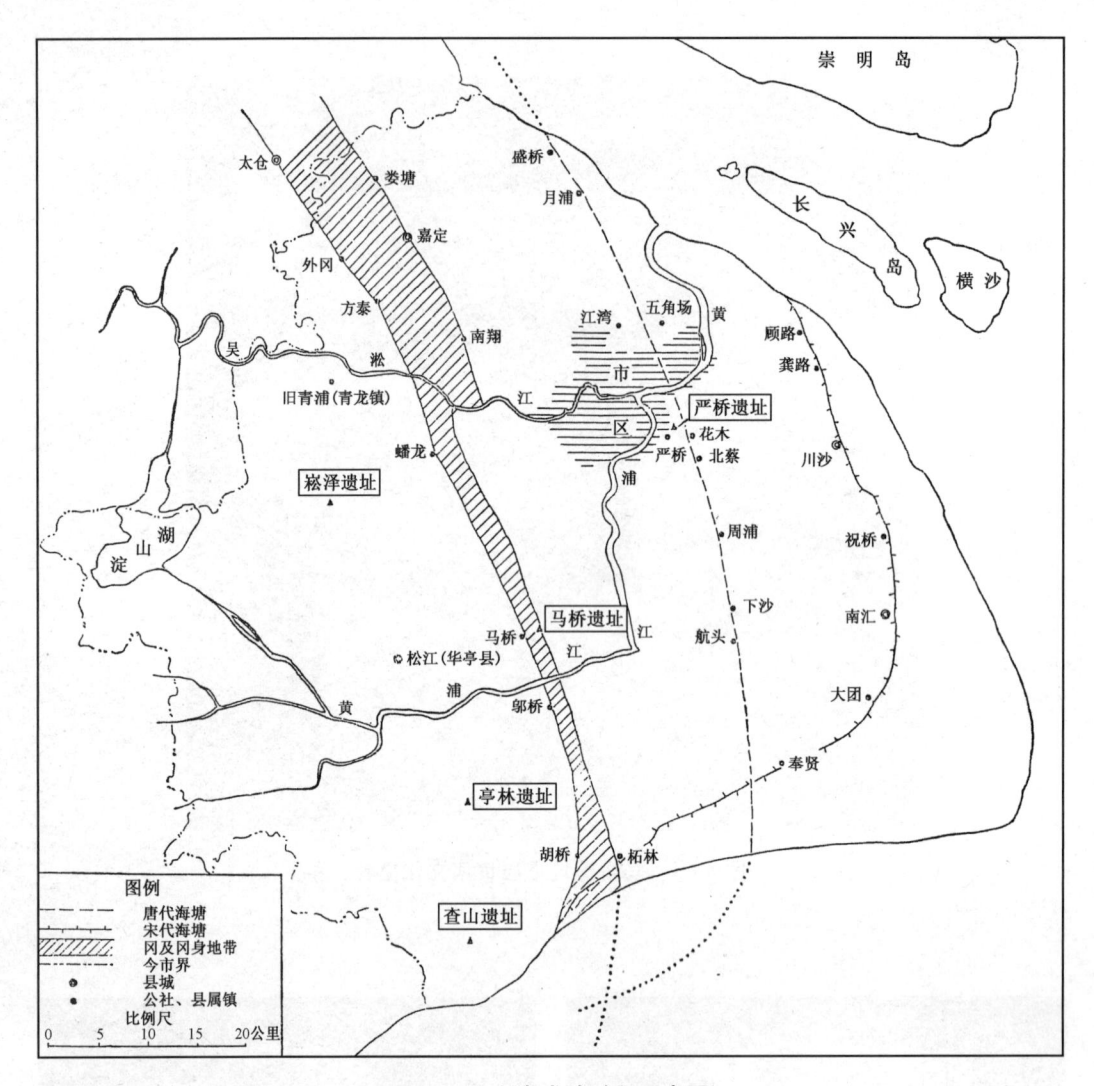

图 6-4　上海成陆过程示意图

二、从唐代到宋代的遗址及出土文物推断今市区的成陆进程

随着陆地的向东伸展,历代劳动人民兴筑海塘以御咸潮,进而与海争地,使新涨土地在未堆积到最高潮位以上时,就脱离江海的浸灌。同时,又迫使与江流俱来的泥沙更多更快地堆积在塘身以外,人为地加快了陆地扩展的速度。

明代以来的方志记载都认为,上海人民修筑海塘是从唐代开元初年(8世纪初)

开始的。其依据是《新唐书·地理志》杭州余杭郡盐官(县)条下的记叙:"……有捍海塘堤,长百二十四里,开元元年重筑。"上海地区在唐天宝十年(751年)成立华亭县之前,分属于苏州辖领下的昆山、嘉兴和海盐三县。盐官与海盐二县南北相邻而东濒大海。盐官兴筑海塘,海盐自可能有塘身相接。由此推断,上海地区筑塘的时间应与盐官同时。宋绍熙《云间志》和《舆地纪胜》都有关于盐官海塘向东北延伸部分的记载,且文字相同:"旧瀚海塘,西南抵海盐界,东北抵松江(吴淞江),长一百五十里。"这里说"西南抵海盐界",是指华亭从海盐划出以后的情况。两书叙述了上海地区开元海塘的起讫和长度,可惜没有指明经过的地点,位置还不明确。

多年前,从事野外地质调查的同志在北起今宝山县盛桥、月浦、江湾,南经川沙县北蔡,南汇县周浦、下沙以抵航头一线,发现了一条断续存在的砂带。这条砂带西距冈身约三十余公里,与冈身相平行。"文化大革命"以来,上海文物考古工作者配合各项工程的开展,在上述一线以西,又陆续发现了一批唐代和唐以前的出土文物。例如,今市区北部的广中路菜场曾出土南朝的青釉瓷碗和瓷罐,中山北路出土唐代黄褐釉瓷壶,共和新路出土唐代青黄釉瓷碗,浦东地区白莲泾出土唐代青釉瓷碗等。这表明包括除今杨浦区东端及复兴岛以外的绝大部分市区,早于唐代已经成陆。下沙一线砂带,有可能正是开元初年海塘岸线的遗迹。1975年11月严桥唐代遗址发现后,这个推断进一步得到了证实。

严桥遗址是上海市川沙县严桥公社在新开南张家浜河道时发现的。这条南张家浜位于浦建路东首、杨高路以北、市化轻公司仓库北面几十米处。河道作南北流向,邻近北蔡、下沙一线砂带的内侧。遗址即在离仓库约一百五十米的开河部位。调查发现,在地表以下深两米半的黄土层底和灰土层面上,存有北宋时代的黄釉陶瓶、青釉瓷碗和白釉黑花瓷盘等陶瓷器,另有两座砖砌的宋代水井。在深三米半至四米的灰土层,存有大量唐代日用陶瓷残器(图6-5~7)、残片以及砺石、牛头骨和其他动物骨骼等。根据地层情况和出土遗物所判明的年代,可以断定这里是一处唐至宋代的村落遗址。结合下沙一线砂带来推考,我们认为,在唐代初期或唐代以前,那里从海中涨起的土地已堆积到最高潮位以上,成为可垦之地,因而逐渐有了劳动人民定居的村落。不迟于唐代开元初年,上海人民又在这一带大规模地兴筑了捍海塘堤。其后,海岸继续向东伸展,延伸到了北宋郏亶《水利书》中所提到的一条海岸线,即北起今浦东老宝山城、高桥,向南

图6-5 严桥遗址出土的唐代瓷壶

经过横沔、新场,再向西南进入海盐界一线。根据近年来在今高行镇略东地带出土的唐代晚期至五代陶罐、陶壶来看,这一线可能是唐代晚期的海岸线。

图 6-6 严桥遗址出土的唐代残碗　　**图 6-7 严桥遗址出土的唐代瓷碗**

继唐代开元之后,南宋乾道八年(1172年)又修建了另一条海塘。《宋史·丘崈传》说,崈"出知秀州华亭县。捍海堰废且百年,咸潮岁大入,坏并海田,苏、湖皆被其害。崈至海口访遗址,已沦没,乃奏创筑。三月堰成,三州舄卤复为良田"。这条海塘的位置,明代曹印儒作《海塘考》,说是"起嘉定之老鹳嘴以南,抵海宁之澉浦以西"。据康熙《松江府志·水利图五》所绘,老鹳嘴应在今吴淞江口东岸、高桥以北。这一带明时属嘉定,故有起自嘉定之语。《海塘考》指出,这条塘身到明"成化中颓废,巡抚毕亨益增其旧及里护塘",明确指出乾道海塘是经过明代成化原地加固的。其时去今未远,所以遗址显然可考,大体在北起今高桥以东,南经川沙、南汇、奉城以迄柘林一线。当地人至今犹称之为里护塘。近年以来,在里护塘内侧如大团镇西新开的闸河东岸发现散布着一些北宋至元代的瓷片,在三灶农田建设的平整土地中也发现了北宋的瓷片和南宋早期的陶片。因而有理由推定,海塘虽筑于南宋乾道间,但成陆则不迟于北宋初。这就意味着今上海市的全区,在宋代之初已经基本成陆,海岸前伸地带和现在相差不远了。

三、从古文化遗址和文物资料看局部地段由陆变海

由于海潮的侵蚀,上海地区的局部海岸地段在历史上也发生过坍没。1959年,

上海文物考古工作者在青浦县淀山湖中发现了新石器时代至春秋战国时代的遗址，说明那里在三四千年前原是陆地。这是上海市西边的一处由陆变湖的实例。上海地区南岸(亦即杭州湾北岸)，主要在柘林、金山卫沿岸到杭州湾中的王盘山一带，现在已是烟波浩渺的近海，但在古代曾经是一片广阔的滨海平原。20世纪30年代，在金山卫海滩发现了大量印纹陶片。解放后，上海文物考古工作者在海中大金山山腰发现了春秋战国时代的几何印纹硬陶；1960年，在今金山卫东戚家墩海滩上发掘出春秋战国至秦汉时代的聚落遗址[5]，出土了春秋战国时代的印纹硬陶罐、夹砂陶鼎、早期青瓷碗、匜和西汉陶井、铁器等遗物；"文化大革命"后，又在柘林南面海光大队盐场发现了新石器时代的石箭头、石锛、石凿。可见这一片海滩在古代时是滨海平原，早在新石器时代就已有人类居住。

上海北岸沿长江口的坍没现象主要发生在今月浦、宝山和高桥北面一带。吴淞口东岸的高桥，曾在镇北三里许出土南宋嘉泰年间(1201～1204年)黄俣的墓志，据称北宋时黄氏在那里定居下来，到嘉泰时已有五世。黄俣死后，葬于"清洲之原"，可知当时的海岸应比现在为北。明洪武三十年(1397年)，在今高桥镇东北约六七里处筑土城，称清浦旱寨。明永乐十年(1412年)，又在离土城东北十余里处筑一座土山。明成祖朱棣撰《宝山碑记》，说此山高三十丈，"昼则举烟，夜则明火"，以利船舶进出黄浦，称为"宝山"(图6-8)。由于山离清浦旱寨较远，明万历五年(1577年)又在山麓另筑一座新城。旧志记载，到了万历十年(1582年)，潮水将土山和新城冲坍入海，并噬及西南十余里的旧城清浦旱寨。其后清康熙三十三年(1694年)又在旧城西北二里造一座

图6-8 明永乐十年《宝山碑记》

砖城，就是今日尚可见到的老宝山城遗迹，离海塘已不足二里。明人陆禹定作《宝山咏》，有"当初筑山时，去海三十里，于今山农家，半入洪波里"之句，说明了那里明代土地坍没的情况。

今宝山县城在吴淞口西岸，明时为吴淞所。《宝山县志》明确地记载着：明洪武十九年(1386年)筑土城于依仁乡，距海三里；嘉靖十六年(1537年)"因海渐坍入，增

筑新城于旧城西南一里"。这就是今天的县城所在。两年后,"海溢,旧城东北隅陷"。又过了八十年,到万历末年(1620年),"旧城东北基址尽坍入海"。由宝山县城向西,今月浦镇东北,曾有黄姚镇。据《宋会要·食货》所载,宋代时这一带是黄姚盐场;南宋绍熙年间,又在这里设税场,成为"二广、福建、温、台、明、越等郡大商海船辐辏之地"。明初的黄姚还是"东陲著名镇集"。嘉靖三十一年,黄姚曾遭倭寇侵扰,当地人严大显等组织武装抵抗,将倭寇逐入海中。但万历《嘉定县志》则对黄姚镇和盐场均无记载。据《月浦志》,黄姚"在月浦镇东北六里张家宅后海塘外,今没于海,仅有石皮街在,渔人于小汛潮退时,立街上捕鱼"。可见黄姚镇及盐场在明嘉靖末至万历初年坍没于海。此外,在黄姚附近还有"问八图寒圩"一块土地,在清初坍没。

应该指出,上海地处长江入海口,由于长江挟带大量泥沙,总的说沉积量大大超过侵蚀量,由海变陆是在大范围内长期持续的运动,而由陆变海只是在局部地段断续发生的现象。坍没是由于海潮的侵蚀,这是可以解释的自然现象。在现代科学技术条件下,了解这种现象发生的规律,控制和避免可能造成的损失,已经是十分现实的了。

四、从有关河道变迁的文物资料看上海港的发展

古太湖沼泽地成陆后,太湖大致定形。它有三条主要的泄流道经过上海地区。唐代《史记正义》引晋代顾夷的说法,认为太湖水经今吴江县东北,在三江口分流:由东北入海的为娄江(今浏河前身),东向入海的为松江(吴淞江),东南入海的为东江。

吴淞江一直承担着太湖宣泄的最大流量。下游自青龙镇(今青浦县的旧青浦)以东,水面宽阔,估计自始即具备着三角港的雏形。南北朝时梁简文帝在《吴郡石像碑记》中指出:"吴郡娄邑界,松江(吴淞江)之下,号曰沪渎。"说明江与渎是不一样的。我们认为,只是在唐代海岸线推进到月浦、江湾、北蔡、下沙一线时,这片水面才充分形成了喇叭形海湾的面貌。唐代皮日休在《吴中苦雨》中描写这个沪渎说:"全吴临巨溟,百里到沪渎。海物竞骈罗,水怪争渗漉。"从诗中的渔市海货之盛,可以推想吴淞江下游的浩瀚。北宋时许多著录更直接给沪渎以海的命名。如《元丰九域志》的秀州条下,提到华亭"有金山、松陵江(吴淞江)、华亭海"。《吴郡图经续记》称:"松江东泻海曰沪渎,亦曰沪海。"过去有些人考华亭海,不明所指何域。其实"华亭海"就是"沪渎"、"沪海"合称"沪渎海"的音转(用汉语拼音,上海语华亭海读若Wodinghai,沪渎海

读若 Wuduohai,极为近似)。范成大《吴郡志》考"沪"的意义,谓"列竹于海澨曰沪",是唐代以来为劳动人民所熟知的捕鱼设施。沪渎或沪海是劳动人民对渔区的称呼,而历来作方志的士大夫喜欢把传统地名加以附会,使之正名化或者雅化,"沪渎海"也就成了"华亭海"。正如上海旧盐场名为下沙,而旧志一定要加上一句"下沙亦名鹤沙"一样(上海语,"下"、"鹤"音近似)。沪渎介于江海之间,"深广可敌千浦"(北宋人郑侨语),利于"海舶辐辏,风樯浪楫,朝夕上下"(弘治《上海志》卷二)。嘉庆《上海县志》称:"吴淞江唐时阔二十里",虽未说明根据,但从上文提到的下沙一线海岸遗迹,大致可以得到证实。遗迹的砂带中断处,恰在今江湾镇的南北一线,说明那里是唐代沪渎的入海口。参看遗迹两侧历次有唐代或唐以前遗物出土的地点,可以比较准确地指出,北起今江湾镇北,南抵严桥遗址,应是唐代入海口的宽度。至于《云间志》把唐代瀚海塘在江北岸余下的一段尾闾略去不记,除了因为著书时北岸还在昆山界内不属华亭之外,吴淞江下游的宽阔也应是一个原因。

随着太湖流域的经济开发,苏州逐渐发展成为国内贸易远逾扬州、略胜杭州的东南雄郡。唐代的上海地区已具备了良港条件,到开元初年在今上海地区兴筑海塘以御咸潮就有了必要。天宝十年(751年),吴郡太守赵居贞又奏准分割昆山南境、嘉兴东境、海盐北境,在今上海市松江县设置华亭县。青龙镇为华亭县属,成了这个新兴海港城市的转口活动中心。

青龙镇去华亭县北五十四里,坐落在吴淞江南岸,由一条顾会浦与县城相沟通。溯吴淞江而西,可以直达郡城苏州。乾隆《青浦县志》提到,早在华亭设县之前,青龙镇已为海防要冲,置有镇将和副将,"所职捍防守御之事"。可能与此同时,也兴起了海上贸易和交通运输。唐代杜甫《昔游诗》有"吴门转粟帛,泛海陵蓬莱"之句,指的是天宝初年,韦坚奏请将江淮各州县租米义仓存粟变价购买各地轻货,输送京师一事。苏州一带贡物显然是经吴淞江、沪渎转口北运的。青龙日趋繁盛后,日本僧圆仁在《入唐求法巡礼行记》中提到,日本仁明朝承和十四年(唐大中元年,公元847年)五月,僧圆仁、惟正、性海及丁雄万搭乘新罗人金珍等人所驾海船自苏州松江(吴淞江)口出口,返回日本。这些史料都说明了青龙镇以苏州为腹地、苏州以青龙镇为河口港的关系。

到了宋代,华亭县改属两浙路秀州(今嘉兴)。两浙广大的市场和丰富的土特产使青龙镇港口贸易有了大跨步的发展。嘉祐七年(1062年)僧灵鉴为镇上隆平寺宝塔作铭记,说到"建塔七层,高矗云霄",使"远近知路,贾客如归"。各地商贾"自杭、苏、湖、常等州月日而至;福建、漳、泉、明、越、温、台等州岁二三至;广南、日本、新罗岁或一至。人乐斯土,地无空闲……异货盈衢"。元丰五年(1082年)陈林《隆平寺藏经

图 6-9 《宋通州判官林公碑》

记》则谓"富商、巨贾、豪宗、右族之所会"。新中国建立后在青龙镇出土了《宋通州判官林公碑》(图 6-9),墓主为南宋绍兴—嘉泰间青龙镇人,但碑文中说他的先世原籍福建,祖父官至提举福建路茶盐事,"实莆田之右族",与上述文献所记的情况相符。华亭县因青龙港在海上贸易地位的上升,于政和三年(1113年)始置市舶务。《宋会要》和《建炎以来系年要录》,又都提到在绍兴二年(1132年)时,移两浙提举市舶于华亭县,置市舶司,统辖临安、明州、温州、秀州和江阴军五处市舶务。但另一方面,由于沪渎入海处的湾口沙洲发育,淤塞也经常发生。单锷的《吴中水利书》曾指出:庆历二年(1042年),统治阶级因吴淞江风涛常覆漕运官船,乃在太湖出水口筑长堤以减缓流势。结果造成吴淞江诸港泥沙涨塞,而太湖沿岸则多了洪水泛滥。这是最严重的淤塞情况。此外青龙镇西北有安亭港,宋监司为了制止走漏商税,堵塞江流以截取税收,更加重了吴淞江的淤塞状况。北宋水利家郏侨指出:"元符初(约1098年),遽涨潮沙,半为平地。"(见明代沈启《吴江水考》)只是靠了反复疏浚,才保持了这个三角港的发展。即以宝元至崇宁间(1038~1106年)为例,开浚之举,史不绝书。《宋史》记开吴淞、青龙江役达五万民夫,死者千一百六十二人,费钱米十六万九千三百四十一贯,而积水犹未退。到南宋乾道二年(1166年),华亭的两浙市舶司终于罢废。除了河道的原因之外,与吏治腐败也有关系。大约在淳熙十四年(1187年),淤废已久的青龙江再一次进行疏浚(宋袁燮《絜斋集·罗公行状》),此后青龙镇逐渐趋于荒落。

自从在太湖出水口筑了长堤以横截江流之后,吴淞江流势减缓,刷沙力变弱。嘉祐和崇宁中两次疏浚,都是把白鹤汇(青龙镇略西)到盘龙浦(今诸翟镇略北)一段逶迤曲折的河道取直,使"直泻震泽之水,东注于海"(《云间志》卷中)。经过整治的新道,大致就是今天的吴淞江。旧江道日益成为细流,今称虬江,即旧江的音转。事实上,从地图上看两江,今旧青浦(青龙镇)以东的南北分流处,其间距正呈现着喇叭形张开的水面形状,这就是当年的沪渎或沪海。明代嘉靖《上海县志》提到:"今指旧江

(虬江)南通行者为江,皆江中沙洪,江上之人直以沙洪呼之。"意思是说,无论新江、旧江都是原来吴淞江中沙洪的组成部分。从今状推想,很可能旧江是沪渎的北沿,而新江则是南沿。

吴淞江下游既然失去了"风樯浪楫,朝夕上下"的条件,上海港势必要另谋发展。北宋景祐初年(1034年)范仲淹上书吕夷简言吴中水利时说:"今疏导者,不惟东南入于松江(吴淞江),又使东北入于扬子江。"其议不及东江。约在元符(1098~1100年)以后,郏侨又谓:"昔禹治水,凡以三江决此一湖(按指太湖)之水,今则二江已绝,惟吴淞一江存焉。"可见东江、娄江很早就不起作用了。特别是东江,一直未再恢复。这条江流在东晋时应是存在的(见北魏郦道元《水经注》卷二十九),它流经淀、泖湖区,向南经由金山、平湖一带入海。唐代《史记正义》成书时,下游已失所在。消失的原因迄今未得到阐明。从事历史地理研究的同志认为,在历史时期,这一带地体都在下沉,上游下沉快,下游下沉慢,水流不出去可能是主要原因。但东江故道虽失,代之而兴的却又有黄浦。康熙《松江府志》谓:"战国时,楚黄歇凿其(按指东江)傍支流,后与江(按指吴淞江)合,土人相传,称为黄浦。"这里除去楚黄歇之类的附会外,约在东晋以后,人们在今金山县治(朱泾)以北的黄桥、横潦泾地带疏导东江支流,使之"演绎而东,凡南北两涯之水皆入焉",这又是可信的。如唐天祐元年(904年)吴越钱氏置都水庸田使,募卒七八千人,号撩浅军。一路径下吴淞江,一路自急水港下淀山湖入海。横潦泾这个名称,可能同撩浅军有联系。

旧志记载,黄浦东向冲涤出口,一度从今闸港、新场一带入海。其后又转道北向,终于循今道在今外摆渡桥以北入注吴淞江,合流入海。惟河道变迁的具体情况和经历时间,现在还不很清楚。我们认为,水网地带的浦与江,原来就是沟通着的,而黄浦江壮阔起来后,上海港的面貌就起了很大的变化。明代巡江御史林应训议苏松水利,认为黄浦之所以盛大,是因为它汇集杭、嘉之水,又有淀山湖、泖湖从上游灌注,"是以流皆清驶,足以敌潮,不能淤也"。但这只说明了自始即存在的内因根据,没有说明通过什么外因条件而起了变化。对这个问题,从事地理研究的同志的意见是:今黄浦上游和中游的形成,可能是唐宋两代兴筑海塘的结果。由于沿黄浦一带形成了盆地,众流汇聚,遂使黄浦发展而为主流。关于浦与江相沟通的记载,现已查知的当以宋太宗时(976~997年)成书的《太平寰宇记》为最早。其中说:"二陆宅在长谷,谷在吴县东北二百里,周回百余里,谷水下通松江(吴淞江)。"其后景祐间唐询撰《华亭十咏》,又说"华亭谷在县(按指今松江县城)南,萦衍三百里,入松江"。这里"长谷"、"谷水"或"华亭谷",都指的是今淀山湖东南与黄浦上游相衔接的泖湖。至于黄浦名称的出现,则不迟于南宋。最初见于《宋会要·食货第八》的记载:乾道七年(1171年),丘崈谓华亭县东北"有俞塘、黄浦塘、盘龙塘通接吴松大江,皆泄里河水涝"。其次是南宋淳祐十年(1250年)高子凤为西林(今浦东三林塘)积善教寺所撰的碑记。碑文说:"西林……东越黄浦……盖所谓江、浦之聚也。"这些都说明早于北宋初期,黄浦和吴淞江已经合流,而到南宋时,黄浦水源丰足,乃给吴淞江带来了有利影响。由于黄浦上游流经米市渡,仍然与华亭县治相接,海上贸易仍能在上海地区进行。原来海舶溯沪渎直上青龙镇者,那时就改从江浦合流处向南碇泊于上海浦前,亦即今南市小东门十六铺的岸边。这个由聚落发展起来的港口镇终于在南宋咸淳三年(1267年)重新设立了市舶司,同时有了上海镇的命名。第一任市舶提举董楷在受任两年之后为上海镇内受福亭所撰碑记中,描写了"一市阛阓之所"的新兴情况。坊、桥、亭、宫、祠、寺之外,还有"上海酒库"等建置。今上海港岸的原始形象大体就这样构成了。元代华亭县为松江府属,以后相沿至清代,没有大的改变。唐时措在大德七年(1303年)撰《建县治记》碑文中指出:上海发展为"甿廛贾肆,鳞次而栉比"的"巨镇"。至元二十九年(1292年)乃分华亭县地,升镇为县。嘉庆《上海县志》说"至正中(1341~1368年),户才七万二千五百二,又海船、舶商、梢水五千六百七十五,皆县人",可见从事海上贸易的人员之多。

上海镇和县得名于上海浦,这是毫无疑义的。北宋郏亶《水利书》已经提到了松江(吴淞江)自小来浦至海口有大浦一十八条,中有上海、下海二浦,说明浦名远在镇名之先。至于浦名的由来,一种可能是两浦同名,而因其分别位于吴淞江下游的上下地段,才另冠以上下的称呼的。另一种可能是,上海浦自南而北入注吴淞江下游亦即沪海,按习惯可以说是北上(作动词用)沪海的河道;下海浦流向相反,则谓之南下(作动词用)沪海的河道。下海浦在今杨树浦西,昆明路、海门路一带,有下海庙遗迹。历来认为上海浦在今小东门十六铺对岸,是同华漕汢、浬濂泾相平行的东西河道。这个说法出于嘉庆《松江府志》和《上海县志》的记载,说"东西环县治,故名上海浦"。两志弄错了浦身流向,因而认为浦乃因地得名,这是倒果为因。我们认为,合理的推断,上海浦应就是北起今摆渡桥南到闸港的一段黄浦。元代大德间麻合马等集议治水,认为"太湖之水不流于江……并淀山湖之水望东南流于大曹港、柘泽塘、东西横泖,泄于新泾并上海浦,注江达海",明说上海浦是太湖水经过东南流道最后入注吴淞江的那一段。又按南宋绍熙《云间志》说"上海浦在县(指华亭县)东北九十里",原书上诸浦并列,按自西而东的顺序,都是南北流向的河道。明代弘治《上海志》说上海浦在县治(指今南市上海旧城区)东,显然是说县治东面临浦,而不是什么"东西环县治"。万历《上海县志》说"上海浦即大黄浦下流合江处",则更为明确。

随着海岸线向东伸展,宋元两代的吴淞江入海口已在今川沙县的徐路、蔡路、顾路、龚路即俗称老洪洼的一带。元季杨瑀《望海》诗云:"吴淞江口海门东,万里京师咫尺通",指的就是当时的情景。到明代永乐初年(1403年),尚书夏原吉接受上海当地人的建议,放弃已成痼疾的吴淞江,以畅黄浦为主,组织民工"于上海东北浚范家浜接黄浦通流入海"(康熙《松江府志》)。范家浜这一段即今杨树浦到今吴淞镇的一段,使原来的"海门",由东北方向移到了正北,疏浚并整饬了原来江浦合流的一段河道,为今天优越的上海港埠的形成奠定了基础。那以后,明代人张弼《治水议略》谓"黄浦之阔,渐倍于旧",虽连雨月余,泄水也不困难。而"吴淞江狭处,仅若沟渠"。吴淞江从独流入海演变而为黄浦的支流。嘉靖三十二至三十五年(1553～1556年),上海人民为抗御倭寇起筑上海县城垣。清康熙二十三年(1684年)开放海禁,随即设立海关。清人叶梦珠《阅世编》卷三说"往来海舶俱入黄浦编号,海外百货俱集"。乾隆间,虽明令对外贸易只准在广州一地进行,但上海地区仍然有所发展。到鸦片战争前夕,据嘉庆《上海县志·序言》的描述:"闽、广、辽、沈之货鳞萃羽集,远及西洋(按指今东南亚)、暹罗之舟,岁亦间至……诚江海之通津,东南之都会。"上海县城东北丹凤楼,旧藏有清代道光间画工曹史亭临摹前人所作宝带门外十六铺码头的写生,也为当时的繁盛景象留下了信实的记录(图6-10)。

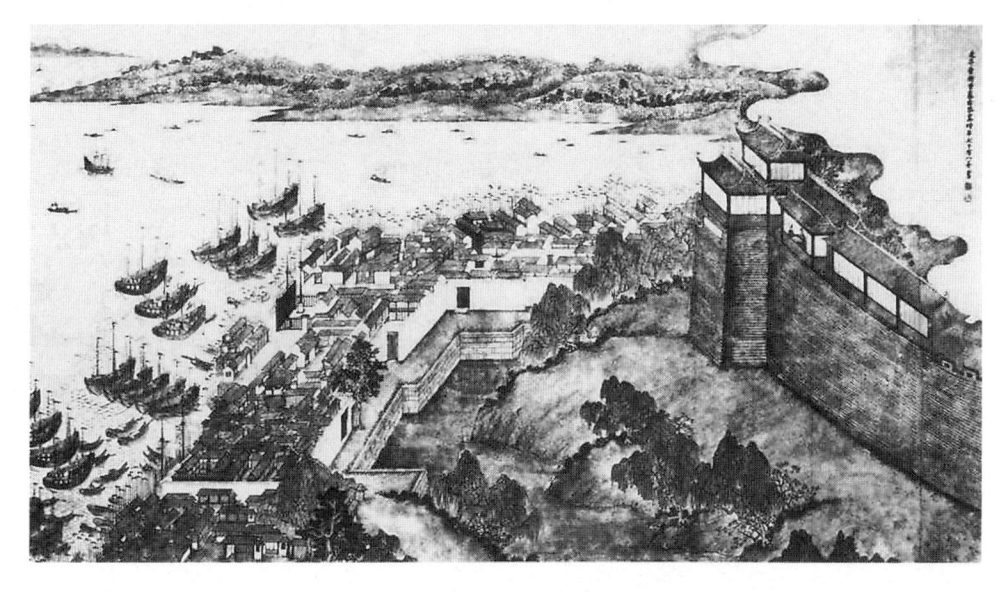

图6-10 鸦片战争前的上海港——宝带门至丹凤楼一带江景

近代上海港的兴起,是我国劳动人民在这块土地上长期经营、挥汗沥血的结果。安东尼奥尼说:"上海作为一个城市,完全是由外国资本在上世纪建立起来的。"这种无耻谰言,不过是"帝国主义侵华有功论"的谬种流传,徒见其用心的卑劣而已。

注释

[1] 上海市文物保管委员会：《上海市青浦县崧泽遗址的试掘》，《考古学报》1962 年第 2 期。
[2] 查山遗址发现于 1972 年，同年进行试掘。它的下层相当于青莲岗文化的马家浜期，上层属于商末周初的青铜时代文化。
[3] 寺前村遗址发现于 1966 年，同年进行试掘。它的下层相当于青莲岗文化的崧泽期，中层属于商末周初的青铜时代文化，上层属于春秋战国时代文化。
[4] 亭林遗址发现于 1971 年，次年进行试掘。它的下层是良渚文化，这一层出土的木块，经碳十四测定年代为距今 3 855±95 年，中层属于商末周初的青铜时代文化，上层属于春秋战国时代文化。
[5] 上海市文物保管委员会：《上海市金山县戚家墩遗址发掘简报》，《考古》1973 年第 1 期。

（本文原载于《文物》1976 年第 11 期）

关于河姆渡遗址年代的讨论

浙江省余姚市河姆渡遗址,发现于1973年。由于它是建国以来江浙地区发现的新石器时代年代最早的一处遗址,该遗址的遗存又大部位于地下水线以下,保存良好。其中,有大批稻谷、带榫卯或企口的干栏式建筑木构件、耜、桨等木、骨生产工具,以及漆碗和木架井,都为全国年代最早或罕见的,因此名闻国内外。对于遗址的年代,据碳十四测定,它的早期(第四层)最早距今为6 955±130年(经树轮校正,下同),最晚为距今6 570±120年。测定所选的标本,既有单年生的橡子和菱角,也有掺和在陶胎中的炭末,甚至还采集了当地的现代标本作参考,可以说是谨慎可靠的。虽然把它的上限定为距今7 000年左右,但是如果把这一遗址的各层年代作一系统排比,以及与江浙地区甚至国内其他新石器时代早期遗址作一比较,笔者以为上列测定还偏晚。现提出讨论如下:

一、河姆渡各层的碳十四测定,年代大都偏晚

河姆渡遗址内含四个文化层,各层的年代特征都较明显。

第一层 石斧为舌形,厚实、无孔;石锛作平背长条形或弧背的小锛;石耜上的穿孔,使用琢制法,未见管钻。这都与马家浜晚期或崧泽文化早期的相似或一致。饰件有玉石制作的玦、璜、管、珠、坠等。玦在这一地区是马家浜文化的典型器,至崧泽早期以后即不见;璜作长条形,未见半环或半璧形,亦属崧泽早期形制。所见陶器,小罐可能已采用轮制,轮制陶器在崧泽文化中至晚期始见,鼎足有扁方形侧足、凿形足、三棱形足等,都与崧泽文化中、晚期的相似。至于浅盘鼎、浅盘豆和竹节形豆把,以及一种腰鼓形圈足杯亦为崧泽文化晚期常见器形。所以第一层的年代大体与崧泽文化相当。崧泽文化的年代据碳十四测定与地层分析,约在距今5 900~5 100年之间。河

姆渡第一层碳十四测定为距今 5 330±130 年,只属于该层下限的年代。

第二层　石斧作长条形,厚重无孔,两面刃对称;石锛均为体厚弧背;双孔刀的钻孔使用琢制法;饰件有玉镯,无璜(原报告的璜,仅为残件,两端无穿孔痕迹,按弧度与璜剖面形状,更似镯),均早于崧泽文化。陶器使用泥条盘叠法制作,少数可能已用慢轮修整。夹砂红陶的砂粒不匀,器壁厚重。泥质红陶,外红内黑,器表常见红褐色陶衣,还出现了表面打磨光亮、表里一致的泥质黑陶。器形有弧腹腰檐圜底釜、牛鼻耳罐、外红内黑高把豆、圈足簋形器,以及大量鼎足,而且腰檐釜的沿面平伸而非斜翘,罐类器中已出现圈足,豆把中除有小圆孔外尚见大三角孔,鼎足中除带双目的圆锥足外,尚有扁锥足。这些都与马家浜遗址的上层、邱城遗址的下层、崧泽遗址的下层特征相似。上列遗址的年代,约为距今 6 200～5 900 年,现河姆渡第二层所测距今 5 660±130、5 840±130 和 6 015±135 年,除后一数字外,都进入了本遗址第一层的年代。

第三层　石器有长条形、厚实双面刃的斧、锛和凿,以及刮削器。制法琢磨兼用,器上遗留打琢痕迹。陶器以夹炭黑陶为主,夹砂灰陶次之,并偶见泥质灰陶。制法采用泥条盘叠法,未见轮修。器类有腰脊釜、双耳罐、甑、钵、盆、盘和豆、碗、杯等,与第二层相比变化较大,不相衔接,是早于马家浜遗址下层的古文化。此层所测年代为距今 5 950±120、6 010±130、6 210±110、6 265±110 和 6 860±130 年。前四个数据都属于马家浜遗址的上层与本遗址第二层年代,仅后一数字能反映第三层的年代。

第四层　石器硬度高,采用黑色变质岩、辉绿岩和硅质泥岩等石料制作,磨制不精,打琢痕迹清晰。器类与第三层的相似。陶器胎质单一,均为夹炭黑陶。处于泥条盘叠法还很不成熟阶段,器形往往不甚规整。尤其是第四层下部的有不同程度的歪、斜、扭、偏,器表处理粗糙,有的内壁没有抹平,有的外壁未经打磨,在一些罐的底部还有粗厚的泥条痕。烧制火候也较低,器表常有粉末状斑驳,有的底部有烂底现象。器类上甑尚未出现,豆属偶见。腰脊釜和双耳罐器形单一,变化不大。这一层无论石器和陶器都呈现早期特征。年代应早于第三层的距今 6 860±130 年。而且堆积厚达 100～165 厘米,自身尚有第四 A 与第四 B 层之分,有一个较长的发展过程。今所测年代,最早在距今 6 900 年前后(距今 6955±130、6 945±190、6 905±220 年),有两个在 6 800 年前后(距今 6 850±120、6 895±130 年),四个在 6 700 年前后(距今 6 740±130、6 720±140、6 715±130、6 700±130 年),一个为距今 6 570±120 年,除三个距今 6 900 年前后的可作为第四层下限以外,其他都进入了本遗址第三层的年代。所以据上列分析,本遗址各层的碳十四测定都显偏晚,第四层上限应早于距今 6 900 年。

二、河姆渡第四层的上限年代，
早于罗家角第四层

　　1979年底发掘的浙江桐乡罗家角遗址，位于杭嘉湖地区，与河姆渡文化的分布区相邻，文化面貌亦相近。如以大文化圈观察，两者似为一类文化的两种类型，所以在年代上有很大可比性。罗家角的遗址同样有四层遗存，第一、第二层所见腰檐釜、平底盉、喇叭形圈足豆、细长圆锥形鼎足，以及鼻尖稍宽的牛鼻耳，与马家浜遗址的上下层、邱城遗址的下层属同一类型，年代与河姆渡第二层相当。第三、第四层有较多夹炭陶和腰脊釜，与河姆渡第三、第四层关系密切。同为江浙新石器时代年代最早的文化层之一。罗家角第四层所测年代，芦苇的碳十四年代为距今 6 905±155 与 7 040±150 年，陶片的热释光平均年代为距今 7 170±100 年，似与河姆渡第四层同期或略早。

　　但以河姆渡第四层与罗家角第四层的遗物作比较，前者显然早于后者：河姆渡的石器石质坚硬，磨制不精，有的还以琢代磨，器物种类不多，仅见斧、凿和刮削器；并且以斧而论，两面刃不对称，处于斧、锛难分的状态。而罗家角的石器，虽然在制作水平上与河姆渡近似，但出现了刀，石质有了较软的页岩。从石器的发展规律来看，硬度由高而低，种类由简单而复杂，反映河姆渡石器较罗家角的更为原始。在陶器方面，河姆渡的陶质仅有夹炭黑陶一种，尤其是第四层下部陶胎中的夹砂粒粗大，制作处于泥条盘叠的初级阶段，甚至有的还使用捏制，烧制的火候不高。对比罗家角第四层，除以夹蚌、夹砂陶为主以外，尚有与河姆渡同类的夹炭黑陶；泥条盘叠技术也较成熟，器形比较规整，器类除以腰檐釜为主外外，还包含河姆渡的腰脊釜，反映罗家角接受了河姆渡的影响，而且罗家角的腰檐釜，外凸的边沿近似较宽的腰脊，腰脊与腰檐可能还有一种前后继承与发展的关系。以此观察河姆渡第四层，陶质单一，制作方法原始，应该处于更早一阶段。

　　再以两者发现的动物群与植物孢粉作分析。在动物中，河姆渡有生活在热带、亚热带的红脸猴、猕猴、犀牛和亚洲象，在罗家角除亚洲象以外，其他热带动物未见（亚洲象在江浙地区，直到良渚文化时期，尚能偶见）。河姆渡的孢粉目前只分布于广东、台湾、马来亚群岛、泰国、印度和缅甸的狭叶海金沙及柳叶海金沙，这些在罗家角也不见。因此，河姆渡第四层的气候相当于现在我国华南的广东与广西的南部，而罗家角第四层只比本地现代略微暖和，接近马家浜遗址。从气候分析，河姆渡第四层的年代亦早于罗家角第四层。

三、河姆渡上限的年代，似和裴李岗文化相当

河姆渡第四层的年代，还可以和下列新石器时代早期遗址比较：

1. 江西万年县仙人洞遗址。该遗址同在长江以南的华东地区。所见石器，石料采用砂石、燧石和石英石，打制石器占40%，磨制石器占60%，所谓磨制仅在天然的河卵石上钻一孔，或打击磨出刃部。种类只有刮削器、砍砸器、棱形器、石核石器或有孔石器。无明确分工和固定形制。陶器全为灰红色夹砂陶，质地粗糙，羼和的石英粒大小不等，有的大至一厘米，都用手制。陶片剖面可见片状分层结构，系用贴塑法制造的，器壁厚薄相差0.4～1.4厘米，内壁凹凸不平，火候低，质松易碎。发掘所见均为碎片，陶色不匀，同一陶片上往往有红褐、灰黑等色，器类只有罐形器一种，直口或直口微侈。无唇沿、耳、把、圈足，都为圜底，器表有绳纹，有的在绳纹上还涂朱或刻划方格纹，碳十四年代未经校正为距今8 825±240年（校正后约为9 500左右）。这是我国目前发现的新石器时代最早的遗址之一。河姆渡第四层与之比较，虽然石器硬度相同，但已经磨制成一定的器形，陶器的陶质单一，并且贴塑法尚未绝迹，但已进入泥条盘叠的初级阶段，而且器类较多，器形有了唇、沿、颈、腹、耳、把之分。因此虽然仍有许多早期因素，但是显然晚了一大段。

2. 湖南省澧县彭头山遗址，是略晚于万年县仙人洞的新石器时代早期遗址，石器有细小燧石器、大型打制石器和磨制石器三类，选用河卵石作石料，以打制为主。器形只能以刮削器、锥形器、雕刻器、砍砸器和石锤等分类。但从棒形坠饰和石管等饰件的制作来看，有的已经通体细磨，对钻成孔，掌握了一定的磨制技术，文化层包含的年代较长。陶器仅有夹炭灰黑陶一种。小件采用捏制，大件使用贴塑法，工艺粗糙，器形常见歪斜，器表凹凸不平。器类有釜、罐、盘、钵、碗、碟、盆等，普遍为圜底，厚胎厚底无沿，但已见颈、耳、三足和小突纽。炊器使用支座，有的支座有三角形镂孔。遗址的碳十四测定年代未经校正为距今7 815±100年和距今7 945±170年（校正后约为8 500左右）。这一遗址石器和陶器的制造技术与仙人洞接近，但从石饰件的磨制与钻孔技术，陶器的种类已经较多以及器形多圜底，器表有绳纹和使用支座等因素来看，它的下限已与河姆渡第四层接近。

3. 河南省新郑县裴李岗遗址，石器已经以磨制为主，并且制作较精，只有少量打制石器。器类有明确分工，有磨盘、磨棒、铲、镰、刀、斧和小型燧石器。陶器的陶质有

夹砂陶和泥质陶之分。陶色以橙红、橙黄为主,也有少量灰陶,制法似用泥条盘叠,但还比较粗糙,陶胎厚薄不匀,器形不很规整,烧制温度据测定为950与960℃,高于河姆渡的850℃。夹砂陶大多为素面,有的有篦点纹、划纹或乳丁纹,不见绳纹。器类有鼎、罐、壶、钵、碗,器形有圜底、平底、附双耳、三足、假圈足等。碳十四测定未校年代,除去一个距今9 040±100年偏高以外,其余为距今7 445±200、7 185±200、7 145±300、6 435±200年(校正年代约为距今8 000～7 000年)。以河姆渡与裴李岗比较,裴李岗的石器制作较精,分工亦细。陶器的胎质已有炊器与用器之分,器形复杂,因此似更为进步。河姆渡的年代应与之相当或略早。

值得一提的是,裴李岗与河姆渡两地虽然相距千里,在年代上却具备可比条件。以两地的古文化序列分析:河南为裴李岗—半坡类型—庙底沟类型—河南龙山—二里头文化;浙江为河姆渡与罗家角—马家浜—崧泽—良渚—马桥文化。两地古文化的年代:二里头与马桥文化相当,在马桥中有二里头因素,在二里头中亦见马桥器物,两者的年代也相近;河南龙山与良渚文化相当,良渚器物见之于山西襄汾陶寺等龙山文化,及山东大汶口文化中晚期;庙底沟类型与崧泽文化关系密切,在庙底沟类型中有崧泽型的陶豆与玉璜,而崧泽中亦见庙底沟的彩陶片与陶环,年代同样相近;马家浜与半坡类型中晚期的年代也相近,处于相似的发展阶段;河姆渡的第三层与半坡类型早期应相当,所以第四层与裴李岗文化应可以相比。依据上列分析,笔者以为河姆渡第四层的年代应早于距今6 955±130年,可能同样处于距今8 000～7 000年阶段。

参 考 文 献

1. 浙江省文物管理委员会、浙江省博物馆:《河姆渡遗址第一期发掘报告》,《考古学报》1978年第1期。
2. 河姆渡遗址考古队:《浙江河姆渡遗址第二期发掘的主要收获》,《文物》1980年第5期。
3. 牟永抗:《试论河姆渡文化》,《中国考古学会第一次年会论文集》,文物出版社,1979年。
4. 浙江省博物馆自然组:《河姆渡遗址动植物遗存的鉴定研究》,《考古学报》1978年第1期。
5. 罗家角考古队:《桐乡县罗家角遗址发掘报告》,《浙江省文物考古所学刊》,文物出版社,1981年。
6. 张明华:《罗家角遗址的动物群》,《浙江省文物考古所学刊》,文物出版社,1981年。
7. 中国社会科学院考古研究所编:《中国考古学中碳十四年代数据集(1965—1981)》,文物出版社,1983年。
8. 上海市文物保管委员会:《崧泽——新石器时代遗址发掘报告》,文物出版社,1987年。
9. 浙江省文物管理委员会:《浙江嘉兴马家浜新石器时代遗址的发掘》,《考古》1961年第7期。

10. 梅福根：《江苏吴兴邱城遗址发掘简介》，《考古》1959 年第 9 期。
11. 江西省文物管理委员会：《江西万年大源仙人洞洞穴遗址试掘》，《考古学报》1963 年第 1 期。
12. 江西省博物馆：《江西万年大源仙人洞洞穴遗址第二次发掘报告》，《文物》1976 年第 12 期。
13. 湖南省文物考古研究所、澧县文物管理所：《湖南澧县彭头山新石器时代早期遗址发掘简报》，《文物》1990 年第 8 期。
14. 新郑县文物管理委员会、郑州大学历史系考古专业：《裴李岗遗址 1978 年发掘简报》，《考古》1979 年第 3 期。
15. 中国社会科学院考古研究所河南一队：《1979 年裴李岗遗址发掘简报》，《考古》1982 年第 4 期。

(本文原载于《河姆渡文化研究》，杭州大学出版社，1998 年)

马家浜文化对我国远古科技文化的贡献

  马家浜文化是我国长江下游太湖地区的一支重要古文化,是文明曙光崧泽文化和良渚文化之源。这一文化自1959年首次发现于浙江嘉兴马家浜之后,考古工作者对它做了大量工作,先后发掘了十余处遗址,清理了200多座墓葬,使我们对它的认识逐步深入。其中如浙江桐乡罗家角遗址的发掘,把该文化的年代上推到距今7 000年前[1];江苏吴县草鞋山[2]和常州圩墩遗址的发掘[3],发现的马家浜文化墓葬前者达112座,后者计96座,为研究该文化的分期提供了依据;江苏溧阳三星村的发掘[4],则为研究马家浜文化分布的西缘提供了丰富的资料。每一次发掘都让我们增进了对马家浜文化面貌的了解。现知马家浜文化在以下几方面为我国远古科技文化的发展作出了重要贡献。

一、马家浜文化普遍种植籼稻和粳稻,并有了水田,是我国原始稻作科技水平较高的古文化

  我国是世界上最早种植水稻的国家,从野生稻的采拾种植,到栽培稻的籼、粳分型,其源流可以探索到距今万年以前,如湖南道县玉蟾岩遗址,在近底部及层位稍上的文化层中发现了4枚水稻稻谷。根据稻粒的长宽比值、稃毛和双峰乳突等状态,农科专家认为这些稻谷已具栽培稻的性质,是一种兼有野、籼、粳综合特征的,从普通野稻向栽培稻初期演化的最原始的古栽培稻类型[5]。玉蟾岩遗址处于旧石器时代末期步入新石器时代的过渡阶段,年代据碳十四测定约距今14 000年左右,说明我国在那时已经种植水稻,但尚处于初始阶段。

  在距今8 000年前的湖南澧县八十垱遗址,则发现了数以万计的稻谷和米粒,其

颗粒已是一种倾籼小粒型的原始栽培稻，但仍兼有籼、粳普通野生稻的各种特征，是一种正向各方向分化的群体[6]，栽培稻的粒型与野生稻的进一步拉大。

在太湖地区距今六七千年的马家浜文化各遗址中，则普遍发现水稻遗存。浙江桐乡罗家角遗址第三、四文化层中，出土了大量稻谷，农科专家明确指出谷粒的形态属于籼稻和粳稻；前者约占出土总数的 64.74～76.47%，后者为 23.55～35.27%。罗家角的年代据碳十四测定为距今 6 905±155 和 7 040±155 年。这反映在那时我国的水稻栽培已经形成了籼、粳两个品种，脱离了野生稻形态。在江苏常州圩墩遗址第五层[7]和上海青浦崧泽遗址下层[8]出土的炭化稻谷米粒，也可区分为籼、粳二型。而吴县草鞋山遗址马家浜文化层出土的炭化稻米，据鉴定都属粳稻，后三地的年代均在距今 6 000 年前后。从玉蟾岩、八十垱到马家浜可以看出我国的水稻栽培历程，可以说马家浜文化的稻作，籼、粳已经定型。此外，在马家浜文化罗家角遗址中出土的骨耜——一种在湿土中产挖翻土的工具，在目前也是我国已知年代最早的农业生产工具。

农业考古中最难辨别的是水田遗迹，但在马家浜文化中却发现了一片 6 000 年前的稻田。水田遗迹位于草鞋山遗址的下层，这批水田按地层可分三期：一期系利用原生低洼地略加改造平整即作使用，相互间无明显的水口串联，亦无其他配套设施；二期是在一期水田淤平后，再重新开挖成水田状地块，但相互间已有水口串联，并出现了水井、水路等设施；三期在较平坦的地势上开挖水池状水田，田块间亦有水口串联，并有水塘、水路等设施。各期田块的形状均呈不规整的圆角长方形，或椭圆形，面积小者几平方米，大者十几平方米，深约 0.12～0.54 米[9]。这是我国目前发现的年代最早的水田遗迹。从利用自然地形，到开挖田块，这些变化是研究我国稻作发展史的一份珍贵资料。

二、在我国开发利用水资源史上，马家浜文化最早掌握了掘井取水技术

在马家浜文化遗迹中，至少有两处有水井遗迹：在草鞋山遗址发现 10 座，在崧泽遗址见 2 座。井形以崧泽的 J3 为例：不十分规整的圆形井口，径 0.67～0.75 米，井深 2.26 米，圆筒形井壁未作拍打修整，井底微圜，有沉入井底的残陶器[10]（图 8-1）。水井的出现，此前仅知是龙山文化时代，今则在早于龙山约 2 000 年的马家浜文化亦见了水井。掘井取水是人类科技进步的标志之一。至

于目前发现的 6 000 年前的水井已有两种：其一为浙江余姚河姆渡遗址第二层相当于马家浜文化晚期的木架井，井口与井壁全用长圆木和桩木构成，井底与周围均为黑色淤土，其结构是在淤泥中垂直插入桩木围成方形井壁(图 8-2)，这是架设在沼泽或水塘中提取塘中净水的设施；其二即马家浜文化水井，是实地挖井取水的，是马家浜文化古人掌握了掘井技术的例证，目前其为我国年代最早的水井。至于马家浜文化处于太湖周围水乡泽国地带，在古遗址发掘中常常见到大片淤泥，为什么还需要水井。根据草鞋山水井均位于水田旁，掘井是为了

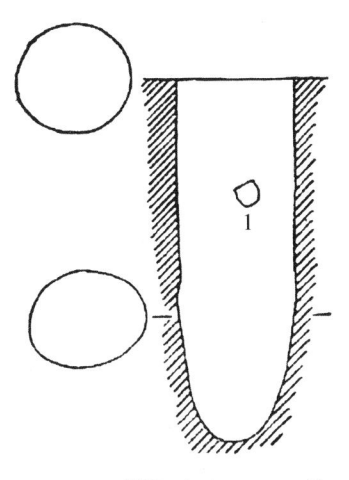

图 8-1 崧泽遗址下层 J3 井

便于就近取水灌溉农田，节省劳力；而崧泽发现的水井，位于居址的一片红烧土旁，则掘井是为了取得净水，不必使用水塘沼泽内的污泥浊水。可见，掘井尚有改善生产、改善生活的进步意义。

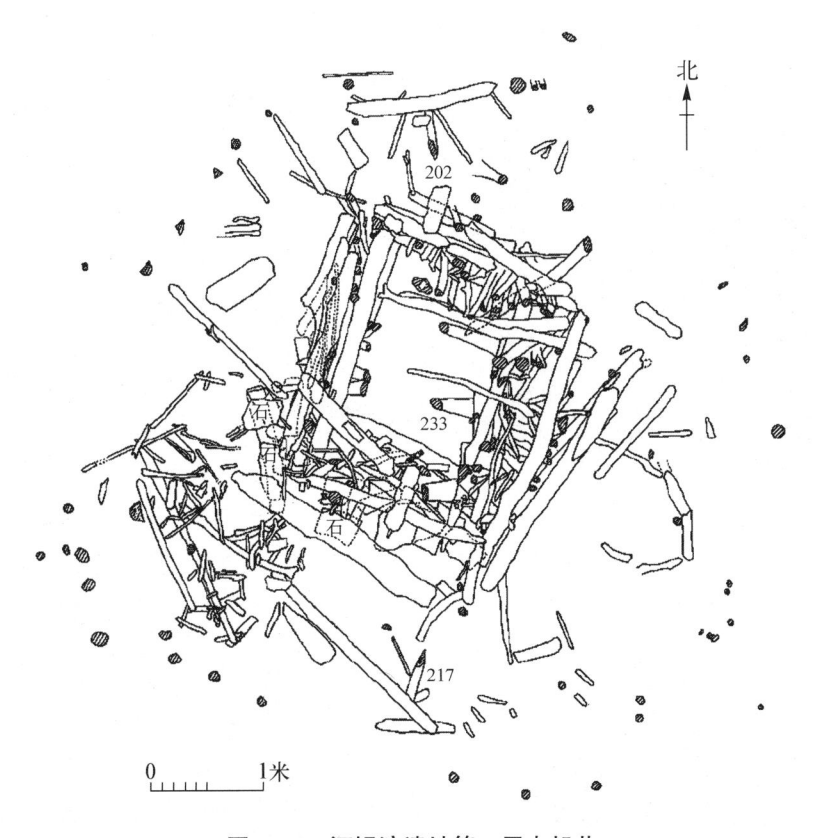

图 8-2 河姆渡遗址第二层木架井

三、马家浜文化遗存中，出现了陶塑家猪，说明这一时期已经将猎获的野猪畜养成为家猪

古人从旧石器时代进入新石器时代，标志之一是食物不仅通过采拾与狩猎取之于自然界，而且发明了种植与饲养，以生产取得生存的必需品，其中将猎获的野猪饲养成家猪，就是生产上取得的一项重大成就。至于新石器时代何时出现家猪，一般是通过对考古发掘出土的猪骨进行鉴定分析：野猪的牙骨，因争斗与食料粗杂，牙冠磨损严重，并且猪龄老、壮、幼都有，比较杂乱；而家猪因是饲养，牙冠相对磨损较浅，并且宰杀亦在青壮阶段，两者有一定差别。现知在 10 000 年或 8 000 年前的遗址，如湖南玉蟾岩和八十垱遗址出土的猪骨，均为野猪的，而到了六七千年前，如对江苏草鞋山遗址出土的猪骨鉴定，猪龄均集中在 0.5 至 1 岁之间，幼仔与老年个体特别少，说明已出现了家猪。另一种研究家猪出现的材料，则是直接观察出土的陶猪形象，这在太湖和浙北一带的新石器时代出土器物中，已发现了多件，如：

1. 浙江余姚河姆渡遗址第四层出土的一件圆角长方形陶钵，在长边两侧器面上各刻了一只猪纹，图像是长嘴、竖耳、高腿、短尾、粗鬃，腹略下垂[11]，头部发达，头嘴的长度约占身长的 1/3，体形瘦长，鬃毛竖起，具有许多野猪的特征（图 8-3）。

2. 与上列同址同地层出土的一件陶猪，器高 4.5、长 6.3 厘米，形态同样是头大嘴长，头嘴约占身长的 1/3，腿粗、体壮、腹下垂、背隆起，整体作前冲状，造型也与野猪相似（图 8-4）。

图 8-3　河姆渡遗址第四层出土陶钵上猪纹

3. 嘉兴罗家角遗址第四层出土的一件陶猪，长 6.6、高 3.6 厘米，体形肥胖，前端近平，有平列的两个圆窝状鼻孔，鼻上方划有四条短糟，头嘴短小，已经退化，仅占身长的 1/4，腹部浑圆下垂，下有四个乳丁状短足，猪尾作乳突状，略微上翘，整器形态蹒跚，已脱离野猪的粗野征状。属于一件畜养成熟的家猪造型（图 8-5）。

·马家浜文化对我国远古科技文化的贡献·

图8-4 河姆渡遗址第四层出土陶器 　　图8-5 罗家角遗址第四层出土陶猪

罗家角第四层与河姆渡第四层年代相近，均在距今7 000年前后，地域也相邻，一在杭嘉湖地区，一在浙北，两地出土的动物骨骼同样极多，种类都有凶猛的虎、豹和体躯庞大的象、鲸、犀牛，也有穿山甲、狗、猴、黑熊、中华鳄，以及獐、鹿、鱼等，除罗家角在猪骨鉴定中发现家猪外，大多属于野生动物，反映两地的狩猎经济在食物来源中占有很大比重。但发现的猪纹或陶猪却大不相同，河姆渡所见的为野猪，而罗家角则为家猪。或许河姆渡出现的陶塑，是对野猪造型的一种崇拜与爱好，而罗家角陶猪的造型则是已将野猪畜养成家猪的真实反映。

4. 据浙江省考古研究所提供的资料，在吴兴邱城遗址下层马家浜文化中也出土了一件陶猪，造型肥胖，头小、嘴短、足矮[12]，与罗家角的一件近似。

5. 今年上海青浦崧泽遗址马家浜文化出土的一件陶猪，同样是头小、嘴短，体圆胖、足短小，野猪的特征也荡然无存[13]（图8-6）。

图8-6 崧泽遗址下层出土陶猪

据上列出土的陶猪形态，以及对猪骨的鉴定，可以证明我国至少在距今六七千年前，已经畜养了与今天所见相似的家猪。马家浜文化的陶猪，是已知年代最早的家猪造型。

四、马家浜文化晚期制陶已经使用了慢轮修整，石器穿孔使用了管钻，手工技术有重大突破

古人从旧石器时代进入新石器时代，石器的制造已经从打制发展到打击成形以后再作进一步研磨加工阶段。因此这一时期的石器，有了一定的形制，出现了斧、锛、凿器形。马家浜文化已到新石器时代的中晚期，早期的石器制作技术磨制还不精，如罗家角遗址一期，有的仅对刃部研磨，其余器面上仍见琢打的原貌。但至中期以后，制造石器时已作整体精磨，器形规整，器面平滑。如与我国其他同期文化相比，马家浜文化穿孔石斧较多，穿孔技术进步。马家浜文化石斧穿孔技术的发展历程是：初始采用琢与钻结合，即先琢凿凹眼，再用尖头钻钻透，使用这一方法钻制的孔形不圆整，孔的边沿遗留琢凿痕迹；其后是使用铓钻钻制，出现的圆孔光滑，孔口呈喇叭状内收，如从两面相向对钻的，在孔壁中间对钻交接处，遗留一圈突脊；再后是发明了使用管状钻头钻孔的技术，其方法据友人作考古实验是，截取竹管一段，用绳索缠绕竹管，在钻孔处加砂加水，如同木工的拉捍钻一样往来拉动绳索，使竹管旋转进行钻孔，钻成的孔形圆度规整，孔壁较直，是从两面相向对钻的，在对钻交接错位处遗留一周平面台阶，如福泉山遗址良渚文化玉璧上的钻孔。管钻方法的优点是钻头与被钻面的摩擦面小，钻制省力，并可以钻大孔。所以发明这一方法之后，除坠、珠、管等小件玉石器上的小孔仍用尖头钻钻孔外，对斧、钺、琮、璧、环、镯等，都采用了管钻钻制。这一方法为玉礼器琮、璧的制造创造了技术条件。管钻法，以往以为开始于崧泽文化，普及于良渚文化。今在2004年发掘的崧泽遗址下层出土的穿孔石斧上，也发现了管钻痕迹。此斧厚实、体短、圆凸刃，中间偏上钻一孔，是马家浜文化常见的典型斧，斧孔从两面相向对钻穿透，在对钻交接处遗留的一周台阶上显现管钻的磨痕（图8-7），是一件可以确证的使用管钻法钻孔的年代最早的实例，可证是马家浜文化最先创造了管钻钻孔法。

图8-7 崧泽遗址下层出土管钻穿孔石斧

在新石器时代的工艺技术中，制陶是另一重要项目。这一时期陶器器坯成形技术的发展，经历了手捏与贴塑、泥条盘

叠、慢轮修整、快轮拉坯成形等几个阶段。马家浜文化的陶器,除早期偶见使用贴塑法——在陶片的剖面上,有多层的泥片堆叠的痕迹外,主要是采用泥条盘叠法成形,在器的内壁往往有一圈圈盘叠的迹象;到了晚期,在崧泽遗址下层则发现了经过慢轮修整的陶器,其特征是器形圆整,器壁不见圈叠痕迹,尤其是豆、壶、罐等器上,有的还见多圈凹弦纹。如崧 T1:19 黑衣灰陶豆,在圆整的豆盘上有一周凸脊,圈足上部饰三组凹弦纹和长方形镂孔。弦纹宽、深,不十分挺直,似在器胚慢速旋转中用钝器旋割而成。据器形、器壁与弦纹特征,这一时期已经使用了慢轮修整陶器。新石器时代太湖地区的制陶,过去所知,马家浜文化多为泥条盘叠法,崧泽文化前期使用了慢轮修整,晚期对小件陶器开始使用快轮拉坯成形,到了良渚文化轮制陶器才成熟普及。今在马家浜文化晚期出现了经过慢轮修整的陶器,说明创造这一方法的年代还可以提前。慢轮的出现为快轮拉坯技术的发明创造了条件。

陶坯制成后的烧制,开始是在场地上堆器叠柴,用泥浆封闭,再点火烧制;往后则挖掘了窑坑,在窑内烧制。马家浜文化遗迹中,至今未发现陶窑,但在平地上往往见一块块的红烧土面,有的可能就是场地上烧造陶器的遗迹。烧成的陶器色泽有红、灰、黑三种,红陶是在充分供氧的环境中烧成的;灰陶在烧成时,必须封闭窑室造成缺氧,使陶土中的氧化铁还原成为灰色;而黑陶是在烧成时,即使之缺氧,再加渗水,让未燃尽的柴草冒烟、炭素渗入器表,形成外黑内灰的黑衣陶。所以烧制黑陶是烧陶技术难度最高的一种,尤其是这类陶器的器表,还经过压磨,因此器面乌黑发亮,非常美观。因为这一类器最初发现于良渚文化。曾作为良渚文化的特征,被专称为良渚黑陶,后知在崧泽文化中也是主要陶系之一,把这一烧陶技术的创始年代提前到距今 5 000 年。马家浜文化陶器的陶色以红褐和灰褐色为主,灰陶极少,今在崧泽下层发现的经慢轮修整的陶器,同属于黑衣灰陶,而且器表不但乌黑发亮,还显金属般光泽,与崧泽、良渚黑陶一致,可见在马家浜文化的晚期,已掌握了这类黑陶的烧制技术,是崧泽、良渚黑陶之源。慢轮修整与黑衣陶制陶技术的出现,标志马家浜文化晚期的制陶技术已有了飞跃发展。

五、马家浜文化出现了太湖地区年代最早的高台祭坛、石斧权杖与玉琀

我国太湖地区新石器时代古人崇尚高台。在良渚文化时期,已有动用上万人工堆筑的高台,作为祭坛或墓地,用以祀神、祀祖和埋葬贵族,如余杭的瑶山和汇观山祭

坛,反山墓地,青浦的福泉山墓地,吴县的赵陵山墓地等。在早于良渚的崧泽文化中,则有青浦崧泽的假山墩墓地,吴县草鞋山墓地,嘉兴南河浜崧泽文化祭坛[14],海盐仙坛庙崧泽文化祭坛[15]。今年在配合建设工程对崧泽的再次发掘中,则进一步发现了马家浜文化的高台遗迹。此台属人工堆筑,堆土结构紧密,包含物少,据部分揭开和钻探所知,东西窄,南北宽,坛面平坦,上见一片红烧土面,坛北有一灰坑,坑内除残陶器外,还有一件涂红彩的陶猪,可能是与高台关联的祭祀坑。马家浜文化高台的发现,找到了太湖地区高台祀神、祀祖的源头。

江苏溧阳三星村遗址,其地处于马家浜文化分布的西缘。它的一期文化典型器为带四把的腰檐釜,出土玉器以玦为主,玉料中尚未出现透闪石,石器的主体为厚实弧刃的穿孔斧,其中有的斧孔不圆整,似用琢、磨方法穿孔,这些特征与马家浜的极为近似。而在二、三期文化中则有龙虬庄与北阴阳营的因素,因此被认为可称作三星村类型文化。遗存的年代约距今6 500～5 500年,约当马家浜文化中期至崧泽文化前期。在这一遗存中发现了两件装有精美柄饰——冒与镦的石斧以及两件玉琀,如出土于第四层M38的石斧,斧形厚实,呈舌形,器高124、宽9.4、厚达1.9厘米,与习见的马家浜石斧一致。但其上端有骨质柄冒,冒的器体两面斜向排列三组圆孔,底边中部等距离镂雕四个半月形孔,精巧华美。下端有牙质柄镦,镦上刻琢四组纹饰,前后是正面枭首,左右是喙部外凸的立体鸟纹,规整端庄(图8-8)。从斧柄装有如此精美、端庄,具神秘气氛的冒、镦分析,此器绝非一般生产工具,应是标志掌握指挥生产大权的权杖。墓主经鉴定为中年男性。类似器物在良渚文化中表现为玉钺,仅见于显贵大墓,并与琮、璧等礼器共存,在崧泽文化属于偶见。三星村所出,在目前是年代最早的两件。

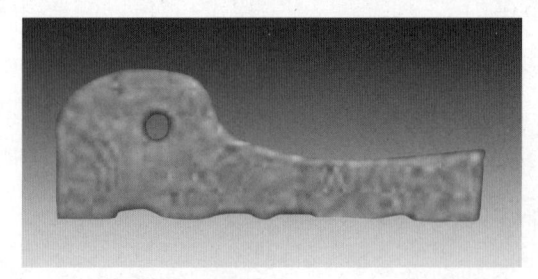

图8-8　金坛三星村遗址出土的镦饰和冒饰

出土的两件玉琀亦位于第四层,一件扁平圆饼形,另一件为扁平三角形,中间穿孔,器形与崧泽遗址中层所出的鸡心形琀近似。两器均发现于头骨口腔内,年代比之崧泽文化琀又早数百年,至今仍是我国年代最早的玉琀。

马家浜文化是我国太湖地区新石器时代文化的源头,它在稻作、水井、家畜饲养、制石制陶以及宗教文化等方面创造的业绩,为文明的曙光崧泽文化的发展奠定了扎实的基础,是研究我国远古历史的重要史料。

注释

[1] 罗家角考古队:《桐乡县罗家角遗址发掘报告》,《浙江省文物考古所学刊》,文物出版社,1981年。

[2] 南京博物院:《江苏吴县草鞋山遗址》,《文物资料丛刊》(3),文物出版社,1980年。

[3][7] 吴苏:《圩墩新石器时代遗址发掘简报》,《考古》1978年第4期;常州市博物馆:《常州圩墩新石器时代遗址第三次发掘简报》,《史前研究》1984年第2期。

[4] 江苏省三星村联合考古队:《江苏金坛三星村新石器时代遗址》,《文物》2004年第2期。

[5] 袁家荣:《湖南道县一万年以前的稻谷和陶器》,《稻作、陶器和都市的起源》,文物出版社,2000年。

[6] 裴安平:《长江中游七千年以前稻作农业和陶器》,《稻作、陶器和都市的起源》,文物出版社,2000年。

[8] 上海市文物保管委员会:《崧泽——新石器时代遗址发掘报告》,文物出版社,1987年。

[9] 谷建祥、邹厚本、李民昌、汤陵华、丁金龙、姚勤德:《对草鞋山遗址马家浜文化时期稻作农业的初步认识》,《东南文化》1998年第3期。

[10] 上海市文物管理委员会:《1987年上海青浦县崧泽遗址的发掘》,《考古》1992年第3期。

[11] 浙江省文物考古研究所:《河姆渡——新石器时代遗址考古发掘报告》,文物出版社,2003年。

[12] 梅福根:《江苏吴兴邱城遗址发掘简介》,《考古》1959年第9期;上海市文物保管委员会:《上海古代历史文物图录》,上海教育出版社,1981年。

[13] 崧泽遗址考古队:《上海青浦崧泽遗址考古发掘获重要成果》,《中国文物报》2004年6月9日。

[14] 刘斌、蒋卫东:《嘉兴南河浜遗址发掘取得丰硕成果》,《中国文物报》1996年12月15日。

[15] 海盐县人民政府办公室、海盐县文化体育局:《海盐仙坛庙遗址考古发掘情况简报》,《中国文物报》2003年10月14日。

(本文原载于《嘉兴文博·马家浜文化发现45周年研讨会》,2004年)

关于崧泽文化

崧泽位于上海市青浦县城镇东约5公里,在宋绍熙《云间志》中称为"袁崧宅",乾隆《青浦县志》有"相传晋左将军袁崧墓及居址在此"的记载,是一处历史悠久的小镇。我们在访问当地老先生时,他们说村后的一个土墩名叫假山墩,即是袁山松(即袁崧)将军的墓葬。于是我们到村后进行考察,发现那里确实有一座长阔各约90、高约4米的略呈方形的土墩,但墩上全是明清墓葬,并没有晋代遗物或墓葬的迹象。然而在土墩的坡面上,却找到了数块新石器时代的泥质灰陶和夹砂红陶陶片,这些数千年前的遗物引起了我们的注意。

1958年我们又获得来自崧泽的信息,农民挖塘时发现古物。于是经国家文物局批准,我又带队来此发掘。经过1961～1962年的试掘与发掘,发现墩内埋藏着新石器时代的遗迹与遗物。文化堆积可分三层,下层有以浙江嘉兴马家浜遗址命名的马家浜文化的居住遗址,上层有少量西周至春秋战国时代的印纹陶,中层是一处新石器时代的墓地,这一层的文化面貌既不同于马家浜文化,也与以余杭良渚遗址命名的良渚文化有别,是一种新的文化类型。因此根据1962年、1974年和1976年的三次考古发掘资料,认为它在考古学上具有典型意义,1982年被考古界命名为"崧泽文化"。

这类文化的分布范围,现知是:东濒海,西至镇江附近,北抵长江南岸,南至钱塘江两岸,在太湖流域的周围都有所发现。至于在青浦县境内,除了崧泽以外,重固的福泉山、大盈的寺前村和蒸淀的金山坟等遗址都有崧泽文化的堆积。

崧泽文化的年代,经碳十四和热释光方法测定,距今约为5 900～4 900年。它的早期可以和马家浜文化相接,晚期向良渚文化过渡,与中原地区的仰韶文化庙底沟类型年代相当。

崧泽文化的基本特征是:石器通体精磨,钻孔使用管钻,典型器有长方形顶部斜翘、器身有一孔的弧刃石斧,扁平长条形的石锛和方柱形的石凿;陶器以灰陶和黑衣陶为主,纹饰盛行压划藤竹编织纹,镂刻圆形和弧边三角形组成的图案,以及用红黄两种颜色进行彩绘,典型器有扁铲形足或凹弧形足的鼎,把部富于装饰的豆,小口折腹、折腹处有一圈附加堆纹与扁耳的罐和瓦棱形器腹的罐,花瓣形圈足的壶与杯等;此外还有较多玉器,有长条形、桥形、半璧形、半环形等各种形制的玉璜和鸡心形、圆饼形、环形的玉琀以及玉环、玉镯、玉坠等。

崧泽文化的居住遗址,目前经过发掘的还不多。据福泉山遗址所见,它的住房是长方形的平地建筑,房柱的底下使用方形垫板,以免下陷,灶坑开挖在室外,有圆形带一长条形的出灰道,有的灶旁有炊煮用的大陶鼎。住房附近堆积大量食后丢弃的猪、鹿、獐、狗、鱼、龟、蛤等动物的碎骨与介壳,以及一些残破的陶器。有的居址中已经挖掘水井,如松江汤庙村遗址发现的崧泽文化古井,口径约 0.7、深 2 米,井壁使用芦苇、竹子类的编织物进行保护。太湖周围地区是多水的沼泽地带,挖掘水井可能是为了改善饮水的条件。

墓地一般选择在住址的北面和西面,经过发掘的重要墓地,除崧泽和福泉山外,尚有江苏吴县的草鞋山、张陵山和越城,常州的圩墩,浙江吴兴的邱城等处。大部是单人葬,在平地上不挖墓坑,而是将死者仰身直肢,头向东南地平放在地上,在头前足后或身旁,放置数件生前使用过的石斧、石锛、石凿和陶鼎、陶罐、陶豆和陶壶,有的右手臂上还戴有象牙镯或玉镯,在颈部有玉璜,口内有玉琀,然后堆土掩埋。琀的作用可能在于防腐,如晋葛洪《抱朴子》有"金玉在九窍,则死人为之不朽"的记载。对于我国的这种古老习俗,我们过去仅知盛行于两汉,而最早出现于商周,但现在却在 5 000 年前的崧泽文化的部落成员口中发现了,使用琀的历史提早了 2 000 年,也为新石器时代的玉器研究提供了珍贵资料。个别人的墓葬已经使用木棺,通过发现的木棺痕迹可知,是用两块对剖的大木中间刳空相合而成的。从墓地的整体来看,一个墓地往往有几个墓群,每一墓群有七八个或十余个墓葬排列在一起。如崧泽墓地,就有东北部、北部、中部、南部和西部五个墓群,可能每一个墓群就是一个家族,崧泽是一个包含五个以上家族的氏族墓地。在墓内随葬器物的数量上女性略多于男性。发现有几个多人合葬墓,在崧泽墓地有儿童与女性的合葬,如第 84 号墓,在成年女性的左臂旁,紧靠着一个七岁左右的儿童;第 85 号墓的中年女性头前左侧,有一堆婴儿的二次葬乱骨。女性随葬品较多和子女随母葬的现象,是一种母系氏族社会的特征。但是在草鞋山和福泉山,则发现了男女合葬墓,并且福泉山还出现了一个中年男性左右各依附一个儿童的三人合葬墓,因此崧泽文化大致是处于母系向父系氏族社会过渡的阶段。

崧泽文化的农业生产,以种植水稻为主,兼有饲养家畜和渔猎。我们在崧泽遗址发掘距今 6 000 年前的地面时,发现一个马家浜文化的灰坑。这是一个口径约 0.9、深约0.83米的袋形坑,是古人挖掘的已经废弃的地窖,里面有草木灰、动物碎骨和一件骨箭头、一件圆筒形的肩部有一圈凸棱的陶釜。在细心扒看草木灰时,意外地找到了许多炭化的水稻颗粒和草茎。这些稻谷有粗壮的粳稻和瘦长的籼稻之分,谷壳纹脉明晰可辨。有关最早种植水稻的地点,现在还是一个有待论证的问题。今在青浦境内发现了新石器时代的人工培植的水稻,而且已可区分出粳、籼两型,可以证明我国种植水稻的历史远在距今6 000年以前,是世界上最早种植水稻的国家之一(之后,又在浙江余姚河姆渡发现了6 800年前、在桐乡县罗家角发现了7 100年前的水稻遗存)。在许多崧泽文化的陶器中,发现已使用谷壳和稻草屑作羼和料,可见稻谷在当时数量很多,相当普遍。在各类生活用具中还发现了淘米用的陶澄滤器。至于在遗址中发现的许多猪骨,经鉴定,有不少属于饲养的家猪,在有的墓葬中还使用猪和鹿的下颚骨作陪葬品,说明饲养家畜在农业生产中已占有一定地位。这一时期出土的陶网坠和骨箭头,以及各类动物的碎骨、鱼骨、龟甲与蛤壳很多,反映渔猎活动也占有很大比重。

邱城遗址和汤庙村遗址都发现了扁平三角形的石犁,崧泽文化的农业生产大致已从锄耕进入犁耕阶段,而陶器与玉器制作仍处于家庭手工业阶段。制造陶器的方法,在泥条盘筑的基础上已经使用陶轮修整,到崧泽文化晚期开始出现轮制,所以器壁都比较规整,但器形变化很大,各器几乎都不相同,与良渚文化时期同类器物成批生产相比,显著不同,具有家庭手工业的特色。玉器中除佩戴的饰品以外,开始出现用于意识形态的新型玉器,如置于死者口中的玉琀。制造工艺逐渐与石器的制造有所区别,已发明一种用线加砂、通过往来摩擦锯割玉片的方法。

崧泽文化在我国新石器时代的诸文化中,是一类具有很高原始艺术成就的古文化,它对于各类器物都给予富有生活气息的艺术加工。如一件带盖釜形鼎,将盖纽制作成凹弧边三角形,似小鸟小兽,器肩装饰层叠粗放的轮旋纹,圜底下安置三只扁三角形的器足,足的外侧捏塑波浪纹,两面又各捺一目,构成神怪的形象,使整器有一种匀称端庄又略具神秘的美感。豆是崧泽文化最主要的盛食器,器形作浅盆形,高把,喇叭形圈足。古人对于豆把进行各种艺术加工,造型上有的上端紧缩,下部宽放,似美丽的束腰宽裙;有的作叠鼓形,优美稳重;有的凸肩束腰,弧曲多变。这些豆在高把和圈足上,一般都有镂孔和压划纹装饰。罐是盛贮器,有的器形扁矮,器肩有四个鼻穿,并以泥条堆塑绳索系的状态,肩下再压划弧线勾连形图案;有的整器压划网纹,似将陶罐装置在网兜里。在瓶壶等其他器物中,更出现了多件精美的工艺品,如一件竹节形瓶,小口窄肩,竹节形器形,底下安三个扁方形的器足,整器仿造一段竹竿,栩栩如生;一件水器猪形匜,以流作猪的长嘴,上刻耳眼鼻,倒置时似精心饲养的大肥猪的造型;另有一件双层镂孔壶,口部外卷,口沿弧曲作花瓣形,器腹有两层圆鼓,外层整体透雕弧边三角形与圆形组成的图案,腹下有喇叭形器座,底边也刻成花瓣形,整器犹如一朵含苞待放的花朵,是一件罕见的远古时代工艺品。崧泽文化陶器的造型与纹饰,都取材于日常生活所见的东西。如与黄河流域的仰韶文化相比,仰韶文化以色彩绚丽的彩陶著称,而崧泽文化则以优美的造型与精细的镂刻见长,长江与黄河两地的古文化各具特色。

崧泽文化来源于马家浜文化,又为其后的良渚文化所继承。它的发现,使太湖地区的考古和古史研究构成一个比较完整的体系,同时证明远古时代的上海也和我国其他地区一样,具有悠久而灿烂的古文化。

(本文原载于《崧泽文化》,上海人民出版社,1992年)

略论崧泽文化的分期

崧泽文化上承马家浜文化，下启良渚文化，是我国太湖地区新石器时代文化序列中的一个重要环节。对这类遗存进行分期，弄清它的演变概况，是研究这一地区新石器时代考古的一个重要课题。有关崧泽遗址的演变概况，我们在《崧泽遗址第二次发掘》一文中已就中层的迹象提出可以划分三期[1]的观点。现在与崧泽文化有关的一些重要遗址的发掘，使资料进一步充实。本文拟结合这些资料，谈谈对崧泽文化分期的看法。

一、崧泽文化与马家浜文化的区分

根据崧泽文化的地层关系、文化特征以及分布范围，可以确认其是从马家浜文化发展而来的，而且现在已经发现了一些地层上处于崧泽、马家浜之间，而文化面貌与二者又有若干共同点的可以称为过渡期的文化遗存。只有搞清崧泽与马家浜文化的基本区别，才能区分过渡阶段的遗存哪些属于马家浜晚期，哪些属于崧泽早期。

崧泽与马家浜在文化特征上的基本区别是：

石器　崧泽石斧比较扁薄、长方、弧刃，马家浜的则比较厚实、狭长、近似舌形。

玉器　崧泽以璜为主，少见玦，马家浜则相反。

陶器　崧泽制法为手制、慢轮修整。陶器多泥质，还原焰烧成，陶色多灰黑。马家浜以泥条圈叠的手制为主，多夹砂陶，氧化焰烧成，陶色多黄褐。纹饰上，崧泽常见彩绘、压划纹、圆形与弧边三角形的镂孔，以及锯齿形的附加堆纹。马家浜以素面为主，除常见涂抹红褐色陶衣外，只有少量附加堆纹、圆形小镂孔和划纹。器形上，崧泽以鼎为主要炊器，釜少见，典型器有扁铲足、凹弧足、扁凿足鼎，节把豆，折腹凸棱或折肩折腹罐，高颈扁腹或瓦棱腹壶等。马家浜以釜为主要炊器，晚期才见少量的鼎,有腰檐釜、炉箅、里黑外红豆、牛鼻耳或鸡冠耳罐、管嘴盉和垂囊形盉等典型器。

葬式　崧泽习见仰身直肢单人葬,头向以南为主。马家浜习见俯身直肢葬,除单人葬外还有一种骨架成直线叠压的葬式,头向以北为主。

在上述不同的特征中,有的是属于生产技术上原始与进步的差别,有些属于生活习惯上的重大变化。区分同一文化体系中的不同发展阶段的文化遗存,习俗上的延续是次要的,生产技术上的变化是主要的。因此可以把是以慢轮修整的泥质灰陶为主,还是以手制的夹砂黄褐陶为主,是以鼎为主要炊器,还是以腰檐釜为主要炊器,作为区分崧泽和马家浜文化的主要标准。

根据这一认识,崧泽遗址中层中与下层接近的灰黑土层八座墓葬列为崧泽早期;圩墩遗址第二层的二十六座墓葬[2]虽然是俯身葬与仰身葬共存,并以俯身葬为主,玉器多玦少璜,具有马家浜的某些特点,但在玉器以外的大量随葬品中,如鼎、豆、罐、壶等,从制法、陶质和器形上都已经显示出崧泽的特征,因此我们把它列入崧泽类型。同样,草鞋山遗址第七层的六座墓葬[3],以仰身葬为主,陶器釜、鼎共存,多慢轮修整的泥质灰陶,也可以列为崧泽早期遗存。

二、崧泽文化与良渚文化的区分

良渚文化是从崧泽文化发展而来的,在一些遗址、墓葬中,也出现了一些具有二者某些特征的过渡阶段遗存。因此,同样存在如何区分过渡阶段文化遗存归属的问题。

崧泽与良渚文化的区别,对比二者的典型遗址可以归纳为：

石器　崧泽多见梯形斧、长型锛和长条凿,良渚则常见有肩斧和有段锛,以及犁、镰、耘田器和镞等。

玉器　崧泽仅见璜、环、镯、琀,良渚所出琮、璧、管、珠、珮和锥形饰等为崧泽所不见。

陶器　良渚为轮制,器表装饰除习见黑衣陶外,常见细刻纹,锥刺纹,弦纹和方形及圆形的镂孔,典型器为鱼鳍形足或T字形足鼎、贯耳壶、三鼻簋、锥刺纹罐、竹节把豆、圈足盘、阔把杯以及实足盉和袋足鬶等,与崧泽显著不同。

按照上节的同样理由,有段锛和镰的出现,轮制陶器的盛行,及鱼鳍形足鼎、贯耳壶和锥刺纹的使用,可以作为良渚文化的主要特征。

据此,草鞋山遗址第四层,汤庙村遗址[4]和张陵山遗址下层的墓葬[5],出扁凿足鼎、彩绘杯、镂刻圆形弧边三角形纹饰的豆和折肩折腹罐,而不见上述良渚特征中的任何一件典型器,与崧泽遗址中层上面的黄土层墓葬极为近似,可以列入崧泽类型。而越城遗址中层、张陵山遗址上层,虽然有的也偶见扁凿足鼎或花瓣足杯,或圆形弧边三角形刻纹盘等崧泽型器物,但在这一组墓群或地层中,陶器使用轮制,已共出贯耳壶、有肩斧、镰及鱼鳍形足鼎等良渚典型器物,应列为良渚早期遗存。

三、崧泽文化的分期

按照上述划分原则,虽然属于崧泽文化遗存的居住遗址至今发掘尚少,但经清理的墓葬已近三百座,并且还有地层关系。如崧泽遗址第二次发掘时,在中层墓地发现了黄土层、灰黄土层、灰褐土层三层墓葬的叠压关系;在草鞋山遗址的崧泽文化墓群中,也可分为(七)、(六)、(四)三层,而且各具特征。根据这些资料,我们认为这一文化的演变至少可以划分为三期。

一期 有崧泽遗址第一次发掘处于灰黑土层的八座,圩墩遗址第二层的二十六座,以及草鞋山遗址第七层的六座墓葬,在地层关系上他们都直接叠压在马家浜文化的上面,有的墓葬堆土中,还包含许多马家浜文化的遗物。一期的特征是:

葬式为俯身葬、仰身葬共存,头向以北向为主。例如崧泽的八座墓,全为仰身直肢葬,头向北偏西的占五座,北偏东的一座,仅一座为南偏东;圩墩的二十六座为俯身直肢葬十九座,仰身直肢葬五座,侧身葬一座,头都北向,有偏东的十六座,偏西的七座,正北的三座;而草鞋山四座中,仰身直肢葬三座,俯身直肢葬一座,头向都为北偏西。

随葬器物比较贫乏,一般仅有一到三件。从崧泽的墓例来看,计两座无随葬器,四座有一到三件,两座有四件以上;圩墩为七座无随葬器,十四座有一到三件,只有五座在四件以上;而草鞋山的六座一般为二到三件,仅一座有五件。较马家浜文化时期虽然略有增加,但是少于二、三期的随葬数量。

随葬器物类别:由于各墓所出的随葬品数量都很少,所以很难看出他们的组合规律。现知崧泽分别随葬斧、锛、凿、铲的有五座,有豆的三座,其他为偶见釜、壶、盘等;圩墩分别随葬锛、锄、镞、纺轮的十五座,有玦的三座,有鼎的三座,有豆的八座,有壶、罐的各三座,其他偶见有钵、盘、勺、盉、璜、珠等。可知常见生产工具,多玦少璜,以豆为主,是这一期的特点。

随葬器物特征:崧泽和圩墩所出石斧,多为厚实穿孔、舌形。鼎都为釜形,多扁铲足,一件为扁方形足,一件附鸡冠耳。豆,浅盆形,细高把,其中六件为直把,有的带长方形或圆形小镂孔,仅一件为多节把。高颈扁圆腹壶,附鸡冠耳或扁环耳。匜、罐也常见带鸡冠耳或长方把的。这些都是一期的典型器物。

二期　崧泽遗址灰褐土层的三十六座墓和草鞋山遗址第六层八十九座墓中的大部分都属于这一期,这些墓都叠压在一期墓葬上面。由于草鞋山遗址的发掘报告尚未发表,仅以崧泽墓的材料进行分析。

葬式计仰身直肢葬二十五座,俯身直肢葬一座(其他葬式不清)。头向有南偏东的十五座,东偏南或北的十二座,西偏南的一座。其特征为仰身直肢葬,头向以东南向为主。

随葬器物数量:无随葬器物的三座;一到三件的十二座;三到六件的十二座;七到十四件的八座。可以看出多数都有随葬器物,件数以一到六件为主。

随葬器物类别:有鼎的二十二座、有豆的二十七座,有罐的二十四座,有壶的十一座,有盆的六座,有釜、凿的各两座,有锛的四座,有璜的八座,偶见纺轮、玲、镯、环、釜、钵、匜、澄滤器及觚等。以鼎、豆、罐组合为主,有的还有鼎、豆、罐与壶或盆、璜共出。随葬生产工具大为减少,玦基本不见。

随葬器物特征:斧都作长方形弧刃,比较扁薄。鼎都作釜形,多为扁铲足,少数凹弧足,无把及附耳。豆有三十一件,多盆形,两件作罐形,大部作高把多节形,十一件为粗矮把,把上习见圆形和弧边三角形图案的镂孔和红褐色彩绘。罐以折腹的为多,弧腹的次之,折肩折腹的仅九件,除三件圈足外,都系平底。肩腹部常见锯齿形的附加堆纹和各种压划纹。壶以折肩折腹的为多,瓦棱腹少见,大部也作平底。盆为卷沿折肩平底,在卷沿的一侧常有两个穿绳的小孔。觚与澄滤器则为这期新出现的器物。上述器物中,长方斧、扁铲足鼎、多节把豆、折腹或折肩折腹的罐和壶、折肩盆为典型器物。盛行平底、圆形弧边三角形镂孔、压划纹、彩绘以及锯齿形附加堆纹等。这些都是这一期的特征。

三期　崧泽遗址黄土层和灰黄土层的五十三座墓,草鞋山遗址第四层的八座墓,张陵山遗址下层的六座墓以及上海1980年发掘的松江汤庙村遗址的四座墓,都可划归这一期。这些墓都叠压在二期墓葬上面。其中崧泽遗址灰黄土层墓葬年代稍早,带有较多的二期因素。张陵山遗址的发掘资料,也未全文发表,这里以崧泽遗址黄土层(包括第一次发掘在中层面上的墓葬)[6]和汤庙村墓葬的资料进行分析。

葬式与头向大体上与二期相似。如崧泽黄土层的二十七座墓中,仰身直肢葬十九座,两座为二次葬,其余葬式不明。头向南偏东的为十一座,东偏南或北的七座。汤庙村的四座,都为仰身直肢葬,头向都是南偏西。

随葬器物数量:在崧泽除四座无随葬器外,其他有一到三件的八座,有四到六件的九座,有七到十四件的六座。而汤庙村的四座为四到六件的一座,七到十四件的三座。可以看出随葬器物数量进一步增多,以四到十四件为这一期的常见数量。

随葬器物类别:在崧泽计有鼎的十四座,有豆的二十二座,有罐的十六座,有壶的十座,有杯的八座,偶见斧、锛、盘、盆、瓶、觚、尊、匜、钵、碗、甗、三口器以及璜、珏等。在汤庙村除习见上列器物外,还出土石犁一件。可见这一期的组合,是以鼎、豆、罐、壶、杯为主,斧、锛少见,璜已成为偶见的饰件,另外新出现犁、瓶、尊等。

随葬器物的特征:鼎以盆形为多,釜形次之,盘形的仅一件,器腹明显变浅。鼎足多扁凿形和扁方形侧足。新出现盘形豆和碗形豆,豆把除盛行细高把和粗矮把以外,以假腹豆把和上下粗大、中间收缩成束腰形的豆把为典型。罐作折腹的或折肩折腹的已显著减少,而以弧腹的为多,新出现筒腹罐,器形较二期增高,并且多带圈足。壶仍作折腹、折肩折腹或瓦棱腹,与二期的区别主要是盛行圈足和花瓣足。杯的主要形制为直筒形和腰鼓形,高柄的仅一件。器底有平底、圈足和花瓣足三种,以腰鼓形花瓣足杯最为典型。其他尚有盛行器盖,盆、盘的口沿上习见划纹或四耳,罐肩常有四鼻,以及圆形、弧边三角形的镂孔已演变为镂雕不透的刻纹等。这一期的典型器为扁凿足或扁方侧足鼎、束腰把豆、假腹豆、弧腹圈足罐、筒腹四鼻罐、花瓣足壶、腰鼓形小方足杯和四耳盆等。

上述三期的排列说明,崧泽类型文化的演变规律是:人骨架的头向由北向东向南演变。石斧由舌形到长方形,由弧刃到刃部逐渐平直。鼎的口径由小而大,器腹逐步变浅,由釜鼎演变为盆鼎甚至出现盘鼎。器足由扁铲形到足根逐渐加厚,最后演变为凿形以至扁方形侧足。豆由盆形到出现盘形,豆把由高直变为多节形和粗矮把以至假腹豆。罐由折腹、折肩折腹向弧腹、筒腹发展,器身由扁矮变为高大。壶由高颈扁圆腹向矮颈折腹、折肩折腹以至瓦棱腹发展,最后又演变为球腹,器底由平底到圈足,最后为花瓣足。组合形式由单件的豆或鼎、釜、匜、盆,变为鼎、豆、罐→鼎、豆、罐、壶、盆→鼎、豆、罐、壶、杯,并在二期出现澄滤器和觚,三期出现犁和瓶等。可以说一至三期的变化大体反映了由简而繁、由马家浜文化向良渚文化发展的过程(图10-1)。

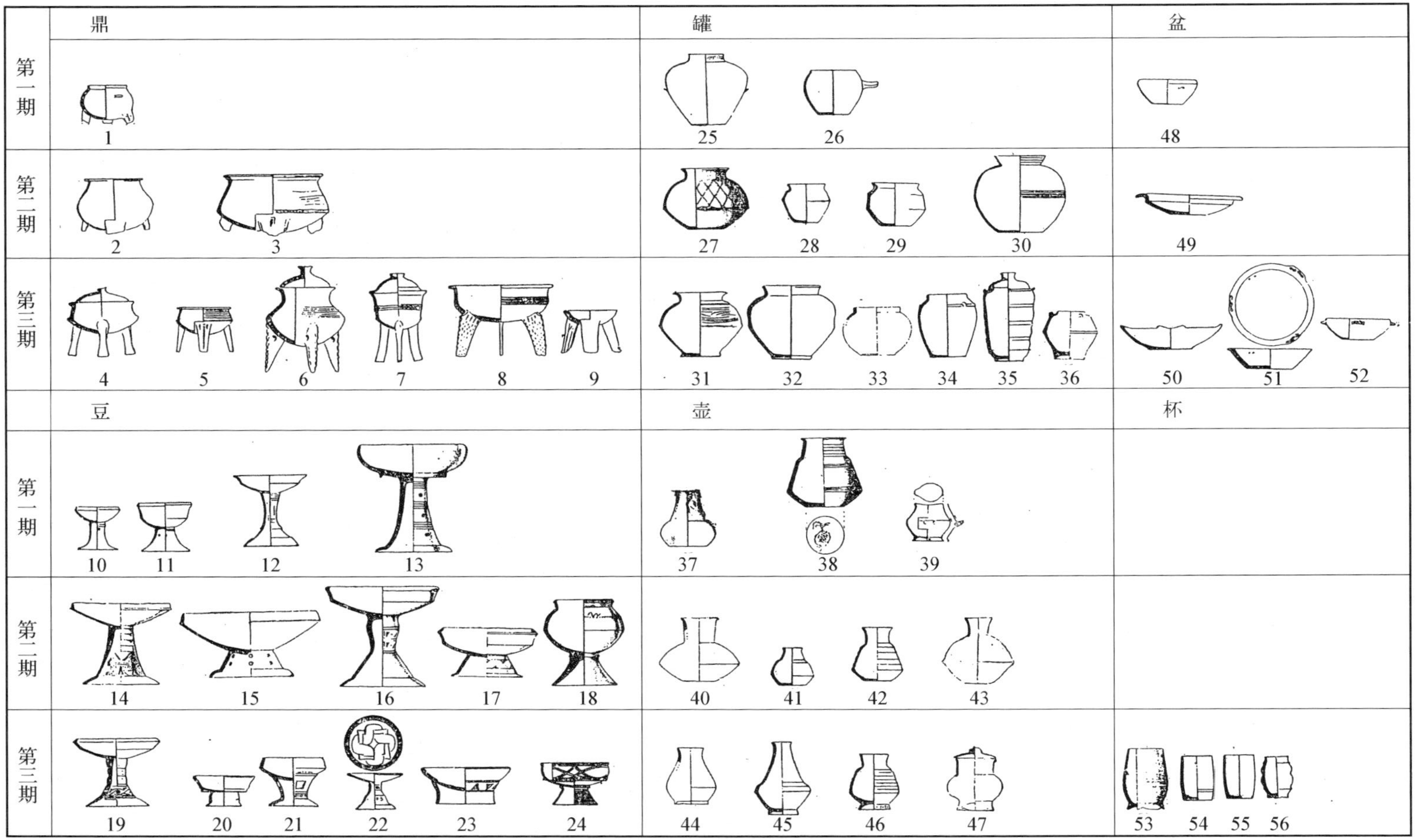

・略论崧泽文化的分期・

图 10-1 崧泽文化陶器分期图

1、10、11、25、26、39、48. 江苏圩墩遗址出土 2、3、5、6、8、9、12～20、22～24、27～33、36～38、40～47、49、53～55. 上海崧泽遗址出土 4、7、21、34、35、50、51、56. 上海汤庙村遗址出土 52. 江苏草鞋山遗址出土

注释

［1］黄宣佩、张明华：《青浦县崧泽遗址第二次发掘》，《考古学报》1980年1期。
［2］吴苏：《圩墩新石器时代遗址发掘简报》，《考古》1978年4期，圩墩遗址墓葬登记表M1～21、29～32、35，即圩墩遗址T302、202、102三个探方的第二层墓葬。
［3］南京博物院：《江苏吴县草鞋山遗址》，《文物资料丛刊》(3)，文物出版社，1980年。
［4］汤庙村遗址位于松江县西，小昆山之西南，华田泾与走马塘两条大河的汇合处，1980年12月上海博物馆进行试掘，在扰土层之下深约1.2米处发现崧泽文化墓地，清理墓葬4座。
［5］南京博物院：《江苏吴县张陵山遗址发掘简报》，《文物资料丛刊》(6)，文物出版社，1982年。
［6］上海市文物保管委员会：《上海市青浦县崧泽遗址的试掘》，《考古学报》1962年2期，黄土层面上的墓葬为：C3M1、E3M1、E4M1、2、F2M1～3、F3M1、T6M1。

(本文原载于《中国考古学会第三次年会(1981)论文集》，文物出版社，1984年)

崧泽文化显示的文明曙光

——纪念苏秉琦先生诞辰 90 周年

我国太湖地区的良渚文化，已经步入文明阶段。余杭莫角山出现了具有宫殿性质的建筑群遗址。墓地有几个等级，如上海地区发现的良渚墓葬，既有埋于居住遗址边缘平地上的寺前村、马桥等贫困小墓，也有埋于小高墩上的亭林中等墓葬。其中随葬许多斧、钺、锛、凿、犁、镰及耘田器等石工具，陶器中有浅浮雕几何形纹的壶，双把翘流带鋬壶等工艺很高的器皿，个别还有琮、璧、锥形器等玉器，说明墓主人富裕并有一定的社会地位。至于福泉山高台墓地，使用上万人工堆筑而成，其上既有燎祭的祭坛，也有使用人牲与人殉的墓葬。墓内随葬的器物，即使是石制的斧、钺、锛、凿同样制作精致，器表高度抛光，刃部钝口，已属非实用器，更有成批玉钺、玉琮、玉璧、锥形器、冠形器、半圆形器等礼仪用器，以及造型优美、器表乌黑锃亮、整器细刻飞鸟与鸟首盘蛇纹的鼎、豆、壶等陶礼器，这是一类高层权贵的墓地[1]。良渚文化显现的社会，有制玉、制陶等专业作坊，有随葬成批玉石钺礼器所反映的武装，古人已经区分为不同的等级，并且在马桥遗址和江苏吴县澄湖古井中发现了成句的陶上刻划文字，可见良渚文化已经进入了文明时期。其实良渚的许多文明迹象，在他的前身——崧泽文化中早已显露出曙光。

崧泽文化的年代距今约 5 900～5 200 年，与仰韶文化庙底沟类型及大汶口文化的前期约略相当。在这一时期的社会经济中，稻作农业已成为主体，渔猎退居辅助地位，在遗址中发现的渔猎工具大为减少。石器的制作，都是整器精磨，器形规整，打制石器消失，钻孔方法比马家浜文化有很大的改进。如穿孔石斧，器形从舌形演变为长方梯形，厚度减薄。穿孔方法在马家浜文化时期，使用尖头钻研磨再加琢穿，孔形往往不圆整，孔壁既有研磨面，也有琢凿的凹点，孔壁倾斜，收缩度较大。到了崧泽文化时期，创造了使用管形钻从器物两面相向对钻的新技术，因此孔壁圆整，收缩度较小。管钻方法减少了钻体与被钻器物的接触面，这就提高了钻孔的工效，还为钻制琮、璧、环、镯等大孔玉器创造了条件。石器的种类，在崧泽文化前期如同马家浜文化，仍为斧、锛、凿、刀，但到晚期出现了犁和镰。石犁至今已发现两例：其一出土于吴兴的邱城中层[2]，其二出土于松江的汤庙村[3]，二器都是墓内的随葬品，可见犁在崧泽时期的生产活动中已占有一定地位。器形以汤庙村的一件为例，用板岩打击成扁平等腰三角形后，将前二边磨成侧刃，器的上下面与底边不再加工，在器的中心穿一大孔，就成犁形，器长13.9厘米(图11-1-1)。细观出土的石犁，孔边有碰损痕迹，似乎使用时曾经插入木榫，这是一种安装在木犁架上的石犁片。石犁的使用使农业生产从耜耕进入犁耕，生产技术起了很大变化。翻土深耕使作物产量大幅度的提高。在生产工具上又出现了专用于收割的石镰，近期在浙江嘉兴南河浜遗址的崧泽文化晚期墓葬中出土了一件，扁平长条形，一边弧凸，另一边凹弧单面刃，可以说是良渚文化普遍使用石镰的先驱。反映农作物产量提高的另一现象是生活器皿中陶杯的大量出现，使崧泽墓葬的陶器组合，从鼎、豆、罐、壶，变为鼎、豆、罐、壶、杯，器形有直筒形花瓣足

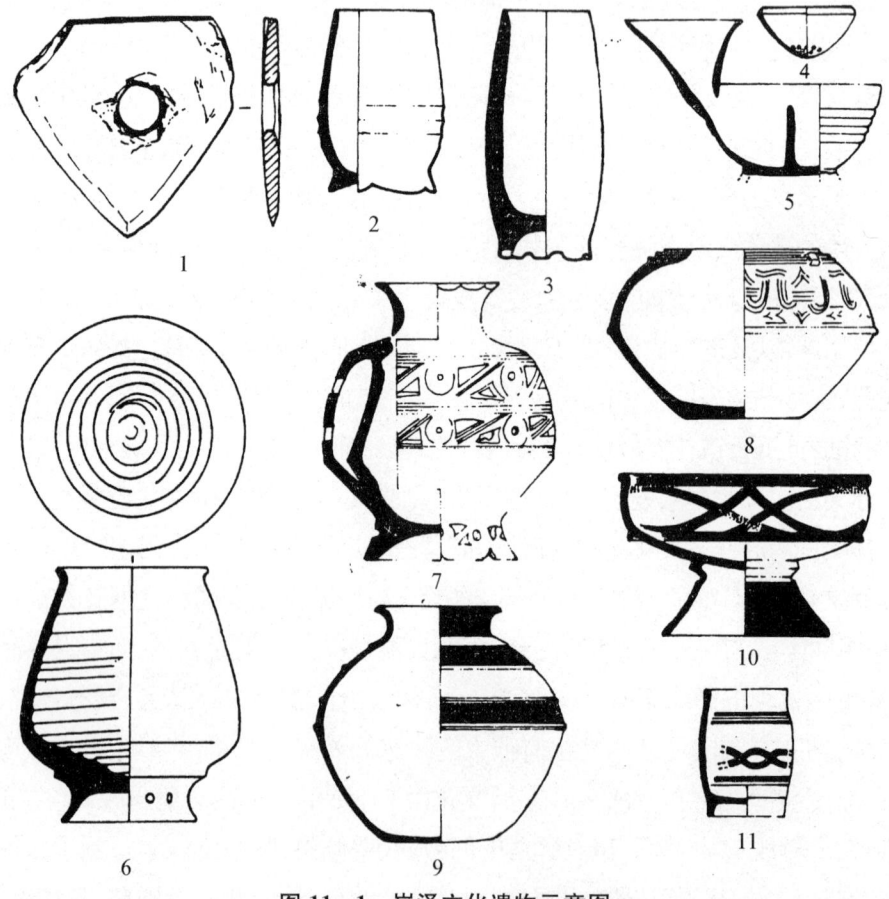

图11-1 崧泽文化遗物示意图

1. 石犁(汤庙村 M1：10) 2、3. 陶杯(崧泽 M51：4、M87：2) 4、5. 陶澄滤器(吴家埠出土)
6. 陶壶(青福83ⅢA) 7. 双层镂孔陶壶(寺前村出土) 8、9. 陶罐(崧泽 M1：2、M60：11)
10. 陶豆(崧泽 M79：4) 11. 陶杯(崧泽 M85：4)

杯和腰鼓形花瓣足杯等,成为崧泽文化晚期陶器的特色(图11-1-2、3)。陶杯是一种饮器,与酒的酿造有密切联系,在浙江余杭吴家埠遗址的第二期遗存,处于崧泽向良渚过渡的灰坑和遗址中,曾经发现三套制酒的过滤器和很多这类器的碎片[4],过滤器每套以盖、过滤钵及篦形容器三件组成,如H3:14一套,盖作半球形,子母扣,过滤钵圜底,底上有排列比较规则的19个小孔,篦形容器的一侧有一只冲天高嘴,嘴口外敞如朝天喇叭,过滤钵即置于喇叭口内,容器的中部尚有一竖向隔挡(图11-1-4、5)。这类器都是质地较细的泥质灰陶,器形很大,胎壁较厚。据分析是过滤酒的用器。大量酒具的出现说明,崧泽晚期粮食有了一定程度的剩余,可以用于酿酒,粮食的剩余为脑体的分工提供了条件。

这一时期不仅有石器制造技术的进步和种类的增多,在制陶技术上同样突飞猛进。马家浜文化盛行的陶器泥条盘叠成形方法,在崧泽早期已改为泥条盘叠加慢轮修整。器形开始圆整,器壁匀称,而至中晚期一些小型器物如杯、壶、瓶等,开始使用旋转的快轮拉坯成形的技术。于是在这些器物的内壁可以看到内底有较粗的螺旋纹,旋纹的中心向上突起,颈、腹部的内壁也见轮旋纹(图11-1-6),自此制陶从手制进入了轮制阶段。崧泽文化在距今五千多年前使用轮制,在我国新石器时代诸文化中,处于制陶的先进行列。由于经济上的繁荣与制陶技术的进步,因此崧泽陶器讲究装饰艺术,造型上常见竹节形、瓦棱形、花瓣形和附加垂棱等,纹饰上有压划、镂孔与堆塑,甚至还使用红褐和淡黄两种颜色作彩绘。如青浦寺前村出土的一件双层镂孔黑衣灰陶壶,口沿与圈足的边沿都分割成花瓣形,壶身分内外两层,内层为一件折肩筒腹壶,外层是一个折肩弧腹壶,外层的肩腹部旋凹弦纹,腹中部和圈足上饰一周圆形和弧边三角形组成的镂孔图案,整器如一个含苞待放的花朵,造型奇特,构思巧妙,颇具匠心[5](图11-1-7)。另一件崧泽出土的划纹堆塑黑衣灰陶罐,罐的肩部有四个方形小横鼻,又有两周绳索形堆塑串联其间,折腹处是一周锯齿形堆纹,并有四个鸡冠形小耳,腹的上部压划弧曲勾连的藤竹编织纹,装饰写实美观(图11-1-8)。可以说崧泽文化的制陶,已经是一种艺术和技术含量很高的工种,这就反映制陶从业余生产逐步走向专业作坊。农业与手工业出现分工,同时也使自用产品向商品方向发展。

随着生产力的提高,崧泽文化的社会状态也起了变化,以草鞋山、崧泽和福泉山三处墓地为例:草鞋山的马家浜文化106座墓,除单人葬外,还有五座合葬墓,均为同性合葬,其中三座为二女合葬,两座为二男合葬,呈现母系氏族社会现象。而在崧泽文化的89座墓中,虽然同样以单身葬为主,但有两座男女合葬墓,出现对偶婚现象,部位为女东男西,M95的随葬品,男性3件,女性8件;M85的随葬品,男性5件,女性10件,女性多于男性[6]。崧泽墓地发掘清理崧泽文化墓葬135座,除单身葬外还有合葬墓两座,均属儿童与成年女性合葬,如 M84 在成年女性身侧依附一个七岁左右的儿童;M85 在中年女性的头侧有一个胎儿的二次葬骨架,反映了子女从母的习俗。墓内的随葬品,从已作人骨鉴定的 40 座来看,男性 16 座共计 95 件,平均每座 5 至 6 件;女性 24 座,共计 144 件,平均每座 6 件,女性也略多于男性。而且葬有玉器和彩绘陶器的大部是女性墓,可见女性仍有较高的地位[7]。但福泉山墓地的崧泽文化 18 座墓中,所见合葬墓两座,M16 是男女合葬,男东女西,随葬品除 1 件骨镞在女性头骨左上角外,3 件陶器(鼎 1、网坠 2)置于两者中间。M33 属三人合葬,一中年男性在中间,左右两侧各有一儿童骨架贴身合葬,福泉山墓例显示了以男子为中心的父系氏族现象[8]。可见崧泽文化时期从母系逐步进入父系氏族社会。墓内随葬品的数量增多,以崧泽的四次发掘为例,早期墓 9 座,有两座空无一物,两座各有 1 件,另两座各有 3 件,其余分别为 2、6、17 件,合计 30 件,平均每墓仅 3.66 件;中、晚期的 126 座有 10 座无物,5 座各 1 件,其余为 2 至 14 件不等,其中 10 件以上的多至 15 座,合计 490 件,平均每墓增至 4.9 件,反映了经济生活有较大提高。

不仅如此,在崧泽墓地上还出现了特殊的墓群,该地的崧泽文化墓集中在一个高大的当地称为假山坟的土墩上。土墩长阔各约 90 米,高出农田约 4 米。135 座墓除早期的散处在中心部位以外,中晚期墓分别集中在五个方位。在土墩东北部的一群有 48 座,北部的一群有 22 座,西北部的一群有 28 座,西部的一群有 15 座,位于南部的一群有 22 座。五个墓群中以东北的一群数量最多,并且还出现了若干其他墓群所不见的现象:其一,有一个大型的燎祭祭坛,而且在一部分墓前另有祭祀遗迹。祭坛位于这一墓群的正北,地形隆起,比墓群高出约 50 厘米,面积近 9 平方米。其中有多次燎祭堆积层,一层红烧土间夹一层灰烬,层层叠叠而无其他遗物。但在其上偏东一侧,却有两座土坑墓打破祭坛,类似瑶山良渚祭坛有墓葬打破一样,如果分析瑶山上打破祭坛的墓与祭祀的巫师有关,则类似的专职巫师在崧泽晚期已经出现[9]。围绕祭坛东、南、西三方埋葬的墓葬,多座在头前或足后另有祭祀堆积,都是堆上几块任意切割的土块,用火连地烧红的燎祭。如 M116,位于祭坛的东南部,在他的头前与身侧各有一堆红烧土块;M122,位于祭坛的南端,在头前有一堆红烧土块;M120,位于祭坛的西部,在足后同样有一堆红烧土块。这些集中和单独的祭祀迹象,不见于其他墓群。其二,这一墓群埋葬密集,在 94T1 一个 5×5 平方米的坑内,即发现 26 座,有的墓上下层层叠压,最多的一处叠压与打破有 5 座之多,如 M119 打破 M111 与 M121,并叠压 M126,而 M111 又打破 M105,并且 M121 之下尚有 M125。这种多座上下叠压甚至打破决不是一种偶然现象,也不像是墓地太小,只能挤在一起,因为其他墓地如松江的汤庙村,青浦的金山坟、寺前村与福泉山等崧泽文化墓,都作平面分布。所以叠压现象可能是一种特殊的承续,是一种继承关系,类似现象也发现于福泉山良渚文化高台墓地上,在高台的正中大祭坛之下,即有两组多座上下叠压的墓葬,在这些墓中不仅随葬品精美,而且有三座使用人牲或人殉,是否为某种地位或权力的承续令人注意。其三,在这一墓群中出现使用人头殉葬的墓葬,如 M94 位于祭坛的东南方,随葬陶鼎两件、陶豆三件以及陶匜和陶壶各一件,就在主骨架的胸部左侧见一个中年男性的头骨,此头骨顶朝上面向西横向安置,并缺少下颚骨,是属于猎首所得,还是杀殉值得研究。其四,在这一墓群中,随葬玉器的多于其他墓群。整个墓地的 135 座墓中出土璧、琀、璜、镯等玉器 30 件,其中 17 件出于东北墓群,至于彩绘陶器更是大部在这一墓群中出土。可见位于墓地东北的这一群体富裕而又有权势,似乎正在逐步向福泉山、反山、瑶山类型的高台墓地方向发展,崧泽文化的社会成员逐步显示出等级。

除此之外,在崧泽文化中晚期墓葬中,还出现了礼仪上使用的器物。如小玉璧,在崧泽遗址一地就发现 3 件。此器小巧,直径仅 4.1 厘米,有的孔小,有的孔大,往往被称为环或瑗,但多次发现部位都不在人骨身侧。如崧泽 M59,随葬品大部置于头前,有鼎 3 件、罐 5 件,壶、豆各 1 件,玉璧即置于这一堆陶器中;M65,随葬品分置头前与足后,足后有陶罐 3 件,壶 1 件,玉璧与足后的罐壶在一起;M82,玉璧置于人骨的口腔内,当作琀来使用。福泉山 M24 同样如此,该墓头骨前有陶壶 3 件,钵、盘各 1 件,也在壶、钵、盘堆里发现了小玉璧,可见这类玉器并非古人身上佩戴的环瑗,而是具有祭祀或礼仪性质的物品。令人注意的是,凡是出现小玉璧的墓,随葬品都很丰富。崧 M59 有鼎 3 件,罐 3 件,壶 2 件,豆、璜、璧各 1 件,合计 13 件,高出这一墓地每墓随葬品平均数的一倍,尤其是鼎多至 3 件,是非常突出的现象;崧 M65 也有鼎 2 件,罐 6 件,壶 3 件,豆、璜、璧各 1 件,合计 14 件,可见用璧的人地位高于他人。再如葬礼中使用玉琀的,崧泽一地也见 3 例。M60 的 1 件扁平圆形,旁侧钻一小孔,形如偏心轮(图 11-2-1);M92 的 1 件,扁平鸡心形,大端穿一大孔(图 11-2-2);M82 的 1 件,是用璧作琀(图 11-2-3)。这些小玉器都塞在人骨口腔内,在整理人骨作鉴定时才被发现,这是我国目前发现的年代最早的玉

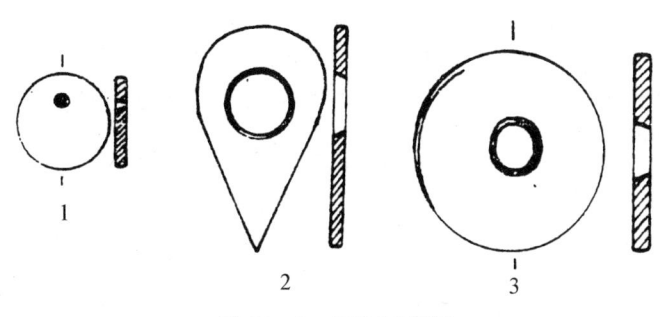

图 11-2　玉琀示意图

1. 崧泽 M60:10　2. 崧泽 M92:4　3. 崧泽 M82:4

琀。有琀的墓葬除 M82 资料不全外，M60 有随葬品 13 件，M92 有 10 件，同样随葬品丰富，地位较高。至于崧泽文化的彩绘陶，种类有豆、壶、杯、罐等，是在陶器烧成之后，在灰陶或黑衣陶上使用红褐和淡黄色彩料描绘宽带、弧曲等纹样。这类彩绘，出土时一般都随器表泥土一起脱落，不容易保存，所以能留存下来的很少，现从只出现在墓葬中、不见于遗址以及彩绘容易脱落不实用的情况来看，也属于一种礼仪上的用器。目前保存下来的有崧泽 M60：11 彩绘黑衣灰陶罐，在器的颈、肩、腹部，各绘一条红褐色的宽带纹，使红褐与黑亮陶衣色泽相间，庄重而美观（图 11-1-9）；M79：4 彩绘黑衣灰陶豆，在口沿和豆盘的垂棱以及圈足上，各饰一道红褐色宽带纹，再在盘腹上用红褐与淡黄两色交叉绘弧曲纹（图 11-1-10）；M85：4 彩绘灰陶杯，在肩与腹的下部分别饰二道和一道红褐色宽带纹，在腹的中部，绘一周红褐色的交叉弧曲纹（图 11-1-11），这些彩绘陶器也以祭坛近旁的墓葬内较多。其中，如 M118，在人骨的右肩旁和左侧各有一堆燎祭的红烧土，在下肢骨旁置一件红黄彩绘陶壶，而在上肢骨旁另有一件带彩绘的石斧，彩绘陶与仪仗斧共出，说明墓主的特殊地位。

综上所述，崧泽文化时期，农业进入犁耕，制陶开始使用轮制，生活上酒器杯、壶成为主要器皿之一，并且出现玉器璧、琀和彩绘石斧、彩绘陶器等礼仪用器，在墓地上有地位较高、拥有祭坛甚至使用人牲的墓群，可见文明的曙光正在崧泽文化中升起。

注释

[1] 黄宣佩：《福泉山遗址发现的文明迹象》，《考古》1993 年 2 期。
[2] 梅福根：《浙江吴兴邱城遗址发掘简介》，《考古》1959 年 9 期。
[3] 上海市文物保管委员会：《上海松江县汤庙村遗址》，《考古》1985 年 7 期。
[4] 浙江文物考古研究所：《余杭吴家埠新石器时代遗址》，《浙江文物考古研究所学刊（1980～1990 年）》，科学出版社，1993 年。
[5] 孙维昌：《上海青浦寺前村和果园村遗址试掘》，《南方文物》1998 年 1 期。
[6] 南京博物院：《江苏吴县草鞋山遗址》，《文物资料丛刊》(3)，文物出版社，1980 年。
[7] 上海市文物保管委员会：《崧泽——新石器时代遗址发掘报告》，文物出版社，1987 年。
[8] 上海市文物管理委员会：《青浦福泉山遗址崧泽文化遗存》，《考古学报》1990 年 3 期。
[9] 上海市文物管理委员会：《1994—1995 年上海青浦崧泽遗址的发掘》，载《上海博物馆集刊》(8)，上海书画出版社，2000 年。

（本文原载于《苏秉琦与当代中国考古学》，科学出版社，2001 年）

关于崧泽墓地文化的几点认识[*]

崧泽遗址发现于1958年,1960、1961年进行了第一次发掘,探明文化遗存可分为上、中、下三层,上层出土春秋战国时代的几何印纹陶,中层是泥质灰黑陶为主的新石器时代晚期文化,下层是和浙江马家浜遗址相似的新石器时代居住遗址。由于在中层发现五十一座新石器时代晚期墓葬,随葬器物特征既不同于良渚文化,又与马家浜文化有较大的区别,且在太湖地区的新石器时代古文化中具有一定的代表性,因此引起了广大考古工作者的重视,许多同志称它为"崧泽类型文化"。

但是,"崧泽类型文化"究竟属于哪一文化体系,长期以来存在着不同的看法。有的同志认为它属于良渚文化,有的认为它是青莲岗文化江南型中的一期。1962年,我们在第一次发掘报告中,也曾经认为它"比较接近于浙江吴兴邱城的中层,江苏邳县刘林遗址的下层"。现在,随着太湖地区考古工作的不断开展,和对崧泽遗址进行了第二次发掘,我们认为有关崧泽墓地的一些问题,有必要进行深入探讨。

下面,我们就崧泽墓地文化的分期、归属以及社会形态等几个方面,谈几点认识。

一、崧泽墓地的墓葬可以分期

崧泽墓地的文化特征,我们根据发掘资料大体可以归纳为以下几点:

埋葬方式:

不用墓坑,普遍在平地上堆土掩埋,仅在晚期出现少量使用葬具的痕迹。采用仰身直肢单人葬,头向由北偏西,逐渐向东、向南发展,后期盛行南偏东。

---

[*] 本文与张明华先生合作。

随葬器物：

石器，主要为斧、锛、凿。石斧，长方形穿孔弧刃，体形厚实；石锛，扁平长方，晚期背部微弧，有的露出脊线；石凿，横剖面成正方形的常型长凿。

玉器，有璜、环、玲、镯等，玦少见。璜的形制以扁平桥形为主，半环形较少。

陶器，多夹砂红褐陶和泥质灰黑陶，器表装饰盛行堆纹、彩绘、压划纹和各种镂孔。种类有鼎、釜、豆、罐、壶、瓶、觚、杯、盆、匜、澄滤器等，形制极为复杂。以它的典型器而言：

鼎，有罐形和盆形鼎，器足盛行扁铲形、凹弧形、扁凿形以及长方形侧足和圆锥足等。

豆，以浅盆形和浅盘形为主，同时有少量的罐形豆，豆把有细高和粗矮的两种，有的中部突出，呈腰鼓形，有的顶端收缩作喇叭形，也有盘壁与圈足连成一体作假腹状的，形制多样。

罐，以卷沿弧肩折腹小平底，器形扁矮，折腹处有堆纹的罐为代表，其次有折肩折腹的、扁鼓形的和坛形带圈足的罐，细部变化也较大。

壶，多高颈扁腹、直颈折肩折腹或腹部作瓦棱形等多种，底部有平底、圈足和花瓣形足等。

从上述特征来看，崧泽墓地的墓葬头向变化较大，主要随葬器物形式众多，加上整个墓地地层的堆积厚度在170厘米以上，反映出整个墓地的使用前后延续了一个较长的时间。因此，我们在第一次发掘报告中，根据一些迹象，曾经列举三个墓例，反映墓地可能分期的情况，指出：处于中层最深的B2M6"随葬品的形制，和人骨架头向西北的各墓的特点相同，而和头向东南或东北的有所不同"；处于较深的B2M3的随葬器物形制"在人骨架的头向东北或东南而离地层较深的墓葬中，有一定的代表性"；处于较浅的T6M1的随葬品在"离地表较浅的墓葬中有它的代表性"。第一次报告发表后，有同志把崧泽墓地分为南北两个墓群，并把它们的随葬器物进行对比，认为"南部墓群有稍晚的迹象"等等。这些分析限于当时的资料，存在着一些问题，从后来发现的资料来看，如墓区就不能以南北来划分，因为在土墩的四周都有墓群的分布。墓葬时代的早晚，也并不是北早南晚，因为土墩北部的墓群就包含了整个墓地从早到晚的各期墓葬。但是，我们认为，它仍然说明若干年来，一些同志在探讨崧泽墓地的有关问题时，都感觉到这个墓地有作进一步分期的可能。

1974~1976年，崧泽遗址所在地需要兴建校舍，为配合这一工程，我们对遗址进行了第二次发掘。在墓地中又发现了四十六座墓葬，经过区分土色，发现它们分别属于三个土层。其中M52~M54、M70、M75~M86、M88、M89十八座墓处于墓地最上面的黄土层;M55～M59、M66、M69、M87、M93～M95、M97等十二座墓处于墓地中间的灰黄土层;M60～M65、M67、M68、M71～M74、M90～M92、M96十六座墓发现于墓地下面的灰褐土层。同时,其中有六组墓葬有相互叠压关系,如处于黄土层的M52叠压在灰黄土层的M56上面;黄土层的M53叠压在灰褐土层的M62和M65上面;黄土层的M54叠压在灰褐土层的M61上面;黄土层的M70斜压在灰褐土层的M66上面;黄土层的M78叠压在灰黄土层的M80上面;灰黄土层的M80叠压在灰褐土层的M90上面。这些地层关系和叠压的实例,为我们进行墓葬的分期提供了十分重要的科学依据。所以,结合第一次的发掘资料,我们认为崧泽墓地的各墓葬在时间上可以分为三期。

第一期,地层上处于墓地最下面的灰黑土层,离地表约144～176厘米。这一期墓葬主要分布于土墩的中间偏北部分,仅在第一次发掘中就发现八座。埋葬的特点都是个体掩埋,比较分散,很难看出规则,葬式为仰身直肢;头向多北偏西;随葬器物比较贫乏,一般在一到三件之间,有的无随葬品,仅一墓较为突出,有十七件之多,而且随葬器中生产工具较多。以B2M6为例,男性,仰身直肢葬,离地表176厘米,头向324°,在骨架周围,随葬石陶器十七件,种类有斧二、锛四、凿三、釜一、壶五、豆二,以及动物骨骼等(图12-1)。对这一期器物的特征,由于出土的较少,了解不多,可以归纳为:石斧,厚实狭长,作舌形;石锛,扁平长条形;陶豆,有敞口折腹浅盆和敛口弧腹

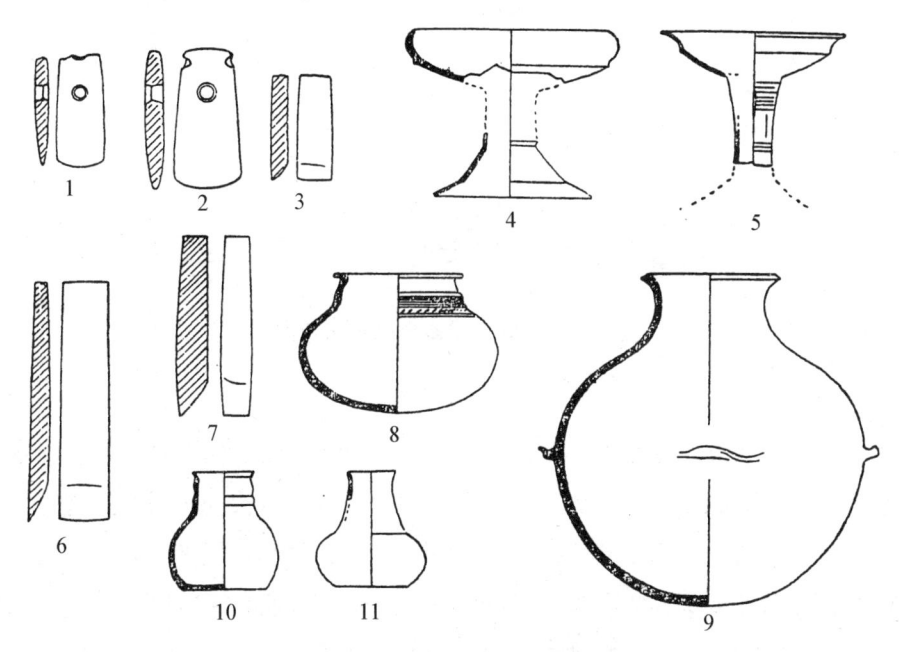

图12-1 B2M6随葬器物器形示例

1、2. 斧　3、6. 锛　4、5. 豆　7. 凿　8. 釜　9～11. 壶

带垂棱等种,豆把细高,把上有小镂孔,与马家浜类型的形制比较接近;壶,多高颈,一种为扁圆腹平底,一种是圆球腹圜底,腹部有四只在下层文化常见的泥片状附耳。

第二期,地层上处于灰褐土层,离地表 87～165 厘米,主要分布于土墩中部和北部。第一次发掘中地层处于较深的,以 B2M3 为代表的一类墓葬属于这一期。两次发掘合计发现三十六座。埋葬特点虽然仍为个体掩埋,但常常是数具骨架在一起,较有规则,头向北偏东或南偏东。随葬器物较第一期增多,普遍是二到五件,部分有多至十三件的。墓例除第一次发掘的 B2M3 外,可以以第二次发掘的 M62 为例,女性,仰身直肢葬,距地表 133 厘米,头向 138°,在骨架周围随葬陶、玉器九件,种类有鼎二、豆一、罐四、璜二等(图 12-2)。这一期器物特征:石斧,长方弧刃,并出环形石斧;石锛,扁平长方,无脊;陶器中鼎多釜少,鼎,多敛口鼓腹的罐形鼎,下安三只扁铲足或凹弧足;豆,除有第一期的器形外,出现直口折肩浅盆豆和罐形豆,豆把型式多样,有细高把、粗矮把,以及把上部作腰鼓形的,镂孔和压划装饰也极为盛行;罐,典型器是卷唇圆肩折腹小平底罐,在折腹处有锯齿形堆纹和一对鸡冠耳,稍晚出现圆球腹罐带圈足;壶,与第一期的区别是出现瓦棱形器腹;此外还出现觚、匜和澄滤器等新器形。

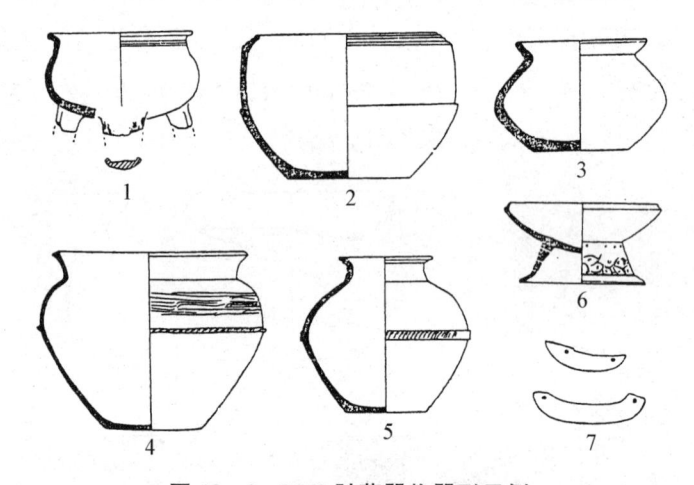

图 12-2 M62 随葬器物器形示例
1. 鼎 2、3. 罐 4、5. 罐 6. 豆 7. 璜

第三期,地层上包括黄土和灰黄土层,离地表 26～99 厘米,土墩的南北部都有这一期墓葬。第一次发掘中以 T6M1 为代表的埋葬较浅的一类墓葬即属于这一期。两次发掘,合计发现五十三座。埋葬的特点大体与第二期相似,但随葬器物中生活用具增多,而生产工具少见,件数一般在二到十三件之间,墓例除 T6M1 之外,可以以 M52 为例:该墓因骨架保存不好,性别未能鉴定,墓向 145°,距地表 45 厘米,在骨架周围随葬陶器十二件,种类有鼎三、豆一、罐二、壶三、匜一、器盖二等(图 12-3)。这一期的

器物特征：石斧，扁平长方，弧刃稍平；锛，有的背面渐露脊线；鼎，除沿用上一期的形制外，出现较多大口浅腹的盆形鼎和盘形鼎，鼎足种类繁多，有了扁方形侧足、扁凿足和圆柱形足等，并且足根往往外拐；豆，盛行平唇浅盘豆或盂形粗矮把豆，另有一种器形厚重的浅盘假腹粗把豆，也颇具特征；罐，形制极多，和第二期比较，大体上器形增高，圈足器增多，最典型的为卷唇圆肩、腹斜收、带圈足的坛形罐和直颈圆球腹圈足罐；壶，在这一期极为常见，一种是高颈折腹、器形瘦长、下有圈足，另一种是直颈圆球腹或瓦棱腹，下面多带花瓣形圈足；瓶、杯、尊等器形也出现于这一期。

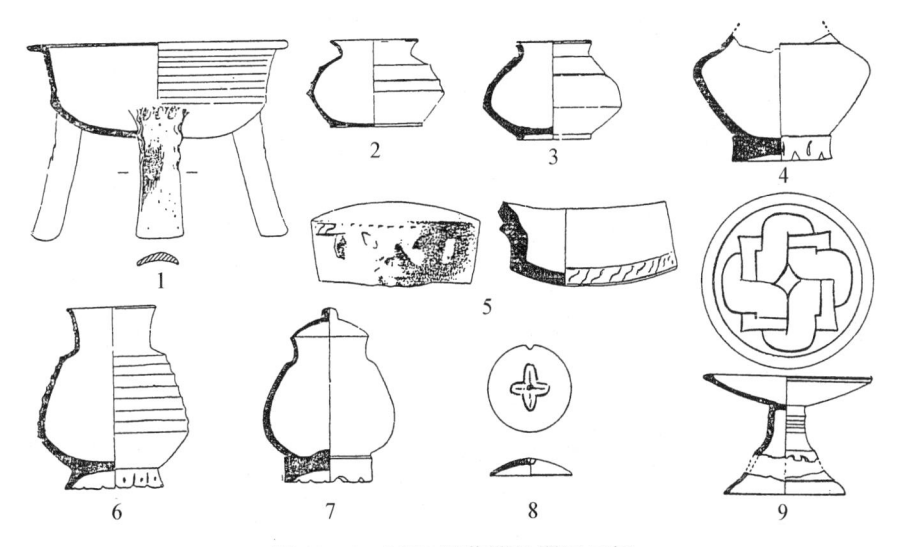

图 12-3　M52 随葬器物器形示例
1. 鼎　2、3. 罐　4、6. 壶　5. 匜　7. 壶　8. 器盖　9. 豆

此外，应该说明，崧泽墓地各墓葬是一个时间衔接紧密的墓群，虽然地层上深浅之差最大有150厘米之多，但中间都有墓葬，并以2～17厘米的地层距离把它连接起来。例如M52～M65的十四座墓葬，大多以类似阶梯形式的排列掩埋，即是具体的反映。因此，各墓随葬器物出现的特征是一个渐变过程，在早、中、晚各期墓葬中间，还存在着一些具有中间形式，或两者兼有的器物群。因此通过对这一墓地的分期，不但能使我们掌握各期的特点，而且有助于我们了解崧泽类型的演变规律。

二、崧泽墓地古文化是太湖流域、浙北地区马家浜文化向良渚文化发展的一个重要环节

近二十多年来的田野考古发现告诉我们，与崧泽墓地同一类型的遗址，在太湖流

域和浙北的广大地区都有发现,这与马家浜文化、良渚文化的分布范围是一致的。与马家浜文化、良渚文化的地层关系,通过对邱城、崧泽、圩墩诸遗址的清理发掘,证明崧泽叠压于马家浜之上,张陵山遗址的文化层堆积又证明了良渚文化叠压在崧泽之上,而草鞋山遗址的文化内涵具有马家浜、崧泽、良渚等文化类型的一系列地层关系,它的发现与发掘,为我们提供了这一地区的一个考古地层年表,从而解决了从马家浜→崧泽→良渚文化三者之间的时代序列。现在,我们对于崧泽墓地作出了分期,这就可以进一步帮助我们了解它与马家浜和良渚之间的相互关系及演变过程。

以崧泽一期与马家浜比较。一方面,它们有着许多共同因素,在葬俗上都不用墓坑,埋葬死者的头向都是北向。随葬器一般都比较贫乏,石斧习用舌形斧,陶器装饰盛行红色陶衣,以及器形中都有敞口折腹浅盆豆、泥片耳壶等,都可看到它们之间一脉相承的关系。但它们之间也存在着差异。如死者的掩埋,马家浜多俯身葬,而崧泽仅见一例,其余都是仰身葬;马家浜的玉器以玦为主,崧泽以璜为主;马家浜陶器多手制红陶,崧泽盛行手制轮修的灰黑陶,并且在器形上已不见腰檐釜、牛鼻耳罐等。因此,我们认为,这些差异正是它们中间在时代上存在着一段距离的反映。随着考古工作的开展,将来很可能找到一期在这两者之间起衔接作用的文化。

以崧泽三期与良渚相比,两者就比较接近。例如它们的埋葬方式,都采用仰身直肢葬,头向南偏东,都有较多的随葬器物;在器物形制上,石斧都作扁平长方形;石锛的形制,从崧泽三期的背面微露脊线,到良渚盛行有段石锛,正好反映有段石锛由初级到高级阶段的发展;崧泽三期盛行的大口盆形鼎,以后仍为良渚所沿用,但扁足上的直棱,则演变为丁字形足;崧泽三期的浅盘高把豆,在良渚仍是主要器形,另一种粗矮把豆,则演变为良渚的圈足盘;崧泽三期出现的卷唇圆肩坛形罐,到良渚已是罐的主要形式,一种直颈圆球腹罐也为良渚所习见;至于良渚的典型器,高颈贯耳圈足壶,在崧泽三期中也能找到相似的器形。正是由于崧泽三期与良渚文化在时间上接近,因此,有的同志认为崧泽类型可称为良渚文化的早期形式,有的同志又把良渚文化的某些遗址列为青莲岗江南型的第四期。

总之,由于崧泽墓地的发现和分期,已把这一地区的马家浜与良渚文化联系起来,通过对这些文化的排比,可以让我们认识一种文化从手制红陶→手制轮修灰黑陶→轮制灰黑陶的前后发展过程,认识一些器物的演变规律,以及葬俗上从俯身到仰身、头向从北偏西到南偏东的种种变化。所以,我们赞同一些同志把太湖流域与浙北地区新石器时代文化的三种类型,可以明确地称为马家浜、崧泽、良渚三期的意见。

三、崧泽墓地与北阴阳营、刘林等遗址，分别属于不同的文化体系

崧泽期文化，主要分布于太湖流域与浙北地区，已如上述。从此向西文化面貌逐渐发生变化，和位于宁镇地区的北阴阳营遗址作比较，就可看出两者文化面貌有所不同。

北阴阳营遗址（这里主要指它的第四层，以下同），就发表的资料和展出过的文物来看，内涵比较复杂，其中如带鋬和流的红陶盉，与邱城下层马家浜期相近，而直口圆鼓腹圈足的黑衣小陶罐，又与崧泽墓地晚期的陶罐相似，似乎是一个较长时间的堆积，墓葬和器物还可分期。从时代上来看，我们认为它大致相当于崧泽墓地，而下限略早。以北阴阳营墓地与崧泽墓地相比较，有若干共同之处。如石器同出环形石斧和长条形石锛；盛行以玉器陪葬；陶器有鼎、豆、罐等。葬式同样采用没有墓坑的仰身直肢单人葬等。但是，两者的不同之处非常显著。北阴阳营出土的陶器，泥质红陶占的比例较大，与刘林遗址相似，而崧泽所出泥质陶，几乎全是灰黑陶。陶器形制上也很不同，北阴阳营的鼎，颈部较高，圆柱形足，并且足根外拐，与崧泽所出矮颈、器足作扁铲形或凹弧形的不同；北阴阳营的豆，以碗形或罐形为主、深腹，而崧泽的豆，多浅盆形或浅盘形；北阴阳营多彩陶，崧泽则不见彩陶，器表常见红、黄色彩绘，或压划纹。在埋葬方式上，北阴阳营虽然同是平地单人仰身直肢葬，但骨架之间往往头足叠压成直线排列，与崧泽的单人平列差异显著。

崧泽墓地所代表的文化在《略论青莲岗文化》一文中，是作为与江北型刘林期相当的一种江南型提出来的。经过对比，我们认为，这两个遗址虽然也存在着某些相似现象，例如墓的葬式同为仰身直肢，头向也基本相同，陶豆的形制也有某些相似之处，尤其在刘林也习见以圆形、弧线三角形组成的镂孔装饰。但是从总的风格来看，两者是迥然不同的。如刘林墓葬位于生土中的都可明显看出有浅坑，而崧泽则平地掩埋，刘林有用獐牙钩形器随葬的习俗，崧泽全无一例；刘林习见彩陶器，崧泽仅在地层中出现过一片（这一片系细泥红陶胎，白衣黑褐彩，无论从陶质、陶色、彩绘风格等方面来看，都与这一地区所习见的陶片不同，极有可能为外来之物）。至于崧泽所常见的彩绘陶，在刘林亦未发现。其他如器物种类和形制方面，两者差异也极为显著，刘林习见的三足觚形杯、小杯形器、彩陶钵等为崧泽所无，而崧泽颇具特征的壶、杯、瓶、罐等器形，刘林也少见。即使两者共有的鼎，在形制上也有很大的差异。所以，两遗址

所出的器物反映了两种不同的文化面貌。

我们知道,要辨别某些考古学遗迹是否属于同一个文化,必须看它们是否具备"同一时代"、"共同的文化特征"和"一定的地域界限"等几个条件。以上的分析比较,使我们知道崧泽墓地与北阴阳营、刘林两遗址在文化特征上差异很大,并不具备"共同的文化特征",并且它们又分别处于浙北、太湖流域、宁镇地区和鲁南江淮平原等不同的地域。因此,我们认为崧泽与北阴阳营、刘林遗址,应该分别属于三个不同的文化体系。

四、崧泽墓地所反映的社会形态

崧泽遗址经过两次发掘,为我们分析墓地的社会形态提供了一定的依据。

崧泽墓地处于遗址的中层,它的生产工具种类已经明显比马家浜期增多,并且普遍采用较先进的通体磨光技术。石斧的器形改进成类似良渚的扁薄铲形;石锛已微露脊线向有段石锛发展。联系与崧泽墓地同期的吴兴邱城中层已有石犁出现,使我们感到崧泽期文化有从刀耕火耨的较原始状态向犁耕农业发展的可能性。

崧泽墓地下层叠压的是马家浜期文化层,碳十四测定并经树轮校正年代为距今 5 985±140 年。在这一层中出土了一些已经炭化了的籼稻型谷粒,使我们知道,至今作为人们主食的稻米,在那时已有栽培。上海同济大学海洋地质系作的崧泽遗址孢粉分析证明,崧泽墓地这一层,早期气候温热湿润,中期气候比目前凉干,晚期气候又转为温热湿润,约比目前平均温度高 1℃左右,与现在大致相近。因此,从气候条件来说,这一时期同样适宜水稻的种植生长。墓葬中出土多种形式的豆、壶、瓶、杯等饮食器和盛贮器,应该是这一时期由于生产力的发展,谷类食物增多,人们的生活内容进一步丰富的生动反映。

崧泽墓地发现一些动物骨骼,其中有鹿、四不象、獐和猪的遗骸等。第一次发掘时,我们曾把一些猪的牙床骨请上海自然博物馆动物组的同志鉴定。他们认为泡沫状牙面已经衰退是家猪的一个特征。我们在第二次发掘中,又发现了一只猪首形陶匜,上面生动地塑造了一头肥胖、躯体结构完全脱离了野猪形态的家猪。联系这一层九十七座墓葬中出土的三十七件生产工具,只有五件属渔猎工具(其中一件是骨箭头,另外四件都是陶网坠)的情况,我们认为崧泽墓地文化的渔猎经济已明显衰退,而家畜饲养业代之崛起,成了人们平时食物的重要来源之一。

崧泽墓地出土的大量灰黑陶,器壁基本匀称、规整,已经达到手制轮修阶段,并且较为熟练地掌握了还原焰和渗入炭素的烧制技术。猪首形匜、红褐色彩绘罐、竹编纹镂孔豆等泥质黑衣灰陶器，细腻光滑、造型生动、纹饰美观，正是当时制陶工艺的代表性器物。

在崧泽墓地的随葬器物中，我们还发现了不少玉器。种类有璜、琀、环、镯等，它们都是作为装饰品安放在死者的颈部、臂上和口中的。这些玉器造型和色泽都很优美，是我国玉器工艺中早期的作品之一。此外，上海地区不产玉石，这些原料应来自邻近的江苏、浙江等地，所以崧泽墓地较多玉器的出现，说明了当时崧泽人与其他部落之间交换的盛行。

崧泽墓地的两次发掘，使我们对墓葬的分布有了一个较为全面的了解。从已经清理的九十七座墓葬来看，它们分别集中在五个不同方位。其中有二十八座集中在土墩的北部偏西地方，有十九座集中在土墩的北部偏东地方，有二十二座集中在墓地的东北角，有二十二座集中在土墩的南部，有六座集中在土墩的西部。这种分五个墓区埋葬的现象，说明此处显然是一处血缘关系密切的五个氏族家族的葬地。

在这些墓葬中，葬式多用单人仰身直肢和平地掩埋，只有两例使用类似两片木板相合的简陋葬具，随葬器物差距不大，即使有简单葬具的亦不见特殊器物。可见氏族成员生前的社会地位是平等的，所以死后亦不见特殊埋葬现象。

合葬墓仅见两座，其中 M33 在一成年女性骨架左侧依附一具约七岁左右的儿童骨骼，都系一次葬；M85 在一中年女性头骨西侧有一具胎儿的二次葬骨骼。很明显，当时崧泽人的合葬墓仅仅是氏族内的母子合葬。

我们再从第二次发掘的已经鉴定性别的二十九座墓葬随葬器数量来看，男性十一座，共葬有五十二件，每座平均四至五件；女性十八座，葬有一百二十五件，每座平均七件，相比之下，女性略多于男性，而且葬有较为精致的玉器和彩绘陶器的墓葬，大部分都是女性墓，这说明崧泽的女性在社会上仍处于较受尊重的地位。

根据上述情况，我们认为崧泽墓地时期的社会生产力虽然比马家浜期有较大的发展，但与使用专门收割工具——石镰和轮制陶器的良渚文化相比尚有一定距离。墓地上若干墓群的划分，是死者生前彼此之间具有一种紧密的血缘纽带关系的反映，与良渚文化时期以个体家庭为主的分散埋葬习俗也极为不同。联系这一时期，子女从母合葬，以及女性与男子具有同等社会地位等迹象来看，我们推测，崧泽墓地的人们还处于母系氏族社会阶段。

[本文原载于《文物集刊》第 1 辑，文物出版社，1980 年]

新石器时代崧泽文化的陶器与玉器

崧泽文化是在1960～1974年,三次发掘上海市青浦县崧泽村的一处古文化遗址之后,根据它的特点而被考古界命名的新石器时代古文化,距今年代据碳十四与热释光测定,约为5 800～49 500年,大致与黄河流域的仰韶文化庙底沟期相当。这是一支获得高度发展的古文化,在稻作农业、饲养家畜和制陶、制玉等方面都有很高的成就。所以它的发现,汇合江浙地区河姆渡、马家浜和良渚文化的考古收获,使人们重新评估我国东南地区古文化的发展水平,认为不仅是黄河流域,而应该是黄河与长江共同孕育了中华的古代文明,崧泽文化的发现可说是近数十年来我国考古界的重大成就之一。

崧泽文化主要分布在江浙境内,太湖流域的周围,至今已发现遗址与墓地数十处,并且已对其中上海的崧泽、福泉山,江苏的草鞋山、圩墩、张陵山,和浙江的邱城等处进行了多次考古发掘,获得大量新石器时代的石、陶、玉、骨类文物。在这些出土器物中,造型优美的陶器和新石器时代玉器的出现,尤为文物鉴赏家所称道。

太湖流域的新石器时代文化序列,是马家浜→崧泽→良渚文化。崧泽文化的原始部落,正处于母系氏族向父系的发展阶段,它的陶器生产还属于家庭手工业,每一家族墓葬发现的陶器,造型丰富多彩,器形都有所不同,但又共同显示出时代和本文化的特征。以制陶技术而言,制造鼎、甗等炊器的陶土,羼和的是谷壳或蚌壳屑,与它的前期——马家浜文化羼和砂石有所不同。这种夹砂陶器,由于烧制时器表的谷壳或蚌壳屑受高温炭化,表面普遍有许多不规则的小凹点,特征极为显著。一些饮食与盛贮器,则用比较纯净的泥土制作。陶器的成形技术,已在手制的泥条盘叠方法的基础上,发展到使用慢速陶轮修整,器表往往有一条条比较规整的轮旋纹。入窑烧制采用可以封闭的陶窑,由于最后烧成时将窑封闭,窑内高温而缺氧,使陶胎中的氧化铁还原,这就使陶器变成灰色,有的还向窑内渗水,使未烧尽的柴火冒烟,让陶器表面渗入碳素,出现一种外黑内灰的黑衣灰胎陶器,所以灰陶和黑衣陶成为崧泽文化的主要陶色。器形上的特征：炊器多鼎而无鬲，有少量的甗，且是甑与鼎的结合，器足有作扁铲形的、凹弧形的、凿形的、扁方形的、角尺形的等等，种类繁多，饮食与盛贮器常见豆、壶、杯、盆、罐和澄滤器。罐壶的器形喜作折腹、折肩折腹、瓦棱形或竹节形的；而豆的高把往往作多节形，有的凹颈，有的束腰，有的如叠鼓形，非常优美；壶杯的器底或圈足，经常分割成花瓣形。这些造型都为其他文化所少见或不见。器上的装饰，有划纹、镂孔和彩绘等种。压划纹饰都似藤竹编织的几何形图案；镂孔常见的是圆孔和弧边三角形孔的组合；彩绘是在陶器烧成以后，再在器表描绘的，所以彩色容易脱落，出土后仍能保持的极少，最为难得。色彩有红褐与淡黄两种，纹样以宽带纹为主，在口沿、器肩与底边描绘三至五道，个别也有描绘与压划或镂孔相似的图案。这三种装饰方法，有的一器装饰一种，有的三种结合使用，使器表绚丽多彩。所以崧泽人是一个善于制陶的部落，如果说人所共知的仰韶文化以美丽的彩陶而闻名，那么崧泽文化是以造型精巧，装饰优美而为人所赞赏。以下举数例：

1. 夹砂红陶盆形角尺形足鼎，器高36.8、口径47.2厘米(图13-1-1)。

鼎是我国东部沿海古人创造的一种炊器，在太湖流域距今6 000年前的马家浜文化时期已经出现，那一时期的鼎，腹部较深，作釜形，鼎足常见圆锥形长足，足跟有两个凹眼。到了崧泽文化前期，器腹逐渐变浅，鼎足常见凹弧足或扁铲形足。而晚期则以盆形鼎为主，器足种类很多，有扁方形侧足、凿形足和角尺形足等。此鼎在上海市青浦县福泉山出土，属于崧泽文化晚期，在一个灶塘上发现，敞口、直腹、圜底、盆形，腹部有一条附加堆纹和多道慢轮旋成的凹弦纹，器足呈角尺形。足上以角线为中轴，用凹线勾划出脸形，又在两侧各捺一目，在顶上刻划光芒状的点线纹。这类以角线为中轴的脸像，与后来的良渚文化玉琮上的神人图案相似，两者有一定联系(图13-1-2)。

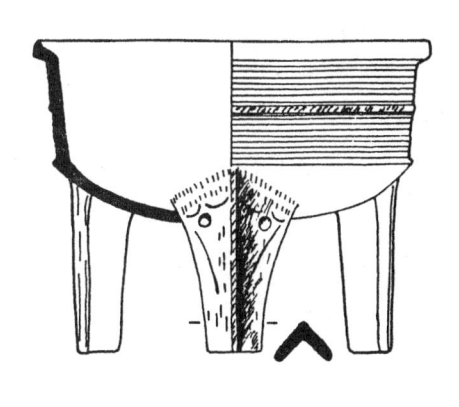

图13-1 夹砂红陶盆形角尺形足鼎

2. 泥质灰陶,红、黄色彩绘弧线纹豆,器高 11、口径 17.4 厘米(图 13-2)。

豆是马家浜文化时期开始出现的一种盛食器。早期豆的器形,犹如一件陶盆搁置在器座上。至崧泽文化时期,器形增多,既有盆形的,也有盘形、壶形和碗形的。大部为单色陶,有彩绘的不多见。此豆作碗形,腹部下侧有一圈下垂的凸棱,豆把中间鼓突,下作喇叭形,器表在口沿、垂棱和豆把下部涂三道红褐色宽带纹,器腹用红褐色彩描绘绞丝纹,并在其中间隔几段绘淡黄彩。这种装饰垂棱、豆把分节和作红黄彩绘,都是崧泽文化陶器的特色。

图 13-2 泥质灰陶,红黄色彩绘弧线纹形豆

3. 泥质黑衣灰陶双层镂孔壶,器高 15.5、口径 8.1 厘米(图 13-3)。

此壶口缘外侈并作花瓣形,器腹分为内外两层,内层折肩直腹,可以盛物。外层布满镂孔,图案以一个圆孔,左右斜角配以一对弧边三角形孔为一组,多组相连,中间再加划纹,形成上下两道连珠纹。器底内凹,边缘外撇形成假圈足,其上也作相同镂孔,并将边缘刻成花瓣形。整器形如一朵含苞待放的花朵,非常优美,是一件 5 000 多年前罕见的陶质工艺美术品。器上圆形与三角形的镂孔,以及边缘作花瓣形的造型,也是崧泽文化典型的特征。

图 13-3 泥质黑衣灰陶双层镂孔壶

崧泽文化玉器是在马家浜文化制玉工艺的基础上发展而来的。马家浜文化的玉器取材于石髓和石英,如按现代对玉材的分类,大部属于假玉。种类有管、镯和玦。崧泽文化玉器取材于透闪石—阳起石系的青玉,在我国制玉工艺史上是采用真玉的开始。玉器的色泽大部呈墨绿或翠绿色,个别也有乳白间有虎黄色的。它的玉材与良渚文化的相似,但良渚文化玉器大部已变为鸡骨白色,而崧泽的年代比良渚更久远,却几乎没有一件"蚀变",可见良渚文化玉器的变色,不是所谓入土"受沁"所致。种类上马家浜文化常见的玦逐渐消失,而有璜、环、坠与琀等,都是一些小件,具有早

期玉器的特点。器形上,如璜在早期呈长弧形,中期增加了半环形、桥形和鱼鸟形,至晚期大部为半璧形。环与小件璧相似,在崧泽遗址发现的几件都置于随葬陶器近旁,不属于身上佩带的饰件,可能是璧的祖型,坠的器形有的似兽牙,有的是不规则的小玉片,犹如旧石器时代的佩戴兽牙,仍有一种原始的气息。至于琀,有鸡心形、扁平圆形和璧形的三种,都在人骨的口中发现,与商周以后琀都作蝉形的不同,崧泽玉器的制作工艺,除解剖玉材以外,基本与石器的磨制方法相似。从玉器上遗留的制造痕迹来看,将玉材锯割成片使用的是一种线割的方法,即以细砂为介质,加水,利用筋或麻制成的细绳往来摩擦,逐渐达到锯解的目的。这种切割方法,在玉材上留下一条条抛物线状的摩擦痕迹,在有的尚未磨平的玉器上能见到。线切割方法到良渚文化时期,为片状硬性物质的锯解方法所代替,因此成为鉴别崧泽与良渚玉器的标志之一。玉器的成形主要使用割与磨。在各类璜的弧边,细心观察可以见到一块块研磨的小平面,而有些圆片往往是大管钻的钻心。玉器上的小孔,用尖锥形钻从单面钻透,再在另一面稍加修整。上列玉色、器形和制作方法,构成崧泽文化玉器的特征。以下介绍数例:

4. 长弧形玉璜,墨绿色,两端稍宽各钻一孔,孔侧有长期系线摩擦留下的凹槽,长 13.7、厚 0.55 厘米(图 13-4)。

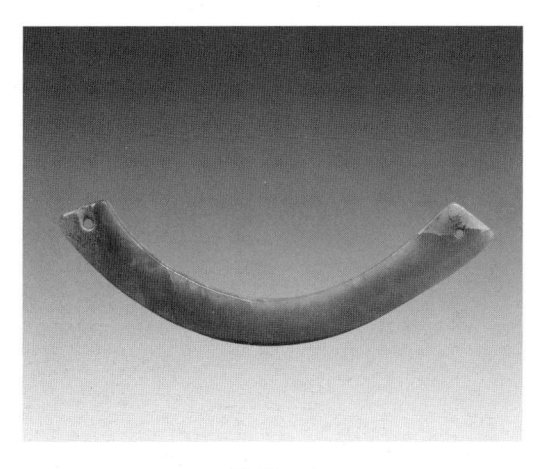

图 13-4

图 13-5

5. 桥形玉璜,墨绿色,倒置似桥形,长 11.2、厚 0.23 厘米(图 13-5)。

6. 半璧形玉璜,翠绿色中有墨绿色斑块,长 10.6、厚 0.55 厘米。半璧形璜的一面,遗留清晰的线切割痕迹(见图 1-3-5、图 1-3-6)。

7. 鱼鸟形玉璜,湖绿色中有墨绿色斑块,一端似鱼形,另一端似鸟形,长 6.6、厚 0.2 厘米(图 13-7)。

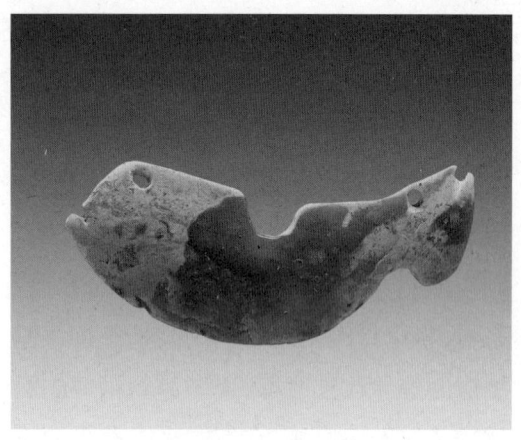

图13-6

图13-7

璜在新石器时代，是古人颈上佩戴的饰件，在上海崧泽遗址发现的17件，除了5件性别不清以外，2件属幼儿，2件属男性，其余8件都属女性。佩戴时一人一件或两件，凹面朝上。到了良渚文化时期，开始与其他饰件组合，如在浙江余杭吴家埠发现的一串挂在神像头上的组合项饰。在冠形器的下面是一串珠管，其下与3件作品字形排列的玉环相连，玉环下再连接玉璜（图13-8）。

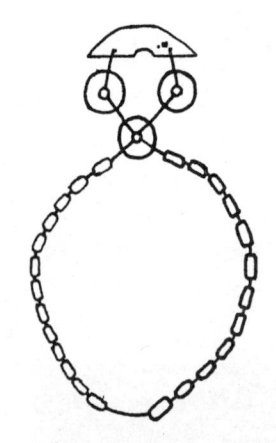

图13-8

8. 璧形玲，淡绿色，直径3.7、孔径1、厚0.37厘米（图13-9）。

9. 扁平圆形玲，淡绿色，圆面的一侧穿一小孔，直径4.2、厚0.3厘米（图13-10）。

10. 鸡心形玲，墨绿色，中间钻一大孔，长4.2、孔径1.2、厚0.2厘米（见图2-5）。

图13-9

图13-10

含玉的习俗,根据考古发现的资料,起源很早,如在南京北阴阳营下层距今近6 000年的人骨口中,已发现有含雨花石的,在山东大汶口文化墓地,也有含小石卵的人骨发现。这些人骨的颌骨受压变形,可见是生前的习俗。分析琀的出现,可能与此习俗有关。至于晋葛洪《抱朴子》所记"金石在九窍则死人为之不朽",这已是后人之说了。

(本文原载于《中华文物学会》1989年刊)

崧泽文化对中国远古
文明历史的贡献

新石器时代的崧泽文化,上承马家浜文化,下启良渚文化,是太湖地区古文化系列中的一个重要环节。按碳十四测定,年代距今约 5 900～5 200 年,前后延续了 700 年,与黄河中游仰韶文化庙底沟类型及鲁南苏北大汶口文化前期相当。崧泽文化的分布范围主要处于太湖地区,但对周围的传播与影响却很宽广。在鲁南苏北的大汶口文化的前期,豫南仰韶文化的晚期,皖北薛家岗与凌家滩文化,以及浙东河姆渡文化四期中,都可见到具有崧泽文化特征的器物,如腹部附垂棱、器上饰弧边三角形与圆形组合镂孔的陶器,以及半环形与半璧形玉璜等。可见在新石器时代,这是一支创造力较强且十分活跃的古文化,对我国的远古历史曾经作出了多项贡献。

一、在远古时代的生产发展史上,率先
进入犁耕农业与轮制陶器的时代

远在六七千年前的马家浜文化时期,太湖地区已经有了稻作农业。在江苏吴县的草鞋山遗址发现了马家浜文化的稻田[1]。当时的先民利用沼泽旁自然高地上的一块块凹坑进行耕种,田亩的大小与形状不一,有的呈圆角方形,有的似椭圆形,或长条形,面积大者十余平方米,小的不到一平方米。稻禾的种类以上海青浦崧泽遗址马家浜文化灰坑中找到的谷粒为例,已有籼稻和粳稻之分。[2]这一时期的耕作工具,罕见类似河姆渡文化挖土用的骨耜,而常见长条形平背侧刃的石锛,可能是将锛安装在曲柄上进行垄土,尚属原始锄耕农业。这种种植方法持续到崧泽文化的早中期。虽然工具的器形有所改进,如石锛的器身变长,也出现了一种环形大孔石斧状的石锄,但锄耕方式未变。然而到了崧泽文化的晚期,出现了石犁。器形作扁平等腰三角形,在

等腰的两边磨出侧刃,在器身的中间有一圆孔,孔边有碰损迹象。这是一种安装在木犁架上的犁片,通过圆孔与插榫可以将石犁片固定,因此孔边有使用时的碰撞痕迹。这种石犁的形状,已与后代的金属犁头十分近似。这一时期的石犁,目前至少已出土了两件,其一发现于浙江吴兴邱城遗址的崧泽文化M4墓中,器长14厘米。[3]其二出土于上海松江汤庙村的崧泽文化M1墓中[4],器长13.9厘米(图14-1)。上述两墓都属于崧泽文化的晚期,距今约5 200年前后。两器都用于随葬,可见崧泽古人对犁已经相当重视。这是我国目前发现的最早犁耕工具,是进入犁耕农业的例证。而随着农业的翻土耕种,农作物产量大幅提高,反映在农具上,新出现了专用于收割的石镰。此器在浙江嘉兴的南河浜遗址崧泽文化墓和江苏锡山市的北街巷遗址崧泽文化地层中,各出土了一件[5](图14-2),成为良渚文化大量使用石镰的先驱。由于农产品的增多,这一时期也出现了酿酒器具。在浙江余杭吴家埠遗址的第二期,处于崧泽文化向良渚过渡的墓葬、灰坑和地层中,都发现了制酒的过滤用陶器[6]。此器以盖、过滤钵及篮形容器组成,以H3的一套为例,盖作半球形,边沿有子母扣,过滤缸圜底,底上有排列比较规则的19个小孔,篮形容器的一侧有一个冲天高嘴,嘴口外敞,如朝天喇叭,过滤钵即置于喇叭口内,容器的中部尚有一道竖向的隔档(图14-3)。这类器都为质地较细的泥质灰陶,器形很大,高约22厘米,器壁较厚。与出现

图14-1 石犁(上海松江汤庙村出土) 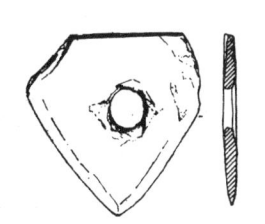   图14-2 石镰(江苏锡山北街巷出土)

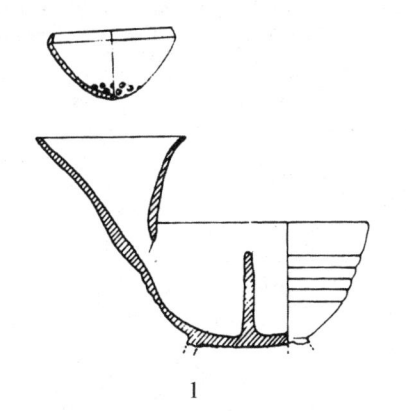

1　　　　　　　　　　2
图14-3 黑陶过滤器(浙江余杭吴家埠出土)

图 14-4 灰陶花瓣足杯
（上海青浦崧泽出土）

制酒用具相吻合的是生活用器中陶杯与小壶等饮用器皿的大量出现,如在上海青浦福泉山崧泽晚期有随葬器的 7 座墓中,见陶器 36 件,其中小杯、小壶就有 8 件,约占生活用器的 22%。[7]崧泽墓葬内的陶器组合,从前期的鼎、豆、罐、壶变为后期的鼎、豆、罐、壶、杯。这一时期杯的器形有直筒形花瓣足和腰鼓形花瓣足等多种(图 14-4),是崧泽文化器物的特征之一。上列酿酒器与饮器的出现,说明那一时期古人的粮食已有了一定的剩余,粮食的剩余为脑、体力劳动的分工创造了条件。

这一时期不仅是农业上的进步,在制陶技术上同样有很大的改进。原始时期的制陶,在马家浜文化时期已经脱离了手捏与模贴阶段,盛行用泥条盘叠成形的方法。到了崧泽文化的早期,在泥条盘叠的基础上更使用了慢轮修整,器形开始圆整,器壁比较匀称。而到崧泽的晚期,一些小型陶器如杯、壶、瓶类,开始使用快速旋转的陶轮拉坯成形的技术。于是在这些器的内壁与内底遗留下粗犷的旋痕,底面旋痕的中心向上作乳状凸起。如福泉山崧泽文化晚期陶杯内壁所见(图 14-5)。这种轮制痕迹与现代陶器上所见的快轮拉坯痕一致(图 14-6)。可见在我国新石器时代晚期,崧泽文化率先进入了轮制陶器时期。制造轮制陶是一种半机械化的作业,技术含量较高,需要技巧与经验的长期积累。这就使制陶从附属于农业的家庭手工业走向专业作坊,使农业与手工业逐步分工,并且从自用品生产向商品生产方向发展。

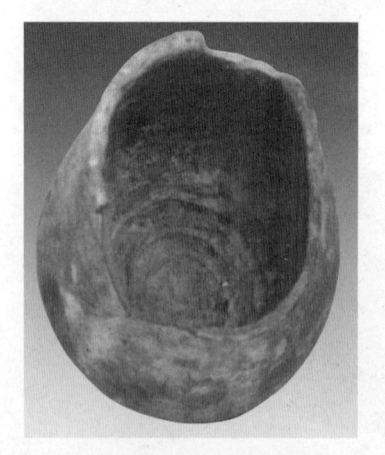

图 14-5 陶杯内壁遗留的轮制痕迹
（上海青浦福泉山出土）

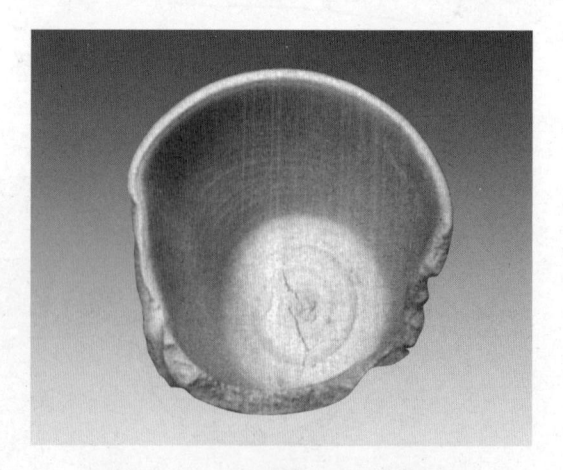

图 14-6 现代轮制陶器内壁的旋痕

二、原始氏族组织从母系发展到父系,并且祭祀祖神使用了燎祭,还出现了专用的祭器与礼器

太湖地区在马家浜文化时期,其社会组织与其他地区一样尚处于母系氏族阶段。如在江苏草鞋山发现的马家浜文化 106 座墓中,除单人葬以外,有 5 座二人合葬墓,均为同性合葬,其中 3 座为二女合葬,2 座作二男合葬,显现母系氏族的葬制。[8]进入崧泽文化阶段之后,在上海的崧泽遗址发现的崧泽文化 135 座墓中,除单人葬外,所见两座合葬墓均为儿童与成年女性合葬。如 M84,在一成年女性的身侧依附一个约 7 岁的儿童;另一座 M85,则在一个中年女性的头侧见一个婴儿的二次葬骨架,是婴儿早于中年女性死亡,以后再移入的迹象。两例均呈现子女从母的母系社会习俗。而在草鞋山的崧泽文化 89 座墓中,虽然同样以单人葬为主,却已有两座男女合葬墓。如 M95,两具人骨左为男性,右是女性,并且男女各有葬具,似为前后两次葬入,两者该是夫妻关系,随葬品是男的仅 3 件,女的则有 8 件;另一座 M85 的人骨,同样为男左女右,随葬品男的 5 件,女的 10 件,女性的多于男性,反映的婚姻形态已具对偶婚迹象。再看上海福泉山崧泽文化的 19 座墓葬,则有三人合葬与二人合葬墓各一座。其中 M16 为一对青年男女合葬,男右女左,随葬品主要置于两人中间;M23 是一中年男子与两儿童的合葬,中年男子居中,左右各依附一儿童。已经出现子女从父的父系现象。从上列各种迹象分析,崧泽文化经历 700 年的演变,到了晚期随着生产力的发展,男子在社会劳动中起了主要作用,社会组织已经从母系逐步进入父系时期。

太湖流域是我国最早对祖神进行燎祭的地区。在良渚文化考古中,于上海的福泉山、浙江的莫干山和江苏的赵陵山等大型高台墓地上发现了燎祭的祭坛式燎祭遗迹,而这种用大火作祭祀的方式在崧泽文化中已经萌芽。如上海福泉山遗址崧泽文化晚期墓群南侧的一片坡地上,就出现两处燎祭的迹象,这是一种经大火燃烧的草灰痕迹。其一草灰面呈椭圆形,东西向,长约 8 米,宽约 2 米,灰层厚约 0.5 厘米,灰面上撒有介壳屑,并有一件祭祀的陶鼎及数块红烧土;其二草灰面大体呈圆形,直径约 8 米,草灰中也见介壳屑。两处燃烧遗迹相距约 20 米。这种在墓群近旁的荒地上用大火把堆放的土块烧红并撒介壳屑,正是良渚文化所见的燎祭形式。再如崧泽遗址的 1996 年第五次发掘,在崧泽文化晚期墓群北侧发现的一处燎祭遗迹,已经形如祭坛。该处遗迹地形隆起,比近旁墓群高出约 50 厘米,面积近 9 平方米,土层剖面依次是红烧土—草灰—红烧土—黄土—草灰—红烧土—黄土—红烧土—草灰—红烧土

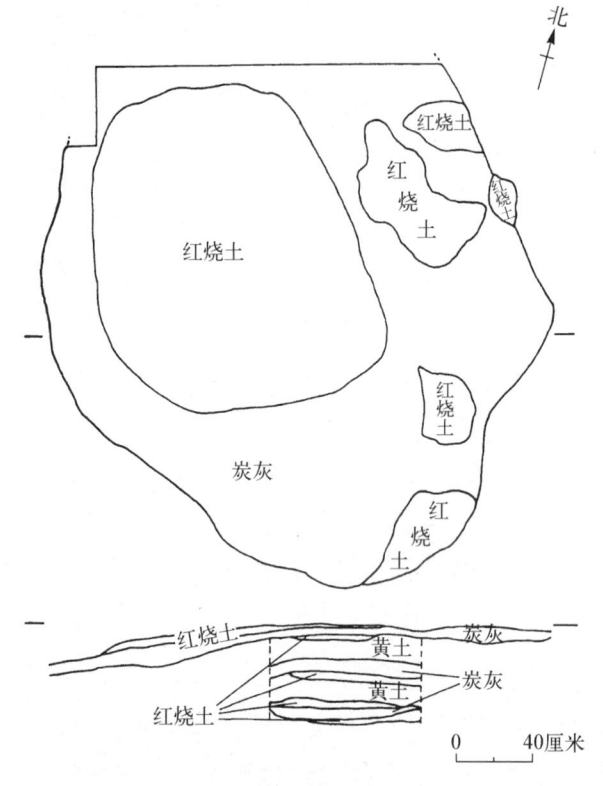

图 14-7 崧泽遗址燎祭遗迹平面、剖面图

(图 14-7)，红烧土与草灰、黄土反复叠压，是在一地进行了多次燎祭的遗迹，已经是祭坛的雏形。至于掩埋在这一祭坛东、西、南三方的墓葬，有多座在头前足后或身侧还有单独作燎祭的现象，方式是在墓侧堆上若干块任意切割的土块，用大火连地烧红。如 M16，位于上述祭坛遗迹的东南方，在人骨的南与东侧各有一堆连地烧红的红烧土块堆积；M122 位于祭坛遗迹的南端，在人骨的头前有一堆红烧土块；M126 位于祭坛的西部，在足后同样有一堆红烧土块[9]。这显示在祭祀祖先方面已经形成一定的方式，是我国古代使用燎祭的起源。

此外，在考古方面还发现了多件这一时期具有原始宗教意义的器物。如浙江嘉兴南河浜遗址，在崧泽文化 M29 墓内出土了一件泥质红陶双口壶，器高 20 厘米[10]（图 14-8）。此器高颈扁腹方座，口部残损，口下似一折肩折腹的小圆壶，而颈作方柱形，遍饰圆形、三角形等镂孔，器腹扁圆，弧肩上一侧斜向凸出一筒形圆嘴，底座四方而外撇。该器头、颈、腹均中空，但互不相通，器形奇特，置于顶上的小壶似为祭天，中间的扁壶，容积小，又斜向开口，亦不实用，该器似为原始宗教的祭祀用器。另一件是在同址崧泽文化 M59 出土的泥质灰陶神面纹壶，器高 13.8 厘米。整器呈弧顶圆角方柱形，平底，上部一侧堆塑三角形长鼻，鼻部两侧各刻划一个橄榄形眼眶，眶中戳点目睛，鼻下刻一橄榄形大嘴，嘴内上下二排齿纹，鼻的左右上侧，又各堆塑一个条形耳，塑像似人似禽，与神面纹相对的背面开一椭圆形口（图 14-9）。[11] 此器形似

图 14-8 红陶双口壶（浙江嘉兴南河浜出土）

神柱,同样神秘而无实用价值,也是一件祭祀用具。再有一件是在嘉兴大坟崧泽文化遗址中出土的泥质灰陶人首瓶,器高 21 厘米,器身作葫芦形弧曲,分三节,顶上堆塑一人首,形象是弧顶、宽耳、耳上有穿孔,脸上鼻梁隆起,双眼内凹,小口张开,脑后有发髻,作鸭尾形上翘,人首以长颈与器顶相接,使整器似一小首胖身的妇人,人首的背面第一节上开一圆口,口的上侧另钻一小孔,器底边沿切刻成花瓣形,具崧泽文化晚期特征[12](图 14-10),应是祭祀女神的用器。这些神器在墓内出现,反映那时可能已经有了专职的巫人。

图 14-9　灰陶神面纹壶(浙江嘉兴南河浜出土) 　　图 14-10　灰陶人首瓶(浙江嘉兴大坟出土)

除了上述三件具有原始宗教意义的器具之外。属于意识形态领域的器物,还出现了玉琀。这类玉器都发现于人骨口中,在崧泽遗址有三例,福泉山崧泽文化墓内一例,是考证我国含玉习俗的最早资料。这一时期琀的器形有弧底三角形、环形和偏心轮形三种(图 14-11),与商周之后都作蝉形的不同。可见含玉习俗之始,尚无一定形制。

1. 弧底三角形琀 　　2. 偏心轮形琀 　　3. 环形琀

图 14-11　玉琀(上海青浦崧泽出土)

据墓内的器物,这一时期也出现了礼仪上的用器,如一种彩绘陶器。这类彩陶是绘彩于已经烧成的陶器上,稍作擦洗,即行脱落。所以发掘出土时,彩绘大部分粘附于泥土之上,脱离器身,不易保存,与仰韶文化的先在器坯上绘彩再作烧制的不同。绘制的色彩主要采用深红色,也有淡黄色的,一般都绘于黑陶上,纹样有宽带纹、波浪纹与绞索纹等。在黑亮的器表绘上红黄色的图案,鲜艳夺目(见图13-2)。崧泽文化的彩绘陶都发现于墓内,不见于居住遗址,不属于日常用器,又制作精细,亦非冥器,应是具有某种意义的礼器,在制陶工艺史上,还是我国最早的彩绘陶器。另有一种在容器的底上压划几何形图案,应当也具礼器性质,如崧泽 M52∶5 的泥质黑衣灰陶豆,浅盘形、高把,器表规整光洁、乌黑,显金属般光泽,盘底压划一幅扭结穿插的几何形图案,高把上饰凹弦纹与镂孔(图14-12)。

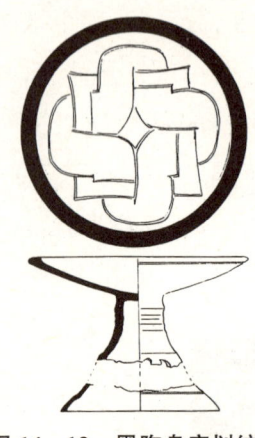

图14-12 黑陶盘底划纹豆(上海青浦崧泽出土)

三、这一时期的文化艺术也有很大发展,表现在陶器生产方面,是出现了一批精美的艺术陶

崧泽陶器改变了马家浜文化时期的器形不多、器表光素的现象,而呈现器类、器形繁多,器表装饰讲究、丰富多彩的局面。如每一处遗址或墓地的发掘,所出陶器按考古器物类型学排列,各件几乎是一型一式,极少类同。在器类上,烹饪的有釜、鼎,盛食的有豆、盆、盘、簋、碗,饮用的有壶、瓶、觚、杯,以及盛贮与其他用途的罐、匜、澄滤器、勺等多种。此外,在造型上,器底如安三足的,足型则有扁铲状的、凹弧形的、扁角形的、折角形的、三角形的,加上细部的变化,多式多样(图14-13);如安装高把的,则把部弧曲多变,有的如灯座,有的作竹节,有的作叠珠而底下敞开呈喇叭状;如为平底安圈足的,在底边也雕刻各种花瓣形图案;在颈腹变化方面,则有折腹的,折肩折腹的,呈瓦棱形的,弧腹的,腹部内凹弧曲形似葫芦的等多种,使器形如垂壶,如竹节,如花朵,如瓜瓢,美丽而大方。在器表的装饰上,则采用压划、挑剔、镂刻、彩绘,以及堆塑等多种技法。压划的线条弧曲柔和,作各种藤竹编织形;挑剔的如密集的尖刺;镂刻的多为圆孔与弧边三角形孔组成图案,上下变动,形似水草花朵;堆塑的有的是在陶器分段制作再作捏合的接合部扭捏成锯齿形与鸡冠形的堆纹,自然而美观,有的在器表作鹰嘴的、猪首形的堆饰;至于彩绘已如前节所述。总之,崧泽古人观察自然界的景象,采用写生的手法,移植

1. 夹砂红陶折角形足鼎(上海青浦福泉山出土)
2. 夹砂红陶高足鼎(上海青浦崧泽出土) 
3. 夹砂红陶凹弧形足鼎(上海青浦崧泽出土) 
4. 夹砂红陶三角形足鼎(上海青浦崧泽出土) 
5. 夹砂红陶扁凿形足鼎(上海青浦崧泽出土) 

图 14-13

于制陶工艺上,创造了一批具有浓厚艺术气息的工艺陶器。以下举3例:

1. 青浦寺前村 T3∶3,黑衣灰陶透雕双层壶,高 15.5 厘米,器分内外两层,内器是一件敞口矮颈折肩折腹、腹部内凹的壶,下安凹底,外层与内器的肩底相接,而腹部弧凸,使两层间留出空隙,器的口沿和凹底的边缘均切割成花瓣状,器腹透雕圆形与弧边三角形的组合图案,使整器如一朵含苞待放的花朵,工艺上似近代陶瓷工艺中的转心瓶。此器装饰大于实用,属于一件美术陶器(见图 13 - 3)[13]。

2. 崧泽 M37∶5,灰陶竹节形瓶,高 23.8 厘米,敞口、凹弧颈、窄肩、瘦长腹内弧、平底内凹,器腹饰七节凸棱,使整器成竹节状,器底安扁方足,造型优美(图14-14)。

3. 泥质灰陶鸭形壶,出土于浙江嘉兴,现藏于嘉兴市博物馆,长颈、扁腹、三足,头作扁核形。顶上有五个泡状凸饰,凹口张开,颈与扁腹上压划编织形纹饰,折腹处堆叠一周凸棱,圜底下附三个扁足,足尖外撇,腹尾上有一管形口。此器形似水禽,造型奇特,陶质、凸棱与压划纹饰都显崧泽文化特征,也是该文化的一件艺术陶器(图14-15)[14]。

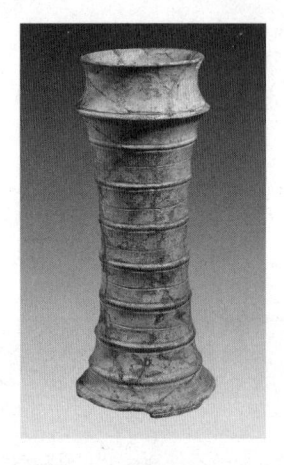

图 14-14 灰陶竹节形瓶（上海青浦崧泽出土）

除此以外,在有的陶器上还压划了符号或图腾,如在崧泽 M40∶1 陶鼎的肩部压划一"M"字;在崧泽 M10∶3 陶鼎肩部压划一"⿱"字,前者似为羊字的象形,后者似鱼字的象形,二字均笔画清楚,与商代的甲骨文相似(图14-16)。而有的陶器在器底压划一图案,如崧泽 M33∶4,陶壶、底部压划一"✱"图;崧泽 M30∶3 陶壶的底上压印了一鱼状动物,另一件崧泽 M97∶5 陶觚的底部,压划一个定胜形的"⧗"图案(图 14-17)。这些位于器底的图案,不属于装饰,应是一种图腾标志。特别是"✱"符号,不仅见于崧泽,也延用于良渚文化,在一件良渚的贯耳陶壶上还与其他单字构成"个⿱⿱✱"[15]字句。据此分析,崧泽文化的这些符号与图腾,即将演变成我国早期的文字。

图 14-15 灰陶鸭形壶（浙江嘉兴出土）

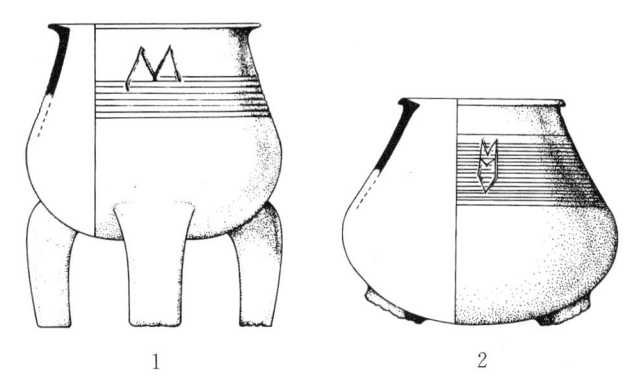

图 14-16　夹砂红陶刻划符号鼎（上海青浦崧泽出土）

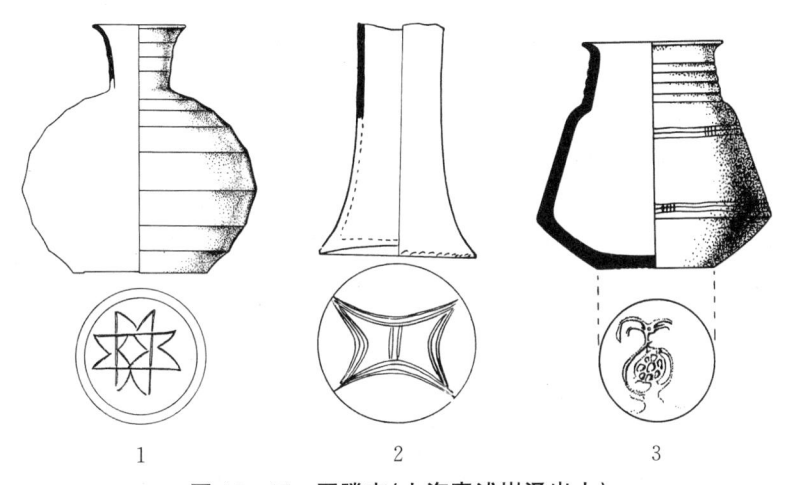

图 14-17　图腾壶（上海青浦崧泽出土）
1、2. 灰陶器底刻划图腾壶　3. 黑陶器底压印图腾壶

综合上列现象，崧泽文化经历 700 余年的发展，生产力与生产关系都有很大变化，已为后续的良渚文化进入文明时期打下坚实的基础。

注释

[1] 草鞋山水田考古队：《草鞋山遗址 1992—1995 年发掘概要》，《稻作起源的探索》，日本文化财科学会，1996 年。
[2] 上海市文物保管委员会：《崧泽——新石器时代遗址发掘报告》，文物出版社，1987 年。
[3] 梅福根：《浙江吴兴邱城遗址发掘简介》，《考古》1959 年第 9 期，第 479 页。
[4] 上海市文物保管委员会：《上海松江县汤庙村遗址》，《考古》1985 年第 7 期，第 584~594 页。
[5] 邹忆军：《锡山市东亭北街巷遗址出土遗物》，《无锡文博》1996 年第 2 期，第 10~12 页。
[6] 浙江省文物考古研究所：《余杭吴家埠新石器时代遗址》，《浙江省文物考古研究所学刊（1980—1990）》，科学出版社，1993 年。
[7] 上海市文物管理委员会：《福泉山——新石器时代遗址发掘报告》，文物出版社，2000 年。

[8] 南京博物院:《江苏吴县草鞋山遗址》,《文物资料丛刊》(3),文物出版社1980年,第1~24页。
[9] 上海市文物管理委员会:《1994—1995年上海青浦崧泽遗址的发掘》,《上海博物馆集刊》(8),上海书画出版社,2000年,第13~46页。
[10][11] 浙江省文物考古研究所编:《浙江考古精华》,文物出版社,1999年。
[12]《中国文物精华》编辑委员会:《中国文物精华》,文物出版社,1993年。
[13] 孙维昌:《上海青浦寺前村和果园村遗址试掘》,《南方文物》1998年第1期,第25~37页。
[14] 嘉兴出土,现藏嘉兴市博物馆。
[15] 南京博物院、吴县文物管理委员会:《江苏吴县澄湖井群的发掘》,《文物资料丛刊》(9),文物出版社,1982年,第1~22页。

(本文原载于《上海博物馆集刊》(9),上海书画出版社,2002年)

良 渚 文 化

  良渚文化是分布于中国江苏、浙江和上海二省一市境内太湖地区的一支新石器时代晚期古文化,因在1936年首次发现于浙江省余杭县的良渚镇而得名。这一支古文化由于具有高超的制陶和琢玉技术,因而"良渚黑陶"和"良渚玉器"早在20世纪30年代就名闻海内外。

  良渚文化从首次发现至今,已经发现它的居住遗址和墓地数百处(图15-1),并且对其中浙江省余杭县的良渚、反山、瑶山、吴家埠,嘉兴市的雀幕桥,吴兴市的钱山漾,江苏省吴县的张陵山、草鞋山、越城,武进县的寺墩,上海市松江县的广富林,青浦县的福泉山、果园村、寺前村、金山坟,金山县的亭林以及上海县的马桥等三十余处,进行了不同规模的科学发掘,从而对它已有较多的了解。

  良渚文化的年代,据上海马桥遗址地下文化层的叠压顺序,上层为春秋战国时代的几何印纹陶,中层是夏商时代的马桥文化,下层是良渚文化;而福泉山遗址,上层为良渚文化,下层是崧泽文化(图15-2),说明良渚文化早于夏商,而晚于新石器时代的崧泽文化。为了探索良渚文化的绝对年代,近二十多年来也作了较多碳十四和热释光的年代测定。现知良渚的晚期,如浙江德清县辉山二号墓木块的碳十四年代测定为距今4 085±120年(半衰期5 730,经树轮校正,下同),上海金山县亭林的良渚木块的碳十四年代测定为距今4 200±145年。早期如吴兴钱山漾的良渚千箅的碳十四年代测定为距今4 710±140年,浙江安溪的良渚木块的碳十四年代测定为距今4 820±180年[1]。而以上海马桥良渚陶片所作的热释光测定,平均值为距今4 260±190和4 410±230年,松江汤村庙墓葬良渚陶片热释光测定为距今4 860±230年[2],因此良渚文化的绝对年代应在距今4 900～3 900年之间。

  良渚文化的特征是:石器盛行长方形扁平带孔石斧,分段偏高的有段石锛,三角形带斜柄石刀,三角形穿孔石犁和有两翼的石耘田器(图15-3)。玉器较多,器形有

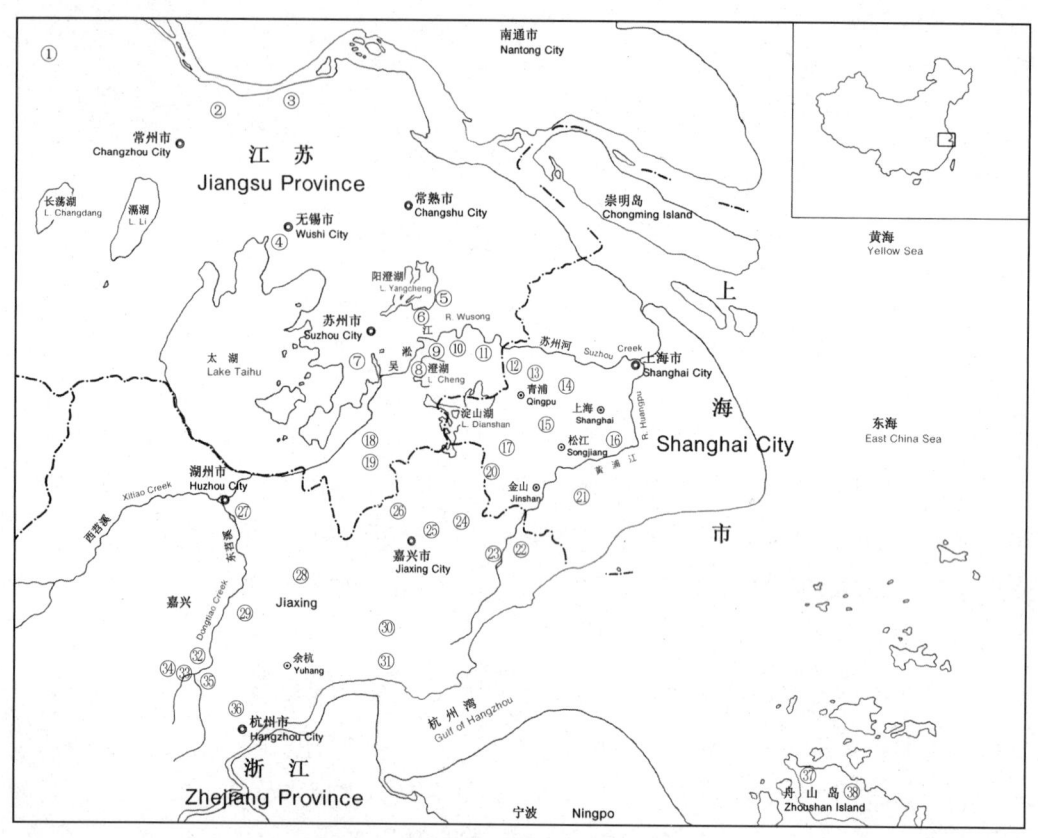

图 15-1　良渚文化分布图(已发掘遗址)

1. 王家山 2. 寺墩 3. 璜塘峰 4. 仙蠡墩 5. 绰墩 6. 草鞋山 7. 越城 8. 澄湖 9. 张陵山 10. 赵陵山 11. 少卿山 12. 寺前村 13. 福泉山 14. 果园村 15. 广富林 16. 马桥 17. 汤庙村 18. 袁家埭 19. 龙南 20. 金山坟 21. 亭林 22. 平丘墩 23. 戴墓墩 24. 新港 25. 雀幕桥 26. 双桥 27. 钱山漾 28. 千金角 29. 辉山 30. 荷叶地 31. 桃园 32. 瑶山 33. 反山 34. 吴家埠 35. 良渚 36. 水田畈 37. 唐家墩 38. 白泉

斧、钺、琮、璧、锥形器、冠形器和山字形器等，器表往往雕琢神人兽面纹(图 15-4)。陶器中有较多细泥质灰胎黑衣陶，这类黑陶黑衣容易脱落，有些器表经过打磨闪现铅色光泽。器形上盛行鱼鳍形或 T 字形的器足，口部常见双鼻或翘出一方流，腹部有的附宽阔的环形把手。器表纹饰以细刻盘旋的蛇纹和鸟纹为主，有镂孔的，孔形小巧，多为方形、圆形和椭圆形。主要器物有 T 字形足鼎、竹节形把豆、双鼻壶、阔把翘流壶、三鼻簋，锥刺纹罐等(图 15-5)。

　　良渚文化是一支繁荣的父系氏族社会的原始文化。发现的居住遗址由于地处古代的湖沼地带，因此面积小，但分布比较密集，每一处往往仅数千平方米。遗址之间的距离，有的数里，有的只间隔数百米，如在良渚镇的周围即有遗址十余处。

　　良渚文化的墓地有两种类型，一类位于村落遗址的西、北部，与居址相邻，建在

•良渚文化•

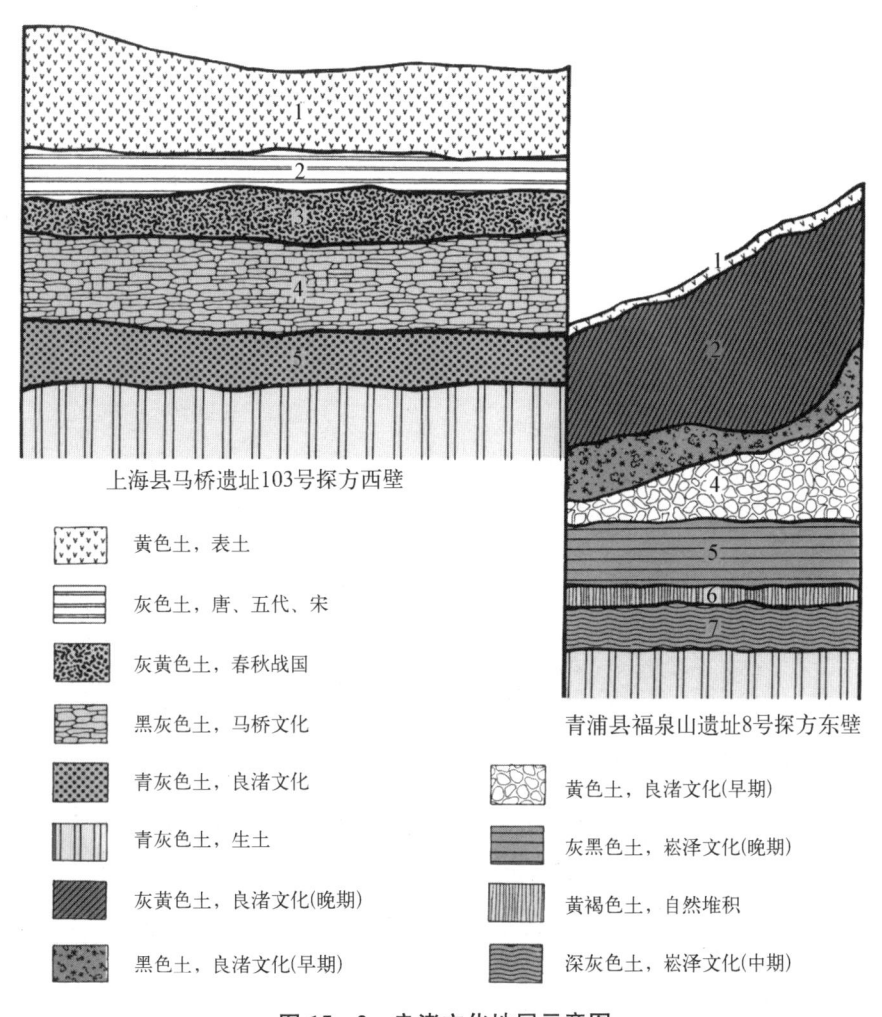

图例说明：
- 黄色土，表土
- 灰色土，唐、五代、宋
- 灰黄色土，春秋战国
- 黑灰色土，马桥文化
- 青灰色土，良渚文化
- 青灰色土，生土
- 灰黄色土，良渚文化（晚期）
- 黑色土，良渚文化（早期）
- 黄色土，良渚文化（早期）
- 灰黑色土，崧泽文化（晚期）
- 黄褐色土，自然堆积
- 深灰色土，崧泽文化（中期）

上海县马桥遗址103号探方西壁

青浦县福泉山遗址8号探方东壁

图 15-2 良渚文化地层示意图

平地上，如上海马桥遗址发现的10座墓葬，位于房屋遗迹西侧，单人埋葬，墓位分散，与崧泽文化时期排列有序的不同。葬俗采用将人体仰身直肢，头向东南放置在平地上，堆土掩埋，不挖土坑的方式。人骨旁只有少量随葬器物，每墓仅1~6件，种类为石斧、陶鼎、陶豆、陶壶、陶罐等，都是生前使用的工具和用具，如石斧的刃部有缺损，陶鼎的底部有烟炱[3]，这些都是一般部落成员的墓葬。另一类地点离居址稍远，用大量人工挖土堆筑一个长方形的大土台，在台上挖土坑入葬，如上海青浦的福泉山墓地，福泉山东西长约94米，南北宽84米，高出农田7.5米，山土土质杂乱，中间夹杂许多早于良渚文化的马家浜和崧泽文化的陶片，这是良渚古人挖取附近地下有古遗址的泥土堆筑的一座人工小山，在山上挖31座墓葬，这些墓有的在墓前和墓顶上有祭祀坑，坑内填满被火烧红的大块土块，有的在墓后还有奴隶殉葬坑，如第145号墓的北端，发现另有一个长97、宽80、深35厘米的小坑，坑内埋葬

1. 石斧　　2. 有段石锛

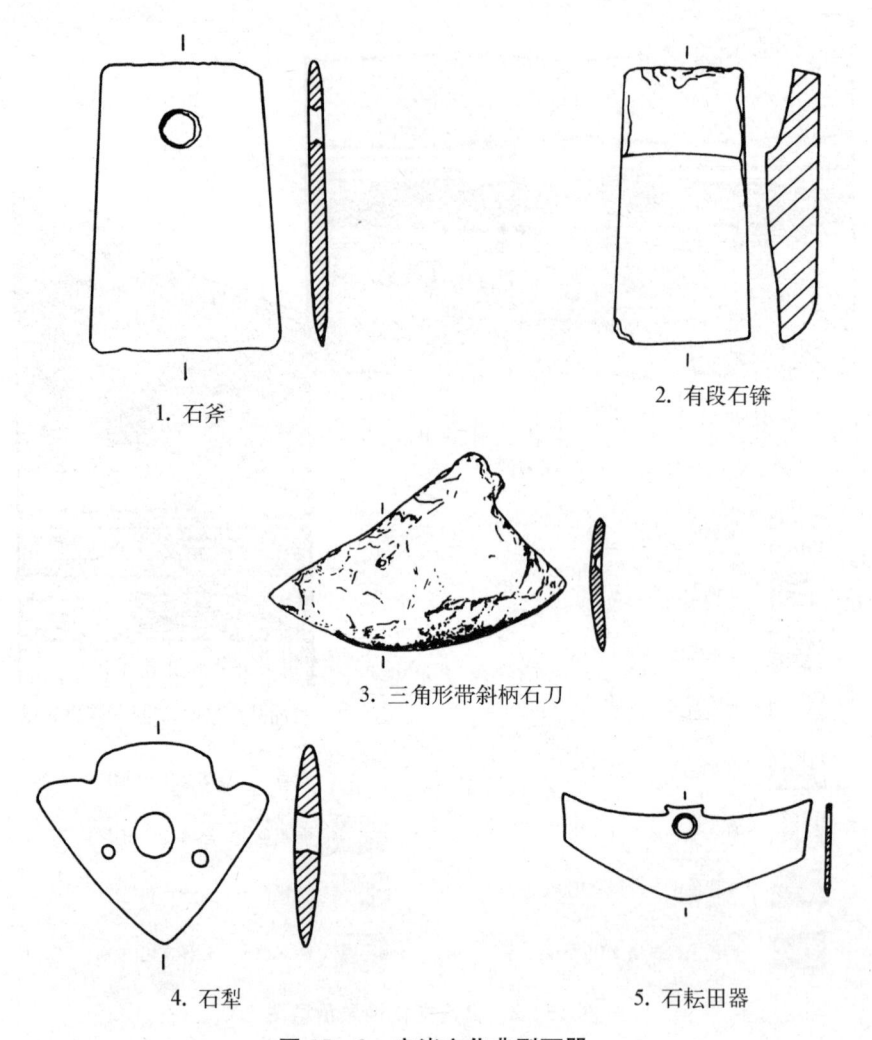

3. 三角形带斜柄石刀

4. 石犁　　5. 石耘田器

图 15-3　良渚文化典型石器

一中年女性与一少年两具人骨,人骨作侧身屈肢、双臂朝后、头部向上的反缚挣扎状。在山上发现的土坑墓内,大部可见棺木痕迹,这是将一棵大树对剖后,把中间挖空相合而成的。棺内人骨旁有许多精美的玉石器随葬,如第 139 号墓,墓坑长 299、宽 96、深仅 16 厘米,墓内有底面都呈圆弧形的二层木痕,揭去上层木痕后,即露出人骨,男性,仰身直肢,头向南,口内有半球形的玉琀,右臂戴一玉镯,身旁有玉珠玉饰片和玉锥形器各 1 件,自腰部至下肢骨,分两行放置玉(石)斧钺 12 件,足后有带彩绘的精制陶器鼎、豆、壶、尊、杯、罐等 14 件。在墓坑的东北角,另有一具侧身屈肢为墓主人殉葬的女性人骨压在棺木上[4](图 15-6)。所以埋于人工建造的大土台上的墓主是一批部落中的显贵。各地发现的精美玉器与陶器,大部出土于这类被称为"山"的大土台上。

·良渚文化·

1. 玉斧

2. 玉锥形器

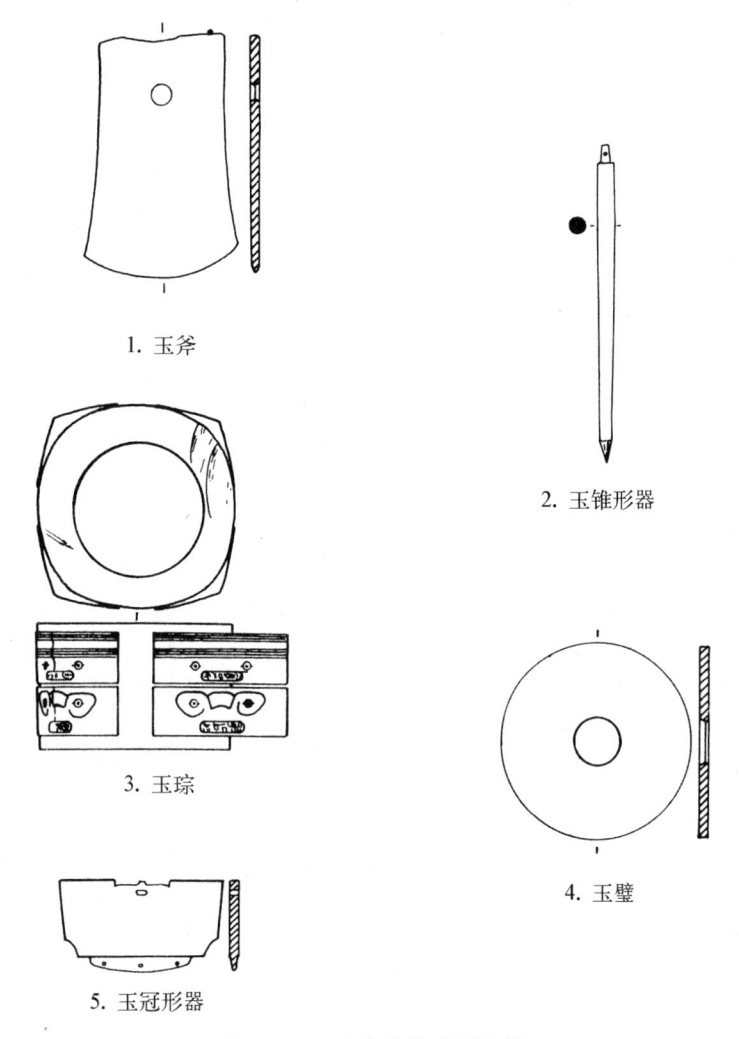

3. 玉琮

4. 玉璧

5. 玉冠形器

图 15-4　良渚文化典型玉器

良渚人们的主食是稻米。水稻的种植在太湖地区具有悠久的历史,在浙江省桐乡县罗家角马家浜文化遗址中已发现了距今约 7 000 年的成堆稻谷[5]。而到了良渚文化时期,水稻的种植技术已经相当进步,从出土的工具来看,三角形斜柄大石刀是一种砍伐工具,主要用于清除田边的小树杂草,三角形石犁的发现,说明良渚人已经进行犁耕。在浙江钱山漾遗址,首次发现了木千篰,这是一种夹取河底水草的工具,将水草堆积起来,用河泥封盖使之发酵,是种植水稻极好的肥料,大致那时已经掌握施肥技术了。石耘田器是水稻种植中期进行松土锄草的工具,而石镰的使用,也说明有了专门用于收割的工具。这一套农业工具反映,4 000 多年前的良渚文化的耕作方法已和近代江南的种植技术非常接近。除此之外,根据钱山漾遗址的发现,良渚古人种植的作物尚有甜瓜、花生和蚕豆等[6]。

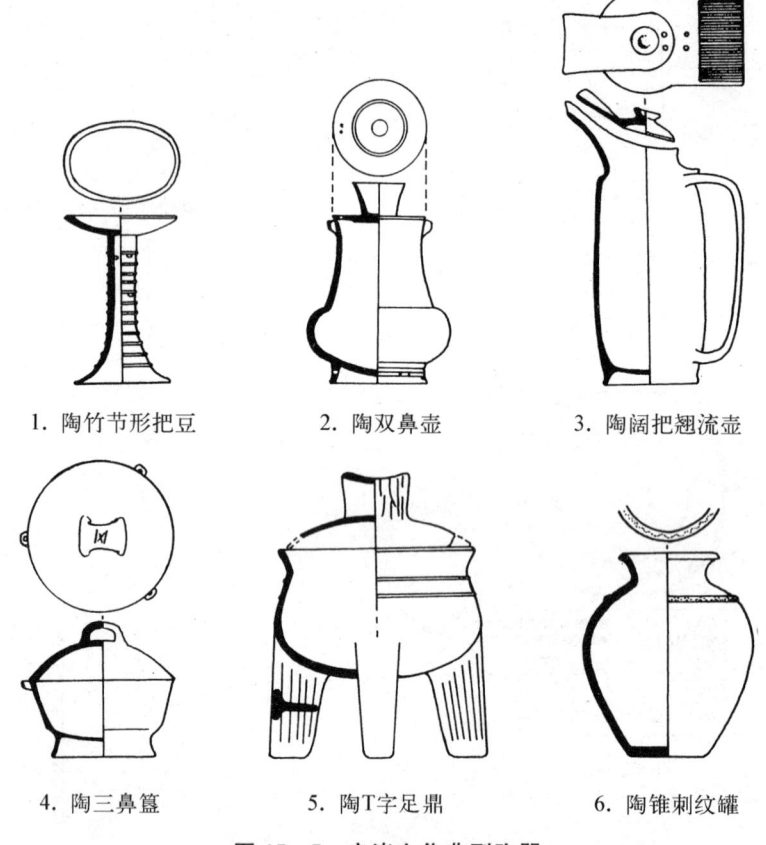

1. 陶竹节形把豆　　2. 陶双鼻壶　　3. 陶阔把翘流壶

4. 陶三鼻簋　　5. 陶T字足鼎　　6. 陶锥刺纹罐

图 15-5　良渚文化典型陶器

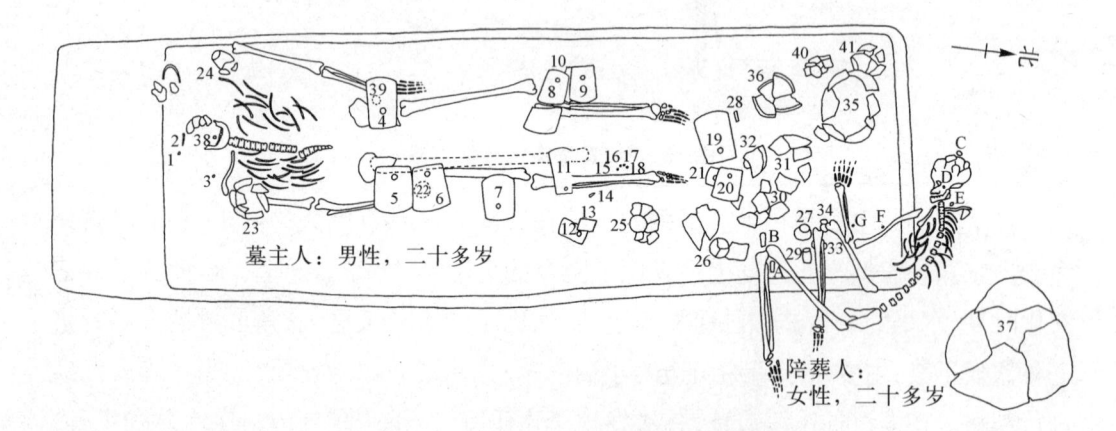

墓主人：男性，二十多岁

陪葬人：女性，二十多岁

图 15-6　福泉山 M139 号墓平面图

随葬器物：1. 玉饰片　2. 玉锥形器　3. 玉饰片　4. 石斧　5. 石斧及斧柄痕迹　6. 石斧　7. 石斧　8. 石斧　9. 石斧　10. 石斧　11. 石斧　12. 石斧　13. 骨器　14. 玉管　15. 玉珠　16. 玉珠　17. 玉珠　18. 玉珠　19. 石斧　20. 石斧　21. 石斧　22. 玉镯　23. 夹砂红陶鼎　24. 黑陶杯　25. 彩绘陶罐　26. 彩绘陶器盖　27. 陶杯　28. 骨器　29. 陶杯　30. 彩绘陶罐　31. 彩绘陶豆　32. 黑陶罐　33. 陶杯　34. 陶罐　35. 灰陶尊　36. 夹砂红陶鼎　37. 缸形器　38. 玉琀　39. 玉纺轮　40. 红陶豆　41. 灰陶匜

陪葬者随葬器物：A. 玉管　B. 玉管　C. 玉环　D. 玉饰片　E. 玉管　F. 玉管　G. 玉饰片

· 良渚文化 ·

良渚文化的手工业也有很高成就,那时可能已经有了手工作坊,在制陶技术方面,除了使用高超的轮旋成形方法以外,一些精制陶器的器表还经过打磨,烧制时采用还原焰和渗炭的方法,因此良渚黑陶乌黑发亮,外表类似金属器皿,有的在器表再细刻纹饰,例如在福泉山出土的陶器中,有一件带盖的T字形足黑陶鼎,内胎是夹细砂灰陶,器表有一层薄薄的黑衣,整器细刻盘旋的蛇纹图案,足部有圆形和新月形的镂孔,造型庄重而带有神秘感(图15-7)。一件阔把翘流黑陶壶,薄胎厚仅0.15厘米,造型似伫立的小鸟,它的环形把手系用数十条圆形细泥条编排而成的,制作精细,把上两个小孔可以系盖,整器经过细心打磨,闪现乌黑光泽,器表细刻旗形纹连接而成的曲折纹和鸟纹,制作之精为良渚黑陶之最(图15-8)。另一件上海金山县亭林遗址出土的双鼻灰陶壶,肩部在两周凸弦纹之上,用减地法凸出一组优美的几何形图案。在新石器时代的陶器中运用浅浮雕的方法装饰陶器,也是稀见的工艺手法(图15-9)。这些陶器可以说是中国新石器时代陶工的杰作。

图15-7

图15-8　　　　　　　　图15-9

良渚文化盛行制造玉器。玉雕工艺在中国起源于距今六七千年前,在太湖地区的马家浜文化中,已经出现了玉管和玉玦,至五千多年前的崧泽文化时期,有了鱼鸟形的玉璜和心形的玉琀等,但制玉高峰和形成比较完整的制玉工艺是在良渚文化时期。良渚雕琢玉石器的材料，主要使用透闪石、阳起石和蛇纹石等。据调查和分析，产地在太湖地区周围，今在江苏溧阳的小梅岭一带已发现一处玉矿。制玉程序是先将玉材锯割成形，再进行钻孔和雕琢。工艺上采用线割、浮雕、细刻以及镂孔等方法，最后抛光。琢玉工具可能已经使用旋转的砣具，与近代的玉作相似。玉器用途遍及生活的各个方面，在宗教和礼仪方面有斧、钺、琮、璧、锥形器、冠形器、半圆形器、山字形器和珩等，饰件有珠、管、坠、镯、环和璜，其他用器尚有带钩、鱼、鸟、龟等。器表以素面为主，有纹饰的唯一主题是神人兽面，或者再在其旁附刻鸟纹和云纹。如福泉山所出的一批良渚玉器，有一件神人兽面鸟纹琮形镯，用阳起石雕琢，玉色青绿，中间大孔在使用大竹管加砂钻透后，再经研磨，成为方形圆角大孔，器壁薄而光滑，器表以减地法凸出四块角尺形凸面，在每一凸面上再用浅浮雕方法雕琢一组神人兽面的图案，在神像的四角，附刻四只飞鸟。此器形制规整，图案排列匀称，似经精心设计，二层浮雕和细如毫发的刻纹，工艺高超，再加上精美的青玉和神秘的图像，构成一件新石器时代珍贵的玉雕成品（图15-10）。另一件神面纹锥形器，规整的圆柱形小棒，后部较粗，前部较细，首端制成钝尖，尾部凸出一圆柄，并钻有小孔，器形自然而优美，在圆柱体上浅浮雕一对用重圈凸纹组成的目纹，使人有一种神灵隐身在柱中的感觉，制作完成之后，似经火烤，器表变成乳白色。在圆柱体上作浮雕，同样显示了良渚玉雕的高超技艺（图15-11）。

良渚的其他重要发现，尚有巨大的木井和精细的丝麻织品等。中国江南太湖地区，井的使用早于北方，在距今6 000年前的马家浜文化中已经出现井，比黄河流域年代最早的龙山文化井约早1 000多年。经历崧泽文化至良渚时期，不少水井已经使用大木作井圈，如在上海青浦殿发现的一口水井，井壁用二块凹弧形大木合围而成，其制作过程是将一段大树对剖为两半，挖空后拼合，并用长榫固定。在只有石工具的条件下，这是一项很艰巨的木作工程。根据有些井木的凹面有火烤和锛挖的痕迹分析，先将挖面用火烧烤，再将炭化层用石锛锛去，这样经过多次层层烤、锛，才制作成功。从一块井木的制作，反映出了古人的智慧。丝麻织品在钱山漾遗址的一个良渚时期竹筐里发

图15-10

图15-11

现多件，其中有残麻布、绢片、丝带等，残麻布的质料为苎麻，纺织密度每英寸40至78根。绢片用家蚕丝织成，密度每英寸120根，圆形丝带用10股合成，每股单丝3根，共计单丝30根编成，说明良渚古人已有相当高的养蚕缫丝和纺织技术。在钱山漾遗址还出土了200多件竹编，种类有捕鱼用的"倒梢"，有坐卧或建筑用的竹席，有日常生活用的篓、箩、簟、谷箩、簸箕等，编织方法有辫子口、梅花眼、菱形花格、十字纹等，与目前杭州的竹编技术相似。这些发现都反映良渚文化的手工业已经相当进步。

良渚文化古人在日常生活中已有各种祭祀和宗教活动。在发掘的遗址和墓葬中，常有祭祀遗迹与宗教器物发现。杭州的瑶山遗址中间有一座红土台，土台四周挖有围沟，围沟的北、西、南三面台面上铺有砾石。据现象分析，这是一处祭祀用的高台。青浦福泉山是一座良渚显贵的墓地，墓葬周围有许多祭祀遗迹（图15-12），例如在正中一墓群的北侧，有一条长20余米，宽约3米的火烧遗迹，遗迹中有许多切成方块任意堆放的土块，这些土块连同地面都被烧成红色，在地面上还撒有介壳屑。在有的墓顶上放置成堆的烧红了的土块。有的还在墓前挖一个小土坑，坑内放置烧红的土块并撒上介壳屑。此外在山的北坡另有一个东西长约19.25、南北宽约7.5、深约1.15米的大灰坑。坑中心凸出一个小土台，四周充满纯净草灰。而在山的东坡，又有一堆从海边搬来的介壳屑。依照现象分析，这些都是古人对祖先进行燎祭的遗迹，祭祀方式是堆放切成大方块的土块，然后堆上稻草焚烧，在举行礼拜的同时，撒上介壳屑，礼成之后，则清扫草灰，将草灰存放在北坡中间有小祭台的灰坑内，将部分烧红

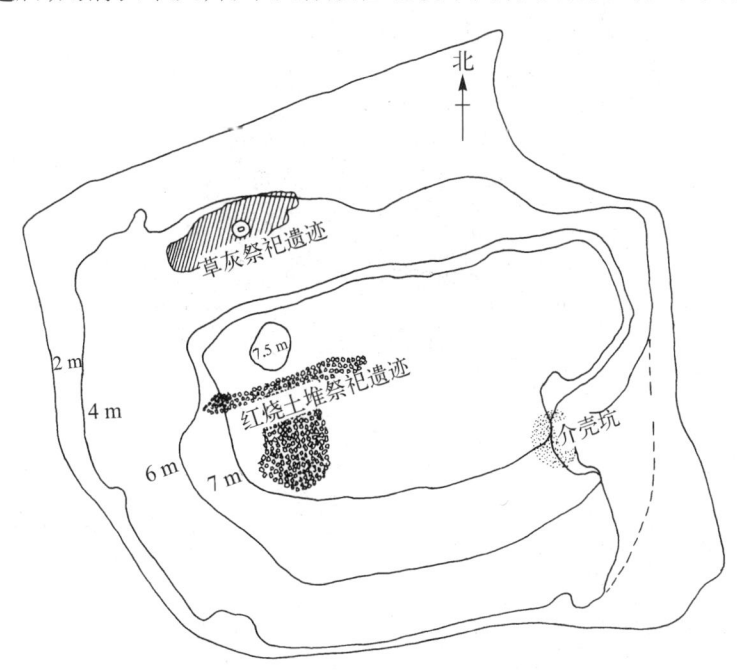

图15-12 福泉山良渚文化祭祀遗迹图

的土块堆放在墓顶上,因此出现了大火燃烧的地点不见草灰,而堆存草灰之处无火烧痕迹的现象。至于在部分葬礼中,也有采用火敛葬的,如江苏武进寺墩第3号墓[7]、福泉山第136号墓和上海青浦金山坟的第2号墓[8],墓内发现的人骨和玉石陶器,都经火烧,人骨变成青灰色,石器龟裂,玉器变白,陶色变红。所以火是良渚古人崇敬的神灵之一。堆土燃烧也许是对天地祖先的礼拜。良渚文化中还有了古人共同崇拜的神像模式,这就是在各种良渚玉器中发现的纹饰主题——神人兽面纹。神像的形态由于雕琢的年代和器物的不同,虽然有所变化,但都源于同一形象,最完整的就是在余杭反山遗址出土的一件大琮和钺上的图像:带冠、倒梯形脸,圆睛阔嘴,两臂弯曲而五指伸张,下联兽面兽腿兽爪(图15-13-1)。神像的全身除脸部以外,填刻横直线和云纹[9]。这组神像的冠、神脸和兽面,采用浅浮雕的方法凸出在面上,其余都在底面上线刻,因此具有一种若隐若现的效果。而其他玉器上雕琢的神像,都是四肢隐去不见,有的单刻神脸,有的只雕琢兽面,或者是神脸与兽面成组雕刻。在年代上,横眉环眼阔嘴獠牙,图像粗犷,全用阴线刻成的较早(图15-13-2),浅浮雕与线刻结合,雕琢精细、形象生动的其次(图15-13-3),最晚的当是仅以双圈和一横条凸块代表眼和鼻的简化神像(图15-13-4)。这些神像主要刻在原始宗教使用的器物上,如

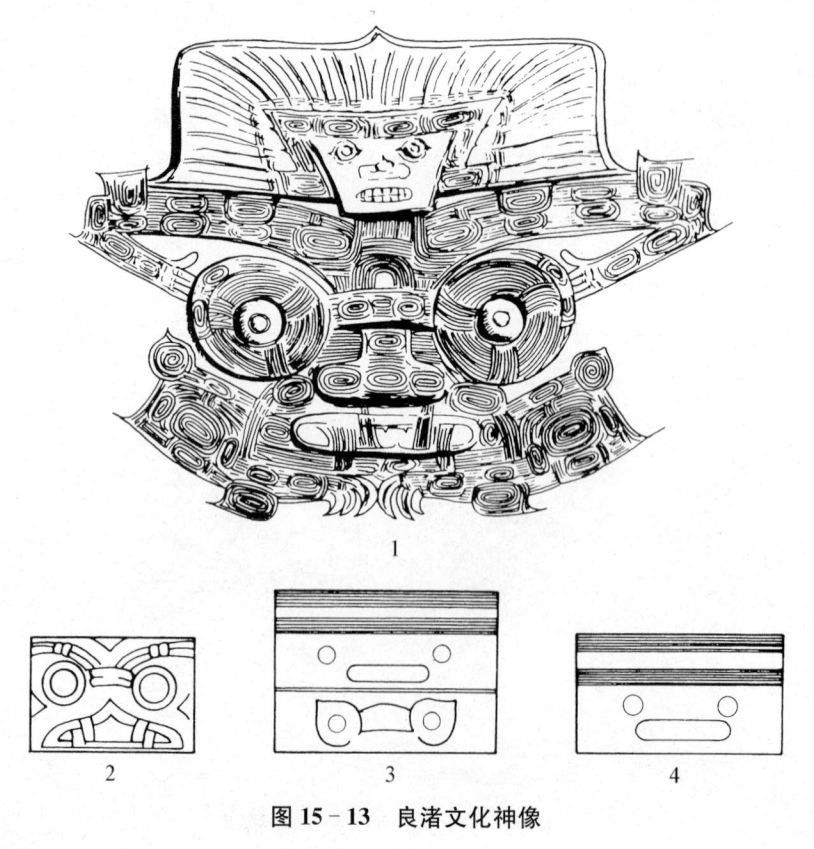

图15-13 良渚文化神像

・良渚文化・

良渚玉琮必有神像图案;在锥形器上,也往往刻上神像,正立的神像是锥形器的尖端朝上,小柄朝下,在上海金山亭林遗址一墓中,发现人骨左手握有锥形器,就是尖端朝上的现象[10];冠形器是戴冠的神像头部,此器底边有带孔的插榫,可以插在木质的神身上,出土时近旁常常发现成串的项饰,可能是挂在神像颈上的饰件。至于在有的镯、管、坠等饰件上也刻有神像,其作用就像是护身符了。至于在神像的近旁,有的还刻有飞鸟,相传鸟是人神之间的信使,这样更增添一种祈求的气氛。在良渚器物中,除玉器以外,在个别陶器和象牙器上也刻有神像,良渚文化神像之多是其他古文化所少见的。

良渚文化的另一个重要发现是出现了文字。在上海马桥遗址出土的一件竹节形阔把黑陶杯的底部刻有"甲木"二字(图15-14);在江苏吴县澄湖古井中出土的一件鱼篓形贯耳黑陶壶的腹部有"个耳区䒕"四字[11](图15-15),从这些字形来看,它已脱离图像的形态,与商代的甲骨文非常近似。从使用的情况来看,数字并用,已构成一个句子,表达了一句话,因此当属文字。良渚文字的年代早于甲骨文近千年,这一发现将有助于中国文字起源的研究。

图15-14 良渚文化陶竹节形阔把杯上的刻纹

图15-15 良渚文化陶鱼篓形贯耳壶上的刻纹

良渚文化已处于新石器时代的晚期,崧泽文化是他的先驱。崧泽文化的年代距今为5 800~4 900年,下限与良渚相接,良渚的典型器物如双鼻壶、竹节把豆和鱼鳍形足鼎等,在崧泽晚期已经可以找到它们的祖型,而颇具特色的良渚黑陶的制造也开始于崧泽文化。因此良渚从崧泽发展而来已为考古界所公认。良渚文化在近千年的发展中,与其他文化进行了许多交流,例如在苏北和鲁南的大汶口文化中,常有良渚型陶器和玉器发现,1987和1989年两次发掘新沂花厅墓地,出土了数量众多的琮、璧、锥形器等良渚玉器,与T字形足鼎、双鼻壶、阔把翘流壶等良渚式陶器[12]。在上海的福泉山良渚文化墓葬中,也发现了一件属于大汶口文化的彩陶水壶。出现良渚文化器物的其他古文化,如山西襄汾陶寺遗址龙山文化晚期的墓葬内有数件良渚式的玉(石)琮瑗和斜柄石刀[13],江西的新余、德安、靖东等地都发现了玉琮[14],广东的曲江石峡文化墓葬以及封开的鹿尾村和海丰的田墘墟等地也出现了与良渚相同的琮、璧、镯等玉器[15]。良渚文化器物流传之广,为其他古文化所少见。至于它给予商代的影响也明显可见,可以认为商代的重要礼器玉琮、璧来源于良渚文化,商代盛行的兽面纹与云雷纹也与良渚文化有关。所以良渚文化在中华民族古文化的形成中曾经发挥了重要作用。但是良渚文化后来往哪里去了,这一问题至今还有待探索,因为在太湖地区继良渚之后出现的是一支以几何印纹陶为主要特征的夏商时代的马桥文化,马桥文化的陶器制法上不用轮制,采用泥条盘叠的手制轮修,器形普遍为环底内凹,器表多拍印编织形印纹,陶色以红褐为主,与良渚文化相比是一种突变。这是一支来自浙南闽北的古文化。因此推测可能是部落战争逼使良渚文化发生迁移。

上海处于良渚文化的重要分布地区,近三十年来对于良渚文化考古获得了许多重大成果,这次将其中的珍品进行展出,以供各界研究与鉴赏。

注释

[1] 中国社会科学院考古研究所编著:《中国考古中碳十四年代数据集(1965—1981)》,《考古》1984年第3期。
[2] 王维达、夏君定:《上海博物馆实验室热释光断代报告》,《考古》1990年第3期。
[3] 上海市文物保管委员会:《上海马桥遗址第一、二次发掘》,《考古学报》1978年第1期。
[4] 黄宣佩、张明华:《上海青浦福泉山遗址》,《东南文化》1987年第1期;上海市文物保管委员会:《福泉山遗址第三次发掘的重要发现》,《东南文化》1987年第3期。
[5] 罗家角考古队:《桐乡县罗家角遗址发掘报告》,载《浙江省文物考古所学刊》,文物出版社,1981年。
[6] 浙江省文管会:《吴兴钱山漾遗址第一、二次发掘报告》,《考古学报》1962年第2期。
[7] 南京博物院:《1982年江苏武进寺墩遗址的发掘》,《考古》1984年第2期。
[8] 上海市文物保管委员会:《上海青浦县金山坟遗址试掘》,《考古》1989年第7期。
[9] 浙江省文物考古研究所:《余杭反山良渚墓地发掘简报》,《文物》1988年第1期。
[10]《金山县亭林遗址第三次发掘》(发掘报告待发)。
[11] 南京博物院、吴县文管会:《江苏吴县澄湖古井群的发掘》,《文物资料丛刊》(9),文物出版社,1985年。
[12] 南京博物院:《1987年江苏新沂花厅遗址的发掘》,《文物》1990年第2期;南京博物院花厅考古队:《江苏新沂花厅遗址1989年发掘纪要》,《东南文化》1990年第1、2期。
[13] 中国社会科学院考古研究所山西队等:《1978—1980年山西襄汾陶寺墓地发掘简报》,《考古》

1983年第1期。
[14] 李家和等:《江西新石器时代文化类型综述》,载《江西历史文物江西省考古学会成立大会暨学术讨论会文集》,1986年。
[15] 杨式挺:《封开县鹿尾村新石器时代墓葬》,毛衣明:《海丰县田墘圩发现新石器时代玉器》,均载《中国考古学年鉴》(1985年),文物出版社,1985年。

(本文原载于《良渚文化珍品展》,香港博物馆,1992年)

福泉山良渚文化

良渚文化分布于江、浙、沪二省一市境内的环太湖地区,是中国新石器时代晚期的一支极为优秀的古文化,分布范围为东至海,南过钱塘江直达宁绍舟山一带,西抵镇江以东,北到长江南岸(图 16-1)。它的影响所及,北抵山东、山西、西至陕西、甘肃,南达湖南、广东,在这些地区的新石器时代考古中都发现了与良渚文化有关的文物。

良渚文化的年代经过碳十四(表 1)与热释光测定(表 2),已经比较清楚,为距今 5 100～4 200 年,即晚于崧泽文化而早于山东龙山文化,大致与大汶口文化的中晚期相当。

表 1 良渚文化碳十四年代测定表

标　本	地点、层位和质料	距今年代(半衰期 5 730)	距今年代(树轮校正)
ZK-437-0	上海青浦崧泽三期 M87 人骨	4 635±105	5 180±140
ZK-1250	上海青浦福泉山炭化木	4 730±80	5 295±110
ZK-433	江苏吴县张陵山木炭	5 160±230	5 785±240
WB78-9	江苏海安青墩树根	4 825±85	5 405±110
WB78-8	江苏海安青墩木炭	4 680±80	5 235±125
ZK-49	浙江吴兴钱山漾稻谷	4 700±100	5 260±135
ZK-97	浙江吴兴钱山漾四层木杵	4 695±90	5 225±130
ZK-44	浙江安溪四层木槐	4 335±85	4 820±180
ZK-47	浙江吴兴钱山漾三层千篰	4 245±85	4 710±140
ZK-50	浙江吴兴钱山漾四层竹绳	4 140±85	4 580±135
ZK-292	上海青浦果园村四层木头	4 080±100	4 505±145
ZK-242	浙江嘉兴雀幕桥木井板	3 940±95	4 330±145
ZK-254	上海金山亭林下层树干	3 840±95	4 200±145
ZK-2109	浙江德清辉山 M2 葬具	3 740±75	4 085±120

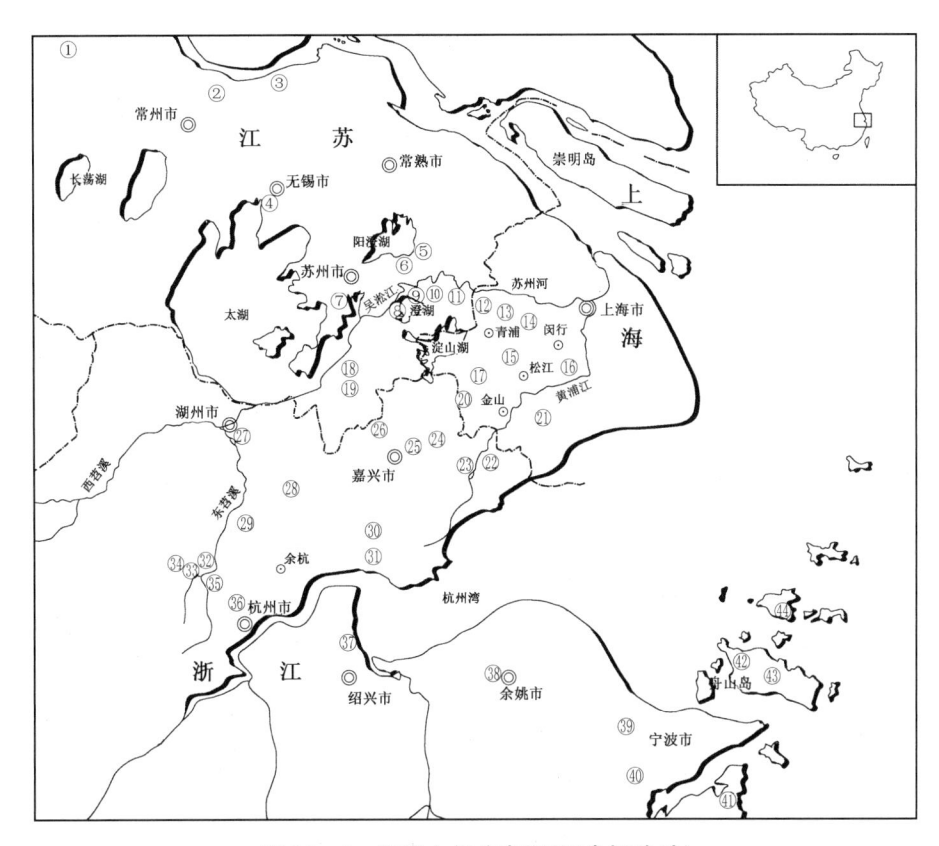

图 16-1 良渚文化分布图(已发掘遗址)

1. 王家山 2. 寺墩 3. 璜塘峰 4. 仙蠡墩 5. 绰墩 6. 草鞋山 7. 越城 8. 澄湖 9. 张陵山 10. 赵陵山 11. 少卿山 12. 寺前村 13. 福泉山 14. 果园村 15. 广富林 16. 马桥 17. 汤庙村 18. 袁家埭 19. 龙南 20. 金山坟 21. 亭林 22. 平丘墩 23. 戴墓墩 24. 新港 25. 雀幕桥 26. 双桥 27. 钱山漾 28. 千金角 29. 辉山 30. 荷叶地 31. 桃园 32. 瑶山 33. 反山 34. 吴家埠 35. 良渚 36. 水田畈 37. 马鞍 38. 杨歧垒 39. 慈湖 40. 名山后 41. 塔山 42. 唐家墩 43. 白泉 44. 孙家山

表2 良渚文化热释光年代测定表

样品编号	出土地点层位	测定物质	距今年代	平均距今年代
SB19a1	松江汤庙村遗址(四)	墓葬陶片	4 750±340	4 860±230
SB19a2	松江汤庙村遗址(四)	墓葬陶片	5 340±700	
SB19c	松江汤庙村遗址(四)	墓葬陶片	5 200±570	
SB19d	松江汤庙村遗址(四)	墓葬陶片	4 650±450	
SBMa	上海马桥遗址(五)	泥质黑陶阔把	4 690±470	4 400±220
SBMb	上海马桥遗址(五)	泥质橘黄陶口沿	4 510±440	
SBMc	上海马桥遗址(五)	夹砂橘黄陶袋足	4 550±460	
SBMe	上海马桥遗址(五)	夹砂灰陶三足盉柱足	4 100±390	

续 表

样品编号	出土地点层位	测定物质	距今年代	平均距今年代
SB101a	上海马桥遗址 T6(五)	夹砂橘黄陶鬶袋足	4 430±260	4 260±190
SB101b	上海马桥遗址 T6(五)	夹砂橘黄陶鬶袋足	4 090±280	
SB102a	上海马桥遗址 T6(五)	夹砂黑陶	4 560±320	4 410±230
SB102b	上海马桥遗址 T6(五)	夹砂黑陶	4 270±340	

良渚文化的发现至今已过 60 年,在发掘和研究上经过了如下重要历程:

1936 年浙江西湖博物馆施昕更在余杭县良渚镇旁发现黑陶,并作了试掘,出土一批陶器和石器。首次发现良渚文化。

1938 年,施昕更编著的《良渚》出版。当时认为该文化是龙山文化的一支。

1956 年和 1958 年两次发掘浙江湖州钱山漾遗址,出土物除石陶骨器以外,尚有大量良渚文化的水稻、芝麻、花生等农作物和丝、麻、竹等编织品。在文化堆积上被认为是印纹陶与良渚文化共存,只是上部印纹陶较多,良渚文化遗物较少,下部反之。

1959 年夏鼐在长江流域规划办公室文物考古队队长会议上,正式提出良渚文化的命名。

1960 年和 1966 年两次发掘上海闵行区马桥遗址,第一次发现良渚文化墓葬,辨明印纹陶(后称为马桥文化)与良渚文化属于不同时代的两类文化,文化层有上下叠压关系,还首次发现良渚文化黑陶杯底上有两个与甲骨文相似的刻划文字。

1961 年上海松江县广富林遗址发现两座南向并列的良渚文化墓葬,东面一座以石锛和狗随葬,西面一座用纺轮和猪随葬,在随葬物上显示了性别差异。

1961 年和 1962 年发掘上海青浦崧泽遗址,发现它的中层文化具有以崧泽文化向良渚文化演变的迹象。从而了解良渚文化是从崧泽文化发展而来的。

1973 年,江苏吴县草鞋山第一次发掘,在第二层良渚文化第 198 号墓中发现随葬琮、璧、钺等玉器。首次为这一类古玉的断代提出科学依据。

1974 年,江苏吴县澄湖湖底发现一批良渚文化古井,在井中出土带木柄石斧以及有 4 字刻文的贯耳黑陶壶等重要器物。第二次发现良渚文化已经有了文字。

1977 年,发掘江苏吴县张陵山,在上文化层发掘 5 座良渚文化早期墓葬,出土瑗形璧、琮形镯、钺、觿、蛙等玉器。

1982 年,发掘江苏武进寺墩,良渚文化墓地的第 3 号墓墓主周围随葬璧 24 件、琮 33 件,加上其他玉器合计上百件。

1982、1986、1987 年,三次发掘上海青浦县福泉山遗址。全面解剖了一个良渚文化高台墓地。首次发现这类被称为"山"的高台为良渚古人所堆筑,是一处贵族的墓地。还第一次发现了良渚文化的燎祭祭坛,其下32座良渚的墓中有3座使用人牲的墓葬。

1986年发掘浙江余杭反山,发现11座良渚大墓,出土大批琮、璧、钺、锥形器、三叉形器、冠形器、半圆形器等玉器,在其中首次发现了完整的神人兽面纹神像。

1987年,发掘浙江余杭瑶山,在埋于祭坛上的12座良渚大墓中出土大批精美的玉器。

1989年,发掘江苏吴县龙南遗址,找到崧泽文化和良渚文化早期的聚落,其中有房址、水井、河道、祭祀坑、灶炕等遗迹。

1991年和1992年两次发掘江苏昆山赵陵山,在土台南部及西北部外围有一批以青少年为杀殉牺牲的遗迹,在高台上清理了68座良渚文化墓葬,出土大批石、玉、骨、陶器。

1992年,在浙江余杭县的大观山发现一处前所未见的大型建筑基址,东西长约670、南北宽约450米,总面积达30余万平方米,在其中的小莫角山进行了发掘,找到与礼制性建筑有关的基址及大型柱洞等遗迹,可能是一个中心城址,是良渚文化的政治、经济、宗教、文化的中心。

至此了解良渚文化已经有了文字、有一定的礼制、使用人牲,并有较大的城址,已经进入文明时期。

上列六十余年的发掘与研究,前三十年是认识和确定了良渚文化,后三十年由于高台大墓的发掘,使良渚文化的研究进入高潮。

在这一系列的高台大墓发掘中,上海福泉山的全面发掘是一个典型的实例。

福泉山位于上海市西南,青浦县古镇重固的西侧。重固在清光绪《青浦县志》记载中为魖魖,相传是宋韩世忠掩埋军士骸骨处。1962年市郊考古调查时发现福泉山的土层包含新石器时代的石器与陶器,确认是一处古文化遗址。1979年作了试掘,1982~1987年经过国家文物局批准,进行三次正式发掘,合计发掘了2 235平方米,清理了新石器时代崧泽文化墓葬18座,良渚文化墓32座,战国楚墓4座,西汉墓96座,唐宋墓4座,并且获知该山是良渚文化时期人工堆筑的一个高台墓地。

福泉山,高7.5、东西长94、南北宽84米,山形为平顶斜坡,呈不规则的长方形(图16-2、3),北坡有二级台阶,发掘中发现山土杂乱,地层内的古代遗物年代顺序颠倒,早期的在上面,而晚期的却在下面,如第一层灰黄色五花土内包含较多6 000年前的马家浜文化陶片,第二层黑土有5 000年前的崧泽文化陶片,第三层黄土是良渚文化早期地层,第四层灰黑土是崧泽文化晚期墓地,第五层为黄褐色自然土未见遗物,

图 16-2　上海市青浦县福泉山良渚文化高台墓地全貌

图 16-3　上海市青浦县福泉山良渚文化高台墓地发掘现场

第六层青灰土又见崧泽文化早期居住遗迹和墓葬,再下到生土(图16-4)。说明在良渚文化时期,古人破坏了另一处包含马家浜和崧泽文化的遗址,搬土在崧泽文化墓地上堆筑高土台,作为埋葬显贵的墓地。在良渚考古上第一次辨明作为良渚大墓墓地的这些所谓山的性质,原来是驱使上万人工堆筑的人造高台,是中国的金字塔,使我们对良渚文化所处的社会状态有了进一步的认识。

·福泉山良渚文化·

闵行区马桥遗址103号探方西壁

图例	说明
	黄色土,表土
	灰色土,唐、五代、宋
	灰黄色土,春秋战国
	黑灰色土,马桥文化
	青灰色土,良渚文化
	青灰色土,生土
	灰黄色土,良渚文化(晚期)
	黑色土,良渚文化(早期)

青浦县福泉山遗址8号探方东壁

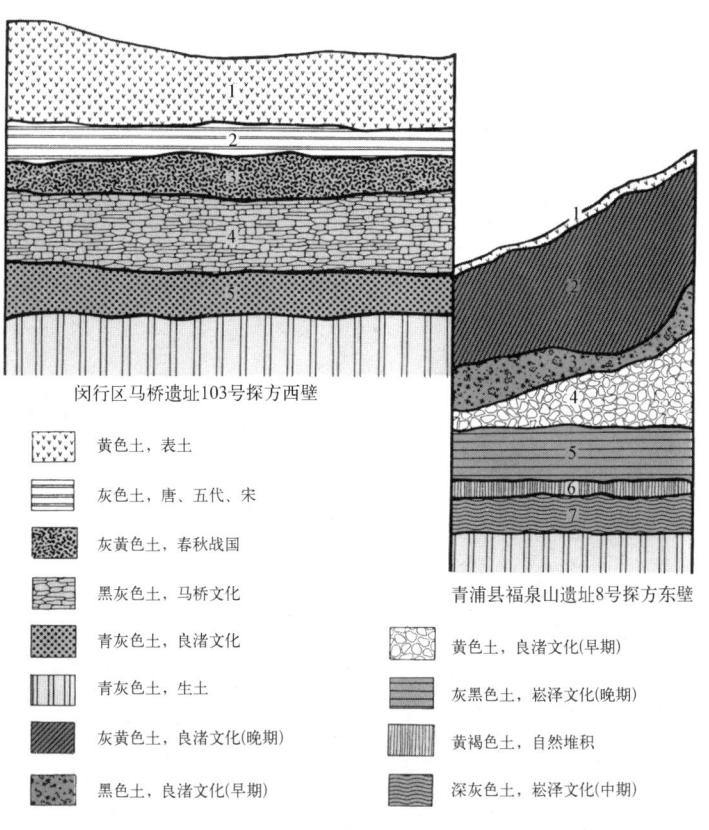

图例	说明
	黄色土,良渚文化(早期)
	灰黑色土,崧泽文化(晚期)
	黄褐色土,自然堆积
	深灰色土,崧泽文化(中期)

图16-4 良渚文化地层示意图

在福泉山的发掘中,发现了一系列良渚文化的祭祀遗迹,有祭坛、燎祭积灰坑、祭祀时撒介壳末的介壳堆,以及其他小型祭祀活动的祭祀坑等。祭坛发现于山顶最高点,在两组上下层层叠压的大墓之上,福泉山发现的3座使用人殉和人牲的墓葬即在其下。祭坛呈台阶形,南北长7.3、东西最宽5.2米,自北而南,自下而上。分为三个台面,每一台面升高约34~44厘米,呈不规整的长方形,面积约10平方米,用黄土与红烧土屑铺成,中间平整,面上撒有介壳屑,四周堆积红烧土块。烧土块是经过切割的土块,用大火烧成,每块大小不等,形状不一,但内外烧红(图16-5,16-6-2)。在最高一台面的东南角,另有一堆烧土块,烧土块的中间搁一土台,台长100、宽40、厚约10厘米,上下及四边平整,此台中间折断下陷,台下有一件篮纹大口缸祭器(图16-6-1)。整座祭坛都经大火烧红,但未见草灰。又在祭坛之北约5米处,也有一条长约10余米、宽数10厘米有大量红烧土块的地带。土块与地面亦被烧红,同样未见草灰。这些都是举行大规模燎祭活动的场所。

燎祭积灰坑:在山北侧的第一台阶上,是一个大体呈长方形的大灰坑,长约19.25、宽约7.5米,四边较浅,中间较深,深约0.25~1.15米,中心有一个略呈圆形

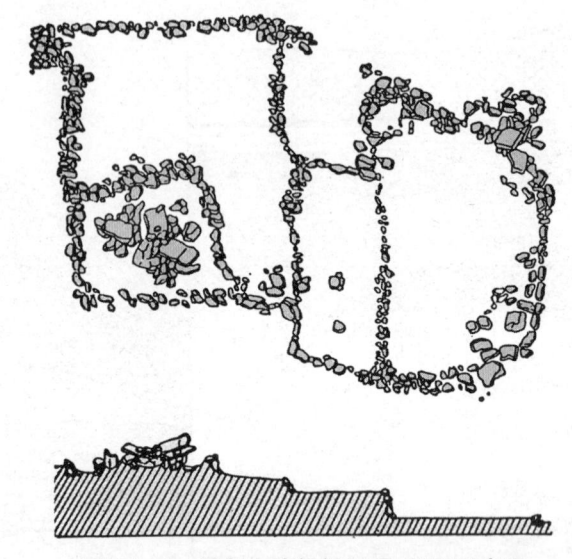

图 16-5 福泉山燎祭祭坛平、剖面示意图

1. 祭坛上的红烧土台和祭器大口缸

2. 祭坛上的红烧土堆积

图 16-6 上海市青浦县福泉山良渚文化高台墓地上的祭坛

的小土台,台径约1、高1.15米(图16-7)。坑中填满纯净的草灰,而坑壁、坑底、连同中间的土台都无任何火烧痕迹,亦无红烧土。坑中积灰应是人们在山上进行大火燎祭后,将草灰清扫后堆存于此的。

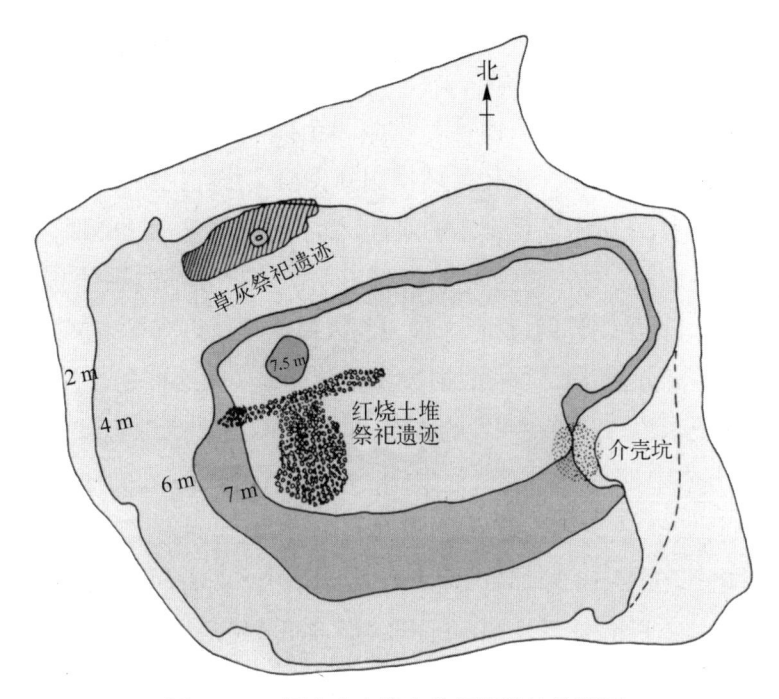

图16-7 福泉山良渚文化祭祀遗迹位置图

介壳屑堆:在山的东坡上,长约5、宽约3、厚近1米,介壳种类有蚬、蚶、蛤、牡蛎等。这个介壳屑的种类和碎屑状态,与距此以东10余公里的一条古海遗迹——竹冈地下的介壳屑层一致,应是从那里搬迁至此的。撒在祭坛地面上的介壳屑,就是这一堆积。

据上述遗迹可以了解,良渚人对埋于福泉山上的先人有一定的祭祀仪式,程序是先堆置土块,然后堆草用火烧烤,在祭祀时撒上介壳屑,礼成后清扫草灰置于第一台阶上专设的灰坑中。这类堆土块燎祭的遗迹在其他良渚高台地中也有发现,是专为显贵举行的祭典。

福泉山上的祭祀遗迹,除大型的集中的之外,在个别墓的南端或墓的正上方亦有发现,如M109的墓坑南端另有一个长0.88、宽0.97、深约0.2米的小坑,坑中亦堆土块和稻草,用大火燎祭,土块与坑壁均被烧红。M101的正上方有与M109相似的小祭坑。燎祭在良渚时代极为盛行,有的在下葬时即举行这种祭礼。如M136是一个长3.24、宽1.7、深3米的深坑墓,在放入人体与随葬器后,在墓底西壁堆数块土块,就在坑内用火燎祭,因此土块与坑壁被烧红,随葬石、陶器与人骨亦有经火烧烤的痕迹，类似的墓内燎祭遗迹在武进寺墩3号墓、清浦金山坟2号墓亦有发现。这些燎祭遗迹反映良渚人既有对福泉山整体的大型祭典，也有对个别家属的小规模祭祀。

掩埋于福泉山上的良渚墓葬有32座，大部分为单人葬，埋葬方式有不挖墓坑、浅坑掩埋和挖深坑埋葬三种。不见墓坑的9座，如M40，随葬器物围绕人骨平面铺开，南北长达3.15、东西宽1.25米，位置散乱，不在一个长方坑线内，并且墓底有一层薄薄的灰土层向外延伸，因此这是一种将人体置于平地、堆土掩埋的葬俗。这类葬俗在太湖地区从马家浜文化开始出现，经崧泽文化延续使用到良渚文化。挖掘浅坑的19座，坑形长方，深仅11～35厘米，在坑内发现棺木的痕迹，棺木上下面都呈圆弧形，是用一段大树剖开后刳空相合而成的。棺木内的人骨，有移位现象，如M139的颚骨发现于头骨的东北部，肋骨也散乱。良渚的葬俗，已有一种先将人体入棺就近安厝，过一定年月后再将棺入土埋葬的程序，因此在后一次搬动时发生人骨移位。像这种先安厝后入葬的习俗，在近代江浙一带仍很流行。挖掘深坑的4座，深0.9～2.25米，深坑墓出现于良渚文化的中、晚期。在葬俗中，除单人葬之外还发现一座双人合葬和一座刀形坑墓。32座墓葬的墓位，并不成行成排，在平面上看不出规律，但在祭坛之下有两组墓葬作层层叠压，西面一组有4层6座，在M144和M146之下有M145，再下发现M149和M150，此下还有M151，东面一组5层5座，分别是M101、132、135、139、143，上下依次叠压（图16-8）。其与浙江反山和瑶山的在一个平面上分两行排列的现象显著不同。因此如果反山和瑶山是同代首领的墓地，福泉山则是不同辈份的显贵家族的墓地。

32座良渚墓葬分别发现于第一、二、三文化层，又有上述上下叠压的现象，这是一份作良渚文化分期的科学依据，按照地层和器物形制的变化可以把福泉山良渚文化分为五期，即第三文化层内的10座（M1～3、126、139、143、148～151）为第一期；第二文化层的6座（M115、120、124、135、140、145）为第二期；第一文化层下部的5座（M94、109、132、144、146）为第三期，中部的6座（M53、60、65、74、103、136）为第四期，上部的5座（M9、40、67、101、128）为第五期。各期器物显示如下特征：

一期　鼎的器形与崧泽文化晚期的近似，常见波浪纹扁足鼎、齿形足鼎等，已见鱼鳍形划直条纹足鼎。豆腹部附垂棱，把作弧曲多节形，并饰弧边三角形与圆形组合镂孔。双鼻壶开始出现，颈部矮直，腹部圆弧，底为饼形假圈足，但双鼻为两泥片，尚未贯穿。这一期已有矮胖附圈足的匜。无阔把翘流壶。杯的数量较多，呈圆筒形，底下附小方足或花瓣形足，有的器面带彩绘。玉器数量比崧泽文化多，有钺、锥形器、镯、珠、管等。钺作长方梯形，刃部微弧。锥形器制作粗糙，形似骨锥，一端尖锥，另一端穿孔。环及珠管与崧泽文化的相同。这一期总的风格是既有崧泽文化晚期特点，又出现了良渚文化的典型器，是崧泽向良渚文化的过渡期（图16-9）。

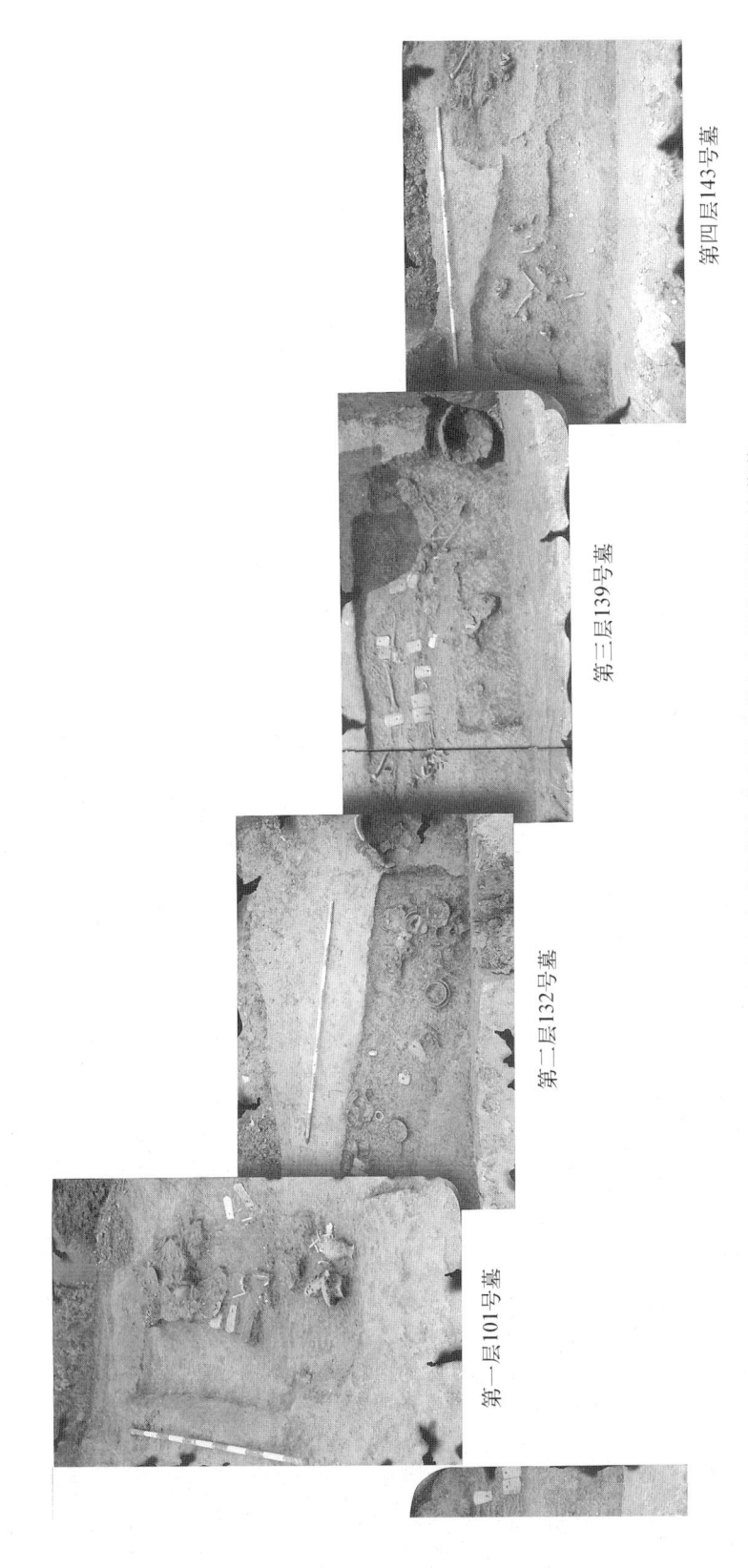

图 16-8 上海市青浦县福泉山良渚文化祭坛下多层叠压的墓葬

第一层101号墓　第二层132号墓　第三层139号墓　第四层143号墓

鼎　　　　　　　　豆　　　　　　　　壶　　　　　　　　匜

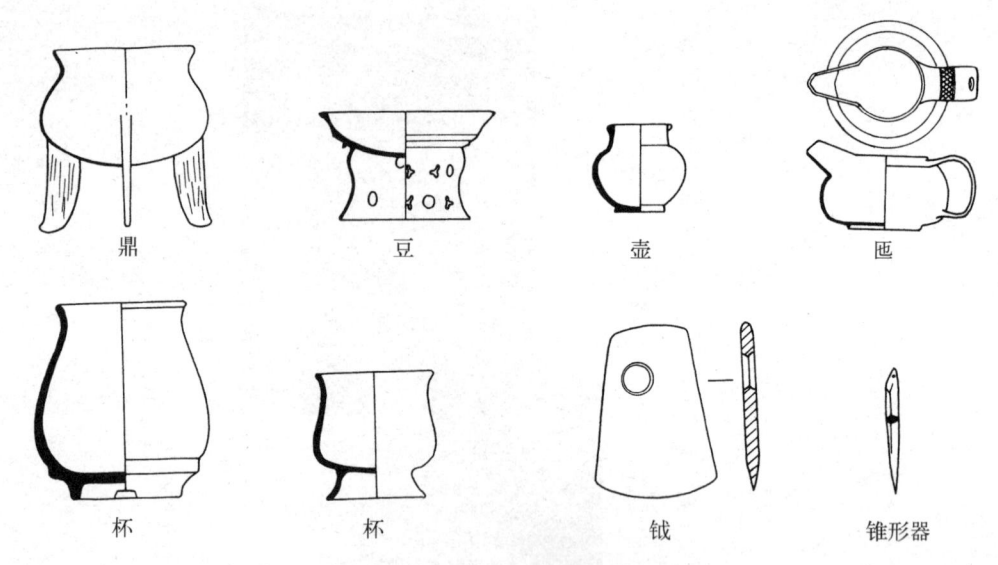

杯　　　　　　　　杯　　　　　　　　钺　　　　　　　锥形器

图 16-9　良渚文化一期器物特征

二期　鱼鳍形足鼎已成主体,并有方鳍形足鼎。豆多粗矮把,把上常饰凹弦纹间夹椭圆形的镂孔。匜的器形矮胖,底附扁铲形小足,器把作带形环把,上饰粗放的直条纹。双鼻壶有矮颈和高颈的两种,矮颈的器形近一期,双鼻已贯穿,高颈的颈部略为凹弧,圜底,圈足较高。杯的器形与一期近似,但小方足或花瓣形足消失。玉钺的形制同于一期。玉锥形器呈橄榄形,两端尖锥,一端穿孔。这一期已充分显现良渚文化的特征(图 16-10)。

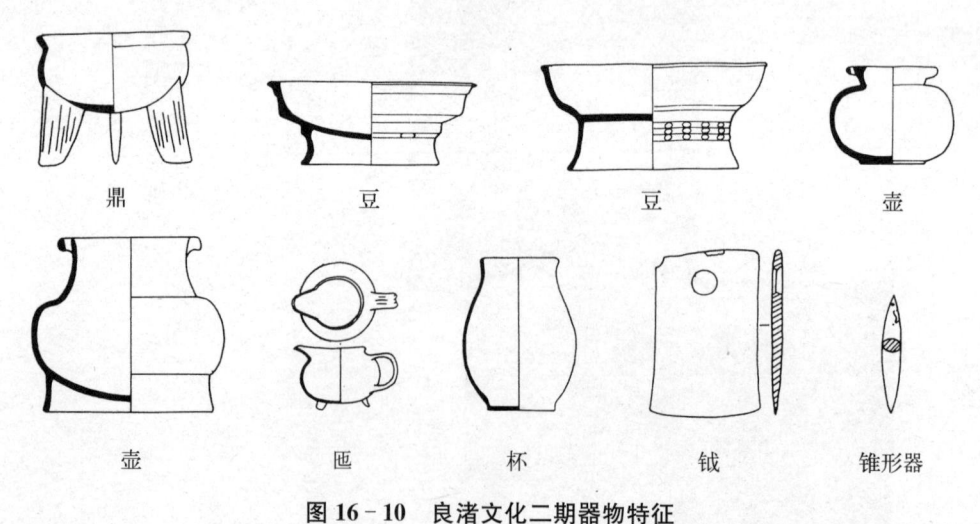

鼎　　　　　豆　　　　　豆　　　　　壶

壶　　　　匜　　　　杯　　　　钺　　　锥形器

图 16-10　良渚文化二期器物特征

三期　有较多扁方形足鼎,有的器足外侧加宽、横剖面近似 T 字形。豆以喇叭形高把,饰一条宽带形的凸棱和间隔椭圆形镂孔的为主。匜为圆球形腹,器形升高。双鼻壶与二期的相似而圈足外撇。折腹圈足的三鼻簋出现。玉器中锥形器作圆柱形,一端扁圆穿一孔,另一端尖锥。冠形器较矮,宽大于高,上边两侧似两耳,中间为笠形,顶有一尖角。璧的器形较小,直径在 10 厘米左右,并且孔径大于边宽(图 16-11)。

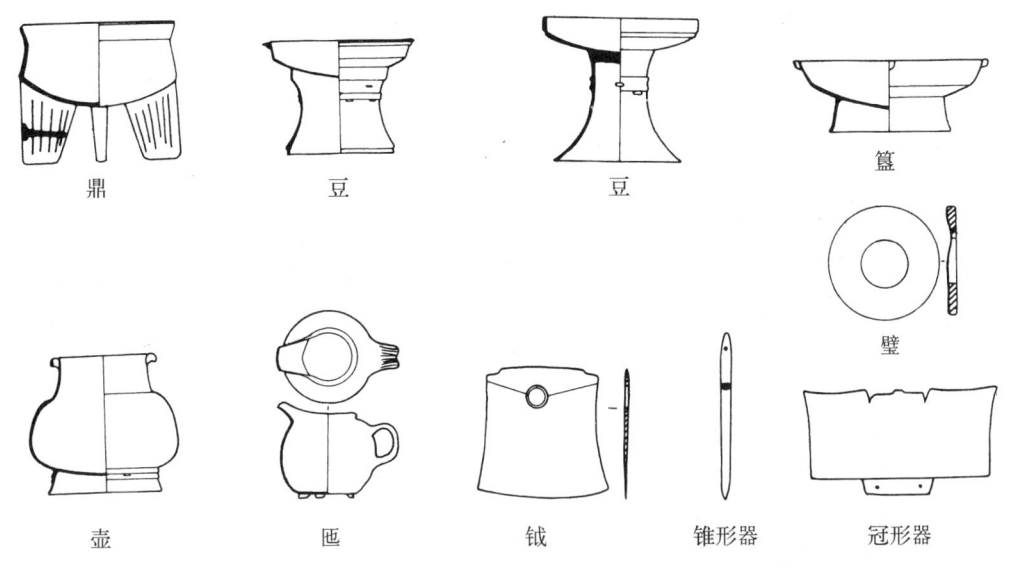

鼎　　豆　　豆　　簋

壶　　匜　　钺　　锥形器　　冠形器　　璧

图 16-11　良渚文化三期器物特征

四期　T字形足鼎已成主体,足上的纹饰除传统划直条纹或人字纹以外,有的饰新月形与圆形组合镂孔。豆的器把以细高的为主,把上饰竹节形凸弦纹或瓦棱纹,并有了椭圆形浅盘豆和碗形豆。阔把翘流壶开始出现。壶身作腰鼓形。杯作直筒腹,饰竹节形凸弦纹。簋常见扁圆形腹、圈足、附环把。这一期陶器纹饰的变化最为突出,除有竹节形瓦棱形装饰外,壶阔把上的直条纹从二、三期的粗放变为细密,鼎豆壶上出现了鸟首蛇身纹、各式鸟纹和曲折纹等细刻纹。玉器中钺的刃部翘出,呈风字形,锥形器一端已成圆柱形小柄,另一端变为钝尖,冠形器上边的笠形顶低矮,璧的器形变大,直径在 17 厘米左右,孔径接近边宽,琮为弧面方角的矮方柱形,琮面纹饰作神脸与兽面的组合(图 16-12)。

五期　除沿用四期器形外,一些T字形足鼎的足外侧进一步加宽,甚至超过内侧的一边。阔把翘流壶的器身成直筒形,而且环把阔而长。双鼻壶的颈部与圈足都变直,有的器底作圆饼形假圈足。簋为大口深腹内收,高圈足,与四期的相比有很大变化。玉器钺的器形狭长,穿孔变小,刃部突出,变为圭形。琮出现正方多节长方柱形琮,每节雕琢一个神脸,神像的图案简化。冠形器的器形升高,宽阔相近,顶部笠形消失,仅留一尖突,璧、锥形器等同四期的(图 16-13)。

福泉山最突出的是发现了 3 座使用人殉和人牲的墓葬,如 M139,属于第一期,位

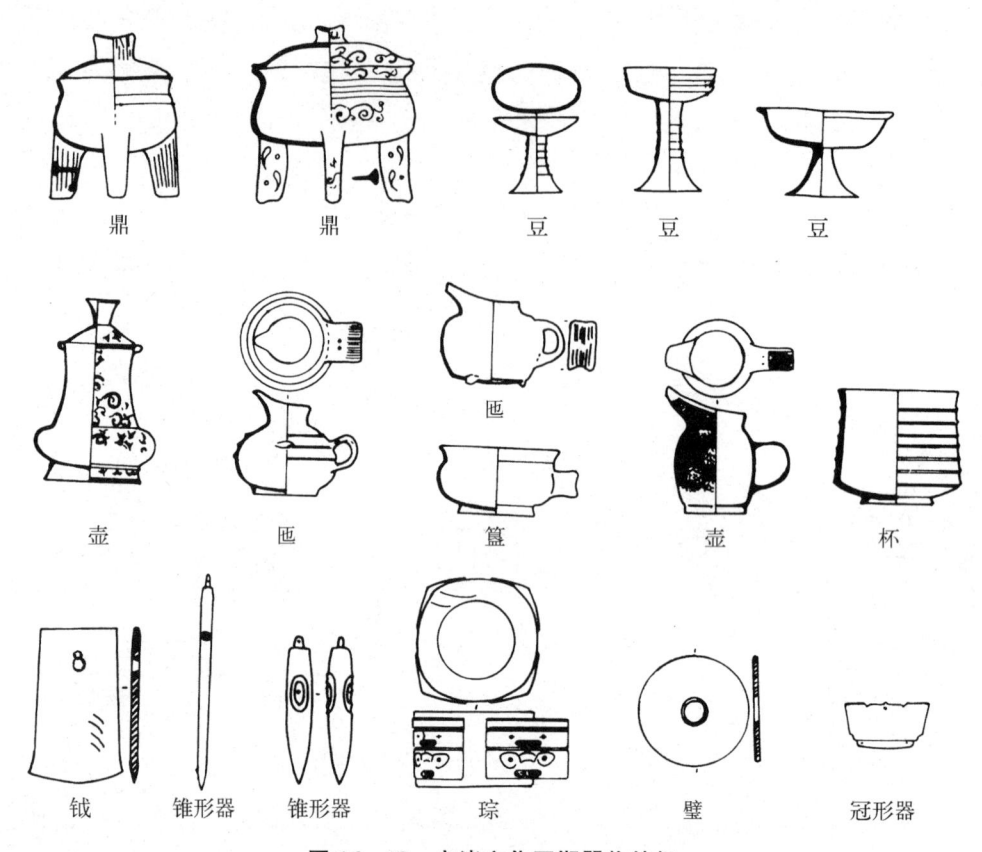

图 16－12 良渚文化四期器物特征

于山顶的祭坛下，此墓挖掘浅坑埋葬，坑南北向长 2.99、宽 0.95、深 0.16 米，坑内发现用凹弧形大木上下相合的棺木痕迹，揭去上层棺木灰后，出现仰直身肢、头南向的人骨，经鉴定为成年男性，口内有玛瑙玲 1 件，上下肢骨上分两行放置石玉钺 12 件，其中 1 件可见钺的把痕。手臂上有玉镯，头前有玉锥形器，身上有玉管和小饰片。足后在棺木外有成堆的陶器，头前有玉锥形器，身上有玉管和小饰片。有的陶器器表有红黄色彩绘图案，极为精致。在墓坑的东北角上另有 1 具人骨，屈身，上下肢弯曲而分开，状似跪着倒下，头向西北，经鉴定为青年女性，这具人骨在头骨顶上有玉环 1 件，面颊旁有玉饰片 1 粒，颈部和下肢骨旁各有玉管 2 件。在这具人牲骨架的近旁尚有 1 件祭祀用的大口缸。可见人骨与祭祀有关（图 16－14）。

　　M145，属于第二期，有长方形浅坑，长 4、宽 0.83～0.72、深 0.27 米，坑内发现棺木痕迹，有彩绘陶罐、玉器钺、锥形器、珠镯等随葬品。在墓坑之北，又有一小坑，坑长 0.97、宽 0.80、深 0.37 米，狭小的坑内埋了 2 具人骨，头东向，屈身屈腿双手朝后，面颊朝上，似反缚挣扎状，其一为年轻女性，另一为少年，身旁无任何器物，当是一个人牲祭祀坑（图 16－15）。

·福泉山良渚文化·

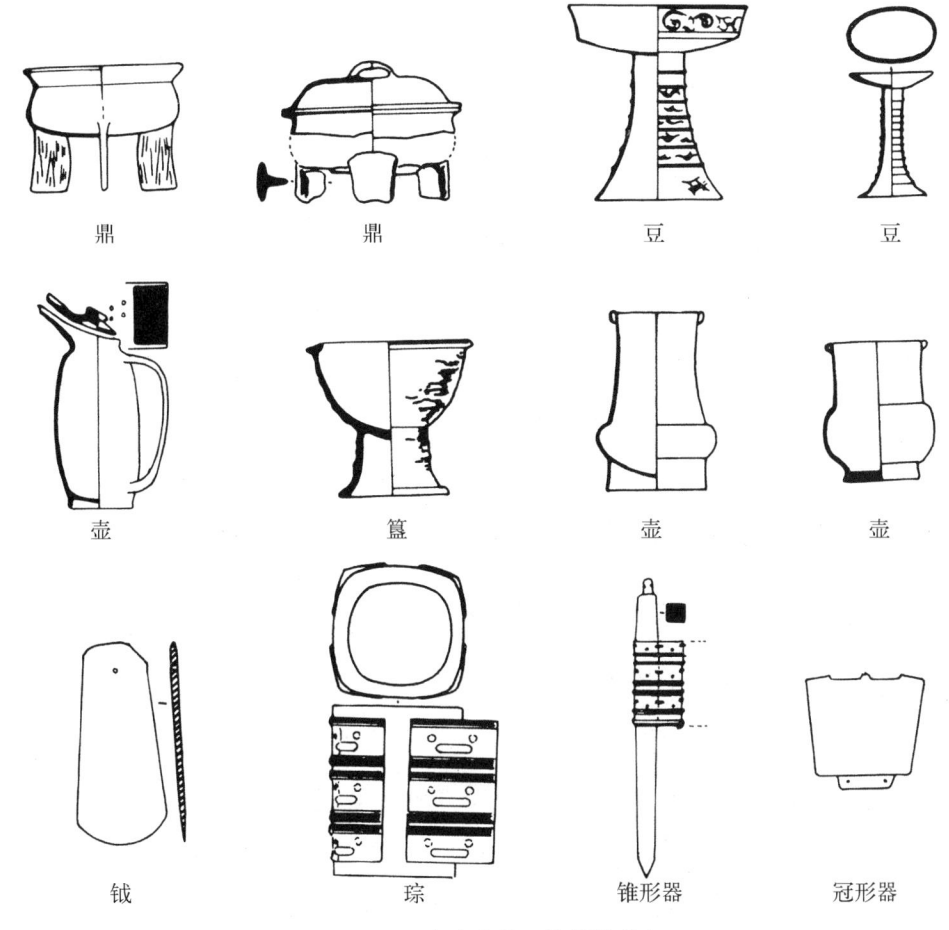

鼎	鼎	豆	豆
壶	簋	壶	壶
钺	琮	锥形器	冠形器

图 16-13 良渚文化五期器物特征

M144，属于第三期，是一座深坑墓，坑长 3.73、宽 2.02~1.84、深 0.90 米，坑内近坑口处有一层木板灰痕，似在棺木之上尚有一层椁板，板灰上有一具人骨架，朽蚀严重，仅见头骨和部分肢骨痕迹，骨架头北向，头部有玉珠 1 粒，腰部有陶壶 1 件，足后有陶鼎 1 件，是置于墓口的殉人。在椁板痕迹之下，为凹弧形大木上下相合的棺木灰痕，棺内人骨仰身直肢，头南向，身旁有鼎、豆、罐、壶、斧、钺、锛、罐形器、镯、坠、珠等随葬器 30 件。墓口之上，即是祭坛。

上列 3 座人殉与人牲墓在良渚考古中还是第一次发现，证实良渚文化早在第一、二、三期时已经使用人殉和人牲。

32 座墓除位于北面第一台阶上的 3 座无随葬品或随葬品少而差之外，位于山顶的墓葬其随葬品都量多而质精。如 M9，虽然胸部以上已被汉代墓葬破坏，在人骨背下仍有玉璧 1 件，胸部右侧有玉石质料的珠管等 69 件(粒)，以及玉臂饰 1 件、玉坠 1 件、玉锥形器 1 件、玉漏斗形长管 2 件、玉钺 1 件、琮形玉管件、小玉饰片 17 粒，另有黑陶盉

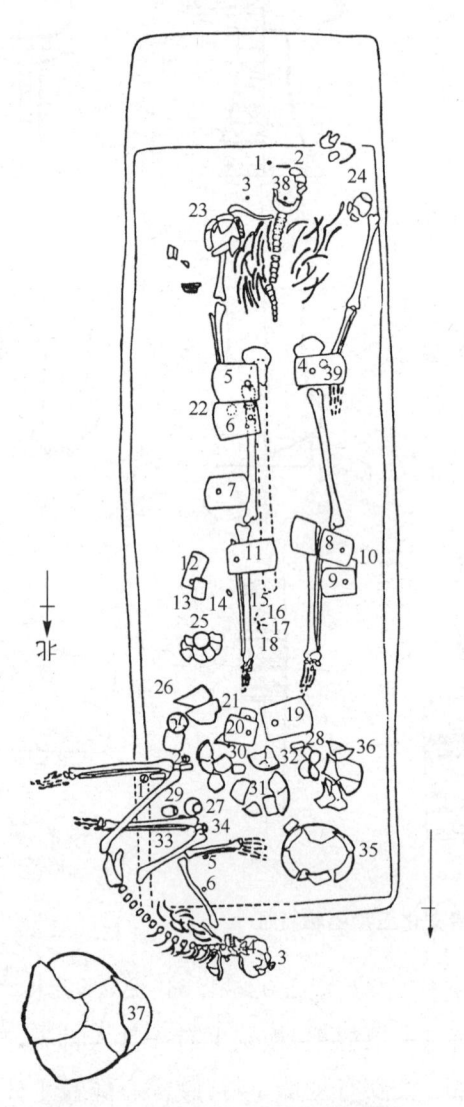

图 16-14 福泉山 M139 平面图

墓主随葬器物：1、3. 玉饰片 2. 玉锥形器 4~12、19~21. 石钺 13、28. 骨器 24. 玉管 15~18. 玉珠 22. 玉镯 23、36. 夹砂红陶鼎 24. 黑陶杯 25、30. 彩绘陶罐 26. 彩绘陶器盖 27、29、33. 小陶杯 31. 彩绘陶豆 32. 黑陶罐 34. 小陶罐 35. 灰陶豆 36. 夹砂红陶鼎 37. 缸形器 38. 玉玲 39. 玉纺轮 陪葬者随葬器物：1、2、5、6. 玉管 3. 玉环 4. 玉饰片

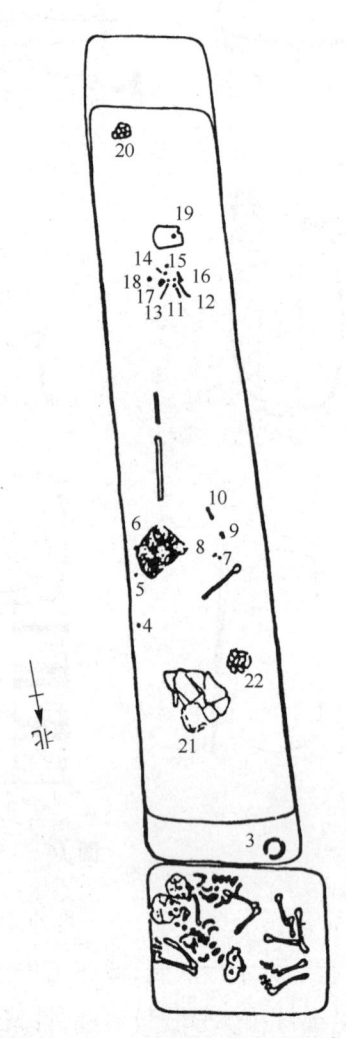

图 16-15 福泉山 M145 平面图

墓主随葬器物：1. 彩绘陶罐 2. 缸形器 3. 玉镯 4~6、7~9、11~15、18. 玉珠 10. 玉锥形器 16. 玉笄 17. 玉玲 19. 玉斧 20. 残陶器 21. 陶鼎 22. 陶罐

1件、陶器盖1件,在盆骨右侧有细刻兽面纹象牙器1件,臂骨上有玉镯1件、玉琮1件,右下肢骨上有玉璧1件,肢骨下有玉璧2件,右侧堆放玉钺1件、石斧与石钺9件、玉琮2件、玉锥形器3件、玉漏斗形长管1件,全墓共出土119件(粒)。

  福泉山良渚文化出土的陶器造型优美,如鸟形黑陶盉,椭圆形盖,扁核形器身,有流有把,底下附三只扁足,形似企鹅(图16-16)。双层灰陶簋在一件良渚典型的三鼻簋上再加一容器(图16-17)。高柄盖黑陶罐,器盖上的把手是细高的长柄,柄中心一孔上下贯通,扁圆腹,附圈足,圈足上饰橄榄形与凹弧边三角形的组合钻孔,器表饰数道宽带形朱红彩绘(图16-18)。这些器形在良渚文化中都是第一次出现。制陶工艺上,有的器表经过精细打磨,显示金属般光泽,有的整体细刻鸟首蛇身纹和各种形态的鸟纹、曲折纹等,如一件带盖的黑陶鼎,器表未被黄土腐蚀处仍显露金属般光泽。器形作笠形盖、扁带形捉手,扁圆腹盆形器身,下附三只T字形器足,形制端庄,器盖上与底下三足相对处各有一对小孔,T字形器足上镂雕新月形与圆形组合的镂孔,整器自盖上的捉手至器足的外侧满刻纤细的鸟首蛇身纹。鼎在新石器时代为烹饪器,但此鼎盖上的小孔系作穿绳封闭之用,器身的黑色陶衣如经火烧就会氧化变红,因此这是一件礼仪用器。这是商代青铜礼器鼎的先河。一件灰陶豆敞口直腹弧底浅盆形,下附喇叭形高把,把上饰竹节形凸弦纹,器形规整,豆盆上细刻鸟首蛇身纹和鸟纹等多组图案,蛇纹作螺旋形盘曲,身上填刻横直线组成的图案,身外附鸟首,与蛇纹相间隔的一组飞鸟。两只侧面相向飞翔,圆首、曲体、长尾上翘,画面较大,两鸟中间另有两只迎面飞来的远视小鸟。鸟形较小,作俯冲状。豆把竹节纹的中间也满刻侧面与正面相间隔的飞翔的鸟纹。这些刻纹刻工刚劲,画面排列合理,是一幅难得的良渚刻划作品。一件黑衣灰陶翘流阔把壶(图16-19),箕形翘流,凹颈,腰鼓形器腹,在与流相对的一侧附一阔把,器底附圈足,整器像一只伫立的小鸟。此器薄胎,表面经过打磨,显现金属般光泽。阔把上端有一对小孔,用于系盖,把上密饰精细的直条纹。器身满刻横直线连接而成的曲折纹和侧面展翅翱翔的飞鸟纹,流下刻一迎面飞来的鸟纹,纹饰刻线纤细,但一丝不苟。它是罕见的新石器时代陶器精品。一件细泥红陶彩陶背水壶(图16-20),器形丰满高大,直颈、侈口、圆肩、长腹平底,肩部一对环形耳都偏向一侧,器身的一面扁平,另一面圆弧,圆弧面凸出一个鸟喙形纽,可将背绳穿过环耳套在凸纽上,背壶的器表上饰淡黄色陶衣,绘红褐色的漩涡形图案。此器无论陶质、器形与纹饰都与良渚陶器不同,显示大汶口文化背壶的特征,是在良渚文化分布区出土的一件大汶口文化典型器物。

图 16‑16 黑陶鸟形盉

图 16‑17 灰陶带盖双层簋

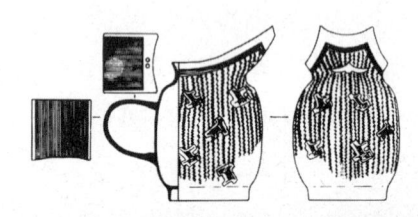

图 16‑18 黑陶高柄盖圈足罐

图 16‑19 黑陶细刻纹阔把壶

福泉山出土的玉石器,玉质精良,有的还保持青绿色,雕琢细,抛光度高,多数有玻璃般光泽。此外,还出土了一些过去在良渚文化玉器中罕见的器形,如玉带钩(图16‑21),长方形,一端成弯钩,另一端方块形有一穿孔。侧立玉鸟,器形与琮璧上的刻纹立鸟相似(图16‑22)。玉多节棒形器(图16‑23),一端圆锥穿一孔,另一端呈圆柄形,器身上凸出6组琮形方座。其他如青玉细刻神像琮形镯,青绿色,半透明,矮方柱形,薄壁大孔,分上下两节,每节雕琢4组神脸与兽面,在神脸顶上代表神冠的两条横凸棱中间、横鼻、宽额以及眼睑内均填刻横直线与云纹组成的几何形图案,刻纹纤细排列有序,在每组神脸与兽面的两侧,又各刻一个侧面鸟纹。器表高度抛光,在端庄中显示神秘的气氛,无论玉质或刻工都属上乘。一套玉钺(图16-24),玉色黄白,长方形,穿一孔,刃部弧凸,两角外翘,钝口,器表光洁,经过抛光,钺顶有纳入把部的摩擦痕,穿孔上方每面各有3条缚绳的印痕,钺把虽然已腐蚀不见,但仍遗留把的上下端玉饰,是一套威严的权杖。

一套玉项饰(图16-25),由33粒珠,2件管、4件环、4件锥形器组成,按照出土时的部位予以串连,玉色大部呈灰白或青灰色,个别作乳白色。在项饰上部还有一件玉冠形器。这套玉器发现于墓主的头顶右侧,冠形器是代表神脸插在木制神身上的玉器,这串项圈较小的项饰应是套在神像上的饰件。

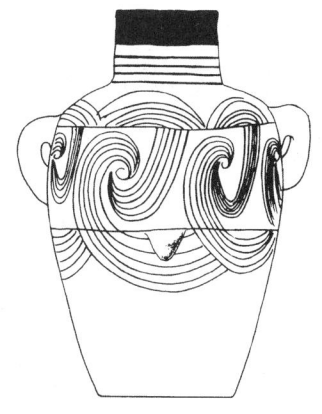

图16-20 良渚文化的大汶口文化陶器彩陶背壶

图16-21 玉带钩

图16-22 玉鸟

图16-23 玉棒形器

图16-24 玉钺

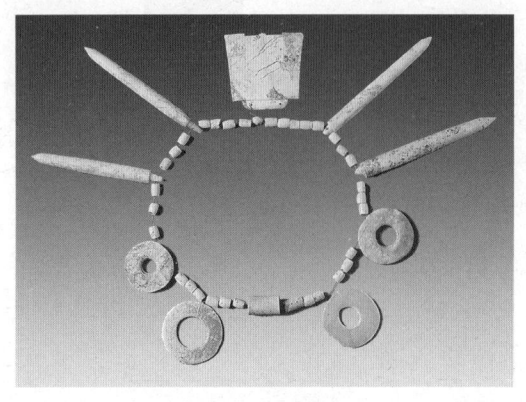

图 16-25　玉项饰　　　　　　　　图 16-26　神像纹象牙器

在陶玉器之外另有一件兽面纹象牙器(图 16-26),用纵向剖开的象牙雕刻而成。凸面严重朽蚀,刻纹已经不清,而凹面保存尚好,显露出一幅精美的兽面图案。兽面的眼鼻口和獠牙刻线清晰,在粗犷的轮廓线中,还填刻细密的横直线组成的几何形纹,显示神秘、肃穆、威严的气氛,在良渚文化中也属首次发现。

上述精制器物出土于良渚大墓,都为良渚贵族所有,是良渚文化中的代表作品。福泉山考古,无论是发现的遗迹或出土器物,都使研究良渚文化的人士开阔了视野。

(本文原载于《良渚文化特展》,财团法人自然科学博物馆文教基金会·上海博物馆,1997 年)

良渚文化特征分析

自 1936 年发现良渚文化以来,至今已达 50 余年。随着田野考古工作的开展,对于良渚文化基本特征的认识,正在不断深化,从开始时认为良渚是北方龙山文化的一支,可称为浙江龙山,把灰胎黑陶作为它的特征,到 50 年代末,提出丁字形足鼎和贯耳壶等是它的典型器,确立了良渚文化名称,在认识上有了很大的进展。而到了 70 年代以后,一批高墩上的良渚大墓发现了,又获得了许多新器物和新资料,把我们的认识再次推进一大步。因此,有必要对于它的特征问题,再作一次全面的探讨。

被发现的良渚文化遗址已达百余处,经过发掘和试掘的除良渚以外,尚有浙江吴兴的钱山漾、杭州的水田畈、余杭的反山和瑶山;江苏无锡的锡山,吴县草鞋山、张陵山和越城,武进的寺墩;上海市上海县的马桥,金山县的亭林,青浦县的福泉山、寺前村、果园村和金山坟,松江县的广富林等多处。根据调查和发掘资料,遗址都面积小而分布密集。如良渚一地,在长六七公里范围内,即有横圩里、棋盘坟、茅庵前、朱村兜、笋山、许家兜、近山和横村塘等 10 余处,有的遗址之间,间距仅数百米。上海马桥遗址发掘了 2 000 余平方米,其中居住遗址仅有近千平方米,其余为墓地,但在其南约 500 余米处,又有一片居住遗址。亭林遗址在 1 平方公里范围内,有 5 个居住点,每一个居住点的面积为数百平方米,而在距亭林约 2 公里处,又有张堰口遗址。青浦县在筑路工程中发现的果园村遗址,经清理面积也仅有 200 余平方米。所以,遗址面积小而分布密集是良渚文化的特点之一。这一特点既与太湖地区古时多沼泽有关,也与当时氏族中个体家庭的建立及血缘纽带开始松散有关。

良渚文化的建筑遗迹,至今发现不多,可能是因为南方盛行的干栏式建筑不易保存。在马桥遗址发掘中,发现了 5 块红烧土面,其中最大的一块的三边已被后期扰乱坑打破,面积尚剩 2.92×1.34 平方米,这片烧土面是在平地上铺抹一层厚约 5 厘米的介壳末拌泥,然后拍实并经火烧成硬面。中间残存一列 4 个小柱洞和一些红烧土块,土块的一面平整,另一面有芦苇的直条印痕,就像是土壁上倒坍下来的。在亭林遗址则发现用树皮铺垫的地面。面积约 15 平方米，但未见柱洞遗迹。大体上木架、芦苇壁涂草泥是良渚文化居住建筑的基本结构。

与遗址有关的遗迹，尚有水井和灰坑。井在太湖地区最早见于马家浜文化，但多是简易的土井。至良渚文化出现一种用两或三块凹弧形的大木合围而成的木壁井，如在江苏昆山太史地和青浦朱家角西洋淀所见的，极为独特。灰坑为常见的形式。

自马桥遗址首次发现 10 座良渚文化墓葬以来，至今各地已科学发掘了百余座，其中著名的墓地有张陵山、草鞋山、寺墩、反山、瑶山和福泉山等。墓地与居址的关系：在马桥为居址在东，墓地在西，墓地较居址地势稍高，两者相邻；在福泉山（实为土墩），山上为墓地，山下东侧农田发现居址遗址。在广富林的一片田野上，东部发现良渚文化层，西侧发现了墓葬。在亭林，西南部有多处良渚文化层，而西北方发现了墓葬。所以，墓地都位于住地的西、北，两者紧邻。

良渚文化墓葬已可分为仅见生产、生活用具的小墓和有大量饰件、礼器等随葬的大墓两大类。小墓都埋于平地，而大墓建于高土墩上。这些高土墩，有的在平地上用人工堆成，有的在小山上再加土堆高。如福泉山，是在农田里一处地势较高的崧泽文化墓地之上，经多次堆土形成一座高约 7.5 米，东西长 94 米，南北宽 84 米，接近方形的大土墩并以此作为墓地，其他如寺墩、草鞋山、张陵山可能与此类似。所以，出现高墩土坑墓，是良渚文化墓地的特点之一。

根据发表的考古资料和我们在发掘时的观察，埋葬方法大体有三种。其一未见墓坑，也不使用葬具。如马桥的 10 座墓葬，都埋于介壳末堆积中，倘经挖坑，填坑土一般是比较容易辨别的，但未见挖坑痕迹，人骨上下也无葬具。广富林和福泉山良渚早期墓所处土层，土质都较纯，也未发现墓坑和墓具。联系到太湖地区的马家浜和崧泽文化都有平地堆土掩埋的葬俗，可能是继承了这一传统。此外这一地带地势低洼，水位较高，在平地上挖坑容易冒水，可能也是原因之一。其二是挖长方形浅坑埋葬。这类墓在浙江平湖平丘墩等地普遍发现，在福泉山良渚墓中，也占很大比例，如福泉山 M120 有长 2.95、阔 1.08、深约 0.30 米的墓坑。坑内人骨上下都发现葬具，葬具多以两块凹弧形的大木上下相合而成。这是一种便于放置的凹弧形葬具，先挖一凹坑，再堆土掩埋。其三是挖深坑埋葬。在福泉山和反山都发现了这类埋葬方法，福泉山所见最深的墓坑为 M60。长 4、宽 1.7、深达 2.85 米，反山的深在 1.3 米上下。这一类墓都埋于高墩上，墓内除葬具以外，有的尚有木椁。福泉山的深坑墓在墓葬分期中，属于晚期墓。从普遍意义说，三类埋葬方法中，使用长方形浅坑和两块凹弧形大木葬具是良渚古人埋葬的主要方式。

除个别墓外，良渚墓葬人骨的葬式绝大多数都是仰身直肢，头向南，一般都是单身葬。双人合葬墓仅在福泉山见一例。此外在福泉山已发现用奴隶殉葬的墓 3 座，殉人一个置椁上,一个在足后葬具上,都为每墓1人,另一座在墓坑北端另挖附葬坑,坑内埋2人,人殉骨架作侧身屈肢横卧,头东或西向。在附葬坑内的双臂似反缚,呈挣扎状。在张陵山M4北部随葬陶器旁发现的三个头骨,可能也是杀殉的奴隶。良渚仰身直肢的葬式是前一时期崧泽文化葬式的延续,使用人殉是良渚文化新出现的现象。

在良渚葬俗中,令人注意的是还出现了几座用火敛葬的墓例,如寺墩M3,人肢骨和随葬的部分玉璧、玉琮和石斧上,有经火烧的痕迹,青浦金山坟M2人骨呈青白色,有裂纹,也经火烧。福泉山M136人骨与周围的随葬器物经过火烧。在福泉山良渚墓坑的近旁,尚有祭祀遗迹。有的在墓的正上方放置一堆按南北向堆积的砖形红烧土块,如M136。有的在墓坑上面放置三堆红烧土块,一在墓坑之南,一在墓坑正上方,另一堆在墓坑之北。在墓南尚有一件大口尖底缸形器,如M144。有的在墓坑南侧和上方各挖一方形小土坑,坑内堆置红烧土块,如M94。也有只在墓坑南侧挖一个放置红烧土块的小坑,如M109,这些红烧土块烧成前经过切割,呈不规则的方形,六面烧红,底面无烟灰痕迹,是在别处烧成后搬来使用的。在堆置上并不平铺或直砌,而是随意堆放,找不出一定的规律,可能是一种祭祀方面的遗迹,反映了古人的某种信仰。

墓内的随葬器物,小墓中常见石斧和陶器鼎、豆、罐、壶,有的还有石镞、陶纺轮或玉锥形器,都是曾见于遗址的日常使用器物。在广富林发现的两墓,一座随葬石斧和石镞,身旁还有一具狗骨,另一座无石器而有陶纺轮,足后有一具猪骨,似乎反映了男女在生产上的分工。大墓内的随葬器极为丰富,一般有石斧、玉钺、玉璧、锥形器、冠形器、半圆形器、山字形器、珠、管、环,以及陶器鼎、豆、壶、盉、杯、盆、盘、簋、罐等,数量往往多达数十件至百余件,制作精良,显现很高的工艺水平。其中大部不属于日常生产或生活上使用的器物,如斧与钺,有的器薄仅0.1厘米,通体精磨并作高度抛光,器表光可鉴人。有的尚留装柄的痕迹,在柄上和柄的上下端各有玉饰,是一种礼仪上的用器。琮的四块凸面,无一例外都刻有神像,璧在墓内常见填压于人体下或盖在人身上,有一种卫护人体的感觉。冠形器是插在木身上的神脸,器底边有插榫,其下常见一串围挂于颈上的玉项饰。山字形器分叉上有凹孔,可插锥形器一类器物。这些似乎都是原始宗教上的用器。陶器如鼎、壶等,不但造型优美,而且器表经过打磨,细刻龙、蛇纹或虫鸟纹,整器精工细作,可能也是一种礼器。大墓位居高墩,随葬品制作精良,有的还有奴隶殉葬,是统治阶层墓葬的反映。

良渚文化的器物特征:石器中最常见的是斧、钺、锛、凿、犁、镰、镞以及耘田器、三角形斜柄刀和长方形刀等。石质以页岩和板岩为主。制法上除犁、镰和三角形斜柄刀是利用岩石自然的平整开裂面,将它们打击成形后只在刃部和柄部磨制加工以外,其他诸器都是整体精磨。一些礼器还进行了抛光。有的在器体上还作彩绘。钻孔方法普遍使用从两面对钻的管钻。器形是:

斧，扁平、长方形或略呈梯形，刃部比较平直，上部有单孔，因此曾被称为铲，但根据考古发掘中所见的它们装置的都是横柄，才把名称纠正过来。这类斧从崧泽文化的弧刃斧演变而来，所以大墓中随葬的礼仪用石斧，仍保留弧刃(图17-1)。

图17-1 石斧　　　　　　　图17-2 石钺

钺，长方梯形，与斧近似，刃的两端微微翘出宽于钺身，有的顶部带肩，都有单孔。礼器中的石钺器表抛光，孔的上部往往有左、中、右三道朱红色彩绘，象征缚柄的状况。据福泉山M120出土的一件，钺柄一般长约82厘米(图17-2)。

锛，大部都有段，特点是锛体比较平直，分段偏高，上节较短，段脊呈阶梯形，与崧泽文化的弧背带脊锛和马桥文化分段偏低的锛不同(图17-3)。

图17-3 有段石锛　　　　　图17-4 三角带柄石刀

凿与镰均为常型。镰可能是接受龙山文化影响的产物。

三角形带柄石刀，底边为侧刃，斜边延伸为柄部，有的器背上有一孔，多数器大厚重，如青浦县果园村遗址近旁所出的一件，长57、厚2.6厘米，制作粗糙(图17-4)，这类器为其他古文化所罕见。

犁，扁平三角形，对称的双边都作单面刃，底边上有的中间凹入，如松江县机山遗址所见的，有的凸出成内部，如广富林遗址所见的，器身中间有品字形排列的三孔（图17-5），与崧泽文化的单孔犁或马桥文化的长三角形多孔直排犁不同。

图 17-5 三孔石犁

图 17-6 石耘田器

耘田器，扁平翼形，两翼外侧为双面刃，内侧转角处有一内部可装柄（图17-6）。这类器为良渚文化所独有。

长方形刀，背部有的有三孔，有的是五孔，出土不多。这类石刀盛行于安徽潜山薛家岗一带，良渚文化所出的可能受该地的影响。

镞，以柳叶形的为主，翼与铤无明显分界，如广富林M2所出（图17-7）的。个别如马桥蛤壳坑所出的，两翼已微露倒刺。镞在马家浜文化和崧泽文化中，多为骨制，石镞极少，到了马桥文化，则以扁平三角形和三角形带铤的为主，良渚文化的柳叶形镞也有特色。

良渚文化的陶器，制作上普遍采用轮制，器表往往经过打磨，烧制时以还原焰为主，所以大部为灰胎，红陶极少，有相当数量用渗炭法制成的黑衣陶，黑衣多呈铅黑色，有金属般光泽，与其他黑陶不同，因此被称为良渚黑陶。造型上习见圈足、三足、阔把、翘流和竹节形把，器表除常见凹、凸弦纹以外，以素面为主，一些制作精致的有彩绘或细刻纹。种类有鼎、豆、壶、罐、杯、簋、盘、盆、盉、鬶等。器形特征：

图 17-7 柳叶形石镞

鼎,有罐形鼎和盆形鼎两种。前者下安三只鱼鳍形足,后者多为扁方形或T字形足,在这些器足上都有直条刻纹,成为良渚鼎的独特器形(图17-8、9)。良渚早期还见一种凿形足鼎,形制与崧泽文化晚期所见的相似,应是崧泽文化器形的延续。

图17-8 丁字形足陶鼎　　**图17-9 鱼鳍形足陶鼎**

豆,豆盘有盆形的和盘形的多种,豆把也有细高的和粗矮的两种。它的典型器是椭圆形盘竹节形高把豆,为其他古文化所罕见。豆把上最常见的纹饰是多条凸弦纹中间夹锥刺纹和圆形或半月形小镂孔,亦与其他古文化的不同(图17-10)。

图17-10 竹节形把陶豆　　**图17-11 双鼻陶壶**　　**图17-12 阔把翘流陶壶**

壶,有鱼篓形贯耳壶、高颈扁圆腹圈足双鼻壶和翘流直筒腹阔把壶三种(图17-11、12),一般都带盖,过去我们仅把双鼻壶作为典型器,现知另两器在良渚文化中亦为代表性器物。

罐,有折唇矮颈弧肩的大罐和直口高颈折肩折腹或弧腹的小罐等多种,前者如亭林遗址所出一件,泥质黄陶,上抹一层红褐色陶衣,唇与肩部锥刺弧线形图案(图17-13),

·良渚文化特征分析·

最具特征。

其他如簋,在口沿上多附三鼻(图17-14);盘的唇沿内卷,圈足上有凸弦纹和小镂孔装饰(图17-15);盉为蛋圆形口、矮颈、蛋形腹、背上附环把、下有三柱足(图17-16),特征也极为显著。大致上鱼鳍形或T字形足鼎、竹节把豆、双鼻壶、翘流阔把壶、折唇矮颈弧腹罐、三鼻簋、内卷唇圈足盘以及实足盉,是组成良渚文化的典型器物群。

图17-13 锥形纹陶罐　　　　　图17-14 三鼻陶簋

图17-15 内卷沿陶盘　　　　　图17-16 柱足陶盉

常有玉器出土是良渚文化的另一特色。种类有斧、钺、琮、璧、锥形器、半圆形器、冠形器、角尺形器,以及璜、环、镯、坠、珠、管、鱼、鸟、龟、觿和玲等多种。玉器的制作使用锯割、砥磨、镂孔、浅浮雕、细刻以及抛光等技法,已经有了一套比较完整的工艺。器形上斧、钺同石斧、石钺,但制作更精,一般无使用痕迹。琮有圆筒形的和方柱形的两种,按纹饰来分,有的一节,有的多节,每节都有四组神像(图17-17、18),璧除极个别有纹饰外,大部都是素面,器表往往遗留锯割痕迹,有的可见圆形工具研磨的凹痕

(图17-19)。锥形器有圆柱形(图17-20)、方柱形(图17-21)以及琮形三种,都是一端钝尖,另一端有短柄,后两种大部都有简易的神像纹饰。根据神像的位置,使用时应该尖端朝上。半圆形器正面大多为素面,有的雕琢有神像,背面有三组牛鼻孔,使用时弧边朝上,像是衣帽上的饰件(图17-22)。冠形器上边有两耳一角,下边有榫,有插销孔,正面有的有神像图案,是插在其他器物上的玉件(图17-23)。山字形器,上部三个分叉有插孔,下部也有一个插孔,可能也属于原始宗教用器。角尺形器,形同马家浜文化骨制的同类器,而形制小巧,用途不明。璜多为半璧形,与崧泽文化同类璜相比,凹孔较浅。镯有圆筒形、环形和以两个半环穿孔系线组成的三种。坠与崧泽文化时期粗犷的作兽牙形等玉片状的造型不同,制作精致,有垂胆形、果核形、猪形等多种,有的器表也雕琢神像。珠的钻孔,出现一侧对钻的牛鼻孔。琀作半球形,平面一侧有一对牛鼻孔,形如纽扣。玉鱼、鸟、龟出土数量不多,其造型大部分与红山文化所见的近似,但有一种侧面伫立的玉鸟,应是良渚玉鸟的独特造型。

图17-17 方柱形长玉琮

图17-18 方柱形玉琮

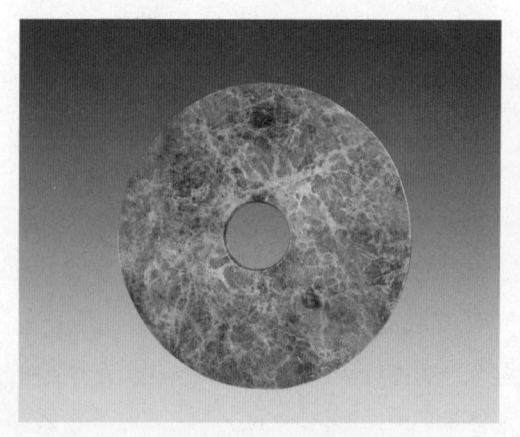

图17-19 玉璧

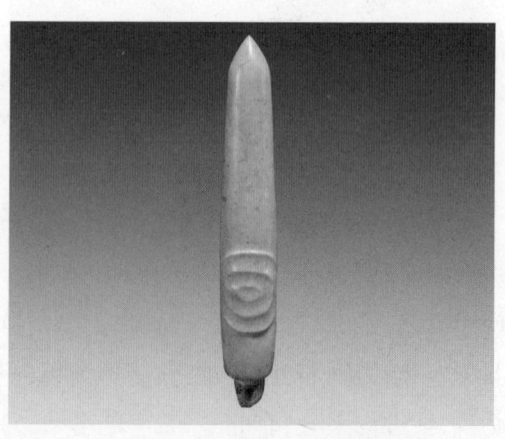

图17-20 圆柱形锥形器

·良渚文化特征分析·

良渚文化各类器物上的另一特征也极为显著。不少器物都刻有古人崇拜的神像。除各类玉器上有此纹饰以外，福泉山 M9 出土的一件象牙上也有此纹饰（图 17-24）；江苏吴县出土的一件陶罐的器表，也有此纹饰。这一类神像，结构上有形象的与简略的区别。如浙江反山玉器上有数例神像，上部有冠、眼、鼻、口，有两手与身躯，下部有兽面与兽腿及三爪，显示了神像的整体（图 17-25）。在多数琮上，神像只见两眼一鼻和下部的兽面（图 17-26），而在长琮和方柱形锥形器上，只以神脸的两眼与一鼻作代表（图 17-27）。因此在反山完整的神像未发现以前，习惯上曾经把两眼一鼻的称为简易兽面纹，而把有眼、有鼻、有口雕琢精细的称为形像兽面纹和鸟纹。这类神像可说是良渚文化非常独特的标帜。另一类突出的纹饰是盘曲的龙蛇纹和鸟纹。这类纹饰都发现于陶器上，如亭林遗址出土的一件黑衣陶器盖有此纹饰；福泉山 M65 的一件黑衣陶鼎和 M74 的双鼻壶上，整器满饰龙蛇纹（图 17-28、29）；草鞋山 M198 的一

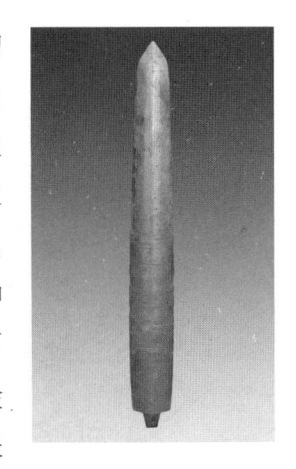

图 17-21　方柱形锥形器

图 17-22　半圆形玉器 　　　　　　图 17-23　冠形器

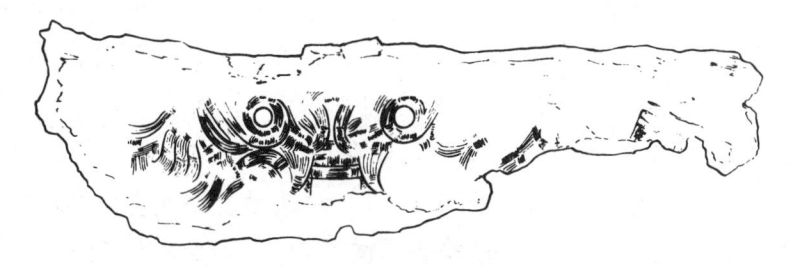

图 17-24　神像图案

图 17-25 神像图案　　　　　　　图 17-26 神像图案

图 17-27 神像图案　　　　　　　图 17-28 龙蛇纹

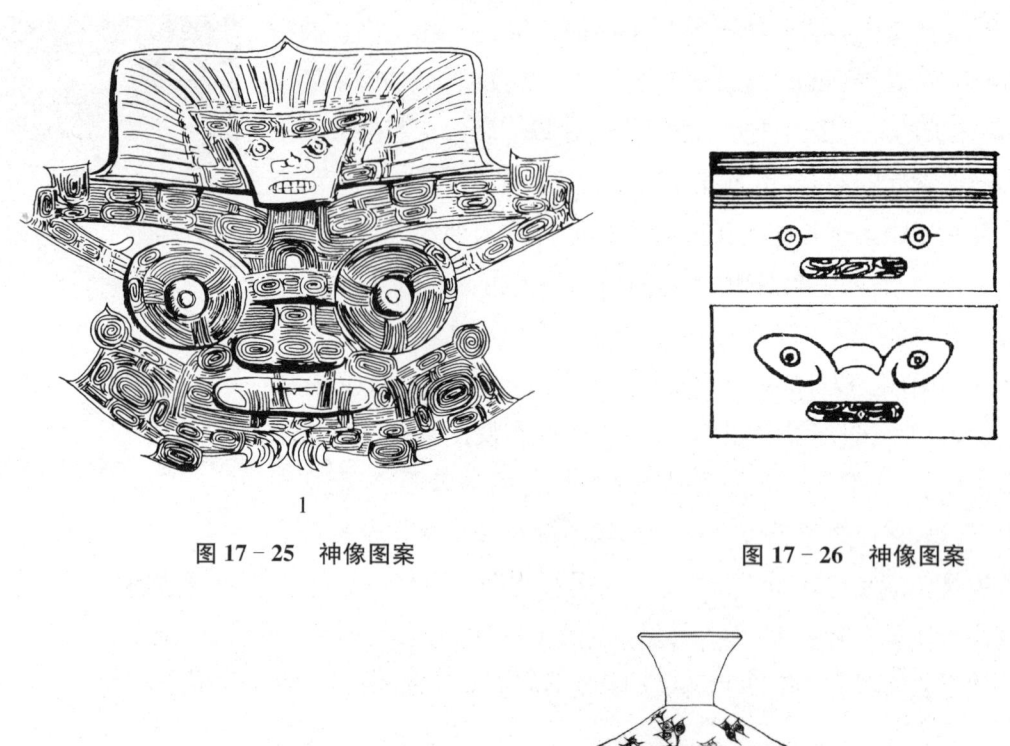

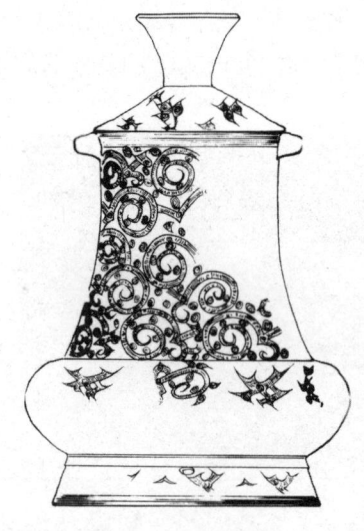

件陶鼎器盖上也有类似纹饰。饰有这类纹饰的陶器都制作精致,出于大墓,可能是一种礼仪用器。其他常见的纹饰尚有鸟纹、翼纹、直向弯曲的曲折纹和旗形纹等(图17-30)。所有这些纹饰都用细刻的方法制成,而且在主纹及其近旁喜用填纹。填纹常以多道横直相间的弧线和云纹组成,所以也有独特的风格。

除此以外,良渚文化还出现了文字。如在马桥遗址出土的一件阔把竹节形黑衣陶杯的底部,刻有"甲木"二字,(图17-31、32)在吴县澄湖良渚井中出土的一件贯耳黑衣陶壶的腹部,刻有横排的"个耳☒☒"四字,这些字的形象已与商代甲骨文相似。

·良渚文化特征分析·

图 17-29　鸟纹

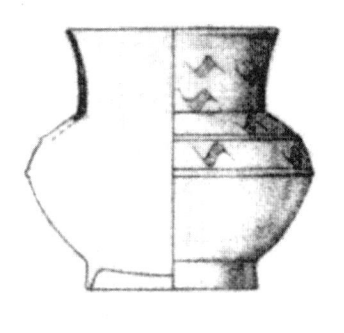

图 17-30　旗形纹

图 17-31　阔把陶杯

图 17-32　陶文

总之,根据良渚文化的遗迹和遗物,可以把它的特征归纳为以下各点:

一、有比较进步的稻作农业,典型而独特的工具有:用于砍除田边杂草的三角形带柄大石刀,三角形三孔石犁和石耘田器等。

二、制陶手工业有很高成就。常见轮制的黑衣灰胎陶器,典型器有鱼鳍形足或T字形足鼎、竹节把豆、三鼻簋、双鼻壶、贯耳壶、阔把翘流壶以及柱足盉等。

三、制玉风气极盛。常见斧、钺、琮、璧、锥形器、冠形器、半圆形器、山字形器和珌等。这些玉器表经过抛光,往往有一层光泽,玉色多见经火烘烤的"鸡骨白色"。

四、原始宗教盛行,大量出现神像,图形是人兽结合,在一些陶制礼器上喜爱刻形像神秘的龙蛇纹。

五、出现进入文明时期的某些迹像，如墓地有高墩大墓与平地小墓之分，大墓随葬象征权力的玉制斧、钺与琮、璧。有的用奴隶殉葬。类似甲骨文的文字也已出现。

参 考 文 献

1. 南京博物院：《江苏吴县草鞋山遗址》，《文物资料丛刊》(3)，文物出版社，1980年。
2. 南京博物院：《江苏吴县张陵山遗址发掘简报》，《文物资料丛刊》(6)，文物出版社，1982年。
3. 南京博物院：《1982年江苏武进寺墩遗址的发掘》，《考古》1984年第2期。
4. 南京博物院、吴县文管会：《江苏吴县澄湖古井的发掘》，《苏州文物资料选编》。
5. 浙江省文管会：《吴兴钱山漾遗址第一、二次发掘报告》，《考古学报》1962年第2期。
6. 浙江省文管会：《杭州水田畈遗址发掘报告》，《考古学报》1962年第2期。
7. 浙江省嘉兴县博物馆、展览馆：《浙江嘉兴雀幕桥发现一批黑陶》，《考古》1974年第4期。
8. 施昕更：《良渚》，1938年。
9. 浙江省文物考古研究所：《余杭反山良渚墓地发掘简报》，《文物》1988年第1期。
10. 浙江省文物考古研究所：《余杭瑶山良渚文化祭坛遗址发掘简报》，《文物》1988年第1期。
11. 上海市文物保管委员会：《上海马桥遗址第一、二次发掘》，《考古学报》1978年第1期。
12. 上海市文物保管委员会：《上海市松江县广富林新石器时代遗址试探》，《考古》1962年第9期。
13. 上海市文物保管委员会：《上海福泉山良渚文化墓葬》，《文物》1984年第2期。
14. 黄宣佩、张明华：《上海青浦福泉山遗址》，《东南文化》1987年第1期。
15. 发掘资料：青浦福泉山遗址第三次发掘，松江亭林遗址第一、二次发掘，青浦金山坟遗址试掘，青浦果园村遗址发掘。

[本文原载于《上海博物馆集刊》(5)，上海古籍出版社，1990年]

论良渚文化的分期

良渚文化是我国东南地区、太湖流域的一支新石器时代晚期古文化。自1936年发现以来，这一类遗址与墓葬已发掘或试掘了数十处，它的年代据碳十四测定，早期如浙江安溪遗址，距今已有4 820±180年，晚期如辉山遗址，距今为4 085±105年（均采用树轮校正年代，下同），上下延续近千年。良渚文化的器物特征，前期如鼎作鱼鳍形足，后期变为T字形足，也有许多变化。因此，为了便于研究它的发生、发展与演变概况，需要对它进行分期。目前已发表的有关良渚文化的论文中，已有多篇分析了分期问题，笔者在《关于良渚文化若干问题的认识》一文中[1]，也曾经作初步的探讨，但是鉴于前一时期可供断代的资料较少，尤其是尚未找到确切的地层叠压关系，分期的基础只能是器形排比，所以这些工作从今天来看，有些尚待深入，有些还存在问题。现在在上海青浦福泉山的发掘工作中，有幸发现了良渚文化的早晚地层叠压关系，和多座墓葬上下叠压与打破的资料，再结合近年来各地又发掘了许多重要墓葬，为分期工作提供了必要的条件，因此可对分期问题再作一次深入的探讨。

一

福泉山是一座包含新石器时代多层文化的土墩。从1972年至1988年，经国家文物局批准，对它作了三次发掘，面积达2 150平方米，比较全面地解剖了土墩，它的地层在表土以下可分六层：第一层灰黄色五花土，第二层黑色扰乱土，这两层是良渚时期的人工堆筑土，在其中发现了祭祀遗迹与墓葬；第三层黄色土是良渚文化早期墓地，第四层灰黑色土，属于崧泽文化墓地，第五层黄褐色土，是一层自然堆积，没有出土遗物，第六层深灰色土，发现崧泽文化的居住遗址。三次发掘清理的良渚文化墓葬计31座,在地层上有10座处于第三层,6座处于第二层,其余15座位于第一层。又发现了三组上下叠压与打破的墓群。如M94叠压在M126之上;M101、132、135、139,四墓依次叠压,而M139又打破M143;M144与M146叠压在M145之上,M145之下又叠压着M149与M150,而M150之下还有M151[2]。根据上列地层和墓葬的叠压关系,参考随葬器物的变化,可以把这批墓葬分为五期;第一期10座(M1~3、126、139、143、148~151)地层上都位于第三层;第二期6座(M115、120、124、135、140、145)位于第二层;第三期5座(M94、109、132、144、146)位于第一层下部;第四期6座(M53、60、65、74、103、136)位于第一层上部距地表深约220~105厘米处,第五期5座(M9、40、67、101、128),位于第一层上部距地表深约145~96厘米处。五期墓葬在葬制上大部挖掘长方形浅坑(坑深20~30厘米),单人仰身直肢,头向南偏东,仅在一、二、三期各出现一座使用人殉的墓葬,三、四期有3座深坑墓(坑深约90~285厘米),四期有1座两人合葬墓,一、四、五期有6座墓未见墓坑,似用平地堆土埋葬。墓内的随葬器物除一期较少以外,其他各期数量都较多,为研究分期提供了良好的条件。

二

福泉山各期常见的陶器有如下型式:

鼎43件,大部呈敞口、束颈、扁圆腹、圜底,器形变化以器足最为显著,可分10式:

Ⅰ式1件,器腹下部加厚,凸出一道台阶,器足横剖面呈扁圆形,上宽下窄,足跟外拐,足脊外侧捏波浪纹,器形与崧泽文化三期的近似,出于一期(图18-1-1)。

Ⅱ式3件,凿形足,足上部横剖面呈方圆形,足尖扁平,有的折腹附双耳,均出于一期(图18-1-2)。

Ⅲ式3件,器足作抱腹式,横剖面呈扁圆形,外侧有的划直条纹,有的在上端捺一凹点,一、二、三期各出1件(图18-1-3)。

Ⅳ式7件,鱼鳍形足,足的外侧略显凹弧,内侧圆弧,足面划人字纹或直条纹,其中一期出土3件,二、三期各出2件(图18-1-4)。

Ⅴ式6件,方鳍形足,足的外侧垂直,内侧圆弧,足面划直条纹,有的外侧加宽,初露T字形,其中二期出土1件,三期出3件,五期出2件(图18-1-5)。

Ⅵ式 12 件,扁方形足,扁平长方形,有的外侧加宽如Ⅴ式,三、四期各出土 6 件(图 18-1-6)。

Ⅶ式 8 件,T 字形足,足的横剖面呈 T 字形,有的足面饰新月形与圆形镂孔,有的划直条纹,其中四期出土 5 件,五期出 3 件(图 18-1-7、8)。

Ⅷ式 1 件,扁方梯形足,足上部较窄,下部较宽,足面划人字纹,出于五期(图 18-1-9)。

Ⅸ式 1 件,深弧腹,平底,小扁铲形足,出于三期(图 18-1-11)。

Ⅹ式 1 件,扁三角形侧足,素面无纹,出于四期(图 18-1-10)。

鼎的分期统计见表 1,鼎足的演变应是:鱼鳍形足⟶方鳍形足⟶扁方形足⟶T 字形足。而早期可见崧泽型的凿形足、抱腹式足与捏波浪纹足,晚期逐步出现圆锥形足,如亭林良渚文化墓葬所见(Ⅺ式鼎,图 18-1-12)[3]。

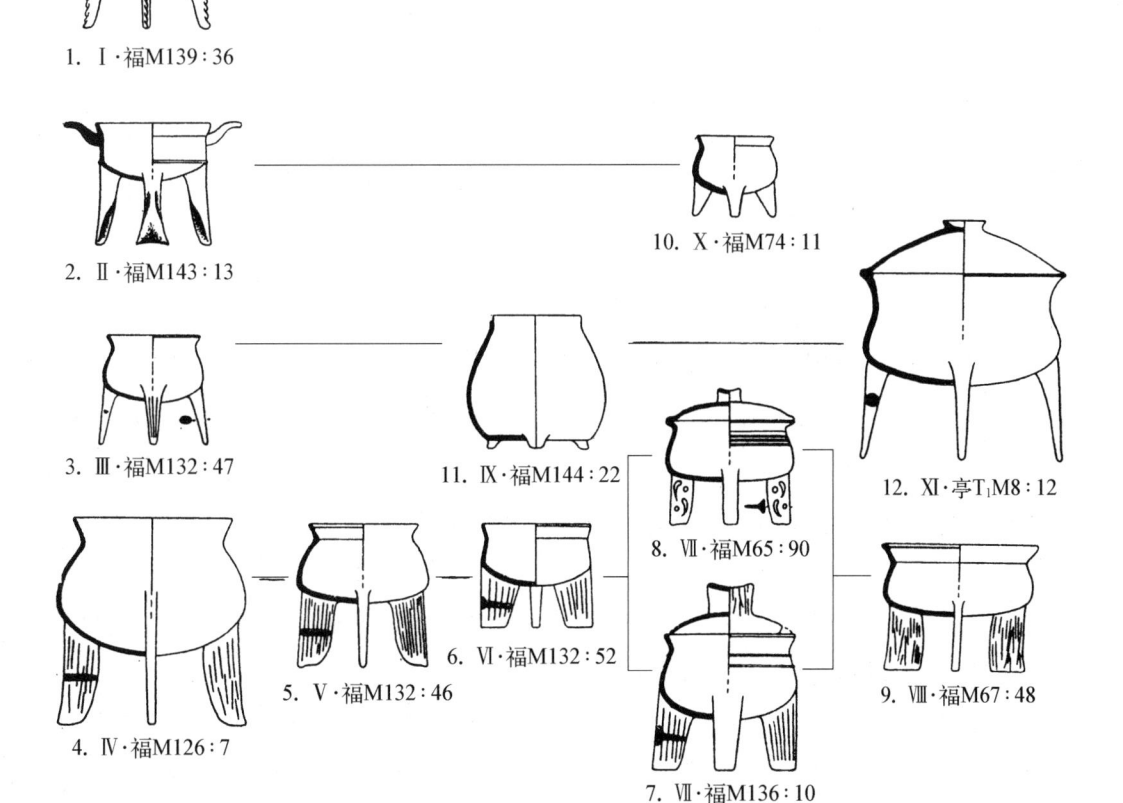

1. Ⅰ·福 M139:36

2. Ⅱ·福 M143:13

10. Ⅹ·福 M74:11

3. Ⅲ·福 M132:47

11. Ⅸ·福 M144:22

8. Ⅶ·福 M65:90

12. Ⅺ·亭 T₁M8:12

4. Ⅳ·福 M126:7

5. Ⅴ·福 M132:46

6. Ⅵ·福 M132:52

7. Ⅶ·福 M136:10

9. Ⅷ·福 M67:48

图 18-1　鼎

表1　鼎

数量 式型 分期	一	二	三	四	五
Ⅰ	1				
Ⅱ	3				
Ⅲ	1	1	1		
Ⅳ	3	2	2		
Ⅴ		1	3		2
Ⅵ			6	6	
Ⅶ				5	3
Ⅷ					1
Ⅸ			1		
Ⅹ				1	

豆30件，按豆盘与豆把变化可分7式：

Ⅰ式17件，敞口折腹盆形，有7型：

A型2件，豆盘下有一道垂棱，豆把弧曲，饰圆形与弧边三角形镂孔，器形与崧泽三期的近似，其中1件平沿，1件平唇外折，均出于一期（图18-2-1）。

B型1件，豆盘平唇外折，豆把弧曲粗矮，饰一道凸弦纹与椭圆形镂孔，出于二期（图18-2-2）。

C型1件，豆盘平唇外折，豆把弧曲粗高，圈足底部内折，凸出一道凸棱，豆把上部饰一道带形凸棱和椭圆形镂孔，出于三期（图18-2-3）。

D型2件，豆盘较浅，豆把作喇叭形，把上纹饰同C型的，二、三期各出1件（图18-2-4）。

E型1件，豆盘底部加厚，凸出一道台阶，豆把上部束颈，饰数道凹弦纹，下部作喇叭形，满饰小圆孔，出于三期（图18-2-5）。

F型6件，豆把作直筒喇叭形，有的饰竹节形凸弦纹，并细刻蟠螭纹与鸟纹，有的饰多道凹弦纹和椭圆形镂孔，四、五期各出3件（图18-2-6）。

G型4件，豆把细高，有的饰竹节形凸弦纹，有的饰瓦棱纹，均出于四期（图18-2-7）。

Ⅱ式1件，敞口束颈，弧肩，腹部下垂，作壶形，把作喇叭形，饰凹弦纹和圆形镂孔，出于一期（图18-2-8）。

Ⅲ式1件,豆盘作盂形,敞口束颈,腹部下垂,豆把弧曲粗矮,镂刻圆形与弧边三角形图案,出于二期(图18-2-9)。

Ⅳ式3件,敞口平沿、弧腹盆形,有2型:

A型2件,豆把粗矮,作直筒形,一件上部饰一道凹弦纹和椭圆形镂孔,下部内收,凸出一道凸棱,另一件素面,二、三期各出1件(图18-2-10)。

B型1件,豆把粗矮,作喇叭形,饰凹弦纹与椭圆形镂孔,出于二期(图18-2-11)。

Ⅴ式5件,直口平唇外折,作碗形,小喇叭形把,其中四期出4件,五期出1件(图18-2-12)。

Ⅵ式1件,敞口束颈,深腹盆形,把较粗,出于五期(图18-2-13)。

Ⅶ式2件,椭圆形浅盘,直筒形细高把,饰竹节形凸弦纹与椭圆形镂孔,四、五期各出1件(图18-2-14)。

各式豆的分期见表2。

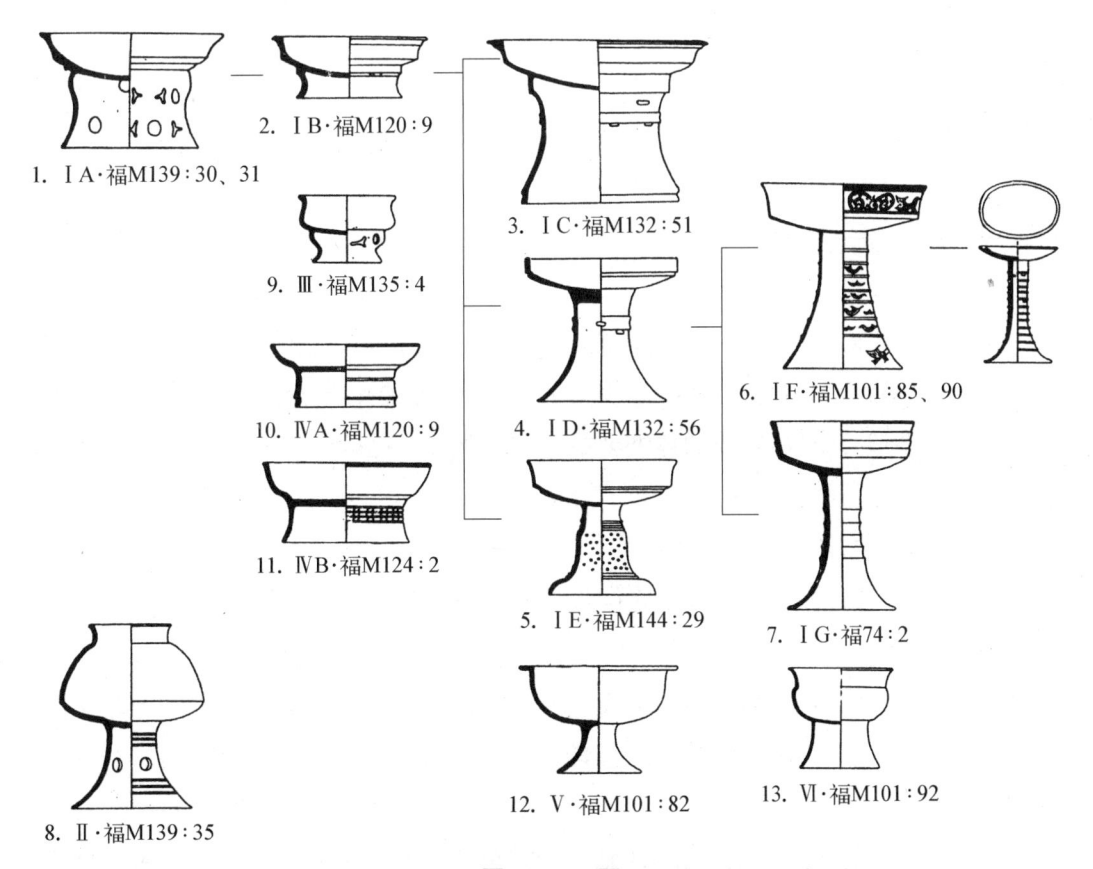

1. ⅠA·福M139:30、31
2. ⅠB·福M120:9
3. ⅠC·福M132:51
4. ⅠD·福M132:56
5. ⅠE·福M144:29
6. ⅠF·福M101:85、90
7. ⅠG·福74:2
8. Ⅱ·福M139:35
9. Ⅲ·福M135:4
10. ⅣA·福M120:9
11. ⅣB·福M124:2
12. Ⅴ·福M101:82
13. Ⅵ·福M101:92

图18-2 豆

表2　豆

式型 \ 分期（数量）	一	二	三	四	五
ⅠA	2				
ⅠB		1			
ⅠC			1		
ⅠD		1	1		
ⅠE			1		
ⅠF				3	3
ⅠG				4	
Ⅱ	1				
Ⅲ		1			
ⅣA		1	1		
ⅣB		1			
Ⅴ				4	1
Ⅵ					1
Ⅶ				1	1

据此，良渚文化豆的演变，在豆把的形制与纹饰上最为显著，豆把从弧曲多节形→凹弧喇叭形→直筒形。纹饰从圆形与弧边三角形镂孔→宽带形凸棱附椭圆形镂孔→竹节形多道凸弦纹，以及通体细刻蟠螭纹与鸟纹。豆盘早期常带垂棱，晚期有深腹碗形与椭圆形浅盘等。

双鼻壶30件，器形可分5式：

Ⅰ式1件，矮直颈，圆弧腹，平底作圆饼形假圈足，口部凸出两鼻，但未穿孔，出于一期（图18-3-1）。

Ⅱ式1件，矮直颈，扁鼓形腹，平底作圆饼形假圈足，出于二期（图18-3-2）。

Ⅲ式6件，粗矮颈微凹，扁鼓形腹，圜底，圈足较直，其中2件出于二期，4件出于三期（图18-3-3）。

Ⅳ式21件，高颈微凹，扁圆腹，圜底，圈足外撇，其中7件出于二期，8件出于三期，6件出于四期，四期中有的通体饰细刻纹（图18-3-4、5）。

V式1件,高颈微凹,扁腹,圜底,直筒形圈足,出于五期(图18-3-6)。

各式双鼻壶的分期见表3。

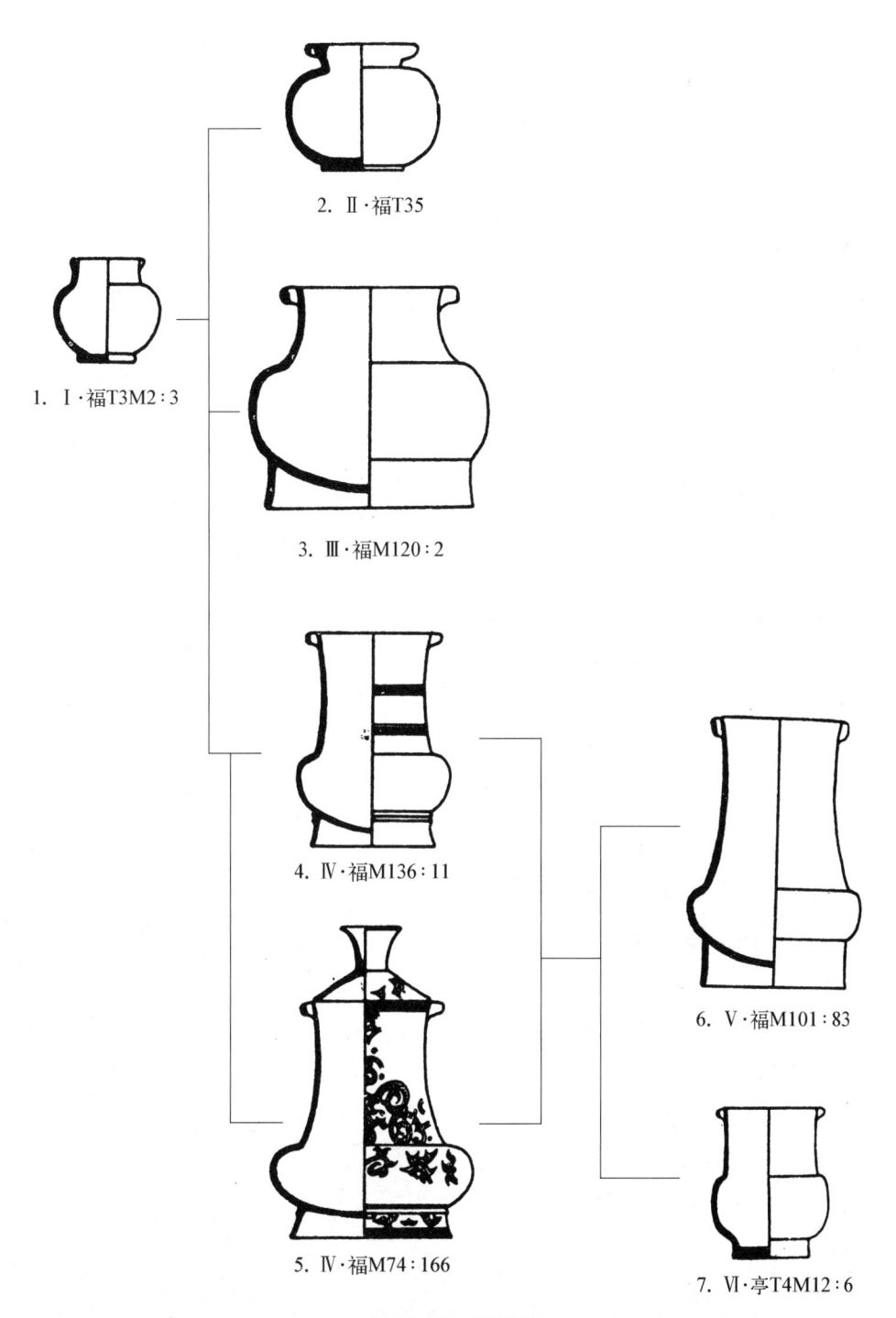

1. Ⅰ·福T3M2:3
2. Ⅱ·福T35
3. Ⅲ·福M120:2
4. Ⅳ·福M136:11
5. Ⅳ·福M74:166
6. Ⅴ·福M101:83
7. Ⅵ·亭T4M12:6

图18-3 双鼻壶

表3 双鼻壶

式型 \ 数量 \ 分期	一	二	三	四	五
Ⅰ	1				
Ⅱ		1			
Ⅲ		2	4		
Ⅳ		7	8	6	
Ⅴ					1

据此,良渚双鼻壶的演变是:颈部由矮而长;腹部由圆弧而扁鼓;圈足二~四期外撇,五期较直,而且一、五期常见圆饼形假圈足;造型上一、五期器形挺直(五期如亭林墓葬所出,直颈、扁圆腹、圆饼形假圈足双鼻壶,如图18-3-7,是典型器),而二~四期线条弧曲,比较优美;器表纹饰,前三期除偶见凹弦纹外,都作素面,四、五期出现细刻纹。

匜 10件,矮颈翘流,弧腹,腹一侧附一把手,可分2式:

Ⅰ式8件,把的部位与流垂直,有5型:

A型1件,扁圆腹,平底附圈足,腹附宽环把,把上部刻网格纹,中部有一圆孔,出于一期(图18-4-1)。

B型1件,扁圆腹,底微圜,附三个扁铲形小足,环把饰粗放的直条纹,出于二期(图18-4-2)。

C型2件,圆球形腹,器形较高,平底,余同B型,均出于三期(图18-4-3)。

D型2件,器形同B型,唯环把宽阔,饰细密的直条纹,出于四期(图18-4-4)。

E型2件,颈细高,底微圜,附圈足,宽环把饰细密的直条纹,上部有两个小圆孔,出于四期(图18-4-5)。

Ⅱ式2件,平底,把的部位与流成直角,有2型:

A型1件,扁圆腹,附角形把手(残缺),出于二期(图18-4-6)。

B型1件,腹部圆鼓,器形较高,附环把,把饰粗放的条纹,出于四期(图18-4-7)。

匜的演变是器形由矮胖变高大,环把由窄变宽,把上直条纹由粗放变细密。

·论良渚文化的分期·

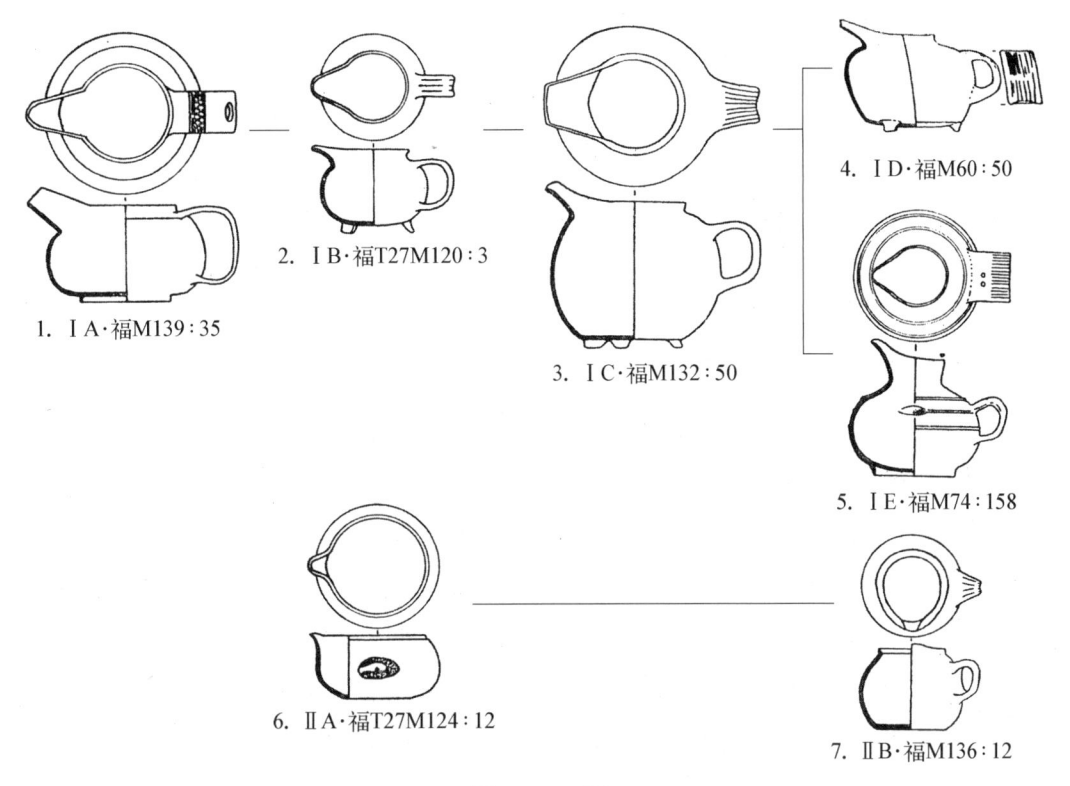

1. ⅠA·福M139∶35
2. ⅠB·福T27M120∶3
3. ⅠC·福M132∶50
4. ⅠD·福M60∶50
5. ⅠE·福M74∶158
6. ⅡA·福T27M124∶12
7. ⅡB·福M136∶12

图 18-4　匜

阔把壶 7 件,翘流,带环把,把与流垂直,可分 3 式。

Ⅰ式 2 件,腰鼓形腹,平底附圈足,宽把饰细密的直条纹,上端有两小孔,其中一件通体细刻曲折纹与鸟纹,均出于四期(图 18-5-1)。

Ⅱ式 4 件,长筒形腹,平底附圈足,环把宽长,饰细密的直条纹,并有两小孔,均出于五期(图 18-5-2)。

Ⅲ式 1 件,扁核形腹,圜底附三个扁铲形小足,腹一侧附绞索形环把,整器似一只伫立的企鹅,出于五期(图 18-5-3)。

阔把壶似从匜发展而来,最早见于四期,壶体较胖,五期即变为瘦长。

杯 19 件,器形可分 7 式。

Ⅰ式 9 件,敞口束颈,腰鼓形腹,平底,据器底变化有 3 型:

A 型 6 件,腹下有一道垂棱,有的肩腹部饰瓦棱纹或弦纹,有的饰彩绘,底附小方足,均出于一期(图 18-6-1)。

B 型 2 件,平底假圈足,均出于二期(图 18-6-2)。

C 型 1 件,底附圈足,出于四期(图 18-6-3)。

Ⅱ式 2 件,敞口束颈,弧腹下垂,平底,有 2 型:

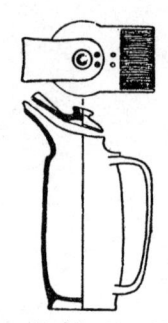

1. Ⅰ·福M65∶2　　2. Ⅱ·福M40∶112　　3. Ⅲ·福M101∶1

图 18-5　阔把壶

A型1件,腹下有一道垂棱,底附小方足,出于一期(图18-6-4)。

B型1件,腹下内收,平底假圈足,出于一期(图18-6-5)。

Ⅲ式2件,直颈,扁圆腹,腹下垂,小圈足,器表饰彩绘,一、二期各出1件(图18-6-6)。

Ⅳ式1件,敞口,弧腹下垂,圈足外撇,出于二期(图18-6-7)。

Ⅴ式2件,敞口、矮颈,腰鼓形腹,平底附圈足,腹附角形把,带盖,出于四期(图18-6-8)。

Ⅵ式2件,直筒形腹,饰竹节形凸弦纹,圜底附小圈足,均出于四期(图18-6-9)。

Ⅶ式1件,敞口带流,腰鼓形腹,圜底附圈足,腹附宽环把,器形近似阔把壶,出于五期(图18-6-10)。

各式杯的分期,见表4。

表4　杯

式型 \ 数量 分期	一	二	三	四	五
ⅠA	6				
ⅠB		2			
ⅠC				1	
ⅡA	1				
ⅡB	1				
Ⅲ	1	1			
Ⅳ		1			
Ⅴ				2	
Ⅵ				2	
Ⅶ					1

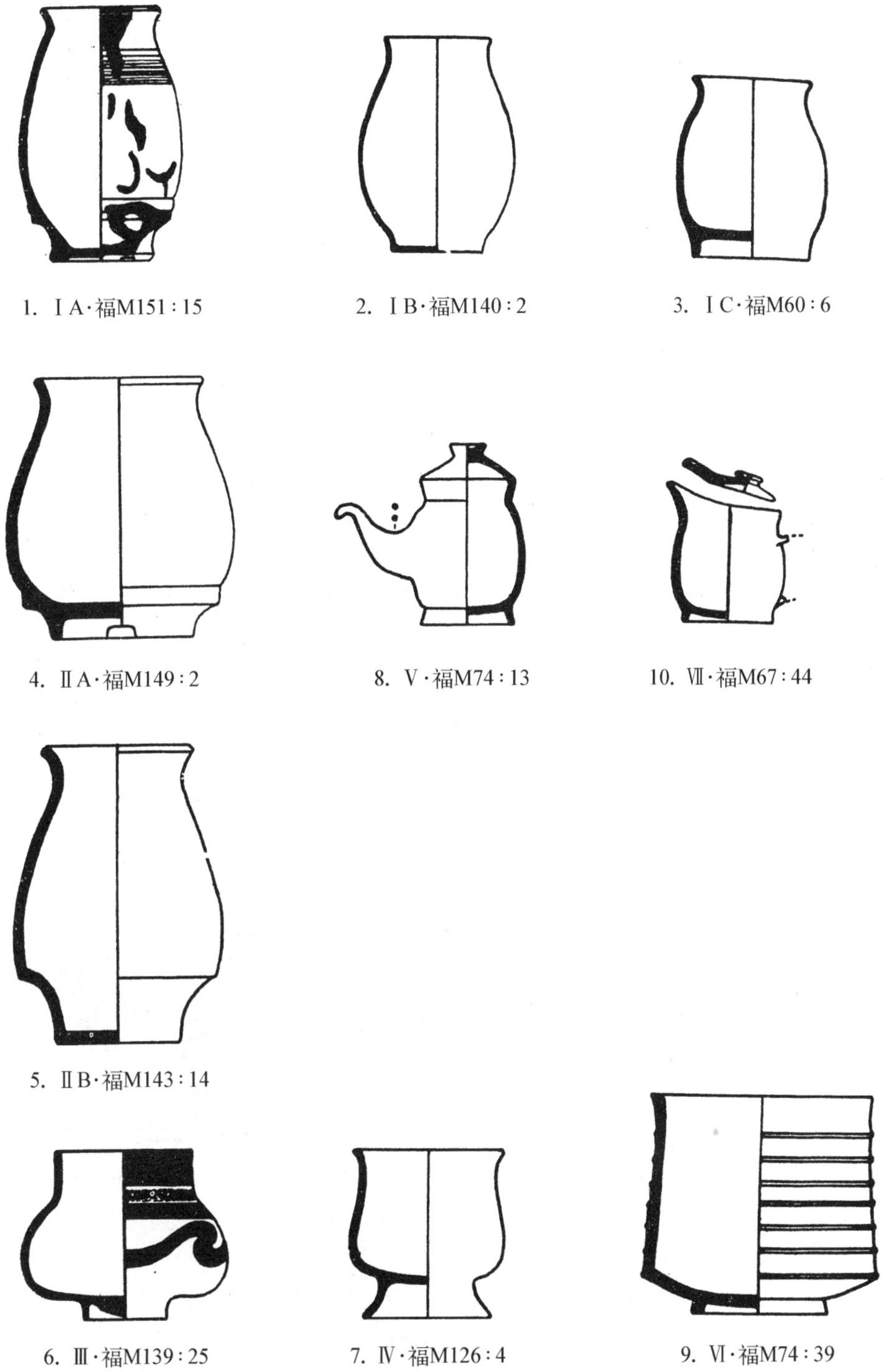

·论良渚文化的分期·

1. ⅠA·福M151∶15
2. ⅠB·福M140∶2
3. ⅠC·福M60∶6
4. ⅡA·福M149∶2
8. Ⅴ·福M74∶13
10. Ⅶ·福M67∶44
5. ⅡB·福M143∶14
6. Ⅲ·福M139∶25
7. Ⅳ·福M126∶4
9. Ⅵ·福M74∶39

图 18-6　杯

杯在良渚文化中,盛行于一、二期,四、五期较少。早期杯常见腹下附垂棱,底附小方足,器表饰彩绘,具有崧泽文化的某些特征。晚期出现宽环把与腹饰竹节形凸弦纹的杯。

簋6件,器形可分4式:

Ⅰ式1件,敞口平唇,折腹,圜底附圈足,口沿附四个竖鼻,出于三期(图18-7-1)。

Ⅱ式1件,敛口,唇沿内折,折腹圜底,矮圈足,圈足上饰两道凸弦纹,口沿附三个横鼻,有双层盖,下层盖纽作直筒形,口沿也附三横鼻,可另成一器,上层盖作浅盘形,三叉形盖纽,出于四期(图18-7-2)。

Ⅲ式2件,敞口束颈,扁圆腹圜底,矮圈足,其中一件腹侧附直贯环把,另一件附横贯环把,均出于四期(图18-7-3、4)。

Ⅳ式2件,口微敛,唇沿外折,深腹斜收,饰篮纹或弦纹,圜底附高圈足,均出于五期(图18-7-5、6)。

簋在三、四期为折腹三鼻,或弧腹附宽环把,至五期突变,出现深腹高圈足。

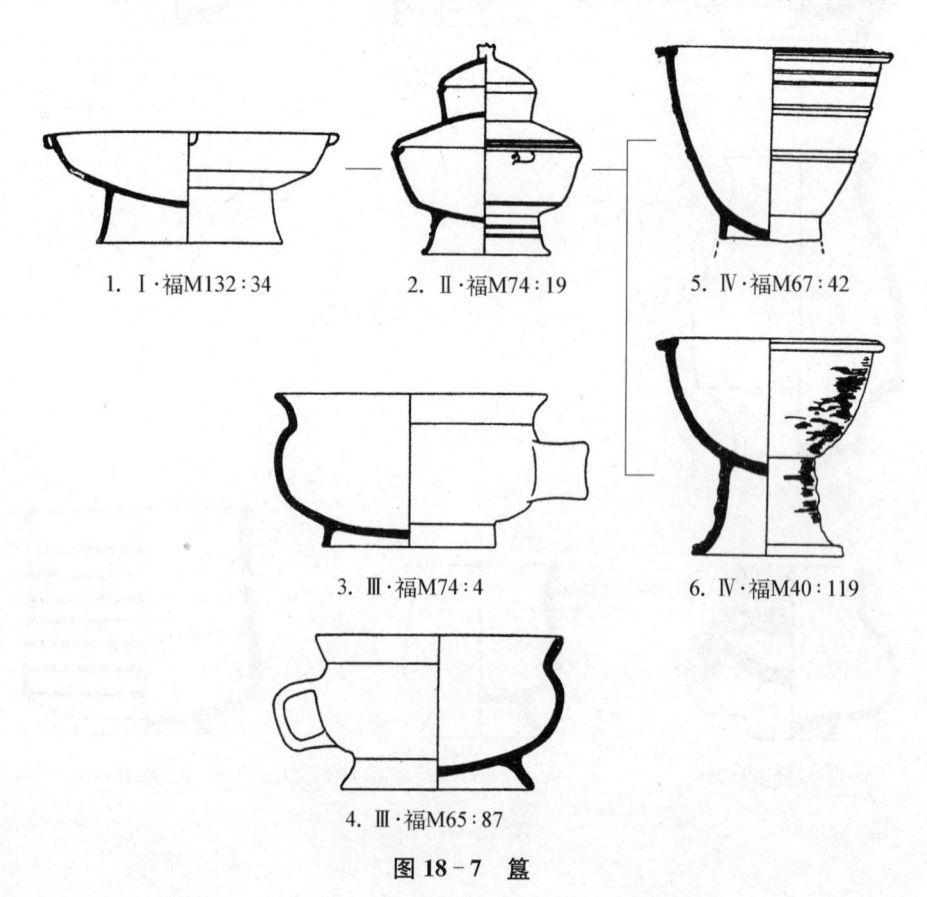

1. Ⅰ·福M132:34
2. Ⅱ·福M74:19
5. Ⅳ·福M67:42
3. Ⅲ·福M74:4
6. Ⅳ·福M40:119
4. Ⅲ·福M65:87

图18-7 簋

归纳上列各器的演变,良渚文化各期陶器的特征应为:

一期,鼎出现鱼鳍形足,同时有崧泽型的捏波浪纹足、凿形足、抱腹式足等共存;豆常见腹附垂棱,把作多节形弧曲,饰圆形与弧边三角形镂孔;双鼻壶的颈矮直,平底矮圈足或假圈足,有的双鼻尚未贯穿;这一期有矮胖附圈足的匜,而无阔把壶,杯的数量较多,大部附小方足或花瓣形足,并且带彩绘。总的风格是既有浓厚的崧泽文化特点,也出现了良渚文化的典型器,是崧泽文化向良渚文化的过渡期。

二期,鼎足以鱼鳍形足为主,个别出现方鳍形足;豆多粗矮把,常饰凹弦纹和椭圆形镂孔;匜的器形矮胖同一期,但器底有的附扁铲形小足,环把较窄,饰粗放直条纹;双鼻壶的数量增多,颈部都略为凹弧,器底变为圜底,圈足较高,矮颈、腹部圆鼓、器形矮胖的双鼻壶,与长颈扁圆腹、器形瘦高的典型良渚双鼻壶共出;杯的器底花瓣形刻纹或小方足消失。这一期已充分显现良渚文化的各种特征。

三期,鼎足有较多外侧加宽的扁方形足,开始显现T字形;豆以凹弧喇叭形高把,饰一条宽带形的凸棱和椭圆形镂孔的为主要特征;匜多作圆球形腹,器形升高;双鼻壶的器形同二期的;折腹圈足的三鼻簋出现。

四期,外侧宽阔的T字形鼎足大量出现,足上纹饰除常见划直条纹或人字形纹以外,还有饰新月形和圆形镂孔的;豆把以细高的为主,把上饰竹节形凸弦纹或瓦棱纹,并有了椭圆形浅盘豆和碗形豆;阔把翘流壶开始出现,壶腹作腰鼓形;杯以直筒腹饰竹节形凸弦纹为主要特征;簋常见扁圆形腹,圈足,附环把的;实足盉也在这一期出现。这一期器上的纹饰变化最为突出,除盛行竹节形装饰外,壶、匜的阔把上直条纹,从二、三期的粗放变为细密,鼎、豆、壶上还出现了细刻蟠螭纹、鸟纹或曲折纹等精美图案。

五期,除沿用四期器形外,鼎足出现一种接近商代马桥类型的圆锥形足,一些T字形足外侧也进一步加宽,有的甚至超过相交的另一边;阔把壶的器腹作直筒形,把阔而长;双鼻壶的颈部与圈足都变直,有的器底作圆饼形假圈足;簋作深腹内收高圈足,与四期的相比,有很大变化;实足盉盛行,袋足鬶也出于这一期。

三

玉(石)器在福泉山良渚文化墓葬中,数量虽然较多,但都偏于四、五期,前三期较少。如按陶器的分期去对照各地有大批玉(石)器随葬的良渚文化墓葬,也可以将玉(石)器作出分期。例如:

张陵山上层5座墓葬所出陶器,鼎为凿形足和鱼鳍形足,豆为粗矮把,饰圆形和弧边三角形镂孔,双鼻壶矮胖平底,这些都属一期特征,但匜的器形较高,筒腹杯的底部未见小方足或刻花瓣纹,年代又略晚,所以大体为一期偏晚,所出玉器可作为一期的补充[4]。

反山 11 座墓葬的陶器,鼎为方鳍形足,豆作粗高把,饰一道宽带形凸棱与椭圆形镂孔,都为三期常见器形,但各式玉琮和锥形器又与福泉山四、五期的相似,可能是玉器使用期较长的原因,反山或可列为三期偏晚,瑶山亦与之相近[5]。

草鞋山二层的 M198,陶鼎的 T 字形足饰新月形与圆形小镂孔,双鼻壶通体细刻鸟纹,这些都与四期的相似,而深腹小圈足簋为五期器形,长琮的年代也较晚,应属五期偏早[6]。

寺墩 M3,根据出土深腹小圈足簋,饰竹节形凸弦纹的豆与瘦长呆直的双鼻壶作分析,可能略晚于草鞋山 M198,也可归入五期[7]。

据此,可将良渚文化常见的玉(石)器作如下排列:

斧 14 件(件数指福泉山所出,下同),长方形,弧刃,刃两端不露刃角,穿一孔,器厚重,其中 3 件出于三期,6 件出于四期,5 件出于五期,亦见于张陵山、反山和草鞋山(图 18 - 8 - 1)。

钺 67 件,长方形,刃两端成锐角,穿一孔或两孔,器扁薄,可分 3 式:

Ⅰ式 55 件,弧刃,以顶部变化有 2 型:

A 型 52 件,顶部平直,或打制后未经磨平,出于一至五期,亦见于张陵山、反山、瑶山和草鞋山(图 18 - 8 - 2)。

B 型 3 件,器体宽阔,有肩,1 件出于三期,2 件出于五期,亦见于张陵山(图 18 - 8 - 3)。

Ⅱ式 8 件,平刃,以顶部变化亦有 2 型:

A 型 7 件,顶部同Ⅰ A,其中 2 件出于一期,1 件出于二期,4 件出于三期,亦见于张陵山(图 18 - 8 - 4)。

B 型 1 件,有肩,出于四期(图 18 - 8 - 5)。

Ⅲ式 4 件,器形狭长,刃部弧凸,上端穿小孔,倒置似圭,均出于五期(图 18 - 8 - 6)。

据此,钺的器形各期变化不大,唯有穿小孔的圭形钺仅见于五期。

锥形器 52 件,可分 6 式。

Ⅰ式 4 件,似骨锥,一端尖锥,另一端钻一孔,一、二期各出 1 件,三期出 2 件(图 18 - 9 - 1)。

Ⅱ式 4 件,两端尖锥,接近橄榄形,一端钻一孔,二期出 1 件,三期出 3 件(图 18 - 9 - 2)。

Ⅲ式 3 件,圆柱形,一端作扁圆形,钻有小孔,另一端尖锥,均出于三期,亦见于张

・论良渚文化的分期・

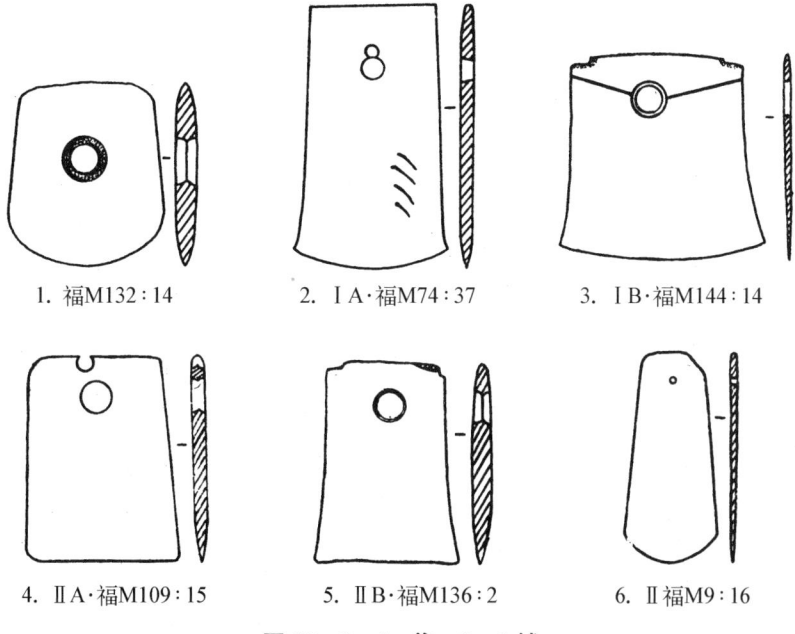

1. 福M132:14　　2. ⅠA·福M74:37　　3. ⅠB·福M144:14

4. ⅡA·福M109:15　　5. ⅡB·福M136:2　　6. Ⅱ福M9:16

图18-8　1.斧　2~6钺

陵山和反山(图18-9-3)。

Ⅳ式27件,圆柱形,一端有圆柱形小柄,穿一孔,另一端钝尖,其中18件出于四期,9件出于五期,亦见于反山和草鞋山(图18-9-4、5)。

Ⅴ式10件,方柱形,一端有小柄,另一端作钝尖,柄部有的有小孔,有的无孔,其中4件出于四期,6件出于五期,亦见于反山和草鞋山(图18-9-6)。

Ⅵ式4件,器形与Ⅴ式相似,唯中段偏上处雕刻成多节琮形,均出于五期,亦见于反山(图18-9-7)。

各式锥形器的分期,见表5。

表5　锥形器

数量 式型	一	二	三	四	五
Ⅰ	1	1	2		
Ⅱ		1	3		
Ⅲ		(张)	3(反)		
Ⅳ			(反)	18	9(草)
Ⅴ			(反)	4	6(草)
Ⅵ			(反)		4

注:张:张陵山,反:反山,草:草鞋山

1. Ⅰ·福M139：1

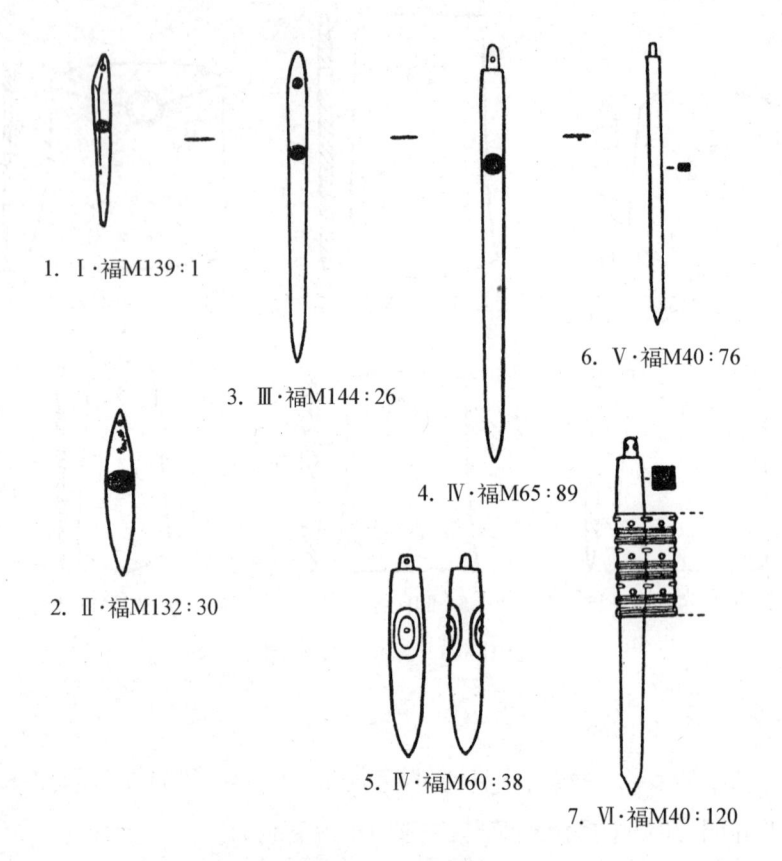

3. Ⅲ·福M144：26

6. Ⅴ·福M40：76

2. Ⅱ·福M132：30

4. Ⅳ·福M65：89

5. Ⅳ·福M60：38

7. Ⅵ·福M40：120

图 18－9　锥形器

锥形器的演变是，早期似骨锥，柄部未作加工，或两端尖锥，呈橄榄形。往后圆柱形成为主体，又出现方柱形与琮形。柄部由扁圆而作圆柱榫形，尖端由尖锥而变为钝尖。

琮8件，结合张陵山等地所见，可分5式。

Ⅰ式，矮圆筒形，孔大，器壁较薄，或可称琮形镯，外壁凸出四块弧面凸块，在分节与纹饰雕琢上有2型：

A型，凸块中间无凹槽，不分节，其上用阴线刻兽面，出于张陵山上层墓葬（图18－10－1）。

B型，凸块分作两节，以浅浮雕和线刻神脸与兽面，五期出1件，亦见于瑶山和寺墩（图18－10－2）。

Ⅱ式，器形接近Ⅰ式，但外壁凸出四块角尺形凸块，成为内圆外方，纹饰都以浅浮雕与线刻方式表现，有4型：

A型，凸块不分节，有的饰神脸，有的饰兽面，见于反山和瑶山（图18－10－3）。

B型,凸块分两节,上部作神脸,下部作兽面,组成一个神像,或上下节各刻一个神脸,四、五期各出1件,亦见于反山、瑶山和寺墩(图18-10-4)。

C型,凸块分三节,上下节刻神脸,中间刻兽面,或上中下刻三个神脸,五期出2件,亦见于反山(图18-10-5)。

D型,凸块分四节,雕刻上下两组神像,见于反山(图18-10-6)。

Ⅲ式,矮圆柱形,孔径较小,器壁厚,外壁凸出四块弧面凸块,凸块分两节,以浅浮雕与线刻雕琢上下两个神脸,五期出1件(图18-10-7)。

Ⅳ式,矮方柱形,孔较小,器厚重,以凸块分节情况论,有2型:

A型,分两节,雕琢一组神像,或上下两个神脸,或两个兽面,四期出2件,亦见于反山瑶山与草鞋山(图18-10-8)。

B型,分四节,雕琢上下两组神像,见于反山(图18-10-9)。

Ⅴ式,长方柱形,凸块上划分多节,每节雕琢一个神脸,见于草鞋山和寺墩(图18-10-10)。

琮的演变,现知器形上是先有筒镯形,再有矮方柱形,然后出现长方柱形。纹饰的雕琢,一期为粗深的阴线,三、四期后方有浅浮雕与细刻纹的组合,图案的形象,早期为兽面纹,中期多神脸与兽面结合的神像,晚期以重叠多节的神脸为主。

璧12件,以孔径大小可分2式:

Ⅰ式3件,孔径大于边宽,均出于三期(图18-11-1)。

Ⅱ式9件,孔径小于边宽,其中3件出于四期,6件出于五期(图18-11-2)。

璧在张陵山上层墓葬仅见Ⅰ式,在反山、瑶山、草鞋山与寺墩墓葬中有Ⅰ、Ⅱ式,大致一、二期多为Ⅰ式,三、四、五期Ⅰ、Ⅱ式共存。

冠形器4件,作倒梯形,上边凸出两方耳一圆弧,下边有一条插榫,有榫孔,结合张陵山、反山、瑶山和草鞋山所见,器形可分5式:

Ⅰ式,器形宽矮,上边中间的圆弧作半圆形,无尖角,见于张陵山(图18-12-1)。

Ⅱ式3件,器形升高,但宽仍大于高,上边圆弧低矮,中间突出一尖角,作笠形,三期出1件,四期出2件,也见于草鞋山、反山和瑶山(图18-12-2)。

Ⅲ式,器形宽矮,上边平齐,中间凸出另一倒梯形,平顶露尖角,左右伸出两方耳,整器线刻和透雕神像,见于反山(图18-12-3)。

Ⅳ式,器形较高,上边平齐,中间凸出尖角,左右伸出两方耳,正面刻琢神像和鸟纹,见于瑶山(图18-12-4)。

Ⅴ式1件,器形瘦长,上边两方耳的中间,低平凸出一尖角,出于五期(图18-12-5)。

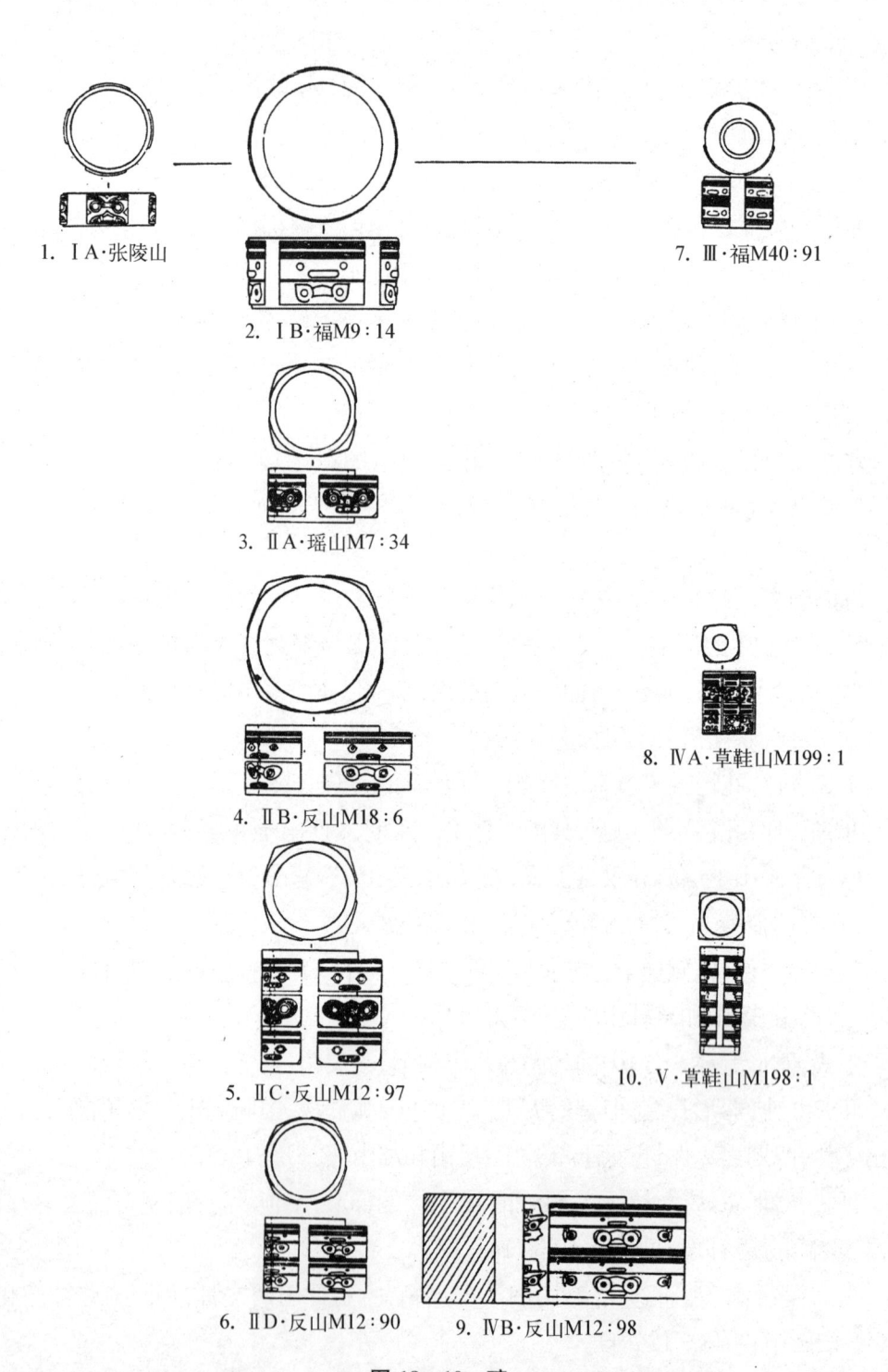

1. ⅠA·张陵山
2. ⅠB·福M9:14
3. ⅡA·瑶山M7:34
4. ⅡB·反山M18:6
5. ⅡC·反山M12:97
6. ⅡD·反山M12:90
7. Ⅲ·福M40:91
8. ⅣA·草鞋山M199:1
9. ⅣB·反山M12:98
10. Ⅴ·草鞋山M198:1

图 18-10　琮

1. Ⅰ·福M109∶13 　　　　　　2. Ⅱ·福M40∶111

图 18-11　璧

冠形器的变化,似乎由宽矮变瘦长,上边方耳中间的圆弧由半圆形而笠形,再变为平顶露尖角。

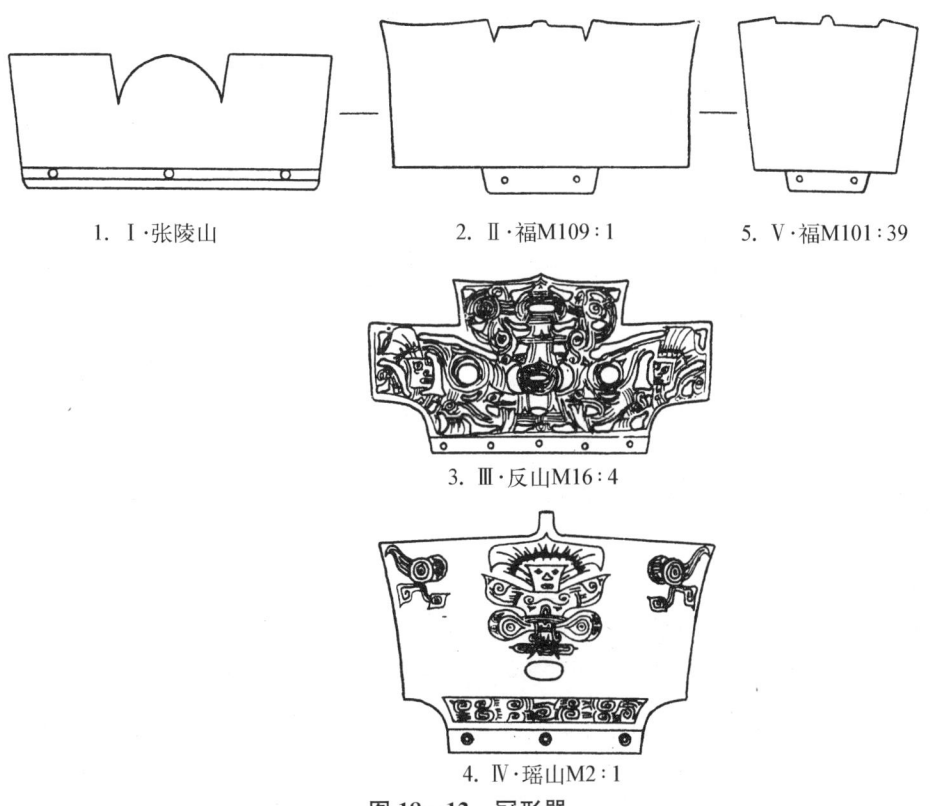

1. Ⅰ·张陵山　　　2. Ⅱ·福M109∶1　　　5. Ⅴ·福M101∶39

3. Ⅲ·反山M16∶4

4. Ⅳ·瑶山M2∶1

图 18-12　冠形器

综上所述,良渚文化常见玉(石)器的各期特征可归纳为:

一期,锥形器柄部未作精细加工,仅钻一孔,器形近似骨锥;琮作筒镯形,兽面纹形象粗犷,采用单一的阴线雕刻;璧的孔大于边宽,冠形器的上边,弧顶不露尖角。

二期,资料过少,仅知锥形器以两端尖锥、接近橄榄形的为主。

三期,进入玉器蓬勃发展期,各类玉器齐全,纹饰采用浅浮雕与细刻等方法制作。锥形器除一、二期遗留器形外,以圆柱体扁圆柄的为代表,并开始出现方柱形和琮形锥形器;琮的器形,筒镯形与矮方柱形共存,凸块上的纹饰有一至四节,刻琢神脸或兽面,或组合的神像;璧的边宽大于孔径的大量出现;冠形器的型式增多,但器形仍宽大于高,顶部都露尖角。

四期,各类玉器与三期的无显著变化,唯带小圆柄的圆柱锥形器以及方柱与琮形锥形器数量增多,成为主体。

五期,出现器形狭长、刃部凸出、穿孔细小的圭形钺,和多节的长方柱形琮;冠形器也器形瘦长,余同四期的。

至于长方弧刃的斧、钺,各期未见显著的变化。

四

关于良渚文化五期的年代,良渚文化在考古地层关系上,上压相当于夏商时代的马桥文化,下有崧泽文化,正处于新石器时代的末期。它的绝对年代据碳十四和热释光测定数据(表6、7),可作如下分析:

表6 碳十四测定年代

标　　本	地点、层位和质料	距今年代半衰期5 730	距今年代(树轮校正)
ZK-437-0	上海青浦崧泽三期M87人骨	4 635±105	5 180±140
ZK-1250	上海青浦福泉山炭化木	4 730±80	5 295±110
ZK-433	江苏吴县张陵山木炭	5 160±230	5 785±240
WB78-9	江苏海安青墩树根	4 825±85	5 405±110
WB78-8	江苏海安青墩木炭	4 680±80	5 235±125
ZK-49	浙江吴兴钱山漾稻谷	4 700±100	5 260±135
ZK-97	浙江吴兴钱山漾四层木杵	4 695±90	5 255±130
ZK-44	浙江安溪四层木块	4 335±85	4 820±180
ZK-47	浙江吴兴钱山漾三层干箅	4 245±85	4 710±140
ZK-50	浙江吴兴钱山漾四层竹绳	4 140±85	4 580±135
ZK-292	上海青浦果园村四层木头	4 080±100	4 505±145
ZK-242	浙江嘉兴雀幕桥木井板	3 940±95	4 330±145
ZK-254	上海金山亭林下层树干	3 840±95	4 200±145
ZK-2109	浙江德清辉山M2葬具	3 740±75	4 085±120

表7 热释光(TL)测定年代

样品编号	出土地点层位	测定物质	距今年代	平均距今年代
SB19a1	松江汤庙村遗址(四)	墓葬陶片	4 750±340	
SB19a2	松江汤庙村遗址(四)	墓葬陶片	5 340±700	4 860±230
SB19c	松江汤庙村遗址(四)	墓葬陶片	5 200±570	
SB19d	松江汤庙村遗址(四)	墓葬陶片	4 650±450	
SBMa	上海马桥遗址(五)	泥质黑陶阔把	4 490±470	
SBMb	上海马桥遗址(五)	泥质橘黄陶口沿	4 510±440	4 400±220
SBMc	上海马桥遗址(五)	夹砂橘黄陶袋足	4 550±460	
SBMe	上海马桥遗址(五)	夹砂灰陶三足盉柱足	4 100±390	
SB101a	上海马桥遗址 T6(五)	夹砂橘黄陶鬶袋足	4 430±260	4 260±190
SB101b	上海马桥遗址 T6(五)	夹砂橘黄陶鬶袋足	4 090±280	
SB102a	上海马桥遗址 T6(五)	夹砂黑陶	4 560±320	4 410±230
SB102b	上海马桥遗址 T6(五)	夹砂黑陶	4 270±340	

一期为崧泽文化向良渚的过渡期,可资参考的年代有:上海松江汤庙村4座墓葬[8],无论鼎、豆、杯,器形都为同一期,以其中4件陶器所作的热释光测定年代,平均数为距今4 860±230年。现知崧泽文化晚期,如崧泽墓地第三期墓葬M87的人骨,经碳十四测定为距今5 180±140年;福泉山崧泽晚期文化层的炭化木,碳十四测定为距今5 295±110年。良渚一期的器物,直接由崧泽三期的演变而来,其年代应与之相近,因此一期年代可定为距今5 100~4 900年。

二期的典型鼎为鱼鳍形足,大致钱山漾四层所出器物与之相当[9],钱山漾的碳十四测定年代:竹绳为距今4 580±135年,木杵为距今5 255±130年,稻谷为距今5 260±135年,上列后两数字超过一期,并与崧泽文化晚期年代重叠,可能测定偏早,而前一数字又偏晚,因此二期年代似在距今4 900~4 700年。

三期如上海青浦果园村遗址的第四层[10],出土的方鳍足鼎,大镂孔豆与喇叭形圈足杯,都属三期器形,果园村所出木条碳十四测定为距今4 500±145年,三期年代可定为距今4 700~4 500年。

四期可资参考的有马桥下层[11],所出陶器的热释光测定,如划细密直条纹的黑衣陶器的阔把为距今4 490±470,橘黄陶锥刺纹罐的口沿为距今4 510±440,夹细砂红陶鬶的袋足为距今4 550±460,四期年代约为距今4 500~4 300年。

五期如雀幕桥木井出土筒形腹阔把壶、胖袋足鬶[12],以及亭林墓地出土的圆锥足鼎、饼形假圈足双鼻壶和长方柱形琮,都属这一期。雀幕桥木井板碳十四测定为距今 4 300±145 年,亭林炭化木碳十四测定为距今 4 200±145 年,五期年代可定为距今 4 300～4 100 年。

良渚文化的绝对年代,需要讨论的是如何评估表 6 中 6 个 5 000 年以上的测定数据:即钱山漾的距今 5 255±130 与距今 5 260±135,张陵山的距今 5 785±240,福泉山的距今 5 295±110,青墩的距今 5 235±125 与距今 5 405±110。笔者以为其中后 4 个测定标本,可能不属于良渚文化,如张陵山的标本,采自 M2 近旁的一块木炭。现知良渚文化的埋葬方式,大部采用平地堆土掩埋或挖浅坑埋葬。墓地如建立在早期遗址之上,堆土或填土中就常有早期遗物,张陵山的良渚墓地叠压在崧泽墓地之上。所以墓旁木炭很可能是从下层翻上来的遗物。青墩的两个标本,前者是树根,"在 T1 第六层淡灰土层,离地面 230 厘米处出土,其上层为褐杂层,出土夹砂陶片、陶纺轮等器物,估计属新石器时代",后者为 T2H2 中的木炭,"在灰黑土层底部出土,同层有泥质红陶及施红衣陶器残片,也估计为新石器时代灰坑"。对照《江苏海安青墩遗址》发掘报告:上文化层扰乱比较严重,具有明显良渚特征的仅发现个别 T 字形鼎足,其他多为凹弧形鼎足和多节形有圆形或三角形镂孔的豆把等。上层墓葬也只有处于黄绿土层偏上的 M18 一墓出土贯耳壶 4 件,其余上层偏下的墓葬似乎年代前后延续较长[13]。所以标本所处的地层,实际上包含良渚与崧泽两个时期,出土的标本不一定属于良渚文化。至于福泉山 T3 的标本,已查明出于崧泽晚期地层,因此这些测定都不能用作良渚年代的参考。而钱山漾四层的测定,既有超越 5 200 年的,同时又有 4 580 年的,与良渚文化的前身——崧泽晚期已多次测得 5 200 年前后的相比[14],也难以应用,因此笔者主张良渚文化的年代,如不包括过渡期,应当为距今 4 900～4 100 年。

注释

[1] 黄宣佩:《关于良渚文化若干问题的认识》,《1979 年中国考古学会第一次年会论文集》,文物出版社,1979 年。

[2] 福泉山的发掘简报见:上海市文物保管委员会:《上海福泉山良渚文化墓葬》,《文物》1984 年第 2 期;上海市文物保管委员会:《上海青浦福泉山良渚文化墓地》,《文物》1986 年第 10 期;黄宣佩、张明华:《上海青浦福泉山遗址》,《东南文化》1987 年第 1 期。

[3] 上海金山县亭林良渚文化墓地,1973～1990 年上海市文物管理委员会进行发掘,所见器物与本文五期相似,地层中树干碳十四测定为 4 200±145 年。

[4] 南京博物院:《江苏吴县张陵山遗址发掘简报》,《文物资料丛刊》(6),文物出版社,1982 年。

[5] 浙江省文物考古研究所:《浙江余杭反山良渚墓地发掘简报》,《余杭瑶山良渚文化祭坛遗址发

掘简报》,均刊于《文物》1988年第1期。
[6] 南京博物院:《江苏吴县草鞋山遗址》,《文物资料丛刊》(3),文物出版社,1980年。
[7] 南京博物院:《1982年江苏武进寺墩遗址的发掘》,《考古》1984年第2期。
[8] 上海市文物保管委员会:《上海松江县汤庙村遗址》,《考古》1985年第7期。
[9] 浙江省文物管理委员会:《吴兴钱山漾遗址第一、二次发掘报告》,《考古学报》1960年第2期。
[10] 上海青浦县果园村遗址,上海市文物保管委员会1973年进行发掘,除第一层表土外,二、三、四层都为良渚文化层。
[11] 上海市文物保管委员会:《上海马桥遗址第一、二次发掘》,《考古学报》1978年第1期。
[12] 浙江省嘉兴县博物馆、展览馆:《浙江嘉兴雀幕桥发现一批黑陶》,《考古》1974年第4期。
[13] 南京博物院:《江苏海安青墩遗址》,《考古学报》1983年第2期。
[14] 中国社会科学院考古研究所:《中国考古学中碳十四年代数据集(1965—1931)》,《考古》1984年第3期。

[本文原载于《上海博物馆集刊》(6),上海古籍出版社,1992年]

良渚文化分布范围的探讨

自从1936年良渚文化首次发现以来,我们经过数十年的田野考古与分析探讨,对于它的特征和年代已经有了比较深入的认识,但是关于它的分布范围至今仍然众说不一,除了它的中心环太湖地区以外,它的南至是否过钱塘江,西至是否进入宁镇地区,以及北至是否过长江,都存在不同观点。因此对于良渚文化的分布范围,仍然是一项需要研究分析的课题。

一、笔者以为文化分布区的讨论首先应该明确分布的概念。

文化分布区,是指在一定的时间和一定的范围内以这一类文化为主体的地区,应该把与这一类文化有密切交往的地区区分开来。良渚文化是新石器时代晚期一种非常活跃的古文化,影响遍布全国各地。在山西襄汾陶寺的龙山文化墓葬中,见角尺形的石刀、玉璧和玉琮等与良渚文化有关的器物;在鲁南和苏北的大汶口文化分布区,有有段石锛、琮、璧、锥形器以及陶T字形足鼎、双鼻壶和阔把翘流壶等成群的良渚典型器;在安徽潜山薛家岗文化的墓中,见有段石锛和琮形管;在广东的石峡遗址和墓葬,有琮璧筒形镯、双鼻壶和陶鬶;在江西的新会、德安和靖东等地,也有玉琮出土。这些地点的文化主体都很清楚,属于其他文化的领域,人们不会因见了良渚的典型器物,就以为良渚的分布已到达这一带。因此研究良渚文化的分布是否到达某一地区,应对当地的古文化内涵有比较全面的了解,即需要分析这一地区的一个甚至几个遗址或墓葬群才能得出比较确切的结论,如果仅仅依据采集品或个别墓葬就容易产生偏差。

二、要确切掌握良渚文化的特征,区分良渚与非良渚的界限。

在辨别是否属于良渚文化时,有的学者以为以灰胎黑衣陶为主,就是良渚文化。其实黑衣灰陶的出现与使用源远流长,早在崧泽文化前期就已经出现。如在崧泽遗址的中层墓地早期M21中,就见6件非常典型的黑衣灰胎壶与豆;在崧泽文化的中晚期,黑衣灰陶非常盛行,几乎每墓都有;至于在良渚以后的马桥文化中,黑衣灰陶仍是主要陶系之一。其他如在江西和安徽的新石器时代古文化中,黑衣灰陶同样占有一定比例。所以黑衣灰陶并非良渚所独有,这点随着田野考古的全面展开,已经比较清楚。在器形上,因良渚文化与周边文化的密切交往,同样包含了其他文化的因素,所以有些器物虽在良渚文化层或墓中出土却并不属于良渚文化。例如瓦足盘,曾见于上海松江广富林遗址的良渚墓葬中(图 19-1)[1],有的著作就把这类陶盘指为良渚文化遗物。其实瓦足盘在薛家岗文化第三期已经存在[2],出土数量多,年代相当于良渚早期,而在良渚文化中仅见于中晚期,是受薛家岗文化影响之物。良渚文化常见的多孔长方形石刀(图 19-2),亦与瓦足盘的情况相同,并非自身独特的器物。对于有些名称上相同的器物,同样有良渚与非良渚的区别。例如作为良渚典型器之一的鱼鳍形足鼎到了晚期成为扁方形,与崧泽文化的扁方足鼎容易混淆,前者均刻划重直的直条纹(图 19-3)或重叠的角尺形纹,而后者的扁方足为素面无纹(图 19-4),或饰一条

图 19-1　瓦足陶盘　　　　　　　图 19-2　五孔石刀

图 19-3　直条纹扁方足陶鼎　　　图 19-4　素面扁方足鼎

粗深的直槽,或作剔刺纹,良渚的袋足鬶与大汶口的袋足鬶,器形非常近似,但良渚鬶口沿捏流持平,把安在后一足的足背上(图19-5),而大汶口的则是翘流,把连接颈腹。大口缸同见于良渚与大汶口文化中,前者为直口略为外侈,通体饰篮纹或近口沿部饰一周深刻的菱形纹(图19-6),后者则口沿外折,外壁饰一或两道凸弦纹[3]。石器中的有段锛,也容易与湖熟或马桥文化的同类锛混淆,其区别是良渚锛的分段偏上,在近2/3处,并且呈台阶形(图19-7),湖熟与马桥的分段偏下在1/2处,甚至更低,分段似凸脊(图19-8)。所以鉴别一种文化的归属必须认识它的最具代表的典型器。

图 19-5　陶鬶

图 19-6　菱形纹大口陶缸

图 19-7　石锛

图 19-8　石锛

良渚文化典型器应为:陶器,T字形足鼎、竹节形把豆、口沿内折贴边的坦腹圈足盘、双鼻壶、阔把翘流壶、三鼻簋;玉器,神像纹琮、对钻孔的璧、锥形器、半圆形器、冠形器;石器,三角形斜柄石刀、分段偏高的有段石锛、柳叶形石镞和石耘田器等(图19-9)。

•良渚文化分布范围的探讨•

图 19-9　良渚文化典型器物

1. T字形足陶鼎(广富林)　2. 坦腹圈足陶盘(福泉山)　3. 双鼻陶壶(福泉山)　4. 三鼻陶簋(马桥)　5. 竹节形把陶豆(福泉山)　6. 翘流阔把陶壶(福泉山)　7. 神像纹玉琮　8. 玉冠形器(福泉山)　9. 柳叶形石镞(马桥)　10. 玉锥形器(福泉山)　11. 玉璧(福泉山)　12. 三角形斜柄石刀(果园村)　13. 石耘田器(亭林)　14. 半圆形玉器(福泉山)

三、按照上述见解,分析钱塘江以南的宁绍和舟山地区,常州以西的宁镇地区以及长江北岸淮河以南地区古文化与良渚文化的关系。

1. 钱塘江以南的宁绍、象山和舟山地区:这一带经过普查和 1973~1978 年余姚河姆渡遗址的发掘,确认是河姆渡文化的分布区,但对河姆渡文化四期以后与良渚文化年代相当的古文化的文化归属存在争议。即到底是河姆渡文化的延续——河姆渡后续文化,还是良渚文化的分布已经到达这一带。对于这一问题,浙江省文物考古研究所在 20 世纪 80 年代进行的一系列田野考古工作为我们提供了研究的条件。

1987 年发掘的象山塔山遗址,文化层分三层,下层出双目式鸭嘴形足绳纹釜形鼎、泥质红陶喇叭形圈足器、多角沿绳纹圜底釜、侈口束颈夹炭红衣陶罐,显示河姆渡三期的特征。中层即所谓河姆渡后续文化,所见陶器以夹砂和夹介壳末的红陶为主,泥质灰陶和泥质黑衣陶次之,器形有鱼鳍形足罐形鼎、T 字形足盆形鼎、竹节把豆、双鼻壶、宽把壶、圈足盘等,石器有三角形斜柄石刀、有段石锛、柳叶形镞,并见双孔石刀和耘田器[4]。上层出印纹陶和原始瓷,属周代遗存。以中层与良渚文化相比,无论石器与陶器,两者均基本一致。尤其良渚最典型的双鼻壶,中层出土多达 5 件,为其他遗址所少见。而河姆渡文化的基本特征——绳纹陶釜,在中层消失或成为偶见,简报与有关文章未提。可见河姆渡文化在塔山的中层,已被良渚文化所取代。

1988 年发掘的宁波慈湖遗址,遗存分上下两层,下层出夹炭黑陶釜、猪嘴形陶支座、鱼鳍形鼎足等,出土物为河姆渡文化三、四期所常见。上层陶器以泥质黑衣陶和夹砂灰陶为主,有少量泥质灰陶和夹砂红陶,器表多素面,与良渚陶系一致,可辨的器形有鼎、豆、罐、盘、杯、壶、鬶等,鼎的口沿以沿面内凹的居多。鼎足以良渚早期常见的鱼鳍形足为主,有少量 T 字形足,豆有宽高把和喇叭形把等,有的把饰圆形、三角形的组合镂孔,个别刻划绳索纹。这种器形和纹饰在崧泽晚期和良渚早中期的豆中可找到同类器。有一种橙红陶锥刺纹的圈足罐,在良渚陶器中虽然数量少,但也属良渚文化突出的器物之一,曾见于上海马桥、金山亭林等遗址。盘的口沿上有的镂刻圆形、三角形的变形鱼纹。这种口沿上镂刻的风格,同为崧泽晚期到良渚早期陶盘的最显著特征。杯有平底筒形的和宽把圈足的。前一种盛行于良渚早中期,后一种为良渚文化中晚期的特色。双鼻壶出多件,其中一件还有刻纹。上层的石器柳叶形石镞、穿孔石斧和有段石锛,均为良渚文化所常见,另有采集的三角形三孔石犁、三角形斜柄石刀与石耘田器,亦为良渚文化独有的器物。从上述种种特征来看,上层与良渚文化很难区别[5]。

1989 年发掘的奉化名山后遗址,揭开的面积近 800 平方米,笔者曾应邀前去参观,划分的 12 个地层可分前后两大段,前段(第八层以下)绳纹陶很多,出绳纹多角沿釜,绳纹小口球腹圜底釜以及二袋足一鋬的异形鬻与管嘴平底盉等,属河姆渡文化三、四期的特征,后段(第七层以上)陶系以夹砂红陶数量最多,泥质灰陶和黑衣陶次之,器表多素面,仅个别夹砂陶上有绳纹,在黑衣陶上发现了良渚文化中非常突出的细刻鸟纹与鸟首盘蛇纹。器形中鱼鳍形足与T字形足极多,有的T字形足上尚有半月形与圆形的组合镂孔,并有深腹、内壁有凸裆的鼎式甗,有黑衣陶竹节把豆、阔把壶、双鼻壶和红陶锥刺纹罐等。石器见有段石锛、柳叶形镞、三角形带孔犁和耘田器[6]。这些器物与上海广富林、福泉山、亭林以及江苏的草鞋山出土的良渚器物相同,具有良渚中后期的特征。

在宁绍地区,除上述三处科学发掘的以外,其他尚有1984年作试掘的绍兴马鞍遗址[7]。陶系以夹砂红陶、泥质灰陶和泥质黑衣陶为主,除有镂孔和附加堆纹外,均为素面。器形有鼎、甗、鬻、豆、罐、盆、盘、壶、杯、瓮等,常见的有T字形足、鱼鳍足鼎,各式豆和大圈足盆(盘)。无论陶系还是器形都和良渚文化基本一致。余姚的杨岐岙遗址,据砖瓦厂取土发现的遗物,陶器有鱼鳍形足鼎、竹节把豆、深刻菱形纹的大口缸,石器有有段石锛、柳叶形镞、梯形斧和石犁,亦具良渚文化特征。至于跨海的舟山群岛境内,据陈金生同志的介绍和笔者考察,位于岱山的孙家山遗址[8],遗存有两类:一类是在较深的地层中采集的,陶系有夹砂绳纹红陶和泥质灰陶两种,有圆锥形足、三棱形足、宽扁足、假腹簋、扁鼓形把豆以及三角菱形的器盖捉手等。石器有舌形穿孔石斧、长条形石凿。这些特征与河姆渡文化四期的相似。另一类在距前一遗存百余米处采集,有有段石锛、三角形斜柄石刀、石耘田器、柳叶形石镞,均为良渚文化的典型石器。在定海的唐家墩遗址已作试掘[9],所见陶片似经二次火烧,均为砖红色的夹砂陶和泥质陶,灰陶极少,器表以素面为主,仅个别拍印绳纹,器形有较多扁方形侧足,足的外侧厚、内侧薄,足面划直条纹,有浅腹平底和小口圜底鼎(釜)的残片,石器有有段石锛和柳叶形石镞。在文化分类上,这类遗存距河姆渡较远,而与良渚文化相近。

从上列各遗址的文化特征观察,宁绍、象山甚至舟山地区在河姆渡四期以后,河姆渡文化的主要特征如腰脊釜、多角沿釜、陶支座等固有因素已消失,连最基本的绳纹陶亦成为偶见,甚至消失。相反,无论陶器的陶系纹饰与器形,石器的用料与器形,都与良渚文化的一致,无疑这里已成为良渚文化的分布地带。其实河姆渡文化一至四期的演变[10],早就向我们显示了该文化逐渐向太湖古文化靠拢的迹象,如在河姆渡三期的内涵中,已有较多马家浜文化的腰檐釜、牛鼻罐、各式鼎足以及内黑外红的高把豆等,四期包含的崧泽文化因素更多,有弧曲多节把的豆、瓦棱形把豆、腰鼓形杯,各种扁方形、扁凿形的鼎足等,相反河姆渡文化的绳纹陶、腰脊釜与支座逐步衰退,因此四期以后呈现了与良渚文化附和变化的轨迹。

2. 太湖以西的宁镇地区,历年多次出土良渚文化器物,是否属良渚文化分布范围,颇有争议。这一地区 80 年代所作的多处发掘也为分析其文化归属提供了依据。

镇江地区。1981 年发掘的句容城头山遗址[11],遗存有三层,第三层陶器以夹砂红陶为主,次为泥质灰陶、泥质红陶与泥质黑衣陶,器表多为素面,鼎与甗安扁三角形划直条纹的侧足或凿形足、扁铲形足,有花瓣形足的筒腹杯和碗、翘流宽把的匜等,纹饰见圆形与弧边三角形的组合镂孔,石器有扁平长条形锛,器物种类和特征与崧泽文化晚期一致,其中如翘流匜和划直条纹鼎足,已含良渚文化因素,这一层基本可归属于太湖新石器时代文化。第一、二层出几何印纹陶、青铜镞、鬲式甗、角状把鬲、刻槽盆等,属湖熟文化的早、晚期文化层。

1982 年发掘的丹徒磨盘墩遗址[12],遗存有三层,下层陶系泥质陶多于夹砂陶,在泥质陶中,黑陶多于灰陶和红陶,纹饰有凸弦纹、堆纹、瓦棱纹、圆形与弧边三角形镂孔等,器形见划直条纹的扁三角形足、花瓣形圈足、澄滤器、假腹豆和圈足小壶,另有半环形玉璜、玉玦和扁平长方形穿孔石斧。从器物特征来看,除玉玦属马家浜或崧泽早期器物外,均为崧泽文化晚期遗物,应为崧泽文化层。中层陶器陶系与下层的相似,器表多素面,器形有划直条纹的鱼鳍形足、外侧稍宽的 T 字形足以及竹节把豆、碗形粗把豆和方柱形玉锥形器等,此外有一件折沿,小方錾,腹有锯齿形堆纹,足根外拐的凿形足鼎及玉玦,这两件似为下层遗留之物。中层的鱼鳍形足是良渚早期器物,而外侧稍宽的 T 字形器足、竹节把豆、碗形粗把豆与方柱形锥形器,均为良渚中晚期所常见,此层当属良渚文化。上层出甗、鬲与印纹陶,属湖熟文化。

1983 年发掘的丹阳王家山遗址[13],遗存有上下两层,下层陶器以夹砂红陶为主,泥质灰陶和黑衣陶次之,多素面,器形有两类,一类如扁三角形划直条纹足、凿形足和扁铲形器足以及多节形把豆、花瓣形圈足筒腹杯,属崧泽文化晚期形制,另一类有鱼鳍形足、T 字形器足以及竹节形高把豆、坦腹大圈足盘、翘流阔把壶、双鼻壶的器盖、袋足甗和有段石锛、扁平方梯形石斧,均与良渚文化的中晚期特征一致,应属良渚文化层。上层出原始瓷、绳纹鬲和几何印纹陶,属湖熟文化。

1988 年试掘的句容丁沙地[14],上下文化层的陶器,陶系均以夹砂红陶和泥质红陶为主,有少量灰陶和黑陶,使用手制,器形如筒腹附宽沿与小方把的釜、短颈弧肩平底的鸡冠耳罐等显现马家浜文化特征,而双环耳平底罐、各式陶支座、一些彩陶片以及带足石磨盘和横剖面扁圆形、厚实无孔的石斧,又具磁山或裴李岗文化的风格,是宁镇地区目前所知较早的新石器时代文化层。

从上列各址文化面貌分析,在新石器时代较早阶段,太湖的马家浜文化已到达镇江地区,往后成为崧泽文化和良渚文化的分布范围。

南京地区。1955年和1958年发掘的南京北阴阳营遗址[15],遗存可分四期。一期有H70灰坑等出土的腰檐釜和鸡冠耳罐的残片,腰檐釜的口沿斜直,腰檐宽平,形制与淮安青莲岗遗址所出的相似,而与马家浜文化釜略有差异,考虑到腰檐釜起源和盛行于马家浜文化,是该文化的主要特征,从太湖向西在镇江地区有所见,H70的腰檐釜可能是马家浜釜的变体,是受马家浜文化影响的器物。二期包含大批墓葬,虽然尚可进一步分期,但总的面貌是既有北方大汶口文化的因素,如见足根附乳突的鼎、彩陶碗等,也有较多崧泽文化的器物,如见腹附垂棱、把部弧曲多变的豆,大量条形或半环形的玉璜,扁平长条石锛以及弧刃穿孔石斧等,同时也表现出自身的特色,如有各种曲足鼎、七孔长方形石刀等。这期文化反映了长江南北文化的交流与融合。三期主要发现了H2灰坑,内含长颈细长袋足、环把附于袋足上的鬶,鼓腹弧裆袋足、颈部前倾的鬶和刻划飘带纹与圆圈纹的大口缸等。两件陶鬶前一件与吴兴钱山漾、上海金山亭林和昆山荣庄出土的良渚文化鬶相似,后一件及大口缸均为大汶口文化的器形。四期出鬲与几何印纹陶,属湖熟文化。所以本遗址有太湖地区古文化的许多因素,包括良渚文化的影响,但并不占主导地位。

1960年发掘的太岗寺遗址[16],据发表的资料分析有两层遗存,下层陶器以夹砂陶为主,有泥质黑陶,但不见印纹陶,器形有的属良渚文化,如见泥质红陶长颈捏流鬶、夹砂灰陶鱼鳍形足鼎、灰陶圈足罐以及三角形斜柄石刀,有的与大汶口文化有关,如夹砂红陶高颈壶、凹弧足足根有捺孔并带鋬的鼎(盉)、敞口平底环把黑陶杯、长颈折腹黑陶壶等,黑陶内外皆黑,器表磨光,与山东黑陶相似,下层发现的墓葬人骨架头西向,与良渚葬俗的南向也不同,所以下层虽有良渚文化因素,但未占主导地位。上层出大量几何印纹陶,为湖熟文化。

1975年和1979年发掘的昝庙遗址[17],遗存有三层,下层陶片有夹砂红陶、泥质灰陶和泥质黑衣陶等陶系,有短扁足、舌形鱼鳍形足、扁三角足、凿形足等鼎足,以及罐、盆、豆、壶、器座等器形。墓葬中出土了半璧形玉璜、厚矮的长型石锛、外撇圆柱足或带角状把手的陶鼎、腹下有垂棱或折棱把上雕刻弧边三角形镂孔的陶豆、半环形把扁鼓腹的小罐、高领深曲腹平底小壶以及直筒形杯等。还采拾到环耳凿足鼎、高领垂腹圈足壶、双鼻壶和有段石锛、竖柄石刀、玉璧及玉冠形器,分析上列器物,短扁足、扁三角足、凿形足,豆盘下附垂棱、把饰弧边三角形孔的豆和半璧形璜,都与崧泽文化晚期器物相似,而外撇圆柱足与角状把手又是北阴阳营二期的特点,所以下层文化大致与北阴阳营二期属同一类型。至于采拾的器物,除鼎与高领壶以外,都属良渚文化范畴,这些器物可能都出自墓葬,所以这一遗址似乎还有类似新沂花厅北区的,既有本地文化,又有良渚器物的墓葬[18]。上、中层出鬲、甗和几何印纹陶,属湖熟文化层。

综观南京地区的新石器时代文化,是一种南北文化交汇的类型,在北阴阳营二期之后是太岗寺下层类型,其中虽然常见良渚文化器物,但并不占主导地位,不属于良渚的分布范围。太岗寺下层之后,尚有点将台类型,良渚文化的影响消失。

3. 跨越长江至淮河以南的苏北地区。这一带过去田野考古工作做得较少,但经常出土一些良渚文化器物,因此良渚文化的分布是否到达这里也颇有争议。近20年来发掘了龙虬庄、开庄和陆庄遗址,再加上对青墩的发掘,使古文化内涵逐渐清晰。

1978年和1979年发掘的海安青墩遗址[19]主要是一处新石器时代墓地,地理位置靠近长江北岸,遗存据发掘报告可分三层,中下层墓葬有较多足根有捺窝、足形外撇的凿足鼎或凹弧足鼎,带把实足盉,带把平底觚形杯等大汶口文化器物,也有瓦棱腹平底方足杯,敞口弧肩折腹附鸡冠耳的小平底罐和盘腹附垂棱、把部弧曲多变、饰圆形弧边三角形组合镂孔的豆等崧泽文化因素,呈现大汶口文化前期与崧泽文化的共存现象。上层墓葬据笔者分析还可以区分上下部,下部(距地表深100厘米以下)特征与中层相近。上部在19座墓111件随葬器物中,与良渚有关的见有肩石钺1件、有段石锛7件、玉锥形器9件、牛鼻孔玉珠1件和饰三角形与橄榄形镂孔或小圆孔的假腹豆5件、双鼻壶3件,合计26件,其他为大汶口文化中晚期常见的如凿足鼎和高柄杯等,上层墓葬的头向均向东,在90°左右,与良渚文化的头向均向南180°左右也不同。所以上层还不能称为良渚文化墓地,并非良渚文化层。至于采拾的一批典型良渚玉器如琮和璧,也可能如同新沂花厅北区墓葬的,是与大汶口文化中晚期共存的器物。

1993年发掘的高邮龙虬庄遗址[20],据报道,地层可分八层,其中四~八层为江淮地区的新石器时代文化,这一时期又可分为三期,第一期出双耳罐形釜、浅腹盆形釜、敛口深腹釜等,并且在一个探方中发现了数片腰檐釜的残片,其他尚有缸、钵、盆、豆、盉、器座、器盖等。第二期是一期的延续,但出现鼎和高柄杯及较多彩陶,鼎常见三矮足,足两侧捏花边形装饰,豆、钵有彩绘,有红彩和黑彩两种,绘宽带纹、网纹、水波纹、带点弧线纹等。第三期有扁侧足、足根捏花边的绳纹鼎,浅盘高柄磨光泥质黑陶豆和杯、鬶等。据分析一、二期的年代与北辛和大汶口文化的早期相当。三期与大汶口文化中期和良渚文化早期相当,但所出绳纹鼎不属于良渚文化,其他良渚典型器亦不见,如此则良渚文化的因素在这里并不显著。二、三层属战国以后的文化堆积。

1995年发掘了东台的开庄遗址,遗存中陶片以夹砂褐陶和泥质灰陶与黑衣陶为主,有牛鼻耳、捺窝纹鸡冠形耳、圆锥形足、三角凿形足、扁铲形中间加一条直棱的器足、扁三角形划直条纹足、T字形足、圆形与弧边三角形镂孔豆、竹节形把小镂孔豆、弦纹罐、瓦棱纹带子口的簋以及有肩石铲等,还采拾到长方形穿孔斧和袋足鬶。这些器物如牛鼻耳、鸡冠耳和圆锥形器足,与马家浜文化的近似,三角凿形足、扁铲形足、扁三角形足和圆形弧边三角形镂孔豆见于崧泽文化晚期和良渚文化早期。T字形足、竹节形把小镂孔豆和瓦棱纹带子口簋,见于良渚文化中晚期。至于袋足鬶,捏流,足形较瘦,环把附于足背,亦属良渚器形。总的感觉,这一遗址有较多太湖古文化的因素,内涵复杂,有待进一步整理与发掘[21]。

1994年发掘的高邮周邶遗址[22],遗址分三层,下层陶器以夹砂和泥质的灰陶和黑陶为主,有少量泥质和夹砂红陶及个别泥质白陶,采用轮制和手制,纹饰有绳纹、篮纹、方格纹和少量梯格纹、弦纹与附加堆坟。器形有鼎、甗、鬶、罐、瓮、盆、盒、豆、钵、碗、杯等,特征与王油坊类型龙山文化类似。中层以泥质灰陶、黑陶和黄褐陶为主,纹饰有凸棱纹、附加堆纹和斜线划纹、锥刺纹、弦纹、绳纹和按捺纹,器形有鼎、甗、鬲、罐、尊、盆、盒、豆、杯等,石器中常见半月形带孔刀,内涵与岳石文化的相似,上层以几何印纹陶为主,属西周至春秋时代的青铜文化。这一遗址的遗存,均晚于良渚文化,已不见良渚的影响。

1995年发掘的阜宁陆庄遗址[23],位置靠近淮河,是研究良渚的分布是否到达淮河南岸的重要资料,这一遗址的遗存发现于第六~八层,据发掘报告,虽然遗存有早晚关系,但相距的时间不远,应为同一个发展阶段。所出陶片夹砂陶占46%,泥质陶占54%。夹砂陶中红陶占36.4%,灰陶和灰褐陶占7.3%,泛黄色的白陶占1.4%,黑陶仅占0.9%。泥质陶中红陶占22.4%,灰陶占18.9%。黑陶占12.7%,以红陶为主是这一遗址的特色。陶片的器表多为素面。有纹饰的常见弦纹和刻划纹,另有少量镂孔、篮纹、戳点纹、捺窝纹、附加堆坟等。器形有鼎、鬶、盉、瓮、罐、盆、豆、缸、盘、器盖、纺轮等。玉器有锥形器,石器有斧、凿、刀、镞等。这一遗存的年代相当于良渚文化的中晚期。以之与良渚文化相比,良渚文化陶系的特色是以夹砂红陶和泥质灰黑陶为主,如嘉兴双桥遗址上层良渚文化的陶片,夹砂红陶占总数的42.4%,泥质灰黑陶占40.5%,夹砂灰陶占14.8%,泥质红陶仅占2.2%。宁波的慈湖遗址上层良渚文化,夹砂陶占46%,泥质陶占54%,泥质陶中灰黑陶90%,橙红陶仅占10%,夹砂陶也以灰陶为主。上海的马桥遗址,经大面积发掘,陶系也以夹砂红陶与泥质灰黑陶为主,泥质红陶极少。所以盛行烧制泥质灰黑陶,是良渚制陶的重要特征。陆庄出土陶片的陶系,与良渚的不同。器表以素面为主,纹饰种类陆庄与良渚大体相同,但良渚中不见绳纹或仅见1~2片。陆庄中常见的扁三角形侧足上划1~2条凹槽的,在太湖地区见于崧泽晚期,良渚中少见。良渚鼎足盛行刻划密排的直条纹,这方面,两者虽然稍有不同,但基本相似。器形上鬶和盉也与良渚的一致,圈足形提手的器盖和贯耳壶亦相似，但陆庄豆的形制与良渚的距离较大，一种敞口曲腹豆似屈家岭文化的，在良渚中少见，直口折腹、折腹处有一条凸棱的，同崧泽文化，良渚中不见，敞口坦腹，口沿不内贴的与良渚风格亦不同，尤其是豆把，除有个别镂孔外，既不见竹节形凸棱，亦无宽带形凸棱和椭圆形小镂孔，如此素净的豆把为良渚所少见。另有大口缸敞口折腹，颈部附一条凸棱的，与大汶口文化的相似，与良渚文化的不同。至于斧、凿、锛的器形均为良渚与大汶口文化所常见。圆柱形玉锥形器为良渚器物，一件斜柄石刀，是马桥文化常见的器形，在良渚晚期能偶见。总的感觉陆庄遗存是从以红陶为主的青莲岗文化发展而来的，既有很多良渚因素，而本地的和大汶口文化的器物亦占很大比例，所以还不是一处单一的良渚文化遗址。

据上列诸遗存的文化面貌，长江北岸，直至淮河南岸的古文化是从龙虬庄一、二期发展到青墩上层与陆庄类型以后，又成为王油坊类型龙山文化以至岳石文化。除包含本地独特的器形以外，有许多北辛——大汶口文化与太湖古文化的因素，是南北文化的交流区，所以还不属于良渚文化的分布范围。

综上所述，在环太湖地区以南，过钱塘江的宁绍、象山以至舟山群岛，早期为河姆渡文化分布区，但从河姆渡三、四期开始明显向太湖古文化演变，进入良渚文化时期，已成为良渚文化的分布区。在环太湖以西的镇江地区，前期是马家浜文化与崧泽文化，后期仍显现良渚文化特色，虽然与太湖地区相比，受到北阴阳营类型的影响极大，但仍以太湖古文化为主，因此良渚文化分布区的西缘，应该从常州移至镇江地区。而南京地区，北阴阳一期仍与马家浜文化有关，二期中崧泽文化的因素很多，三期呈现大汶口文化中期与良渚文化的共存状态，此后为点将台类型。所以南京地区仅是良渚文化向外的交流区。长江以北与良渚文化有关的以青墩上层与陆庄二地最为典型，前者的地理位置靠近长江，它的上层墓葬无论早晚头向都同大汶口文化，而与良渚文化不同，器物在上层的晚期既有大汶口的高柄杯与觚形杯，也见良渚的双鼻壶与玉锥形器，是大汶口文化受到良渚影响的现象。而陆庄的陶器陶系以红陶为主，属于本地新石器文化体系，器形则良渚文化与大汶口文化共存。如此则长江北岸至淮河南岸，情形与南京相同，也不应列为良渚文化的分布范围。良渚文化的分布范围，可归纳为东至海滨，南达宁绍舟山象山一带，西抵镇江，北至长江南岸。

注释

[1] 上海市文物保管委员会：《上海市松江县广富林新石器时代遗址试探》，《考古》1962年第3期。

[2] 安徽省文物工作队:《潜山薛家岗新石器时代遗址》,《考古学报》1982年第3期。

[3] 山东省文物管理处、济南市博物馆:《大汶口——新石器时代墓葬发掘报告》,文物出版社,1974年。

[4] 蒋乐平:《象山县塔山新石器时代遗址》,《中国考古学年鉴》(1991年),文物出版社,1991年。

[5] 浙江省文物考古研究所、宁波市文物考古研究所:《宁波慈湖遗址发掘简报》,《浙江省文物考古研究所学刊·1980~1990》,科学出版社,1993年。

[6] 名山后遗址考古队:《奉化名山后遗址第一期发掘的主要收获》,《浙江省文物考古研究所学刊·1980~1990》,科学出版社,1993年。

[7] 浙江省文物考古研究所:《绍兴市马鞍新石器时代遗址》,《中国考古学年鉴》(1985年),文物出版社,1985年。

[8] 王和平、陈金生:《舟山群岛发现新石器时代遗址》,《考古》1983年第1期。

[9] 王明达、王和平:《浙江定海唐家墩新石器时代遗址》,《考古》1983年第1期。

[10] 浙江省文物管理委员会,浙江省博物馆:《河姆渡遗址第一期发掘报告》,《考古学报》1978年第1期。

[11] 镇江博物馆:《江苏句容城头山遗址试掘简报》,《考古》1985年第4期。

[12] 南京博物院、丹徒县文教局:《江苏丹徒磨盘墩遗址发掘报告》,《史前研究》1985年第2期。

[13] 镇江博物馆:《江苏丹阳王家山遗址发掘简报》,《考古》1985年第5期。

[14] 南京博物院:《江苏句容丁沙地遗址试掘钻探简报》,《东南文化》1990年第1、2期。

[15] 南京博物院:《北阴阳营遗址——新石器时代及商周时期遗址发掘报告》,文物出版社,1993年。

[16] 江苏省文物工作队太岗寺工作组:《南京西善桥太岗寺遗址的发掘》,《考古》1962年第3期。

[17] 魏正瑾:《昝庙遗址内涵的初步分析》,《江苏省哲学社会科学联合会1981年年会论文选》考古学分册。

[18] 南京博物院花厅考古队:《江苏新沂花厅遗址1989年发掘纪要》,《东南文化》1990年第1、2期。

[19] 南京博物院:《江苏海安青墩遗址》,《考古学报》1983年第2期。

[20] 张敏、韩明芳、李国耀:《高邮龙虬庄遗址发掘获重大成果》,《中国文物报》1993年9月5日。

[21] 盐城市文物管理办公室:《东台开庄遗址抢救性发掘情况简介》,东台市文化局打印本。

[22] 田名利等:《高邮周邶遗址发掘取得重要收获》。

[23] 南京博物院考古研究所、盐城市文管会、博物馆:《江苏阜宁陆庄遗址》,《东方文明之光——良渚文化发现六十周年纪念文集》,海南国际新闻出版中心,1996年。

(本文原载于《文物》1998年第2期)

关于良渚文化若干问题的认识

良渚文化是我国东南沿海新石器时代一种重要的考古学文化,它于1936年首次发现于浙江省杭县良渚。四十多年来,在江、浙一带已发现这类文化遗址数十处。有多篇文章对它进行了分析论述,例如《对江苏太湖地区新石器文化的一些认识》、《长江下游新石器时代文化若干问题探析》以及《马家浜文化和良渚文化——太湖流域原始文化的分期问题》等,对于认识和研究这类文化都作出了贡献。随着工作的进展,现在又有不少遗址经过科学发掘,不同的文化类型和地层关系逐渐理清,同时发现了许多可供对比的器物,为进一步分析这类文化提供了条件。本文以近年来的田野考古收获为基础,试对良渚文化的若干问题再作一分析。

一、关于良渚文化的特征

良渚文化因良渚遗址的发现而得名,由于当时资料不足,认识它的特征经历了一个较长的过程。

1936、1937年良渚遗址的第一次发掘[1]和1955年结合当地挖土积肥所作的第二次清理发掘[2]告诉我们,所谓良渚遗址,实际上是位于良渚镇周围的横圩里、茅庵前、棋盘坟、笋山前、朱村兜、许家兜、横村塘和大雄乡等若干地点的总称,各点面积都很小。发掘出土的器物主要是陶器,陶系以泥质黑衣灰陶为主,泥质红陶和夹砂陶都很少,制法多用轮制,复原的器形有鼎、豆、簋、壶、盘、盆、杯、觯、尊等。特点是大量使用圈足、小鼻和三足器,足的形式多扁方形和横剖面作T字形,装饰习见弦纹、竹节纹、锥刺纹和镂孔,而孔形最多的是长方形和圆形。考古工作者往往就以上述特征去认定一些遗址是否属于良渚文化。但是一个遗址显示的特征毕竟有它的局限性,例如良渚遗址的某些地点,完整陶器成堆,并有窑中烧坏的废品和木炭出土,有的同志认为它可能是一个窑址的遗存,这样,它所反映的陶系比例和器物特征就可能有某些特殊性。另外石器出土很少,大部都系采集,缺乏地层关系,无法断定哪些属于良渚文化时期的生产工具。

1956~1958年,浙江吴兴钱山漾和杭州水田畈遗址的发掘,出土器物中完整器形虽然不多,但从包含附三小鼻的簋形器和T字形足鼎等器形来看,同属于良渚文化类型。这两处遗址所出陶片,夹砂灰陶、泥质灰陶和泥质黑衣灰陶同为主要陶系,另出一种鱼鳍形鼎足和细长颈袋足鬶,说明良渚文化中还有另一种型式的鼎,以及存在着鬶形器。石器方面,第一次把属于几何印纹陶与良渚两个不同时期的遗存区分了开来。钱山漾遗址的发掘中,半月形石刀出土50件,全部属上层几何印纹陶时期的遗存,下层良渚文化中没有;有柄石刀出土13件,良渚文化层中仅出1件;厨式石刀全部为上文化层所出[3]。水田畈遗址指明下层良渚文化的石器,是长方形石刀、有段石锛、扁平穿孔平刃石斧、柳叶形石镞和等腰三角形石犁等,上下层石器同样存在着显著的区别[4]。

1961年上海松江县广富林遗址的发掘,为了解良渚墓葬的概况提供了资料。这次探掘,在遗址西面找到了2座墓葬,都未发现墓坑,人骨架仰身直肢头向东南。东面的一座随葬扁平穿孔平刃石斧、柳叶形石镞、T字形足鼎、圈足盘、直口弧腹圈足罐,在其东1.2米处有一具狗的骨架。西面一座墓,随葬有陶纺轮、贯耳壶、三实足盉、扁足盘、圈足盘、细刻纹直口折肩折腹罐,在其南2米处有一具猪的骨架[5]。随葬的器物大部都为良渚遗址所常见,应属于良渚文化。在这里三实足盉系新见完整器形,而过去仅见到它的圆柱足和圜形把手等残片。

1959年和1966年上海县马桥遗址的发掘,在遗址下层西面发现了10座良渚文化墓葬,葬式、头向以及分布概况等与广富林基本相同,说明广富林墓葬资料具有一定的普遍意义。马桥遗址出土的遗物中,石器有扁平穿孔平刃石斧、有段石锛、石镰、石镞等。半月形石刀、厨式石刀和带柄三角形石刀也发现于以早期几何印纹陶为主要特征的中层,不见于良渚文化层。陶器如T字形足鼎、贯耳壶、圈足盘、粗把豆、高领罐、三实足盉和袋足鬶等共存。陶系以夹砂红陶和泥质灰黑陶为主[6]。通过这一遗址新了解的器形有阔把带流壶、阔把竹节纹杯(杯底发现细刻文字)和泥质红衣锥刺纹陶盆等,而这些器物在其他良渚文化遗址中也曾经见到残片。

除此以外,上海金山县亭林遗址也由三个小的居住点所组成,出土陶器有竹节把豆、圈足杯、弦纹簋、扁方足鼎、实足盉、袋足鬶和锥刺纹瓮等[7]。江苏吴县澄湖、昆山县周庄太史地和浙江嘉兴雀幕桥还发现了良渚文化的水井,太史地的水井用数块剖开的大树干去皮刳成弧形木板作井壁,井的口径约1米,残深2米左右,井底常沉有良渚器物,是新石器时代水井的重要实例。另外在江苏吴县草鞋山良渚文化层,还发现了有玉琮、璧等随葬品的大型墓葬。

根据上述诸遗址的资料，可以将良渚文化的特征概括为：（1）遗址往往包括若干个彼此相邻的居住点，各点面积都较小，一般仅数百平方米。（2）墓地一般选择在居地西面，流行单个平地掩埋，墓葬的位置分散，葬式一般为仰身直肢，头向东南。（3）石器的特点是通体精磨，器形规整，有扁平穿孔平刃石斧，两面平直的长型石锛和背面有段、脊的石锛，同时常见石镰、三角形石犁和柳叶形石镞等。（4）陶器的陶系，夹砂陶有红陶和灰陶两种，羼和料主要使用砂粒或介壳末；泥质陶以灰陶和黑衣灰陶为主，黑衣颜色灰黑容易脱落，并且有的呈金属光泽，与龙山文化的黑陶显著不同，泥质红陶数量极少；制法已普遍采用轮制，并且器表多经打磨。装饰上，夹砂红陶外表常有一层红褐色陶衣而少见其他纹饰，泥质陶也以素面为主，凡有纹饰者习用弦纹、细刻纹、锥刺纹和圆形、长方形的镂孔。形制特点是大量使用圈足、附耳和三足，最常见的典型器有 T 字形足、扁方足或鱼鳍形足的鼎，平唇浅盘，粗把或细高把豆，高颈贯耳圈足壶，三鼻簋，圈足盘，带流阔把杯和壶，高领瓮和罐，袋足鬶以及三实足盉等。（5）玉器不见玦、璜，常见圆锥形挂饰，有的地区出现璧、琮一类礼器。

在认识良渚特征方面应该提出的是，过去笼统地把泥质灰胎黑衣陶认作是良渚文化的主要特征，现在知道这类灰胎黑衣、器表常有一种金属光泽的泥质陶，最早出现于马家浜时期，至崧泽时期逐渐增多，而盛行于良渚文化，并延续使用到以晚期几何印纹陶为特征的东周时期。例如一种直口高颈、肩部有一对环耳、器底有三乳钉足的黑衣灰陶罐，即为东周时代与印纹陶共存的器物。所以这类器物是否属良渚黑陶必须结合具体形制特点加以辨别，否则会造成错觉。再如过去认作是良渚文化特征之一的半月形石刀、带柄三角形石刀和厨式石刀，基本属于早期几何印纹陶的马桥类型时期的遗物，虽然在良渚晚期不能排除出现这类器物的可能性，但它们主要使用于商周几何印纹陶时期是比较清楚的，还是不列入良渚文化特征为好。

特征明确以后，良渚文化的分布范围就比较容易确定了。目前，从考古调查和清理发掘资料可知，良渚文化的分布，西到宁镇山脉，在南京市的北阴阳营遗址已发现良渚文化的灰坑；东面到达上海市，位于四五千年前古代海岸遗迹上的上海县马桥遗址下层即发现了良渚文化；南面至杭州湾一带；北面跨越长江，在苏北海安县的青墩遗址中也发现了良渚文化墓葬。

二、良渚文化的来龙去脉

良渚文化在发现初期，人们曾经根据它的黑陶特征以及在鼎、豆、杯等方面与山东龙山有某些相似之处，以为它是龙山文化的一个别支，有的曾把它称为浙江龙山文化。但经过深入对比，发现龙山黑陶多表里一致，良渚黑陶是灰胎黑衣；龙山多薄胎素面的平底器，良渚器壁较厚，有的有弦纹、细刻纹和镂孔等装饰，并且器底常带圈足；龙山的鼎足作鬼脸形，良渚多鱼鳍形、扁方形和T字形，彼此各不相同。因此，这一时期逐渐了解了良渚不同于龙山并确立良渚文化的名称。1959年和1961年浙江吴兴邱城和上海青浦崧泽，先后发现了不同于马家浜和良渚的崧泽文化墓葬，经过研究，崧泽一期的特点与马家浜文化相近，而三期又接近良渚文化。这就为探索良渚文化的来源找到了线索[8]。

以崧泽文化墓葬与良渚文化墓葬比较，可以看到它们的相互关系，例如：(1)他们对死者都习用仰身直肢、不用墓坑、平地埋葬的葬俗，头向从崧泽一期的北向演变为二、三期的南向，良渚继承了南向这一习俗。(2)从二者使用的主要生产工具，可以看出继承和发展的迹象。崧泽一期石斧的特点是舌形弧刃，二期演变成长方弧刃，三期长方形斧的弧刃近平，而良渚的长方平刃石斧与崧泽三期紧密衔接。崧泽石锛一、二期都是扁平长方形的长形锛，三期逐渐出现背面带脊的石锛，良渚发现的有段石锛，正是崧泽石锛进一步演变的结果。崧泽文化后期出现等腰三角形的穿孔石犁[9]，良渚的石犁也与此相似。(3)良渚陶器的形制也从崧泽三期发展而来，例如鱼鳍足和扁方形足鼎是从崧泽的扁方侧足鼎发展而来的，高领圆肩的瓮从崧泽高领圆肩斜直腹的罐发展而来，竹节把豆是从崧泽各种细高把或粗把豆发展而来的，贯耳壶从崧泽直颈弧腹圈足壶演变而来，三实足盉从崧泽的盉形器演变而来，袋足鬶是从双袋足——宽鋬的鬶形器演变而来的[10]，可以说良渚的形制在崧泽三期中都能找到它们的雏形。至于陶器纹饰如竹节纹、镂孔以及有的器表涂红褐色陶衣或作刻划纹、彩绘等，也为两者所共有，它们的装饰技法基本一致。通过以上各方面的对比，可以清楚地看出崧泽文化与良渚文化间前后继承和发展的关系。

至于良渚文化的自身演变问题，虽然目前还缺乏必要的分期地层资料，但根据出土遗物特征来看，良渚文化应有早晚期的区别，大体可把比较接近崧泽文化的张陵山(上层)、钱山漾和水田畈看作早期遗存，而良渚、广富林、雀幕桥是晚期遗存。至于马桥和亭林可能包含了早晚较长的时期。如以早期和晚期的遗物作比较，我们可以看出：

鼎：早期器足都作鱼鳍形或扁方形，至晚期鱼鳍形足基本不见，多扁方形和T字形足。

豆：早期多喇叭形高把和粗直把，有的尚有圆形和弧线三角形组成的镂孔，晚期出现竹节形细高把豆，同时粗把豆减少，代之盛行浅腹圈足盘，镂孔则常见圆形、方形、长方形和矩形等。

壶：早期器形矮胖，为粗直颈、贯耳、圆弧腹、矮圈足，晚期器形较高，成为侈口凹弧颈、贯耳、扁腹、圈足较高而外撇，并且器表常见细刻花纹。

鬶：早期常见长颈带把、高裆、瘦袋足，晚期成为矮颈带把、高裆、肥袋足。

其他如石镰、阔把杯、壶，多见于良渚文化晚期。至于实足盉与袋足鬶的关系，这种类似的器形在大汶口文化中是从实足演变到袋足，两者具有早晚期的关系。但在良渚文化中，如马桥、亭林、果园村等处遗址所见，实足盉和袋足鬶都出于同一文化层，很难断定它们的时代先后。因此我们分析，良渚文化的实足盉、袋足鬶应从崧泽文化的盉形器、异形鬶发展而来（图20-1）。

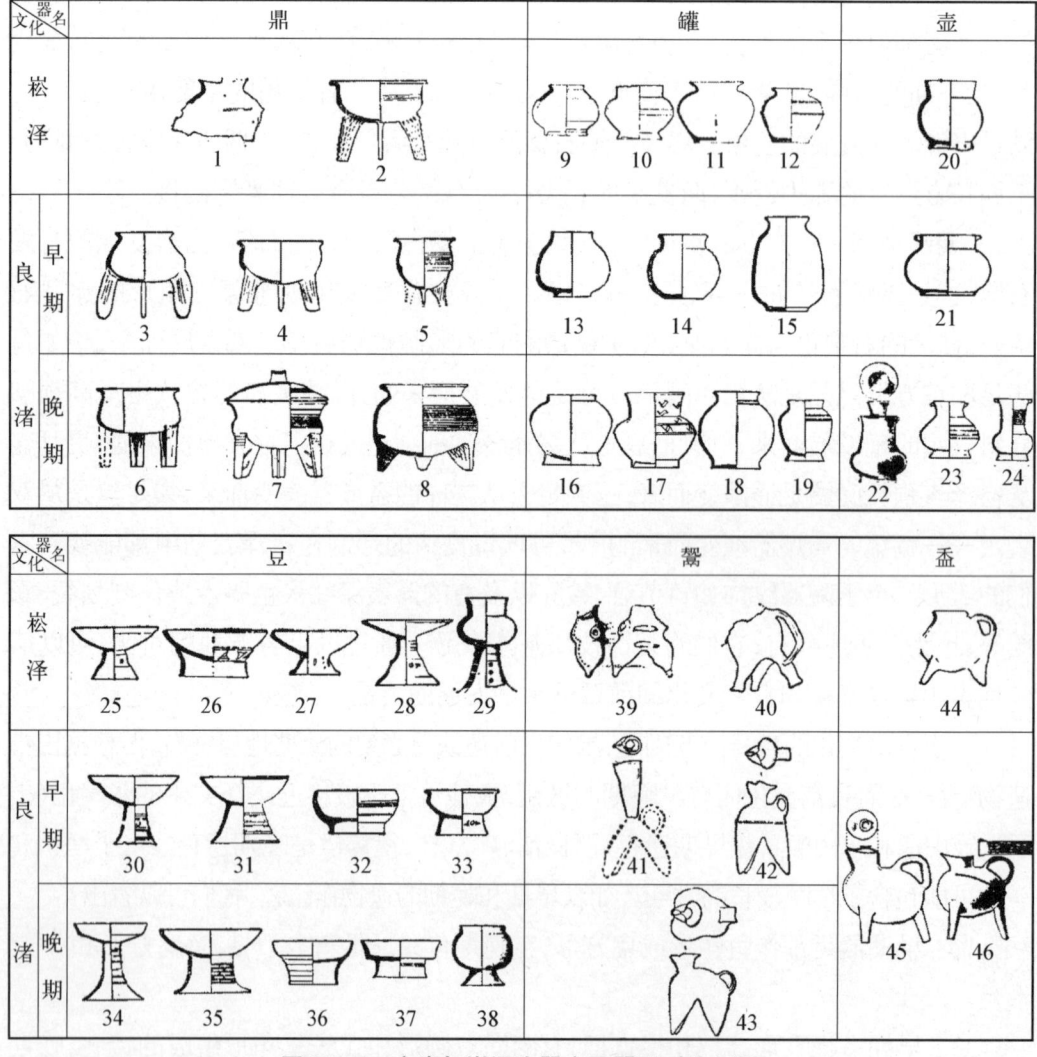

图20-1　良渚与崧泽陶器主要器形对比示例

1、2、9～12、20、25～29. 崧泽　3、5. 钱山漾　4、13～15、21、32、33. 张陵山　6、7、16、17、45. 广富林　8、18、19、23、24、34、35. 良渚　22、36～38. 马桥　30、31、41、43、46. 亭林　39. 河姆渡　40、44. 邱城　42. 果园村

关于良渚文化去向的线索,大致即为太湖流域以早期几何印纹陶为特征的马桥(中层)类型。在马桥类型中,石器除了半月形石刀、厨式石刀和带柄三角形石刀盛行外,仍以良渚常见的石镰和有段石锛为主要生产工具。石犁虽然器形增大,但仍作等腰三角形。陶器基本可分三大类,一类是绳纹夹砂陶,器形仍以鼎为主;一类是几何印纹陶;另一类还是黑衣灰胎,黑色易脱落,与良渚黑陶有近似处。但在器形上其与商代文化存在密切联系,出现尊、瓿、觯、簋一类器物。总之,从马桥类型遗存可以看出良渚文化的去向。

三、年代分析

良渚文化的年代,由于曾经推测它是山东龙山文化在浙江的一支,因此有晚于龙山文化的说法。现在看来,这一认识有待讨论。有段石锛和贯耳壶是良渚文化的基本特征,在鲁南苏北地区的花厅期文化遗存中有少量发现,显然其是受良渚文化的影响。大汶口出土的玉笄与良渚的玉锥形饰也有联系。在马桥和亭林的良渚文化层中,还出土了数片涡纹彩陶片,太湖流域陶器盛行彩绘,这种涡纹彩陶从纹样到制法似乎受到大汶口的影响。良渚与上述地区互有影响的时间都早于龙山的花厅与大汶口文化时期,这说明良渚文化的年代上限可以与花厅、大汶口相当。

在地层关系上,良渚文化遗存叠压于崧泽文化之上,例如江苏吴县草鞋山遗址,第二、四层为良渚墓葬,第六层即为崧泽墓葬,邻近的张陵山遗址也有类似迹象。崧泽墓葬经碳十四测定,较晚的一个数据是距今 5180 ± 140 年,一般分析与刘林期相当,良渚的年代上限应晚于这一时期。良渚文化层又被压于太湖流域马桥类型的几何印纹陶遗存下面,马桥、亭林、钱山漾、水田畈等遗址都有这一地层关系,马桥类型遗物与中原二里头文化互有影响,碳十四测定的最早数据为距今 3730 ± 150 年,它的地层上面又常常发现西周遗存,所以时代可以定为商代。如此,良渚文化的下限年代应早于商代。

目前,应用碳十四和热释光方法已测定的良渚文化年代数据共 15 个。

碳十四测定距今年代(半衰期值 5730 年,经树轮校正):

吴兴钱山漾第四层稻壳	5260 ± 135
吴兴钱山漾第四层木杵	5255 ± 135
吴兴钱山漾第三层木千篰	4710 ± 140
吴兴钱山漾第四层竹绳	4580 ± 140
余杭安溪第四层木头	4820 ± 180

嘉兴雀幕桥木板	4 328±145
金山亭林下层树干	4 200±145[11]
青浦果园村第四层木头	4 505±145[12]

热释光测定距今年代(±11%):

金山亭林下层陶片①	4 130
金山亭林下层陶片②	4 340
金山亭林下层陶片③	3 920[13]
上海马桥下层黑衣灰陶阔把	4 490
上海马桥下层锥刺纹橘黄陶口沿	4 510
上海马桥下层夹砂陶袋足鬶器足	4 550
上海马桥下层黑衣灰陶实足盉口沿	4 100[14]

上列测定数据,对照地层关系和遗物分析,除了钱山漾超过五千年的两个数据年代过早以外,其余都有一定参考价值。由此可知,良渚文化的年代上限大致在距今4 700年,下限不迟于距今3 900年,延续了约八百年。

注释

[1] 施昕更:《良渚》,1938年。

[2] 浙江省文物管理委员会:《良渚黑陶又一次重要发现》,《文物参考资料》1956年第2期。

[3] 浙江省文物管理委员会:《吴兴钱山漾遗址第一、二次发掘报告》,《考古学报》1960年第2期。

[4] 浙江省文物管理委员会:《杭州水田畈遗址发掘报告》,《考古学报》1960年第2期。

[5] 上海市文物保管委员会:《上海市松江县广富林新石器时代遗址试探》,《考古》1962年第9期。

[6] 上海市文物保管委员会:《上海马桥遗址第一、二次发掘》,《考古学报》1978年第1期。

[7] 见上海市金山县亭林遗址试掘资料。

[8] 《上海市青浦县崧泽遗址第二次发掘报告》(待发表)。

[9] 梅福根:《浙江吴兴邱城遗址发掘简介》,《考古》1959年第9期。

[10] 见河姆渡遗址第一层出土陶器。

[11] 夏鼐:《碳—14测定年代和中国史前考古学》,《考古》1977年第4期。

[12] 见考古研究所1977年碳十四测定资料。

[13] 王维达:《古代陶器的热释光年代》,《考古》1979年第1期。

[14] 见上海博物馆1979年热释光测定资料。

(本文原载于《中国考古学会第一次年会论文集》,文物出版社,1979年)

关于良渚文化绝对年代的探讨

分布于我国江浙一带太湖地区周围的良渚文化,它的相对年代,通过大量的田野考古工作,依靠发现的地层资料已经获得解决,它早于马桥文化,晚于崧泽文化。但是对它的绝对年代,虽然有碳十四与热释光测定作参考,还是说法不一:有的认为大致距今5 350～4 150年[1],有的定为距今约5 500～4 000年[2],笔者提出曾经约在距今5 100～3 900年。对于上列几种意见,虽然各有所据,然而从目前的考古资料综合分析来看,都存在若干问题,例如良渚文化已被证明是从崧泽文化演变而来的,前后衔接并不共存。现知崧泽文化晚期经多次碳十四测定,年代都在5 100年前后,因此良渚文化的年代如超越5 100年,就产生矛盾了。再如近期在新沂花厅北区大汶口文化墓地,发现有大量良渚文化中、晚期的陶器和玉石器与之共存[3],在福泉山的良渚文化晚期墓中,也出现了大汶口文化花厅类型的背水壶[4],现知花厅遗址的年代约距今5 150～4 450年[5]。于是良渚文化最晚年代如定为距今3 900年,也嫌偏晚。为此本文拟对良渚文化的绝对年代,再作一次探讨。

一、良渚文化的年代上限

良渚文化是从崧泽文化演变而来的,因此所测崧泽的下限年代,可作良渚上限年代的参考。崧泽晚期的主要特征为:常见齿形足鼎、弧曲形多节把的浅盆豆、花瓣形圈足杯以及半壁形璜等。属于这一期的有草鞋山第六层[6]、福泉山第四层、崧泽墓地晚期墓葬[7],以及龙南遗址的88H22[8]。其中已作碳十四测定的,有崧泽M87的人骨,距今518±14年,[9](经树轮校正,下同),福泉山四层炭化木5 295±11年,龙南88H22草炭5 135±92年等,所以崧泽的最晚年代应在距今5 100年前后。这些年代是否确切,可与相邻文化的测定作一比较。崧泽文化与大汶口文化的早期(刘林类型)关系密切,两者的器物群都以鼎、豆、罐、壶为主体。而且器形近似,两者都有大口缸形器和多角星的符号,还在各自的遗存中经常出现另一方的器物。例如在大汶口文化的江苏大墩子中层和刘林上、下层的墓葬中,都能见到崧泽风格的折肩斜坦腹、底附垂棱的陶豆[10],在陶器上可见圆形与弧边三角形组合的镂孔图案。在崧泽文化的崧泽遗址墓地,出现了大汶口文化的高柄杯,武进潘家塘遗址出土了大汶口文化的实足鬶[11]。尤其重要的是在这两类文化的接壤地区,江苏海安的青墩遗址,发现了两者共存的现象:在这一遗址的文化层中,除上层上部墓葬包含较多良渚器物以外,上层的下部深100厘米以下诸墓,出现大汶口的高柄杯和崧泽的附垂棱豆,中层有大汶口的鬶形器、觚形杯和崧泽的多节把豆、与折肩折腹罐,下层墓葬也出大汶口的鬶形器、深腹长齿足的鼎,与崧泽的折肩豆[12]。由于各文化层既有较多大汶口文化器物,也有不少崧泽文化的因素,甚至引起青墩遗址究竟主要属于大汶口文化还是崧泽文化的讨论。所以大汶口文化的刘林类型阶段大致与崧泽文化相当,现知刘林类型的最晚年代,碳十四测定约为距今5 150年,青墩上层下部相当于崧泽晚期的碳十四测定为5 235±125和5 404±110年。与上列测定对比,崧泽的晚期年代如定为5 100年还是比较确当的。从崧泽演变而来的良渚年代,应在此之后。

二、良渚文化的年代下限

根据地层叠压关系,马桥文化的上限年代,对良渚年代下限同样有一定的参考价值。马桥文化的年代最早为上海金山县亭林遗址中层73H2木炭的测定,距今为3 730±50年。马桥文化的内涵与河南郑州的二里头文化有较多联系。例如在马桥所出的喇叭口筒身平底的陶觚与陶斝、一种浅盘形扁三足的盘,以及在一些灰陶器上拍印宽带形的云雷纹[13]都是接受二里头文化影响的产物。在二里头文化的一、二期中,也可见与马桥有关的器物,如一件敞口、矮颈、腹部一侧翘出、背部有环把的鸭形壶,一种大口深腹圜底、器表拍印篮纹、肩部有一对鸡冠形耳的盆[14],都是马桥文化常见的典型器,所以马桥的年代应与二里头相当。现知二里头一、二期的碳十四年代为距今3 890~3 715年,略早于马桥的测定。马桥的上限年代当不晚于3 900年,良渚的下限年代应在此之前。

良渚与马桥的地层关系除个别遗址的个别坑位中间有一层淤泥以外,都为直接叠压,中间无其他间隔,为此在20世纪50年代,曾有印纹陶与良渚文化在地层上共存的误解。地层上的衔接是否反映年代上的衔接,马桥与良渚的文化特征差异极大[15],出土的陶器无论制法、陶色、纹饰或器形,从良渚到马桥都有一种突变的感觉,文化上两者不相衔接。而地层上的相接年代并不衔接的现象,在考古资料上并不少见,例如草鞋山遗址,在表土之下第一层灰褐土层,出几何印纹硬陶与原始瓷器,属春秋战国时代,而紧接的第二层黄褐土层即发现良渚文化墓葬,进入新石器时代;北阴阳营遗址,第三层为湖熟文化,年代约距今 3 000 多年,第四层即为新石器时代北阴阳营类型的墓地,年代远在距今 5 000 多年[16];河姆渡遗址第二层与第三层年代亦不衔接[17]。因此,地层的直接叠压与年代衔接不划等号,所以据地层的直接叠压和个别偏晚的测定数据,把良渚年代下限定为 3 900 年,亦需重作考虑。

三、良渚文化的年代

有关良渚年代的碳十四与热释光测定,发表的数据很多(表 1、2),但其中有几个标本在地层问题上还有待讨论。例如 ZK433,距今 5 785±240 年,采自张陵山上层 M2 近旁的一块木炭,张陵山的良渚墓地建于崧泽墓地之上,经过挖土堆筑高台墓地和挖坑埋葬,墓中往往包含早期遗物,M2 近旁的木炭,有可能属于从下层翻上来的遗物,因此所测年代进入崧泽文化范围,不能作分析良渚年代的依据。青墩 WB78-8,距今 5 235±125 年和 WB79-9,距今 5 405±110 年,发表时列为良渚文化,前者出自 T2H2,位于灰黑土层的底部,后者在离地面深 2.3 米处出土。如据发掘报告记载,上层黄绿色土,深 0.6~1.25 米,中层黑灰土层深 1~1.2 米,测定物似乎不属于上层,而且即使在上层,上下部也分属不同文化。上部诸墓(深 0.6~1 米)出良渚的贯耳壶,锥形器,有段锛等器物,下部诸墓(深 1 米以下)即不见良渚器物,多为崧泽和大汶口型因素。因此青墩测定的这两个数据不能划入良渚年代。龙南 88H22,距今 5 135±92 年,原报告定为良渚早期,这一灰坑出土器物甚多,鼎和甗都为齿形足,罐饰多周凸棱,盆附双耳,杯作瓦棱形腹,豆饰圆形和弧边三角形镂孔。器形与纹饰都属崧泽晚期,未见良渚特征。所测年代只能归入崧泽晚期,除此之外,良渚的测定年代约为距今 5 200~4 100 年。良渚是一支极为活跃的古文化,与其他文化的关系更为密切,因此所测年代也有多处可以对比。良渚文化与大汶口文化的中晚期(花厅与大汶口墓地类型)关系最为密切,在大汶口中晚期的诸遗址中,经常可见有段石锛、玉锥形器和双鼻壶等良渚器物,而且前一段出良渚早期的矮颈平底或矮圈足双鼻壶,后一段出良渚中晚期的长颈高圈足双鼻壶,早晚期器物演变规律也与良渚所见一致。

在新沂花厅北区墓地,更如前文所说,出土成批的琮、璧、锥形器、琮形管、半圆形器以及T字形足鼎、阔把翘流壶、双鼻壶等良渚晚期偏早的玉器与陶器。与之对应的,在良渚文化的福泉山 M53 也出现了一件大汶口文化的背水壶,在上海青浦的果园村[18]、金山的亭林[19]、浙江嘉兴的雀幕桥等[20]遗址与木井中,还出土了与大汶口文化有关的袋足鬶。所以良渚的年代与大汶口文化的中晚期大体相当。花厅墓地的年代据分析为距今 5 150~4 450 年。大汶口文化年代最晚的山东鲁家口遗址下层的碳十四为距今 4 290±145 年。这些数据可作为良渚的早期、晚期偏早以及晚期年代的参考。

附表 1　良渚文化的碳十四测定

标　　本	地点层位和资料		距今年代（经树轮校正）
ZK - 433	江苏吴县张陵山	木炭	5 785±240
WB78 - 8	江苏海安青墩	木炭	5 235±125
WB78 - 9	江苏海安青墩	树根	5 405±110
BK89026	江苏吴江龙南 88H22	草灰	5 135±92
ZK - 49	浙江吴兴钱山漾	稻谷	5 260±135
ZK - 97	浙江吴兴钱山漾四层	木杵	5 255±130
ZK - 44	浙江安溪四层	木块	4 820±180
BK2271	江苏吴江龙南 87F1	草灰	4 750±180
ZK - 89024	江苏吴江龙南 88H1	木灰	4 765±108
ZK - 47	浙江吴兴钱山漾三层	千箅	4 710±140
ZK50	浙江吴兴钱山漾四层	竹绳	4 580±135
ZK - 292	上海青浦果圆村四层	木头	4 505±145
ZK - 242	浙江嘉兴雀幕桥	木井板	4 300±145
ZK - 254	上海金山亭林下层	树干	4 200±145
ZK - 2109	浙江德清辉山 M2	墓具	4 085±120

附表 2　良渚文化的热释光测定

样品编号	出土地点层位		平均距今年代	
SBMa	上海马桥遗址(五)	泥质黑陶阔把	4 490±470	4 400±220
SBMb	上海马桥遗址(五)	泥质橘黄陶口沿	4 510±440	4 400±220
SBMc	上海马桥遗址(五)	夹砂橘黄陶袋足	4 550±460	4 400±220
SBMe	上海马桥遗址(五)	夹砂灰陶三足盉柱足	4 100±390	4 400±220
SB101a	上海马桥遗址 T6(五)	夹砂橘黄陶鬶袋足	4 430±260	4 260±190

续表

样品编号	出土地点层位		平均距今年代	
SB101b	上海马桥遗址 T6(五)	夹砂橘黄陶鬶袋足	4 090±280	4 260±190
SB102a	上海马桥遗址 T6(五)	夹砂黑陶	4 560±320	4 410±230
SB102b	上海马桥遗址 T6(五)	夹砂黑陶	4 270±340	4 410±230
SB25a	上海金山亭林下层	陶片	5 140±470	4 410±180
SB25b	上海金山亭林下层	陶片	4 110±360	4 410±180
SB25c	上海金山亭林下层	陶片	4 140±320	4 410±180
SB25d	上海金山亭林下层	陶片	4 210±500	4 410±180
SB25e	上海金山亭林下层	陶片	4 800±410	4 410±180

分布于安徽省的薛家岗文化,与太湖地区的古文化息息相关。它的二期具有大汶口与崧泽文化色彩;三期则与良渚文化有较多交往,例如在三期的墓葬中,可见扁平翘刃呈风字形的石钺,分段偏高的有段石锛,上下端尖锥的玉锥形器,琮形的玉管,以及齿形足鼎等[21],都为良渚文化早期常见的器物。至于在良渚文化中也可找到薛家岗文化所盛行的长方形多孔石刀。所以薛家岗三期的年代与良渚早期相当。薛家岗三期的碳十四年代分别为距今 5 170±125 年,5 100±170 年和距今 4 980±205 年。

广东省曲江石峡遗址与墓葬,它的三期也包含了若干良渚文化的因素,有贯耳壶、袋足鬶、有肩石钺,以及琮、璧、锥形器、筒形镯、垂胆形坠等[22],这些器物如长颈扁圆腹的贯耳壶、方柱形长琮、与矮半足鬶都属于良渚晚期的器形。石峡三期所测碳十四为距今 4 815±185 年与距今 4 430±150 年。

山西省襄汾陶寺龙山文化的墓葬中,也出土了与良渚文化有关的三角形带柄大石刀、曲尺形石刀、矮方柱形玉琮和玉璧[23]。大石刀和曲尺形石刀在太湖地区见之于良渚文化晚期和马桥文化,年代较晚,陶寺的玉琮器面分节而不见横鼻与眼圈,与良渚玉琮普遍显示的神面纹有差别,其造型接近商代。所以陶寺上述器物的年代,应略晚于良渚。陶寺晚期的碳十四测定为距今 4 410±140 年和距今 4390±135 年,早于良渚晚期的数据。

据此,笔者以为崧泽最晚的年代约为距今 5 100～5 200 年,因此可将良渚文化仅有的两个超越距今 5 100 年的数据,钱山漾的距今 5 260±135 年和距今 5 255±130 年,取用减法,将良渚年代上限定为距今 5 100 年左右。而下限年代如定为距今 3 900 或 4 000 年,则偏晚,应以亭林约距今 4 200 年较为确切。其理由除与石峡三期、陶寺晚期、花厅北区等年代相比以外,还考虑到与山东龙山以及南京点将台类型的联系,在山东龙山中与良渚的交流迹象已经消失,未见良渚最常见的代表性器物,如双鼻壶、玉锥形器等,龙山玉琮的器形接近商代。龙山的快轮制造蛋壳陶技术以及出现铜器,也较良渚进步。良渚近邻点将台类型与良渚相比,情况同样如此。这两者的年代上限都在距今 4 200 年左右,所以良渚的晚期年代应早于山东龙山。过去以为良渚晚期年代与龙山早期年代相当的见解应予修改。

注释

[1] 安志敏:《关于良渚文化的若干问题》,《考古》1988 年第 3 期。
[2] 南京博物院:《太湖地区的原始文化》,《文物集刊》第 1 辑,文物出版社,1980 年。
[3] 南京博物院:《1987 年江苏新沂花厅遗址的发掘》,《文物》1990 年第 2 期。
[4] 黄宣佩、张明华:《上海青浦福泉山遗址》,《东南文化》1987 年第 1 期。
[5] 张光直:《殷商文明起源研究上的一个关键问题》,《中国青铜时代》,联经出版事业公司,1983 年。
[6] 南京博物院:《江苏吴县草鞋山遗址》,《文物资料丛刊》(3),文物出版社,1980 年。
[7] 上海市文物保管委员会:《崧泽——新石器时代遗址发掘报告》,文物出版社,1987 年。
[8] 苏州博物馆、吴江县文物管理委员会:《江苏吴江龙南新石器时代村落遗址第一、二次发掘简报》,《文物》1990 年第 7 期。
[9] 中国社会科学院考古研究所:《中国考古学中碳十四年代数据集(1965—1981)》,文物出版社,1983 年。本文所引用碳十四数据大部分引自该书,凡引用此集以外的另作附注。
[10] 南京博物院:《江苏鄞县刘林新石器时代遗址第二次发掘》,《考古学报》1965 年第 2 期。
[11] 武进县文化馆、常州市博物馆:《江苏武进潘家塘新石器时代遗址调查与试掘》,《考古》1979 年第 5 期。
[12] 南京博物院:《江苏海安青墩遗址》,《考古学报》1983 年第 2 期。
[13] 上海市文物保管委员会:《上海马桥遗址第一、二次发掘》,《考古学报》1978 年第 1 期。
[14] 方酉生:《河南偃师二里头遗址发掘简报》,《考古》1965 年第 5 期。
[15] 黄宣佩、孙维昌:《马桥类型文化分析》,《考古与文物》1983 年第 3 期。
[16] 南京博物院:《南京市北阴阳营第一、二次的发掘》,《考古学报》1958 年第 1 期。
[17] 浙江省文物管理委员会:《河姆渡遗址第一期发掘报告》,《考古学报》1978 年第 1 期。
[18] 上海青浦县果园村遗址在 1973 年开始发掘,除第一层表土外,二、三、四层都属良渚文化,发掘报告待发。
[19] 1973~1990 年,上海市文物管理委员会对上海金山县亭林遗址进行了 3 次发掘,中层 73H72 出土马桥文化陶器,所出木头碳十四测定为距今 3 730±150 年,发掘报告待发。
[20] 浙江省嘉兴博物馆、展览馆:《浙江嘉兴雀幕桥发现一批黑陶》,《考古》1974 年第 4 期。
[21] 安徽省文物工作队:《潜山薛家岗新石器时代遗址》,《考古学报》1982 年第 4 期。
[22] 广东省博物馆、曲江县文化局石峡发掘小组:《广东曲江石峡墓葬发掘简报》,《文物》1978 年第 7 期。
[23] 中国社会科学院考古研究所山西工作队、临汾地区文化局:《山西襄汾县陶寺遗址发掘简报》,《考古》1980 年第 1 期;《1978—1980 年山西襄汾陶寺墓地发掘简报》,《考古》1983 年第 1 期。

(本文原载于《中华文物学会》1993 年刊)

关于良渚文化"神像"的探讨

良渚文化是我国东南太湖流域处于新石器时代晚期，即将或者已经进入文明时期的古文化。这类文化盛行一种被称为兽面纹的纹饰。自1986年浙江余杭发掘了反山遗址以来，通过对一系列考古资料的分析和对比，已知这是一种古人崇拜的神像。本文对有关这类神像的问题作了一次粗浅的探讨。

在良渚文化出土器物中，至今已发现以下几类神像：

（一）粗眉、圆眼、阔嘴、獠牙外露的脸像。眉以横竖相间的线条组成，作倒八字形。眼以双圈作睛并刻划眼睑，两眼中间有桥形横鼻。嘴作山形，敞口，左右各有一上一下两颗獠牙，形象神秘凶猛。这类神像发现于张陵山出土的琮形镯上。图像全用线刻方法雕琢（图22-1-1）。

（二）显示神脸及身躯四肢的完整神像。其图像是：戴冠，冠作圆角梯形，上边正中突出一尖角，下边两端翘出作边沿，冠上线刻数十条似草茎、似光芒的线条。脸作倒梯形。刻出眼睑和圆睛。鼻形宽阔，勾划出鼻翼。椭圆形嘴露出上下两列牙齿。头上环绕一条填刻云纹的带纹，像似披肩的长发。冠与脸均用浮雕的工艺表现。身躯上部为直身平臂弯肘，手上五指平张，两手插向腰际。下身作蹲踞状，下肢弯曲，脚伸三爪。身躯与四肢用凹线勾划，中间填刻横直弦纹与云纹。胸腹部凸出一组兽面纹。有蛋圆形的眼睑，重圈的眼睛，工字形鼻子和长椭圆形的嘴。眼鼻内也填刻横直弦纹与云纹。阔嘴中间有凹字形的牙齿和两对獠牙，外侧的一对朝下，内侧一对朝上。整组神像是人兽相连，威严神秘。这类神像见于反山出土钺、琮、半圆形器等精雕细刻的玉器上（图22-1-2）。

（三）仅显露神脸和兽面的神像。这类神像多用凹槽分为上下两节，上节神脸顶上有两条凸起的横棱，横棱线上刻多道弦纹，有的在两条横棱中间，填刻横直线和云纹组成的几何形图案。横棱下有双目，一般都为阴线单圈（图22-1-4），但也有作重圈并在左右各加一条横线，刻出的眼睑（图22-1-5），或者直接勾出菱形眼睑，中间

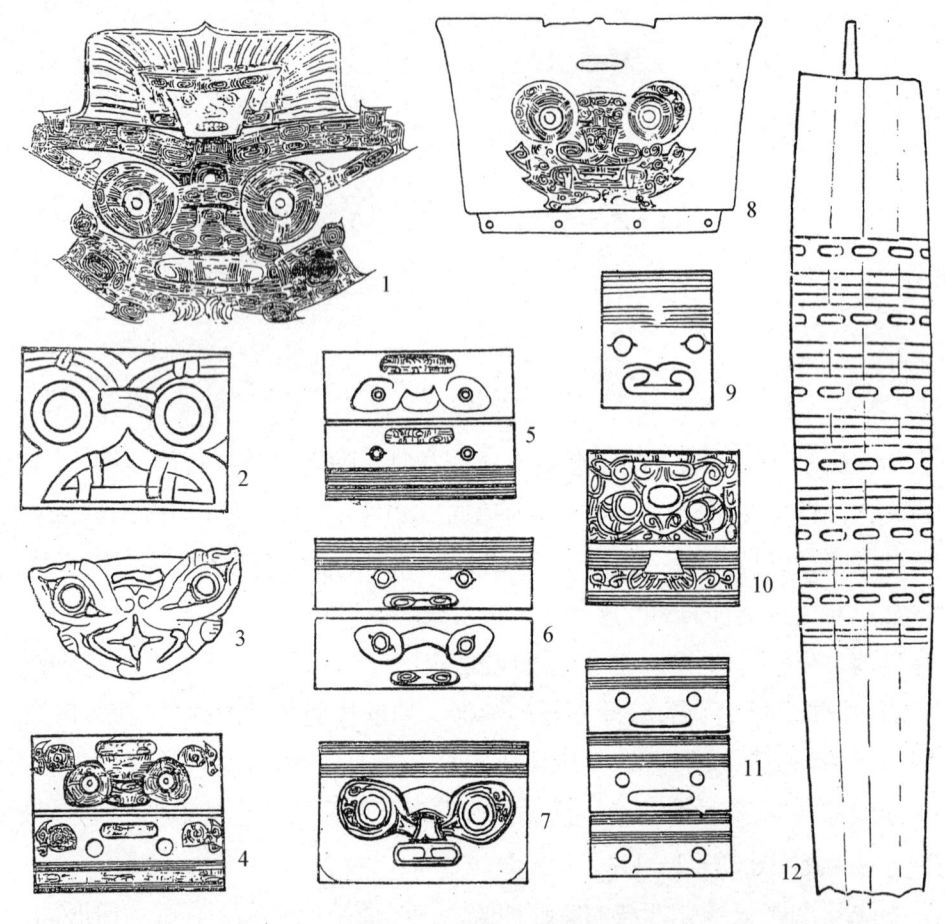

图 22-1 良渚文化神像

1. 反山 M12 玉琮　2. 张陵山 M4 玉琮　3. 瑶山 M7 玉牌饰　4. 福泉山 M9 玉琮　5. 福泉山 M65 玉琮　6. 反山 M18 玉琮　7. 瑶山 M7 玉琮　8. 反山 M17 玉冠形器　9. 瑶山 M9 玉琮　10. 瑶山 M12 玉琮　11. 福泉山 M40 玉琮　12. 福泉山 M9 玉锥形器

再刻单圈的(图 22-1-6)。双目下有一条凸起的横鼻，一般都是上刻两个相向的云纹，有的直接刻出两个弯卷的鼻翼(图 22-1-9)。下节是一兽面，所见图像比较一致，都用蛋圆形的凸块作眼睑，扇形凸块下加一短横棱鼻。在眼睑中间线刻单圈或重圈作睛。鼻的短横棱上刻出对卷的鼻翼。有的在横鼻下面还线刻长椭圆形的嘴，也露出一上一下的两对獠牙。一些制作精细的，在眼鼻等凸块上及其周围再填刻横直线和云纹(图 22-1-10)。这种由两节神脸兽面组成的神像，发现于短琮、璜、三叉形器、方柱形锥形器，琮形管等玉器上，是良渚神像的主要表现形式。

(四)以单一的兽面作代表。图像大部分与图 22-1-1、4 的下节兽面所见相似(图 22-1-7)。有的鼻作工字形，鼻下再以一条短横棱作嘴，这类表示嘴的短横棱上，线刻一上一下的两对獠牙，与刻有鼻翼的短横棱不同。有的在兽面凸块之下，也线刻弯曲的双腿。其脚为三爪(图 22-1-8)。更有一器呈半圆形,在兽面的下侧两旁各刻三爪,形如蛙(图 22-1-3)。这类神像常见于矮琮锥形器、冠形器、璜、半圆形器、三叉形器和象牙雕刻器上。

(五) 以单一的神脸作代表。其图像与图 22-1-4 的上节神脸相似,在两条横棱下面,有的线刻双圈和浮雕一横鼻(图 22-2-1)。有的仅以一条横鼻代表(图 22-1-12)。这类神像多用于长琮及方柱形锥形器上,都是一器多节,每节二至四组神像重叠出现,最多有达 19 节的。

上列五种神像,给人以神秘和威严的感觉。而且都刻在象征意识形态的器物上。如琮,器形内圆外方,是古人的宇宙观天圆地方的象征,都在显贵的墓中出土,有的围绕人体排列,有的置于身旁,有一种卫护死者的意味。在琮面上,主体都刻神像,应是一种原始宗教使用的神柱。又如一端钝尖,另一端有短柄的圆柱形或方柱形的锥形器,佩带时它的短柄朝上,神像头朝下,只有使之尖端朝上,神像才能正立,说明它是握在手中的,或以短柄插在其他器物上使用的,是一种祈福避邪的神棒。再如冠形器(或称倒梯形器),下有插榫,是插在某种器座上使用的,出土时曾经发现其下围挂一串项饰,这是一种神牌。其他如半圆形器,下面也有项饰发现。所以在这些器物上出现的图像,应是人们崇敬礼拜的对象,显然不是一般的部落标志,更不会是装饰。

这五种神像又是同一神道的五种不同显示形式。因为他们的图形都基本相同,即圆眼、横鼻、阔嘴、敞口露齿。所不同的图 22-1-1 是一个整体;图 22-1-4 是表现图 22-1-1 的凸出部分——神脸与兽面,而隐去了身躯与四肢等细刻部分,象征神的若隐若现;图 22-1-5 与图 22-1-6 是图 22-1-4 的进一步简化。这些不同有时间上的原因,也有因器而异的原因。图 22-1-2 图像粗犷,全用线刻未见浮雕,雕刻的刀法比较原始,见于良渚文化早期的张陵山琮形器上。这是良渚神像比较早期的形态。图 22-1-6 多用于长琮和方柱形器上,因多组上下重叠,构图需要简化。并且在年代上,长琮和方柱形锥形器都在良渚文化晚期墓葬中出土,所以图 22-1-6 是神像的晚期图形。至于图 22-1-1、4、5 神像的年代,都属于良渚文化中期偏晚。可以说这些将某种动物人格化的神像,从图 22-1-2 到图 22-1-1、4、5、6 反映了由繁到简的演变过程。

有关神像起源问题的探讨,随着考古资料的增多,现在也有了一些眉目。现知良渚文化继承崧泽文化而来,而崧泽又来源于马家浜文化,所以良渚神像的渊源也可以从马家浜文化中找到踪迹。在马家浜文化器物中,有一种圆锥形的鼎足,它的足根部位常见一对面向外侧的,用手指捺印的双目(图 22-2-1),这种目纹可能就是神像的最早形态。到了崧泽文化时期,鼎足盛行扁铲形、扁凿形,前者中间有一条直凸棱,两

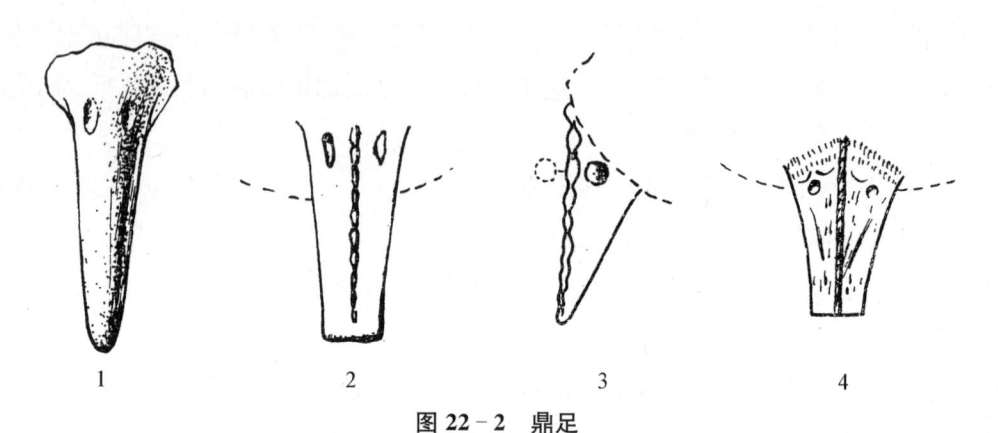

图 22－2　鼎足
1. 福泉山　2. 崧泽 M59　3. 崧泽 T6：1　4. 福泉山 T10：5

侧各捺一目(图 22－2－2)，后者足根外拐，并以足的背线为中心，两侧各捺一目，已有一种有目有鼻的感觉(图 22－2－3)。而在崧泽文化晚期另一类角尺形鼎足上，神像更为清晰，已经用凹线勾划出脸形，并以角线为中心，两侧各捺一目，还在头上刻了光芒状的点线纹(图 22－2－4)。这种以角线为中心的脸像构图方法，与良渚文化神像已经可以上下衔接。从这一演变轨迹来看，良渚神像的起源似与炊器有关，在炊煮活动中古人希望随着烟火与水汽的上升，有一位使者与天相通，向天祈求福祐，因此神像很可能就是火的化身。

　　至于火为良渚文化古人所崇拜的现象，在考古发现的良渚文化习俗中，已可以找到许多例证。良渚文化出现一种火敛葬，这种葬俗至少已发现三例。江苏武进寺墩 M3 是一个年约 20 岁左右的青年男子墓葬，墓内的 24 件玉璧分置头前、脚后和头脚之下，32 件玉琮围绕在人骨四周，其他还有玉、石制的斧、锛、刀、镯、坠、锥形器、珠、管，以及陶器簋、豆、盘、壶等，随葬器多达 120 余件，这是一座拥有大量财富和掌握一定权力的显贵者墓葬，对于这样的人物，使用的是火敛葬，墓内的人骨和随葬器物都显露火烧过的痕迹。人的头骨、肢骨残块和趾骨有明显的火烧过的痕迹，玉璧碎裂的占 21 件，其中 13 件有明显火烧过的痕迹，玉琮断裂成两截的有 5 件，有 8 件有明显的火烧痕迹，穿孔石斧有 3 件因火烧而碎裂，因此发掘者分析该墓是一种火敛葬。上海青浦福泉山 MBb，以一个长 3.24、阔 1.70、深 1.88 米的长方形土坑埋葬，人骨仰身直肢，骨架不乱，坑底都是红烧土，人骨骨面灰黑，骨质发白经过火烧，左臂所戴玉镯和身旁的玉珠、玉管呈鸡骨白色，而且镯上有条条爆裂纹，也是一种经过火烧的迹象。青浦金山坟 M1，人骨不乱，骨面青灰，呈现龟裂纹，随葬的一件玉锥形器玉色黄白，贴墓底的一面纹饰清晰，而面向上的一面，纹饰模糊。另一件玉管，也现灰白色，这两件玉器质地酥松，此墓也经大火烧烤。上述三墓使用火敛葬的现象极为明显。

此外,良渚文化还有用火祭礼的遗迹。如在福泉山的良渚文化墓地,许多墓葬近旁堆积有大批红烧土块,M136 在墓地内西北角边沿有作角尺形堆积的两列红烧土块,中间放置一件夹砂陶大口尖底缸形器,此墓埋葬后,后人又在墓顶上堆放一长列南北向的红烧土块。M144 墓顶上分墓前、墓中、墓后堆置三堆红烧土块,南部的一堆中间也有一件夹砂红陶缸形器,根据堆积的层位,三堆红烧土应是三次活动遗迹。M94 在墓地的南端和墓顶正上方各挖一个方形小土坑,内置红烧土块。这些烧土块由经过切割的不规则的方形土块放在火里烧成,六面烧红,表面平整无纹,堆置杂乱,有的堆放在墓上烧成,有的在别处烧成后搬来使用。这是一种向先人堆土燎祭的遗迹。一墓有几堆烧土块,可能就是经过几次燎祭活动。

良渚出土玉器大部呈现鸡骨白色,应该也与经受火烧有关。现代制造仿古玉器,即将绿玉用火烧烤,就变为鸡骨白色,所以这一类玉也叫作火烧玉。而考古发现的同一地点,甚至同一墓葬的良渚玉器往往有的呈鸡骨白色,有的仍现青绿或者青黄色。同时这些尚未变色的绿玉,如经受强烈的阳光或灯光照射也逐渐变白,说明鸡骨白色并非一般所说是入土蚀变的原因,而是在某种燎祭的仪式中经过烘烧的缘故。大量鸡骨白良渚玉器的出土,反映良渚文化时期用火、用玉祭祀的盛行。再如商代的甲骨文上,也有许多关于用玉燎祭的记载,如:"庚午贞王其再㷠于且乙㷁三牢卯……乙亥酒。再㷠于且乙牢二牢三大……(《邺》三、四五、一二)。""丁卯贞王其再㷠三牢卯……牢(《南明》五三七)。"以及"丁卯贞王其再㷠㷁三牢卯……(《南明》六一四)"。据沈文瑜氏的考释,其中"㷠"即琮,上述甲骨文是举琮进行燎祭的记述。现知商代的琮璧源于良渚文化,可见这些刻有神像的玉器,确与用火祭祀的习俗有关。

总之,从良渚神像的图形分析,冠上的刻纹似草编、似火焰,无冠的则头上有两条刻有多道弦纹的横棱,有的在横棱中间还填刻云纹,似头上的云天。神像身上与身旁往往填刻横直线与云纹相间的图案,有一种置身于云烟之中的感觉,而且神像常与飞鸟为伍,具有飞升的含意,加上神像的起源与炊器有关,以及良渚文化中盛行用火、用玉祭祀的习俗,所以神像是良渚古人所崇拜的,能够与火焰一起升天的神灵。

[本文原载于《史前研究》(1990—1991 年)辑刊]

良渚文化陶器

　　良渚文化是我国新石器时代最优秀的古文化之一,"良渚玉器"与"良渚陶器"早在 20 世纪 40 年代就已闻名海内外。近三十年来由于发掘了江苏省的草鞋山、张陵山与寺墩,上海市的福泉山,以及浙江省的反山和瑶山,发现了 4 000 多年前用大量劳动力堆筑起来的高台墓地。埋葬在其中的是一批良渚文化的上层显贵,墓内有精美的陶器、石器、玉器、象牙器、漆器等陪葬品,有的还以奴隶殉葬。出土的器物工艺水平极高,都是良渚时代的代表作品。这就使我们对于良渚文化的了解进入一个新的境界。随着考古上的新发现,近年来有关"良渚玉器"的论著已屡见于报刊,而"良渚陶器"是我国新石器时代的又一杰作,却介绍较少,本文特作简要的论述。

　　良渚文化的距今年代,据碳十四测定约为 4 900～4 100 年,早于山东龙山文化。陶器的制造工艺已达到能够熟练运用轮制的阶段,因此所见器物大部器形规整,器壁厚薄匀称,内底往往遗留明显的轮旋纹。除此之外,良渚文化的制陶技术具有以下独特成就:

　　一、善于制造泥质灰胎黑衣陶器。良渚陶器的陶质与陶色,种类虽然很多,有夹砂红陶、夹砂灰陶、泥质红陶、泥质灰陶以及泥质黑衣陶等种,但在比例上以灰陶和黑衣陶数量最多,泥质红陶极少,与仰韶文化或大汶口文化盛行红陶显著不同。夹砂陶在陶土中羼入的羼和料是细小匀称的砂粒或蚌壳屑,与其他文化使用夹炭、夹粗砂或草屑的有区别。在制作成形后,对器表进行精细的压磨,使之渗出一层泥浆形成陶衣,因此器表往往光滑锃亮。泥质陶器的制作,选用纯净的陶土,制法相同。入窑烧制采用还原焰的方法,即在陶器将要烧成时,将窑孔严密封闭,使窑内高温燃烧的木柴失去氧气,造成陶土中氧化铁的还原,因此出现灰色陶器。制造灰胎黑衣陶是在陶窑封闭后,再作适当渗水,使未燃尽的木柴冒烟,由于大量炭素渗入陶器表面,形成黑衣。良渚黑陶色泽铅灰,具有金属般光泽,但水洗容易脱落,与龙山文化黑陶陶色墨黑,大部内外皆黑有所区别。这类陶器是良渚文化的主要陶系,而且特征显著,因此成为该文化的特征之一。

二、技术上轮制与模制结合使用。良渚陶器的造型喜爱仿造动植物的形象,有的似竹节,有的像水鸟,像蛙类,生动活泼,又盛行带盖,附流,圈足,三足,贯耳与阔把。器形复杂,因此除使用轮制以外,还大量借用模制。不同部位分别制成,然后捏合,例如良渚的典型器物之一——带盖翘流阔把扁圆形腹三足壶,福泉山 M74 出土,器高 19.7、腹径 18.8 厘米,除扁圆形器身使用轮制以外,规整斜翘的方形流,用模印制成后再作捏合,与之吻合的器盖,线条流连而不圆整,也以模制,至于条纹阔把,系以手工造型,再在其上刻划条纹,然后粘合到壶腹上,因此这件壶口部有流斜翘,身后附有阔把,器底伸出小足,形似浮游的水鸟,华美大方。更有一些器物整器使用模制,例如鸟形壶和蛙形三足盉,前者福泉山 M101 出土,器高 19.4、腹宽 13 厘米,方流,器盖与三小足使用模制,绞索形环把手制,而扁核形的器身也以模印两片扁腹相合捏成,造型类似昂首伫立的企鹅。后者广富林 M1 出土,器高 16.1、最大腹径 13.6 厘米,器形为椭圆形器口,蛋圆形器身,环把,三圆柱形器足,形制规整而无手捏痕迹,也系模制。所以习用模制,是良渚制陶的一大特色。

三、彩绘、细刻纹与浅浮雕是良渚陶器的突出装饰艺术。良渚陶器以素净无纹的为主,或者有一些轮旋的凹凸弦纹,或附加堆纹与小镂孔。但是近年来在一些显贵大墓和其他重要墓葬中意外地发现了使用上列装饰艺术的陶器。彩绘是在陶器烧成以后再进行绘彩,与北方的彩陶先绘后烧的不同,因此出土时容易脱落,不易保存。色彩以红褐色为主,偶见间夹淡黄色彩,其质料据检验,是一种薄薄的彩漆。以福泉山 M151 出土的彩绘黑陶壶为例,器高 7.8、腹径 9 厘米,在这件直颈圆弧腹矮圈足的黑衣灰陶壶上,颈肩与圈足上满涂红褐色彩,腹部突出一道宽带形的黑亮的空间,然后在其上用红褐与淡黄两种色彩描绘云纹状彩绘,红黄黑相间,出土时鲜艳夺目。陶器上施彩绘,最早出现于 5 000 年前的崧泽文化,在良渚文化中盛行于早期,至中、晚期逐渐少见。这类陶器都在显贵大墓中发现,居住遗址内未见出土,可能是古代的一种祭祀用器或礼器。

细刻纹主要用于黑衣陶上,在陶器烧成后再刻,刻纹浅细而流连,有蟠螭纹、禽鸟纹、曲折纹等种,由富有艺术修养的陶工经过构思后刻划而成,所以画面虽然工整,但有的部位疏密不匀,以下介绍三器:(1) 带盖细刻蟠螭、鸟纹双鼻壶,福泉山 M74 出土,器高 14.5、腹径 12.7 厘米(图 23-1),双鼻壶出土时往往不见器盖,此器连盖,给予

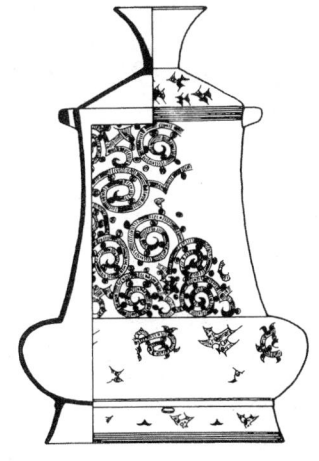

图 23-1 细刻蟠螭纹、鸟纹双鼻黑衣陶壶

我们一个完整的感受。泥质黑衣灰陶,浅盘形盖,杯形盖纽,盖的一侧附小孔,可以穿线与口部小鼻相连,防止跌落。颈部微凹,腹部扁圆,圈足略为外撇,并有椭圆形小镂孔,造型端庄优美。器表细刻多种图案:盖上的鸟纹,类似群燕飞翔;颈部的蟠螭纹,螭体回旋盘曲,并附逗点形小足,与战国时代的玉雕螭龙近似,体内填刻横直弧线与云纹组成的几何形图案,这种图案在玉琮的神人兽面纹上,也用作填纹,是良渚文化纹饰的特征之一;腹部细刻一周鸟纹与蟠螭纹相间的纹饰;圈足上有一周侧立与展翅飞翔的鸟纹。整组纹饰刻划细致而具神秘感。(2)翘流阔把圈足细刻纹壶,福泉山M65出土,器高15、腹径9.2厘米(图23-2),此器陶质细腻,器形优美,灰陶薄胎黑衣,器表打磨光滑,闪现金属般光泽,通体细刻多组旗形纹连结而成的曲折纹,其中间夹鸟纹,流的下面更有一个良渚文化常见的展开双翅的飞鸟。阔把的上端有两个圆孔可以系盖,孔下密布直条纹,制作之精在新石器时代陶器中极为罕见。(3)细刻鸟纹蟠螭纹豆,福泉山M101出土,器高17.6、口径17.6厘米(图23-3),泥质灰胎黑衣陶,浅盆形豆盘。高把,饰多道竹节形凸棱,器表通体饰细刻纹。豆盘上的图案以鸟纹与蟠螭纹相间,鸟的形态昂首侧面,长尾卷翘,形象华美。高把上的侧面与正面由展翅的两种鸟纹组成,在圈足上也细刻飞翔的鸟纹。良渚陶器上的细刻纹,在时间上出现于中、晚期,也属于上层显贵使用的器物。

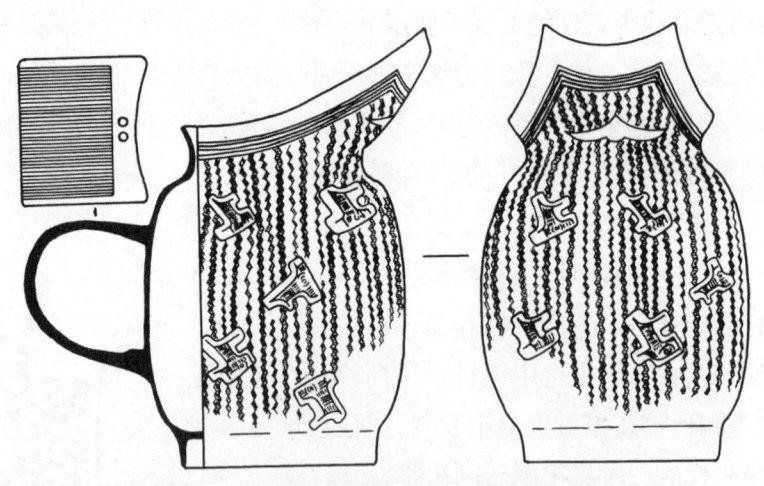

图23-2 翘流阔把细刻曲折纹、鸟纹黑衣陶壶

用浅浮雕工艺装饰的陶器,去年在上海市金山县亭林良渚文化遗址的发掘中出土了一件,这在我国新石器时代的陶器中,还是第一次发现。这是一件口附双鼻折肩折腹矮圈足的泥质灰陶壶,器高13.2、腹径16.2厘米(图23-4),装饰技法是先在肩部的中间与肩腹转折处,轮旋二道凸棱,将肩部斜面一分为二,然后在上下斜面上用减地法凸出一组优美的几何形图案,入窑烧成后,图案的边廓似有一条黑色边线,呈

・良渚文化陶器・

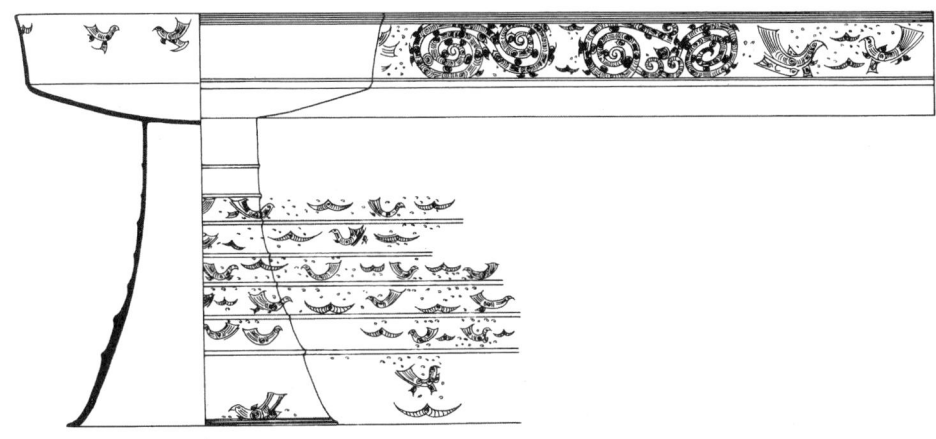

图 23-3　细刻蟠螭纹、鸟纹黑衣陶豆

现一种华丽与清新的美感。这种以减地法突出主纹的方法，原是良渚玉器琢制神人兽面眼鼻时常用的技巧，现在运用于陶器上，同样具有显著夺目的效果，成为良渚陶器上又一种突出的装饰艺术。

至于良渚陶器主要器形的早晚期特点，由于在福泉山发现了良渚文化层有早晚期之分，以及有多座墓葬上下依次叠压等重要的分期依据，现在已经可以将器形的变化分四期进行科学的排列：

图 23-4　浅浮雕几何形纹灰陶壶

鼎：最显著的变化是在足部，一期作鱼鳍形足。二期为方鳍形足。三期为T字形足。四期出现圆锥形足（图 23-5-1～4）。

豆：一期豆盘腹部常见一道垂棱，豆把形状弧曲多变，饰圆形与弧边三角形镂孔。二期豆盘下的垂棱消失，豆把粗矮，仍作多节形，饰一道或两道凸棱，间夹椭圆形小镂孔。三期豆盘多作直口浅盆形，豆把粗高，有一道宽带形凸饰与椭圆形小镂孔。四期的豆把细高，饰多道竹节形凸棱，有的通体有细刻纹，一种椭圆形的浅盘豆也出于这一期（图 23-5-5～9）。

双鼻壶：一期为矮颈圆弧形腹，平底假圈足，器形较矮。二、三期的颈部稍高，腹部扁圆，圜底附圈足，圈足外撇。四期长颈微凹，腹部更扁，圈足较直，偶见通体饰细刻纹的（图 23-5-10～13）。

阔把翘流壶：一期器形扁矮，平底，有的附圈足，把手较窄，饰网格纹。二期器形变高，底附三扁足，把上多刻直条纹。三期为腰鼓形腹，圜底附圈足，把手宽阔，饰精细密排的直条纹，有的通体细刻几何形图案。四期作直筒形腹，器形瘦长，把宽几乎与腹相等（图 23-5-14～17）。

· 252 ·

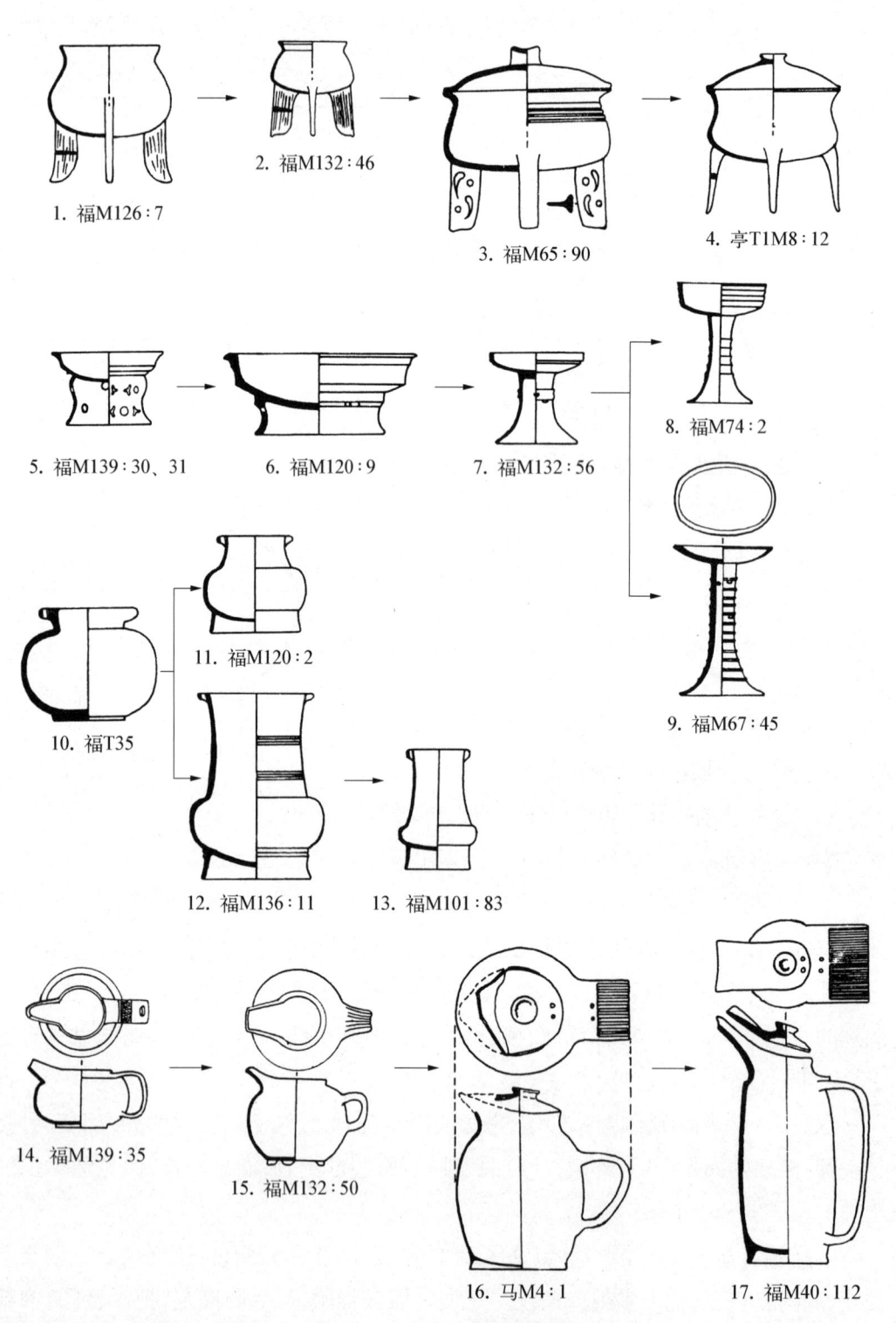

1. 福M126:7
2. 福M132:46
3. 福M65:90
4. 亭T1M8:12
5. 福M139:30、31
6. 福M120:9
7. 福M132:56
8. 福M74:2
9. 福M67:45
10. 福T35
11. 福M120:2
12. 福M136:11
13. 福M101:83
14. 福M139:35
15. 福M132:50
16. 马M4:1
17. 福M40:112

图 23-5　一至四期器形图

良渚文化从崧泽文化发展而来,大致它的早期器形与崧泽文化近似。在经历千年以后又为夏商时代的马桥文化所代替,马桥文化陶器盛行绳纹、篮纹、各种编织纹以及带形云雷纹,与良渚文化陶器截然不同,极易区别。

(本文原载于《敏求精舍三十周年纪念论文集》,两木出版社,1995年)

福泉山遗址发现的文明迹象

位于上海市西郊青浦县重固镇的福泉山遗址,发现于1962年,在1974年进行试掘,为了开展良渚文化的研究,在1982年、1983年和1986年作了三次发掘,发掘面积共2 335平方米,对于福泉山遗址的内涵,有了比较全面的了解。

以下介绍几点已发现的文明迹象。

一、福泉山是一处良渚文化时期专为显贵修筑的高台墓地

福泉山是一座位于水田中间的大土墩,接近方形,东西长94、南北宽84、高7.5米,东、南、西三边作斜坡,北侧呈现二级台阶状,顶面平整,似一个高土台。它的地层以T8东壁为例,在表土之下第一层为灰黄色五花土,其中包含大量马家浜文化遗物和部分崧泽、良渚文化遗物;第二层为黑土,马家浜文化遗物减少,而崧泽文化遗物增多;第三层为黄土,遗物不多,仅有个别良渚文化陶片;第四层为灰黑土,为崧泽文化墓地;第五层为黄褐土,土质较纯,未见遗物;第六层为青灰土,发现崧泽文化居住遗迹与墓葬;第六层以下为生土。文化层厚约8.5米。根据福泉山遗址的上三层土质杂乱、遗物的年代次序颠倒以及最晚的遗物属良渚文化来看,它是良渚文化居民在第四层崧泽文化墓地上堆筑起来的。在土台上发现良渚墓葬31座,其中第二、三层内的墓葬均为浅坑木棺墓,坑深仅20~30厘米,并有上下叠压现象,反映这两层是多次堆土形成的地层。坑口开在表土下第一层的墓葬,大部分为深坑墓,坑深0.9~2.85米。根据土质、土色,这一层是一次堆成的。其中部堆土厚约1~1.5米,周围厚约2~3米,如以平均厚2米计算,这一层的堆土量约在15 792立方米左右。第一层发现的墓葬都属大墓,墓内有大量精美的石、玉、陶器甚至象牙器,有的墓上更有祭祀遗

迹,有的使用人牲,所以应是一处动用上万人工,为良渚显贵堆筑的墓地[1]。

综观良渚文化的分布区,类似福泉山的人工堆筑的高台墓地已发现多处,如在福泉山之后发掘的反山和瑶山,都是在山地或高坡上运土堆建的高台墓地[2]。早于福泉山发掘的草鞋山和张陵山,也有这种现象。草鞋山的文化层可分十层,良渚文化 M198 大墓在第二层,这一层也属人工堆土,其下尚有崧泽文化、马家浜文化的遗址和墓葬[3]。张陵山良渚大墓之下,也有崧泽文化晚期墓地[4]。保存较好的高台墓地的北侧,同样可见台阶,似乎这一时期对高台墓地的构筑已经有了一定的模式。而与高台大墓同一时期的尚有埋于平地或较低的高地上的许多良渚小墓。以上海地区所见为例,在福泉山东南方的马桥遗址,位于良渚居住遗址西侧的比古代海岸遗迹较低的高地上,发现一批小墓,未见墓坑,不用葬具,各墓随葬器物,量少质差[5];福泉山南方的亭林遗址,位于遗址北侧的平地上,也发现一批小墓[6];在福泉山之南的广富林遗址与寺前村遗址,都在居住遗址近旁发现小墓[7];在福泉山西南的金山坟与汤庙村遗址,也有相似现象[8]。这些小墓,墓地未经营建,有的未挖墓坑,随葬品少,而且都为生前使用的器物。与高台大墓相比,显然属于不同的阶层。墓地的区别反映良渚时期社会上已存在等级。

二、良渚文化早期已经出现人殉

福泉山发现的 31 座墓葬,按地层划分,表土层下第三层有 9 座,第二层有 6 座,第一层有 16 座。在 31 座墓中,还发现三组上下叠压关系,它们是:M96→M126;M101→M132→M135→M139→M143;M144、M146→M145→M149、M150→M151。根据地层的叠压打破关系以及器物形制的变化,将 31 座墓分为五期。第一期出于黄土层(耕土下第三层);第二期出于黑土层(耕土层下第二层);出于黄土层(耕土下第一层)的 16 座墓,根据随葬器物的不同,又可分为三期,即第三、第四、第五期。

第一期:9 座。7 座位于山顶平台,2 座位于北坡第一台阶上。山顶上诸墓有墓坑、木棺,随葬品丰富,并有一座(M139)使用人牲。该墓为长方形浅坑,内有凹弧形大木上下相合的木棺,棺内人骨架仰身直肢,头向南,经鉴定,为成年男性。头骨口内有玛瑙琀 1 件,上下肢骨上分两行放置石、玉钺 12 件,手臂上有玉镯,头前有玉锥形器,身上还有玉管和小饰片多粒,足后在葬具外有成堆的陶器,有些器表有红黄色彩绘图案,极为精致。在木棺的东北角有另一具人骨,为青年女性,屈身,上下肢弯曲而分开,状似跪着倒下的样子,头向西北,头顶有玉环 1 件,面颊旁有玉饰片 1 粒,颈部和下肢骨旁各有玉管 2 件。这具人骨压在墓坑角上,头足处于坑外,与一件大口缸在一起,按迹象分析,是 M139 掩埋后再以人牲作祭祀,其身份似为女奴(图24-1)。至于发现于高台北坡台阶上的两墓,未见墓坑痕迹,亦无葬具,人骨仰身直肢,头向一东、一南,身旁或无任何器物,或仅置一残陶罐。其与山顶平台上诸墓相比,属于不同的社会阶层。

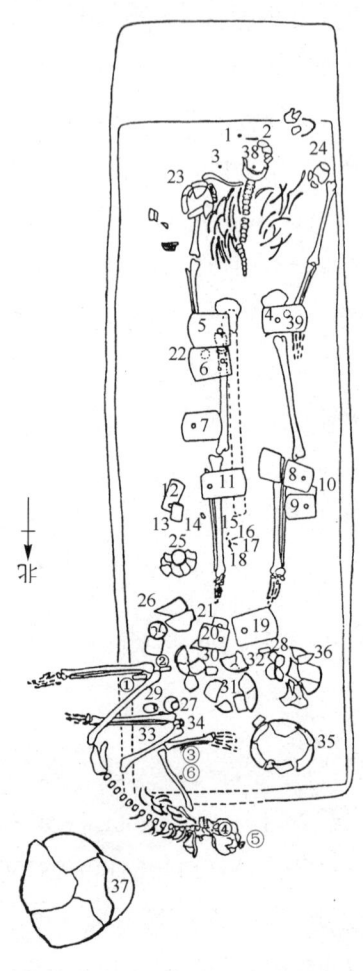

图 24-1 福泉山 M139 平面图

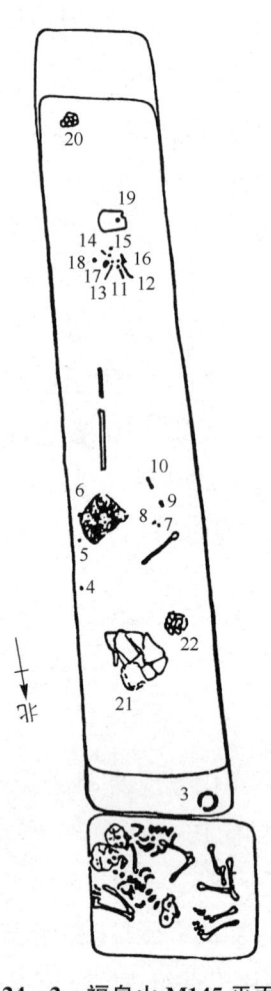

图 24-2 福泉山 M145 平面图

墓主随葬器物:1、3. 玉饰片 2. 玉锥形器 4~12、19~21. 石钺 13、28. 骨器 14. 玉管 15~18. 玉珠 22. 玉镯 23、36. 夹砂红陶鼎 24. 黑陶杯 25、30. 彩绘陶罐 26. 彩绘陶器盖 27、29、33. 小陶杯 31. 彩绘陶豆 32. 黑陶罐 34. 小陶罐 35. 灰陶豆 36. 夹砂红陶鼎 37. 缸形器 38. 玉琀 39. 玉纺轮

陪葬者随葬器物:①②⑤⑥. 玉管 ③ 玉环 ④ 玉饰片

1. 彩绘陶罐 2. 缸形器 3. 玉镯 4~6、7~9、11~15、18. 玉珠 10. 玉锥形器 16. 玉笄 17. 玉琀 19. 玉斧 20. 残陶器 21. 陶鼎 22. 陶罐

第二期:6座。都位于山顶平台上,有土坑、木棺和丰富的随葬品,其中 M145 的坑北,另有一个小坑,东西长 0.97、南北宽 0.8、深 0.37 米,坑内塞入两具人骨,头东向、屈身、屈腿,双手朝后,面颊朝上,呈反缚挣扎状。其一为女性青年,另一为少年。身旁无任何器物。当是 M145 的人牲祭祀坑(图 24-2)。

第三期：5座。位于山顶平台上，其中M144为深坑墓，墓坑深0.9米，其余均为浅坑，深约0.20～0.35米。M144墓口东北角有一片木质痕迹，其上有一具人骨架，朽蚀严重，头北向，头部有玉珠1粒，腰部有陶壶1件，足后有陶鼎1件，似为置于墓口的殉人。墓口之上为一片经火烧的堆土，当为祭祀遗迹。

第四期：7座。其中有2座深坑，3座坑口被后期扰乱，深浅不清；2座采用平地堆土掩埋。深坑墓中，M136为火敛葬墓，坑底、坑壁、人骨与随葬器物，都经火烧，在坑的西北有一堆经火烧红的土块及一件大口缸。M60为双人合葬墓，内有两具木棺。在坑口被扰乱的墓中，有一座为刀形土坑墓，墓坑作长方形，西北侧延伸出一小长方形坑，似亦为殉葬坑。第四期诸墓，无论有无墓坑，随葬品都量多而精。

第五期：4座。有2座使用浅坑，另2座采用平地掩埋，随葬品精美丰富。未见殉人现象。

五期中第一期接近吴县草鞋山四层和松江汤村庙墓葬，是继崧泽文化之后良渚文化最早的一期，而第五期与草鞋山二层、金山亭林、武进寺墩的良渚文化墓葬年代相当，已入良渚晚期。

总之，良渚文化时期，在第一期时显贵与平民的葬地已有区分，前者在山顶平台，后者在山的北坡台阶，往后各期，山顶平台埋葬显贵，而平民墓则埋于居住遗址近旁的平地上。至于人牲，在第一期已经开始。

三、福泉山上发现良渚文化大规模的祭祀遗迹

良渚文化的祭祀遗迹最早出现在黄土层，在山顶平台墓群的东西两侧各见一大片经火烧烤的地面，其上有一层薄灰，并有介壳屑。在西侧的一片中间，还有数块烧红的土块和一件残陶鼎。在灰黄土层发现的则有：

（一）在山顶平台中心部位、有人牲的墓葬上方，有一处大型的燎祭祭坛。祭坛南北长7.3、东西最宽处5.2米，作阶梯状，自北而南，自下而上，共有三级台阶，每级升高约34～44厘米。各层的中间平整，周围散乱地堆积着经过切割的土块，形成不规则的方圆形。最高一层东南角在数块土块的上面，放置一块长1、宽0.40、厚约0.1米，上下平整的土块平台，已断折，其下有一件大口缸。整片坛面和土块都被大火烧红，每一层面都撒有介壳屑，但未见残留的草灰。这是一处举行大型燎祭活动的场所（图24-3）。

（二）在山北侧的第一台阶上，有一个与祭祀有关的灰坑，作不规则的长方形，长约19.25、宽约7.5米，四边较浅，中间渐深，深约0.25～1.15米，中心有一个略呈圆

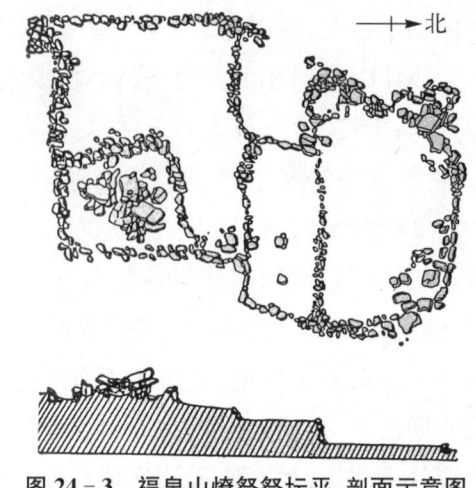

图 24-3 福泉山燎祭祭坛平、剖面示意图

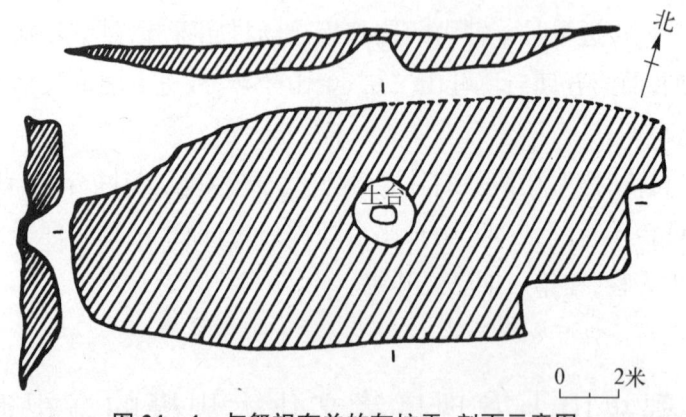

图 24-4 与祭祀有关的灰坑平、剖面示意图

形的小土台,径约1、高1.15米。坑中填满纯净的草灰,而坑壁、坑底连同中间土台,无任何火烧痕迹,坑中的积灰,可能是山上大火燎祭后堆放于此的(图24-4)。

(三) 在山的东坡上,有一大堆介壳屑,介壳种类有蚬、蛏、蚶、蛤、牡蛎等,与距此十余公里的古海岸遗迹——竹冈地下的堆积一致,应是从海边搬运至此的,专为祭祀时使用。

(四) 部分墓上或墓的南端也有燎祭遗迹,如 M136 火葬墓,在掩埋后于墓坑上方,南北方向堆置许多土块,土块连同地表均经火烧。M109 在墓坑的南端坑外,另挖一长方形小坑,内置土块并撒有介壳屑,土块与坑壁均被火烧红。M94 和 M101 在墓的顶上都挖一个长方形小坑,堆土进行燎祭。

根据上述现象可以看出,良渚人对福泉山上的大墓有一定的祭祀仪式,程序似为先堆置土块,然后堆草用火烧,在祭祀时撒上介壳屑,礼成后将草灰清扫,置于祭坛附近专设的灰坑之中。这类堆土燎祭,不见于平地小墓,是专为显贵举行的礼仪。

四、福泉山良渚文化大墓内出现礼器

良渚大墓的随葬品与小墓所见的不同。小墓内多为生前使用的器物,如石斧,磨制较粗,刃部可见使用痕迹;陶鼎的下部往往有烟炱,或者以仿制的明器代替。而大墓内的器物,大部分器形规整,制作精细,并常见细密的纹饰,具有很高的工艺价值。这些器物,既非日常生产、生活用器,亦非明器。例如石斧,形制规整厚实,整体高度抛光,刃口钝,不能使用,与良渚日常使用的斧相比,后者器形都为平刃,器面粗糙,器体扁平,形如北方的石铲。前者弧刃、厚实,器形除了钻孔很大与器表高度抛光以外,与崧泽时期的石斧形制相同。这是一种精制的良渚仿古器物,当是礼仪用器(图24-5-2)。石钺,长方形平刃,形如小墓的石斧,但制作精致,器体扁薄,一般厚仅0.3~0.5厘米,不能使用,两边轮廓线十分清楚,刃角两端略为外翘,刃部微弧,钝口,器表经抛光,光亮如镜,顶部可见装柄的痕迹,有的在圆孔上方缚绳的部位尚有左右两道朱红色彩绘(图24-5-3)。有段石锛,器形规整,高度抛光,刃部也无使用痕迹。玉钺,有的连柄放入墓内,柄的上下端都有玉饰,根据柄端饰的位置,柄长约70~80厘米,在墓内的位置,有的在右手旁,有的斜置在胸部,应是一种权杖(图24-5-5)。虽未见柄痕,但钺顶仍可见装柄痕迹。另有一种圭形玉钺,器形瘦长,穿孔小巧,刃部凸出,接近三角形(图24-5-4),这类钺的礼仪作用更为明显。至于琮、璧、锥形器、冠形器等,为宗教礼仪之器,不言自明。

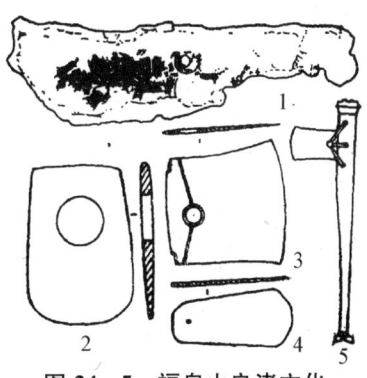

图24-5 福泉山良渚文化墓葬出土礼器

1. 象牙雕刻器(M9:36) 2. 石斧(M9:18) 3. 石钺(M144:14) 4. 圭形玉钺(M9:16) 5. 玉钺安装复原图(M74:34、37、45)

随葬的陶器,鼎的器表大部经过打磨,并有一层红褐色陶衣。有一件带盖T字形足夹砂黑衣灰红陶鼎,从盖上的捉手直至鼎足,满刻细密的蛇纹,鼎足上有弯月形与圆形镂孔。鼎盖的边沿以两小孔为一组,有三组小孔,孔位与带镂孔的三足相对,可以穿绳封盖(图24-6-1)。黑陶是使用还原焰加渗炭烧成的,不能作炊煮器使用,否则陶色变红,细浅的刻纹遇烟熏时也会湮没。可见这类鼎已非烹饪器。这类陶鼎经过细致的艺术加工,与铜鼎相似,是一种礼器。有一件黑衣灰陶豆,豆盘内外与豆把上都细刻各式鸟纹和蛇纹组成的带纹(图24-6-2),纹饰延续到盘内,显然也有特殊用途。有一件宽把翘流黑衣灰陶壶,造型如翘首伫立的

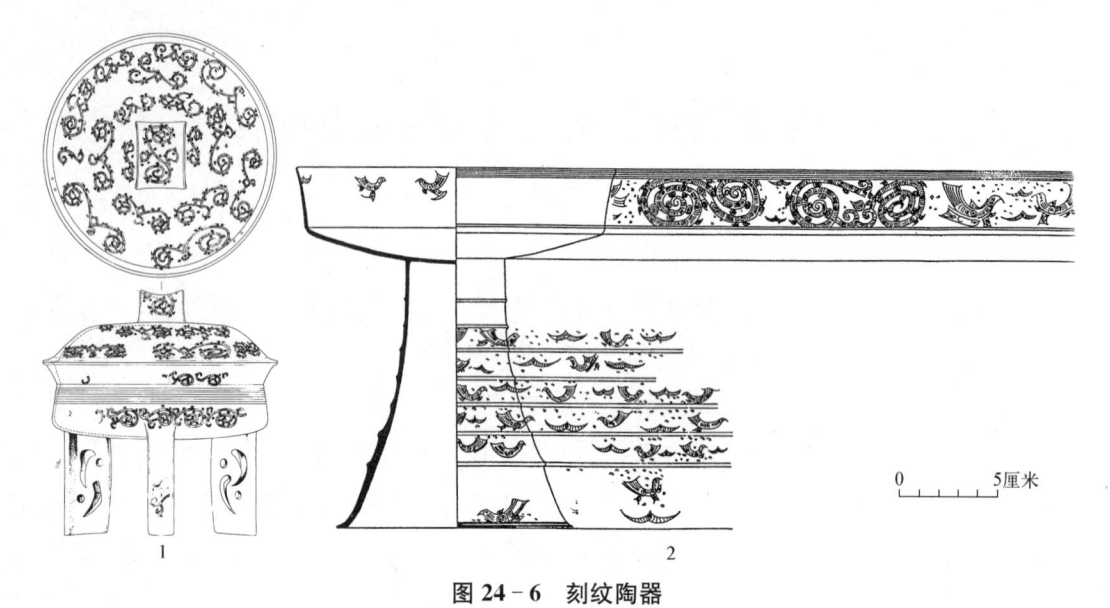

图 24‑6 刻纹陶器
1. 黑陶刻纹鼎(福 M65∶90)　2. 黑陶刻纹豆(福 M101∶90)

鸟,薄胎,表面经打磨后乌黑发亮,外观似金属,器表满刻细小的旗形纹、曲折纹和鸟纹,为至今所见良渚陶器中最精致的一件(图 24‑7‑1)。在有些双鼻壶上,同样整体细刻蛇纹和鸟纹。另有一组黑衣灰陶器,两件高柄盖罐和一件鸟形盉也很精致。盖罐的柄细长,作管形,中空,与器内上下贯通,盖与罐的器表,在乌亮的陶衣上有数道朱红色宽带形彩绘(图 24‑7‑3);鸟形盉,卵形腹,绞索状环把,下附三扁足,形似企鹅,工艺性很强(图 24‑7‑2)。此三器置于人头骨之前,似为祭祀专器。还有一件象牙雕刻器,宽约 7.2、长 25.4 厘米,一面圆弧,另一面内凹,似一片剖开的象牙,此器的凹凸两面都满刻精细的兽面纹,在墓内置于人骨的左手上(图 24‑5‑1)。笔者认为上列器物都是权力和地位的象征,是一种礼器,是等级的反映。

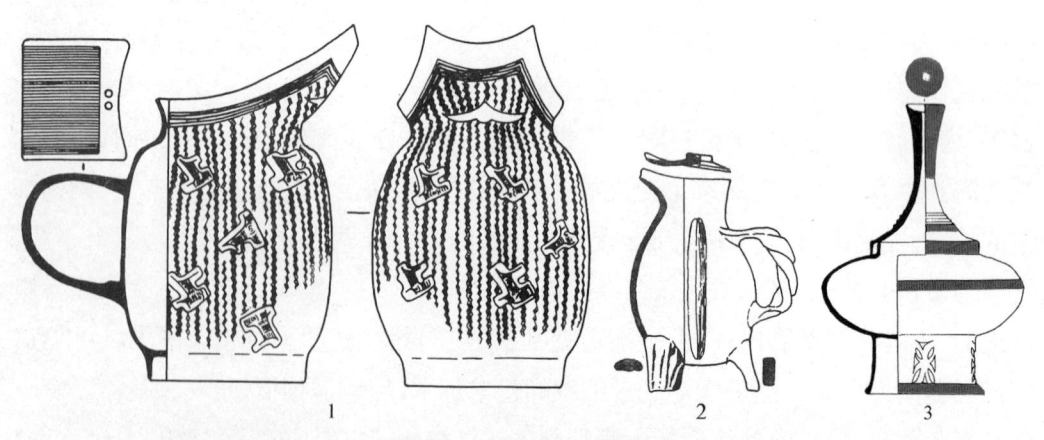

图 24‑7 良渚文化陶器
1. 黑衣灰陶壶(M65∶2)　2. 鸟形盉(M101∶1)　3. 高柄盖罐(M101∶2)

五、良渚文化有几种不同的葬俗

良渚文化的墓地,除有高台与平地之分以外,在墓葬的排列和随葬品的类别上,各墓地也存在着差异。如以福泉山与反山、瑶山相比,福泉山的墓葬排列,从平面看,无一定规律,但从立面看,在中心部位,上有祭坛,下有多座墓葬上下叠压,似乎有一定的排列次序。福泉山墓内的随葬品,玉器精美,但数量和类别都较少,陶器则既多且精。反之,反山、瑶山发现的墓葬仅一个层次,分南北两行,排列整齐,随葬品中玉器数量大,种类多,而陶器数量少,制作的工艺也低于福泉山。再分析平地小墓的情况。上海地区所见有两类。一类平面排列散乱无规律,如马桥遗址清理的 10 座墓,极为分散[9];另一类似作人字形排列,以一座为中心,从两侧向后延伸,如亭林和寺前村发现的良渚墓群[10]。亭林的玉琮即出土于作人字形排列的顶端一墓,此墓似为墓群之首。这些不同的葬俗,是因等级的差别,还是因部落的不同造成的,尚待今后积累更多的发掘资料,再作进一步的分析。

上列各种迹象,如驱使大批劳力为显贵堆筑高台墓地,大型祭祀遗迹的存在以及出现许多用玉、石、陶甚至象牙制作的礼器,其时间都在良渚文化的中晚期(马桥遗址和澄湖古井发现的陶文[11]亦属这一时期),这似乎说明在良渚文化中、晚期,这一地区已经开始进入文明时期。

注释

[1] 上海市文物保管委员会:《上海福泉山良渚文化墓葬》,《文物》1984 年第 2 期;黄宣佩、张明华:《上海青浦福泉山遗址》,《东南文化》1987 年第 1 期。试掘与第一、二、三次的发掘资料,现存上海市文物管理委员会。以下引用福泉山资料同此。

[2] 据笔者实地观察,反山高台建于高坡之上,其他资料见浙江省文物考古研究所《浙江余杭反山良渚墓地发掘简报》、《余杭瑶山良渚文化祭坛遗址发掘简报》,《文物》1988 年第 1 期。

[3] 南京博物院:《江苏吴县草鞋山遗址》,《文物资料丛刊》(3),文物出版社,1980 年。

[4] 南京博物院:《江苏吴县张陵山遗址发掘简报》,《文物资料丛刊》(6),文物出版社,1982 年。

[5][9] 上海市文物保管委员会:《上海马桥遗址第一、二次发掘》,《考古学报》1978 年第 1 期。

[6] 亭林遗址自 1972 年以来,经三次清理发掘,资料存上海市文物管理委员会。

[7][10] 上海市文物保管委员会:《上海市松江县广富林新石器时代遗址试掘》,《考古》1962 年第 9 期;寺前村遗址,1966 年试掘,1990 年进行第一次发掘,资料存上海市文物管理委员会。

［8］上海市文物保管委员会：《上海青浦县金山坟遗址试掘》,《考古》1989年第7期。

［11］南京博物院、吴县文管会：《江苏吴县澄湖古井群的发掘》,《文物资料丛刊》(9),文物出版社,1985年。

(本文原载于《考古》1993年第2期)

福泉山良渚文化墓地的家族与奴隶迹象

分布于长江下游太湖地区的良渚文化,年代上早于我国第一个王朝——夏代千余年,但也出现了文明时代的迹象,应该已经步入了文明时代。这些迹象有:

1. 贵族墓地已经脱离平民的氏族公共墓地,前者位于动用大量人工堆筑的高土台上,墓葬数量少;而后者则位于平地上,有众多的墓群。

2. 各墓地呈现等级状。最高等级的如反山和瑶山[1],位于高台上,墓葬普遍挖掘深1米左右的大坑,坑内有椁、有棺、有棺床,葬具上见彩绘,墓内随葬大量琮、璧、钺等象征权力的礼仪用器,而且器上往往雕琢见身、手、足的完整神像。随葬器的数量,以反山的11座为例,共出土1 500件(粒),其中数量最多的一座墓,达570件(粒),最少的也有63件(粒),平均每墓的随葬品都在百件以上。次一级的如福泉山、赵陵山等处[2],虽然也葬于高台上,但只有部分墓葬使用深坑,大部分仅挖掘深30厘米左右的浅坑,部分墓内有棺有椁,棺上见彩绘,随葬少量琮、璧、钺等玉礼器,器上神像的表现,仅见神脸和兽面。随葬器的数量,以福泉山的30座为例,扣除两座人殉与4座残墓,其余24座共出1 061件(粒),最多的一座为171件(粒),最少的一座仅2件,平均每座为44件(粒),远少于反山。再低一级的有亭林、新地里等多处[3],他们埋于平地或小高地上,是氏族的公共墓地,其中可见一组组的家族墓群。这些墓大部挖掘浅坑,有的有棺,但无椁,随葬的器物是生前使用的生产工具石器与生活用具陶器,有玉器的也仅见珠、管和锥形器,只有个别墓群中的大墓,出一琮数璧,或一冠形器,随葬品数量如亭林墓地,最多的一座墓有80件(粒),少者仅4件,平均每墓十余件。

3. 在高台墓地上,有的墓埋葬时使用人殉。祭祀时用人牲,如福泉山和赵陵山的埋葬现象,说明社会上已经存在奴隶。

4. 良渚文化中出现了文字。发现了这一时期记事与表意的三种方式,其一以图画表意,如余杭出土的一件陶罐上,刻划了围网、鱼骨和动物等围猎记事的图像[4];青浦西洋淀良渚木圈井内出土的陶壶上,刻有一组奔跑的鸵鸟和飞鸟[5]。其二是祭祀用的符号,均发现于琮、璧等玉器上,图形为立鸟、飞鸟,以及山字形或盾形的台阶[6]。在古代的祭祀活动中,鸟为神、人之间的交通使者,而高山作为通神的地点,均具有祀神意义。其三是笔画清楚、数字并列,与商代甲骨文近似的文字,如吴县澄湖良渚古井出土的贯耳壶上,刻有"个耳区丼"四字[7];马桥井中出土的阔把杯底上刻有"甲木"二字[8]。以此分析,当时在记事示意方法上,也有了层次,可能已经出现了掌握文字的巫师类人物。上述各种迹象可以说明,良渚文化已经进入了文明时代。本文作为上述迹象的补充,进一步分析福泉山良渚墓地出现的家族、奴隶与礼器状况,认为可能还存在一个家族数代权力延续的现象。

一、福泉山是一个数代家族的墓地

　　福泉山是一座接近长方形的高土台,北坡上有一台阶,保存状况较好,受后期破坏较少。经大面积发掘,清理了良渚文化墓葬30座,大致是这个墓地的埋葬数字。30座墓在地层上从上到下,分处于灰黄土、黑褐土和黄土层中,其中又有两组多墓上下叠压关系,因此年代可以分成五期:

　　一期共8座,除了两座位于高台北坡台阶与祭祀遗迹相邻外,其余M126、M139、M143、M149、M150、M151位于高台上一座燎祭祭坛的底下。6墓均用深仅30厘米上下的浅坑埋葬,M143与M139叠压,M150与M151叠压,诸墓相傍距离最大的也仅5米(图25-1)。墓主的性别,M126,骨骼幼小似为少年;M139经鉴定为成年男性;M149使用玉璜、玉镯与陶纺轮随葬,据良渚的葬俗,有璜与纺轮的当属女性,因此这

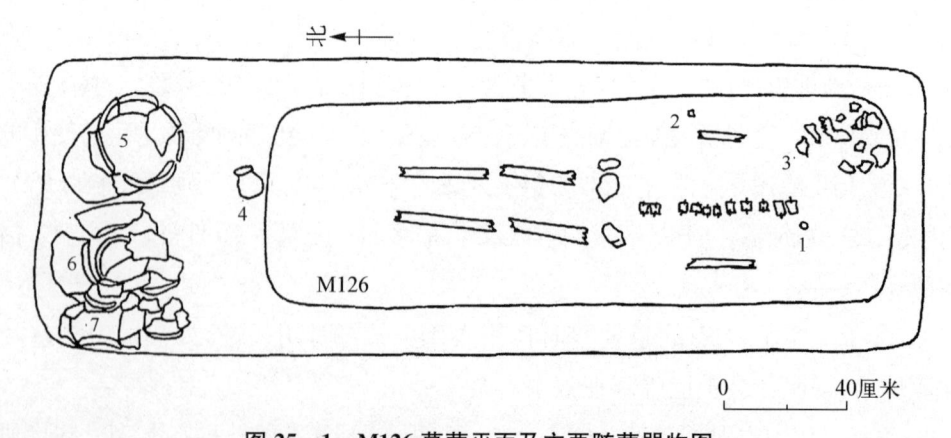

图25-1 M126墓葬平面及主要随葬器物图
1、2. 玉管 3. 玉鸟 4. 陶杯 5. 大口缸 6. 陶罐 7. 陶鼎

·福泉山良渚文化墓地的家族与奴隶迹象·

一期家族墓葬数量仅6座,墓葬位置又相邻,成员有成年男女,也有少年,具有家族墓群的迹象。这一家族除少年与女性以外,M139有石钺12件,M150有石钺3件,M151有石钺5件,均有成组的石武器。在高台北部祭祀台阶上,有人殉和祭祀器物堆。M139和M151墓后有祭器大口缸,M139墓脚还见人牲。这在良渚早期罕见玉钺的情况下,使用多件石钺随葬和用人牲与大口缸祭祀,说明其应是一个相当显赫的家族。

二期共6座,有M115、M120、M124、M135、M140和M145,各墓都见浅坑,其中M135叠压于一期的M143和M139之上,M145叠压于M150、M149和M151(图25-2)之上,这期墓与一期诸墓关系密切。各墓的位置,M115与M120、M124相傍,其中M115为少年,M135、M140、M145三墓相邻,也似家族墓群。各墓的埋葬,以M145最为突出,此墓有棺有椁,在椁板上置有彩绘陶罐,墓主人为成年男性,含琀带镯,墓坑北端尚有使用人牲的祭祀坑和大口缸(图25-3)。

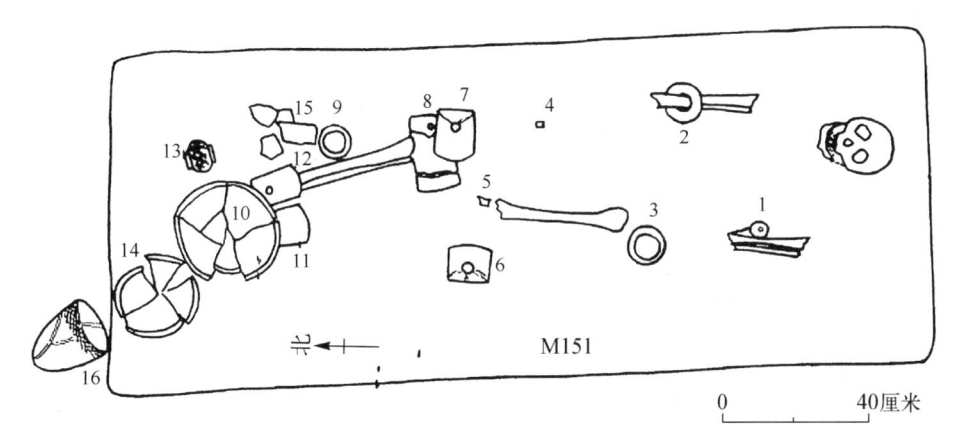

图25-2 M151墓葬平面及随葬器物图

1. 玉钻心 2、3. 玉镯 4. 玉珠 5. 玉管 6～8、11、12. 石钺 9、13、15. 陶壶 14. 陶鼎 16. 大口缸

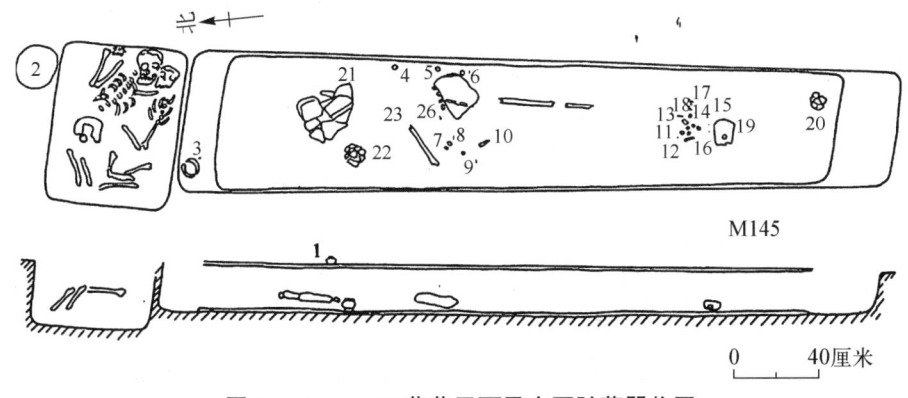

图25-3 M145墓葬平面及主要随葬器物图

1、20. 陶壶 2. 大口缸 3. 玉镯 4～8、11～15、23～26. 玉珠 9、18. 玉管 10. 玉坠 16. 玉笄 17. 玉 19. 石钺 21. 陶鼎 22. 陶罐

三期共 5 座,有 M94、M109、M132、M144 和 M146,其中 M144 为深 0.9 米的深坑大墓,其余均用浅坑埋葬。各墓位置,M132 与二期的 M135、一期的 M143 和 M139 有叠压关系;M144 与二期的 M145,一期的 M149、M150、M151 有叠压关系。这一期墓群中,M109 在墓坑南端另有燎祭小坑,葬具上见彩绘痕迹,随葬有石器 1 斧、3 钺、4 锛、1 凿、1 镞,玉器 1 钺、3 璧、1 冠形器,墓内人骨头上有成排獐牙饰。墓主地位特殊,似为男性。M144 是深坑大墓,其上即为燎祭祭坛。墓坑内有棺有椁,椁板的北端见一人殉。棺内有玉钺与彩绘石钺以及长琮状柄形器,经鉴定墓主为 25 岁左右的女性(图 25-4)。此二墓墓主为这一期的显要人物。

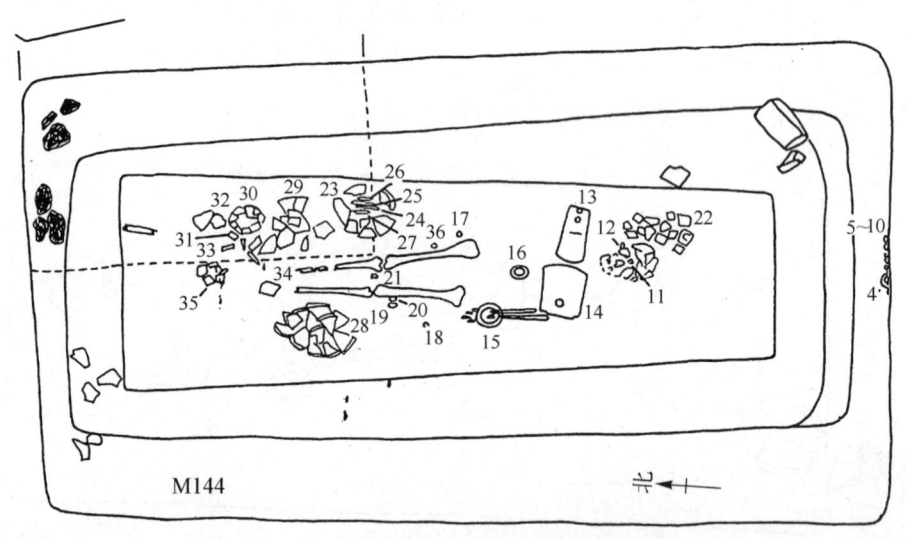

图 25-4 M144 墓葬平面及主要随葬器物图

1、5～11、19、20、36. 玉珠 2、35. 陶双鼻壶 3、22、28、30. 陶鼎 4、15、16. 玉镯 12、17、18. 玉管 13. 玉钺 14. 石钺 21. 玉坠 23. 陶盆 24、26、27. 玉锥形器 25. 玉柄形器 29、34. 陶豆 31、33. 石锛 32. 陶壶

四期共 6 座,有 M53、M60、M65、M74、M103 和 M136。墓葬位置散处于祭坛周围,其中 M60 为深坑大墓,坑长达 4、宽 1.7、深 2.85 米,坑内并列两个葬具,东首一具内有玉璧、玉璜、玉镯与玉带钩等,似为女性;西首一具见玉冠形器和玉璧,似为男性,此墓可能是一座夫妇合葬墓(图 25-5)。M74,墓顶遭宋墓叠压破坏,并且未见墓坑痕迹,但随葬器极为丰富,有玉钺 4 件,其中 1 件附柄端饰冒和镦,1 冠形器、1 半圆形器、1 璜、2 纺轮、12 锥形器和玉项饰 1 串,陶器有 5 鼎、7 豆、6 壶、3 匜、2 簋、2 熏炉,合计玉石陶随葬器 171 件(粒),墓主为女性,是福泉山良渚墓中随葬品最多的一座,也是良渚墓葬中出土玉钺最多的一座。M65,用刀形土坑埋葬,坑长达 4.1、宽 1.4～0.8 米,此墓葬具上见彩绘,随葬器中有玉钺 2 件,其中一件有柄端饰冒与镦,琮 2 件、璧 2 件、锥形器 5 件,合计玉石陶器 125 件,同属出玉钺、玉琮、玉璧的权贵大墓。

·福泉山良渚文化墓地的家族与奴隶迹象·

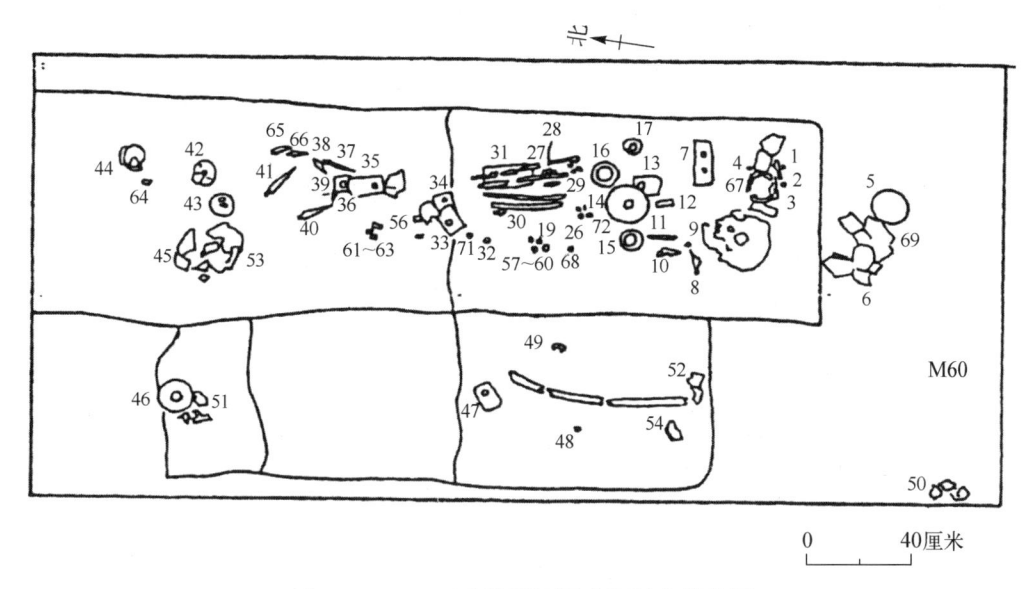

图 25-5 M60 墓葬平面及主要随葬器物图

五期共 5 座,有 M9、M40、M67、M101 和 M128,墓葬位置状况同四期,散处在祭坛周围。其中 M101 与三期的 M132、二期的 M135 以及一期的 M139 和 M143 有叠压关系。这一期墓的埋葬使用浅坑或不见挖坑迹象,仅有 M67 可能为深坑大墓。各墓普遍有大量玉、石、陶等随葬器,如 M9,虽然人骨胸部以上已遭汉墓破坏,墓内仅残留 1 件陶器,但身旁足后有玉钺 2 件,其中 1 件有柄饰骨镦,琮 1 件、琮形镯 2 件、琮形管 2 件、璧 4 件,以及锥形器、镯、坠、珠、管、镶嵌小玉片和石器斧、钺等 106 件(粒),另有一件残长 25.4 厘米,刻有威严神秘的兽面纹象牙器。此墓出土的玉石器质地之精,制作之美,为福泉山良渚墓葬之最,在各地出土的同类器物中,也属罕见,说明该墓是五期墓中最重要的人物(图 25-6)。M40,未见墓坑,但同样出 3 玉钺、3 琮、3 璧,以及 5 石钺、1 斧、1 刀等玉石陶器 120 件(粒)。M101,打破祭坛边侧,虽然是浅坑墓,但在墓顶另有燎祭小坑,墓坑内葬具上见彩绘痕迹,人骨头前有形制奇特的两件彩绘高柄盖罐和一件企鹅形盉,右肩侧有一件冠形器和一串玉项饰,右臂下尚有玉钺 1 件,全墓随葬玉石陶器 95 件(粒)。五期和四期墓群与一、二、三期的相比,显贵墓增多。

从以上迹象分析,福泉山墓地的面积达七千多平方米,而高台上只有 28 座墓,墓葬位置以祭坛为中心,或在其下,或位于旁侧,经分期后,每期墓数仅 5~6 座,并且有男、有女、有少年,呈现家族墓群的特征,而且在祭坛下还有两组墓葬作上下叠压。在福泉山可用于埋葬的土地面积相当宽裕的条件下,这种上下叠压的埋葬方式,参照良渚的先祖马家浜和崧泽文化的葬俗——对亲属的掩埋常用叠肢的方式应是死者生前

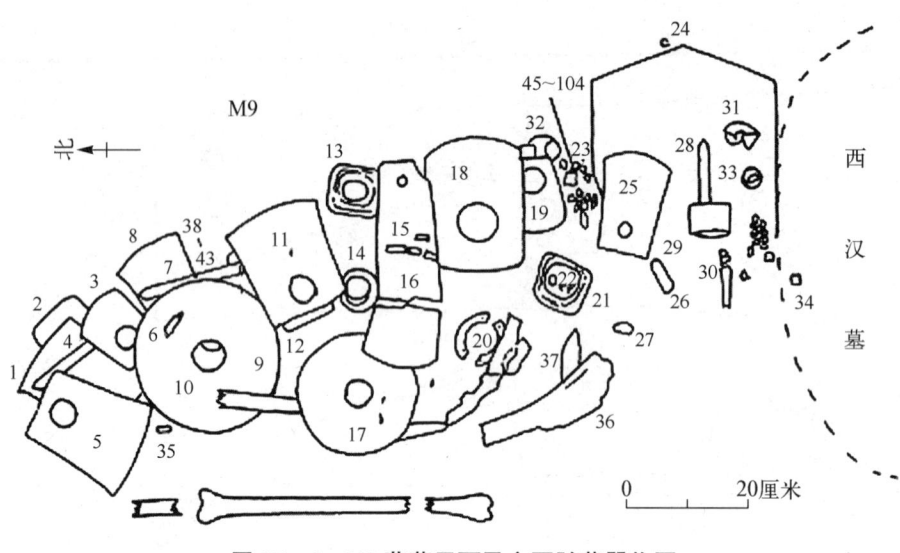

图 25 – 6 M9 墓葬平面及主要随葬器物图

血缘关系密切的反映。如马家浜遗址的 30 座墓中出现了两组墓上下叠压，其中 M9 叠压于 M10 之上，M10 又叠压 M11 和 M21，以及 M4～7 与 M17、18 的六墓上下叠压[9]；崧泽遗址墓地也有 M119 打破 M111 和 M121，而 M111 又打破 M105 的墓群[10]的现象。所以这里既有家庭、家族的现象，每期家族又有权力人物，是一处历代显贵家族的墓地。而他们的权力，还有世袭的可能。

二、福泉山良渚墓地使用了人殉与人牲

福泉山良渚 30 座墓葬，埋入的人数计 35 人，其中 6 人埋葬的位置和葬式特殊，具有被墓主奴役杀害的迹象。如：

1. M1 与 M2 均在高台墓地北坡的祭祀台阶上，远离台上的主要墓群。两墓不见土坑，采用仰身直肢平地掩埋方式。人骨经鉴定，都为成年男性，M1 在东，M2 在西，两墓相距约 20 米。M1 头向东偏北 80°，身旁仅随葬残陶罐 1 件；M2 与祭祀器物堆大口缸等相邻，头向南偏东 20°，人骨残缺，无随葬器。两墓均在黄土层中，属崧泽文化向良渚文化过渡的良渚文化第一期，与山顶上的一期诸墓相比，地位悬殊，而与昆山赵陵山高台西北外侧的丛葬墓相似，属于与祭祀有关的人殉。

2. M144 内的人殉。M144 位于祭坛底下，墓坑长 3.73、宽 2.02～1.84、深

0.9米,坑内有椁有棺,在良渚文化中,属于深坑大墓。墓主仰身直肢,头向南偏东50°,为25岁左右的女性。随葬器物方面,右肩有玉钺,左肩有石钺,右腿旁有长琮状柄形器,陶器有4鼎、2豆、3壶,合计随葬玉石陶器36件。墓主形象威武,随葬器物精美。在该墓墓内的椁板北部,则见另一具人骨架,头北向,身长仅1.2米左右,似一少年。身旁随葬玉珠、双鼻陶壶与陶鼎各1件,器物制作均较差。此人头向与墓主不同,又在墓主死后,置于主人的椁盖上,可能是为墓主殉葬的童仆。

3. M139与M145均在墓坑外祭器大口缸旁发现人骨架。M139,棺内墓主为成年男性,仰身直肢,口含玛瑙琀,左右肢骨上排列12件石钺,墓内棺外有2鼎、3豆、5壶、2罐以及匜、尊等陶器,有的器上描绘了红黄色彩绘,墓主形象尊贵。在坑外墓角上发现另一具人骨架,经鉴定为青年女性,屈肢侧身,上下肢弯曲而分开,状似跪着倒下,头向西北。人骨头顶见玉珠1粒,面颊上有玉管1件,颈部玉环1件,上肢骨上有玉穿缀件1粒,左右下肢骨旁还各有玉管1件,与此人同时埋入的尚有祭器大口缸。此人葬式与埋葬位置特殊,又与祭器共处,虽然身佩多件玉器,仍是一个在墓主人入葬以后,为祭祀墓主而遭杀害的人牲。

M145,墓坑虽然已遭三期的M146打破,随葬器残存不多,但仍见其突出的地位。墓坑宽仅0.83米,而长达4米,坑内葬具有彩绘痕迹,在盖上还放置彩绘陶罐1件,墓主人骨口部有玉琀,手臂处有玉镯。墓坑的北端还另挖了祭祀小坑,坑长0.97、宽0.8、深0.35米,在此不到半立方米的体积内,却埋入了两具人骨,头向东,葬式均为侧身屈肢,面颊朝上,呈反搏挣扎状。经鉴定一为青年女性,另一为儿童,人骨旁无任何随葬器,坑旁则有祭器大口缸。这是一个用人牲作祭祀的祭祀坑。

综观福泉山良渚墓地内的这些特殊人骨架,无论头向、葬式和埋葬位置,都与墓主不同。因此他们地位低下,供墓主死后役使的现象十分清楚,在当时社会上属于奴隶阶层。而出现这种人殉与人牲的时间,在福泉山见于一、二、三期,即良渚的早、中期;在昆山的赵陵山发现的丛葬人牲,属于良渚晚期,已见于良渚文化的始终。再分析这些人殉与人牲的性别年龄,福泉山的6人为2成年男性、2青年女性、2儿童,其中儿童与青年女性约占2/3;在赵陵山丛葬人牲中,经人骨鉴定的有15人,儿童与女性也占60%,两地都以儿童与女性为主。奴隶的产生,其一来源于战争,是将战俘中的成年男性杀死,而将女性与儿童纳入家庭。良渚文化出现的这些以儿童与女性为主的人殉与人牲,是否属于奴隶社会的早期现象,值得深入研究。

三、福泉山良渚大墓内，大量器物属于非实用的礼仪用器

这些器物有以下几类：

1. 石制的斧钺，这些器物除一、二期的早期墓与三、四、五期的一般墓葬中，偶见刃口锋利，并有经过使用的痕迹以外，大部分器形规整，器身扁薄容易折断，器表经过高度抛光，而且刃部钝口，无法使用。例如：

① M151∶8 石钺，用片岩制作，长 19.2、宽 12.6、最厚处仅 0.65 厘米，器体扁薄，而且孔以上部位涂红褐色彩绘，钝口、器体光亮如镜。

② M9∶18 石斧，弧刃，大孔，形似崧泽时期的石斧，是一种仿古的器形，器表高度抛光，刃部钝口。

这些器物既不属于粗制滥造的冥器，在生前也无实用价值，应与用玉料制作的玉斧与玉钺一样，同为礼仪上的器物，是一种军权的象征物。福泉山未遭严重破坏的 24 座墓，共出土石制斧钺 82 件，是出土这一类器物较多的墓地。良渚文化盛行以武器随葬的习俗，如余杭横山良渚 M2，一墓就埋藏了石钺 132 件[11]；在金山亭林氏族公共墓地中，一个首领的墓内也出土了斧钺 10 件。在我国新石器时代诸文化中，良渚文化是出土武器最多的一支古文化。以上现象说明这些墓主生前掌握武装力量，对内镇压奴隶的反抗，对外实施掠夺或抵御入侵，是产生国家的因素之一。

2. 石锛与石凿，在位于高台的 28 座墓中，仅有 3 座随葬生产工具，如 M94 出 1 锛，M109 与 M144 分别出 4 锛、1 凿和 2 锛。这些石器都具有礼器性质，以 M109 所出的 5 件锛、凿为例，器形规整，都经高度抛光，光泽如镜，刃部平整，无使用痕迹，显示它们非常珍贵。M109 与 M144 是第三期的显贵人物，墓内的这些工具类礼器，可能是他们生前祀农的用品。

3. 玉器钺、琮、璧等，属于礼器，论述的文章发表较多，本文从略。

4. 陶制的礼器，有鼎、豆、簋、壶、罐等，这些器物造型端庄，制作精细，器表往往整体细刻形象神秘的纹饰，甚至有红黄色彩绘，并非日常使用的器物。如：

① M65∶90，夹砂黑衣红陶鼎，器表打磨光滑，自盖纽、器身至三足，整体细刻鸟首盘蛇纹，器足上有月牙形与圆形组合镂孔，并且在笠形盖的边缘与三足相对处有三组小孔，可以穿绳封盖（图 25 - 7）。此器的黑衣如经火烧即会变红，影响美观，其用途如同青铜鼎，已经不属于烹饪器，而是一种祭祀用器。

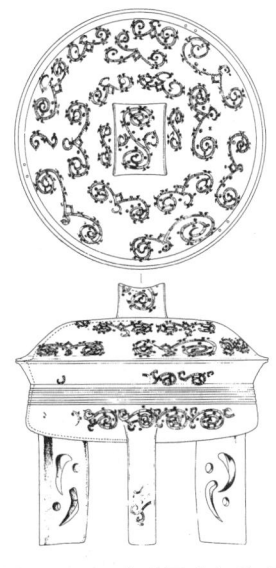

图 25‑7　夹砂黑衣红陶鼎　　　　图 25‑8　泥质黑衣灰陶豆

② M101:90,泥质黑衣灰陶豆,豆盆外壁在凹弦纹下细刻鸟首盘蛇纹和侧视与正视的飞鸟纹,盆内壁刻侧视飞鸟纹,豆把上饰七周凸棱,形成竹节形高把,在各凸棱之间也细刻侧视与正视的飞鸟(图 25‑8)。此器的内壁细刻花纹,超越了一般盛食器的功能,同样属于祭祀用器。

③ M139:26,泥质黑衣灰陶豆,整器饰淡黄与红褐色彩绘,色彩鲜艳,但容易脱落,也非实用器(图 25‑9)。

④ M139:25,泥质灰陶壶,器表以淡黄和红褐色彩描绘宽带纹、圆圈纹和弧曲纹(图 25‑10)。

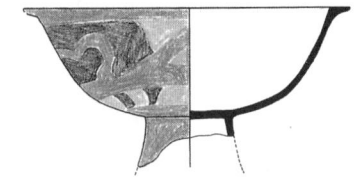

图 25‑9　泥质黑衣灰陶豆示意图

图 25‑10　泥质灰陶壶　　　　图 25‑11　泥质黑衣灰陶双鼻壶示意图

⑤ M74∶166，泥质黑衣灰陶双鼻壶，在器盖与圈足上细刻几何形飞鸟纹，颈部满刻鸟首盘蛇纹，腹部刻飞鸟纹与鸟首盘蛇纹（图25－11）。

⑥ M128∶1，泥质黑衣灰陶双鼻壶，器口细刻一周宽带形云纹，颈部刻正视小鸟与侧视大鸟纹，腹部刻鸟首盘蛇纹，圈足上刻C形纹（图25－12）。

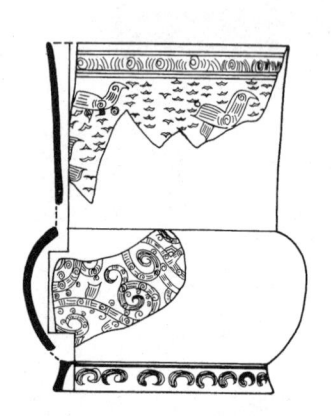

图25－12 泥质黑衣灰陶双鼻壶示意图

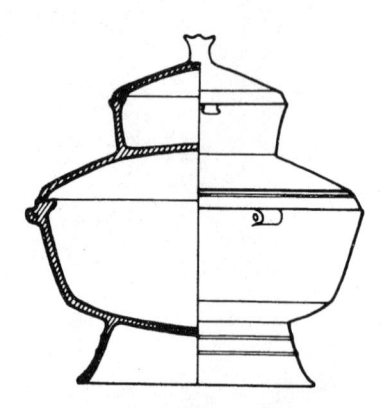

图25－13 泥质灰陶复合形簋示意图

图25－14 泥质黑衣灰陶高柄盖罐

⑦ M65∶2，泥质黑衣灰陶阔把翘流壶，器身打磨光滑，呈铅样光泽，胎薄形似金属器，器身满刻旗形曲折纹与几何形飞鸟纹，流下刻正视飞鸟纹（见图2－9）。

⑧ M74∶19，泥质灰陶复合形簋，有上下两层，上层既为容器，又作下层的器盖，用途奇特（图25－13）。

⑨ M101∶2，泥质黑衣灰陶高柄盖罐，器表乌黑光亮，盖上高柄中空，可以直通容器，圈足上刻谷粒形和弧边三角形镂孔，器表施多道红褐色宽带形彩绘（图25－14）。

以上诸器均为祭祀用器。

良渚文化中上述种种迹象的出现说明，这一文化已经逐步进入了文明时代。

注释

[1] 浙江省文物考古研究所：《浙江余杭反山良渚墓地发掘简报》，《余杭瑶山良渚文化祭坛遗址发掘简报》，《文物》1988年第1期。

[2] 上海市文物管理委员会：《福泉山——新石器时代遗址发掘报告》，文物出版社，2000年。江苏省赵陵山考古队：《江苏昆山赵陵山遗址第一、二次发掘简报》，《东方文明之光——良渚文化发现60周年纪念文集（1936—1996）》，海南国际新闻出版中心，1996年。

[3] 上海市文物管理委员会：《金山亭林遗址发掘简报》，待发表；浙江省文物考古研究所等：《浙江桐乡新地里遗址发掘简报》，《文物》2005年第11期。

[4] 沈德祥:《余杭南湖良渚文化陶文初探》,《文明的曙光——良渚文化》,浙江人民出版社。
[5] 孙维昌:《良渚文化陶器纹饰研究》,《上海博物馆集刊》(6),上海古籍出版社,1992年。
[6] 邓淑苹:《论良渚玉器上的神秘符号》,《(台北)故宫文物月刊》总第117期。
[7] 南京博物院、吴县文管会:《江苏吴县澄湖古井群的发掘》,《文物资料丛刊》(9),文物出版社,1985年。
[8] 上海市文物保管委员会:《上海马桥遗址第一、二次发掘》,《考古学报》1978年第1期。
[9] 浙江省文物管理委员会:《浙江嘉兴马家浜新石器时代遗址的发掘》,《考古》1961年第7期。
[10] 上海市文物保管委员会:《崧泽——新石器时代遗址发掘报告》,文物出版社,1987年。
[11] 浙江余杭市文物管理委员会:《浙江余杭横山良渚文化墓葬清理简报》,1996年。

(本文原载于《良渚文化论坛》,中国文化艺术出版社,2003年)

福泉山考古记

全国重点文物保护单位——福泉山遗址,位于上海市青浦区重固镇的西侧,远观仅是农田中的一个大土台,东西长约 94、南北宽 84 米,高出农田 7.5 米,山形长方。1956 年作者第一次踏上小山,山上明清古坟累累,杂草野树丛生,几乎无法插足。

福泉山在地方志中便有记载。光绪《青浦县志》所记福泉山的所在地"重固",原先写作"魖魖",为宋代抗金大将韩世忠掩埋军士骸骨处,可说是鬼气重重,往后才去"鬼"为重固。此外福泉山又名覆船山,因山形似覆船而得名,但覆船之名不雅,才改为福泉山,或说山上曾有泉水,其水清甜,所以称为福泉山。总之这是一处见于史载的古迹,令人注目。

青浦从江苏划归上海市建置以后,上海市文物保管委员会开展全市文物普查,1962 年作者再次到福泉山考察。经过"大跃进"运动,山上的古坟已被平整,改种大竹,但是因山土十分干硬,大竹未能成活,只长出一丛丛低矮的小竹。而在一处菜地旁却发现了数块泥质黑衣灰陶和红陶陶片,以及一件柳叶形石箭头与红烧土,这些都是 4 000 年前新石器时代的遗物,反映这里的地下有古遗址。因此按照保护要求上报市府,宣布为上海市文物保护地点。

1977 年,当地学校师生在山的东侧农田劳动,掘得数件陶器,经鉴定竟然是 5 000 年前崧泽文化的陶罐和陶壶,于是 1979 年时决定作一次考古试掘。当时观察,山土五花斑杂,属于人工堆土,怀疑是宋元以后古人开河的堆积土,其中虽有古物,但发掘价值不大,所以试掘的地点选在山下农田中。经发掘,在山的西侧地下发现了 6 000 年前的马家浜文化层,北侧地下见 4 000 年前的良渚文化和 5 000 年前的崧泽文化两层堆积,东侧有单一的良渚文化层,而南侧则有 3 000 多年前夏商时代的马桥文化层,地下古文化的年代延续很长,确有研究价值。说起福泉山的考古大发现,也有老天的一份功劳。就在我们试掘期间,一天倾盆大雨,雨后山的东南一角坍塌,竟有数件精美的良渚文化玉璧、玉锥形器滚下山坡,另有玉琮、玉环暴露在刚裂开的山壁上。这是一座良渚的玉敛葬墓,我们居然在这里发现良渚文化的贵族大墓了,真是一次考古上的重大发现!

经过对该墓的细心清理,在其中发现了斧、钺、琮、璧、锥形器、镯、环、珠、管、坠以及镶嵌玉片等玉石器117件(粒),象牙雕刻器1件,陶盉1件,出土的玉器均非常精美。如一件细刻神像和飞鸟纹的琮形镯,玉色青绿半透明,玉质之精在已出土的良渚玉器中极为罕见,刻划纹饰有三个层次,先用减地法凸出神像的冠、鼻、额与眼睑,再在其上细刻云纹与直线弧线组成的几何形图案,在底面则旋出眼圈,并在神像的上下左右细刻4只飞鸟。这些刻纹极为细小,形同微雕,技艺高超。这件玉琮无论是玉质或刻工都可称为新石器时代玉雕中的绝品。另一件象牙雕刻器,长约25.4厘米,保持牙管剖开后的自然状态,一面弧凸,另一面内凹,在器的面上满刻由眼、嘴、獠牙等构成的兽面纹,形象怪诞神秘,是良渚文化的第一件兽面纹象牙器。其他玉石器的制作,器面也光洁如镜,具有很高工艺水平。这一重大发现引起了文物考古界的极大关注。

1982年至1986年,为配合当地在福泉山旁筑路取土,同时也为开展良渚文化的系列研究,经报国家文物局批准,对福泉山作正式考古发掘,前后合计发掘了2 235平方米,清理了崧泽文化的居住遗址1处,墓葬19座,良渚文化墓葬30座,以及战国墓6座,西汉墓96座,唐墓1座,宋墓2座,获得各类文物2 800余件,发现的古迹和出土文物同样令人欢欣鼓舞。首先按照考古的工作规程,在划定发掘坑位以后,依照土色和出土器物的变化,层层往下发掘(图26-1)。一般规律应该是越往下,出土文物的年代越早,但是福泉山的迹象却是:去掉表土以后,第一层发现了6 000年前的马家浜文化的陶片和动物骨骼,第二层内却是5 000年前的崧泽文化遗物,第三层是4 000年前的良渚文化层,然后第五层是崧泽文化后期的土层,第六、七层为崧泽文化前期的文化层。这里前三层的年代颠倒了,显然是有人把附近另一个古遗址的泥土搬移过来,在这里原有的崧泽文化遗址上堆筑了一个高台墓地。再据土内最晚的器物为良渚文化时期,可断定此高台该是良渚古人所筑。因此这里既是古人动用大批人工堆筑的高台,其中埋葬的又是良渚文化的显贵,所以我国考古界前辈苏秉琦先生在一次全国考古工作会议上称其为"中国的土建金字塔"。

往后的发掘,在山顶上还发现了一座良渚古人对祖先进行燎祭的祭坛。这座祭坛有三个层面,在最高一层上有一块红烧土台面,台下放置一件祭祀用的大口尖底缸形器,祭坛四周堆置许多任意切割的土块,有的呈不规则的长方形,有的似三角形,这些土块连同地面都被火烧红,面上撒有贝壳屑,但不见大火燃烧留下的草灰。在山的北坡下,另见一个专门堆置草灰的大坑,东坡下有一堆从竹冈古海岸遗迹取来的贝壳

图 26-1　福泉山遗址的发掘

屑。从祭坛、灰坑、贝壳屑堆三者的联系分析,良渚古人对祖先的祭祀方式,似为先堆置象征大地的土块和柴草,然后点火熊熊燃烧,在烟气火焰上升中作礼拜并抛洒贝壳屑。至于在祭坛之下,也就是被祭祀的墓群中,还发现 3 座用人作牺牲和殉葬的墓葬。其一 M139,墓主是一个成年男子,使用一具凹弧形的大木上下相合的棺木,葬于长方形的土坑内,男子姿势仰身直肢,头向南,口中有玛瑙琀,身上放置两行象征权力的 12 件石钺以及锥形器、镯、环、珠、管等玉器,足后有鼎、豆、壶、匜等陶制礼器,有的器表并带彩绘,而在男子的足后棺木之外的土坑角上,还有一个青年女子及一件祭器大口缸,女子的状态是屈身、屈手、屈足,似跪着倒下,显然这是一个为祭祀男主人而杀殉的女奴。其二 M145,在主人的长方形墓坑之后,另见一个长仅 0.97、宽 0.8、深 0.35 米的小土坑,在坑内塞入一大一小两人,均为侧身屈肢,但面颊朝上,呈反缚挣扎状,其中一个为青年女子,另一为儿童,应该是墓主入葬之后,以人作牺牲的祭祀迹象。其三 M144,是一个规模较大的墓葬,墓坑内有棺有椁,在椁板的面上见一人骨,头向北,因骨架朽蚀严重,性别和年龄无法鉴定。在椁板下的棺内,主人为 25 岁左右的女子,她的右肩旁有玉钺,左肩见石钺,两臂及腹下有镯、锥形器、柄形器、珠、管、坠等玉器,及鼎、豆、壶、盆等陶器,按照在墓内的位置、头的方向与随葬器物,位于椁板上的应是地位低于墓主的殉葬人。在福泉山上出现的这3座使用人牲或人殉的墓葬,在良渚考古中还是第一次发现,由于它的年代为良渚文化的早、中期,约距今5 000年前后,早于我国第一个王朝夏代近千年,因此是研究我国奴隶社会起源的一份极为珍贵的资料。

福泉山的发掘,除良渚考古以外,在清理压于其下的崧泽文化和葬于其上的历代古墓中,也有很大收获,如发现了5 000年前的崧泽文化象牙镯,2 300年前战国楚的青玉双尾龙纹璧,西汉圆形石砚和北宋龙泉窑的莲花形盖罐等珍贵文物,可证福泉山确是一座历史与艺术的文物宝库,因此在2001年被国务院公布为第五批全国重点文物保护单位。

福泉山遗址被公布为全国重点文物保护单位后,上海市文物管理委员会组织力量,再次对该遗址的环境进行了整治,重新树立了保护单位标志,并在土墩旁建造房屋,布置了一个小型陈列馆,向观众介绍遗址的情况。

(本文原载于《上海文博论丛》2002年第1期)

良渚文化研究五十年

良渚文化是我国新石器时代一个重要的考古学文化,它在1936年经施昕更先生发现之后,一直是考古和历史学者的重点研究对象。对于它的研究,虽然由于抗日战争和解放战争有所中断,但在建国后的50年,已获得快速的发展,取得了重大成果,对它的特征、分布范围、年代以及社会状况等都有了比较完整的了解。

关于良渚文化的田野工作和室内研究,50年来经历了如下过程:

1954年发掘了江苏无锡仙蠡墩遗址,在下层良渚文化遗存中发现了稻谷遗存,这是我国在新石器时代已经种植水稻的第一个例证。

1956年和1958年发掘浙江湖州钱山漾及杭州水田畈遗址,在良渚文化层出土了大量农业生产工具与水稻等农作物,并发现丝、麻织品实物,对良渚文化的生产状况有了更多了解。

1959年和1966年发掘上海马桥遗址2589平方米,取得三项成果。

一、发现了良渚文化墓地,它位于居住遗址近旁的平地上,大部分不挖土坑,仅作堆土掩埋,为仰身直肢、头向南的单人葬,随葬器物极少甚至空无一物,属于一般平民的墓地。从此良渚文化的研究,逐渐从器物群的类比进入社会状态的分析考察。

二、首次发现良渚文化已经有了文字。在良渚文化灰坑出土的一件黑衣灰陶竹节形阔把杯的底部,发现两个刻文"甲木",笔画和字形类同甲骨文。此后在江苏吴县澄湖的良渚时期水井中出土的一件黑衣灰陶贯耳壶的腹部,发现四个刻文"个耳区鞣",说明良渚文化有文字,不是孤例。

三、首次把良渚文化与马桥文化(前称印纹陶文化或湖熟文化)从地层上区分开来。在此之前,田野考古上简单地把黑衣灰陶作为良渚文化的特征,发现黑衣陶就是进入了良渚文化层,而不了解这类黑衣陶产生于良渚的前身崧泽文化,也盛行于其后的马桥文化,延续时间很长。因此把上层马桥下层良渚混为一层,才有良渚文化与马桥文化共存说,以为在同一文化层,仅是上部马桥文化的内涵多于良渚文化,而下部则良渚文化内涵多于马桥文化。马桥遗址的发掘,分清了良渚黑衣陶与马桥黑衣陶的区别,除器形不同之外,良渚黑衣陶薄而黑,器表往往显现铅样光泽,而马桥则胎厚,器表呈灰黑色。良渚与马桥属于两个不同时期而且并不承续的文化类型,良渚早于马桥。

1961年发掘的上海崧泽遗址,发现了中层文化的器形特征,上承马家浜文化,下启良渚文化,是二者的中间类型。在晚期已具有向良渚文化过渡的迹象,从而了解良渚文化是从崧泽文化发展而来的。

1973年发掘江苏草鞋山遗址,在第二层良渚文化M198墓中发现随葬玉器琮、璧、钺等,第一次认识这类玉器属于良渚文化,为大批传世的良渚文化玉器断代提供了科学依据。

1977年发掘江苏吴县张陵山遗址,在上文化层发现5座良渚文化早期墓葬,出土了璧、觽、琮形镯等玉器。

1982年发掘江苏武进寺墩遗址,在良渚文化的M3墓中,发现墓主周围及身上有璧24件、琮33件,加上其他玉器合计百余件。结合其他发掘资料,形成了良渚文化有玉敛葬的认识。

1982~1987年,三次发掘上海青浦福泉山遗址,全面解剖了一个良渚文化高台墓地,发现这类被称为"山"的高台,属于人工堆筑,是一种贵族墓地。在福泉山上有燎祭的祭坛,坛下及周围有墓葬32座,墓内有大批精美玉器与陶器,并且其中3座使用了人殉与人牲。

1986年发掘浙江余杭反山墓地,发现11座良渚文化大墓,出土玉器种类之多、纹饰之精,为前所未见,尤其是第一次发现神面兽脸纹神像的整体形象以及玉钺与柄上冒镦玉饰的关系,是良渚文化研究的又一次重大突破。

1987年发掘余杭瑶山遗址,这是一处良渚文化的大型祭坛,在坛上及周边清理了12座大墓,出土大批精美玉器。

1988年发掘了上海金山县亭林遗址,清理了良渚文化墓葬23座,出土一批石玉陶器,墓内人骨保存良好,为其他墓地所少见,而人骨均有移位迹象,似在人体入棺腐烂以后又经过搬动,是研究良渚文化葬俗的重要资料。

1989年发掘江苏吴县龙南遗址,找到崧泽文化晚期和良渚文化早期的聚落,其中有河道、房址、水井、灶坑与祭祀坑等遗迹。

1991、1992年,两次发掘江苏昆山赵陵山遗址,在高台上清理了18座良渚文化墓葬,并在土台的西北部外围发现一批以青少年作杀殉的遗迹。

1987年和1992年在浙江余杭的大汇观山果园(后称莫角山遗址)发现一处前所

未见的大型高台遗址,东西长约 670 米,南北宽约 450 米,面积达 30 余万平方米,高出农田约 10 米。经探掘,在它的南部有大面积的燎祭场所,中部有一块不少于 3 万平方米的夯筑遗存,可能是一处与礼制性建筑有关的基址,在北部尚有大莫角山、小莫角山和鸟龟山三个高墩。这里可能是良渚文化的一处政治、经济和宗教的中心,或许就是一座台城。这一发现使我们对良渚文化的社会状况有了更深的了解。

1995 年和 1996 年,发掘浙江桐乡普安桥遗址,解剖了一个高约 2 米的低土墩,清理了 17 座中小型良渚文化墓葬和较完整的房屋建筑遗迹,弥补了有关良渚文化建筑资料的空白。

50 年来,室内研究也做了大量工作,陆续发表了发掘报告或简报,综合分析了良渚文化的特征、分布范围、分期和年代,以及是否进入文明时期等问题。在浙江和上海还举行了三次大型的良渚文化学术讨论会,对下列问题有了更确切的认识。

一、关于良渚文化特征。在良渚文化发现初期,研究者仅把黑衣灰胎陶器作为其特征,因此有它是山东龙山文化在浙江的一支,是浙江龙山文化之说,后经多次发掘,掌握了其陶器的类型特征,了解到良渚文化与龙山文化是两支完全不同的文化类型。因此,1958 年北京大学考古专业在编写教材时,第一次把良渚文化单列出来,其后中科院考古研究所夏鼐所长在 1961 年长江流域考古队长会议上发言时,正式提出了良渚文化的命名。现对良渚文化的特征比较完整的认识是:

1. 石器有斧、钺、锛、凿、镰、三孔犁、三角形斜柄大石刀、耘田器以及柳叶形镞等,其中翘刃呈风字形的钺,分段在器身 3/4 以上并作台阶形的有段锛和独特的斜柄大石刀、三孔犁及耘田器是良渚石器的典型器。

2. 陶器盛行制作黑衣灰陶,器类以鼎、豆、壶、杯为主,鱼鳍形足或 T 字形足鼎、竹节把豆和椭圆盘豆、双鼻壶、阔把翘流壶、贯耳壶、竹节形阔把杯等都是良渚文化中常见而独特的造型。此外袋足鬶在遗址中也普遍存在,由于器薄而严重破碎,修复的很少,因此长期对此未能认识。今知这类鬶的器形与大汶口文化的不同,良渚鬶为捏流平伸,环把置于袋足上,大汶口的作翘流,环把连结在颈腹间。考虑到袋足器在太湖地区的马家浜文化中已经出现,典型鬶在良渚文化中期早已极为盛行。典型鬶出现和盛行的年代都略早于大汶口文化,因此鬶同样可作为良渚文化的典型器。

3. 制玉在良渚文化中非常盛行,可以说良渚玉器与良渚黑陶齐名。制造工艺讲究整体抛光,鸡骨白(指泛白)、玻璃光是良渚玉器的显著特点,典型器有神像兽脸纹琮、孔从两面相向对钻的大玉璧、冠形器、半圆形器、三叉形器、锥形器等。应该指出的是,这些玉器的数量虽多,但除锥形器外,均出土于高台大墓中,遗址和一般墓葬内基本不见。因此它们既是良渚文化的重要特征又不是常见器物,不能作为一个遗址或墓葬是否属于良渚文化的依据。

在分析了良渚文化与周边文化的关系之后,现知良渚所出的彩陶器是受大汶口文化影响的产物,多孔长方形石刀属于薛家岗文化的典型器,一些彩绘或漆彩陶器是良渚文化的前身崧泽文化遗留的风格。至于良渚文化从崧泽文化发展而来,崧泽文化晚期与良渚文化早期存在一个前后承续渐变过渡的状况,两者如何划分,笔者认为可以以双鼻壶、直筒形把豆、鱼鳍形足鼎的出现,作为进入良渚文化的标志。

二、在确切地了解良渚文化特征以及相邻地区的文化面貌之后,对良渚文化的分布范围也有了新的认识。现知杭嘉湖以东河姆渡文化分布区的宁波、绍兴和象山地区,在河姆渡文化的三、四期时已经大量接受马家浜文化与崧泽文化的影响,至四期以后(据奉化的名山后、宁波的慈湖、象山的塔山等一批遗址的内涵)已经演变为良渚文化。常州以西的宁镇地区是长江口南北文化的交流地带,镇江地区(据句容城头山、丹徒磨盘墩和丹阳王家山诸遗址的内涵,前一时期大部显现崧泽文化的特征)后期同样以良渚文化为主,有T字足或鱼鳍足鼎、竹节形把豆、翘流阔把壶、双鼻壶,甚至还见玉锥形器等。南京地区从北阴阳营、太岗寺昝庙等遗址所见,前期文化以北阴阳营类型为主,既包含北方大汶口文化和青莲岗文化的特征,也出现了大量太湖地区崧泽文化的器物。其后如太岗寺的下层和北阴阳营三期灰坑中,大汶口文化中期和良渚文化内涵共存,见有良渚文化的长颈袋足鬶、鱼鳍足鼎、三角形斜柄石刀,以及大汶口文化的敞口平底环把黑陶杯、长颈折腹黑陶壶、鼓腹弧裆袋足鬶、圆圈纹大口缸等。再后就成为点将台类型。所以在这一带,镇江地区尚属于良渚文化的分布圈,而在南京地区良渚文化显然不占主导地位。在长江北岸以至淮河以南,靠近长江边的青墩遗址,早期是大汶口文化早期与崧泽文化共存,晚期则是大汶口文化的中期与良渚文化共存,除采集品以外,未见良渚的文化层或墓葬。高邮龙虬庄和周邶遗址,所见内涵也与良渚文化的不同,前期被称为青莲岗文化,后期接近王油坊类型的龙山文化。而东台开庄和阜宁陆庄遗址远离长江而靠近淮河,陶器的陶系除夹砂陶外,以泥质红陶为主,与良渚文化的泥质红陶属偶见有所不同。器形上如扁三角形足鼎、袋足鬶、双鼻壶等与良渚文化基本一致,豆的形制、纹饰及大口缸与大汶口文化接近,总的感觉是良渚文化的风格很强烈,大汶口文化特征也占一定比例,不是一处单纯的良渚文化遗存。所以长江北岸的这一地带从整体来看,是大汶口文化与崧泽良渚文化的交流区,有的点大汶口文化占优势,而有的则以良渚文化为主,也不应划入良渚文化的分布范围。

据此,良渚文化的分布圈,东部直达海边,包括宁绍甚至舟山地区,南达象山一带,西至镇江,北抵长江南岸,比以前所知的太湖周围地区更为宽阔。

三、关于良渚文化的年代,随着田野考古资料的增加和碳十四与热释光测年技术的应用,认识上也发生了很大变化。在 50 年代初期,局限于黑陶是良渚文化的特征,良渚文化是山东龙山文化的一支,和陶器上云雷纹是受青铜器纹饰影响的观点,以为良渚文化的年代晚于山东龙山文化,地层上与印纹陶共存,是江南商周时代的遗存,之后了解地层叠压在马桥文化层之下,而马桥文化年代又相当于中原地区的二里头至商代中期阶段,于是把良渚文化的年代定为与龙山文化大致相等。在大汶口文化的资料发表之后,尤其是新沂花厅和青浦福泉山遗址的发掘,方始搞清良渚文化比较确切的年代,如分析大汶口文化可分早中晚三期,早期中包含与崧泽文化相似甚至相同的因素,有盘附垂棱,把饰弧边三角形与圆形组合镂空的豆及凿足鼎等,反之在崧泽文化中,也出现大汶口文化早期的器物,如圩墩崧泽文化墓出土了大汶口类型的实足鬶,崧泽墓地出土了浅盘高柄杯与彩陶片等,所以大汶口文化早期与崧泽文化的年代相当。在中期前段如花厅南区墓葬多次出现良渚文化早期的矮颈鼓腹矮圈足的双鼻壶,中期晚段的花厅北区墓葬,见 T 字足鼎、高颈双鼻壶,甚至有琮、璧、锥形器等良渚文化中晚期器物与大汶口文化器物共存。在福泉山遗址良渚文化晚期墓中,出土了一件属于大汶口文化中期的彩陶背水壶。至于大汶口文化晚期,良渚文化的影响逐步消失,到了龙山文化已不见与良渚文化有关的器物。所以从两地的文化关系作分析,良渚文化的年代约与大汶口文化的中期相当,或者可以延续至晚期,应早于山东龙山文化。在碳十四年代测定上,大量数据表明良渚文化的年代在距今 5 100～4 200 年,但此数据与大汶口文化中晚期的 5 500～4 500 年相比,又有三四百年的差距,目前一般都以为苏南以至浙北地区的碳十四测定年代都偏晚。应该说把良渚文化的年代定为与山东大汶口文化中晚期相当还是可信的。

四、从 70 年代起,对良渚文化的研究逐步进入到探讨文明起源的领域。综合各地发掘的遗址和墓地资料,已知良渚社会呈现如下状况:

1. 农业生产较前有很大发展,发现的工具种类之多为其他新石器时代文化所少见。如砍伐杂树野草有斜柄三角形大石刀,这类石刀相当厚重,可安装斜柄,而且几乎都出土于野外田里,遗址或墓葬内少见,应属于砍伐工具;也有可以垦田的有段大石锛;翻土有三角形三孔石犁;在宁波慈湖还发现一件类似牛轭的木器;再有一种扁薄翼形的石器,像是进行中耕的耘田器;收割方面则有石镰;钱山漾还出土了一件木千篦,被认为是夹取河泥河草的工具。因此农耕生产从犁田、开沟、施肥、中耕、收割,都有各种专用工具,生产技术似与近代的接近。生活用具中酒器很多,有鬶、盉、双鼻壶、贯耳壶、阔把壶以及各式杯等,特别在余杭吴家埠遗址还发现了制酒时过滤酒糟的澄滤器。据此分析,农产品的收获量有很大提高,已有余粮进行酿酒。

2. 手工业生产已脱离农业,有了专业作坊,其中陶器主要使用轮制,并以还原焰加渗炭技术烧成灰胎黑陶,这是一种技术含量很高的制陶工艺。陶器的种类与器形在整个文化分布区内又高度一致,与崧泽文化时期各地陶器的器形都不相同的状况相比起了很大变化。尤其在余杭良渚棋盘坟附近发现了成批单一烧制双鼻壶和盘的陶窑,可见在良渚社会,制陶已经专业化,各陶窑有一定的分工,并有了专业的制陶作坊。

良渚文化的玉器不仅数量多,而且一改崧泽文化时期的小件片状和素而无纹的状况,出现琮、璧等大件玉器,制作上经过剖料、成形、钻孔、雕琢纹饰以至最后抛光等工序。以神像纹玉琮为例,上下圆,中间方,方体的长宽相等,器表纹饰用减地法凸出,然后再细刻阴纹,减地前先用阴线勾划出轮廓,准确规划,所以器形规整、纹饰精细,说明每件玉器的制作都经过工前计算。这是一种用材珍贵、费工费力、技艺要求又很高的手工业门类,决非业余劳作所能完成,表明在良渚文化时期已有了制玉作坊。

3. 良渚社会已经出现了等级,据各地发掘的良渚文化墓葬资料,墓地有大中小三类,大型的以上海地区的福泉山高台墓地为例,它的位置北靠吴淞江,东有江海、马桥和果园村,南有千步村、平原村、广富林、姚家圈、亭林、招贤浜、柘林,西有寺前村、金山坟、淀山湖、汤庙村等多处遗址,是这一地区等级最高的良渚文化墓地。它东西长94、南北宽84、高7.5米,是一个在崧泽文化墓地的基础上人工堆筑的高台。埋于台上的大墓,挖掘土坑,使用葬具,有的还有木椁,墓内随葬大批制作精致的玉、石、陶器甚至还有象征地位和权力的象牙。有的在墓后还以人牲作祭祀,在墓前有燎祭小坑,群墓顶上尚有燎祭的祭坛,显示这是一处显贵墓地。中型的如亭林墓地,处于高出平地约1.5米的小高地上,挖掘土坑,使用葬具,墓内放置各种生产工具,有石斧、锛、镰、镞、耘田器等,随葬的陶器制作也很精美,有的有浅浮雕的纹饰,但整个墓地的玉器除珠、管、锥形器外,无璧,仅在为首的一座墓出1件玉琮,这是规格低于福泉山的一个氏族墓地。小型的如马桥遗址,发现的墓葬位于居址近旁的平地上,使用堆土掩埋方式,不挖土坑,也未见葬具,随葬器物很少,只有一两件或四五件,都是生前使用过的器物,有的甚至空无一物。这是一种最基层平民的墓地,这类墓地在良渚文化中数量很多。从役使上万人工堆筑高台墓地,到平地上草草掩埋,可以看出人群等级划分已极为明显。

4. 浙江余杭莫角山一带显示出是良渚文化分布的中枢地带。如在莫角山的近旁有良渚文化墓地中地位最高的反山建筑遗迹,有最大的祭坛瑶山,良渚镇旁尚有专业的棋盘坟陶窑,筍山发现了玉料坑,可能是玉器作坊的所在地,而莫角山像是一座台城,它的面积约30万平方米,高于农田约10米,经探掘是人工修筑而成的。在它的上面,西有小莫角山,东有大莫角山,在小莫角山之南尚有乌龟山,可能都是祭祀遗迹,在南部发现了大面积的呈坡状的红烧土堆积,面积达250平方米左右,可能也是一处大型的燎祭场所,在中部则发现一片由沙土与泥土相间夯筑而成的极大的建筑基址,面积不少于3万平方米,虽然这一遗存目前尚未全面揭开,但已经显露了它在良渚文化中的突出地位,说明良渚文化存在政治经济文化中心,城市的出现已经是指日可待之事。

5. 发现良渚文化已经有了文字。被称为文字或符号的共有三类,其一发现于玉器、琮、璧、镯之上,有祭坛形、侧立的鸟及作正面飞翔的鸟等图案。其二是刻划在陶器腹部的成组画面,如余杭南湖出土的一件黑陶罐上刻划了11个符号,其中有鱼骨形的、网形的、兽形的,似为一组叙事画面。其三为类似甲骨文的刻文,有的单个刻于陶器底部,有两件刻成组的陶文,如在吴县澄湖出土的一件鱼篓形贯耳黑陶壶的腹部,横排刻了四个陶文;在上海马桥出土的一件阔把黑陶杯的底上刻有两个陶文(见前述)。玉器为琮、璧等礼仪与祭祀用器,上面的鸟与祭坛图案与祭祀有关,当是祭祀的刻符。陶器上刻划成组图画的,应是以画叙事。而一些类似甲骨文的刻文成组排列,无疑已经是语言的符号,属于比较成熟的文字。

综观上列各项发现与研究成果,建国50年来对良渚文化的探索已经为良渚古史描绘出一个初步进入文明时代的轮廓。

然而对良渚文化的研究,仍有许多问题有待考证。如已经清理的十余处良渚文化高台墓地,墓位的状况有两类,一类如反山、瑶山在同一平面上分行排列,另一类如福泉山、赵陵山,出现成组上下层层叠压,这是否反映前者属于一个统治阶层的墓地,而后者则是某一统治者历代家族的墓地,他们之间的关系值得深入研究。再如这些高台墓地的近旁,尚有小块遗址文化层,这些遗址与墓地的关系也不明了。50年来的大量田野考古工作都偏重于墓地的清理发掘,而对村落遗址的大面积揭露做得很少,所以除了吴县的龙南遗址发掘了良渚文化时期的河道、民居、水井、祭祀坑、灶坑等较大范围的聚落外,其他只有点滴的发现,缺少面的了解,尤其是江南土地上村落密集,古遗址上往往是近现代的民房与厂房,田野工作的选点难度很大,需要攻克难关。再如莫角山遗址,虽然已经显示了它的重要地位,同样有待全面揭开它的面纱。

最后有关良渚文化的来龙去脉,关于它是从崧泽文化发展而来的脉络,现在已经非常清楚,然而它与后续的马桥文化并不属于一个体系,良渚文化突然消失,到哪里去了,至今仍然是个谜。目前许多学者的分析与推测都未能使人信服,如有的学者认为良渚文化处于传说的大禹治水时期,这一文化为大水所逼迁。经地理与地层状况分析,良渚的分布区靠近大江的入海口甚至近海,如遇大水水退迅速,所遭遇的都是短期灾害,并且近旁还有山丘,大批人群不至于被水整体逼走,而且即使外迁,也应在它的周边出现新的分布区。但如今,包括宁镇地区和苏北都只有点滴的良渚文化遗存,并无整族外迁迹象。在地层上,现知多数遗址如钱山漾、马桥、亭林等都为马桥文化与良渚文化层直接叠压,中间未见自然土间隔。有自然土间隔的如上海奉贤江海遗址,则有一层厚厚的黄土,并无淤积迹象,经检测不属于海相堆积。再从孢粉分析资料来看,良渚文化时期的江南地区,气候从崧泽文化时期的温润湿热转入干凉,土地的沼泽化现象有所减弱,因此大批遗址都分布在平地上。湿热多雨时期的崧泽文化未被大水逼走,良渚文化被逼走的可能性应该更小。另一说是战争使良渚文化散失,如有的学者认为良渚文化部族可能参加了蚩尤的联军,在与炎黄大军的战争中,失败而分散。但外出战争,不可能老小妇孺病残整族外出,即使战败,还有老巢。如果战胜者前来占领,在良渚文化中也应有中原文化的迹象,但目前并未发现。反之另一可能是位于浙南闽北,以印纹陶为主要特征的一支部族侵入太湖地区,这就是马桥文化的来源,它改变了良渚文化分布区的文化面貌。但此说需要解决的是良渚文化和马桥文化的年代是否相接的问题,据碳十四测定,良渚文化最晚期为距今 4 200 年左右,如果与大汶口文化相比,所测偏晚,还可能提前到 4 500 年左右。而马桥文化的年代,最早为距今 3 700 年。从文化分析,它与中原的二里头文化二期相当,如此在良渚文化与马桥文化中间,还存在一段空白。上述马桥文化入侵使良渚文化特征消失之说也存在一些问题。总之关于良渚文化的去向,至今尚未得到圆满的答案。上列诸多问题有待进一步探索,说明良渚文化的研究还任重而道远。

(本文原载于《史前研究》,三秦出版社,2000 年)

关于良渚玉器的研讨

良渚文化玉器是我国新石器时代玉雕工艺中的瑰宝,如今已为国内外的博物馆和文物爱好者所珍藏,对于它的年代、用途、名称等,都是有关学者关注的问题。现在随着考古工作的开展、资料的增多,研究工作正在逐步深入,本文现就考古所见,漫谈几个问题:

一、关于良渚文化的年代:良渚玉器如琮璧及在其上雕琢的神像和云雷纹,与商周时代的玉器相似,因此曾长期被定为商周甚至战国时代。近30年来,在考古发掘中发现了良渚文化被压在夏商时代的文化层之下,才逐步理解良渚文化早于夏商。但是关于良渚文化确切年代的分析,在运用碳十四的测定方面,发表的良渚文化数据(表1),在5 000年以上的也存在疑问,例如ZK-1250,上海青浦福泉山的炭化木,5 295±110(为距今年代,经树轮校正,下同)经查系在崧泽文化层出土,不属于良渚文化。在古文化序列上,崧泽文化是良渚文化的先驱,这一数据正好说明良渚的年代不应到达5200年;ZK-433,江苏吴县张陵山木炭,5 785±240,木炭采自良渚文化墓葬近旁,现知良渚古人的埋葬方法,大部采用平地堆土掩埋,或挖浅坑埋葬,墓地如建立在早期遗址之上,墓葬的堆土或填土中就常有从下面翻上来的早期遗物,张陵山良渚墓地之下为崧泽文化墓地,所以墓旁木炭有可能属于崧泽文化;WB78-8,江苏海安青墩木炭,5 235±125,与之同层出土的器物,仅发现个别良渚文化的丁字形鼎足,其他多为崧泽文化的凹弧形鼎足和多节形的豆把,此层文化因素复杂,也难以断定属于良渚文化。至于浙江吴兴钱山漾数例,同属第四层的既测得5 255±230,也有4 820±180,前者偏早,后者才与其他良渚数据接近,因此考虑到良渚文化已被证明是从崧泽文化演变而来的,并且崧泽文化向良渚过渡期的测定年代,已知约为距今4 900年,所以良渚文化的年代,定为距今4 900至3 900年才比较确切。

表1　碳十四测定年代

标本号	地点、层位和质料	距今年代(树轮校正)
ZK-1250	上海青浦福泉山炭化木	5 295±110
ZK-433	江苏吴县张陵山木炭	5 785±240
WB78-8	江苏海安青墩木炭	5 235±125
ZK-49	浙江吴兴钱山漾稻谷	5 260±135
ZK-97	浙江吴兴钱山漾四层木杵	5 255±130
ZK-47	浙江吴兴钱山漾三层千簹	4 710±140
ZK-50	浙江吴兴钱山漾四层竹绳	4 580±135
ZK-44	浙江安溪四层木块	4 820±180
ZK-292	上海青浦果园村四层木头	4 505±145
ZK-242	浙江嘉兴雀幕桥木井板	4 330±145
ZK-254	上海金山亭林下层树干	4 200±145
ZK-2109	浙江德清辉山M2葬具	4 085±120

二、良渚文化玉器原为青玉，但大部已变为"鸡骨白"色，这种变化一般都以为是入土后发生了蚀变。现据考古发现，良渚古人对火极为崇拜，在江苏武进寺墩、上海福泉山与金山坟的发掘中，都发现了良渚文化的火敛葬墓，无论人骨与器物，都有经火烧烤的迹象，在福泉山还发现许多良渚的燎祭遗迹。近代仿制古玉时也有使用火烧使之变白的方法，因此大部良渚玉器的变白，可能是在祭祀等场合经火烤导致的。至于入土后蚀变之说，存在如下疑问：同一地点、同一墓内出土的玉器，有的变白，而有的仍保持青绿的玉色，条件相同而变与不变不一，是否这些未变的青玉玉质特殊。今经观察，这些青玉如遇高温，例如经强烈的阳光或灯光长时间照射，也逐渐变白，可见遭遇高温是良渚玉器变白的主要原因。

三、关于良渚玉器的定名与用途等，有以下几点可供讨论：

1. 斧与钺的区分：钺是从斧派生而来的武器，斧钺器形同作长方形穿一孔，因此早期的钺往往泛称为斧。良渚文化的斧已知都系石制，形制有两类，一类器体扁平，刃部平直，器表不抛光。这类斧发现于居住遗址或小墓中，是一种实用的工具(图28-1)，过去曾经误称为铲，后来在遗迹中发现它安装横柄，才把名称改正过来。另一类器形与早于良渚的崧泽文化，甚至马家浜文化的斧相似，器体厚实，弧刃不露刃角，整体高度抛光，可说是仿古的器物(图28-2)。这类斧与崧泽文化斧的区别，主要是工艺上的不同，良渚斧孔大，管钻旋痕清晰，与玉璧上的孔一样，器表一般高度抛光;崧泽斧孔较小,不抛光。良渚的这类斧都在高土墩上大墓内出土,质地往往介于玉石之间。至于钺在良渚文化时期才开始出现,形制与第一类斧相似,但器体更扁薄,有的厚仅0.3厘米,而刃角逐渐上翘,整器呈"风"字形(图28-3)。这些钺无论玉制或石制,大部在高土墩大墓中出土,属于礼仪用器,器表均经高度抛光,光亮如镜,并且玉钺在发现时,有的可见钺柄痕迹,柄长约70至80厘米,而石钺柄的痕迹不清,但在孔的上端扎绳部位,常常可见二至三道朱红色彩绘,象征安柄(图28-4)。玉钺在考古发掘中,出土不多,仅在部分大墓中,每座发现一至两件,位于墓主人的左手边,或斜置于胸上,确有一种王者秉钺的威严气氛,具有权力的象征。石钺数量稍多,而质料介于玉石之间的石斧,在大墓中最多,例如反山的M20,一墓放置20余件,与玉璧铺盖在人骨上,似乎与璧具有相似的作用。

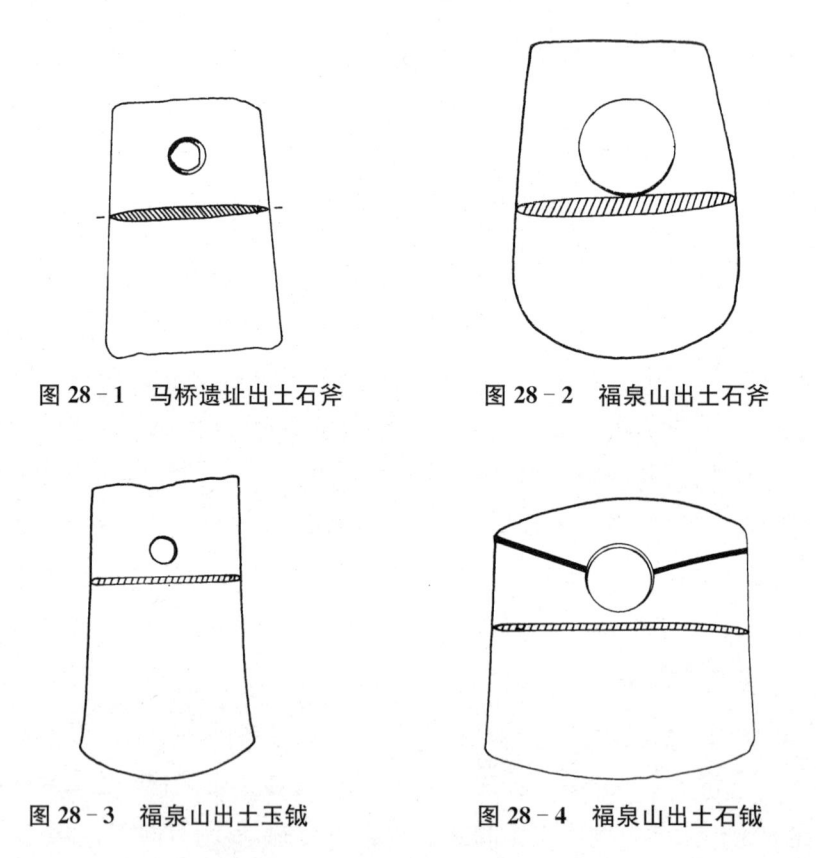

图28-1 马桥遗址出土石斧

图28-2 福泉山出土石斧

图28-3 福泉山出土玉钺

图28-4 福泉山出土石钺

2. 琮与琮形器:良渚文化的琮,四角都雕琢神像(即过去所称的兽面纹),无一例外,有无神像可以说是良渚玉琮与商周琮的显著区别。关于神像图形的演变过程,现在已经大致有所了解,马家浜文化时期,在圆锥形的陶鼎足足根部位,已开始出现捺双目的神的形象(图28-5)。至崧泽文化时期,有一种扁三角形的陶鼎足,以外向的边侧为中线,两侧各捺一目表示神像(图28-6)。更有一种角尺形的陶鼎足,在上部刻划光芒状的短线,下部以角线为中轴,用凹线勾划出脸形,并在两面各捺一目(图28-7),已经出现完整的脸像。良渚玉器上以角线为中轴的神像,可能由此演变而来。良渚早、中期如张陵山琮形镯与福泉山琮上所见(图28-8、9),神像有眼鼻额甚至有嘴,形象具体而繁复,至晚期如草鞋山长琮上的图像,反而简略,仅见眼鼻(图28-10)。在琮的神像图形演变上,找不到由原始而成熟的一般规律。所以在未经科学发掘之前,出现了把素面无纹的商代琮认作早期,有简略眼鼻的琮定为中期,而雕琢形象繁复神像的琮定为晚期的误解。琮在良渚文化中是一种神圣的器物,似乎具有祈福避祸的意义,因之常常被雕琢在其他玉器上面,例如玉锥形器,在它的靠近小柄部位,往往被雕琢成琮形;有一种我们称为小琮的玉器,据考古发现,用于穿挂,作用与管一致,实际是一种琮形管;有的琮作方圆形,孔大器薄,内壁光滑,在镯上雕琢神像,称其为琮形镯似乎更为确切。至于有关玉琮使用方面的资料,在考古上找到的有三种:一是武进寺墩 M3 的现象,墓内 31 件琮围绕人体排列,对此有的学者以为 1 件琮是一个部落的贡物,31 件琮表明墓主人统率 31 个部落,而有的学者以为这是一种原始宗教卫护人体的现象;二是将琮置于胸腰一侧,这是发现琮最常见的部位,分析也具有避邪的意义;三是福泉山的 M15,将 1 件长琮锯割为二,一置头前,一置左手旁,可见琮的使用,还有一定的数量和部位要求。

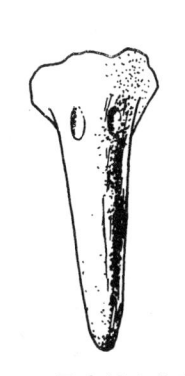

图 28-5　马家浜文化陶鼎足　　图 28-6　崧泽文化陶鼎足

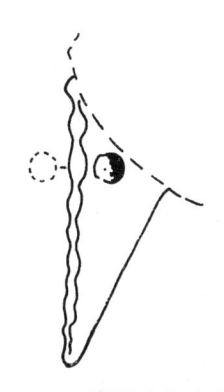

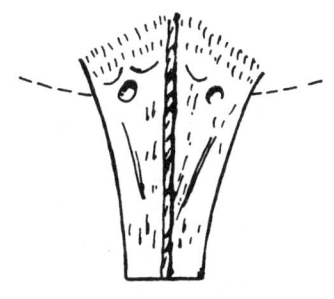

图 28-7　崧泽文化陶鼎足　　图 28-8　张陵山良渚文化玉琮

图 28－9　福泉山良渚文化玉琮　　图 28－10　草鞋山良渚文化玉琮

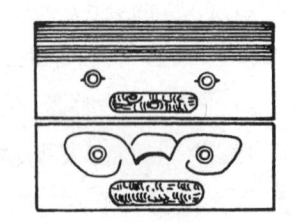

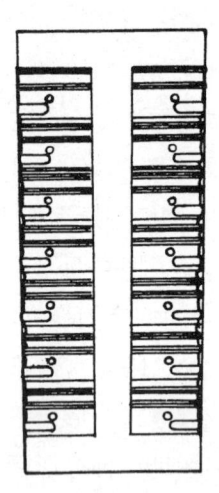

3. 关于璧：璧在良渚文化考古中，出土的数量超过琮，琮璧在中国古代有以璧代表乾、天、阳、雄，以琮代表坤、地、阴、雌之说，但就新石器时代考古发现的迹象看，有的琮、璧在墓中共存，如福泉山 M9，出土琮和琮形镯 3 件，璧 4 件；反山 M20，有琮 4 件，璧 42 件；有的有璧无琮，如反山 M22，虽有大量玉器，其中仅有璧 1 件，无琮；福泉山 M21，有璧 2 件，无琮；然而也有有琮无璧的墓例，如反山 M18，有琮 1 件，无璧，而瑶山 12 座墓中，南列 7 座有琮无璧，此列 5 座有璜与纺轮，全无琮璧，因此并不能以琮、璧区别阴阳与性别。如以璧在墓中的位置作分析，璧的作用应有两类，其一如寺墩 M3 与福泉山 M9、M15，以璧垫在人身下和铺盖在人身上，似有一种保护人体的含义，这类璧形制圆整，两面平滑，钻孔对直，整体经过抛光，制作精工；其二是成堆地放置在墓坑后部，如反山 M23，这类璧往往厚薄不匀，边缘不圆整，有的器面有切割错位留下的高低台阶，有的钻孔也对钻错位，并且器表都未作抛光，制作粗糙，似乎专为葬礼仓促制成，因此也可能具有礼仪和财富的意义。

4. 锥形器：器形种类很多，有圆柱形（图 28－11）、方柱形（图 28－12）、琮形（图 28－13）3 种，都是一端尖锥，另一端有一小柄。这类器目前定名不一，有的以为用于插发，可名为锥形笄；有的以为其中有太长的，也有太短的，大部难以插发，但可佩戴于身上，因此称为锥形饰。但从考古发现的迹象分析，有发现于人骨右侧盆骨边上的，尖端朝下，柄部朝上，如见于马桥 M2，是佩挂在腰部的器物；有与珠、管、环组合成项饰的，其上并有表示神像的玉冠形器，可能是挂在神像颈上的玉件，如福泉山 M101 所见（图 28－14）；又如在反山的一批墓中，有的数件集束的与山字形器在一起，置于头部上方，尖端朝上。因此有的学者分析，可能是插于山字形器器孔的部件，而在上海金山亭林墓中所见,有的握于手中,也是尖端朝上,可见这类器具有各种不同的使用方法,所以在未能找到确切的名称之前,笔者以为可暂名为玉锥形器。锥形器的功用,据上列迹象应与原始宗教有关联,因为那些琮形锥形器,只有尖端朝上,神像才能正立;并且有的小柄细长而无孔,只能作插榫,不能穿挂;但如插在某些器物上,就似神柱,可供祈祷;一些小件带孔的,佩挂在身上,使用时如亭林墓中所见,也应尖端朝上,所以锥形器实际上是古人的一种祈福避邪的器物。

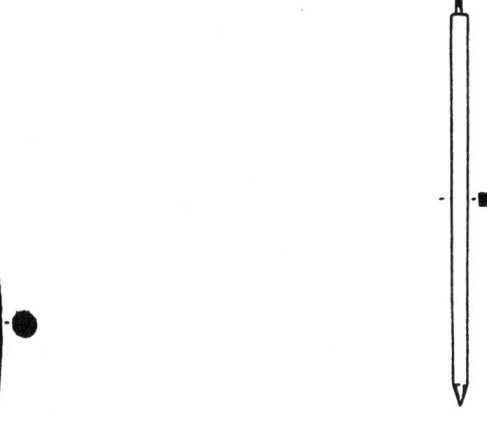

图 28-11 福泉山出土圆柱形锥形器　　图 28-12 福泉山出土方柱形锥形器

图 28-13 福泉山出土琮 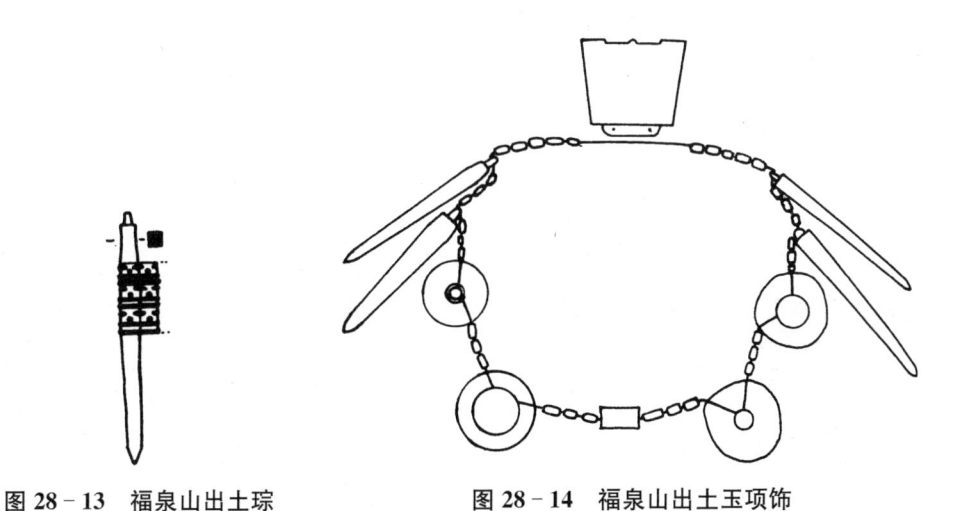　　图 28-14 福泉山出土玉项饰

(本文原载于《中华文物学会》1990年刊)

福泉山良渚文化玉器

福泉山位于上海市青浦区重固镇的西侧，高7.5、东西长94、南北宽84米，是一座良渚时期人工堆筑的高台显贵墓地。1979年试掘，1983～1987年三次发掘，对墓地作全面揭开，在其中发现了良渚的燎祭祭坛1座和墓葬30座，墓内器物除了陶、石、骨、象牙器之外，出土了玉器613件(粒)。这批玉器大部为象征权力和地位的礼仪用器，在墓内置于墓主的身侧。如M9，在墓主的右侧，从头到足见石斧、石钺、玉锥形器、锥形器套管、玉璧、玉琮、琮形镯、琮形管、玉钺、玉镯、玉坠、石坠、玉杖端饰、玉珠管和镶嵌玉粒等百余件玉石器。这些玉石器均为良渚时期的优秀作品，选材精美，所用透闪石质地纯正，色泽青绿。大多制作精工，器表打磨光滑，出土时仍显玻璃般光泽，为其他出土或传世的良渚玉器所少见。器上的纹饰，无论浅浮雕或细刻，都图像规整，线条流畅，一丝不苟。除了上述M9所见之外，尚有冠形器、半圆形器、角形器、角尺形器、柄形器，以及玉带钩、玉纺轮、玉鸟和玉钻等。

1. 多节神脸纹玉琮(M40：110、26)

滑石制，灰褐色，上下两件，上件器表雕琢三节神脸，其中末节神脸的横鼻改制于下部的"射"，仅剩一线，下件琮三节神脸中的上节，象征神冠的两条横棱改制于上部的"射"，仅剩一线。两件琮无论玉质、玉色、器形与大小均相同。上下可以衔接，是由一件六节长琮中间锯断改制而成的，二器均发现于M40，一在头前，一在左臂旁。上件器高8.2、上射径6.2～6.5、下射径6.1～6.2厘米。下件器高8.1、上射径6.1～6.2、下射径5.1～5.9厘米(图29-1)。

图29-1　多节神脸纹玉琮

2. 神像飞鸟纹琮形玉镯(M9∶21)

透闪石制,玉色青绿,半透明,弧面四方形,中间大孔是在管钻孔上再作研磨扩大的,所以孔形方圆,镯壁薄。器表纹饰除通常所见的横棱冠、凹圈眼、横鼻以及蛋圆形眼睑、桥形额的神脸与兽面以外,在代表冠的两条横棱的中间、上下横鼻上以及眼睑与桥形额上均填刻弧线与云纹组成的几何形图案,在神脸与兽面的左右还各刻一飞鸟。细小的刻纹类似微雕。此器玉质之精与雕工之细,都堪称良渚玉器的极品。器高5.1、射径8～8.2厘米(图29-2)。

图29-2 神像飞鸟纹琮形玉镯

3. 神像纹琮形玉管(M9∶26、23)

叶蛇纹石制,已变为黄白色,方柱管形,上下端有"射",中间分两节,每节上部有两条横棱,横棱下面每一个眼圈,角线上有一条横鼻,下部以对角线为中心各有一对蛋圆形眼睑、一个桥形额和一条横鼻。器长6.5、面宽1.5厘米(见图5-13)。

4. 玉璧(M40∶111)

透闪石制,玉色青白斑杂,显现良渚玉器用材的基本特征,器作扁平圆形,边沿内凹,形似滑轮,是一件比较特殊的良渚璧,圆孔的壁面见旋纹,器面高度抛光,直径22.2～22.8、孔径4.6～4.7厘米。良渚璧一般有精制与粗制的两类,精制的器形规整,器面光洁,抛光;粗制的制作时在剖料、钻孔成形后不再修整,因此器形不圆整、不平整。粗制璧似为明器,考古所见往往成叠堆置,精制者置于墓主身上或填于体下,类似玉衣,此件见于墓主的

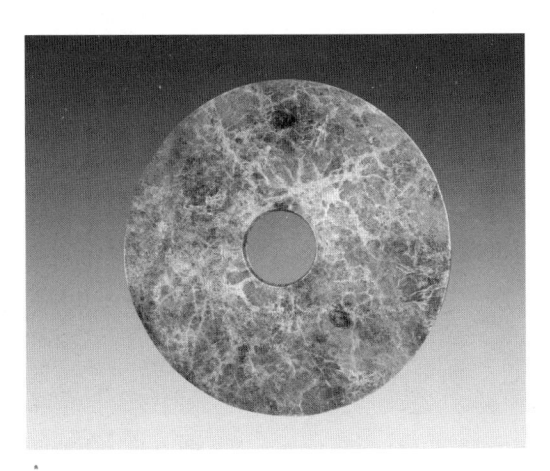

图29-3 玉璧

腿骨下(图29-3)。

5. 玉钺(M65∶46)

透闪石制,已变成黄白色,扁平长方形,弧刃、钝口、钺的上部嵌入柄銎的部位见一横条灰黑色的装柄痕迹,孔的左右侧用侧光观察,各有一条斜向的缚柄绳索的摩擦痕,器高15.9厘米。此器柄部的上下端有玉冒与玉镦,均乳白色。在墓内,钺见于墓主的右肩部,冒发现于右腰侧,而镦在头部的左侧,整件钺大致是倒置在身上的。玉钺是权力的象征,出土此钺的墓共有2件玉钺,可见墓主人地位之显赫(图29-4)。

图29-4 玉钺

6. 玉钺(M9∶25)

透闪石制,青绿色,半透明,手拿可见背面指影,玉质优良,扁平长方弧刃,刃角微翘,钝口,顶部因装柄嵌入銎内,制作时将多余部分折断后未再磨平。对钻孔的旁侧用侧光观察,各有一条斜向的绳索摩擦痕,是原来曾经装柄的痕迹,器高10.9厘米,此器在良渚玉钺中是最精美的一件(见图5-19)。

7. 神像纹玉锥形器(M9∶28)

透闪石制,浅绿色,半透明,玉质优美,方柱形,上端钝尖,下端有一小柄,钻一孔,方柱体上下各雕琢两组神脸兽面纹,器长15.1厘米。锥形器,按神像布局,尖端朝上是正摆;据器形演变,早期上端尖锐,后期钝尖,是从锥发展而来的。其用途可能是一种作锥压医疗的砭针(见图5-17)。

8. 神脸纹玉锥形器(M40∶120)

叶蛇纹石制,已变为乳白色,方柱形,上端钝尖,下端有小柄,钻一孔,方柱体上雕琢三组神脸纹,纹饰凸出,立体感强,器长9.5厘米(图29-4)。

9. 目纹玉锥形器(M60∶38)

透闪石制,已变为乳白色,圆柱形,上端钝尖,下端有一柄,钻一孔,圆柱体上雕琢一对目纹,目纹由三圈阳纹组成,器长5.4厘米。良渚玉器上的纹饰,线条均用刻划的阴线表现,使用阳纹的还是首例(见图17-18)。

10. 玉带钩(M60∶55)

透闪石制,青绿间夹黄白色,长方块形,正面弧角,底面平整,一端用钻孔与线割方法制成弯钩,另一端从两侧对钻一孔,可以穿带,器长3、宽2.1、厚1.8厘米,发现于墓主腰部,是目前已知年代最早的玉带钩(见图2-8)。

11. 玉鸟(M126∶3)

透闪石制,已变为乳白色。鸟作侧立状,头部以钻孔作眼,颈下两面各有一条刻纹,尾背部刻划四条,首尾长2.6厘米。良渚立鸟的形态曾见于玉璧上,作为玉器之鸟尚属首次发现(图29-5)。

图29-5　玉鸟

12. 玉项饰(M74∶87)

用腰彭形、椭圆形、圆球形牛鼻孔珠47颗,圆管2件,锥形器6件组成,玉色大部分乳白,仅锥形器略显青色,发现于墓主的右侧,按照出土部位串连,腰鼓形珠在上,锥形器左右各3件,圆球形牛鼻孔珠与圆管间夹在下部(见图5-15)。

13. 玉项饰(M101∶4)

用腰鼓形珠与圆球形牛鼻孔珠31颗、管5件、环4件、锥形器4件组成,玉色大部分乳白,仅环略显青色。按照出土部位串连,左右各有2件锥形器和2件玉环,中间夹玉管,最大的一件管垂于下方。项饰之上还发现一件冠形器,如果冠形器插于木座神像上,则这串项饰原挂于神像的颈上(图29-6)。

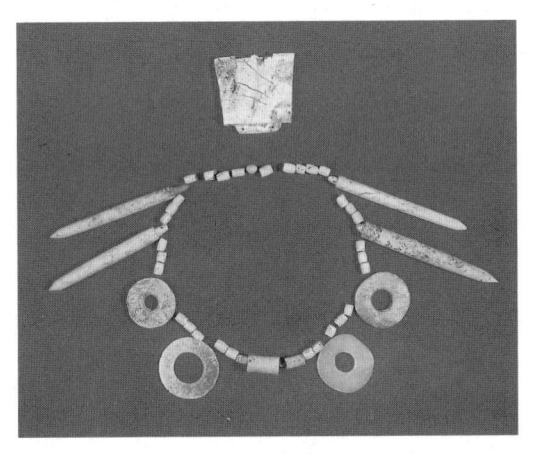

图29-6　玉项饰

(本文原载于《收藏家》2001年第11期)

良渚玉器用途之研究

良渚玉器传世与出土的数量大、种类多、制作精，而且和原始的礼仪与巫术有关，是研究新石器时代玉器的重点。对于这类玉器用途的分析，在50年代以前由于缺乏科学的发掘资料，只能参考后期相似玉器的用途予以推测。至60年代以后，特别是发掘了草鞋山、张陵山、福泉山与反山、瑶山等处之后，有了一定数量的发掘资料可作依据，具备了一定的研究条件。但已发表的资料中又有某些出土物属于农民上交后再作发表的缺陷，缺乏出土位置，并且多数发掘报告尚未发表，研究者仅见个别墓葬平面图，对玉器的出土位置难以作全面分析。尤其是良渚文化的葬俗，已经采用先入棺，暂厝一定时间后入土埋葬的方式。除无棺使用平地堆土掩埋的以外，所见棺内的人骨架，均有因棺木搬动而移位的现象，因此玉器在墓内的位置必然也被移动过。所以研究良渚玉器，运用发掘资料时还必须依据较多例证作全面的分析，以免因个别移位现象而误解。本文以笔者主持发掘或掌握的上海地区马桥10墓、广富林2墓、福泉山31墓、亭林23墓、寺前村墓，以及江浙地区发掘并已经发表了墓葬平面图的草鞋山的1墓、寺墩3墓、花厅5墓、反山3墓、瑶山3墓、吴家埠6墓、平邱墩、徐步桥、雀幕桥各1墓等90余座墓作为依据，试作良渚玉器用途的分析。

玉钺，长方梯形，穿一孔，双面刃，原是砍伐兵器，从斧派生而来。70年代以前，在考古报告中往往统称为斧，斧钺不分。自从良渚高台大墓被发掘之后，尤其是附上下端饰的玉钺的发现，逐渐把这一类玉斧正名为玉钺。在器形上，良渚的礼器斧与钺应该是可以区分的，体厚、弧刃、刃两端与钺侧边连接不露刃角的，应称斧（图30-1）。这类斧除了孔较大、器表抛光、刃部钝口以外，与崧泽文化的斧相同，是良渚文化仿古的随葬礼器。在墓内的位置，往往与成群的璧共处。如反山M20，有24件玉石斧与42件璧夹杂在一起[1]；福泉山M9，有玉石斧4件，斧旁有璧4件[2]。这类斧不仅数量多而且都用似玉非玉的阳起石制成，其作用与玉钺不同，因此根据器形与作用笔者以为应称为斧。钺，器体扁薄，刃两端露刃角，刃角有不同程度的外翘，有的整器呈"风"

字形,有的顶部两端凹入内部(图30-2),多数为钝口,器表经高度抛光。玉钺极为珍贵,即使在高台大墓中,也出土不多。如反山墓地发掘的11座墓中,仅南列的M12、M14、M16、M17,北列的M20各出1件;瑶山11座墓,共出5件,也在南列大墓中,每墓各出1件;福泉山在31座墓中,有7座墓合计出14件,其中3件附钺柄的上端饰和下端饰(图30-3)。尤其如反山M14内的一件,钺柄上还有密集的镶嵌玉粒。未见钺柄有上下端饰的玉钺,顶部也可见因曾经嵌入柄部的凹孔,发生摩擦的摩擦痕,可见玉钺原来既装柄,又捆扎。钺柄的长度,据出土时上下端饰的位置,特别是在柄上嵌玉粒的一件,约70~80厘米。玉钺在墓中的部位,如福泉山M74位于人骨的右侧,柄的上端饰在下,下端饰在上,作倒置。M65的钺位于人骨右侧,上下端饰的情况也相同。反山的发掘均未见人骨,据简报叙述,除M17的钺在右侧外,其他都在墓内左侧。按良渚葬俗头均南向分析,如M20大致在左手部位发现玉钺,上端饰在上,则属正握。瑶山M7简报认为玉钺置于东侧,刃缘向西,似持于左手,此墓在墓南发现头骨朽痕,东侧亦当为右手[3]。因此墓主人握钺似乎左右正倒均可,尚无一定的规律。玉钺用料既精,制作又精细,最后还经抛光处理,再加上讲究的钺柄,这是一种由武器转化来的礼器,是指挥权的象征,或者就是权杖。《尚书·牧誓》中说"王左杖黄钺右秉白旄以麾",良渚时期,大概这种权杖已经出现。所以凡随葬玉钺的墓主人,葬仪都很特殊,不仅有棺有椁,有制作精美的玉石陶器,在福泉山墓地,墓上还有燎祭的祭坛,墓旁有祭祀用的大口缸。有的还使用人牲,可证掌握玉钺的主人均享有崇高的地位。

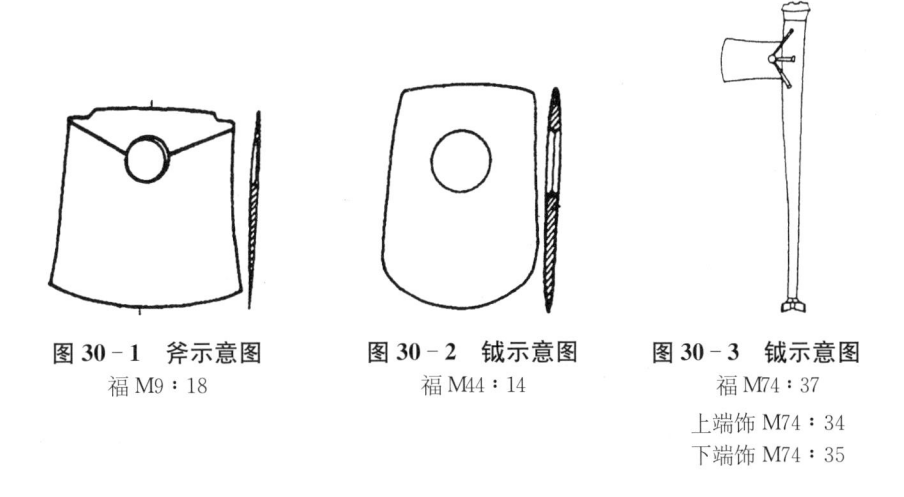

图30-1 斧示意图
福M9:18

图30-2 钺示意图
福M44:14

图30-3 钺示意图
福M74:37
上端饰M74:34
下端饰M74:35

琮,方柱形,内圆外方,上大下小,上下有"射"(图30-4),良渚的琮无一例外均雕琢神像。琮在各种论著中,包含面很广,有的包含镯形琮(图30-5)和管形琮(或称小琮)(图30-6)。笔者以为,所谓镯形琮,孔大与镯相等,器壁薄,孔口微侈,与筒形镯相比,除器面有凸块雕琢神像以外,与镯一致,因此这是一种琮形镯。因为神像既然是一种可以向之祈福避灾的纹饰,可以运用于各种器物上,如有雕琢神像的玉坠(图30-7)、神像柱形器、琮形器、锥形器(图30-9-5)等,所以凡有神像的不一定是琮。上述管形琮,同样应是琮形管。这类管从花厅墓地的出土现象观察,与珠管等串连在一起,确实是佩戴物[4]。按照安徽潜山相当于良渚早期的地层中出土的琮形管[5],与吴县张陵山良渚早期墓中出土的琮形镯作分析[6],琮的起源是这两种器形的结合。琮在出现之后,它的演变是从弧面方柱形→正方柱形→长方柱形。就目前考古资料所见,良渚前期未见琮,如福泉山早中期20座墓均无琮,即使规格很高的福M139,人骨含琀,有玉、石钺12件成行排列,并用人牲祭祀,也无琮;福M144上有大型燎祭遗

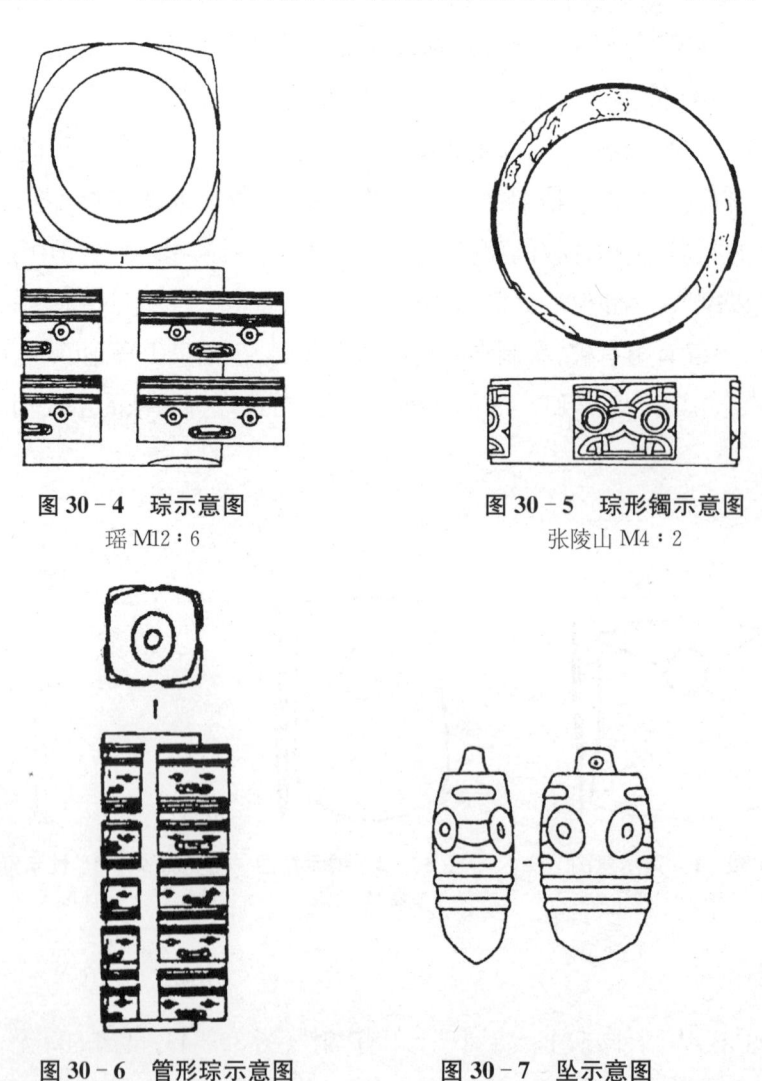

图30-4 琮示意图
瑶M12:6

图30-5 琮形镯示意图
张陵山M4:2

图30-6 管形琮示意图
瑶M12:24

图30-7 坠示意图
福M9:27

址,棺椁上有殉人,墓内有玉钺,也未见琮。在张陵山出土大量玉器的4座早期墓中,仅见一件琮形镯。典型琮均在良渚文化的中晚期出土。至于琮面纹饰,在缺乏科学发掘资料时,曾经把素面琮列为最早,简化神像琮次之,而具备神脸兽面较完整的神像纹琮列为最晚,以为按事物的发展规律,总是由简到繁。但现在知道这类神像的原始形态在良渚的先辈——太湖地区的马家浜和崧泽文化中早就出现,如在马家浜的圆锥形鼎足的足根上常有一对凹眼(图30-8-1);其后崧泽文化三角形凿形足上,正面有一条锯齿形堆纹,两侧有一对凹眼,形成一有鼻有眼的脸像(图30-8-2、3);又在一种角尺形的鼎足上,以角线为中心,左右用凹线勾划出脸形,角线上有锯齿形捏纹,两旁有凹眼,头上又用点线象征光芒或羽冠(图30-8-4)[7]。这一脸像已经可与良渚早期的神像形态相接,因此神像的演变在良渚文化中是从张陵山良渚早期的琮形镯上的图像到反山琮王上的神像,和中期琮上的神脸兽面纹,再发展到草鞋山良渚晚期长琮的两条横棱、一对眼圈、一条鼻的简化神像[8],是继承崧泽神像之后从繁复再到衰退的演变。关于琮的功能,据考古发现迹象分析:1.在瑶山排列整齐的南北两列显贵墓中,均出于南列,作为权杖的玉钺亦出于南列,权杖与琮共出;在反山虽然琮在南北两列均出,但同样出玉钺的墓则有琮;在金山的亭林,在23座墓中仅出1件,出土于作人字形排列墓群的第一墓中,说明琮同样是权力和地位的象征。2.琮璧往往共存,如反山M20,出琮4件、玉璧42件;寺墩M3有琮32件、璧23件;福泉山M65有琮、璧各2件,福M40出琮璧各3件,福M9出琮2件,璧4件,所以琮与璧的占有者无男女性别之分。3.在福泉山M40,发现将一件琮锯开改制成两件,上部一件有3节,末节神脸的横鼻,因改制成射,仅剩1/4,发现于头前;下部一件也有3节,头上一节神像代表冠的两条横棱,也只有一条,另一条改制成"射",发现于足右。两件相距约2.4米,不知是否是套在一棒状物的两端。4.寺墩M3的31件琮(另一件为琮形镯)围绕人骨架四周排列。这些琮高矮不一,自1节至15节不等,制作粗糙,

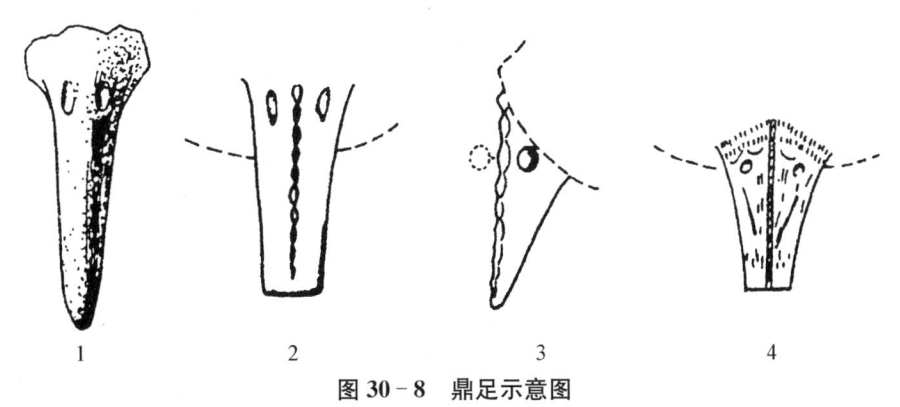

图30-8 鼎足示意图

1. 福泉山 2. 崧泽M59 3. 崧泽T6:1 4. 福泉山T10:5

有的分节宽狭不等,有的横鼻一端较细,另一端较粗。与一墓仅出 1、2 件制作精细的琮,粗精有别,可能属于赶时间草率制成,说明这些琮是为葬礼需要而赶制的。此墓使用火敛葬,人骨玉石陶器均经火烧,墓主人为年仅 20 岁左右的青年男子,可能是特殊死亡,但受人尊敬。围绕人体的琮高矮、分节不一,应是各方送来的葬仪,用以祈求神的保佑[9]。5. 琮在墓内的部位多数出于人骨胸、腰部的旁侧。而且凡良渚琮必然雕有纹饰,而纹饰又是统一的一种神像,应是良渚古人共同崇拜的对象。至于此神是何神,其下部兽面是哪一类兽,学界有不同看法。有的以为兽面是虎,是神骑在虎上,但虎无獠牙,箕踞的双腿与足露三爪也不像虎;有的认为是野猪,野猪虽有獠牙,但其余部位同样不符。笔者以为神像的上部是人像,下部是人像的兽形装饰,犹如东南亚某些原始部落的巫师在祭神时的装饰。兽面纹的环眼似猛兽,阔嘴、獠牙似野猪,长爪如猛禽,这是古人采用各类崇拜动物的特点作驱邪的习惯手法。如同商周青铜器上的兽面纹很难分辨是哪一类动物的脸像,也像我国传统崇拜的龙一样,是十几种动物的综合体。在神像体内刻划的几何形图案,像是纹身习俗的反映。在神像旁唯一出现的其他图案是展翅的飞鸟,鸟在古代传说中,是人神之间的交通使者,也与神像崇拜有关。琮往往是多节的,尤其是晚期的长琮可以多至 19 节,每节一组神脸,层层重叠,类似印第安人的神柱。琮的造型是上大下小,内圆外方。上大下小是用于仰视,方圆表示天地,中间的穿孔表示天地之间的沟通,在许多琮上有动物图像,表示巫师在动物的协助下沟通天地。同时凡良渚琮,多数器表泛白,笔者曾在论述良渚玉器一文中表明,这并非是入土年久蚀变的原因,而是遇火受热而起的变化,也就是与燎祭或火敛葬等活动有关,可以说崇尚白色是对光、对太阳神的崇拜。再参考福泉山良渚大墓的葬俗,采用上下重叠的叠葬,在祭坛之下有 M101→M132→M135→M139→M143 多座墓葬上下叠压,这是同一族系历代祖先的墓位。以长琮上的多节神像来说,应该也是反映历代的神祇上达天庭的象征,说明琮具有神器的性质。综合出土概况与器形和纹饰特征,琮的功能应该是:它是良渚古人对本族神祇的崇拜物,在燎祭的仪式中高举于手中,向神祈祷。琮在掌握祭祀权的首领死亡后作随葬品,仍置于手旁(腰旁)。琮只出于高台大墓,甚至在高台南北两列大墓中,只出于南列有玉权杖的大墓,说明琮又是宗教权的象征,在良渚人的心目中,具有极高的地位。

璧,扁平圆形,中间穿一孔,始见于崧泽文化。崧泽文化的璧形如环,直径仅 4.1 厘米,常置于随葬的陶器旁或在棺外,并非身上的佩饰,因而称为小璧[10]。据此,璧可能由环发展而来,良渚早期如张陵山所出仍为小璧,中期器形扩大,直径至 10~16 厘米左右,一些直径约 20~23 厘米的璧大部出于晚期。璧在考古中发现的位置,如福泉山 M9 出土 4 件,两件垫于右肢骨下,一件压于右肢骨上,另一件垫于背下。寺墩M3,24件璧分置头前足后,一部分压在头足之下,制作最精的两件放在胸腹之上。在反山,虽然人骨痕迹不清,但据清理中观察,也有少量出自头部和人骨下,而大部叠于腿脚部位,如反山M23,在腿脚部位有以十余件堆成一叠的有三四叠,反山M20有璧42件,与石斧24件混杂的堆放在人体部位,数量最多的亦在腿脚处。因此璧在考古发现迹象上,有以下几点值得注意:1. 璧在制造上有精粗之分,精制的圆度比较规整,器面基本平整,整器连同孔壁都经抛光,在墓内有的垫于身下,有的盖于身上,其作用与后来的玉衣近似,有护卫人体的意义。粗糙的则在玉料解剖研磨成形后,不再进一步加工,因此圆度不正,厚薄不匀,边缘常有缺损,表面有较多切剖痕,钻孔多错位,亦不作抛光,可能为葬礼而赶制,而且有的成堆叠置。2. 璧绝大多数为素面,偶见刻划符号,如余杭收集的1件,一面刻一圭形纹,另一面刻一多级台阶的盾形纹。上海博物馆和美国弗利尔博物馆的藏品中也有类似符号,也见于某些琮的射部,分析其作用与大汶口文化的祭器大口缸上的符号相似,亦与祭祀有关。3. 所有良渚玉璧均不刻神像纹,作为祭坛的瑶山,其上大墓均不出璧。4. 璧与琮基本同出,但也有出琮不出璧或出璧不出琮的情况,璧与琮的拥有者不存在性别上的差别。据此分析,璧是古人的一种贵重的礼仪用器和财富象征,刻上符号可以祀神,死后可以垫于身下或盖于身上,类似玉衣用以护身。至于墓中大量粗制的璧,为随葬需要而制作,具有明器性质。

锥形器,长条形,一端尖锥,另一端有小柄。对它的名称,有的根据在墓中常见于头部,以为作插发之用,因此称笄;有的因为它形象似镞,因而称玉镞;有的见墓内出于腰部或与珠管在一起,是一种饰件,称为锥形饰;也有的认为它形似玉针,以为是医学上使用的一种砭针。由于用途不明,所以经过江浙沪三地良渚文化考古工作者的磋商,名称暂定为锥形器。

锥形器最短的仅3厘米,最长的达30余厘米,而且从良渚文化早期至晚期,器形有一定的演变规律,大致可分Ⅴ式:Ⅰ式形似骨锥,一端带孔,一端尖锥(图30-9-1);Ⅱ式接近橄榄形,一端钝尖穿一孔,另一端尖锥(图30-9-2);Ⅲ式圆柱形,一端扁圆形穿一孔,另一端尖锥(图30-9-3);Ⅳ式圆柱形,一端突出一小圆柄穿一孔,另一端钝尖(图30-9-4),这一式有的在近小柄部,有双目浅浮雕的神像;Ⅴ式方柱形,一端小圆柄,柄上有的穿孔,有的无孔,另一端钝尖,这一式有的锥体雕琢成长琮形(图30-9-5)。如将良渚文化分为五期,则一期见Ⅰ式,二期为Ⅱ式,三期为Ⅲ式,四期见Ⅳ、Ⅴ式。可见锥形器是由骨锥类器演变而来的。

锥形器器身精制,尤其是Ⅳ、Ⅴ式,往往经过高度抛光,光洁如镜。但小圆柄器表粗糙,均不抛光,有的尚见研磨痕迹。良渚玉器的显露部分均经抛光,即使如琮或璧

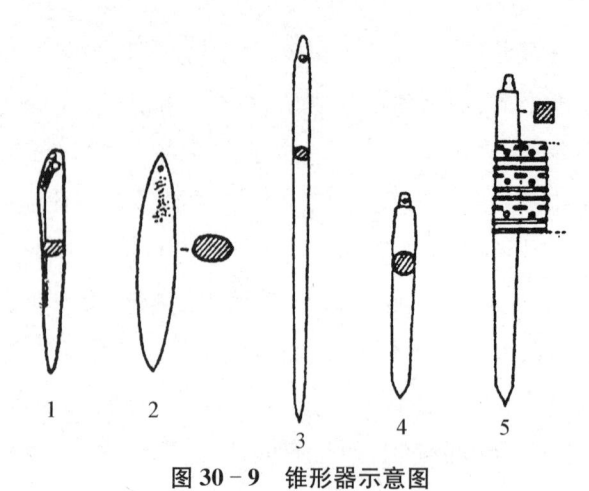

图30－9　锥形器示意图
1. 福 M139∶1　2. 福 M132∶30　3. 福 M144∶26
4. 福 M74∶36　5. 福 M40∶120

的孔壁,亦经抛光,只有内入他器的不显露部分,在成形后不再加工,如钺的内入柄槽部分,未作精细加工。因此,小柄是当时锥形器的榫部,用于插入他器,小柄上有孔的,无穿线摩擦痕迹,当为插销孔。锥形器的器身上雕琢琮形纹饰的,作为神冠的两条横棱在钝尖一端,眼鼻在小柄一端,所以只有尖端向上,锥形器才是正摆。据此,锥形器既有小至 3 厘米和长至 30 余厘米的,不可能作笄发之用,有的无孔,或有孔亦未见穿线痕迹,不是佩戴悬挂之物,亦不是饰件。按钝尖或方柱的器形,亦非箭镞。它的器形是从骨锥形器演变而来的。因此,它很可能是一种神化的针砭用器。

锥形器的出土情况:

1. 不像琮、璧,只出土于反山、瑶山、福泉山、草鞋山等高台大墓内,它既见于贵族大墓,也见于平民小墓,并且也在遗址内出土,如马桥遗址,在平民的墓内出土 1 件,居住遗址处出土 3 件[11]。

2. 陪葬锥形器的墓无性别之分、老小之分,如福泉山 M139,人骨鉴定为成年男性,在头骨顶部有一横向锥形器;马桥 M2,人骨鉴定为女性,约 50～60 岁,在盆骨右方见一件锥形器;花厅 M18,人骨清楚,为成年男女与两婴幼儿合葬,女性头部有锥形器 4 件,再上方有 3 件,头骨左侧有 1 件,男性右肩旁有 2 件;花厅 M19,人骨鉴定为 8～10 岁少年,右肩旁有 1 件。

3. 每墓出土数量多的,均散见于人骨架的周围,除上述数例以外,如福泉山 M9,虽然胸部以上已遭汉墓破坏,仍见 4 件锥形器,在胸侧有 1 件穿在玉臂饰内,下肢骨旁有 2 件,1 件在石钺上,1 件在玉璧上,足旁有 1 件,亦在石钺上。其他如:福 M40 出 3 件,1 件在胸右侧,1 件在腰左侧,1 件在足后与陶器在一起。反山 M20 出 4 件,1 件在腰部右侧,1 件在肩部右侧,1 件在胸部右侧,1 件在下肢骨右侧。瑶山 M7 出 4 件,3 件在胸部右侧,1件在腰部左侧。亭林 M4 出 3 件,1 件位于颈部,2 件位于左右手的手指骨上,尤其是左手的 1 件,似握于手中(图 30-10)[12]。如一墓仅出 1 件的,除上述马桥 M2 之外,反山 M22 出 1 件,位于胸部左侧;花厅 M19 出 1 件,位于肩右侧;青浦金山坟 M1,位于肩右侧[13];余杭吴家埠 M2 位于腰左侧[14]。发现的位置均在人体的左右两旁。

图 30-10 亭 TIM4 锥形器埋葬位置示意图
1～3. 锥形器

4. 发现 4 例方柱形器,即锥形器的小柄上套有小玉管。在花厅见 3 例,M18:1 位于女性头骨上方,与人骨成垂直方向,尖端朝上,器长 35.5、管长 6.9 厘米;M18:10 位于男性胸骨右侧,器较短,尖端朝上长 13.1、套管长 3.1 厘米;M20:10,位于成年男性右肩侧,尖端斜向朝上,长 15、套管长 4 厘米。在福泉山仅见 1 例。

5. 有些锥形器与珠管等在一起,如福 M101。在头部的上方置一对高柄罐与 1 件鸟形盉祭器,右侧发现有一定排列规律的 4 件锥形器、4 件小环、2 件管,与 32 颗腰鼓形珠,其旁尚有一件代表神像的冠形器,这是一串挂在神像颈上的项饰,锥形器穿插其中。类似情形亦见于福 M74,在胸部右侧有可以串连的 47 颗珠、2 件管与 6 件锥形器。可见锥形器有时串挂在神像的项饰上。

6. 锥形器与琮一样,玉色变为甜白色的多,保持原来玉色的少,可见曾经受到火烧或火烤。

据上述各种现象,分析锥形器:1. 从锥演变而来,其作用可能与锥刺有关。2. 先为圆柱形素面,晚期才出现方柱形作琮形雕琢,它是先为实用,后才神化。3. 锥形长短不一,有的长达 35 厘米,有的短仅 3 厘米,有的柄部有孔,有的无孔,主要并不用于佩带。4. 尖端向上才是正摆,据柄上无明显摩擦痕,而且有的有套管,可见并不是固定穿插在某些器座上,而是握于手中使用的,尖锥是此器的主要部分。5. 放置在墓中的位置,往往见于骨架上下四周,可能也具有护卫人体的作用。因此锥形器应是一种神化的实用器,它从锥发展而来,锥刺作用在先,有可能是一种用于锥压穴道治病的器具。由于在原始时期,这是一种经长期触摸积累的经验,并不了解针灸治病的原理,因此逐渐神化,成为既可治病又可护身,包括一般平民都可使用的器物。所以它的定名,笔者以为或可直接称为玉砭。

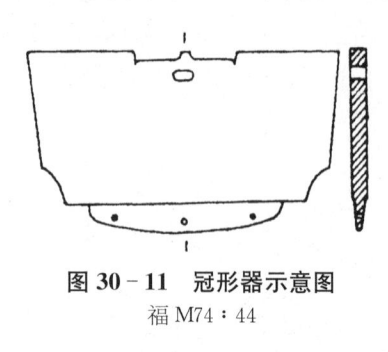

图 30-11 冠形器示意图
福 M74:44

冠形器,倒梯形,上边宽、下边窄,上边左右向上突出两耳,中间有一弧顶,下边有一条插榫,有插销孔(图 30-11)。考古报告中有的称倒梯形器,有的称玉佩。因为器形似良渚琮王神像上的人脸或神冠,因此暂名为冠形器。此器大部分正反面素面无纹,一少部分正反面雕琢对称的兽面或神像,也有正面雕琢兽面,反面光素的。有的在上部弧顶与兽面之间透雕一横向椭圆形孔;有的在背面左右上侧有两个方形凸块,凸块上贯穿一孔,如瞏庙出土的一件[15],可穿插其他器物;有的在两耳上各雕琢一兽眼,正面雕琢兽面,反面有两条代表神冠的横棱,并在弧顶处突出一方块,贯穿一孔,如草鞋山 M199:2。冠形器主要出土于高台大墓,如福泉山良渚 31 座墓出 3 件,反山 11 座墓出 9 件,瑶山 11 座墓出 11 件,一墓均仅 1 件。在墓内的位置,如福泉 M60:54 出于西侧一棺的南端,约在肩部左侧;M74:44 出在胸部右侧;M101 的出于肩部右侧,并与 2 件管、4 件环、32 粒珠的一串项饰在一起。因此,此件应是插在木质神座上的玉器,或者就是代表神像,挂于神像颈上。据简报表述反山的冠形器均出土于头骨一侧,在此器下方往往发现成片的朱砂和用于镶嵌的小玉粒。简报以为不排除是涂朱嵌玉的木质神像,是巫师所用的一种法器。瑶山简报指出,冠形器均出于墓南端,瑶 M2-1 出土时,凸榫部位留有朱砂痕迹,并和长约 8 厘米的木质纤维朽痕相连;瑶 M7-63 周围散落正面弧凸、背面平直的小玉粒 26 颗,认为此器和小玉粒原来均镶嵌于某种物体之上。在此器的近旁也有一串由 18 粒玉珠组成的串饰,串饰直径小于冠形器下端之长度,显然不能作真人的挂饰。因而认为很可能其原佩于镶嵌着玉冠形器的某种物体上,可能就是某种神像。笔者以为冠形器往往两面雕琢神像,下有插榫,正反面均可观瞻,决非饰件。在墓内的位置,各墓比较一致,都在骨架上部旁侧。福泉山 M101、瑶山 M2 与 M7 以及反山的冠形器近旁均见项饰与镶嵌玉粒。可以推测这是插于木质神座上的神像。

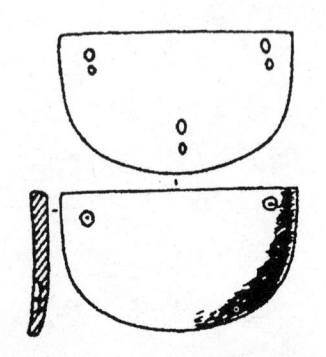

半圆形饰,正面略为弧凸,背面微凹。正面大部光素无纹,经抛光,少数有兽面纹。背面均有作品字形排列的三组牛鼻形孔(图 30-12),或在上部左右有两组牛鼻形孔,下部左右直穿 2 孔,背面未经抛光,可见是一种穿缀在

图 30-12 半圆形器示意图
福 M74:48

衣帽上的饰件。以有兽面纹的为例，应该是圆弧边在上，平底在下。此器出土的数量也较少，福泉山仅出1件，反山出17件，瑶山出16件。在墓内的位置，福泉山M74：48出于腰部。反山17件出于5座墓，其中4墓每座4件，据简报均在头部的上方，以大致相等的间距围成一圈。如反M20，在头部有M20：46与M20：47，再往上相距20～30厘米处，有M20：45与M20：44；反M22仅1件，位于头部左上侧与12件长管可以串连。瑶山M12出4件，可惜因已遭破坏，位置不清，简报中称为穿缀件的，其中一种半月形，一面平、一面弧凸，素面，长约4.5、高2厘米的计12件，亦应属于半圆形器。这些器在背面有三对牛鼻孔，两角再各钻一孔，瑶M7位于下肢骨部位，瑶M11似在腰部，与椭圆形的、圆形的穿缀件在一起。半圆形器背面凹弧有牛鼻孔，应为穿缀件无疑。出土于头部的很可能是穿缀于冠帽上的；位于身侧的，器形较小，又和玉管或其他穿缀玉件在一起，可能穿缀于神像的冠帽之上，其下另挂玉管项饰。

三叉形器，下部半圆形，上部伸出三叉。也有称山字形器的，仅在反山和瑶山两墓地出土(图30-13)，在其他良渚高台墓地均未见。反山出土5件，其中4件出于南列诸墓，1件出于北列随葬器物最多的M20，每墓仅1件，均位于头部附近。三叉中央叉较短，并有上下贯通的小孔。其中3件正反面平整光素，另2件正面略为弧凸，背面三叉的上端和中叉的下端均有凸块，凸块上皆钻上下贯通的圆孔，正背面均雕琢神像飞鸟

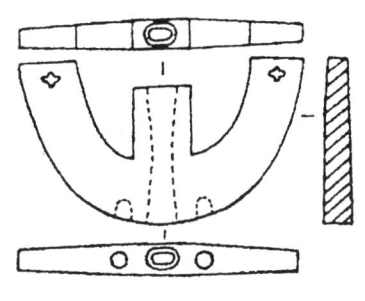

图30-13 三叉形器示意图
反M13：83

等纹饰。瑶山出6件，见于南列诸墓，每墓1件，亦在头部附近，如瑶M7：26位于棺内南侧，出土时三叉向南，中叉紧连一长玉管，器上及其近旁有3件锥形器。6件三叉器中2件素面无纹，4件正面雕琢神像。各器中叉均有上下贯通的小孔。综观三叉形器出土于南列大墓的头部，又往往两面有纹饰，中叉有贯穿孔，应该是地位极高的男性首领插于冠帽上的饰件。

璜，半璧形(图30-14)，个别作桥形，平边在上，弧边朝下，上部左右各有一穿孔。此器盛行于崧泽文化，良渚文化仅是孑遗，只在部分大墓中有出土。出土的位置，福泉山共出2件，M60与M74各出1件，均在胸腹部位。反山出4件，其中M22：20，见于胸部，位于珠管饰之下。瑶山出9件，均位于北列诸墓，其中M4：34，出土时与16件玉管组成的串饰相连，M11出4件，1件在中部，3件在南端，也有玉管串饰相连。吴家埠M8在腹部出1件，位于管珠及小璧管串饰之

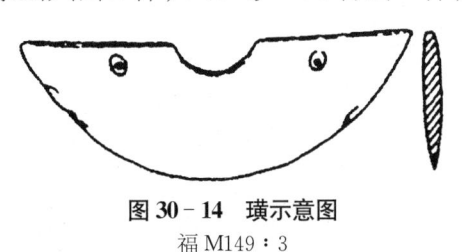

图30-14 璜示意图
福M149：3

下。璜在崧泽文化中均单独地置于颈部。据人骨鉴定,属于女性的颈饰,至良渚文化,常与纺轮共出,出土位置移至胸腹部,且常与珠管在一起,成为女性佩带的坠于珠管串饰之下的饰件。

注释

[1] 浙江省文物考古研究所:《浙江余杭反山良渚墓地发掘简报》,《文物》1988年第1期。
[2] 上海市文物保管委员会:《上海福泉山良渚文化墓葬》,《文物》1984年第2期;黄宣佩、张明华:《上海青浦福泉山遗址》,《东南文化》1987年第1期;上海市文物保管委员会:《上海青浦福泉山良渚文化墓地》,《文物》1986年第10期。
[3] 浙江省文物考古研究所:《余杭瑶山良渚文化祭坛遗址发掘简报》,《文物》1988年第1期。
[4] 南京博物院:《1987年江苏花厅遗址的发掘》,《文物》1990年第2期。
[5] 安徽省文物工作队:《潜山薛家岗新石器时代遗址》,《考古学报》1982年第3期。
[6] 南京博物院:《江苏吴县张陵山遗址发掘简报》,《文物资料丛刊》(6),文物出版社,1982年。
[7] 黄宣佩:《关于良渚文化"神像"的探讨》,《史前研究》(1990~1991年)辑刊。
[8] 南京博物院:《江苏吴县草鞋山遗址》,《文物资料丛刊》(3),文物出版社,1980年。
[9] 汪遵国:《良渚文化"玉敛葬"述略》,《文物》1984年第2期。
[10] 上海文物保管委员会:《崧泽——新石器时代遗址发掘报告》,文物出版社,1987年。
[11] 上海市文物保管委员会:《上海马桥遗址第一、二次发掘》,《考古学报》1978年第1期。
[12] 孙维昌、王正书:《上海金山亭林遗址发掘》,《中国考古学年鉴》(1991年),文物出版社,1991年。
[13] 上海市文物保管委员会:《上海青浦县金山坟遗址试掘》,《考古》1989年第7期。
[14] 浙江省文物考古研究所:《余杭吴家埠新石器时代遗址》,《浙江省文物考古研究所学刊(1980~1990年)》,科学出版社,1993年。

[本文原载于《良渚文化论坛》(第一辑),浙江古籍出版社,1999年]

良渚文化玉砭

——锥形器之探讨

良渚文化玉器是我国新石器时代玉器中的大宗,而在它的各类器物中,数量最多、使用最普遍的,除了珠管之外当推一种长条形的,一端尖锥,另一端有一小柄的锥形器。对这类器物的用途有种种分析:有的因为它形似箭镞,因而称为玉镞,有的见其与珠管一起出土,认为是一种饰件,称为锥形饰或玉坠,甚至以为是插发用的玉笄。由于用途至今难以断定,所以在考古器物定名上目前暂名为锥形器。

锥形器是良渚文化特有的器物,始见于良渚文化早期,它的祖形是一种一端平齐穿一孔,另一端尖锥的小玉器,如张陵山上层墓葬发现的一例,长棒形,一端圆锥,另一端穿一孔,被称为玉坠[1],在福泉山的良渚一期M139出的一件,长棒形,一端尖锥,另一端穿一孔,称为锥形器[2](图31-1)。这两器器形不规整,近似骨锥,大致是锥形器的最早形制。在福泉山的良渚二期,出土了两端尖锥呈橄榄形,一端穿一小孔的锥形器(图31-2、3)。至于福泉山良渚三期所出的,已演变为圆柱形,一端肩圆有穿孔,

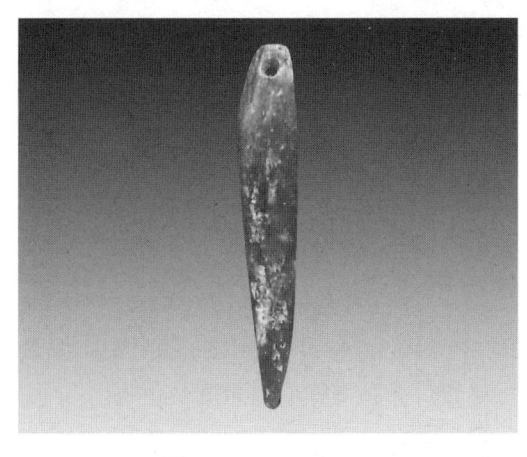

图31-1　M139:1

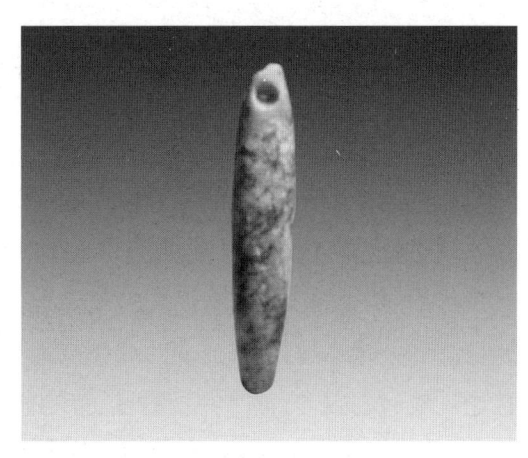

图31-2　M124:9

另一端尖锥(图31-4、5)。良渚四、五期盛行圆柱形或方柱形,一端见一小柄,另一端作钝尖的典型锥形器,甚至有的在圆柱或方柱器面上雕琢了琮形纹饰(图31-6、7,见17-18)。所以锥形器似从玉锥演变而来,典型器出现在三期之后,它的演变是由圆柱到方柱,由尖锥到钝尖,由素面到雕琢琮形神像。锥形器的主要功用是在尖端(图31-8)。

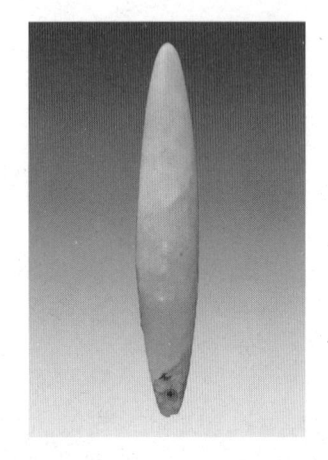

图31-3　M132：30

图31-4　M144：24

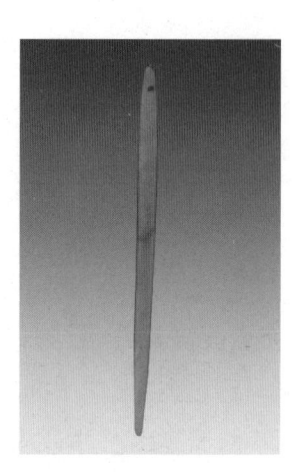

图31-5　M144：26

图31-6　M74：36

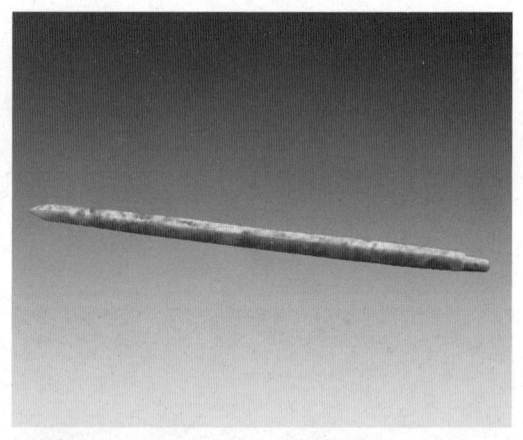

图31-7　M40：76

锥形器在良渚文化中使用极广,据考古所见有以下种种迹象:

1. 与玉钺、玉琮、玉璧以及三叉形器等只出土于福泉山、反山、瑶山、草鞋山、寺墩等高台大墓不同,而是既见于贵族大墓,也见于平民小墓,并且既在墓葬中出土,也在遗址地层内出土。如马桥遗址近旁的墓地,墓葬位于平地,无坑无葬具的都是平民小墓,墓内有的无随葬器,或仅有寥寥数件生前使用的石、陶器。但其中的M2,除人骨的颈部见一件陶双鼻壶以外,在盆骨旁尚有一件石锥形器[3]。又如金山坟M1,同

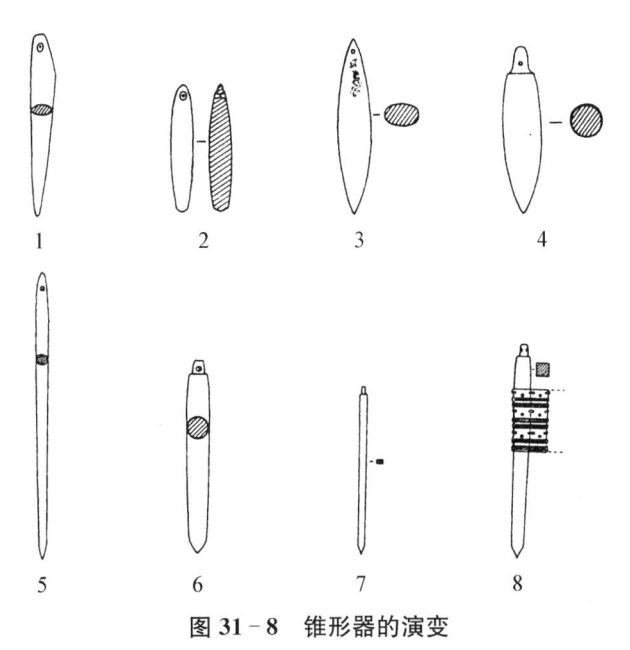

图 31-8　锥形器的演变
1. M139：1　2. M124：9　3. M132：30　4. M144：24
5. M144：26　6. M74：36　7. M40：76　8. M40：120
（以上均为福泉山一到五期良渚墓葬出土）

属贫困小墓,在人骨的右肩侧同样出土了一件玉锥形器,器面还刻有琮形纹饰[4]。另外在马桥遗址第五层良渚文化层中出土了 3 件,可见此类器的使用并不限于某一阶层,贫富、贵贱均能使用。

2. 使用锥形器无性别之分、老少之分。如福泉山 M139,经人骨鉴定为成年男性,在头骨顶部横置一件锥形器[5],前述马桥 M2 出锥形器的人骨,经鉴定为女性,50～60 岁。花厅 M18,为成年男女与二婴幼儿合葬,女性头前有锥形器 7 件,头骨左侧另有一件,男性右肩旁 2 件。花厅 M19 为 8～10 岁少年,右肩旁有一件锥形器[6]。

3. 锥形器在墓内的部位。一墓出土数量多的,散见于人骨架的周围。除上列数例以外,在福泉山 M9,虽然胸部以上已遭破坏,但胸部以下仍见 4 件锥形器,一在胸部右侧穿在一件玉臂饰内,两件在下肢骨旁,其一叠压在石钺上,另一在玉璧上,足旁又见一件,亦在石钺上[7]。福泉山 M40 出土 3 件,一在胸部右侧,一在腰部左侧,另一在足后与陶器在一起。福泉山 M60 为双人合葬墓,出 8 件,均在出玉璜、玉纺轮的东部一棺内,其中 7 件在下肢骨旁,一件在腰部左侧[8]。反山 M20 出 4 件,均在人骨右侧的肩、胸、腰及下肢骨的旁侧[9],瑶山 M7 出 4 件,其中三件在胸部右侧,一件在腰部左侧[10]。大致在头前与胸部以上的,尖端朝上,而腰部以下的往往尖端朝下。

4. 良渚墓葬的人骨大多保存极差,甚至除牙齿以外难辨痕迹,但上海金山区亭林遗址1988年和1990年清理的良渚文化墓葬23座，各墓人骨保存均良好，因此锥形器的出土部位清晰，其中有两例将锥形器握于手中，如M4出土3件，其一位于颈部，另两件分别在左右手的指骨上，尤其是左手的一件，可以清楚地看出握于手中，尖端朝下[11]（图31-9）。以此分析，许多人骨朽蚀已经难辨痕迹的墓葬，在腰部下肢骨部位发现的锥形器，有的可能亦位于手中。

5. 有的锥形器与珠管等在一起，如福泉山M101，于头部上方有黑陶祭器3件：一件是鸟形盉，两件为带彩绘的高柄盖罐，在人骨的右侧则有一堆排列得颇有规律的4件锥形器、4件小环、2件玉管与32颗玉珠，还有1件象征神像的冠形器和彩绘的痕迹，可能这一堆珠管环是一串挂在神像上的项饰（图见29-6），而4件锥形器亦穿插其中。类似现象亦见于福泉山M74，在胸部的右侧有一堆可以串连的47颗珠、2件管与6件锥形器（见图5-15）。可见锥形器有时是挂在神像上的。

6. 在锥形器的小柄上，有的有玉套管，出土时尚套在小柄上的至少已见4例；花厅墓葬的3例均为方柱形锥形器，其中M18:1的一件，位于女性头骨上方，与人骨成垂直方向，尖端朝上，器长35.5、套管长6.9厘米，M18:10与M20:10两件均位于男性的胸或肩部右侧，同样尖端朝上。福泉山M101:69的一件为圆柱形锥形器（图31-10），位于人骨的腰部右侧。套管前端大，后部小，前后贯通，套在锥形器上仍然可以穿线。其实锥形器小柄上有套管的应该很多，只是由于当时实行先厝后葬的习俗，葬具搬动时其内器物有所移位，因此使不少套管与原器分离难以认别罢了，如福泉山的M9(墓残)出土锥形器4件，另有套管5件，其中多件同样应该是成套的。

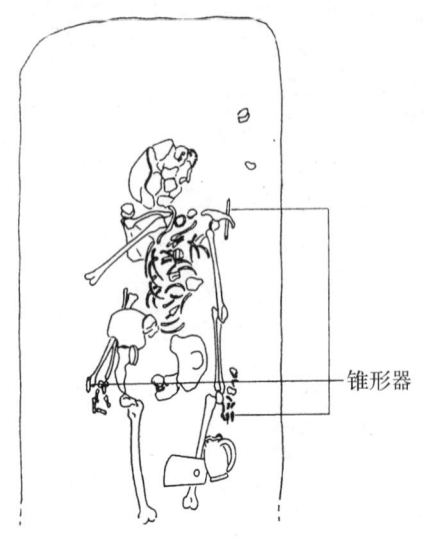

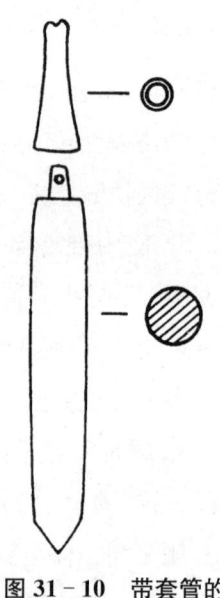

图31-9 亭林M4锥形器的位置

图31-10 带套管的锥形器
福泉山M101:69

7. 锥形器按造型、纹饰与器面痕迹分析：凡是雕琢了琮形神像的，表示神冠的两条横棱，必在尖锥一端，而作为兽脸的蛋圆形眼、桥形额与横鼻则在小柄一端，如福泉山M9:28的纹饰（图31-11）。因此锥形器的尖端朝上、小柄在下，才是正摆。再细观小柄部位的器表，往往遗留粗糙琢磨痕迹的与其他部位平整光洁经过抛光的显著

·良渚文化玉砭·

不同,显然在制作成形后不再进一步加工。按照良渚的石斧与玉钺,这类装于柄上的器物,顶部嵌入柄内的不显露部分,都粗糙而未经精细加工,因此锥形器的小柄同样应属不显露部分,尤其是小柄上有的有孔,有的无孔。如福泉山 M9∶7 和花厅 M18∶3 柄上都无孔,不能穿线悬挂。据此小柄或者是锥形器的插榫,日常插于某种器物上。有的有穿孔,也可以插入套管内,穿线连同套管悬挂于偶像颈上。也许由于挂在偶像上相对稳定,线与小孔并不经常摆动摩擦,所以在孔眼上并无明显的摩擦痕迹。至于锥形器的器表,高度光洁找不出使用痕迹,它的主要功用虽在尖端,而无论尖锥的或钝尖的顶点都不见缺损,并且光洁度一如器身,这只有锥刺于柔软的物体上,甚至接触类似抛光玉器用的器具,才能保持这样无损和高度的光洁。

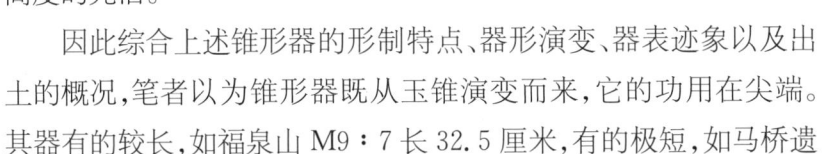

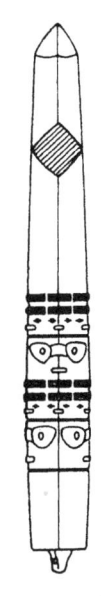

图 31-11 据锥形器上的纹饰,应尖端朝上
福泉山 M9∶28

因此综合上述锥形器的形制特点、器形演变、器表迹象以及出土的概况,笔者以为锥形器既从玉锥演变而来,它的功用在尖端。其器有的较长,如福泉山 M9∶7 长 32.5 厘米,有的极短,如马桥遗址的 M2∶2 长仅 4.2 厘米,如作为矢镞很多过长,作为插发的发笄有的则太短,而且尖端大部为钝尖,不适宜穿插。特别是据亭林良渚墓地,人骨有手握锥形器的现象分析,它该是一种用于锥压人体穴道的治病医疗工具,与我国传统医术针灸工具石砭相似,所以可称其为玉砭。古人在长期生活体验中了解到,锥压身体的某些部位可以止痛治病。但由于在原始时期,对这种医术只知其然而不知其所以然,于是将这种治病作用归功于神灵,由此玉砭被逐渐神化,成为驱邪祛病之物,甚至可以护身,所以玉砭为老少贵贱贫富所普遍使用。日常悬挂或插在某种器物上供于神前,死亡之后则置于人体周围,用以驱邪卫身。于是在墓内人体周围都发现了锥形器。

锥形器是玉砭还可以与古代的医史记载相印证。成书于战国时代的《黄帝内经》,记载了在原始时代的"东方之域……其病皆为痈疡,其治宜砭石",公元 2 世纪的许慎在《说文解字》中说:"砭,以石刺病也",也就是说早在远古时代,古人已经使用一种尖锐的石器,刺压人体的穴道进行治病,并且其地点是在东方。如今大量出土锥形器的地点均在我国东部沿海地区,年代最早与数量最多的则是良渚文化的分布区——长江下流太湖流域和浙北一带,其次在苏北与鲁南的大汶口文化中也发现不少,再远至岭南的石峡文化中同样见锥形器。而在如此盛行用石砭治病的地区,却未见其他石针出土,再说玉为石之美者,考证玉锥形器即为玉砭当不是一种巧合。

注释

[1] 南京博物院：《江苏吴县张陵山遗址发掘简报》，《文物资料丛刊》(6)，文物出版社，1982年。
[2] 黄宣佩：《论良渚文化的分期》，《上海博物馆集刊》(6)，上海古籍出版社，1992年。
[3] 上海市文物保管委员会：《上海马桥遗址第一、二次发掘》，《考古学报》1978年第1期。
[4] 上海市文物保管委员会：《上海青浦县金山坟遗址试掘》，《考古》1989年第7期。
[5] 黄宣佩：《福泉山遗址发现的文明迹象》，《考古》1993年第2期。
[6] 南京博物院：《1987年江苏新沂花厅遗址的发掘》，《文物》1990年第2期。
[7] 上海市文物保管委员会：《上海福泉山良渚文化墓葬》，《文物》1984年第2期。
[8] 黄宣佩、张明华：《上海青浦福泉山遗址》，《东南文化》1987年第1期。
[9] 浙江省文物考古研究所：《浙江余杭反山良渚墓地发掘简报》，《文物》1988年第1期。
[10] 浙江省文物考古研究所：《余杭瑶山良渚文化祭坛遗址发掘简报》，《文物》1988年第1期。
[11] 上海金山区亭林遗址，上海市文管会在1988年5月和1990年3月对其进行第二次发掘，清理良渚文化墓葬23座。

(本文原载于《中华文物学会》2001年刊)

良渚文化玉器变白之研究

我国著名的新石器时代良渚文化玉器,有"鸡骨白、玻璃光"之称。这是因为所见良渚玉器大部色泽泛白,并闪现玻璃般光泽。就以上海福泉山出土的良渚玉器为例,总数789件(粒),变白的计520件(粒),占总数的65.9%。可见变白的比例之大,确实成为特色(见附表)。

大部分良渚玉器属于青玉,变白是一种次生的现象。按玉石质料的不同,有的已经整体内外皆白,如福泉山 M9：7,叶蛇纹石制的锥形器,外表变成象牙一般的黄白色,内心从断裂处观察,呈现洁白色。而有的仅是器表薄薄的一层变白,内心仍保持玉料的本色。如福泉山 M65：50,透闪石制的玉琮,外表虽然变为乳白色,但在灯光透照下,内心仍保持青绿色。一些质料不纯的玉器,虽然基本已经变白,但夹杂其中的一些硬质颗粒仍旧保持本色。大致玉石硬度低的变白较深,反之则较浅,甚至保持不变。在器类方面,矮琮、锥形器、珠、管、坠泛白的比例最大,斧、钺占半数,长琮、璧、镯、璜、玲等大部分未变。

良渚玉器的变白原因,大多以为是入土受沁,即所谓入土深埋年久,受地热或地下某些物质的侵蚀,因此使玉色发生变化。现按玉器年代早晚与玉色变化情况作一分析：良渚文化的前身是崧泽文化,两者均分布于太湖流域,地理环境相同,甚至在有些单一文化堆积的遗址,两者埋藏的深度亦相近,有的遗址则是上层属良渚文化,下层即为崧泽文化,上下叠压。崧泽文化的年代经测定为距今5 900～5 100年,与良渚文化的距今5 100～4 200年相比,约早1 000年,崧泽与良渚玉器使用的玉料,同为透闪石或叶蛇纹石。但出土的崧泽玉器,年代虽早却基本保持原色,大部分未变白。如上海崧泽遗址中的崧泽文化墓葬,埋藏深度为离地表仅0.3～1.7米,出土玉器镯、璜、环、璧、玲等24件,除了一件属崧泽晚期的叶蛇纹石半环形璜变白外,均未变色[1]。福泉山的崧泽文化墓葬,被压于良渚文化墓葬之下,出土玉器璜、璧、玲、坠、管等9件,同样除了1件晚期的叶蛇纹石玲变白外,其他亦未变色[2]。再看该遗址叠压在崧泽文化之上的良渚文化墓葬出土玉器,这些玉器按墓葬的叠压关系和地层的不同,早晚可分五期。五期情况是:一期玉器39件,变白的仅3件,占7.7%;二期30件,变白的3件,占10%;三期74件,变白的4件,占5.4%;四期326件,变白的290件,占89%;五期319件,扣除绿松石镶嵌片等67件,在252件中变色的有220件,占87.3%,详见附表[3]。其他如江苏吴县张陵山上层良渚文化早期墓葬出土的玉器,同样大部分未变色[4]。而同一地区的草鞋山良渚文化晚期墓葬出土玉器则大部分变白[5]。这种变白,是否与埋藏深度有关呢?现知上列诸例,墓位均在高土墩上,深度均未达到地下水位。而且如福泉山四期的M136和M60均为深坑墓,前者离地表深达3米,后者深为3.9米,其深度与一至三期的2.2～3.5米相比,相当或超过,但出土的玉器,一至三期大部分未变色,而此二墓的却大部分变白。可见良渚玉器的变白,是年代越早变白越少,年代越晚变色越多。玉器的变白,应该与入土埋藏的深浅及时间并无关系。

另一些具有说服力的事例是:江西新干大洋洲商代大墓出土的4件玉戈均被有意折断成数块,并错位摞叠成方形放在棺底中部。其中标665的那件,通长46.5厘米,和田玉,入土前已经折断成7块,各块玉色不一,前端一块呈棕褐色,往后数块,各为不同程度的黄白色,而且各块色泽的变化均以折断处为界。另一件标664,通长41厘米,和田玉,也被折断成5块,各块玉色从黄褐到黄白,色泽也不同,同样以折断处为界(图32-1)。这两件玉戈共12块,据出土照片所见,处于面上的数块轻微变色,但中间一块严重变白,处于底下的数块也不同程度地变白[6]。再如山东日照两城镇的一件龙山文化兽面纹玉锛(图32-2),通长17.8厘米,在近五分之二处折断为二,上段保持青绿色,下段突变为黄白色[7]。这些玉器属于同一块玉料,同一年代,又入土埋在同一地点,处于相同的地理环境,然而每一断块以块为单位却有变色与不变色的区别,有的尚有细裂纹,显然这种变色是发生于折断之后入土之前,而非入土受沁所致。

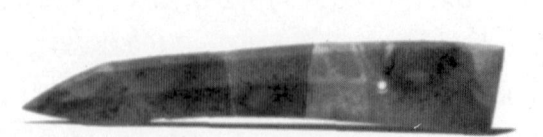

图32-1 玉戈(标664)
江西新干大洋洲商代大墓出土

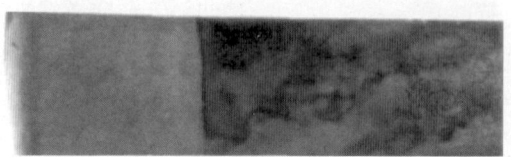

图32-2 龙山文化玉锛
山东日照两城镇出土

再说良渚玉器的变白,是否与地下某种矿物的沁入有关呢?据中国地质矿物研究所研究员闻广的检测,以良渚玉器的泛白面与内在未变色的玉质作比较,其矿物成分未变,仅结构变松,透明度变差,犹如冰之与雪一样,并无其他物质的沁入[8]。在上海博物馆文物保护与考古科学实验室,所作的测定亦获得相同的结论。所以,可以排除所谓遭遇其他物质而发生化学变化的推测。如果玉器的变白是受地下酸性或碱性物质的侵蚀所致,则首当其冲的该是玉器的表层——玻璃光面,会失去光泽。今观出土玉器的玻璃光面均保持良好,显然并非受沁所致。

良渚玉器的变白,据观察应该与受热有关。在出土已经变白的玉器中,有一些有龟裂的现象,如福泉山M109:8玉璧,透闪石已变为乳白色,器面有龟裂纹,似经火烧(图32-3)。M40:91玉琮,叶蛇纹石,乳白色,射面与琮面均有龟裂纹(图32-4)。M101:39玉冠形器,透闪石,乳白色,也有龟裂纹(图32-5)。而一些出土时未变白的良渚玉器,若遇热仍会变白,如福泉山M9:26,琮形玉管,叶蛇纹石,出土时呈黄白色,在某次陈列时,其中一面受热光数星期的照射,渐变为乳白

图32-3 玉璧(福M109:8)
上海福泉山良渚文化墓葬出土

色,受热温度仅40℃左右。反山M12:100,神像鸟纹玉钺,青玉,玉质优良,具有透光性。据说出土暴露时仍保持青绿色,但在清理绘图记录过程中受夏季阳光的照射,朝上的一面渐变为青白色,而面上有被一件器物叠压遮光的一角,还保持原色。夏日阳光下的温度约40~50℃,受到这样温度的照射仍会变色。所以出土玉器的收藏,要

图32-4 玉琮(福M40:91)
上海福泉山良渚文化墓葬出土

图32-5 玉冠形器(福M101:39)
上海福泉山良渚文化墓葬出土

避免长时间热光的照射。至于用现代开采的透闪石作变白的实验,据说加温至600℃,玉色变黑,加温至900℃,玉色则泛白。再看寺墩 M3 火敛葬墓的情况,人骨变白龟裂,有的玉器呈乳白色,而长琮和玉璧这些深褐色、玉质斑杂的玉器大部分呈灰黑色[9]。这些现象说明,即使同属透闪石,由于种类质料的不同,玉器变白所需的温度还有所差别。

良渚玉器的受热变白,与良渚人崇拜火神有关。对天地与祖神使用燎祭是我国古人的一种习俗。特别在我国的太湖地区,早在崧泽文化时期已经出现燎祭,而在良渚文化贵族高台墓地上,几乎都能找到燎祭的遗迹。如在福泉山,位于山的中心地带,两组上下叠压的墓群之上,就有一座完整的燎祭祭坛。祭坛由北向南,由下往上有三级台面,周围散乱地堆置了许多形状不规则的红烧土块,并在最上一级有一件祭器大口缸(图 32-6)。这是对福泉山上良渚贵族先祖进行燎祭的总祭坛。在祭坛之北数米处,还有一长条红烧土堆。坛上与坛下堆叠的土块都被大火烧得内外通红。在祭坛之外,有的墓上或墓的南端,另有属于该墓的小型燎祭坑。如在 M136 的墓坑上方,有一堆红烧土燎祭遗迹。在 M109 的墓坑南端,则有一个长 0.58、宽 0.97、深约 0.2 米的小土坑,在坑中曾堆土块进行火烧燎祭,因此小坑内既有一层厚厚的灰烬,坑内土块亦被烧红[10]。这类高台墓地上的燎祭遗迹,除福泉山之外,在余杭的反山和吴县的张陵山上都有所发现。除了燎祭,使用火敛葬的事例也发现多处,在福泉山有 M136,墓坑的坑壁被火烧红,墓底人骨变白龟裂,坑内东南角也有数块内外通红的土块,陪葬的玉器 2 管 1 珠 1 镯,均呈乳白色。在武进则有寺墩 M3,已如上述。在青浦的金山坟 M1,墓内也曾被火焚烧[11]。尤其是良渚最大的台城形遗址——余杭的

图 32-6 上海福泉山良渚文化燎祭祭坛

莫角山上，同样发现了大面积的红烧土块堆积，范围达250平方米左右，堆积最厚处将近1米，似为古人进行了多次大型燎祭的祭坛。莫角山东西长670、南北宽450、高约10米，可能是良渚都城的所在地。如此，则燎祭不仅在墓地，而且在城内也同样举行，可见这是良渚古人非常盛行的信仰习俗。再说良渚玉器大部分具有原始宗教因素，如玉琮即是一种原始神的载体，属于宗教用具。其他如钺、锥形器、管、坠、镯、半圆形器、山字形器等，也往往刻有神像纹。所以玉器的变白还与良渚古人的信仰有关，类似于商代持玉进行燎祭，在祭祀中受热造成玉器变白。其后因为白是光芒的象征，崇尚白色是对火神、太阳神的崇拜。因此在制玉成器以后，就有意将之烘烤成白色。尤其是良渚玉器的质料，多数不纯，玉色不一，使之变白也能显示统一与洁净。因此除长琮与玉璧等一些不容易变色的玉料外，未变色的良渚玉器往往都属于用料晶莹，很少瑕疵，透明度较好，也就是并不需要将之变白的玉器。但这些未变色的玉器在出土以后，因为各种因素受热，似乎也在微微泛白。至于另一说，以为良渚玉器的纹饰精致绝伦，在石器时代不容易雕琢，而玉料在白化以后，质地就会变松，所以火烧使玉变白，是为了便于雕琢纹饰。今据测定，良渚玉的硬度仅为5、6度，而自然界矿石中玛瑙、燧石等硬度可达7度，古籍记载"他山之石，可以攻玉"，说明古代雕琢玉器是用硬度高于良渚玉的石工具，并不依赖火烧使之降低硬度。再者，在出土良渚玉器中，也常见玉色未变，而纹饰雕琢精美的，所以烧白并非雕琢花纹之需要。现代仿制古玉的方法，也是先雕琢成器，再使之变白。

附表 福泉山玉器变白统计表

第一期 第二期

名 称	透闪石		叶蛇纹石		玛瑙		透闪石		叶蛇纹石		玛瑙	
	未变	变白	未变	变白	未变	变白	未变	变白	未变	变白	未变	变白
锥形器	1						1					
镯	6						2	1				
环	1											
璜	1											
珠	3	2					18					
管	9	1			2		2	1				
立鸟												
琀					1		1					
钻心	1											

续　表

名　称	透闪石		叶蛇纹石		玛瑙		透闪石		叶蛇纹石		玛瑙	
	未变	变白	未变	变白	未变	变白	未变	变白	未变	变白	未变	变白
小饰件	8											
镶嵌玉	2											
坠							2	1				
竽							1					
残器	1											
合计	33	3			3		27	3				
	36				3		30					
	共39件,变白3件,占7.7%						共30件,变白3件,占10%					

(续) 附表　福泉山良渚玉器变白统计表

第三期　　　　　　　　　　　　　　　　第四期

名　称	透闪石		叶蛇纹石		玛瑙		透闪石		叶蛇纹石			
	未变	变白	未变	变白	未变	变白	未变	变白	未变	变白		
斧、钺	2						2	4	1			
冒、镦								4				
琮							1	3				
璧	2	1					5					
锥形器	7	3					5	17	5			
套管							4	1				
镯	5		2				3	1				
环							3					
坠	1						1	2				
冠形器							2					
珠	38				1			223	3			
管	9		2				5	17	4			
纺轮								2				
半圆形器									1			
其他	1						5	1	1			
	65	4	4				36	271	19			
合计	69		4		1		307		19			
	共74件,变白4件,占5.4%						共326件,变白290件,占89%					

第五期

名　称	透闪石		叶蛇纹石		滑石		辉石		玛瑙		绿松石	
	未变	变白	未变	变白	未变	变白	未变	变白	未变	变白	未变	变白
斧、钺	1	2			3							
琮				3	2							
璧	7											
锥形器	3	13		1				2				
套管		6										
镯	4			1								
环	4											
坠		4		1								
冠形器		1										
珠	4	153									5	
管		20										
鸟首				1								
柱形器				1								
柄端饰		1										
镶嵌小片	4	4		6							62	
合计	27	204		14	5			2			67	
	231		14		5		2				67	
	共 319 件,变白 220 件,占 69％											

注释

[1] 上海市文物保管委员会:《崧泽——新石器时代遗址发掘报告》,文物出版社,1987 年。
[2] 上海市文物管理委员会:《青浦福泉山遗址崧泽文化遗存》,《考古学报》1990 年第 3 期。
[3] 上海市文物管理委员会:《福泉山——新石器时代遗址发掘报告》,文物出版社,2000 年。
[4] 南京博物院:《江苏吴县张陵山遗址发掘简报》,《文物资料丛刊》(6),文物出版社,1983 年。
[5] 南京博物院:《江苏吴县草鞋山遗址》,《文物资料丛刊》(3),文物出版社,1980 年。
[6] 江西省文物考古研究所、江西省博物馆、新干县博物馆:《新干商代大墓》,文物出版社,1997 年。
[7]《中国玉器全集》编辑委员会:《中国玉器全集·原始社会》,河北美术出版社,1992 年。
[8] 闻广、荆志淳:《福泉山与崧泽玉器地质考古学研究——中国古玉地质考古学研究之二》,《考

古》1993年第7期,第627页。
[9] 南京博物院:《1982年江苏武进寺墩遗址的发掘》,《考古》1984年第2期,第109页。
[10] 黄宣佩:《福泉山遗址发现的文明迹象》,《考古》1993年第2期,第144页。
[11] 上海市文物保管委员会:《上海青浦县金山坟遗址试掘》,《考古》1989年第7期,第577页。

[本文原载于《上海博物馆集刊》(10),上海书画出版社,2005年]

良渚玉器上砣研痕之研究

砣在本文为旋转琢玉工具的泛称。为了琢玉而发明了砣，使玉雕彻底与石器的制作工艺分离，从而成为一项独立的门类，而我国琢玉最早使用的砣具被认为是在商代[1]，那一时期的玉器造型有了圆雕，器上纹饰出现各种浮雕，并有巧作，制玉已经具备一系列工序。但年代早于夏商，甚至早于龙山的良渚文化琢玉是否使用了砣具，则至今颇多争论。所以关于良渚琢玉是否用砣的讨论，涉及我国玉雕工艺史上用砣年代的定位问题，也是从工艺角度鉴别传世良渚玉的真伪必须解决的问题。

作者经过对出土良渚玉器的整理与研究，并访问了富有琢玉经验的技师，认为良渚文化玉器的制作已经使用了砣具。本文对这一问题进行一些探讨。

一

新石器时代晚期的良渚文化，玉雕工艺已处于蓬勃发展时期，与它的前身崧泽文化相比，玉器的制造已经从片状和小件的璜、环、镯、坠、玲，发展到大件的方圆体的琮、璧、锥形器、三叉形器，半圆形器和鱼、龟、鸟等多种器物，甚至出现了嵌装于象牙梳上的玉梳背和在漆木器上作镶嵌的各种小玉件。在纹饰的雕琢上，也具备了镂孔透雕、减地浮雕以及细刻阴纹等技艺，个别还有了阳纹的雕琢，如良渚的玉琮，已经不是简单的方柱体，而是作弧面方角形，中心钻大孔，器表在弧凸面上用减地法凸出的神像的长冠、蛋圆形的眼睑、桥形的横额和长方条的口鼻，然后再在这些凸块上或在近旁用管钻旋出眼珠，用锐器刻出鼻翼、阔嘴、獠牙，甚至手臂与腿足。在一件圆柱形的锥形器上，还出现了以三圈阳纹表示的眼目，技艺已经相当高超，可以说从剖料、修整成器、钻孔、琢刻纹饰，以至最后作整体抛光，已经具有各项工序。根据良渚玉器造型的规整，纹饰图样的统一，甚至有的可见雕琢前构图的刻痕，如浙江余杭吴家埠出土的一件玉琮半成品上，在一端的圆孔内侧，遗留了一段三分之一圆弧的阴刻钻孔定位样线，在射部的外缘也刻有一圈射边定位样线，至于琮的方角弧面造型，同样也刻划了样线（图 33-1）[2]；再如浙江桐乡新地里出土的一件长方形双孔石刀，在双孔的左右上下也划有孔位样线，可以说良渚玉器在制作前都经过一番设计。所以对这些玉器，研究者无不认为是一种专业作坊的产品，其工艺水平与夏商时代的玉雕已经相当接近。因此在雕琢的工具上如使用了旋转的砣，并非不可能。

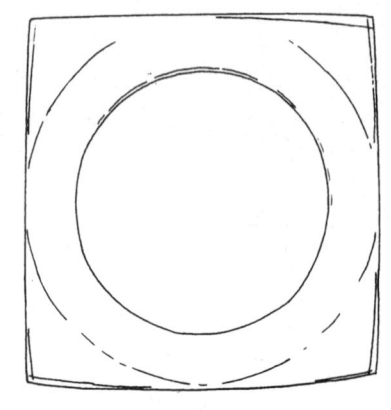

图 33-1 余杭吴家埠出土玉琮半成品两端的阴刻器形定位样线

二

砣是一种通过旋转运动进行工作的器具。以旋转工具来说，我国远在崧泽文化的前期已经出现，如崧泽文化石斧、玉环上的圆孔，高度光滑圆整，是用一种以绳缠钻捍，往来拉动旋转的拉钻钻制形成的，说明已经有了旋转的工具。到了崧泽文化的中晚期，制陶方法在使用泥条盘筑再以慢轮修整的基础上，又发明了用快速旋转的陶轮拉坯成形的轮制方法，有了另一种以旋转运动做功的工具。到了良渚文化时期，对于旋转工具的使用，已经经历了数百甚至近千年。古人如把拉钻的使用从垂直的改成横向的，将钻捍搁置在横架上，使钻头的功能不是以钻对物，而是以物迎向旋转的钻头进行研磨，这就出现了原始的砣具。如果再将钻头按照磨割的不同需要，分别制成轮形、尖锥形、管形、圆柱形或半球形，更在钻捍的尾端安装一个助动的大木轮，就拼成了比较完整的砣具。由此分析，良渚文化之有砣具，应该具备技术基础，也有操作上的可能。

三

研究良渚制玉是否有了砣具，直接取证应该是找到琢玉作坊并了解有无用砣的迹象。目前通过考古调查与发掘，现知在江苏句容的丁沙地与浙江余杭的塘山两地，经过发掘与采集都获得了大批良渚的经过剖割的玉料，和可用于钻孔或刻划的细石器,以及管钻遗留的钻心,显露了有玉作坊的迹象。以塘山为例,据浙江省文物考古研究所王明达研究员介绍,出土玉料计90余件,玉料上发现的剖割痕以直条的为主,约占90%,弧线状的仅占10%,如果前者为锯切割,而后者属于线切割,则剖料的方法以锯切割为主。另有多件细石器、小磨石与管钻的钻心。细石器用黑色石英石打制,呈不规则的三角形,角峰尖锐,硬度极高,在玻璃上轻划,即可显现划纹,但器长仅1.5~2厘米。磨石均小巧,长仅6~10厘米,宽约3~5厘米,细砂岩,器面有研磨的痕迹,这种小件磨石该是拿在手上使用,分析是制玉成形之后,作研磨器面使之平整光滑之用。上述两地令人遗憾的是既未见砣具,也未见其他雕琢玉器的工具,尚待进一步发掘揭开全貌。

四

另一种研究制玉工具的途径,则是分析玉器上遗留的雕琢痕迹。玉是一种坚硬的物质,不同于竹木可以用刀具任意削割,在原始条件下除了浅细的刻纹可用硬度高于玉料的细石器刻划之外,只有通过以硬砂作介质的研磨进行雕琢,也就是使用线切割、锯切割和砣旋三种制作方法。这三种技术由于工具和操作的方法不同,遗留的痕迹就有一定的区别:线切割是通过线状物带动砂粒作研磨运动,由于线的柔性和上下牵动的两手,不可能用力均衡,以及玉料中往往有硬质颗粒,所以研磨前进的线路必然出现一定的高低曲折,并且呈现一条条抛物线状而非等径的弧线,例如崧泽文化玉璜崧 M91:3,面上所见的线割痕,条条弧线粗糙高低不平,并呈向心的方向。线切割在良渚玉器制作上,主要用于镂孔工艺,即在需要镂孔的部位,先进行钻孔,再将割线穿过钻孔进行镂割。如在瑶山 M5:8 玉玦缺口上遗留的线割痕(图33-2)。锯切割是用片状物作前后直线的锯磨,因此割痕为一条条大体平行的直线,由于拉锯的两手同样会用力不均产生某种摆动,在剖割的壁面上摩擦的线条就会出现部分交叉,锯割产生的凹槽槽口略显喇叭形,槽底较平直,横剖面作"U"字形。锯切割的使用范围较大,除解剖玉料以外,如制作斧或钺时,需将顶部多余部分割去,就是先在拟切割的两面各锯割一条凹槽,然后再作折断,这类斧钺顶部的锯割凹槽在有的斧

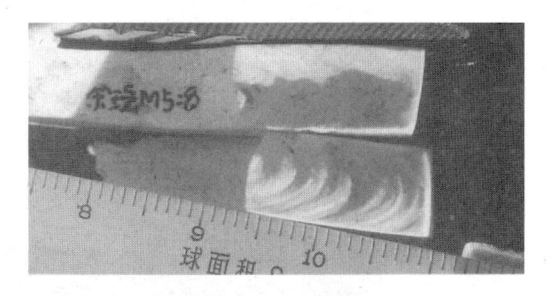

图33-2 良渚文化玉玦(瑶山 M5:8)玦缺口上的线割痕

钺上还可以找到,如福 M109∶15 玉钺上所见(图 33-3、4)。砣是一种通过旋转运动进行琢磨的工具,其运作方法与前两种不同,是将玉料迎向旋转的砣具进行研磨。砣有钻砣、割砣和磨砣等多种,如用扁轮形的砣具,其研痕是层层推进的等径弧线,可用现代的砣割玉料上遗留的痕迹作比较(图 33-5),其特点是旋痕在一个平面上匀称而细密。如用圆柱状的砣具,以柱面进行研磨,则所见是平行的条条直线,或平行的弧曲线;再如以半球体的砣具作研磨,遗留的是一个个浅浅的凹窝。砣可以应用于制玉的各道工序。除了上列三种研玉的主要方法之外,其他尚有用砂石推磨以及用尖锥器刻划纹饰等几种方法。用砂石推磨玉器,在器面上可见平面研磨痕,也会留下砂粒摩擦的线条,但这种砂粒线,因为制玉成器后还有一道抛光工序,一般都已消失,难以

图 33-3　良渚文化玉钺(福泉山 M109∶15) 　　图 33-4　玉钺顶部的锯切痕放大

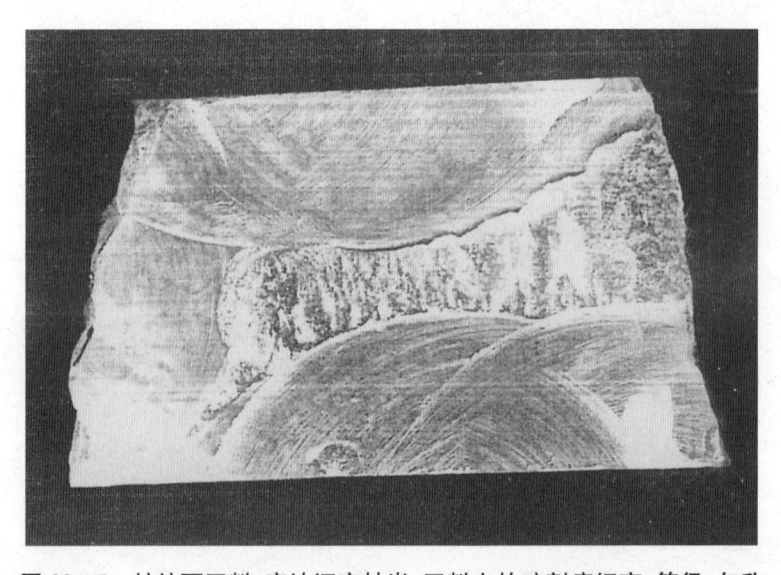

图 33-5　蛇纹石玉料,产地辽宁岫岩,玉料上的砣割痕细密,等径、匀称

辨认。至于如用拉钻钻孔，由于拉钻时手臂的摆动，孔口往往呈喇叭形，孔壁上遗留的一圈圈旋痕，也常见错乱，与管形砣钻的钻孔，敞口而孔壁斜直，旋纹规整不乱相比也有所区别。用尖锥器刻划的阴线在刻道的边缘可见细小的崩裂痕，并且阴线不流畅。如福 M9：21 玉琮上的细刻鸟纹（图 33 - 6）。

图 33 - 6　良渚文化玉琮上的纹饰（福泉山 M9：21）琮上的细刻鸟纹，阴线不流畅，并见细小崩裂痕

　　了解了上述各种制玉工艺痕迹的特点，就可以对玉器上遗留的琢痕进行解读。良渚玉器上经常见到的制作痕，有刀削形的、弧曲的、圈形的，甚至是凹点的等种。

1. 刀削状凹槽

　　例 1. 福 M9：4，方柱形锥形器，器长 17、中段一面宽 1.05、另一面宽 0.9 厘米，每一面都略为弧凸，在其中一面见一条宽直槽，中间宽深，两端尖浅，呈梭形，槽长 5.9、最宽处 0.6、深 0.1 厘米，一壁斜削，另一壁浅斜，横剖面呈 ∨ 形，槽底则微凹（图 33 - 7、8）。细观此槽，既为两壁不等斜度的交接，又未见片状物锯磨的凹槽，不像是剖料时错位的锯割痕，与磨石的研磨痕也有区别，可能是使用圆柱形的砣具斜向研磨的凹槽，其目的可能是磨去器上的瑕疵。

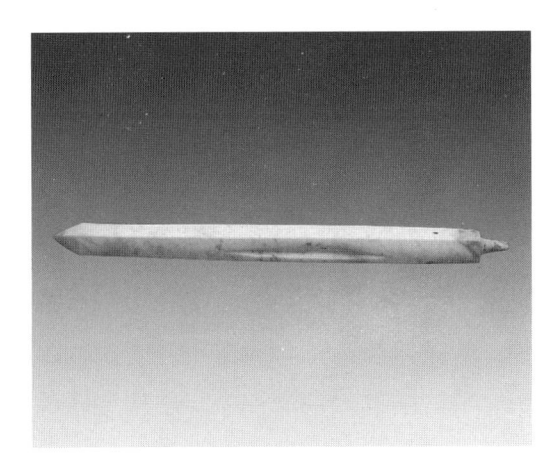

图 33 - 7　良渚文化玉锥形器（福泉山 M9：4）器上的一条直槽

图 33 - 8　器上直槽放大

　　例 2. 福 M65：47，玉璧，直径 16.5、边厚 0.7 厘米，在一面的边缘有一块减地的

台阶,长 2.8、宽 0.5、减地约 0.3 厘米,台阶的壁和面并不平直,壁面斜削,平面与壁面相交处有一条凹槽,槽根凹入 0.08 厘米(图 33-9～12)。台阶的形成是先在壁面作直割,再对壁边作多次层层横剖,在横剖时因错位还留下一条凹痕。可能属于砣割工艺。

图 33-9　良渚文化玉璧(福泉山 M65：47)

图 33-10　玉璧边缘的一块减地台阶

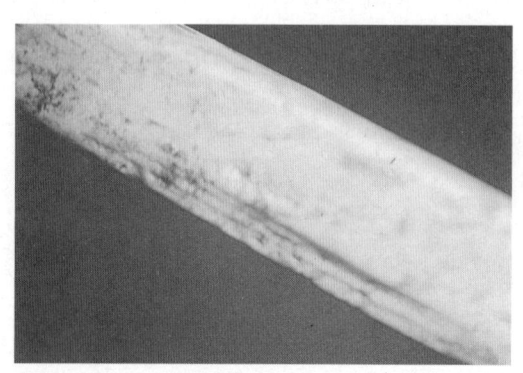

图 33-11　玉璧边缘上的减地台阶侧视

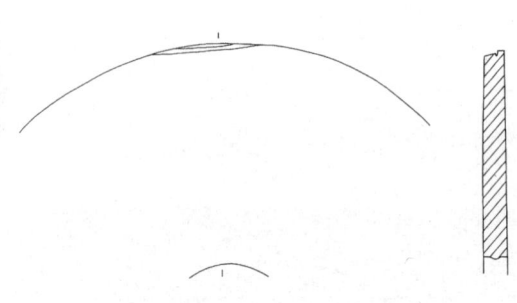

图 33-12　福泉山玉璧(M65：47)边缘上一块减地台阶的平剖面图

例3. 福 M60：14,玉璧,直径 14.6 厘米,厚 0.7～0.9 厘米,在璧的边缘见一条割剖的凹槽,槽长 5.3、深 0.4、口宽 0.25 厘米,槽壁外侧垂直,上部已断缺,内侧斜直,横剖面呈 V 形(图 33-13、14),槽底中部略为隆起,凹槽的壁面未见弧线或直线研磨痕,似与例3同为砣制作痕。

2. 弧形槽线

例4. 福 M103：1,玉璧,直径 17.5、厚 0.8～1 厘米(图 33-15),在璧的一面边侧

·良渚玉器上砣研痕之研究·

图 33-13　良渚文化玉璧(福泉山 60∶14)玉璧边缘上的一条剖割凹槽

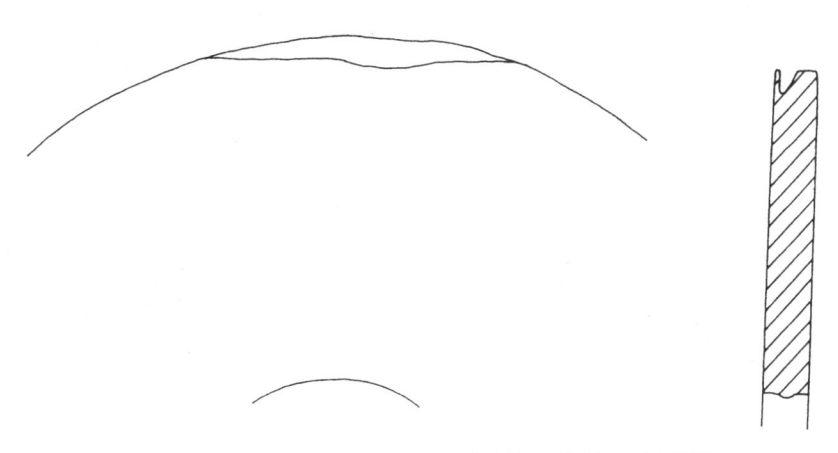

图 33-14　福泉山(60∶14)玉璧边缘凹槽的平、剖面图

见两处制作痕,其一有三条平行凹槽,槽形略为弧曲,上条长2.7、槽口宽0.8厘米、深0.15厘米,第二条长2.7、槽口宽0.5、深0.15厘米,第三条长1.3、槽口宽0.2、深0.14厘米,三条凹槽内各有多道旋割的凹痕(图 33-16、17)。此三槽,槽形弧曲可排除锯切割痕,而弧度规整,特别是槽口另有几道割痕,也不像线切割的痕迹。其二在上列凹槽的右侧,相距10厘米处,见两条凹槽,但槽形与前者不同,一条呈半月形,长3.3、宽1.1、深0.2厘米,另一条作长条形,微弧,长3.4、宽0.2、深约0.1厘米,此两槽内见细小的旋线痕(图 33-18)。又在璧的另一面边侧,同样有两条不规整的直条凹槽,上条长3.2、宽0.5、深0.15厘米,下条长3.8、宽0.6、深0.12厘米,在每条槽内见细小的磨痕(图 33-19),此两槽边线均不规整,不像线切割痕,也不像锯切割痕,尤其是槽底另有旋磨痕,与另一面的两处制作痕一样,显然是砣作的痕迹。

图 33-15　良渚文化玉璧(福泉山 M103∶1)

图 33-16　福泉山玉璧(M103∶1)一面的二处凹槽平面图

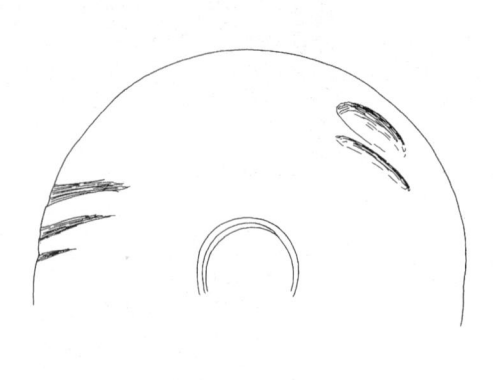

图 33-17　玉璧一面左侧凹槽

图 33-18　玉璧另一面右侧凹槽

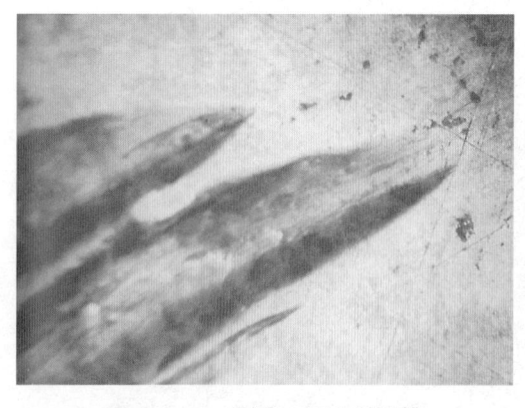

图 33-19　玉璧一面右侧凹槽

图 33-20　良渚文化管钻玉钻心(福泉山 M139∶39)器面上的旋痕规整,等径、较细

例 5. 福 M139：39，扁轮形玉钻心，径 4.5 厘米，厚 0.4~0.5 厘米，此器未作抛光，两面都见琢磨的弧曲凹槽，其中一面有三组凹槽：一组为两条弧线，长 1.3、合宽 0.2、深约 0.05 厘米；二组是一条棱形槽，长 1.1、宽 0.2、深约 0.05 厘米，三组槽长 2.8、宽 1.3、深约 0.06 厘米，槽内见弧线 9 条(图 33-20)。三组凹槽均在同一平面，但呈不同槽形，而第三组内的 9 条弧线又作浅细规整等径状，与粗率不等径的线割痕不同，显然是一种砣切割的痕迹。

例 6. 福 M74：65，玉璜，长 6.6、高 2.7 厘米，在一面有一条弧曲的凹槽，槽长 2.1、口宽 0.1、深 0.15 厘米，一端在璜边贯穿，另一端尖削，横剖面呈 υ 形(图 33-21)。此槽作等径弧曲，从槽形分析，线割的弧线不可能直入，也不规整，只有砣旋才能产生这一现象。

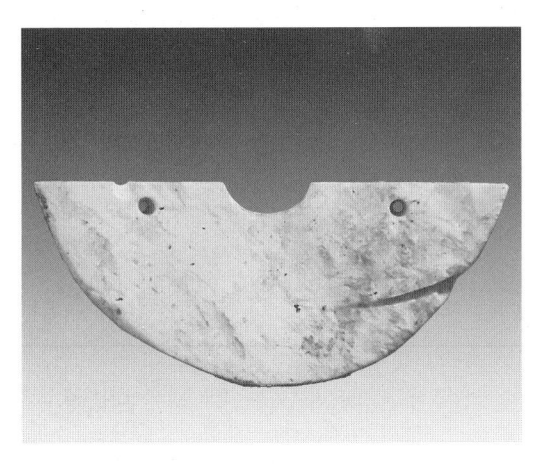

图 33-21　良渚文化玉璜(福泉山 M74：65)器上的一条旋割痕规整深凹

图 33-22　良渚文化玉钺(福泉山 M74：37)

3. 管钻痕

例 7. 福 M74：37，玉钺，长 17 厘米，在钻孔的上侧有一个半圈凹槽，槽的两端浅、中段深，直径 1.3、槽口宽 0.2、深 0.1 厘米，槽底凹弧(图 33-22、23)，显然是一段管钻的痕迹。关于钻孔技术，作者曾在机器厂学习铁板上的钻孔，那时使用硬度高于生铁的合金锋钢钻头，对准钻位下钻，虽然工具是钻床机器，相当稳定，但钻头总是在钻位近旁划圈打滑，无法钻入，后经技师指导，才知必须在钻位上先敲一个凹点定位，方能钻入。在玉石器上使用尖头钻钻孔，大致也是这样，因此在马家浜文化等早期石器的圆孔旁，往往可见点点凿痕。对于在玉石器上进行管钻，竹、骨制的圆管，对准硬度高于钻头的玉石料，抹上硬砂介质后如何防止在钻位上打滑，开始颇不理解，后经富有玉雕经验的同志介绍,使用管形砣具钻孔,在钻入前必须对钻位先作侧旋,旋出一小段弧槽,然后逐步摆正扩大成整圆,再渐渐钻入。如用手工拉钻,由于手握钻捍容易摆动,很难钻成,特别是先要进行侧向旋转。所以这是一种以玉石料迎向管形砣具钻制的遗迹,是良渚制玉使用了砣具的最直接的证明。在钺的另一面圆孔的两侧,还见多条等径的旋线,这些弧线规整并在同一平面上,也像是砣旋痕(图33-24)。

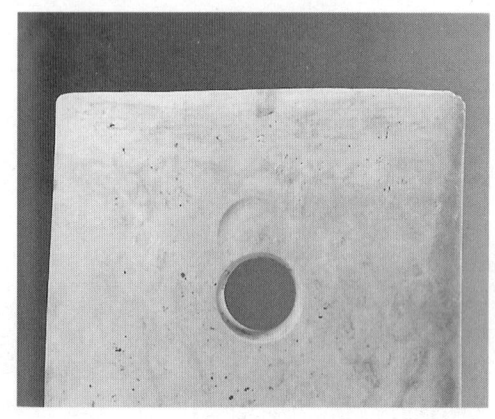

图33-23　钺孔上侧见半圈砣管旋痕 　　图33-24　钺的另一面,钺孔两侧见规整的旋痕

4. 圆弧形的凹点

例8. 福M60:39,圆柱形锥形器,长5.3、最大径1厘米。在圆柱面上有一对目纹,每一目纹以三圈阳纹组成,目纹横径1.25、直径1.15厘米,目纹内侧两圈阳纹之间的间隔仅0.2～0.25厘米,阳纹凸出器面约0.02厘米。在两圈阳纹线中间的凹槽内,可见一个个球面状的凹窝,凹窝径约0.18～0.22厘米(图33-25～27)。据此分析,此器的阳纹位于圆弧面上,阳纹的间距又如此之小,既不能线割,也无法锯切割,连

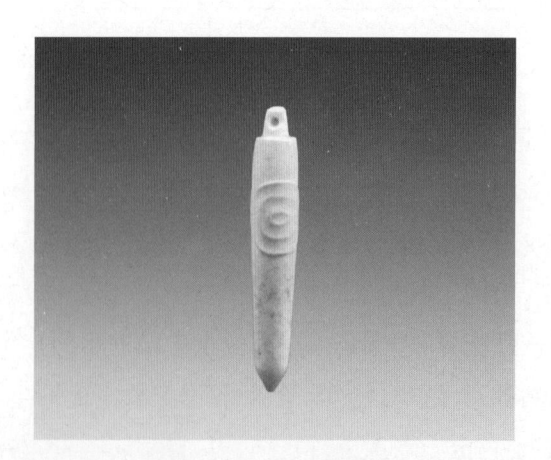

图33-25　良渚文化玉锥形器(福泉山M60:39) 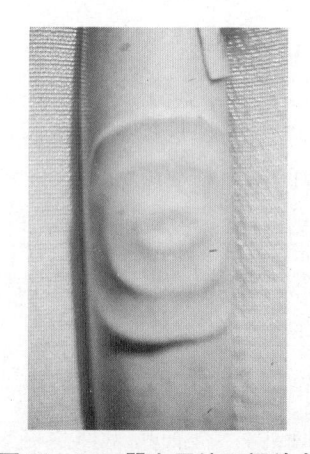　　图33-26　器上目纹正视放大

使用小磨石运作也极为困难,只有用旋转的工具,通过原地旋转研磨减地,凸出阳纹,在阳纹边侧隐约可见的一个个球面状凹窝,即是一种球面钻头钻磨的痕迹。而这种研磨,又只有以圆柱形锥形器迎向旋转的球面砣具才能成功,因此同样是用砣具制作的迹象。

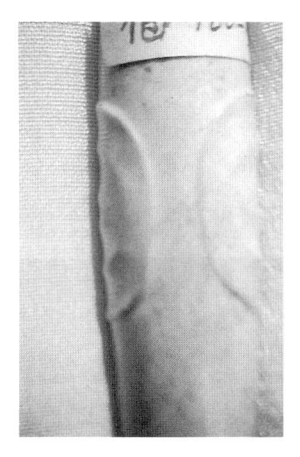

图33-27 器上目纹侧视放大　　图33-28 良渚文化玉琮(瑶山M7:34)琮上兽面纹的眼睑深凹

例9. 瑶山M7:34,单节兽面纹琮,弧面方角形,高4.4、射径7.5厘米,兽面纹的冠、额、眼睑和鼻用减地浅浮雕法琢成。凸出在弧面上的眼睑,外圈为一周椭圆形的阳纹凸线,外圈内侧与眼珠之间有一个椭圆形凹槽,槽圈长约1.87、宽1.4厘米,凹槽宽处约为0.46、窄处仅0.18厘米,槽底弧曲自然圆滑(图33-28)。此处纹饰面积小,又在弧面上,应属于用砣旋雕琢。

例10. 福M40:120,方柱形锥形器,长9.3、宽0.75厘米,在方柱面上雕琢三节12组神面纹,每一组神面的椭圆形横鼻用凸线构成,中间凹入,凸线与凹点均圆弧,无平面研磨痕,横鼻长双面仅0.4、阔0.1厘米,是用砣具旋研制成的(图33-29、30)。

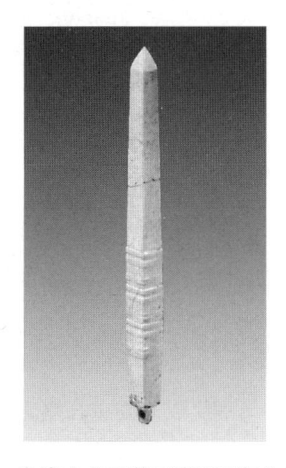

图33-29 良渚文化玉锥形器(福泉山M40:120)　　图33-30 器上神面纹用品线构成的横鼻

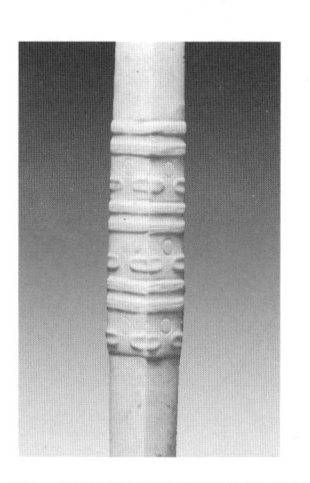

5. 玉器半成品或残件上的雕琢痕

例 11. 福 M67∶4,似为琮的半成品,圆柱形,上大下小,高 5、上径 5.6,下径 5.3 厘米,中心用管钻从两端相向对钻一大孔,孔径上 3.3、中间钻接处 2.4、下 3.4 厘米,孔壁上密布匀称的旋纹,(图 33-31～33)直径约 3.3 厘米的管钻,在钻入 2.3 厘米后,磨损约 0.9 厘米。在圆柱的边侧,也有一个对钻的直孔,孔壁外侧穿破,孔径上 0.7、中间钻接处 0.35、下 0.55 厘米,孔壁上同样见匀称的旋纹(图 33-34)。又在圆柱面的中部见一条横切的宽槽,槽宽 0.45、深 0.17 厘米,槽壁平直,形似刀削,槽底略有高低,并不平滑。在槽壁的一侧边沿上还见一条浅细的切线,亦似刀削(图 33-35)。此器由于是半成品,因此保留了许多制作痕迹。从钻孔技术分析,一端的钻进深度达 2.3 厘米,孔径虽然随钻孔的深入逐渐缩小,但孔壁仍斜直,口大底小,是钻管磨损的结果,而孔口未呈喇叭形并且较圆整,壁上旋痕亦匀称推进,显然钻管比较稳定,很少摆动,并且在钻入 2.3 厘米中间未换钻管,并非手拉钻钻制的迹象。器面中部的横槽,槽壁垂直,亦未见锯割或线切割的痕迹,这些都可能是砣具制作的迹象。

图 33-31 良渚文化玉琮半成品,福泉山 M67∶4

图 33-32 玉琮半成品侧视

图 33-33 玉琮半成品的中孔壁旋纹放大五倍

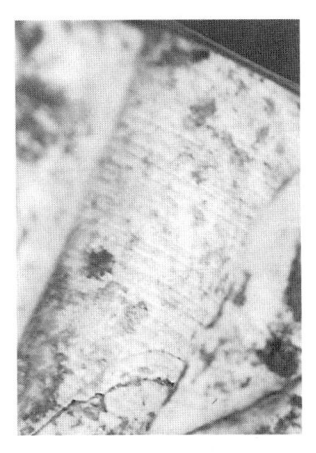

图 33-34 玉琮半成品边侧直孔的旋纹放大五倍

图 33-35 玉琮半成品中部孔的横槽放大五倍

例12. 福 M53：2，残方柱形器，一端残损，面宽1.9、残高2.1厘米（图33-36）。在顶端平面的中心，有一个钻孔，口径0.7、深1.2、近底处径约0.3厘米，此孔并未钻透，孔底作球面状凹入，似用实心钻头钻制的。孔壁见均衡细密的一圈圈旋纹（图33-37、38），又在孔的一侧及方柱体的一面各见一处浅浅的凹窝，在10倍放大镜下，可见其中有条细密的旋纹。顶上凹窝长1.1、宽0.25、深0.01厘米。柱面的一个长1.1、宽0.6、深0.05厘米（图33-39），柱面上凹窝的上下端还见细砂石的平面推磨痕。凹窝内的旋痕细密、规整，与线割痕的粗放、不整齐相比，显著不同，并且线割也不可能使用如此细小的割线和细砂作工具，因此也属于一种砣研痕。

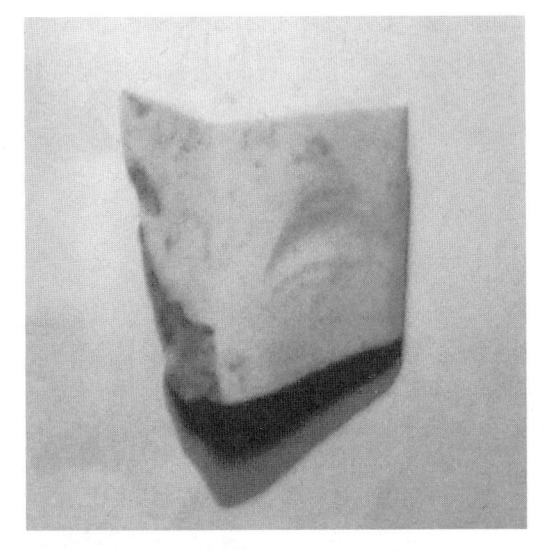

图 33-36 良渚文化玉残方柱形器（福泉山 M53：2）

图 33-37 残方柱形器顶上的钻孔

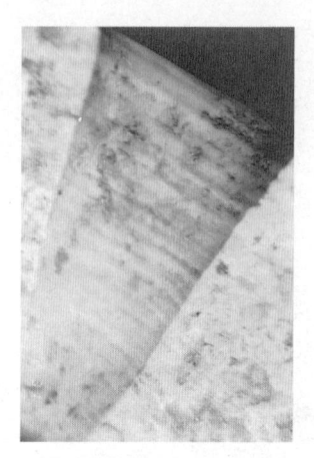

图33-38 残方柱形器顶上的钻孔的孔壁旋纹，放大十倍

图33-39 残方柱形器柱面上的磨痕及凹窝内的旋纹放大十倍

  良渚玉器上的用砣痕迹，除了上列比较显著的例证以外，笔者以为在成品玉器上所见的其他各种弧线或槽痕多数可能也是砣研痕。因为按玉器的制作过程，在剖料成坯以后，尚有一道研磨成形的工序。如琮的制作，在剖成方柱形琮坯以后，还须将坯体研磨成弧面方角形，如同前列吴家埠玉琮半成品上刻划的样线。对于玉璧，器形均作中厚边薄，也必须将圆饼形的器坯作进一步的研磨，这就将原来剖料遗留的线切割或锯切割痕磨去，而这种进一步研磨使用的工具是砂石或砣具，不可能再作线切割或锯切割，所以在成品玉器上再现的弧线或槽痕，大部分也是砣研的痕迹。

  通过以上分析和列举的例证，笔者以为良渚古人已经具备发明砣具的条件，良渚玉器上的减地浮雕，尤其是兽面目纹的阳纹边框，只有使用砣具才能雕琢，更有器上遗留的半圈管旋痕，以及细密、规整、等径的旋线痕，都应该是砣具琢玉的痕迹。因此，笔者推断良渚的琢玉已经使用了砣具。

注释

[1] 北京市玉器厂技术研究组：《对商代琢玉工艺的一些初步看法》，《考古》1976年第4期。
[2] 王明达：《介绍一件良渚文化玉琮半成品——兼谈琮的制作工艺》，《海峡两岸古玉学会议论文专辑》(Ⅱ)，台湾大学出版委员会，2001年。

（本文原载于《史前琢玉工艺技术》，台湾博物馆，2003年）

良渚文化晚期玉器的异变

良渚玉器是我国新石器时代玉器中的大类,因此识别和鉴定该类玉器,是玉文化研究中的一门重要课题。目前良渚文化的遗址和墓地已发掘了近百处,科学出土玉器数千件,提供的研究资料已相当丰富,学界对这一文化玉器的特征和器形演变也大体有所了解。

如琮出现于早期,江苏吴县的张陵山 M4 已有了琮形镯(图 34-1),赵陵山 M7 发现了方柱形素面琮。到了中期就有了典型的弧面方角的矮琮(见图 17-16),晚期即演变为正方柱体的长琮(见图 17-15)。在琮面纹饰上都雕琢了神像,早期用阴线深刻横眉大眼、阔嘴獠牙的神脸,中期变为使用减地法浅浮雕的神脸与兽面的结合,晚期成为多节简化神脸的长琮。至于神脸和兽面纹饰的排列,相同的是上为两条表示羽冠的横棱,横棱上刻划多条平行阴线,下为双目和横鼻,构成一幅神脸形象,神脸之下再以蛋圆形凸块作眼睑,内刻一圈作睛,双眼中间有扇形横额,额下有横鼻,个别在鼻下尚有阔嘴,形成一幅兽面。这种神脸与兽面的排列,均为神脸在上,兽面在下。因此不少学者认为这是一幅太阳神或祖神,在身上佩挂了兽面装饰。也有学者认为是太阳神或祖神骑坐在虎上。个别图像不全,如福泉山 M40∶110 和 M40∶26 的两件琮(见图 29-1),前者下节神脸的横鼻仅剩狭窄的一半,后者上节的两条羽冠横棱只剩下一条,其原因是一件的一半横鼻与另一件的一条横棱都被改制为琮的射部,这是用一件多节神脸的长琮锯断改制为两件所致,亦未突破神像图案的构图规律。

再如锥形器的形制,早期呈两端尖锥的橄榄形(见图 31-4),中期变为一端扁

图 34-1 张陵山出土琮形镯

圆或有小柄,另一端尖锥(图34-2),晚期还有了方柱形的锥形器(图34-3),并且一端由尖锥变为钝尖。锥形器上如有纹饰,其图形与琮面上的相同。

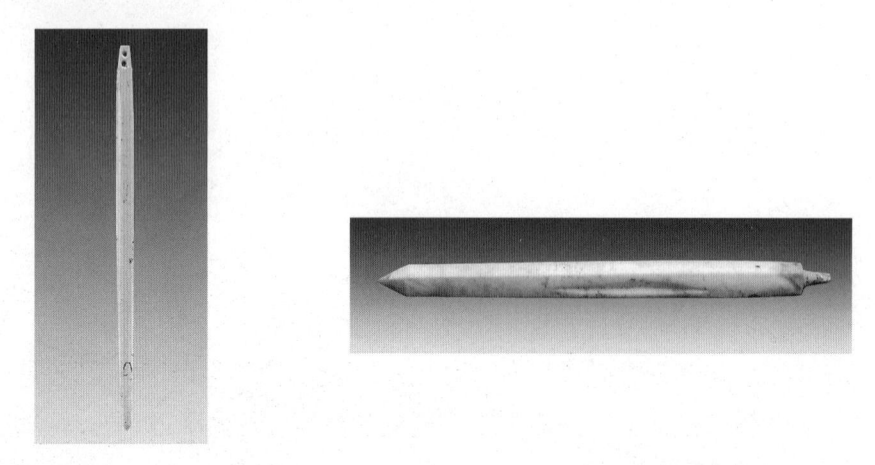

图34-2 福泉山出土钝尖玉锥形器　　图34-3 福泉山出土方柱形玉锥形器

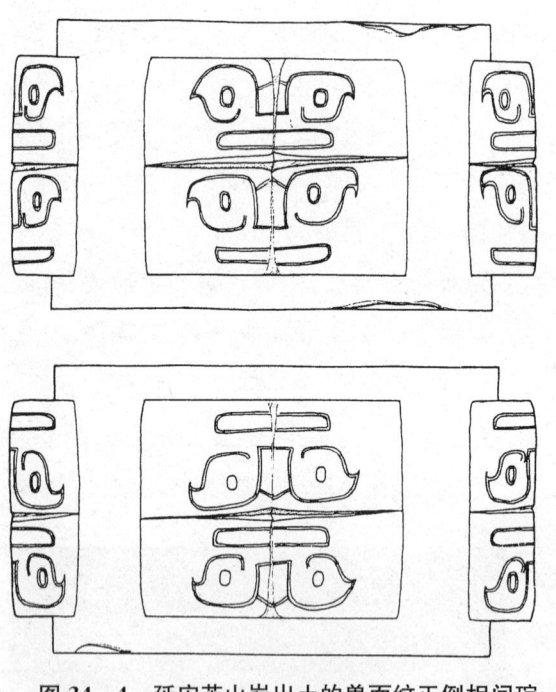

图34-4 延安芦山峁出土的兽面纹正倒相间琮

总之,良渚玉器的器形与纹饰,据出土半成品上遗留的痕迹,制作前都经过认真设计,非常统一。所以如遇违背这一规律的,往往被视作非良渚器物,甚至属于仿制品。但是笔者在观察研究良渚玉器中,也遇到了若干令人困惑的器物,如2000年笔者在西安参观陕西省博物馆时,看到一件农民上交的,采自延安芦山峁的玉琮(图34-4)。此琮玉色青绿,间夹铁锈色斑纹,玉质与良渚玉不同;而器形短矮,弧面四周伸出四条凸棱,器面纹饰分为上下两节,每节以角线为中轴;用减地浅浮雕方法雕琢兽面纹,构图方法基本与良渚玉琮相似。但是此琮的兽面纹上,无代表羽冠的横棱,眼睑则呈方圆形,中间刻一圆圈作睛,两眼间以一角作额,额下为管形鼻,鼻下一条阔嘴,与良渚琮面的图形又有所不同。尤其是琮上四幅兽面的朝向,相对两角向上,另两角向下,整器图像两正两反,难分正倒,也与良渚琮上大下小、大端在上、四面神像正立的规律不符。此琮年代晚于良渚,大致相当于夏

· 良渚文化晚期玉器的异变 ·

代,而器形仿自良渚自无疑问,但何以严重违背良渚神像在琮面上正立的规律,使人无法理解。又如近年来笔者在杭州浙江省博物馆陈列室看到的一件四节长琮(图34-5),据目测高约10厘米,玉色黄白,器形弧面方角,大孔薄壁,经询问是20世纪60年代农民上交的一件采拾品,据说是在湖州杨家埠出土的。此件器面有四节纹饰,为兽面—神脸—神脸—兽面,如将每一节作单独观察,与一般琮上的图案无异,但是在整体上此琮每节上面无论神脸或兽面都有横棱羽冠,而节与节之间未见凹槽间隔,并非常见的神脸与兽面的结合,仅在神脸之上才有横棱羽冠,尤其是上两节的图像是先兽面后神脸,排列颠倒,接着又作神脸与兽面正列,亦非良渚琮上神像的常规现象,当时亦使笔者认为其是否属于良渚器真伪难辨。再如80年代,笔者在台北故宫看到的两件立鸟柱形器(图34-6),器长仅3厘米和2.7厘米,玉色黄白,器表抛光,与良渚玉一致,但上端立鸟,鸟体臃肿,鸟头朝下,与上海福泉山出土的一件玉立鸟,以及诸多良渚玉璧刻符上立鸟的昂首挺身、生气勃勃不同。此二器系购自市场,真伪如何,当时也难以肯定。

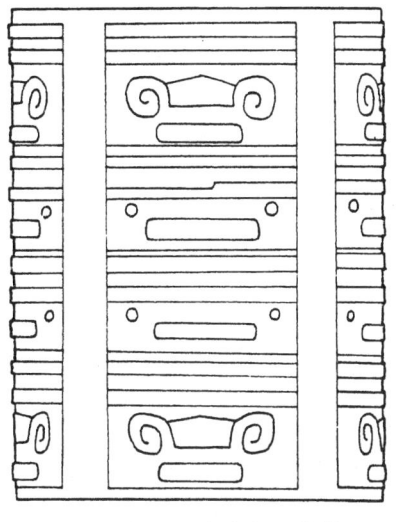

图34-5 湖州杨家埠出土的兽面—神脸—神脸—兽面纹琮

2001年浙江桐乡新地里遗址发掘,笔者曾三次前去参观和研讨,对上述问题的思考获得很大启发。这是一次科学细致的良渚墓地的发掘,前后清理了良渚中晚期墓葬140余座,出土了一批玉、石、陶、骨器物,其中最晚一期的年代晚于福泉山良渚五期。出土物中陶器出现了圆锥足鼎、凹弧足鼎、碗形细把豆、扁狭腹假圈足双鼻壶和一些拍印绳纹方格纹的器物,石器有了斜柄小刀与分段在下部的有段石锛,在特征上已经接近夏商时代的马桥文化。就在这一批晚期墓出土的玉器中,笔者见到三件异常的良渚玉器:

其一是长达33厘米的方柱体锥形器(图34-7)。此器玉色黄白,形制一端尖锥,另一端有一小柄,与一般锥形器无异,但其器面上雕琢的纹饰,从上到下却为三条横棱之下一条横鼻,接着又是三条横棱,一条横鼻,最后再以三条横棱收尾,与常见的同类器相比,不但代表羽冠的横棱每组多了一条,而且两组神脸以横棱开端,又以横棱结尾,使此器

图34-6 台北故宫藏 立鸟柱形器

在图像上不分正倒,与神像纹锥形器都以尖端朝上才是正立的规律不同。如以此对照芦山峁和杨家埠的两件图形特殊的琮,则后两件应该同样属于良渚末期的异变琮。

其二为一件圆雕小玉鸟(图34-8),玉色青白,形制为头朝下,尾部斜翘,鸟身臃肿,整器呈菱形,足端穿一小孔,器形与福泉山出土的玉鸟或玉璧刻符上的立鸟都不同,但与台北故宫那件柱形器上的立鸟近似。台北的立鸟柱形器收购于1997年8月,而新地里发掘于2001年,前者早于后者,因此不可能仿自新地里,加上玉质、玉色与良渚相似,该是一种早于新地里出土,而后流失外地的一件良渚晚期异变的玉器。

其三是一件圆形锥形器(图34-9),玉色灰白。这类器的常规形制是一端有一小柄,另一端作尖锥或钝尖,而此件却在钝尖之上另外伸出一条尖针,是一件罕见的异形锥形器。更像远古时代用于锥刺治病的玉砭,这一器的出现,为笔者此前的论述——锥形器是原始时期神化的医术用具玉砭,增加了例证。

新地里遗址的良渚玉器,向我们展现了良渚末期玉器器形和纹饰的异变,其实这种变化在其他良渚晚期遗址中也有所展现。

在浙江遂昌与良渚文化有关的好川墓地,曾采拾到一件刻纹石钺(图34-10),此器呈扁平长方梯形,一端钻一孔,器形与良渚石钺一致,但良渚发掘出土的石钺或其他石器,至今未见一件有刻纹的。好川石钺的刻纹,以刃部朝上、钻孔在下为正视,刻划的图形是上部以点线勾画一豹纹,并用琢点表示斑纹,下部用阴线刻划斜线和弧线组成的几何形图案。良渚礼器玉钺作横向装柄,如福泉山M65∶46(图34-11),将钺的顶部嵌入柄孔,柄的上端有冒,下端有镦,形似权杖;又如反山的M12一件(图34-12),钺上雕琢了神像和飞鸟纹,同样以横向作为正视。

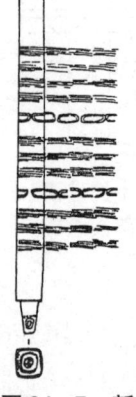

图34-7 新地里出土的神脸纹上下有三条横棱方柱锥形器

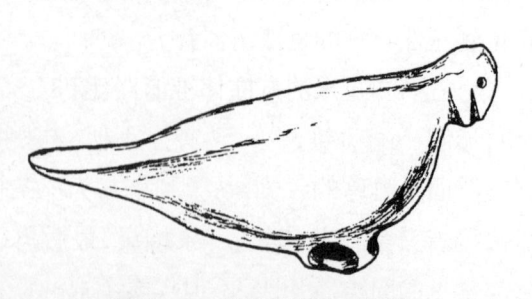

图34-8 新地里出土的玉鸟

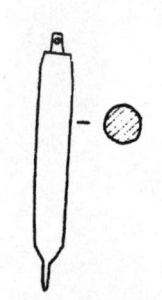

图34-9 新地里出土的一端凸出细锥形器

・良渚文化晚期玉器的异变・

图 34-10　好川出土豹纹石钺

图 34-11　福泉山出土玉钺组合

今好川石钺,刻纹内容既非神像和飞鸟,正视又为刃部朝上、钺孔在下,与良渚钺的使用方法已有很大变化。

在上海青浦福泉山良渚五期所见的玉器中,也出现了一种器体扁薄、器形狭长、孔端窄、刃部宽、小孔凸刃的舌形玉钺(图 34-13),形制已向刃部朝上的玉圭演变。另一件圆柱形神像纹锥形器(见图 11-18),神像的构图已不见顶上代表羽冠的横棱和下面的横鼻,仅以双目示意,并且目纹不用蛋圆形凸块或阴线双圈,而用三圈阳纹作代表,既简化又异变。这些玉器如用良渚常规的器形与纹饰来衡量,几乎难以识别。

图 34-12　反山出土神像飞鸟纹钺

图 34-13　福泉山出土小孔凸刃钺

良渚晚、末期玉器器形与纹饰的突变,已不是一种偶见现象,而是形成了一种时代特色。这是良渚后期神像崇拜观念淡化的反映,也与接受大量外来文化影响有关。在神像崇拜上,良渚的早、中期处于高峰,所见形象威武神秘,到了后期,即退化变简,仅以简略的神脸作代表,再往后就只剩下作为羽冠的横棱,或表示双目的圈纹,以至在齐家文化和商代，神像纹消失，变成素面无纹的琮。同样崇拜太阳神或火神的燎祭祭坛或燎祭遗迹，也主要发现于良渚的早、中期，到晚、末期即绝迹，如在亭林与新地里等晚期墓地已基本不见。在与周边文化的交流方面，良渚原是一类强势文化，北在山东的大汶口，南至广东石峡，西在湖北的石家河和四川的金沙村，都能见到良渚的器物，而在良渚的本地，除了福泉山 M67 出土一件大汶口文化的彩陶背水壶，和若干遗址偶见黄河地区的彩陶片以外，就很难找到属于接受其他文化影响的器物。但是到了末期，如在桐乡的新地里和松江的广富林遗存内，都出现了与北方龙山文化有关的方格纹和篮纹陶器，甚至龙山型的袋足鬶，遗址内接受其他文化影响的器物增多，而良渚文化自身的特征却逐渐淡化、消失。所以良渚末期这些异变玉器的出现，不仅使我们可以比较全面地了解良渚文化，也为探求良渚文化的去向提供了重要线索。

参 考 文 献

1. 浙江省文物考古研究所：《浙江余杭反山良渚墓地发掘简报》、《余杭瑶山良渚文化祭坛遗址发掘简报》，《文物》1988 年第 1 期。
2. 上海市文物管理委员会：《福泉山——新石器时代遗址发掘报告》，文物出版社，2000 年；江苏省赵陵山考古队：《江苏昆山赵陵山遗址第一、二次发掘简报》，《东方文明之光——良渚文化发现 60 周年纪念文集（1936—1996）》，湖南国际新闻出版中心，1996 年。
3. 上海市文物管理委员会：《金山亭林遗址发掘简报》，待发表；浙江省文物考古研究所：《浙江桐乡新地里遗址发掘简报》，《文物》2005 年第 11 期。
4. 沈德祥：《余杭南湖良渚文化陶文初探》，《文明的曙光——良渚文化》，浙江人民出版社，1996 年。
5. 孙维昌：《良渚文化陶器纹饰研究》，《上海博物馆集刊》（6），上海古籍出版社，1992 年。
6. 邓淑苹：《论良渚玉器上的神秘符号》，《（台北）故宫文物月刊》总第 117 期。
7. 南京博物馆、吴县文管会：《江苏吴县澄湖古井群的发掘》，《文物资料丛刊》（9），文物出版社，1985 年。
8. 上海市文物管理委员会：《上海马桥遗址第一、二次发掘》，《考古学报》1978 年第 1 期。
9. 浙江省文物管理委员会：《浙江嘉兴马家浜新石器时代遗址的发掘》，《考古》1961 年第 7 期。
10. 上海市文物保管委员会：《崧泽——新石器时代遗址发掘报告》，文物出版社，1987 年。
11. 浙江余杭市文管会：《浙江余杭横山良渚文化墓葬清理简报》，《东方文明之光——良渚文化发现 60 周年纪念文集（1936—1996）》，海南国际新闻出版中心，1996 年。

（本文原载于《浙江省文物考古研究所学刊——第二届中国古代玉器与传统文化学术讨论会专辑》，杭州出版社，2004 年）

良渚玉器与中华文明起源*

今天我与牟永抗教授联合起来介绍"新石器时代崧泽文化与良渚文化玉器的特征"——就这个范围讲些看法。

中国古代的历史很悠久,文化很特殊。在过去的古文化中,我们较了解的是"青铜器"以及"陶瓷器"。实际上"玉器文化"也很早。"玉器"在中国以及整个世界文化中都是很突出的。但是在一段很长的时间内,却把玉器的年代看得很晚,良渚文化即如是。在50年代,把4 000多年前的良渚文化玉器看成西周的,甚至认为是春秋战国的玉器。经过考古上的努力,现在终于搞清楚良渚是4 000多年前的文化。也了解到良渚文化在新石器时代是一个发展到比较成熟阶段的文化。

全国最早的玉器是东北地区之"兴隆洼文化"或"查海文化"的,其时间在约7 000年前左右。第二早的是江苏、浙江、上海地区之"马家浜文化"的。过去的报告把"河姆渡文化"摆在"马家浜文化"之前,这是错误的,现在应该将它们摆在一起,是同一时期的两支文化——约在6 000多年前。

很奇怪的,这两个距离相差很远的文化,却拥有高度共通的相似点。"查海文化最特殊的是玉玦"。"马家浜""河姆渡"亦如是。它们不仅仅在器形上有高度的相似性,在使用方式上也多作耳饰。

这两个文化空间距离相差很远,撇开其他因素不谈,却发现拥有相同的玉器,所以我曾经有这种观点:认为中国文化的最早起源地在"东北"和"太湖地区"。将现在在收藏家手中的藏品与我们博物馆里的馆藏玉器进行比较,应该还有第三个体系存在的可能。台湾研究玉器的朋友们称之为"华西玉器"。个人认为,虽然这个地区考古工作亦作得不少,东西也有,如琮、璧、璋,还有横的刀。但是总觉得在研究上花的

---

* 本文根据黄宣佩、牟永抗的演讲由香港学者整理而成,在最初发表时未附图片,且较口语化,为尊重原貌,本文仅改正了错别字。

力量不够,至于其体系如何排？琮、璧的时代性如何？是同一时期之物,或是不同时期之物,现在都未解决！因为琮、璧一般被认为是良渚之物。往南传至广东石峡,往西北传,山西襄汾陶寺文化、陕西神木石峁有之,往东北而去,山东大汶口文化有之。这样一路传去,在"陕西、甘肃、青海"一带的考古工作尚未确认之前,到底是这个地区自己独立形成的？抑或是从良渚传来的？暂且就将之存为一个问题看待吧？

至于新石器时代发现玉器的文化,可以说很多,其他较有特色的有湖北的"石家河文化",湖南的"湖南龙山文化",山东的"大汶口—龙山文化"等。这里仅扼要提提。欢迎各位到上海博物馆来参观,因上海博物馆有"玉器馆",目前较丰富,除我们自己馆的藏品外,还向各兄弟博物馆借来参展,如"石家河文化"的,"良渚文化"不够的向浙江省借,"红山文化"不够的向辽宁郭大顺先生借,欢迎大家来上海参观交流。

回过头来,"玦"是最早且最具有特色的玉器,现在我们就从幻灯片来谈谈。

"玦"是马家浜文化中非常突出的玉器,在中国玉文化上是使用时间较长的一种,一直到明清都有之。在新石器时代的崧泽文化早期还有,中晚期则未见。良渚文化发现得很少。所以特别定为"马家浜"的特色。"玦"可表示决心、决断等很多意义,如鸿门宴范增要楚霸王下决断刺杀刘邦之例最广为人知,总之有很多说法,但"玦"之开始为耳朵上的装饰是不错的。以后演变为身上佩戴之饰件。

这件是在上海崧泽遗址马家浜文化层出土的,主要特点是：玦缺口一边比较宽、另边较窄,玦缺口以线割方式将之切开,从侧面看两面稍有弧度,平面不是很平。孔是实心桯钻钻的。"马家浜""崧泽"早期之玦都不是用真玉作的。一般是用玛瑙玉髓制作的。南方无透闪石制玦,但查海文化有。若是南方发现有透闪石之玦,就与现在看到的规律不符,值得怀疑？这件是我们看到的最早的玉器。

这件是良渚文化玦,是浙江出土的,与上一件相比,该玦在一边有钻孔,留有线割痕迹,与马家浜玦相比,侧面较平,它的作用显然是便于穿孔挂起。其出土位置不在耳朵边,而是在胸腹部之际,就使用而言,起了一些变化。

除了玦,马家浜开始有了"璜",也是假玉,而不是真玉作的。实心钻、两面对钻是其特点。前面说的璜是马家浜文化的,崧泽文化的璜里边假玉的不多,主要是以真玉作的。这件璜是透闪石质,实心桯钻,两面钻透。这上面还有人穿绳佩戴后留下的痕迹,考古上称之为"使用痕迹",尽管是放在墓里头,但其上还是留有"使用痕迹"的。

在浙江、江苏、上海地区,"马家浜文化"发展为"崧泽文化",再发展为"良渚文化",就像祖孙三代一样,上下继承。当然其中各自也有一些发展,有各自的特点。

"崧泽文化"的璜,条形、两头宽中间细,有人称其为弧形璜,至晚期则称其为桥形璜,因其倒着看像南方的桥。有些规则告诉大家,其上之孔都不是很规整。若璜之孔是很圆或很均匀,这都犯了规矩。一般都会有使用过之痕迹,孔成半圆形比较深,或有摩擦过的痕迹,孔成梨形。

这件"鱼鸟形璜"是比较特殊之一种,"璜"基本上是素的,没刻纹饰,造型也较简单,这件是"鱼形璜"。都出土于崧泽中期。

"半璧形璜",基本出自崧泽文化晚期。"良渚文化璜"的器形基本源自于此,经演变而来。

崧泽文化玉料之切片,主要是线割方法,这些线锯之痕迹很明显,且经常可见成抛物线之线条。钻孔为半圆形,而且很深,这都是判断之依据。

这件是"半环形璜",很像环断后再钻两个孔连接起来。此璜是出自良渚文化墓葬之璜,但是玉器是可以一直使用的,虽出自良渚墓,但器形与崧泽文化璜很像,所以归入崧泽文化璜。这里有个现象,越早期的骨架保存得越好。"马家浜文化"保存得最好,"崧泽文化"的还好。至"良渚文化"有的人骨架都没有了。只能找牙齿来确认头的位置以辨识骨架位置。

此璜仅放于颈部,且几乎全部都是女性。只有一件是在男性墓发现的,我怀疑会不会是搞错了,基本上都是女性墓才有,是否该女性长得像男人才有此之误?

良渚璜和崧泽璜之最大区别,在于凹弧线上比较浅,是其最大不同。钻孔磨损也比较不明显。这些孔同样都是实心桯钻钻的,也是不很规整,不是非常圆的。总之,璜有三种形式,线切割、桯钻钻孔。璜沿至西周战国,西汉东汉流行佩饰最多一直迄清。

另外,出现"琀",放在嘴巴里头的。以前了解的是商代才有琀。但考古于崧泽文化是最早之琀。此为扁平形之琀,其孔偏一边,这种琀至少发现二例。都在嘴巴里头,孔也是实心钻。

还有一种"鸡心形琀",圆的一头在嘴巴里,尖的一端在嘴外,基本上是崧泽文化晚期的。

这种可称"小璧",也是放在嘴巴里,四公分左右,也是一种琀。这种放在嘴巴里之琀没有一定之形制,"大汶口文化"有一种箭镞,类似锥形器,也是琀,表示新石器时代之琀没有定制,不像后来放"蝉"之固定形制。

琀放在嘴巴里头之意思与现代之保存灵气之说法大不一样。在南京"北阴阳营文化"与"大汶口文化"里,都有生前嘴里含小石块的习惯。因而把嘴内之牙齿压坏压凹,这种习俗至今尚未明了,后人之认为敛尸说法或许有之,但是用之于新石器时代文化是行不通的。这也像琮璧,后人认为是礼地礼天之说是不适合于良渚文化之琮璧的。

良渚文化之琮上大下小,自上俯视看不清楚什么,自下仰视才能见天,故应认为是祭天上之神,是礼天之器而非祭地之物。璧言礼天则与此相违。至于"周礼大宗伯"言苍璧礼天,用诸"良渚文化"又是大不相同,因良渚璧有放于腹部者,亦有垫于背部者,也有放于脚下者。则礼天之说不攻自破。

这件半球形的琀是良渚文化的。良渚琀发现不多。这件上半部圆球形,下部扁形琀是福泉山一三九号墓出土的。墓主是成年男性,此墓有十二把玉斧玉钺是很有威势的,更有一女性奴隶殉葬。此琀是玛瑙的。

这件是蛙形器。原先"张陵山出土报告"中称之为琀,当然在良渚文化时琀的资料不是很充足的,所以后来再改称为蛙形器。

这件是小的璧。关于璧前面我也曾提过,良渚文化的璧,大约有一个规律,早期的璧径(孔)即好比较大,边即肉比较小,按这比例的变化而言,早期至晚期的变化规律,可以说若以好(孔)为准而言,是自大变小,良渚早期的璧较小,一般直径七厘米左右。小的五厘米的也有。中期的璧大约十七厘米。晚间的璧二十到三十三厘米。这大概是一种规律。当然往前推、崧泽文化的璧更小,大概在四到六厘米左右。

这件璧,好肉相当。我们曾经考虑是否称环?但是在考古学里面,若这些器形发现在人骨架身边,我们才称之为环,否则还是以璧或璧形器称之。这里有三个例子,是发现在葬具棺木以外的,良渚文化时就有以树木为棺,将树木剖开刨洼,合起来即为棺木,有个例子,棺木已朽,只存木灰,璧的位置就位于其外,与陶器放在一起。有礼祭之意,所以称它为璧是较为合适的。

这件是锥。锥形器在良渚文化里制作得很精美。有圆条形,有柱形的,有雕刻纹饰等之好多器形。崧泽文化里的则是用玉片、玉的碎料钻孔就作为佩戴用。很简单的。还有的像动物的舌头,打个洞就使用。三角形的也有。这就是说,早期的锥是无固定形式的。

总之,崧泽文化是新石器时代文化里头的一个开始阶段,这期文化器形不多,但绝对是中国玉器文化起源的一个重要启蒙吧!

顺便在这里,附带向各位提出一个看法,关于所谓的受沁问题。刚才各位所看到的幻灯片,崧泽文化玉器后期的都是青绿色的,玉的品质较好,绝大部分都是真玉、没变成白色。到了良渚文化时,不变色的反而少。多数变白,传统说是"受沁"。

关于"受沁",有几种意见:一种意见是玉在地下受到某种矿物侵蚀,或是受到化学元素变化,这是一种推测而已。一种意见是在地下受到地心温度地热影响变化。总的讲受温度影响,也可说受到火烤——不必直接火烧,也可直接火烧——造成的。现在,矿物学家分析:青的地方与白的地方化学成分没变化,表示玉的本质未变。换个比喻:它如同"冰"与"雪"的关系,同样是水,冰是硬的、透的。雪是松的,光线不能直接透过就成白的。玉器上"青"的"白"的部分就如同此种现象。青玉表面一层松了,光线不能透过,于是变白了。

第二种受地热影响变化。这与时间有关系。当然时间愈久,变化愈大,但是崧泽玉器虽然我没全部看过,但仅就我所观察的部分却都没有变白,基本上都是青绿的。其时间较诸良渚上约千年,时间早的不变,时间晚的变白,这种受热说,亦稍有不通。

第三种,则是我们发现:一些玉器纵使在地底下不变,出土以后还是会变颜色。在我们上海博物馆有一青绿色的琮起先放在展示柜里没有注意到,经过一段时间,受到强光灯的照射,它同样变色不再那么亮了,所以现在我们馆里的灯源都受到过测试。当然,就是受强光拍照亦会如此。所以这种说质地好不变质地差会变,看来不是这个因素,因为质地好在温度底下还是会变的。这里有个例子,浙江省有一件"钺王",两面颜色还是不一样。朝下面的青绿色、朝上面的变白。这件钺王有神徽、质地非常好称之"王"不为过,是经过考古发掘时,因把墓打开后一定要测定位置、编号、拍照登录一系列手续完成后才能起出,就这样在太阳光下之作业,此器有变色之现象。还有一例,龙山文化的圭断成二截。一半变白,一半没变,这种同一块玉料却变得很清楚。是受到二种不同环境所致。相同之例子如江西新干大洋洲出土的戈亦是断了几块,也有变白、也有不变的。

矿物学家提出一种说法:认为可能为了刻花纹方便,先用火烧的说法,因玉硬度高难刻、火烧变白、变软后便于雕刻,但就这问题。我个人曾就教于假玉制造者,问他们,是先刻后作色,还是先作色后刻,他们告诉我,是先刻后作颜色。因为先火烧后刻之,用放大镜观察线底沟痕,还是可以看出是绿的不变色,这样就与真品之全白现象不符了。个人认为,玉器随其质料而变化,且速度不同,假玉变得很快。如蛇纹石就变得很快,很透彻底。透闪石它就往往表面变白,一层而已,里面还是青绿色的。而良渚玉料若同灯光一打,硬的地方是透的没变色,表面是松的而变白。

以上所讲,告诉我们一个事实,所有的玉器不一定都需要高温才会变色。因为太阳光多少度?照明灯光、摄影灯光又是多少度?我想,都不会超过一百度吧?那么为什么良渚的玉器都变白,只能表示是受温度的影响,而此现象,我们就从古代良渚的信仰来探讨吧。良渚人信"火"。这从考古挖掘可以看出:"寺墩三号墓"是经过火烧过的,连人的骨头都变白。"福泉山一三六号墓"挖了土坑、坑底坑边都经火烧过。虽然良渚墓不是全经过火烧,且早期发掘亦未曾见过(或许是未发现过吧),但是福泉山考古发现有祭祀用的祭坛,其泥土呈不规则形有三角形的,有长方形的,堆成一堆堆,经过火烧,这和长二〇公分,厚一〇公分的泥块里边外面都烧红,表示温度一定很高才能烧成这样,则表示一定有火。

我认为:古代的观念,火与太阳有关。火是上升的,与崇拜太阳有关,而土地代表土地,堆土烧火祭祀是一种仪式,所以良渚人用火来祭祀祖先是毫无疑问的。更何况史有明载:商史记载以玉器燎祭。可能与它有关吧。

总之,在玉器的制作上,若能接受是火的关系,且不一定要经过直接烧烤,主要是受到温度的影响,那么"受沁"两字需改一改,称之"变色"!变白的颜色:较宜。这情况是经过我的观察提出,敬请诸位指教,大家一起来讨论。谢谢。还有一些良渚文化有关的特征就请牟永抗教授谈谈,谢谢。

牟教授发言:我讲后半段,首先你们看,我们两人都没带讲稿,主要的是:我们认为这里是高水平的讲座。若是"照本宣科",对不起大家。而且在会场上发现有些先生是每堂来听,表示各位对我们的期望很高,这是给我们的鼓舞,也是对我们的鞭策。也就是说,我们要如何才能在有限的时间内,尽可能的把问题讲得清楚,而对大家有所益、有所帮助。

为什么我们两人的题目是"中华文明的起源"?用这么一个历史课题呢!因为我们认为本世纪以港台为中心的古玉研究热的兴起,是对"中华文明起源"大课题有兴趣。因为本世纪三十年代,对中国青铜器文化研究、掀起了海内外对青铜器收藏的狂热,导致一般认定中华文明的起源是三千五百年前的青铜器文化。

经过近半世纪,考古学界的努力,终于将中华文明往前推至五千年前。而这一千五百年来就是玉器时代的"玉文化"。这也就是为何将铜与玉并提的用意。今天我就特别谈谈"玉的工艺特征"。

有位先生问起:良渚质料、色彩与现在有何区别?依矿物学来说,玉、石不分。就宝石学来谈,玉在环太平洋文化是种特殊物质,是石里的一种。说文云:"玉,石之美者。有五德。"玉和石是二类。若将玉和石看成一回事,那就很难说了。玉和其他宝石之区分是:玉是"矿物的集合体"。以比较文字来表达,玉是"具有显微纤维结构的透闪石、阳起石系列矿物"。它是矿物集合体,和其他单晶系宝石,如以钻石为主之宝石是有很大的区别!

"玉"无客观的计量标准用以评论它的价值或价格。它不像钻石可以论几克拉几克拉,买玉从来没听过买几两几斤几寸几尺的,它没标准,但是却在中国文化里起了特殊的作用,它特殊作用在哪里呢?首先需要讨论"矿物质特征"。所以中国人有一句话:"黄金有价、玉无价。"它是多种矿物组合在一起的矿物集合体,是"透闪石——阳起石系列"矿物变化过程中的产物。这变化过程是以"铁离子"含量来说,铁离子高的是阳起石,低的是透闪石。颜色有深有浅,表示其间很多种是一系列。简单地说,羊脂白玉是透闪石,墨玉是阳起石。其间青白玉是透闪石、阳起石系列矿物。另外,需再注意的是:石棉也是透闪石阳起石,虽然其整个化学基础与玉一样但它没有"显微纤维结构"，就构不上称玉，所以从没有听到有人收藏"石棉"的，这就是玉与石不同的第一个概念，是一定要讲清楚的。

下面，我们看看幻灯片，来了解纤维结构到底是一个什么样的情形。

首先，画面上我们看到的是良渚遗址所在地，这三角形地带是主要分布范围，面积约二十三平方公里。这其中有五十多个史前遗址，主要以良渚文化遗址为主，早的有马家浜文化遗址，晚的有马桥文化遗址。

这张是一九八六年反山发掘现场。总共发掘十二座墓。平均每座墓发现的玉器都在百件以上。南排的从东往西数面积最小的是十二号墓。宣佩兄所讲的"钺王""琮王"就出现其中。其玉器编号至七〇〇多号。

这张就是"钺王"的电子显微现象。纤维有粗有细，有紧密有疏松。从现代矿物学上证明，玉之好坏取决于纤维粗细和堆集密度，即纤维和纤维间距离之大小。这张是更大的电子显微照片，里头有所谓的晶锥，纤维就由这些晶锥组成。每个晶锥直径都是一样，纤维粗的表示晶锥多。就好像今天我们去龙山寺烧香，每根香都一样粗，有三根一束的也有二十几根一把的。纤维愈细愈好，堆集密度距离愈小愈好。刚才黄教授所讲的受沁由此来解释，料对不对好不好也是看这里。这是从矿物学的组织上探讨的。当然各地的玉也是如此看，如台湾玉、澳洲玉、加拿大玉等都是如此。每个地区都有自己的特点，在没讲玉的润感之前这点是基本基础。

任何玉器上都会有斑斑点点，这斑斑点点里玉的颜色比较深的部分，往往是其堆集密度比较大的地方，也就是其致密度比较高，半透明性比较大的地方。如果是假的仿件，它深的颜色并不是玉的颜色，它的材料不是玉而是颜色近似玉的石头。更有些是用其他方法着色上去的。颜色愈深愈不透明。所以从这里我们发现、现在的仿件并不是用真的"玉"作的。这张是近几年发现的良渚玉矿，这玉矿没开采过。古代并不是在这里开采的。这证明在太湖地区天目山脉是有玉矿生成的，这在镁质大理岩中可以找到。现在这里发现的、古人如何开的等等不知。从仿件中观察，有些像，有些绝对不像。

这是同样比例的两张电子照片，这张纤维细密度比那张好得多，是十二号墓琮玉的纤维，大家从这里可分辨出玉的质料，看哪些是致密度佳，哪些是受沁，都是纤维的关系。黄教授所讲的受沁以这方面去解释很好，过去讲"钙化"，其实化学反应上钙没有增加，有的叫"白化"，我认为总的称"次生变化"比较恰当。因为次生变化产生的原因是多方面的。哪方面的原因造成哪方面的次生变化。也就是成矿以后继续发生的那部分变化。

这里就发生一些问题，我们说玉是"显微纤维结构的矿物集合体"。我们的祖先、没有电子显微镜,绝对没办法以此认定玉的定义去寻玉,那么中国古人是用何种标准去认识玉的呢?大家都知道,孔子言玉有十德(十种标准)、管子言玉有九德、汉许慎言玉有五德、石之美者这些标准。它们并不是矿物学标准,而是人们的社会观念。由此,我认为是社会产物。如此玉和石要如何区别?有无标准?要认识中国玉,单单靠现代矿物学是不够的。

张光直教授提出,据《山海经》言:中国出玉的地方有二百多处,可是现在玩玉、赏玉的人却形成奇怪的论点:"玉是和阗玉"。认为和田玉才是玉。和阗以外的是彩石,不是玉。各位知道:角闪玉等于是老祖宗,其三代以下大约有二十几个子孙,而且其中一个子孙叫透闪石—阳起石系列,必须具有显微纤维结构的才是玉。以往有的古玉研究者却把角闪石认为是玉,是角闪玉,而其他的是透闪石、阳起石。这样就将母概念子概念颠倒了。只承认母概念而否定子概念是不正确的。就像中国玉这三个字就有两种含意:粗浅的是中国产的玉,另外一种是指在中国历史上起过特殊作用的玉文化。这里"中国玉"是另一种含意。所以我认为中国的玉不能以单项标准视之,必须具备多项标准。首先是刚才讲的矿物学标准,其次是工艺学标准。工艺也是人类的社会行为。从古人如何看待石头,是否赋予它是玉的概念、赋予它"美"和"德"。《越绝书》云:"以石为兵、以玉为兵、以铜为兵。夫玉,亦神物也。"再从《说文解字》里之"灵"字来看,灵字下有"巫",其形状像两脚规,好像工程师。其含义"以玉事神者谓之巫"。玉是神的体现、巫通过玉来显现神的存在,玉变成神的物化,巫掌握玉来执行神的职权。巫、神、玉三位一体互为表里关系。那么哪块玉石里头有神?哪块没有神?我们可以从工艺标准上来看:良渚玉器上通常留有近似同心圆抛物线的弧形曲线痕迹。这些弧形曲线表示经过切割,并且形成波浪形起伏面。这张照片如此,这些亦是,这张寺墩三号墓之大玉琮同样是一道一道一条条,好像共同圆心。其实这样短的圆弧要证明是否同心圆是相当困难的,但是因为有人认为是同心圆,而且认定是用砣切割的。如果确实是这样,那么恰好要反过来证明:因为砣是等径圆,绝不会是同心圆,砣加工不会发生从小到大变化直径之同心圆。认为工艺上只有砣,自转的圆盘才能加工玉,是以往研究玉器者认识上很大的误区,也就成为我们今天研究古玉很大的障碍,就如同矿物学上的标准,只认定角闪石为玉之迷惑同出一辙。

这张玉玦是刚才黄教授放映过的同一件,大家看,中间抛物线放大得更清晰,高的地方磨了,低的地方磨不了,而形成了起伏面。大家留心:在史前玉器上几乎每一件都可以找得到不同程度的开料痕迹。

这件是南京市博物馆魏馆长发现的,此墓地大约与北阴阳营的年代相当,属崧泽文化阶段,它两面都加工,有近乎平行的抛物线,两端不相交的。它的圆心角大于一八〇度,作用力是从外向里作用的,这是另一面,抛物线一样,一个一个地过来。也是高低不平的,这表示玉先切出一个面再切割另一个面,是切割工艺,并不是装饰工艺,是开采玉料的工艺。从这里我们可以探讨工艺标准上的问题。

我们所知,从我们祖先拿起石头用打击的方法,劈叭一声就将石料打开、制成工具以来,就表示人与动物之区别了。石器时代分旧石器时代与新石器时代。旧石器时代是用打击的方法制作工具。到新石器时代则是进步为磨制时期,同样的,开料是用打击的,然后再把器表磨平磨光,良渚文化时代又是进入新石器时代一段时间了,为了将一块玉料截断,当然是比任何石器以劈叭一声击开,要难上千倍、万倍了。

良渚时期是用柔性的线状的物质、依照近似抛物线形的运动形式来带动高硬度的介质(石英砂或解玉砂),大家知道,玉的硬度五点五到六点五度,需要比它硬之物质才能加工,这类介质其颗粒很小,不能直接用手操持把握只能用来作"间接摩擦",这与石器之直接摩擦不同,需消耗更大量的劳动力。从这点反映出:当时的制造者,认为此原料很重要、很神圣。虽然打击的方法比较省时,但却损耗原料,这种间接磨制的工艺,突显出人们对玉材之珍贵,缺点为费时。当然,用这种方法制造的都不是生产工具,无法从提高劳动生产力增加产品来作为补偿制造工艺的消耗。所以这种以其他物质间接磨制成形是制玉的标准工艺。也就变成玉与石在工艺上的分水岭了,这也就体现了古人的所谓"美"和"德"。

这是另外一件玉玦,同样可以清楚地看出高低、近似同心抛物线,且两边对称的曲线。这玉玦缺口是以柔性的线状物质带动介质切割而成的。这道缺缝宽约两毫米,表示是一条两毫米的柔性线制作成的。那么,这种线切割的方法,是否为良渚文化所特有呢?我们再观看"马家浜文化"的玦,亦无一例外。"兴隆洼""查海"亦如是,所以我认为史前时期的玉器都是如此!若大家的收藏品符合此规律才是符合史前玉器,否则?……

由此看来,这种加工方式在史前时期,在七八千年前就已经有了玉和石之区分存在着。这里再一次重申:什么叫做玉?中国玉不仅要符合"矿物学""工艺学"二元标准,而且只有赋予"美"和"德"的才称之为玉。否则例如世界上不少旧石器时代人们使用一种矿物学上称为"碧玉"但其质却是氧化硅类石英,以及周口店猿人就已经使用水晶,这样一来我们所讲的玉就搞混了,玉文化就成为全世界的共性。也就是,不是我们固有传统了。

我们讲工艺标准的第一个项目是"柔性线切割"。那么第二项呢?是"片切割":是以片状的硬性的物质做直线运动来带动介质达成切、割的工序。它的特征是"直线"。线条一定穿透整个工作面,且线条不能中断,是整个穿通的线条,若诸位手上之藏品，线条有断续现象，值得怀疑。

这里再回过头来：看看用砣切割又将留有什么样的痕迹。砣切割造成之情况如下：一是砣的中心横有一轴、切不下去，自然圆心角小于一八〇度。二是其作用力指向圆弧方向，是等径圆。三是砣加工的线条是中间深宽、两头尖细。而且砣具无法转弯，至于如何判断自己藏品上有没有砣具的痕迹，这就要考验各位的认识水平了。依我的观测：史前玉器没有使用砣的证据。我并不否定有使用砣的"可能性"，但考古学是实证的学科，重视的是证据。因为迄今未有证据证明史前玉器使用砣。至于那些确实以砣加工的赝品。这是仿件上暴露的最大的短处，仿制者到现在还是以砣行之，因为用线拉、片锯所需之时间千万倍于此，制假者是花不起这样多时间的。这件圆柱形器上之直线，若诸位认为是砣切的，则其内缘(凹)处应该是弧形，我向各位报告，这里面是直线的，它是片切割的痕迹。

第三个项目是"钻孔"。史前玉器都是两面对钻，是管钻，器形上会形成均匀的喇叭口，这张幻灯片，可以看到很密集的螺丝纹。是粗的解玉砂磨制痕迹。这里有这样一个现象：就是钻孔——两头大、中间小。而钻芯则是两头小、中间大。不符合此规律者，值得怀疑，因为管钻的管壁原先也是厚的，但解玉砂是从外壁加入，砂、管及玉三者的摩擦、管壁一样会损耗变薄，所以孔就成上大下小，因为是两面对钻才成两头大中间小。

还有一事，圆形在史前玉器占很大的比重，如玦、璜、璧等器。据我测量结果，除了个别用管钻外，玉璧外缘没有一件是圆的，这也是判断史前玉器方法之一。这张照片，可以清楚地看到钻孔，这三件看来好像是单面钻，其实是三片合起来，双面钻孔后再剖成三片的，也再次证明史前都是两面对钻，没有单面钻。单面钻是到商周以后才有的。

再下来，第四个特征是"徒手雕刻"。史前玉器都可以看到很纤细的花纹，这张照片是局部放大的，各位可以很清晰地看到。再将它与"片切割"相比？这一条一条线之间是两边不平行的，且两侧成崩缺状。两端是不出头的。这张照片是一九九〇年出土的玉璧上所刻的二个符号，两边都不是对称的。现在有铭刻符号的玉璧很受重视，很流行。各位可以将它拿来对比，查查是否有徒手雕刻的特点，就可以很容易辨认真伪了。这照片是以硬性的片状物作徒手的在器表来回地运动。这种镂空工艺是先用管钻，再以线拉、切割而留下的痕迹。这件带钩很明显地留下线切割痕迹。所以请大家注意：几乎每一件良渚器都可发现这四种特征："线切"、"片切"、"钻孔"、"徒手雕刻"。处处都可找到这四种痕迹。这张、这张……这些照片皆如是。

这张照片是良渚玉器又一种器形，是球形体。若下面是平的，还好办。可以将它粘在某一手持物体的顶端进行加工。困难的就在这是全圆形、三百六十度圆体。抓都没地方抓。就是用最小的砣也作不出来。这球形面完全没有片状痕迹，看起来似乎很难，其实很简单。它是用类似瓷器厂磨釉料、水泥厂磨熟料的球磨方法作的。就是把玉件装在装有解玉砂、金刚砂的容器内、反复摇晃制作而成，这是我以前从来没说过的，我也可以肯定没人作过这种仿件，若大家手上有良渚全圆之物，看来是对的。但三个月后，若有这些东西出现，是否仿品？我就不敢保证不敢说了。

这件锥形器上的徒手雕刻很清楚。这类锥形器都是有榫头的。说明它们是与带铆孔的物体相配伍。榫头还有小孔表示是组装器，所以它的花纹朝上。仿作者不知何故常将花纹刻错、颠倒。

这件环俗称蚩尤环，是一个面一个面一个面，共三个不同视角的侧面组成的，与一个圆弧面是截然不同的。有的收藏的却是圆弧面，与这不同，怎么样？我就不用多说了。

总之，玉是被古人神化的物质。但是玉是可以认识的：玉的原料可以认识、玉的加工工艺也是可以认识的。绝不是迷信。绝不是唬吓人的东西。贵会在台湾是一个影响很深的群众团体，有这么大的会员组织。希望各位有志之士：研究古玉单靠艺术学院的黄教授，还有台大地质系，以及人类学系的连照美教授、宋文薰、黄志强教授等，专业研究的毕竟少数，若我们有这么多的炎黄子孙，大家共同来爱护它、关心它，把它作为我们中华民族的优秀遗产：这里面凝聚着我们东方特有的观念形态，玉就是这种观念的物化，我相信通过我们大家共同的努力，一定会把我们的古玉研究提到一个新的阶段，一个新的层次。我相信这是我与黄宣佩教授来这里演讲的目的，也是我们大家共同的目标。谢谢。

（本文原载于《中华文物学会》1996年刊）

说　　琮

　　琮是见于《周礼》记载的著名古玉之一，方柱形，上大下小，中间有圆孔贯通，上下端有环形的射，反映了古人的天圆地方的宇宙观。它的形制既古朴奇特，又具有某种神秘感，因此是古玉爱好者争相收藏和研究的一类玉器。

　　琮起源于环太湖地区新石器时代晚期的良渚文化，距今已有4 000多年，凡良渚高台大墓都有琮，如上海青浦的福泉山，江苏吴县的张陵山、草鞋山、赵陵山和武进的寺墩，浙江余杭的反山和瑶山等。并且在新石器时代琮就已流传到全国各地，在长江以北的苏北和鲁南大汶口文化，山西襄汾陶寺的中原龙山文化，陕西神木的石峁，长江以南的江西淳安、广东曲江石峡文化等，均出现与良渚文化有关的琮。大致到了商代，琮仍盛行，在安阳殷墟武官大墓和妇好墓中都见琮，到了两周开始衰落，成为罕见，至汉代仅见前代遗留的器物，如江苏涟水三里墩汉墓出土的一件银质鹰座玉琮，方柱形素面无纹，属于商周时遗留的玉琮，并非当时的器物。

　　玉琮的器形，基本形制如上述，但不同时期各有时代特征。如良渚文化早期，呈镯形，见吴县张陵山出土的一种，在筒形镯的面上凸出四个方块，在方块上雕琢兽面纹，这类琮现在正名为琮形镯，这是目前所见最早的一件。另一件是安徽潜山薛家岗文化三期出土的琮形管，方柱形，长2.1厘米，四面有直槽和横槽，器面分节但无刻纹，与琮极为近似，而年代与良渚早期相当，所以琮是从这两类器演变而来的。良渚中期形成琮的正规器形，有了弧面方角形琮，器面雕琢神面与兽脸构成的神像，晚期变成正方形多节的长琮，器面每节雕琢神面。商代琮继承良渚晚期的形制，正方形，但射较高，有的变为在圆柱体上凸出四条脊棱，有的在方柱体的四角雕琢蝉纹或几何形图案，并且这一时期已见方柱体四面不开直槽的光素无纹琮。西周时期琮不多见，一种素面方柱形琮与商代相似，另有在方柱形琮的四面雕琢变形卷云纹的。战国时期有刻牛头形兽面纹的琮。

关于琮的用途是目前最令人感兴趣的问题,许多著作都以《周礼》的记载作为依据进行探讨,但现知该书为战国古人的著作,记述的琮的用途与考古发现的迹象并不相符。如"以黄琮礼地"之说,据考古发掘所见,琮在出土时,除已横倒的之外,竖立的琮均为大端在上、小端在下。琮面的神像图案,也是上节依次为象征神冠的两条横棱,一对圆圈作眼,一条短横裆作鼻的神面,下节是蛋圆形的眼睑内刻圆圈作眼,有桥形的额,短横裆作鼻的兽脸。如果大端朝下,神像就会倒置。所以从琮的造型来看,是一件属于高举仰视的器物,因此礼天则可,礼地则有些说不通。又说"大琮……宗后守之","瑑琮……诸侯以亨夫人",说有的琮为女性所用。现据考古所见,在新石器时代良渚文化中,都出土于掌握玉钺的墓主身旁,如在瑶山墓地,分南北排列的两排墓群中,南排墓出钺与琮,北排墓出土玉璜与玉纺轮,出璜和纺轮的为女性,琮应该是男性所有的器物。在商代,武官村等商王墓中出琮,王妃妇好墓中也出琮,在战国时代于曾侯乙墓出玉琮,琮的使用似与性别无关。同样有人以为璧圆形象天,为阳性,男性所用,琮四方象地,为阴性,女性所用,但在古墓中一人身旁往往既有琮又有璧,如寺墩 M3,有琮 31 件,璧 23 件,反山 M20,有琮 4 件,璧 42 件,福泉山 M40,出琮、璧各 3 件。所以不能以琮或璧来鉴定墓主的性别。如此,琮的功用究竟是什么,以笔者分析,在产生琮的良渚文化时期,凡是琮器面上必有神像雕刻,神像的构图各地出土的基本一致,而且往往被移用到其他形器上,如在手镯上,有琮形镯,在锥形器上,有琮形锥形器,在玉管中有琮形管等,所以琮是一种用于祈福祛邪的神器,器形的方圆结合,属于古人的天圆地方宇宙观,中间贯通、仰视象征通天,器面雕琢多节神像,类似美洲印第安人崇拜的神柱。至于琮上神像图案,如反山大琮上刻琢的带羽冠、环眼,阔嘴露齿,横伸二臂,手上五指,下身装饰兽面,有眼、鼻、额、嘴,嘴中伸出上下两对獠牙,身下露蛙形腿,鸟爪形足趾,下身图像似虎,但虎无獠牙,似猪,猪无蛙形腿,似蛙,蛙又无鸟爪,这是一种抽象的创作的兽形,类似商周青铜器上的兽面纹,难以具体指出其属于何种动物的形象。再说良渚神像的渊源,可以在良渚的前身——马家浜和崧泽文化中找到他们的演变轨迹。如在马家浜文化晚期的圆锥形陶鼎足的足根部,常常有一对手指捺的凹眼。至崧泽文化时期,在三角形足或扁铲形陶鼎足上,正面有一条锯齿形的捏纹,两侧有一对凹眼,已经形成有鼻有眼的脸形。在一件崧泽文化大鼎角尺形的器足上,更以角线为中心,左右两侧用凹线勾划出脸形,角线上有锯齿形捏纹,两旁有凹眼,头上又用条条点线象征光芒或羽冠。这一脸像已经可以同良渚玉琮上以角线为中心展开的神像构图相衔接。所以良渚人所崇拜的是太湖地区传统的神。琮还是一种权力的象征,它出土在高台大墓良渚显贵的身旁,而且有琮的有玉钺,如果玉钺是军事指挥权的权杖,有琮则表示掌握宗教的司仪权,政教合一也属于世界古史上常见的一般规律。至于商周时代的琮,已逐渐成为礼仪上的用器。

(本文原载于《上海工艺美术》1997年第3期)

齐家文化玉礼器

中国玉文化的传统悠久而灿烂。早在新石器时代,在辽宁与内蒙古有兴隆洼-赵宝沟-红山文化玉器,在江苏、上海、浙江有马家浜—崧泽—良渚文化玉器,在陕西、甘肃、青海一带有仰韶—马家窑—齐家文化玉器,其他尚有鲁南苏北的大汶口—龙山文化玉器,湖南、湖北的石家河文化玉器等。对于上列各系列玉器,从考古发掘报告到专题研究,至今已有较多论述。但唯独于陕、甘、青的古玉,发表的资料与研究报告很少。笔者为对上海博物馆馆藏的一批齐家文化玉器作一次整理研究,近期特地赴甘、青二省作一次新石器时代玉器的考察。承蒙甘、青二省的省博物馆、省考古研究所,以及各地区博物馆的热诚接待和无私地提供研究方便,让我们鉴看了大量考古发掘出土的、调查采集的和征集上交的新石器时代玉器。其间又巧遇矿物学专家闻广教授也来这一地区作玉矿调查,对了解甘、青古玉的来源获得了更多的认识。本文即根据这一次的考察所得,结合上博藏甘、青玉器和有关考古发掘资料,特对甘、青玉器最盛行期——齐家文化的玉礼器作一探讨。

一、陕、甘、青一带出土玉器概况

中国的陕、甘、青一带,是国内最早开展田野考古的地区,以甘肃为例,从1923年起,已发掘了马家窑、半山、齐家坪等遗址。因此古文化的序列已经比较清楚,它们是秦安的大地湾一期—仰韶文化的半坡类型—庙底沟类型—石岭下类型—马家窑文化的马家窑类型—半山类型—马厂类型—齐家文化。大致齐家文化已进入铜石并用时期。这一地区出土玉器的概况:

在秦安大地湾遗址,经多次发掘,揭开的面积已达数千平方米,遗存包含大地湾一期、半坡类型、庙底沟类型、石岭下类型以及马家窑类型,发现了房基、陶窑、灰坑、墓葬等。在大地湾一期中未见玉器,在半坡至马家窑类型中,见环、坠等玉石饰件。未见琮、璧等玉礼器。[1]

在天水师赵村遗址,发掘了5 370平方米,清理了房址36座、窖穴49个、墓葬19座。遗存分七期,前六期与大地湾相似,第七期属齐家文化的早期阶段。发现玉器十余件,器类以玉璜数量最多,次为璧、环、琮,主要出于地层中,只有个别见于房址和墓葬。[2]

在永昌鸳鸯池墓地,清理了189座墓葬,年代分三期,早期墓属半山类型向马厂类型转变期,中期墓属马厂类型中期,晚期墓处于马厂类型晚期。在上列墓中,除玉石生产工具、绿松石镶嵌饰片与石珠等外,未见璧、琮等玉礼器。[3]

其他如古浪的老城遗址和高家滩遗址,康乐的边家林墓地都经试掘,清理了灰坑、居住面和墓葬,也属马厂类型,在遗物中同样未见玉石礼器。[4]

在永靖秦魏家齐家文化墓地,发掘了1 011平方米,清理了138座墓葬,出土的玉器除了绿松石珠以外,有石璧5件,其中2件出于墓内,另3件未说明出处。当出于地层,年代处于齐家文化的中期。[5]

在武威皇娘娘台遗址,经多次发掘主要属于齐家文化晚期,以第四次发掘为例,清理了齐家文化墓葬62座,出土玉璜5件、绿松石珠32枚,在其中24座墓中出土玉石璧264件,每座少者1件,最多达85件。[6]

在永靖大何庄遗址,发掘了1 589平方米,发现了居住遗迹和窖穴,清理了齐家文化墓葬82座,出土物中玉石饰件不多,未见玉石璧、琮,但出土骨璧21件,器形均很小,形似扁平纺轮。[7]

此外,有琮、璧等出土,但尚未发表发掘报告或简报的还有:广河齐家坪遗址,此址为齐家文化据以命名的典型遗址,出土器物中有较多璧和琮。[8]青海同德县宗日遗址,在齐家文化层内见长方形带孔玉刀和玉璧。[9]至于调查征集所得已经发表的有陕西神木石峁遗址,1976年收集到一批玉礼器,有铲、璋、长方多孔刀、牙璧、钺和璜及人头雕像等,据调查了解,应出于石板墓内,不是新石器时代的遗物,其年代大致晚于客省庄二期而早于偃师二里头早商文化。[10]

延安芦山峁遗址,1981年收集到一批玉礼器,有璧、琮、牙璧、铲、锛、斧、长方形多孔刀,以及璜、笄、镯和1件良渚型的角尺状石犁等。[11]其年代有的与石峁采集的玉器一致,而带兽面纹的琮及石犁则略早,与山西襄汾陶寺晚期墓葬相近。

归纳上列现象,甘青一带出土玉器的概况是:大地湾一期未见玉器,仰韶至马家窑文化中常见玉生产工具斧、锛、凿、铲,与饰件珠、管、坠、镯。到了齐家文化出现并盛行璧、琮、刀、铲、璜等玉礼器,而且是璧、璜多,琮、刀较少,璋未见。所以习称的华西璧、琮、刀与璜,可以更确切地称为齐家文化玉礼器。

二、齐家文化玉礼器的研究

　　齐家文化玉器的玉料与仰韶、马家窑的一样很有特色,属透闪石—阳起石系列的真玉,有黄玉、碧玉、青玉、白玉和墨玉等种。玉色中往往间夹布丁石纹(pudding stone),即可见各种不规则的圆形斑纹(图 37-1-1),或有不同色泽的条纹(图 37-1-2),与产于新疆和田的玉石有所不同。即使墨玉一类,外观与和田墨玉无异,但齐家墨玉在扁薄透光处呈黄色,有的亦见布丁石纹,而和田墨玉扁薄处透绿色,无布丁石纹。齐家玉器玉料的产地据闻广教授的调查,在临洮县洮河的支流大碧河的马衔山沟和祁家沟中可以采集到这类玉石。除上列真玉以外,尚有蛇纹石系列的鸳鸯石,这是一种在绿色中间夹黑袍色斑纹的美石,在笄、坠、镯中常见,产地在武山的鸳鸯镇一带。

1　　　　　　　　　　　　　2
图 37-1　玉璧(54662)的两面

　　齐家玉器在制作技术上,普遍采用将玉料锯剖成片成形,然后研磨修整与钻孔的方法。一般石礼器的制作较粗糙,在锯割成形并作钻孔以后,不再修整。玉礼器则较精,在成形以后再作进一步研磨,所以器形比较圆整与光洁,但多数未作抛光。从器面遗留的制作痕迹分析,锯割是用片状工具加硬砂与水做直线运动往来磨切。由于从两面相向的锯割容易错位,所以锯割相接处常见错位崩断遗留的一条台阶。钻孔技术有使用圆头钻与管钻的两种,但均为单向直钻,基本不用两面相向对钻。圆头钻用于钻制刀、璜上的小孔,孔径口大底小,一般呈17度以上的收缩,说明钻体磨损度大,硬度不高。管钻用于钻制璧、斧上的大孔。无论圆头钻还是管钻,在单向钻进将要穿透时,孔眼边沿即崩断,所以钻孔穿透一面边沿凹缺不圆整,成为齐家玉器工艺上的另一特征。唯有琮上的钻孔,由于器身较高采用从两面相向对钻的方法,并在穿透后对孔壁再作修整,所以孔形不圆,孔壁不见旋痕,亦无对钻错位遗留的台阶,但常见直向研磨的痕线。齐家玉器的器形,多数不十分规整,如琮的方柱体四面宽度不一,璧的厚度两边差异亦大,有的甚至器形中凹呈V形,并且器面常常可见作平面研磨遗留的平行直线或交叉直线的磨痕。无论琮、璧或刀,器表均为素面,无一有刻纹的。

璧是数量最多的一种,发掘出土的已有数百件,调查采集藏于当地博物馆的亦上百件。它是将玉料锯割成片状后,中心钻孔,再用多次切角的方法,使之大体成为圆形,然后再作进一步磨圆,所以边沿可见不同方向的研磨小平面,有的作前后研磨,有的再作左右侧磨。器形有圆形、椭圆形、圆角方形等种,如皇娘娘台出土的一件(13922)石璧,周边可见清晰的切角痕,中心单向钻孔(图37-2)。

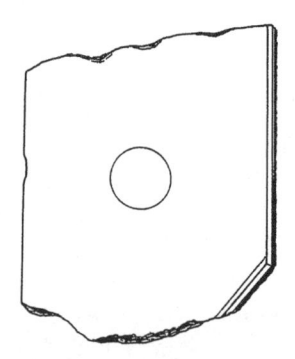

图37-2 皇娘娘台遗址出土石璧

上海博物馆藏齐家文化玉璧(54663),棕褐色间夹黑色斑块和淡灰色条纹玉璧,器面上有直条研磨痕,一面有相向锯割错位折断的台阶,钻孔为单向直钻,穿透处边沿有崩裂痕,孔壁上有旋纹,璧的周边可见切角平面,直径22.5、孔径上4.8、下4.2、器厚0.7~1.9厘米,一边厚,另一边薄,器上金粉"宏璧"二字为吴大澂所书(图37-3)。

图37-3 玉璧(54663)的两面

·齐家文化玉礼器·

(54633),青黄色有黑褐色水草纹玉璧,璧的一面两边低斜中间隆凸,另一面见相向锯割错位折断遗留的台阶,单向直钻孔,穿透处有崩裂痕,孔壁有旋纹,周边有切角小平面,器面遗留直条研磨痕,直径25.1、孔径上5.9、下5、厚0.5~1.9厘米,器上有金粉"宏璧镇圭尺十二寸"八字,为吴大澂所书(图37-4)。

(54662),青色有黄褐条纹玉璧,单向直钻孔,穿透处有崩裂痕,孔壁光滑经过修整,器的一面有相向锯割错位折断的台阶,器形比较圆整,但仍有切角磨边痕,直径20.1、孔径上6.5、下5.8、厚0.6~0.8厘米。

(54634),青色间夹褐色斑纹玉璧,器形一边较薄,并因由上向下斜向锯割而略为上翘,还遗留一条锯割痕,另一边较厚,单向直钻孔,孔壁虽然经过修整,穿透处边沿仍见崩裂痕,直径17.5、孔径上6.7、下6.4、厚0.2~0.6厘米,器上有金粉"黄钟律琯尺八寸"七字,为吴大澂所书(图37-5)。

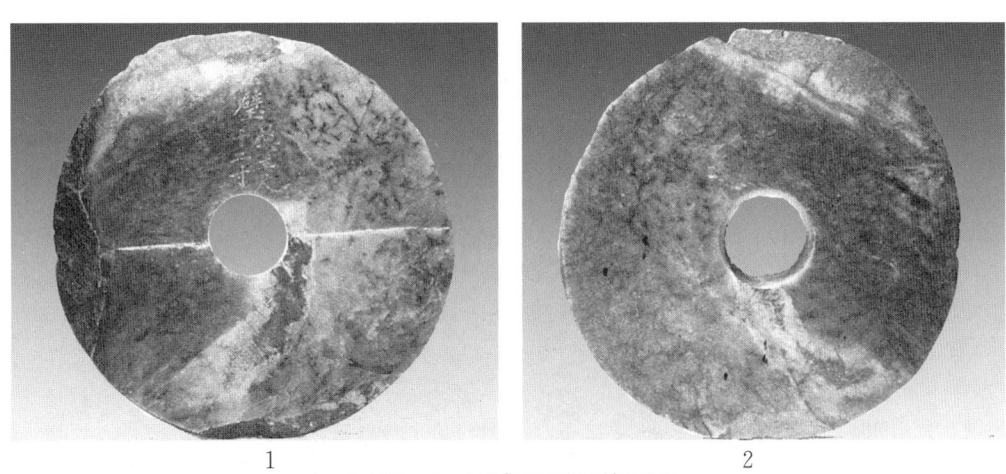

图37-4 玉璧(54633)的两面

图37-5 玉璧(54634)的两面

琮,见于发掘出土的仅齐家坪与师赵村两例,而且数量不多,调查采集的亦仅见10件左右。它是将玉料锯割成方柱体后,再从两端相向对钻一大孔,并将孔壁研磨光滑,最后在方柱体的两端各取一小段削角成为圆形的射部,射的外壁往往可见多次切角与研磨的平面,射部与方柱角相接处多数有凹弧。琮的四面平直,既无刻纹,亦无横直凹槽分节。例如上博藏琮:

(64640),黄褐色有淡黄色斑块玉琮,器表见长期收藏抚摸的宝浆,射圈不圆整。射与方柱角相接处呈凹弧角,方柱体四面阔度不一,琮孔经过修整,有直条研磨痕,器高5.3、阔7.4～7.6、射高0.8、孔径6.3厘米。

(66555),青灰色间夹深褐色水草纹及黄色斑块玉琮,射部较高,射圈上见八面切角平面,射底与方柱角相接处成直角,孔壁有对钻错位的台阶,方柱体四面阔度不一,器高18.8、阔9.2～9.5、射高3.7～3.8、孔径上7.15、下6.8厘米(图37-6)。

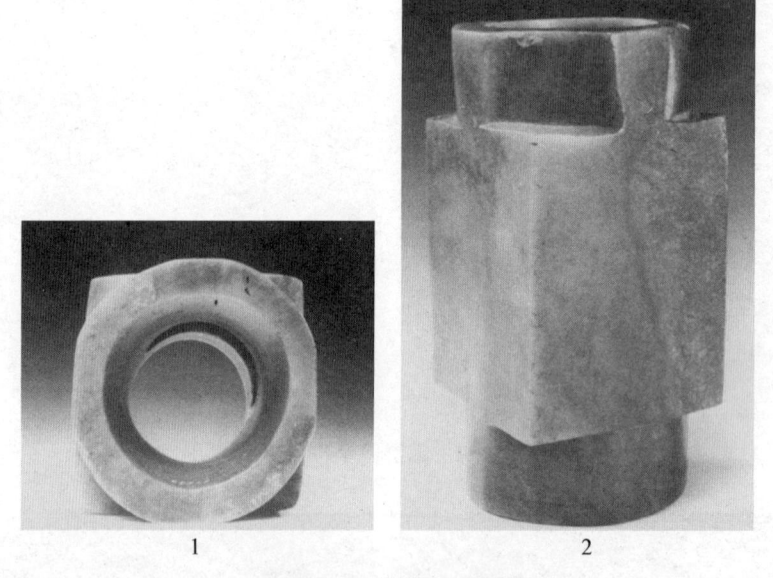

图37-6 玉琮(66555)

长方形多孔刀,发掘出土的仅见青海省海南州同德县巴沟乡宗日遗址齐家文化层出土的数件与民和齐家文化墓葬出土的一件仅存一孔的残器,调查采集的亦不多见。它的制作是将玉料切片并切割成长方形后,把其中的一条长边甚至另一条侧边磨成双面刃,其余两边磨去边角,使之比较光滑,在器身近背部用圆头钻单向直钻数孔,孔底穿透处均见崩裂痕。有的在刀背或两端见相向锯割然后折断的断裂痕。长边刃部往往内凹,并有经过使用的崩缺口。例如宗日出土玉刀(见于青海省博物馆陈列)。

1. 青白色有深褐色水草纹玉刀，一端较宽，扁薄近似钝口，另一端稍狭较厚，底边双面刃、利口、刃部微凹，背部平直，器身在狭端中间横向并列直钻两小孔，据目测，长约20、狭端宽4.5、宽端宽6厘米(图37-7-3)。

2. 青灰色有深褐色条纹玉刀，一端较宽，扁薄似钝口，另一端稍狭较厚，底边双面刃、利口，刃部较平直，器身背部中段并列直钻两孔，目测长约18、狭端宽4、宽端宽5.5厘米(图37-7-1)。

3. 青灰色石刀，一端较宽，扁薄成双面刃，另一端较狭、稍厚，底边双面刃、利口，刃部较平直，器身狭端中间直钻一孔，目测长约21、狭端宽5、宽端宽6厘米(图37-7-2)。

此外，在青海大通县上孙家寨征集的一件青绿色有布丁石纹的玉刀，两端宽度不一，并和背部一样均稍薄，底边双面刃、利口，刃部微凹，有使用痕迹，背部平直，遗留一条从两面相向锯割然后折割的直条断裂痕，背部横列直钻四孔，刃长54、大端宽10.3、厚0.8厘米，孔径口大底小，分别为1.3～0.8、1.2～0.75、1.2～0.75、1.3～0.8厘米，上下缩小约0.5～0.45厘米(图37-7-4)。此件器大孔多，与陕西神木征集的相似，年代可能较宗日出土的稍晚。上博藏数件亦与此器相似：

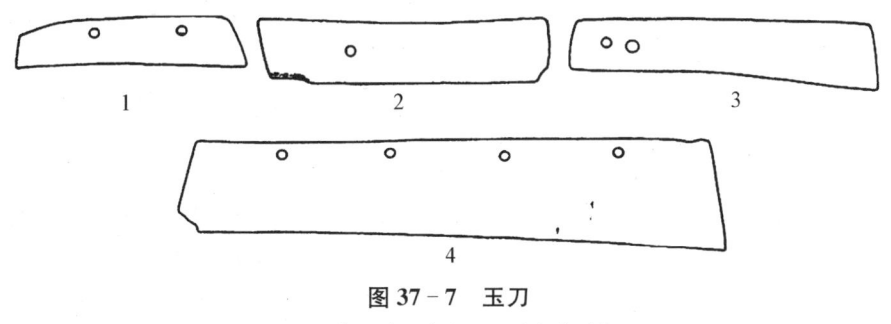

图37-7 玉刀
(1～3.宗日遗址出土 4.孙家寨采集)

(60991)，青黄色间夹淡黄色布丁石纹玉刀，背部较厚，平直，有锯割折断凹入的断裂痕，两端作钝口，一端较宽，另一端较狭，底边单面刃，锋利有崩缺，刃部微凹，凹入0.5厘米，器身近背部横列三孔，均为单向直钻，穿透处孔沿有崩裂痕，器长53.8、宽一端9.9、另一端7.3、厚0.7厘米，孔径口大底小，分别为0.9～1.2、0.8～1.3、0.9～1.2厘米(图37-8)。

图37-8 玉刀(60991)

(66648)，墨玉，间夹灰黄色斑纹玉刀，背部短，刃部长呈梯形，一端宽另一端较窄，两端与背部平整，底边单面刃，刃部平直，有小崩缺口(较大缺口似后期碰崩的)，器身近背部横列三孔，宽端中部另钻一孔，均为单向直钻，穿透处边沿见崩裂痕，自宽端起背部三孔第一孔和第三孔从正面钻入,第二孔和宽端一孔从背面钻入,刃长40.7、背长39.1、一端宽9.5、另一端9.1、厚0.3厘米,孔径口大底小,宽端一孔1.6～1.9厘米,背部三孔依次为1.6～1.6、1.6～1.9、1.6～1.8厘米(图37-9)。

图37-9 玉刀(66648)

(54647),淡褐色有淡黄色和深褐色布丁石纹玉刀,背部短,刃部长呈梯形,两端作钝口,并且一宽一窄,底边作双面刃,刃部凹入0.3厘米,器身近背部横列三孔,宽端中部另钻一孔,均为单向直钻,穿透处边沿见崩裂痕。自宽端起,背部三孔前两孔从背面直钻,后一孔与宽端一孔从正面钻入,器身一面近窄端有一研磨的凹槽。刃长37.3、背长34.3、一端宽7.1、另一端5.2、厚0.3～0.5厘米,孔径口大底小,宽端一孔0.8～1.1,背部三孔依次为0.7～1.1、0.9～1.1、0.8～1.1厘米(图37-10)。

图37-10 玉刀(54647)

璜,查阅发掘报告或简报,仅在师赵村有出土,而且据报告称在出土的十余件玉器中占多数,但文中无描述,亦未见图片,其他发掘的各遗址均未见。在这一次甘、青古玉考察中,在临夏博物馆的征集玉器中见多件。器形均为一璧作四等分锯割,呈扁形,锯断面有的经过研磨,平整光滑,有的仍留相向锯割后折断的断裂痕,两端均有一孔,孔位处于中部,与断镯、断璜穿孔连结的近似。目前局限于资料过少,无法分析,本文从略。

铲,玉质的仅见调查采集的数件,扁长形,顶端窄、刃部宽,有的器身近顶端穿一孔,单向直钻,穿透处边沿有崩裂痕,器形与制法与长方形刀近似。上博藏(64641),深褐色玉铲,顶端有相向锯割后折断的断裂痕,刃部较宽,单面刃、钝口,长20、顶宽3.7、刃宽5.6、厚1厘米。

三、与良渚文化玉礼器的比较

上列齐家玉礼器的产生,刀、铲类器形出现较早。在齐家文化之前的马家窑文化中已见长方形单孔或双孔石刀,这是一种穿绳手握收割农作物的工具。至齐家文化时,随同其他礼器的出现,也有了礼仪上使用的玉刀。玉铲亦从石铲演变而来。但是璧与琮,在早于齐家的仰韶和马家窑文化诸类型内未见踪迹,却在齐家文化大量涌现,其来源值得探讨,笔者以为其应与良渚文化璧、琮的向四周传播有关。以下试与良渚文化的同类器作一对比研究。

良渚是早于齐家的新石器时代文化,良渚的绝对年代约为距今5 100~4 200年,这方面已有较多考古地层关系和碳十四及热释光年代可资证明。齐家的年代晚于马厂类型而早于二里头的早商期,马厂类型的年代为距今4 590±149~4 005±110年。齐家文化碳十四的测定如永靖大何庄的下层居住遗址F7木柱为距今4 000±115,与3 960±115年,乐都柳湾M266棺木为距今4 205±140,M392棺木为3 865±155年[12]齐家文化的年代可以定为距今4 200~3 800年。

璧与琮均为良渚文化的特征器物之一。璧最早产生于崧泽文化中,出现在距今5 500年前后,盛行于良渚的中晚期,约当距今4 500年上下,齐家璧出现于距今4 200年,盛行于4 000年左右。齐家璧与良渚璧在制法与使用上基本相同,二者均为对锯切片,然后切角研磨成圆,再在中心钻孔。二者在使用要求上均有精粗之分,精制的器形规整,研磨光滑,主要用于礼仪,在墓内也单独放置,粗制的在成形以后不再进一步加工,用于作随葬品,在墓内成堆成批放置,而且放置的部位齐家与良渚亦相同,有的填于人骨下,有的铺盖于人骨上。在良渚文化如寺墩M3,有璧24件,分置头前足后各10余件,一部分压在头足之下,制作最精的2件放在胸腹之上。[13]福泉山M9,有璧4件,2件压于右肢骨下,1件置于右肢骨上,另1件垫于骨下。[14]反山M20有璧45件,虽然人骨已朽蚀不清,但从迹象分析,亦分别置于人骨上下。[15]在齐家文化出璧最多的皇娘娘台墓地,一座出璧83件的墓葬虽然报告未见描述和图表,而已列图的数例如M32有璧6件,1件置于头骨右侧下,5件位于腰部左侧骨下,M52有璧22件,有半数位于人骨下。对于用璧的含义,齐家与良渚基本相同。二者的不同点仅在制作的个别方面,如良渚的钻孔使用相向对钻,而齐家的全用单向直钻;良渚的器面上常见弧线凹痕,齐家的多为平行直线的磨痕;良渚精制玉璧的器表均经抛光,光亮如镜,齐家的似未经抛光。

琮的造型非常独特,内圆外方,上下有"射",在良渚文化中最早见于早期的张陵山上层墓葬,年代距今约5 000年,到良渚的中晚期约4 500年时,进入盛行期,几乎凡良渚的高台墓地都见琮,多的如江苏寺墩M3达23件。齐家的见于距今4 000年前后。齐家与良渚琮除前者素面无纹,后者有神像纹以外,器形一致,制法亦相同,射部均用切角方法大体成圆角方形,中间大孔矮琮在钻透后,均将孔壁研磨光滑,长琮在孔壁中可见从两端相向对钻,中间折断的台阶。使用要求上同样有粗精之分。只有在墓内的位置,因齐家琮的出土情况尚未发表,无法比较。古代琮的演变规律,良渚时期是由粗眉大眼阔嘴獠牙的神像纹琮,演变为上节神脸下节兽面纹琮,再度变为简化的单一的神脸纹琮,纹饰是由繁到简,到商代的妇好墓中,就出现了素面的无纹琮。齐家琮在琮的发展演变中,正处于后期的形式,与所处年代相合。

因此齐家的璧与琮,在本地未见产生与演变的轨迹,器形与用途又与良渚如此相似,年代又晚于良渚,所以很自然地联想齐家璧与琮是受良渚影响的产物。再说良渚文化与西、北地区的文化交流,于齐家文化已不是孤例:在良渚文化分布区之北的大汶口文化中见良渚的璧、琮等大批器物,往西在稍晚于大汶口中晚期的山西襄汾陶寺墓地的晚期墓葬中,见璧、琮和良渚的另一典型器三角形斜柄石刀,在年代晚于客省庄二期,又早于二里头早商的陕西延安芦山峁采集的一批玉器中,除了璧、琮之外,亦见1件良渚的角尺形石犁。特别是齐家文化中尚有受良渚文化影响的陶鬶,以及马厂和齐家文化墓葬中常见的海贝,已被确认产于东南海区,可见齐家与良渚虽然相距二千余里,经过辗转传播早已有了交流。齐家文化璧、琮的出现来源于良渚文化的影响,应该说是有一定论据的。

注释

[1] 甘肃省博物馆、秦安县文化馆、大地湾发掘小组:《甘肃秦安大地湾新石器时代早期遗存》,《文物》1981年第4期,第1~8页;甘肃省博物馆文物工作队:《甘肃秦安大地湾第九区发掘简报》,《文物》1983年第11期,第1~14页。

[2] 中国社会科学院考古研究所甘肃工作队:《甘肃天水师赵村史前文化遗址发掘》,《考古》1990年第7期,第577~586页。

[3] 甘肃省博物馆文物工作队武威地区文物普查队:《甘肃永昌鸳鸯池新石器时代墓地》,《考古学报》1982年第2期,第199~228页。

[4] 武威地区博物馆:《古浪县高家滩新石器时代遗址试掘简报》,《考古学报》1983年第3期,第5~7页;武威地区博物馆:《甘肃古浪县老城新石器时代遗址试掘简报》,《考古与文物》1983年第3期,第1~4页;临夏回族自治州博物馆:《甘肃康乐县边家村新石器时代墓地清理简报》,《文物》1992年第4期,第63~76页。

[5] 中国科学院考古研究所甘肃工作队:《甘肃永靖秦魏家齐家文化墓地》,《考古学报》1975年第2期,第57~96页。

[6] 甘肃省博物馆:《甘肃武威皇娘娘台遗址发掘报告》,《考古学报》1960年第2期,第53~72页;《武威皇娘娘台遗址第四次发掘》,《考古学报》1978年第4期,第421~448页。

[7] 中国科学院考古研究所甘肃工作队:《甘肃永靖县大何庄遗址发掘报告》,《考古学报》1974年第2期,第29~62页。

[8] 广河齐家坪遗址的发掘报告尚未整理发表,出土琮、璧见于甘肃省博物馆和省考古研究所。

[9] 宗日遗址发掘队:《宗日遗址发掘获重大成果》,《中国文物报》1997年10月26日。出土的长方形玉刀与玉璧陈列于青海省博物馆。

[10] 戴应新:《陕西神木县石峁龙山文化遗址调查》,《考古》1977年第3期,第154~157页。

[11] 姬乃军：《延安市发现的古代玉器》，《文物》1984年第2期，第84~87页。
[12] 梁星彭：《齐家文化起源探讨》，《史前研究》1984年第3期，第33~40页。
[13] 汪遵国：《良渚文化"玉敛葬"述略》，《文物》1984年第2期，第23~35页。
[14] 上海市文物管理委员会：《上海福泉山良渚文化墓葬》，《文物》1984年第2期，第1~5页。
[15] 浙江省文物考古研究所：《浙江余杭反山良渚墓地发掘简报》，《文物》1988年第1期，第1~31页。

(本文原载于《东亚玉器》，1999年)

金沙村十节神面纹玉琮分析

　　金沙村遗址是四川省继三星堆遗址之后的又一次重大考古发现，出土的金、玉、石、铜、牙、骨文物，显示了这一地区商周时期政治、经济与文化的高度繁荣。其中十节长琮的出土，更牵引出这一地区与千里之外的长江下游新石器时代良渚文化的关系。本文试就这一件神面纹长琮与良渚文化的关系，进行一些对比分析。

　　金沙村出土的长琮，据发表的资料[1]和笔者对实物的观察：系用透闪石软玉制作，玉色青绿，半透明，滋润的玉质中间有深褐色和白化的杂斑，器形制作规整，长方柱体，高22.26厘米，上大下小，中心用管钻从两端相向对钻一孔，形成内圆外方。器表和孔壁都经仔细打磨，平整光滑，成器后并作抛光，微显玻璃般光泽。此器的形制，上下端有射部，射的俯视为圆角方形，方柱体的四面中间开竖槽，使器身似在圆筒上突出四个角尺形凸块，每一凸块又以九条浅小的横槽，分割为十节，并以角线作轴，每节四角以减地和细刻方法雕琢四个神面。面纹的构图为，上有两条横向的凸棱作冠，每条棱面上刻划多条横向平行阴线，横棱下为双目，目纹用双圈表现，外圈作眼睑，并在左右两侧各刻一个三角形眼角，内圈作睛。双目之下，用一短凸棱作鼻，短棱上细刻横直弧线和云纹组成的几何形图案，而非嘴部显露的齿纹和獠牙纹。在大端射部的一侧，一条直槽的上方，还浅刻一神人纹。神身肥胖，头上戴冠，双臂平举，长袖飘逸，两臂上还刻一上卷的羽毛形装饰，身下双脚叉开(图38-1)。

　　玉琮最早起源于长江下游太湖地区的新石器时代良渚文化，良渚琮不但年代早，数量多，而且演变规律清楚。金沙村十节长琮，从器形至纹饰都与良渚长琮接近，说明两者关系密切，以二者作比较：

　　玉质：良渚玉器的玉材，虽然间有叶蛇纹石、石髓和滑石等，但仍以透闪石软玉为主，玉色大部分不纯，在青绿、绿褐诸色中间夹各种杂色瑕斑。以玉琮而言，矮琮出土时大部分已经白化，呈鸡骨白色，只有个别保持青绿色。但长琮则少见白化现象，基本保持原色。如上海亭林出土的透闪石长琮[2]呈蟹青色(见图17-15)，上海博物馆珍藏

·金沙村十节神面纹玉琮分析·

图 38-1　成都金沙村出土的十节长琮

图 38-2　上海博物馆馆藏鸟纹刻符长琮

的透闪石鸟纹刻符长琮,呈深褐色(图 38-2),福泉山出土的滑石长琮呈青灰色[3](见图 29-1),但良渚的透闪石软玉,虽然大部分含杂质颗粒,色泽不纯,但也有个别色纯质优的。如福泉山出土的透闪石青玉琮形镯(图 38-3)和青玉钺(见图 5-19),除各有一条杂色瑕斑外,前者呈湖绿色,后者显青绿色,质地整体滋润半透明。如以金沙村长琮与之相比,只是色泽稍深而已,所以金沙村长琮也许同属良渚罕见的优良玉材,因此使笔者初见

图 38-3　福泉山 M9:21 玉琮形镯

时,觉得其与良渚常见的长琮材质不同。今金沙村长琮的材质已做科学检测,认为其与本地所产之玉不一样。这件玉器就极可能属于良渚天目山的玉材,是目前所见良渚文化中唯一的一件玉质优良半透明的长琮。

　　工艺特征:良渚玉器的特点,素有鸡骨白、玻璃光之称。鸡骨白是指所见良渚玉多数已经白化,仅长琮与玉璧基本保持原色,金沙村长琮玉色未变,在良渚长琮中也是特有的现象。玻璃光是指良渚玉器在成器之后,都经高磨抛光,器表平滑,光亮如镜,并且不仅在器面,有的在孔壁等处也细致加工,成为有别于其他新石器时代玉器的特点,今金沙村长琮,同样显露这一特色,器表闪现光泽。器面纹饰的制作,凸纹使用减地法,即先用锐器划出纹饰的边框,再将纹饰边外研磨减地,突出纹样,这些凸纹在雕琢前经过规划设计,因此都很工整。而一些阴线纹饰,圆圈使用小圆管旋研,边

沿润滑,只有双圈目纹的内圈作刻划,圆弧不规整。直线和弧线则以锐器信手刻划,线条边沿常见崩碴现象,有的直线因重复刻划,可见双线。如福泉山(M9：21)玉琮形镯上所见(见图29－2),这些阴线不像夏商之后用砣旋刻的那样光滑锐利。综观金沙村长琮的工艺,同样具有上述种种特征。唯一与良渚琮的不同之处,仅是良渚只对矮琮的孔壁作研磨扩大和抛光,并且不见用管钻对钻遗留的台阶,而对长琮的孔壁,则往往不作抛光处理,还有孔的中段可见对钻错位出现的台阶。今金沙长琮的孔壁,既磨去了对钻遗留的台阶又经过抛光,为良渚长琮所罕见。

器形与纹饰：良渚琮的器形,从早期到晚期有一定的演变规律,早期琮呈圆筒形,如张陵山 M4 出土的镯形琮[4]（图38－4),中期变为弧面方角形,如福泉山(M65：50)矮琮形制(见图17－16),到了晚期成为正方柱形,并且由矮变长,如上海亭林(M16：17)长琮。琮面纹饰,早期是横眉、大眼、阔嘴獠牙,形象粗犷的神脸,中期变为羽冠,圆眼、横鼻的神脸与蛋圆形眼、扇形额、横鼻的兽面上下组合的神像,到了晚期则为多节简化神脸的长琮。

图38－4 张陵山 M4 镯形琮

并且一些制作精致的良渚玉器在主纹之外,还有填纹,如在两条代表神冠的横棱中间,兽面的扇形额上,以及蛋圆形的眼睑内和长条横鼻上,都刻划了以横直弧线与云纹组成的几何形图案,形成良渚玉器的另一特色。金沙村长琮呈正方柱形,具有十节简化神脸纹,还在横鼻上刻有填纹,正是良渚晚期琮所见的特征(图38－5)。

射上刻划的符号：在良渚玉器中具刻符的极为罕见,至今仅在传世的琮、璧和镯上发现十余件,另有出土流失后再经调查证实了解出土地点的一件,而真正属于考古发掘出土的,只有福泉山(M40：111)玉璧一件。这些刻符玉器,属琮的为长琮,属璧的为大璧,年代都处于良渚晚期。刻划的部位,在琮上的无一例外,都在大端的射部。刻符的图形,如首都博物馆馆藏的长琮上刻的是一座具有三级台阶的祭坛。有一鸟立于长柱上,在祭坛框内另有一个戴冠展翅,圆腹,叉腿,似鸟形图案的神像(图38－6－1)。在巴黎基美博物馆收藏的一件长琮上,刻图与首都博物馆的一件近似(图38－6－2)。至于上海博物馆收藏的长琮,在射部刻划了展翅飞翔的大鸟(图38－6－3)。这些玉器上的刻符,纹线都很浅细,不细心观察,极易忽略。以金沙村长琮上的刻符与良渚玉器刻符比较,刻线同样浅细,若隐若现,所刻神像的冠饰,平顶展翅,中

·金沙村十节神面纹玉琮分析·

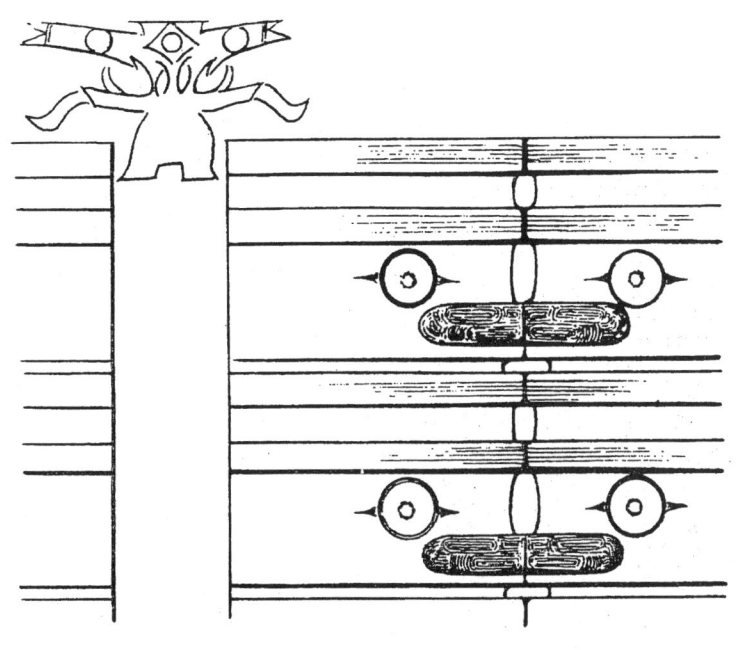

图 38-5　金沙村十节长琮局部纹饰

间有三圈,与弗利尔美术馆馆藏筒形镯上刻符的上部相似(图 38-6-4),伸张的双臂犹如鸟翼,下体叉腿,也与良渚琮的刻符祭坛内的神像接近,具有良渚神像的风格。

据上述各种特征分析,金沙村长琮与良渚长琮大同小异,尤其是用锐器信手刻划的横直弧线几何形图案以及射上浅刻的神像,都显示出非常独特的良渚工艺,可以据

图 38-6　良渚玉器上的刻符
1. 首都博物馆馆藏长琮上的刻符　2. 巴黎基美博物馆馆藏长琮上的刻符　3. 上海博物馆馆藏长琮上的刻符　4. 弗利尔美术馆馆藏筒形镯上的刻符

此断定其属于良渚文化的作品。因此该器的出土，为已知良渚玉器增添了一件玉质最佳的长琮，也是第三件具有出土地点的良渚刻符玉器。

良渚玉器在古代四川成都平原的出现，其实并非金沙十节长琮一个孤例，其他如同地所出的玉凹腰筒形器，在良渚器中称为筒形镯，亦为良渚特有的玉器。另有广汉三星堆城西 M5 所出的新石器时代玉锥形器与泡形器，亦与良渚文化玉器相似，如城西 M5：6 锥形器，圆柱形，一端尖锥，另一端有小柄，柄上无孔，特别是圆柱的横剖面呈扁圆形，在一面有长条凹槽，从器形到制作风格都与良渚的同类器一致。另一种正面弧凸，背面平整的泡形器，在浙江余杭的反山和瑶山、上海的福泉山等出土良渚玉器中，亦有所见，反映出早在新石器时代晚期，长江下游的良渚文化与四川成都地区已有一定的交往。安徽的定远出土了七节良渚长琮，[5]江西的丰城见八节良渚长琮，[6]在湖北的石家河文化遗存中发现了琮的残片和良渚型的绿松石镶嵌小饰片，在大溪文化中更有良渚文化的前身、崧泽文化的玉璜等玉器，说明这种文化交流早已沿着滔滔长江水渐渐展开。

注释

[1] 成都市文物考古研究所、北京大学考古文博院：《金沙淘珍——成都市金沙村遗址出土文物》，文物出版社，2002 年。
[2] 上海博物馆考古研究部：《上海金山区亭林遗址 1988、1990 年良渚文化墓葬的发掘》，《考古》2002 年第 10 期。
[3] 上海市文物管理委员会：《福泉山——新石器时代遗址发掘报告》，文物出版社，2000 年。
[4] 南京博物院：《江苏吴县张陵山遗址发掘简报》，《文物资料丛刊》(6)，文物出版社，1982 年。
[5] 吴荣清：《安徽省定远县德胜村出土良渚文化遗物》，《东方文明之光——良渚文化发现 60 周年纪念文集(1936—1996)》，海南国际新闻出版中心，1996 年。
[6] 万良田、万德强：《江西出土的良渚文化型玉琮》，《东方文明之光——良渚文化发现 60 周年纪念文集(1936—1996)》，海南国际新闻出版中心，1996 年。

(本文原载于《三星堆与长江文明》，四川文艺出版社，2005 年)

上海博物馆藏良渚文化刻符玉器

良渚玉器是我国古代文化遗产中的瑰宝,其中个别器上具有刻符的,更是极品。而这样的珍品在上海博物馆的藏品中,竟发现了两件,并且在青浦福泉山的出土玉器内也有一件。这三件刻符良渚玉器为:

一、神面纹玉琮

玉琮(藏 41395,见图 38-2),用透闪玉制作,棕褐色,是良渚玉琮中用料较精的一件。器形规整,雕琢精细,正方柱形。器高 39.3、上宽 8.1、下宽 7.1 厘米,上大下小。孔径上端 5.1、下端 5 厘米。孔壁经磨光,已不见钻制旋痕,但在中段遗留对钻错位折断的台阶。方柱体的四面,雕琢十五节神像纹。每节上端是两条代表神冠的凸棱。棱上隐约可见多条基本平行的阴线,棱下以四角的角线为中轴,各雕琢一条短横棱作鼻。棱面上纹饰已模糊不清,冠、鼻之间隐约可见表示双目的圆圈,用管钻旋制,有的仅见半圈。此器材质与常见良渚玉琮一致;在制作上使用研磨减地和以锐器刻划阴线的方法,亦与良渚文化玉器相同。器形与纹饰,都属良渚文化晚期,但是由于经过长期把玩,阴线纹饰已经摸磨得极为浅淡,器表光泽也与出土玉器略有差异。这是一件经过长期收藏和把玩的"熟坑"良渚玉琮。

器上刻符位于上端射部的一面。符形作一鸟展翅正面飞翔状,纹长 6.8 厘米。左翼空框,右翼添加两条弧线,刻痕较浅,且不流畅,有的似以点线连成。阴线特征与福泉山出土玉璧上的刻符一致;鸟纹图形同出土黑陶细刻纹阔把翘流壶(见图 2-9,24-7-1)及细刻纹黑陶豆上的鸟纹相似(见图 24-6-2)[1]。从刻符特点也可证此器属良渚文化无疑。此琮系 1966 年 4 月购自上海古玩市场,编目入藏后一直未作陈列,到 20 世纪 80 年代兴起良渚文化玉器研究热潮后,才引起注意。

二、刻符玉璧 I

玉璧(藏75182),用透闪玉制作,玉色黄褐间夹深绿斑块,并有灰白色筋纹,显现良渚璧玉质的特征。制作规整,器直径22.9～23.1厘米,基本圆整。孔旁较厚,厚1.4厘米;周边稍薄,厚1.2～1.3厘米。中心圆孔使用管钻从两面相向对钻制成,孔径4.2厘米,孔壁可见数条管钻旋痕,孔壁中段遗留对钻相交的凸脊。圆孔的孔位偏离器中心约0.3厘米,器面经磨平抛光,显玻璃般光泽。此璧从玉质玉色器形以至制作工艺均显良渚玉器特征,亦属传世良渚文化玉器。

器上的刻符位于璧的一面,圆孔的上方,使用锐器重刻,刻划较深。图形上部为一侧向立鸟,作向前平视状,尾部向后平伸,鸟足直接立于盾形方框上。下部盾形方框上宽下窄,上有三级台阶,两边向下斜收,平底。方框内见一椭圆形图案,内刻两条直线。类似的刻符曾见于美国弗利尔美术馆的藏璧[2],两者图形的差异,仅为前者立鸟直接立于方框上,而后者则立鸟下有立柱和联珠。此璧系1993年5月上海市政府拨交上海博物馆,同属传世文物。

三、刻符玉璧 II

玉璧(福M40:111,见图17-17),用透闪玉制作,玉色青绿,间夹褐色斑块,并有灰白色筋条。器形规整,边沿内凹,形似滑轮,是出土良渚玉璧中的精品。器面经抛光,闪玻璃般光泽。璧直径22.5～22.8、孔径4.6～4.7、边厚0.9～1.2、孔缘厚1.2～1.4厘米。孔壁遗留数条管钻旋痕,孔壁中段有对钻相交断裂的凸脊,圆孔孔位偏离器中心0.2厘米。此璧出土于上海青浦福泉山良渚贵族高台墓地的M40,年代约良渚文化晚期。刻符璧见于墓主头骨的正上方,与阔把翘流黑陶壶、方柱形玉琮以及另一件玉璧等祭祀用器在一起。全墓随葬器物计有玉琮2、玉璧3、玉钺3以及石钺、石刀、玉锥形器、柱形器、玉鸟首、玉珠、管和陶器鼎、豆、壶、盉、簋等合计120件(粒)。该墓是福泉山上规模大、随葬器物多的良渚大墓。

璧上刻符位于璧的一面,圆孔的下方。图形上部右侧尖翘,左侧方凸,中间凹入;下部右侧平斜,左侧向下尖突。高2.3、宽1.6厘米。图形类似纸折的飞鸟,在已知良渚玉器的刻符中是独特的图形。此刻符刻线浅细,有的以点线连接,有的还经重复刻划,呈双线状,图形仅隐约可见,如不用侧光探索,不易发现。

良渚文化具有刻符的玉器,自1915年经法国的吉斯特博士撰文介绍以来,据粗略统计,至今在国内外收藏的大量良渚玉器中发现约20件。这些器物多属传世文物,已失去出土资料,仅有浙江省博物馆收藏的探明出土于杭州余杭区安溪镇的百亩山的一件玉璧[3]和四川成都市金沙遗址出土的一件玉琮[4]。但也只知出土地点,不知出土概况。目前经发掘出土的,仅此福泉山M40∶111玉璧一件。

良渚玉器刻符的刻划工艺有两种情况,有的用锐器着力深刻,刻线较深,图像清晰;有的刻划较浅,阴线浅细,甚至以点成线,图像若隐若现。据浙江牟永抗研究员分析,前者为制器时所刻,而后者是成器后使用时所刻。作者赞同这一分析,今上博藏良渚玉器刻符,兼有此两类。分析刻符的含义,均为祭祀的图形。上博藏玉璧(Ⅰ)刻符,下部盾形方框,是祭坛的形象。良渚的祭坛,考古已发现多处,坛体均作方形台阶状。如浙江余杭汇观山的良渚祭坛,作长方形,覆斗状,有三级台面[5],侧视就如盾形方框。上海青浦福泉山良渚祭坛,亦作方形,有三层台面。至于盾形方框内置一椭圆形图案,椭圆体中具有两条直线,可能是两件对合的大口缸的形象。大口缸,大口、直腹、圆圜底,是太湖地区崧泽和良渚文化时期的祭祀用器。在葬俗中,见于墓外北端,为后人对祖上的祭祀器。在福泉山燎祭祭坛上,则置于最高一层的台面,缸上并有长台状大块红烧土块。在上海闵行马桥良渚文化祭祀坑中,亦见大口缸[6]。而两缸相合,近瓮棺葬,似为神灵之居所。刻符上部作一鸟立于盾形方框上,此鸟作侧视状,图形与福泉山M126出土的玉鸟相似(图29-5)。鸟类翱翔于天空,古人视其为通天的神物,对鸟的崇拜,无论古籍记载或出土文物图像中,都可找到大量例证。所以祭坛方框内置祭器大口缸,而坛上置立鸟,均反映浓厚的祭祀意识。上博藏琮射部刻划的正视飞鸟,图形同于福泉山M65∶2阔把翘流黑陶壶流部底面的鸟纹,亦见于福泉山M128∶1黑陶双鼻壶上。已如前述,上述两件陶器,器形端庄,工艺精细高超,亦属祭祀用器。玉、陶祭器上刻飞鸟,同样是表达将祈祷上达天庭的意思。

至于这些玉器上的刻符,是否为新石器时代的原始文字?作者以为在良渚文化时期,墓地已有显贵与平民之分,而且在显贵者墓中出现大量玉、石、陶、骨制的礼器,有的还使用人殉与人牲,可见社会已处于古代文明的初始阶段。因此这一时期出现文字,并不意外。然而良渚时期叙事表意的图文已发现三种,除了玉器上的祭祀刻符以外,尚有日常生活中以图示意的图画。如浙江余杭南湖出土的一件良渚陶罐,器表刻划了围网、兽、鱼骨等10个图形。其中兽作奔驰状,其余刻图围绕这一主题布局,似一组围猎记事图[7]。上海青浦西洋淀良渚古井出土的一件陶尊,上刻一组奔跑的鸵鸟[8]。上海松江广富林良渚墓M24出土的一件陶罐,腹部刻有一鹿和一斧,也似

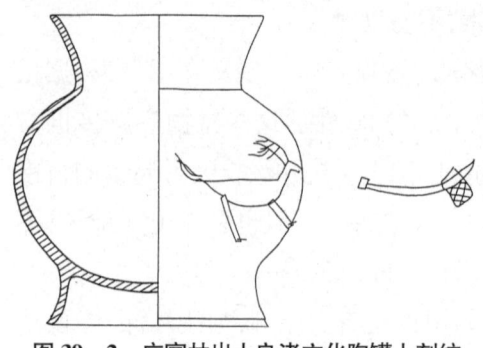

图 39-2 广富林出土良渚文化陶罐上刻纹

狩猎状(图 39-2)[9]。这些似为良渚平民用以记事的图画。此外也发现了类似甲骨文的陶文,如江苏吴县澄湖良渚古井中出土的黑陶贯耳壶,腹部自右至左刻划了"个耳区弁"四字[10];上海马桥良渚文化遗址水井出土的黑陶阔把杯的底部,刻有"甲大"二字[11]。这些刻文成组排列,字体笔画严谨,已脱离象形状态,可能是商代甲骨文的前驱。良渚水井中的遗物,也有学者认为具有祭祀意义。这两件陶上刻文当是良渚时期掌握了文字职能、专司祭祀者所刻。良渚时期既已出现了比较成熟的文字,则玉器上的刻符可以不再视作文字了。

注释

[1] 上海市文物管理委员会:《福泉山——新石器时代遗址发掘报告》,文物出版社,2000 年。
[2] 邓淑苹:《良渚玉器上的神秘符号》,《(台北)故宫文物月刊》总第 117 期。
[3] 牟永抗:《良渚文化的原始文字》,《文明的曙光——良渚文化》,浙江人民出版社,1996 年。
[4] 成都市文物考古研究所、北京大学考古文博院:《金沙陶珍——成都市金沙村遗址出土文物》,文物出版社,2002 年。
[5] 浙江省文物考古研究所、余杭市文物管理委员会:《浙江余杭汇观山良渚文化祭坛与墓地发掘简报》,《文物》1997 年第 7 期。
[6][11] 上海市文物保管委员会:《上海马桥遗址第一、二次发掘》,《考古学报》1978 年第 1 期。
[7] 沈德祥:《余杭南湖良渚文化陶文初探》,《光明的曙光——良渚文化》,浙江人民出版社,1996 年。
[8] "五千年前长江古文明——良渚文化特展,上海博物馆珍藏"图录。
[9] 周丽娟:《广富林遗址良渚文化墓葬与水井的发掘》,《东南文化》2003 年第 8 期。
[10] 南京博物院:《江苏吴县澄湖古井群的发掘》,《文物资料丛刊》(9),文物出版社,1985 年。

(本文原载于《中国玉文化玉学论丛》,紫禁城出版社,2005 年)

陶鬶起源探讨

带流袋足附把陶鬶,在我国新石器时代的陶器中是一种非常独特的器形。因此,在城子崖发现之初,即被定为山东龙山文化的典型器。现在经过60余年的田野考古探索,年代上在早于山东龙山文化的大汶口文化和太湖新石器时代文化中也发现了鬶。地区上东起海滨,西至陕西,北至辽东,南达广东都出土鬶,在器形上除典型陶鬶之外,尚有所谓实足鬶和异形鬶,所以鬶的源流是一个很值得探讨的课题。目前,不少学者对于鬶的类型、年代和传播等已发表了许多宝贵的见解[1],但对于其起源大多定在山东大汶口文化,笔者对此持有不同看法,现探讨如下:

年代早于龙山文化而又出土陶鬶数量较多的地点集中在山东的海岱和江浙的太湖地区。如在海岱区的大汶口文化中期后段已经出现袋足鬶。而且许多学者认为袋足鬶是从实足鬶发展而来的,从而把产生鬶的年代上推到大汶口文化早期。两类鬶在海岱区的数量,在大汶口遗址一地[2]出土29件,其他如野店出土28件[3],西夏侯有12件[4]。而在太湖地区,两袋足的异形鬶在马家浜文化晚期以及相邻的河姆渡遗址的三、四期已经出现[5],三袋足鬶见于良渚文化早期。两类鬶在浙江长兴一地出土了10余件,余杭南湖草荡有近10件[6],其他如嘉兴的雀幕桥[7],江苏吴县的澄湖,上海市金山的亭林、青浦的果园村[8]以及闵行的马桥[9]等几乎凡属于良渚文化的遗址都有发现。至于全国其他地区出土的鬶都属龙山文化时期,与上述两地相较数量少,年代都略晚。所以海岱与太湖地区,应是陶鬶源流探讨的对象。

这两地区年代早于龙山文化被称为的鬶,可分实足和袋足两大类:

实足鬶(太湖区称为实足鬶),均为敞口带颈、圆腹附把、三实足,有以下六式。

Ⅰ式,矮颈平口,圆球形腹,颈部位于腹正上方,腹背有一长鋬,圆柱足,见于大汶口文化的刘林墓葬[10](图40-1-1)。

Ⅱ式,矮颈平口折肩折腹,扁三角形足,腹一侧附环把,颈位于腹正上方,见于崧泽文化江苏武进潘家塘遗址[11](图40-1-5)。

Ⅲ式，高颈，口有流，扁圆腹，扁三角形足，颈位于腹正上方，颈腹连环把，见于大汶口遗址(图40-1-2)。

Ⅳ式，长颈平口无流，椭圆形扁腹，颈位于腹前侧，腹背附环把，凿形足，见于大汶口文化花厅墓葬[12](图40-1-3)。

Ⅴ式，长颈鸟啄形翘流，扁折腹，颈位于腹前侧，腹背附环把，凿形足，见于大汶口文化西夏侯等墓葬(图40-1-4)。

Ⅵ式，矮颈，蛋圆形平口，口与流无明显分界，蛋圆形腹，颈位于腹前侧，圆柱足，腹背附环把，见于良渚文化的广富林、亭林、马桥、果园村等遗址(图40-1-6)。

袋足鬶，有颈有流，袋足附把，有九式：

Ⅰ式，平口束颈，前两袋足，后一扁条形足支地，腹与扁足上连一把，右侧的袋足上有管嘴，见于太湖地区马家浜文化的邱城、长兴、余杭南湖和河姆渡遗址(图40-1-7)。

Ⅱ式，长颈捏流，长萝卜形袋足，无腹，颈位于三袋足正上方，与流相对的袋足上部有一环把，见于良渚文化的钱山漾[13]、亭林以及南京太岗寺[14]等遗址(图40-1-8)。

Ⅲ式，矮颈、捏流、袋足宽高，后一足上部附环把，腹上部附一周附加堆纹，颈位于三袋足正上方，见于良渚文化果园村遗址(图40-1-9)。

Ⅳ式，矮颈、捏流、袋足肥胖，颈在前两足之上，后一足上部附把，见于良渚文化亭林、雀幕桥、余杭南湖和江苏丹阳王家山[15]等遗址(图40-1-10)。

Ⅴ式，颈较高，鸟啄形翘流，地瓜形三袋足，颈略偏于前两足之上，颈与后足上部连一环把，见于大汶口文化的花厅、西夏侯和大汶口等遗址(图40-1-11)。

Ⅵ式，高颈、鸟啄形翘流、扁折腹，附一周附加堆纹，颈位于腹前侧，颈中部至折腹处连一把，下附低矮的乳形袋足，器形与实足Ⅴ近似，见于大汶口文化的大汶口墓葬(图40-1-12)。

Ⅶ式，高颈、鸟啄形翘流、折腹，附一周附加堆纹，袋足肥矮，颈位于前两足之上，从颈至腹连一把，见于大汶口文化的大汶口和野店等墓葬(图40-1-13)。

Ⅷ式，颈部稍矮，腹部深宽，低弧裆，矮袋足，其余同Ⅶ式，见于大汶口文化的大汶口和安徽肖县花家寺等墓葬(图40-1-14)。

Ⅸ式，长颈、鸟啄形翘流、前两足瘦长，后足略大，成为支撑点，颈位于前两足之上，见于大汶口文化的大范庄、野店等墓葬(图40-1-15)。

上列各式实足与袋足鬶，按出土地区和年代可以排成下图(图40-1)，显示海岱与太湖两地的差异及各自的演变规律，根据发表的考古资料和此图，笔者认为：

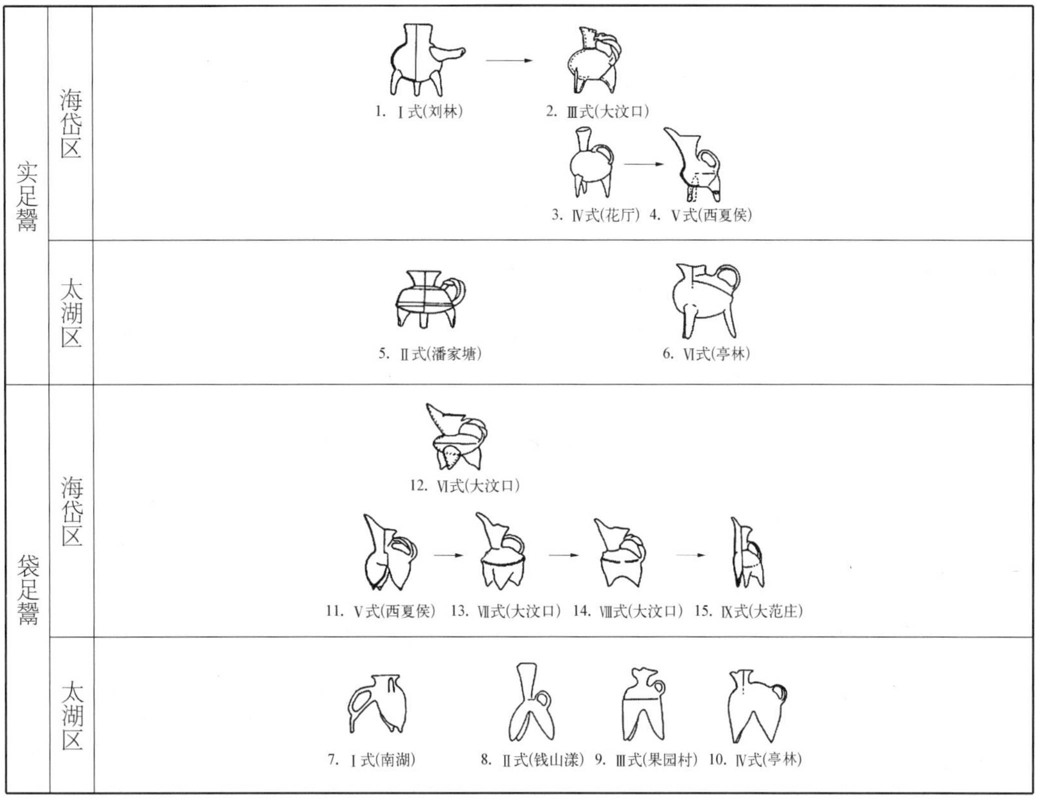

实足鬹	海岱区	1. Ⅰ式(刘林) → 2. Ⅲ式(大汶口) 3. Ⅳ式(花厅) → 4. Ⅴ式(西夏侯)
	太湖区	5. Ⅱ式(潘家塘)　　6. Ⅵ式(亭林)
袋足鬹	海岱区	12. Ⅵ式(大汶口) 11. Ⅴ式(西夏侯) → 13. Ⅶ式(大汶口) → 14. Ⅷ式(大汶口) → 15. Ⅸ式(大范庄)
	太湖区	7. Ⅰ式(南湖)　8. Ⅱ式(钱山漾)　9. Ⅲ式(果园村)　10. Ⅳ式(亭林)

图 40-1

一、实足鬹起源于大汶口文化,但不是袋足鬹的前身。实足鬹Ⅰ式在海岱区大汶口文化早期的刘林墓地上下层已经出现,Ⅲ、Ⅳ式见于大汶口文化中期前段、Ⅴ式在西夏侯、野店等大汶口文化中期中段的墓葬中普遍发现,成为该文化的典型器。而太湖地区仅在武进潘家塘的崧泽文化晚期墓葬出土Ⅱ式一件,年代与刘林墓地上层大汶口文化的早期后段相当。在良渚文化早期,至今未见,至良渚中、晚期才有较多Ⅵ式发现。在器形上,海岱区从平口矮颈圆球腹、圆柱足,颈在腹正上方,演变为翘流长颈,椭圆形扁腹,扁凿足,颈偏于腹侧,演变规律清楚(图实足Ⅰ、Ⅲ~Ⅴ式)。在太湖区,早期器形与海岱区的近似,晚期为泥质黑衣灰陶,足部夹砂,蛋圆形口,蛋圆形腹,圆柱足,无论陶质与器形均具本地特色。太湖区的实足,从出现年代较晚,数量少,中段未见来看,似为接受海岱影响的产物。

至于袋足鬹在海岱区,最早见于大汶口文化中期的后段,在花厅、西夏侯和大汶口均有袋足Ⅴ式出土,往后在大汶口文化晚期前段各遗址出袋足Ⅵ、Ⅶ、Ⅷ式,后段出Ⅸ式,再后演变为龙山文化陶鬹。这一带的袋足鬹也有一定的演变规律,如颈部由矮而高长,颈位由处于三足上方移向前两足之上,器形由无腹而有腹(图袋足Ⅴ、Ⅶ~Ⅸ式),但最早出现的袋足Ⅴ式从何而来,它出现于实足鬹的盛行时期,介乎实足与袋足的中介型式——扁折腹的袋足鬶Ⅵ式可否作为实足鬶向袋足鬶演变的证据,笔者以为尚有问题。因为在大汶口遗址的中期墓葬 M15 中,袋足Ⅴ式已经出现 1 件,在晚期的 M47 中,则与袋足Ⅵ式共存,而袋足Ⅵ式则都出于晚期墓葬,在三星河遗址的大汶口文化墓中,在一期的 M275 与二期甲的 M297,袋足Ⅴ式均与实足鬶共存。可见Ⅵ式年代晚于Ⅴ式,在发展规律上,前期器物不可能从后期演变而来。在器形上实足Ⅴ式与袋足Ⅴ,差异极大,前者扁折腹,颈在腹的前侧,后者无腹,颈位于三足之上,仅略偏前。在器身的容积上,前者是腹腔,而后者无腹,主要是袋足,两者无法划为一类。所以所谓实足向袋过渡的袋足Ⅵ式,只是在袋足Ⅴ式与实足鬶共存的情况下,后者吸取了前者的产物。袋足Ⅴ式的来源应另作探讨。

二、袋足鬶在太湖地区的发生与发展脉络清楚。在太湖地区有一种双袋足带管嘴的袋足Ⅰ异形鬶,在早于大汶口文化早期的马家浜文化中已经出现,这类鬶在浙江的宁绍地区可延续到河姆渡三、四期(四期年代与崧泽文化相当)。在良渚文化早期有了袋足Ⅱ式,如钱山漾下层,与鱼鳍形足鼎共存。至于在邻近的南京太岗寺出土的,虽然发掘报告中表述出于上层的湖熟文化中,但从陶质器形与装饰分析,特征与上层不同,而与下层一致,是下层遗物,下层出夹砂陶素面扁侧足鼎,与良渚文化有关,年代亦早。良渚文化中期见袋足Ⅲ式,在上海青浦果园村遗址出于下层,该址上层属良渚晚期,下层所见大圆镂孔把陶豆和窄边 T 字形足鼎等均显良渚中期特点,翘流筒腹阔把壶和 T 字形足鼎等良渚晚期器物共存。太湖区的袋足鬶,虽然从Ⅰ至Ⅱ式,还不能衔接,尚有缺环,但二式均以袋足作为主要容积,应有继承与发展关系,而Ⅱ~Ⅳ式,则演变规律清楚:颈部由长而矮,颈位由三足正上方,移至前两足之上,袋足由瘦长而肥胖(图袋足Ⅰ~Ⅳ式),显示袋足发生发展至成熟的脉络。

三、袋足鬶是从太湖地区传向海岱的。以海岱与太湖两地的袋足鬶作比较,虽然有一定差异,前者为鸟啄形翘流,大部有腹,器把连接在颈的中部至腹背,后者全为捏流,流部平伸,无腹或腹部不明显,器把位于袋足上部。两者演变的规律也不尽同,海岱的颈部由矮而长,袋足由胖而瘦,太湖的颈部由长而矮,袋足由瘦而胖。但毕竟同为有颈、有流、有把、三袋足,主要特征相同,属于同类,这种非常独特的器物不可能同时产生于两地,相互间应该存在渊源关系。这需要从两地古文化的年代与联系上进行分析,以了解他们之间的关系。

现知海岱与太湖古文化序列,前者为北辛文化→大汶口文化→龙山文化,后者是马家浜文化→崧泽文化→良渚文化→马桥文化,两地文化很早就有了交流。在大汶口文化早期刘林类型中,已见崧泽文化的典型器——高把、底盘附垂棱的豆和采用圆形与弧边三角形组合图案的镂孔装饰工艺;在崧泽文化中有大汶口文化的高柄杯和彩陶片,尤其在这两者的中间地带,江苏海安的青墩遗址中、下层墓葬,发现了大汶口文化早期与崧泽文化共存的现象,墓中同出大汶口文化的凿足带鬶鼎、筒腹平底觚和崧泽的多节把豆与折肩折腹罐等[16],可证大汶口文化早期与崧泽文化的年代大致相当。在大汶口文化的中期前段,如大汶口遗址早期墓葬和花厅南区墓地,均见良渚文化早期的矮颈矮圈足双鼻壶和有段石锛与圆柱形玉锥形器。在大汶口文化的中期后段,特别是花厅北区墓地,见长玉琮、大玉璧、方柱形玉锥形器,以及T字形足鼎、长颈高圈足双鼻壶和阔把翘流壶等良渚晚期前段器物,而在太湖区福泉山良渚文化晚期前段的墓葬中,也出土了一件纯属大汶口文化陶质器形和装饰的彩陶背水壶,可见大汶口文化的中期前段与良渚文化早期相近,后段与良渚文化晚期前段相当,至于大汶口文化的晚期,已至良渚文化的晚期后段,良渚影响已经减弱,在山东龙山文化中,良渚的影响已经绝迹[17]。

以此分析,异形鬶在太湖地区的出现,相当于海岱区的北辛文化晚期,袋足Ⅱ和Ⅲ式在太湖区的良渚早中期出现时,海岱区尚无袋足鬶,大致在大汶口文化中期后段,袋足鬶随着文化交流传入海岱,并与实足鬶的环把与鸟啄形翘流结合,成为袋足Ⅴ式,再在此基础上一直延续到龙山文化。因此海岱的袋足Ⅴ式与太湖的袋足Ⅸ式非常近似。相反,太湖的良渚文化后来中断不知去向,袋足Ⅸ式在太湖区未能延续,所以袋足鬶的发展顺序在太湖区是Ⅰ~Ⅴ、在海岱区是Ⅵ~Ⅸ式。至于其他地区所见,流行于长江以北的鸟啄形翘流、地瓜形袋足鬶,应源于海岱,而见于长江以南的平口捏流、长萝卜形袋足鬶,则源于太湖区。

注释

[1] 高广仁、邵望平:《史前陶鬶初论》,《考古学报》1981年第4期。
[2] 山东省文物管理处、济南市博物馆编:《大汶口——新石器时代墓葬发掘报告》,文物出版社,1974年。
[3] 山东省博物馆、山东省文物考古研究所:《邹县野店》,文物出版社,1985年。
[4] 中国科学院考古研究所山东队:《山东曲阜西夏侯遗址第一次发掘报告》,《考古学报》1964年第2期。
[5] 浙江省文物管理委员会:《河姆渡遗址第一期发掘报告》,《考古学报》1978年第1期。
[6] 《浙江长兴与余杭南湖出土陶鬶》,收藏于良渚博物馆与嘉兴博物馆,资料未发表。
[7] 浙江省嘉兴县博物馆、展览馆:《浙江嘉兴雀幕桥发现一批黑陶》,《考古》1974年第4期。
[8] 黄宣佩:《关于良渚文化若干问题的认识》,《中国考古学会第一次年会论文集》,文物出版社,1979年。
[9] 上海市文物保管委员会:《上海马桥遗址第一、二次发掘》,《考古学报》1978年第1期。
[10] 江苏省文物工作队:《江苏邳县刘林新石器时代遗址第二次发掘》,《考古学报》1965年第2期。

[11] 武进文化馆、常州市博物馆:《江苏武进潘家塘新石器时代遗址调查与试掘》,《考古》1979年第5期。
[12] 南京博物院:《1987年江苏新沂花厅遗址的发掘》,《文物》1990年第2期。王根富:《花厅墓地初探》,《东南文化》1992年第2期。栾丰实:《花厅墓地初探》,《东南文化》1991年第1期。
[13] 浙江省文管会:《吴兴钱山漾遗址第一、二次发掘报告》,《考古学报》1960年第2期。
[14] 江苏省文物工作队太岗寺工作组:《南京西善桥太岗寺遗址的发掘》,《考古》1962年第3期。
[15] 镇江博物馆:《江苏丹阳王家山遗址发掘简报》,《考古》1985年第5期。
[16] 南京博物馆:《江苏海安青墩遗址》,《考古学报》1983年第2期。
[17] 黄宣佩:《关于良渚文化绝对年代的探讨》,《中华文物学会》1993年刊。

(本文原载于《东南文化》1997年第2期)

太湖地区新石器时代文化剖析

太湖位于我国长江南岸,江苏的茅山以东、苏南和浙北一带。这一地区的新石器时代文化,根据近三十年来的发现,除了广泛分布着以浙江余杭县良渚遗址命名的良渚文化以外,还分布着以浙江嘉兴马家浜遗址命名的马家浜文化和以上海青浦崧泽遗址命名的崧泽文化。这三类文化前后继承,它们的年代序列,通过浙江邱城、上海崧泽,以及江苏圩墩、张陵山、草鞋山等遗址内的地层叠压关系,已知为马家浜早于崧泽,而崧泽又早于良渚。据有关遗址所作的碳十四测定,马家浜文化距今约7 100～5 900年,崧泽文化5 800～4 900年,良渚文化4 700～3 900年,即分别与黄河流域仰韶文化的半坡类型、庙底沟类型以及河南龙山文化的时代相当,与我国东部沿海大汶口文化的青莲岗期、刘林期、花厅期,以及大汶口期、山东龙山文化的前期也相当。本文根据各地的发掘资料,试对这三类文化的基本面貌和演变概况作一剖析。

一、太湖地区新石器时代文化是一支以种植稻谷为主要生产活动的农业部族文化

根据1961年崧泽遗址的发掘,已在下层马家浜文化遗存中发现了堆积稻草和谷粒的灰坑,经鉴定其品种有籼稻和粳稻[1],1972年和1975年在江苏吴县草鞋山[2]和浙江桐乡罗家角遗址[3]的马家浜文化层中,也发现了大量的稻谷堆积,说明水稻的种植在马家浜文化已是一种普遍的生产活动。在崧泽文化遗存中,至今虽然还没有稻谷的出土,但从崧泽文化制造炊器的陶土大部分以稻草屑和谷壳作羼和料来分析,这一时期水稻的种植数量也很大。在良渚文化的堆积中,早在1955年发掘浙江吴兴钱山漾遗址时[4],已发现了大批稻谷,并有石镰石耕田器和木千篰等农业工具出土。同年在杭州水田畈遗址还发现了石犁[5],说明这一时期水稻的种植技术有了很大的提

高。再结合这一带遗址所作的孢粉分析来看,古太湖地区气候温暖,地多沼泽,具有种植水稻的良好环境[6],因此从马家浜到良渚,不断发现的稻谷成为这一带古文化的特征之一。

二、渔猎和畜牧占有很大比重

动物骨骼和渔猎工具众多是马家浜文化遗存的特点之一,发现的动物种类,已有梅花鹿、四不像、獐、麂、水牛、猪、狗、貉、虎、象、鳄、龟,以及各种鸟、鱼、介壳等数十种,大都是水草丛生地带的动物,而其中水牛、猪和狗经鉴定已是饲养的家畜[7],在邱城遗址的马家浜文化层中,还曾经出土一件头小体肥,呈现家猪形象的陶猪[8]。渔猎工具除陶制的网坠以外,也以骨制为主,如骨镞、骨矛、骨渔标、鱼钩等,可见这一时期渔猎极为盛行,而对某些动物的饲养也早已开始。在崧泽文化遗存中动物骨骼和渔猎工具则大为减少,但在墓葬中经常发现以猪或鹿的牙床骨随葬,似乎反映随着渔猎活动的减少,家畜的饲养有了较大的发展。至于在良渚文化遗存中,如上海松江广富林遗址的良渚文化墓葬[9],男性以石斧、石镞和狗随葬,而女性则以陶纺轮和猪等随葬,反映到了这一时期,渔猎和家畜的饲养有了性别上的分工。渔猎和畜牧比重上的变化,应是生产发展的基本特征。

三、对这一地区新石器时代人们的居住建筑至今已有较多了解

在马家浜遗址发现了柱洞遗迹[10],它们呈长方形排列,南北长约7、东西宽约3米,门向朝东,木柱下垫有木板,以防受力后下陷。地面上,遗有许多红烧土块,这些土块一面平整,一面有芦苇印痕,以及呈成捆成扎状态的草灰堆积。在圩墩遗址还发现了一条有7个榫眼的木梁[11],而在邱城遗址的居住区还有一条引水沟。与此可见,当时人们的建筑形式应为长方形的柱架地面建筑,壁面以芦苇围筑并涂抹泥巴,屋顶以草来铺盖,与黄河流域仰韶文化半地穴式的圆形建筑有很大差别。

值得一提的还有这一地区很早就使用水井。浙江余姚河姆渡遗址第三层已发现用木条架筑的井架雏形[12]。今在太湖地区的上海松江汤庙村遗址和江苏吴县澄湖

遗址则发现了属于崧泽文化的水井。井作直筒形,以汤庙村井为例,深约 2、径 0.7 米,井壁有直条芦苇印痕和横向的竹箍印痕,可见水井是编织物和竹箍围撑构筑的。良渚文化水井在上述澄湖遗址和江苏昆山的太史地也有发现,它以二至三块弧形大木板合围作井壁,每块木板的中间都有一个小圆孔,形似战国西汉时期瓦井圈中的圆孔,说明筑井技术已相当成熟。太湖地区新石器时代水井的发现,使我们对古井的演变有所了解。

四、这一地区新石器时代人们使用的生产工具,主要是通体精磨的穿孔石斧、长条形的石锛和石凿

崧泽文化晚期开始出现石犁,良渚文化有了石镰、石耕田器和三角形石刀(破土器)等,与黄河流域的仰韶文化以柱状斧和半月形刀为主要生产工具不同。

人们使用的生活用具,炊器在马家浜文化是肩部带宽沿的陶釜(在炊煮中配以陶炉箅使用),从崧泽文化开始即盛行鼎。饮食和盛贮器以豆、罐、壶和盘、盆、杯为主。此外崧泽文化还开始出现澄滤器、瓶及觚。良渚文化又盛行实足盉和袋足鬶。可以说使用鼎、豆、罐、壶、杯是这一地区新石器时代文化的特色。与仰韶文化习见罐、瓶、盆、钵,以及大汶口文化的鼎、钵和壶,在类别和造型上也显著不同。

玉器的普遍使用,是这一地区新石器时代文化的另一特点,马家浜文化盛行玦(耳饰),崧泽文化盛行璜(颈饰)和环,并出现琀,至良渚文化则有琮、璧、珮和锥形饰的出现,可以看出太湖地区早期玉器发展的序列。

五、这一地区对死者的埋葬习俗,与当地水乡泽国的地理环境相适应,普遍采用平地堆土掩埋,不挖土坑

在葬式上,马家浜文化多俯身直肢葬,头向北(偏东或偏西),在这类文化的氏族墓地中,除盛行单身葬以外,有的是同性合葬,有的是多人以肢体作直线相互叠压的埋葬。崧泽文化的葬式,从俯身逐渐演变为仰身直肢葬。头向从北向,逐渐向东以至东南向演变。整个墓地已可区分若干个墓群,如崧泽遗址中层,已发现的 100 具人骨

架呈现东北、北部、中部、南部以及西部五个墓群。这时期除盛行单身葬以外,晚期还出现了少量女性与儿童的合葬和男女合葬墓,显示从母系逐渐向父系氏族社会过渡。良渚文化从葬式至头向都与崧泽文化晚期相似,但除平地掩埋外,有的已使用浅坑埋葬,同时墓葬的位置极为分散,往往两三个单独埋葬,似乎氏族的血缘纽带已逐渐松散。

　　这一地区的葬俗,除盛行一次葬,少见二次葬以外,另一值得一提的是很早就使用葬具。在马家浜遗址发掘时,已发现 T3 坑的两座墓有长方形的葬具痕迹。以后在崧泽遗址中层和草鞋山遗址第六层的崧泽文化墓地以及张陵山遗址的上层良渚文化墓地,都发现了使用葬具的墓例。如在崧泽 M33 的人骨架上下,各有一片炭灰面,炭灰的纹理细密,像是木板腐朽的痕迹,痕迹为长方形,南端宽约 60、北端宽约 44、长约 189 厘米,上下两炭灰面相距约 7 厘米,中部隆起,两侧倾斜,似用两块弧形木板将死者合盖。这说明早在 6 000 多年前葬具在太湖地区已经逐步被应用。

六、太湖地区新石器时代人们使用的生产工具和生活用具其主要器形的演变规律

1. 石器

　　斧,石斧在马家浜文化早期如罗家角遗址第四层都作扁柱形不带孔,至第三层才开始出现带孔斧。就现有资料来说,这是发现的最早的穿孔石斧,到了马家浜文化晚期以后,穿孔斧就成为斧的唯一形制。它的演变规律是:马家浜文化斧,体近扁方形、厚实、弧刃,使用尖锥器钻孔,显示其从扁柱形斧演变而来。崧泽文化的斧呈长方形或梯形、扁平、弧刃,多用管状器钻孔。良渚文化斧体呈长方形、扁平、平刃,并出现有肩石斧,向钺的方向发展。关于石斧的装柄方法,通过江苏海安青墩遗址中层出土的一件陶质带柄斧了解到[13],它是将斧顶纳入木柄的凹槽,使之与柄紧嵌,然后以绳索通过穿孔进行绑扎(图 41 - 1)。

　　锛,是这一地区传统使用的工具之一,在马家浜文化中即已出现,器形作长条形,一端侧刃,安装曲柄使用。它的演变主要是在背部,马家浜文化锛多扁平或弧背,崧泽文化在弧背中出现背线,良渚文化形成有段石锛(图 41 - 2)。

　　犁,最早出现于崧泽文化晚期,目前至少已有两例,在属于崧泽文化晚期的邱城遗址中层 M4 和汤庙村遗址 M1 各出土一件。至良渚文化犁已被普遍使用,在水田畈和广富林遗址等处都有出土。它的演变规律为:崧泽文化犁呈等边三角形,两边侧

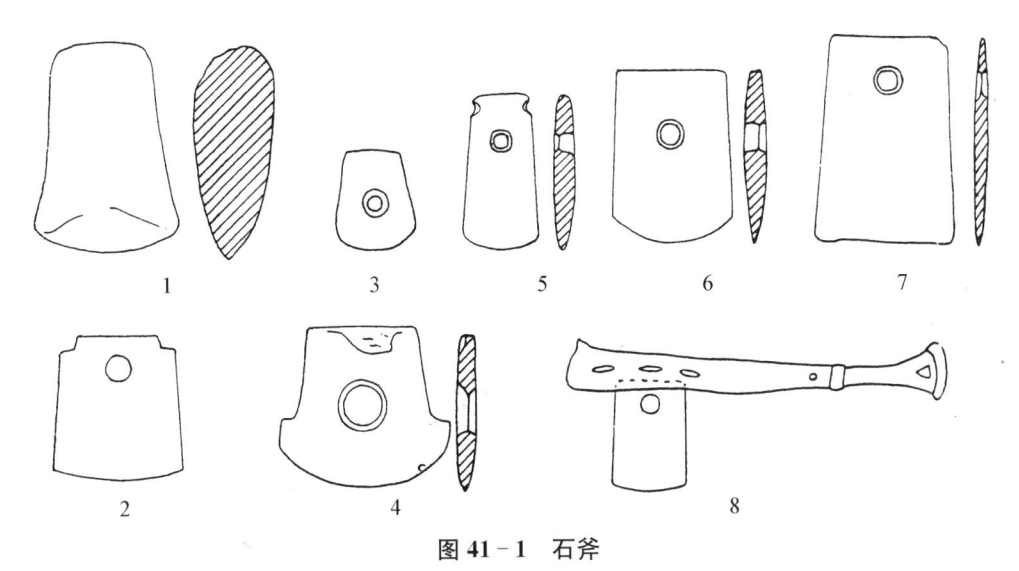

图 41-1 石斧
1. 罗家角 2. 张陵山 3. 马家浜 4、7. 马桥 5、6. 崧泽 8. 青墩

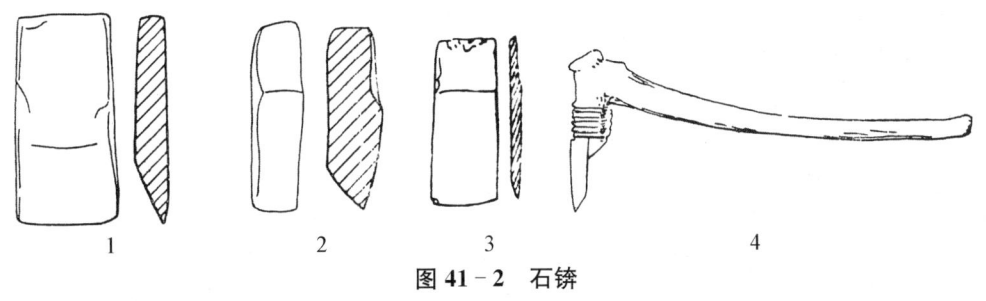

图 41-2 石锛
1. 罗家角 2. 圩墩 3. 马桥 4. 石锛安装示意图

刃,中间有一穿孔;良渚文化时三角形有侧刃的两边略长,有三个穿孔亦作三角形排列;至商代就成为狭长的等腰三角形,有垂直排列的3~5个穿孔(图41-3)。

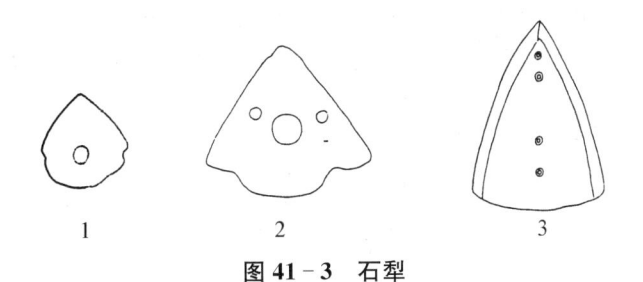

图 41-3 石犁
1. 邱城 2. 广富林 3. 元帅庙

其他如三角形石刀和石镰出现于良渚文化,延续使用至西周;镞在崧泽文化以前,多为骨制,石制的不多见,良渚文化前期石镞以柳叶形为主,翼与铤无明显分界,至后期翼末端出现微小的倒刺,逐渐铤翼分明。

2. 玉器

玦,在墓葬中发现于女性的耳部,是一种耳饰,盛行于马家浜文化,至崧泽文化早期逐渐消失。

璜,出土时都位于女性人骨架的颈部,是一种颈上的挂饰。开始出现于马家浜文化,而盛行于崧泽文化,至良渚文化则为珮饰所代替。它的演变规律是:马家浜文化至崧泽文化早期,璜呈半环形,崧泽文化中晚期出现半璧形,良渚文化璜已少见(图41-4)。

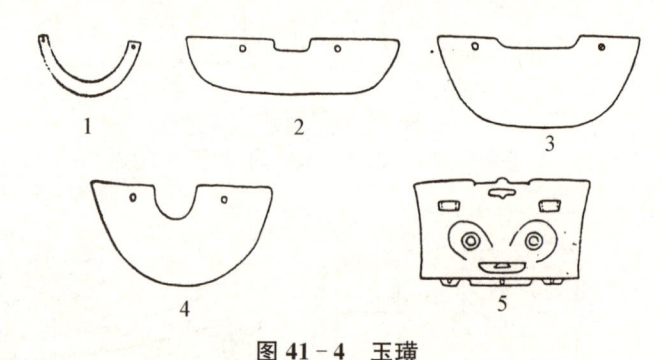

图41-4 玉璜
1. 北阴阳营　2、3. 崧泽　4. 吴家埠　5. 寺墩

璧,始见于良渚文化,而环在崧泽文化中已经出现,从璧环造型的近似来看,可能是从环演变而来的。

琮,为良渚文化典型玉器之一,可能是从一种长筒形的臂饰演变而来的,它与商周时期琮的不同点是:良渚琮多高大多节,琮体厚实,琮面习见刻纹,纹饰除横线纹以外,有兽面纹、鸟纹和羽翼纹等。而商周时代的琮,器壁都较薄,琮面素面无纹,顶部圆口往往外弧,比较精巧。

锥形饰,亦为良渚文化常见的饰件之一,在上海马桥遗址良渚文化墓葬中,出现在一个中年女性骨架的盆骨旁,穿孔一端朝上,似为悬挂在腰部的饰件。这类器物在鲁南苏北的大汶口文化中,既多且精,在这里出现可能是受大汶口文化的影响。

琀,在死者口中置玉的习俗,最早发现于崧泽文化,至今在这一文化的墓葬中已发现3例,如崧泽遗址墓地M60头骨口中,出一件圆饼形、穿孔偏于一边的玉琀;M82出一件环形玉琀;M92出一件呈等腰三角形而底边圆弧、中有穿孔的玉琀。至于良渚文化,在张陵山遗址上层墓葬中也出土一件蛙形玉琀[14],从中可以窥见琀的早期形制(图41-5)。琀的作用,在晋葛洪《抱朴子》有"金玉在九窍,则死人为之不朽"的记载,但根据大汶口文化大墩子和王因等遗址的人骨鉴定资料[15],这一带人们生前有一种口含石球的习俗。在南京北阴阳营墓地的人骨中,也发现有口含花石子的。因此玉琀的出现可能与生前含石球的习俗有关。

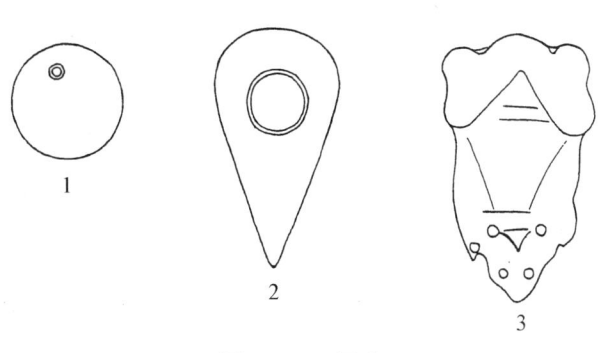

图 41-5 玉琀
1、2. 崧泽 3. 张陵山

3. 陶器

釜与鼎,肩部带宽沿的釜是马家浜文化的主要炊器,但至崧泽文化消失。鼎从马家浜文化晚期出现,至崧泽文化代替釜成为主要炊器,并一直沿用到春秋战国。这一带鼎的产生可能与相邻的河姆渡类型文化盛行腰背釜加支座作炊器有关,这种釜与支座的结合逐渐形成鼎。其次,鼎在大汶口文化是传统的炊器,在它的早期北辛遗址中已经出现,特点是釜形或钵形容器,下面附有带双目纹的圆锥足,而在这里的马家浜文化晚期,如圩墩、邱城、马家浜、草鞋山等遗址,也经常发现这类带双目纹的圆锥形足。因此大汶口文化的鼎可能也传播到了这里,正像马家浜文化的宽沿釜,这一时期已传到了大汶口文化一样。太湖地区新石器时代鼎的演变是:马家浜文化为带宽沿的釜加扁方足;崧泽文化作罐形扁铲足或凹弧足和盆形扁凿足;良渚文化成为釜形扁方足或鱼鳍形的侧足和盆形、T字形足[16],大体上鼎的器腹由深到浅,器底由小到大,受热面不断扩大,三足的支撑力也不断加强,因此足的安装从与器腹平行的扁铲足,逐渐变为直接支撑器底的扁方侧足和T字形足(图41-6)。

壶,始见于马家浜文化晚期,而盛行于崧泽和良渚文化,形制上崧泽文化早期多高颈扁圆腹、平底;中期颈变矮,盛行折腹,折肩折腹或弧腹;晚期在中期的造型上,常见带圈足或花瓣形足。良渚文化多高颈、贯耳、圈足壶,以及带流的阔把壶(图41-7)。

杯,马家浜文化有腰鼓形腹、平底环把杯;崧泽文化早期有壶无杯,晚期盛行腰鼓形腹花瓣形足杯和直筒腹圈足杯。另有一种浅盘形高柄杯,应是受大汶口文化影响的产物;良渚文化为高圈足杯和竹节形筒腹阔把杯,阔把的出现可能与山东龙山文化

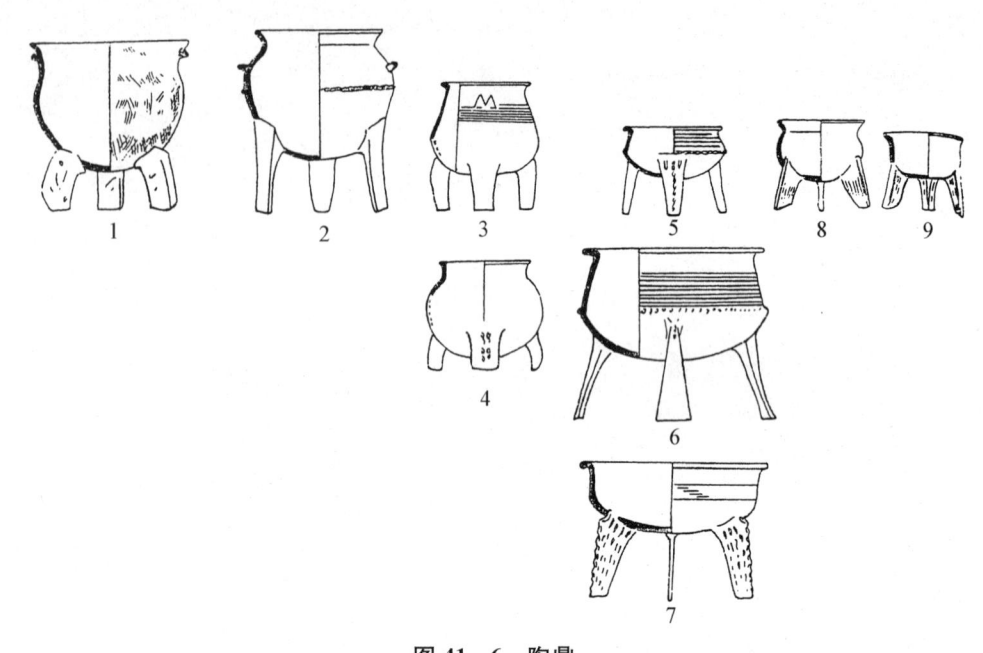

图 41 - 6　陶鼎

1. 河姆渡　2. 草鞋山　3～7. 崧泽　8、9. 越城

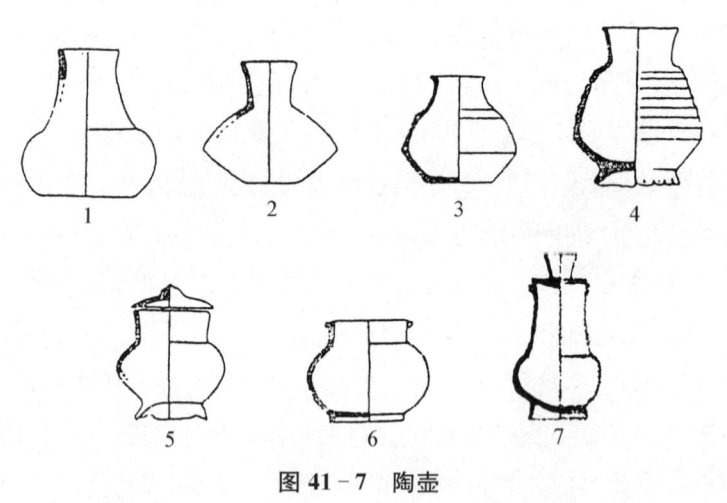

图 41 - 7　陶壶

1～5　崧泽　6. 张陵山　7. 马桥

的影响有关(图 41 - 8)。

　　罐,在形制上马家浜文化早期多环耳筒腹罐,晚期为牛鼻耳罐;崧泽文化盛行折腹、折肩或弧腹罐;良渚文化以瓮形的弧腹圆足罐为主(图 41 - 9)。

　　豆,是这一地区传统使用的盛食器,从马家浜文化沿用到春秋战国。它的起源应是盆、盘与器座的结合。这一带豆的演变是:马家浜文化为盆形高把豆,把上除有小镂孔外,多素面无纹;崧泽文化有盆形、盘形、碗形和罐形豆,把亦有细高与粗矮之分,

图 41-8　陶杯

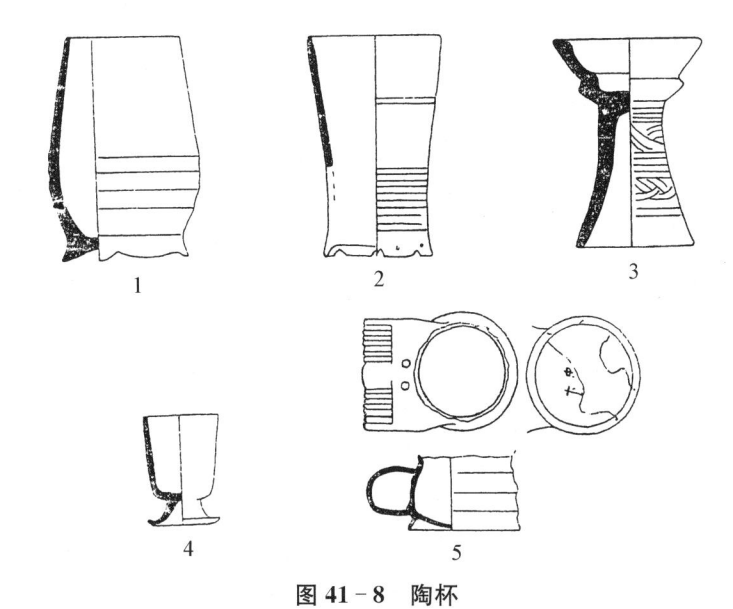

1~3 崧泽　4. 果园村　5. 马桥

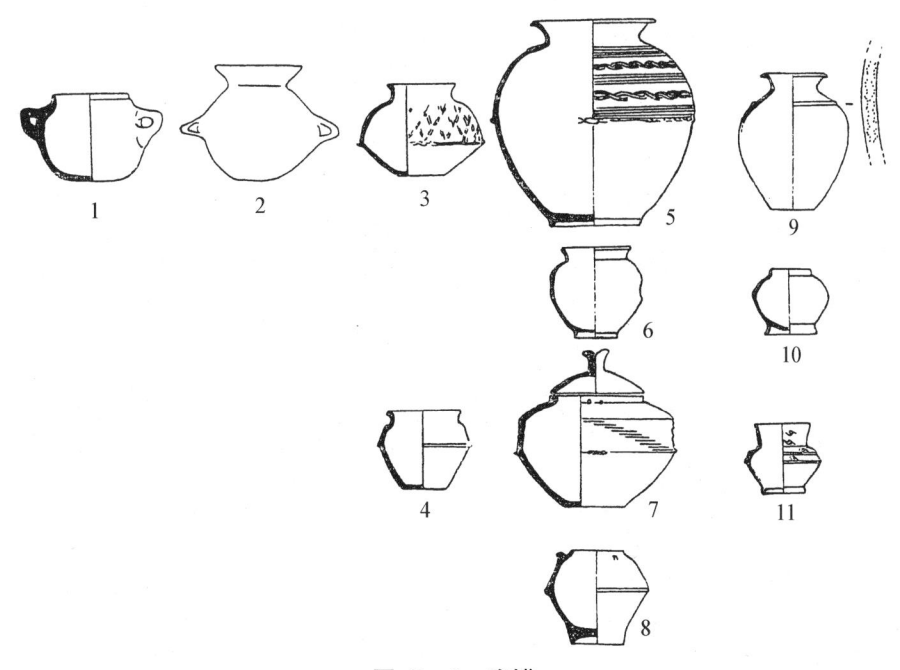

图 41-9　陶罐

1. 罗家角　2. 柄堰　3~8. 崧泽　9. 亭林　10、11. 广富林

形制多式多样,器表则盛行压划纹、镂孔、堆纹以及彩绘等装饰;良渚文化以浅盘形竹节把豆为主,粗矮把豆逐渐演变为圈足盘(图41-10)。

盉,是一种温煮的水器或酒器,马家浜文化盉有两种类型,一是管状流浅腹、平

图 41-10　陶豆

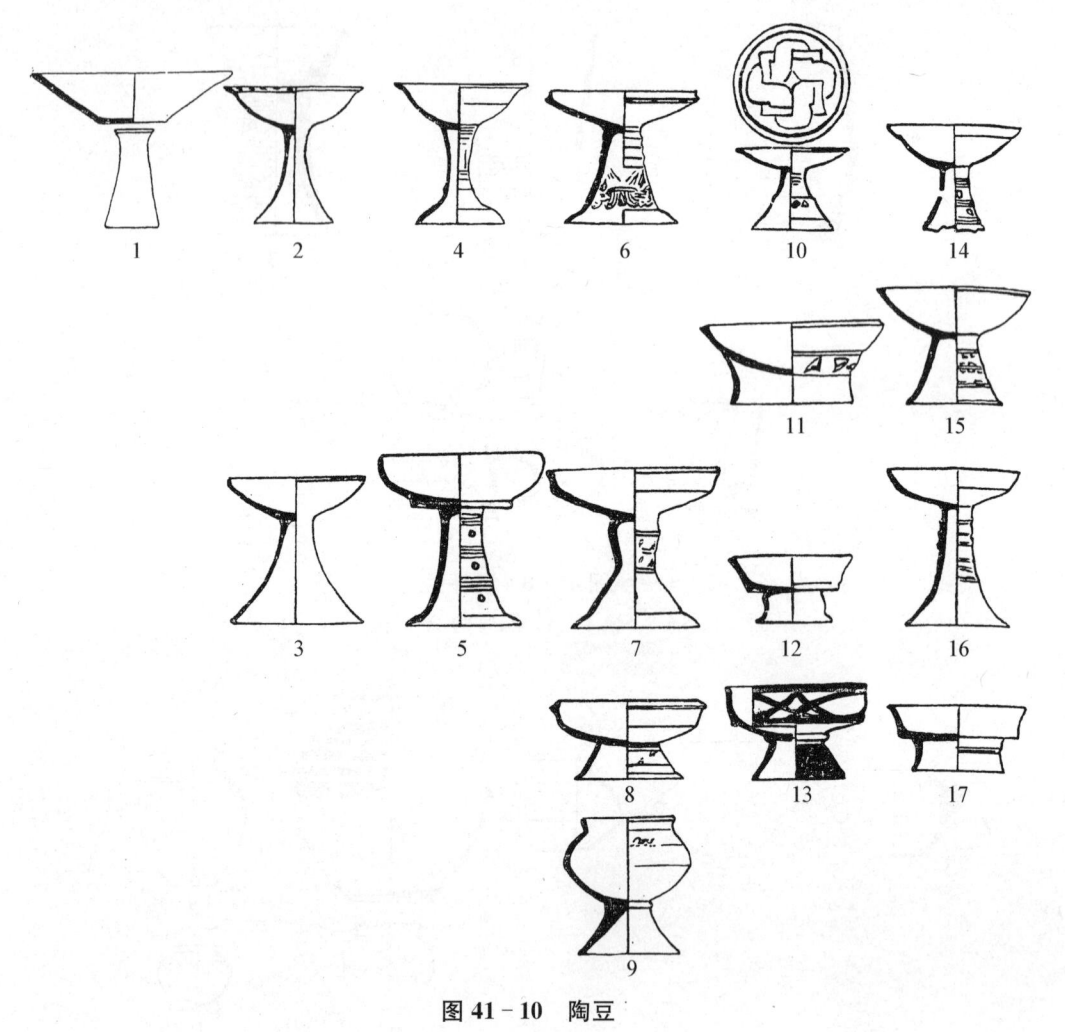

1. 罗家角　2、3. 草鞋山　4～13. 崧泽　14、15. 亭林　16. 良渚　17. 马桥

底;一是蛋圆形口、深腹、三足、带把,这两种盉至崧泽文化都逐渐消失,只偶见一种腹侧附环把的鼎形盉。良渚文化常见的盉,口呈蛋圆形,腹作扁球形,背部有环把,腹下有三柱足,器形与大汶口文化的实足鬶极为近似[17](图 41-11)。

鬶,盛行于良渚文化,器形作捏流、袋足带把。在太湖地区,早在马家浜文化中已经有了两袋足以一鏊支撑的异形鬶,因此良渚文化的鬶,可能是从异形鬶发展而来的,鬶在良渚文化早期,作长颈、瘦袋足,至晚期颈变矮,袋足变肥胖,从良渚文化鬶与大汶口文化鬶极为相似来看,两者可能也有交流与影响关系(图 41-12)。

其他如澄滤器始见于崧泽文化,器形是匜的内壁加刻凹槽,所以应从匜发展而来(图 41-13)。

至于太湖地区陶器上盛行的堆纹、镂孔、刻划纹和彩绘等纹饰,它们的来源是堆

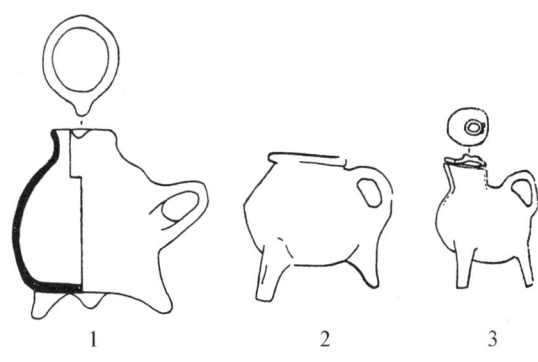

图 41‑11　陶盉
1. 罗家角　2. 邱城　3. 广富林

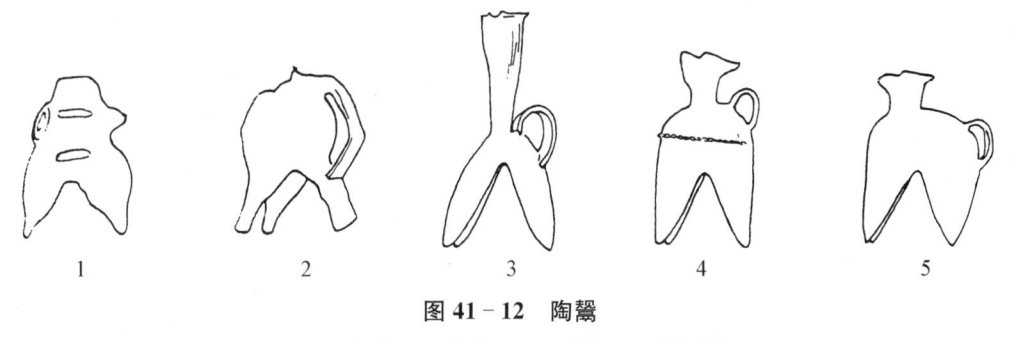

图 41‑12　陶鬶
1. 河姆渡　2. 邱城　3、5. 亭林　4. 果园村

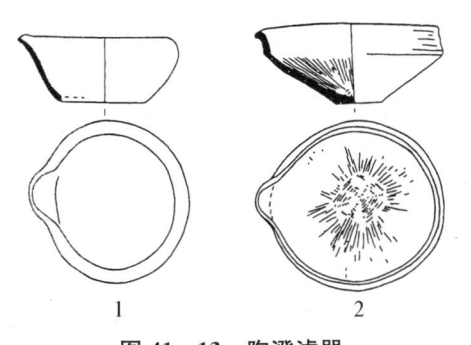

图 41‑13　陶澄滤器
1. 罗家角　2. 崧泽

纹早期以锯齿形为主,多见于分段制作陶器器壁的上下两节结合处,应从捏合技术演变而来。

镂孔早在马家浜文化的豆把上已经出现,都是长方形或圆形的小孔,部位往往偏于一边,不起装饰作用,其用途主要是使陶豆在入窑烧制时,豆把内外的空气可以流通,不致爆裂。但发展到崧泽文化,镂孔演变成为圆形和弧边三角形组成的各种几何形图案,成为陶器的主要装饰艺术之一。

刻划纹是一种描绘艺术,在马家浜文化中已经出现,以简单的交叉纹(刻纹)和波浪纹(划纹)为主;崧泽文化则盛行压划纹,线条粗而浅,纹饰常见弧线勾连纹和网纹等,是一种描绘藤竹编织物的几何形图案,部位以肩腹部为主,也有整器压划的。良渚文化常见的是细刻纹,线条纤细,纹样多羽翼纹、旗形纹等,细小而散处,似点缀在器身上的虫鸟。

彩绘是在已经烧成的陶器上以彩色描绘纹饰的装饰方法,由于未经焙烧,因此色彩容易脱落。彩绘主要盛行于崧泽文化,至良渚文化逐渐衰落。纹饰以宽带纹为主,间有波浪纹、联圈纹和双线纹等,色彩多红褐色,偶有间隔淡黄彩的。彩绘的起源可能与马家浜文化陶器上习见在器表上整体涂抹红褐色彩的装饰方法有关,因为崧泽文化的彩绘,无论是用料、颜色或容易脱落等特点,都与马家浜文化的涂彩一致,但它的纹样又与大汶口文化或北阴阳营类型盛行的彩陶纹样一致。所以这一带的彩绘很可能是本地区的涂彩装饰,吸收了相邻文化的彩陶纹饰的产物。总之通过上述分析,可以了解太湖地区的新石器时代文化是既有自己的发展规律,又在与相邻文化的相互交流与影响中不断成长。

注释

[1] 上海市文物保管委员会:《上海市青浦县崧泽遗址的试掘》,《考古学报》1962年第1期;《青浦县崧泽遗址第二次发掘》,《考古学报》1980年第1期。

[2] 南京博物院:《江苏吴县草鞋山遗址》,《文物资料丛刊》(3),文物出版社,1980年。

[3] 罗家角考古队:《桐乡县罗家角遗址发掘报告》,《浙江省文物考古所学刊》,文物出版社,1981年。

[4] 浙江省文物管理委员会:《吴兴钱山漾遗址第一、二次发掘报告》,《考古学报》1960年第2期。

[5] 浙江省文物管理委员会:《杭州水田畈遗址发掘报告》,《考古学报》1960年第2期。

[6] 王开发等:《崧泽遗址的孢粉分析研究》,《考古学报》1980年第1期。

[7] 张明华:《罗家角遗址的动物群》,《浙江省文物考古所学刊》,文物出版社,1981年。

[8] 梅福根:《江苏吴兴邱城遗址发掘简介》,《考古》1959年第9期。

[9] 上海市文物保管委员会:《上海市松江县广福林新石器时代遗址试探》,《考古》1962年第9期。

[10] 浙江省文物管理委员会:《浙江嘉兴马家浜新石器时代遗址的发掘》,《考古》1961年第7期。

[11] 吴苏:《圩墩新石器时代遗址发掘简报》,《考古》1978年第4期。

[12] 浙江省文物管理委员会、浙江省博物馆:《河姆渡遗址第一期发掘报告》,《考古学报》1978年第1期。

[13] 南京博物院:《江苏海安青墩遗址》,《考古学报》1983年第2期。

[14] 南京博物院:《江苏吴县张陵山遗址发掘简报》,《文物资料丛刊》(6),文物出版社,1982年。

[15] 韩康信、潘其风:《大墩子和王因新石器时代人类颌骨的异常变形》,《考古》1980年第2期。

[16] 上海市文物保管委员会:《上海马桥遗址第一、二次发掘》,《考古学报》1978年第1期;施昕更:《良渚》,浙江省教育厅,1938年。

[17] 山东省文物管理处、济南市博物馆编:《大汶口——新石器时代墓葬发掘报告》,文物出版社,1974年。

(本文原载于《史前研究》1984年第3期)

略论太湖地区几何印纹陶遗存的分期[*]

几何印纹陶在我国东南地区的古文化中,是主要陶系之一。地处长江下游的太湖流域也不例外,各新石器时代遗址之上,往往叠压着一层以几何印纹陶为主的文化遗存。因此,探讨这类文化遗存的分期问题,不仅是研究这一地区印纹陶本身的需要,而且也是推断新石器时代下限的重要依据之一。这一地区发现的包含印纹陶遗存的遗址,据已发表的资料统计,苏南地区计46处,杭嘉湖地区14处,上海地区有21处。考古工作者对浙江的钱山漾、水田畈,江苏的锡山公园、仙蠡墩、越城,以及上海地区的马桥、崧泽、戚家墩、查山、亭林、寺前村等遗址已进行了试掘或发掘,同时还清理了一批包含这类文化遗存的墓葬。这一系列的工作,为我们探讨它的分期问题提供了条件。

关于印纹陶遗存所处的地层概况:

1956～1959年,浙江省文管会通过对钱山漾[1]和水田畈遗址[2]的发掘,发现了印纹陶遗存叠压在良渚文化层之上的地层关系。例如水田畈遗址,上层出土的陶器以夹砂红陶和印纹陶为主,印纹陶的陶质既有泥质陶,也有夹细砂硬陶,器形有凹底和平底两种,纹饰比较复杂,大致包含了一个比较长的时期。下层出土的陶器,以夹砂灰陶和泥质灰黑陶为主,器表除饰弦纹、镂孔和彩绘以外,多素面,未见印纹陶片,属于良渚文化时期。

1963～1965年,清理了金山县戚家墩遗址[3],发现了汉代文化遗存叠压于晚期印纹陶之上的地层关系。它的上层遗物,有西汉时代的青瓷鼎、豆、壶、盒和陶井圈、小口翻领圜底灰陶罐,以及绳纹筒瓦、板瓦等,这里未见印纹陶器,下层即叠压着以印纹陶坛、盅、罐和原始瓷器碗、杯为特征的晚期印纹硬陶遗存。

---

[*] 本文与孙维昌合作。

1960年，上海马桥遗址[4]的发掘，发现叠压于良渚文化层之上的印纹陶遗存，还可以分为早、晚两期。该遗址包含的上（第三层）、中（第四层）、下（第五层）三层文化遗存，上层为相当于戚家墩下层的印纹陶遗存（惟其上限略早）。中层出现一种在器形上以圜底内凹为主要特征的罐、壶、杯、盆、碗等早期泥质印纹陶遗存。下层叠压着一层以T字形足鼎、贯耳壶、高领罐、圈足盘、三实足盉以及袋足鬶为特征的典型良渚文化。

1973～1975年，金山县亭林遗址[5]的发掘反映，属于马桥上、中层的印纹陶遗存可以再进一步分期。它的地层概况是：上层除了面上有一部分相当于戚家墩下层的印纹硬陶遗存以外，是一种以纹饰深刻的罍、瓿、罐和原始瓷豆为特征的印纹硬陶遗存。中层出现以圜底内凹为特征的泥质印纹陶遗存，而在器形变化上，又显示出中层上部多卷唇、高颈的罐和器形瘦长的壶，下部则以折唇、矮胖的罐和壶为主。下层也叠压着一层良渚文化。

上述这些地层关系，说明有关印纹陶遗存的地层序列是：汉代文化遗存──以戚家墩下层为代表的晚期印纹陶遗存──以亭林上层为代表的中期印纹陶遗存──以马桥中层为代表的早期印纹陶遗存──良渚文化。

此外，在墓葬方面，获得的随葬器物群也显示出三种类型：

第一类 以折沿矮颈的印纹陶坛、鼓形盅和内底轮旋纹平浅不清的原始瓷碗、杯为典型器的器物群。这类墓，可以以戚家墩校场大队墓地M2为典型墓例。发现的迹象是：离地表较浅，不见墓坑，葬具和人骨架朽蚀不见痕迹。随葬陶器计54件，按东西向排成7列，每列以3件几何印纹硬陶坛为主，有的陶坛口部覆盖黑衣陶盆1件，在陶坛旁边还堆放麻布纹硬陶盅10件，泥质灰陶罐2件，泥质灰陶甑1件，夹砂红陶鼎1件，以及夹砂红陶釜2件。

第二类 以卷沿的印纹陶坛、直唇罐和内底有粗深轮旋纹的原始瓷杯为典型器的器物群。这类墓，可以青浦县寺前村M1[6]为典型墓例。发掘时也未见墓坑、葬具和人骨架等痕迹。随葬器物计13件，其中有印纹硬陶坛6件，黑衣陶盆3件，原始瓷碗3件，原始瓷杯1件。

第三类 随葬器是一些纹饰深刻的印纹陶罍、瓿和原始瓷豆等器物。这类墓，在镇江、无锡等地往往有随葬器物成群的大墓。例如江苏溧水乌山二号墓[7]清理时，发现在生土层上有用天然石块平铺的长方形石床，未发现墓坑、葬具和人骨架等痕迹。随葬器物位于石床两端和石床外的两侧，共计11件，其中有铜器方鼎、提梁卣、盘、戈等4件，陶瓷器有印纹硬陶坛、红砂陶鼎各2件，黑陶尊、黑陶盘、原始瓷豆各1件。而在上海地区，仅见一些附有个别随葬器的小墓。例如，我们清理青浦县骆驼墩M2，仅见随葬印纹硬陶罍1件。

上列三类墓葬,从它们习用平地掩埋的葬俗和出土各种印纹陶器来看,应是同一类文化的三个不同时期的墓葬,对照太湖地区印纹陶遗存的地层关系,一、二类都为戚家墩下层所常见,可以帮助我们认识戚家墩下层存在着进一步分期的可能。第三类的时代大致属于亭林上层(表1)。

表1 太湖地区几何印纹陶遗存地层概况表

地层时代＼遗址	钱山漾	水田畈	马桥	亭林	戚家墩	查山	寺前村	崧泽	邱城	锡山公园	其他
西汉					上层						
战国				上层	下层	上层	上层	表土层		上层	戚家墩校场大队 M1、M2、M4、M6、M7,金山石化总厂古墓,福泉山古墓,黄泥墩古墓,寺前村 M1。
春秋	上层	上层			上层						吴县五峰山烽燧墩、吴兴苍山古战堡、武进淹城出土器物,骆驼墩 M6、M7,无锡墙门镇 M5、M28,金坛鳌墩 M1、M2。
西周							中层	上层			骆驼墩 M2,无锡荣巷 M10,华利湾古墓,溧水周墓,句容浮山果园一号墩 M2、M5、M11。
商代中晚期 夏末商初			中层	中层	中层						
良渚	下层	下层	下层	下层						下层	
崧泽							下层	中层	中层		
马家浜							下层	下层	下层		

根据上述地层和墓葬资料，我们认为这一地区的几何印纹陶遗存，在时代上至少可以分为三期：

第一期　这期遗物的特征是以泥质灰陶、黑衣陶和红褐陶为主，带有细砂的硬陶极少，烧成火候的高低差距很大，因而有的质地较软，有似容易脱落陶衣的良渚黑陶，有的硬度极高，击之有似金属声，与后期硬陶很少区别。拍印印纹后一般器内壁留下的垫印窝都明显可见。器底全系圜底内凹，几乎无一例外。器表纹饰盛行篮纹、叶脉纹、蓆纹、大方格纹等，同时也出现一部分与铜器纹饰有关的云雷纹和回字纹。这一时期的典型器有：

1. 罐　主要有两式：

Ⅰ式　折沿凹底，器形矮胖，是这一期罐的主要形制。

Ⅱ式　卷沿高颈凹底，器形较高，有的在肩部附一对扁耳，这类器较多的出现在亭林中层的上部，时代稍晚。

2. 鸭形壶　有圜底和圜底带圈足的两种，大体器形矮胖的出现在这一期地层的下部，瘦长的出于上部。

3. 带把圜底杯。

4. 折沿凹底碗。

5. 折沿凹底盆。

共存的其他陶系有夹砂绳纹陶鼎和甗，泥质黑衣陶簋、豆、觚、觯、尊等。未见原始瓷器。此外，还有大量石器，如有段石锛、半月形石刀、有柄石刀、带柄三角形石刀、石镰、翘刃石斧、石镞，以及小件青铜器铲和凿等。

属于这一期经过发掘的遗址，有上海马桥、亭林、查山[8]的中层和浙江钱山漾、水田畈上层的一部分。

第二期　这期的遗物特征是，陶质以带细砂的硬陶为主，陶色有紫褐和灰褐等种，器内壁垫印窝开始经过抹平，不很明显，器底除少数圜底外，习见平底，纹饰特点是粗深有力，常见折线纹、回字纹、蓆纹、矩形纹、大方格纹、波浪纹、梯形纹和云雷纹，也偶见弦纹叠套菱形纹。这一时期的典型器有：

1. 卷沿圆球腹圜底的罍。

2. 扁矮平底的瓿。瓿的形制，大体从第二期沿袭到第三期初，其中为第二期所独有的特征是肩部有一对附耳，或两条环形附加堆纹。

3. 卷沿弧腹的坛。这类坛与后期不同之处，是颈部微束，肩部鼓出，弧腹最大径在器的中部。

4. 卷沿高颈平底的罐。

其他陶系,有器足外撇的夹砂陶鼎、泥质灰陶三足盘和细把豆等。开始出现原始瓷器豆。与这期印纹陶共存的尚有部分石器,如石镰、带柄石刀、石镞等。

属于这一期的遗址和墓葬,在上海有亭林上层、崧泽上层、寺前村中层和戚家墩遗址已被潮水冲毁的部分,墓葬有骆驼墩 M2。在江苏有无锡荣巷 M10[9]、华利湾古墓[10]、溧水周墓[11],以及句容浮山果园一号墩 M2、M5、M11[12]等,浙江杭州老和山遗址发现的数件陶瓿,也可归属这一期。

第三期　这期遗物的特征,陶质基本同于第二期,但器壁比较匀薄,器底习见平底,有的附有三乳丁足,器肩常附贯耳,不见圜底器。纹饰精巧、细浅。在这一期的早期常见米筛纹、填线方格纹、回字纹、折线纹、蓆纹、小方格纹、双线叠圈纹、细叶脉纹等。晚期以小方格纹、麻布纹和米字纹为主,其他纹饰少见。这一时期的典型器有:

1. 坛　早期的多卷沿,晚期常见折沿矮颈。
2. 罐　常见的有四种型式:
   Ⅰ式　卷唇,呈鱼篓形。
   Ⅱ式　直唇,弧肩,平底,器较高。
   Ⅲ式　直唇,弧肩,平底,器扁矮,有的下有三乳丁足。
   Ⅳ式　直唇、弧腹,肩部常有两对贯耳。

大体上Ⅰ、Ⅱ式时代较早,多饰米筛纹、填线方格纹、回字纹、折线纹等,Ⅲ、Ⅳ式时代较晚,饰方格纹、麻布纹、米字纹等。

3. 盅　扁鼓形,平底,有的带鋬,下有三乳丁足。

其他陶系有夹砂陶鼎、夹砂陶角形器、泥质黑衣陶罐、盆等。原始瓷器有碗、杯、匜。这时已不见石器,而出现铁器铲、锄、刀等。

属于这一期的遗址,最典型的是戚家墩下层,其他如马桥、查山、寺前村上层也属于这一期,但其上限时间稍早。墓葬有上海地区的戚家墩校场大队古墓、金山石化总厂古墓、福泉山古墓、黄泥墩古墓等处,其他如江苏淹城出土陶器[13]、吴县五峰山烽燧墩[14]、浙江吴兴苍山古战堡[15]也属于这一时期。

上述三期遗存,大体上反映了这一地区印纹陶陶质、器形、纹饰的发展与演变过程。例如:陶质上,从有软有硬的泥质陶,发展到带有细砂的硬陶;陶色上,由灰黑、橘黄、紫红色演变为紫褐和灰褐色;纹饰上,由实用的各种竹编纹转变为深刻、繁复、具有浓厚青铜器影响的纹饰,再发展演变为精巧细浅的几何形图案,最后则衰退为简单的小方格纹、麻布纹等;器形上,唇沿部位由折沿向卷沿、直唇以至小折沿矮颈发展,底部由圜底内凹向平底以至常见平底附三乳丁足方向发展,器身则从单纯矮胖的罐演变为圆形的罍、扁矮的瓿和高大深腹的坛等。

至于三期印纹陶的年代问题,它们的相对年代,已有戚家墩、马桥、亭林等遗址的地层可资参考,这里主要对绝对年代作一分析。

第一期年代,可资参考的有碳十四测定,查山中层距今 3 114±120 年;亭林中层距今 3 730±150 年(以上均用树轮校正年代)[16]。经热释光测定的,查山中层有 3 个数据:距今 2 930±322 年、2 890±318 年、3 260±359 年。马桥中层有 2 个数据:距今 3 030±333 年、3 470±382 年。我们认为这些测定数据与我们的分析大体相近,可以将距今 3 852 年看作它们的上限,距今 3 114 年作为其下限(热释光测定数据采用加数)。主要依据有以下两个:

一、这一期遗存与之共存的石器及其他陶系陶器,与良渚文化非常接近,地层关系上又往往直接叠压在良渚文化层之上,似乎在年代上不可能距良渚文化太远。而受这一期遗存叠压的亭林下层良渚文化的年代,碳十四测定为距今 4 200±145 年[17],与上述间距基本相称。

二、与这一期共存的其他器物,如扁平三角形石镞、陶鬶、鬹等与中原地区二里头等夏商文化有一定联系,而中原夏商文化中出现的如鸭形壶和凹底印纹陶罐,似乎也受到南方的影响。双方文化交流的年代都在夏、商。因此,将这一期定为夏代晚期至商代中晚期,问题当不大。

第二期年代,这期印纹陶罍和坛曾见于江苏溧水乌山二号墓[18],此墓的年代有共出的青铜鼎、卣、盘、戈等可作考证。铜鼎呈方形,它和下腹垂大的提梁卣,都具有西周早期铜器的显著特征。铜盘的器形和纹饰,同江苏丹徒烟墩山大墓中出土的铜盘相一致;铜戈的形制,也与北京房山琉璃河镇西周成康时期墓中出土的一件长胡三穿铜戈类同,都属西周时期的器物,可以帮助我们断代。这一期伴存的原始瓷豆,更是各地商末周初墓中常见的器物,例如山东益都苏埠屯晚商墓、洛阳庞家沟西周墓、长安普渡村西周墓以及江苏丹徒烟墩山西周墓的附葬坑中,都曾出土这类瓷豆。因此,这一期可以定为西周的遗存。

第三期年代,历来都被笼统的称为春秋战国时代,但时至今日,清理发掘的遗迹和墓葬资料逐渐丰富,已具备了进一步划分时代的条件。例如,凡是卷沿坛和直唇弧肩平底罐,几乎都与卷沿扁鼓腹的瓷碗共存。而这类瓷碗,在吴县五峰山烽燧墩和吴兴苍山古战堡这两处春秋时代吴越的边防遗迹中,都是习见之物。卷沿坛和直唇弧肩平底罐,在武进淹城还与一批春秋时代的铜器如编钟、尊、盘、牺觥等同层出土。另一类内底有粗深轮旋纹的瓷杯,在山西侯马牛村古城遗址[19]也出土于战国早期文化层中。这些发现帮助我们将这一类器物群的时代,定为春秋至战国早期。

另一类器物,如小折沿矮颈的坛、直唇米字纹罐、麻布纹扁鼓腹瓿和内底轮旋纹平浅的瓷碗、杯等,在浙江绍兴漓渚古墓[20]和凤凰山木椁墓[21]中,都可见到它们的器物群。而在这些墓中,与它们共存的具有战国时代风格的铜戈、铜剑、漆豆和瓷鼎、瓷镳等,都是重要的断代依据。因此,时代上大致可定为战国中、晚期。

最后,关于这一地区印纹陶的发生、发展与衰落问题。在第一期遗存直接叠压下的良渚文化层中,印纹陶至今一片未见。而在第一期遗存的诸遗址中,印纹陶在出土陶片总数中约占 41.1%~49.5%,已成为主要陶系,并且器形有碗、杯、盆、壶、罐等,已很丰富,说明它在商代已相当盛行。到了西周时期,即在《史记》记载"太伯之奔荆蛮,自号勾吴"[22]之后,随着吴越的兴起,印纹陶发展到了高峰。但到达战国中期,又随着越族的衰退以及原始瓷器的兴起,印纹陶逐渐趋向衰落,而到战国后期以后,如上海嘉定外冈的战国楚墓和太湖周围西汉早期墓葬中,印纹陶就一件未见,已为原始瓷器所代替。

这里对于印纹陶是否起源于本地区良渚文化的问题,至今还有待于我们进一步探索。我们的初步分析是:以第一期遗存与良渚文化作比较,它们的石器具有一脉相承的迹象,良渚的主要石器如有段石锛和石镰,在第一期遗存中仍然极为普遍;反之,第一期遗存具有特征性的三角形带柄石刀、半月形石刀和石耘田器等,在良渚文化晚期也个别的有所发现,可以看出它们的发展趋向。而在第一期遗存的陶器方面,存在着两大类别:一类是泥质陶,以灰陶和黑衣灰陶为主,陶质软而细腻,陶衣容易脱落,制法多轮制,无论在陶质和制法上都源于良渚类型,因此有时被误认为是良渚陶器。同时在器形上,如簋、瓿、觯、尊等,在良渚文化陶器中也可以找到它们的类似器形,可以说两者关系极为密切。但是,另一大类印纹陶,使用泥条叠筑法制作,陶土颗粒较粗,烧成后质地较硬,且多红褐色陶,而且器形习用折唇、圜凹底,器表满拍印纹,无论从制法、器形、纹饰以至入窑烧造的方法,与良渚文化比较,都有一个突变的感觉。因此,第一期遗存给予我们的印象,似乎在本地是一种新产生的因素。至于这一因素从何而来,目前我们还不能作出确切的结论。这是由于现在我们对良渚文化的探索还是初步的,今后随着对良渚文化调查发掘的进一步开展,还不能完全排除在良渚文化中发现产生印纹陶线索的可能。

但在另一方面,根据已有资料,从太湖地区出现印纹陶的时期较晚,而在江西修水山背、清江筑卫城和广东曲江石峡等地都已发现新石器时代的印纹陶,以及我们这一地区印纹陶消失的时间又较早,而江西、广东等地直到汉代墓葬中还存在一定数量的印纹陶器来看,我们认为这是一种这里不处于印纹陶分布中心的象征。这样,也就存在着它来源于江西、广东等地的另一种可能。

注释

[1] 浙江省文物管理委员会：《吴兴钱山漾遗址第一、二次发掘报告》，《考古学报》1960 年第 2 期，第 73 页。
[2] 浙江省文物管理委员会：《杭州水田畈遗址发掘报告》，《考古学报》1960 年第 2 期，第 93 页。
[3] 上海市文物保管委员会：《上海市金山县戚家墩遗址发掘简报》，《考古》1973 年第 1 期，第 16 页。
[4] 上海市文物保管委员会：《上海马桥遗址第一、二次发掘》，《考古学报》1978 年第 1 期。
[5] 见上海市金山县亭林遗址发掘资料。
[6] 见上海市青浦县寺前村遗址试掘资料。
[7]、[18] 镇江市博物馆：《江苏溧水乌山二号墓清理简报》，《文物资料丛刊》(2)，文物出版社，1978 年，第 19 页。
[8] 见上海市金山县查山遗址试掘资料。
[9] 朱江：《江苏南部"硬陶与釉陶"遗存清理》，《考古通讯》1957 年第 3 期，第 8 页。
[10] 魏百龄、谢春祝：《无锡华利湾古墓清理简报》，《文参》1956 年第 12 期，第 47 页。
[11] 刘兴、吴大林：《江苏溧水发现西周墓》，《考古》1976 年第 4 期，第 274 页。
[12] 南京博物院：《江苏句容县浮山果园西周墓》，《考古》1977 年第 5 期，第 292 页。
[13] 倪振逵：《江苏淹城遗址出土一批印纹硬陶器》，《考古通讯》1958 年第 8 期，第 49 页。
[14] 朱江：《吴县五峰山烽燧墩清理简报》，《考古通讯》1955 年第 4 期，第 50 页。
[15] 丘鸿炘：《浙江吴兴苍山古战堡试掘》，《考古》1966 年第 5 期，第 282 页。
[16]、[17] 夏鼐：《碳-14 测定年代和中国史前考古学》，《考古》1977 年第 4 期，第 229 页。
[19] 侯马市考古发掘委员会：《侯马牛村古城南东周遗址发掘简报》，《考古》1962 年第 2 期，第 55 页。
[20] 浙江省文管会：《绍兴漓渚的汉墓》，《考古学报》1957 年第 1 期，第 133 页。
[21] 绍兴县文管会：《绍兴凤凰山木椁墓》，《考古》1976 年第 6 期，第 392 页。
[22] (西汉)司马迁：《史记》卷三一《吴太伯世家》。

[本文原载于《上海博物馆集刊》(1)，上海古籍出版社，1981 年]

马桥类型文化分析[*]

我国东南沿海各地,从新石器时代晚期至汉代,都包含有一种以几何形印纹陶为主要特征的古文化遗存。建国32年来,随着我国文物考古事业的飞速发展,各省市考古调查、发掘工作陆续展开,至今把这类文化已可分作若干类型,上海地区的马桥遗址[1]第四层即作为太湖地区(包括杭州湾地区)的一个典型遗存,被称为马桥类型文化。本文现就这一类型的若干问题作一分析。

一、关于马桥类型的特征、年代和分布范围

这一类型文化,经过历年来的试掘和发掘,除在上海县马桥、金山县亭林[2]和查山[3]、青浦县福泉山[4]等遗址都有发现以外,在浙江吴兴钱山漾[5]、杭州水田畈[6],江苏苏州的越城等遗址也包含有这类遗存。根据调查资料,还在浙北宁绍平原也发现了半月形石刀、篮纹折沿圜凹底陶罐和黄衣灰陶豆把等马桥类型的典型器。因此,它的分布范围不仅是太湖流域,大致还包括浙北地区。

马桥类型的主要文化特征是:

(一) 出现刀、凿、镞等小件青铜器(但未发现铸铜工具)。

(二) 石制生产工具仍极为盛行,有翘刃石斧、有段石锛、长三角形石犁、带柄三角形石刀、斜柄长条形石刀、石镰、半月形石刀、石耘田器,以及扁平三角形石镞和石矛等。

(三) 陶器有三大陶系:

---

[*] 本文与孙维昌合作。

(1) 夹砂绳纹(或篮纹)红陶约占 25.9%。器形主要是鼎,鼎足有凹弧形、圆锥形和舌形三种。其次为甗和釜,甗是连成一体的甑和鼎的组合。炊器中鬲一件未见。

(2) 呈各种陶色的印纹陶(有浅黄、橙黄、紫红、紫褐色)约占 41.1%。纹饰有叶脉纹、篮纹、蓆纹、方格纹、回字纹和云雷纹等,器内壁一般都留有填印窝,器底都是圜底内凹。有折沿弧腹的罐和盆,带鋬把的杯和鸭形壶等器形。在这些器物的唇沿上往往有一个或数个相同的刻划符号。

(3) 灰陶、黑衣灰陶和黄衣灰陶约占 33%。都是平底或圈足器,器表以素面为主,而在肩腹部习见压印一条带形的云雷纹或鱼鸟纹。器形有觚、觯、尊、豆、簋、瓦足盘、袋足盉和澄滤器等。

上列各陶系的制法,前两种为泥条盘筑法加轮修,后一种为轮制,明显不同。

关于马桥类型文化的时代,我们从以下三个方面分析:

(1) 从地层关系来看,以上海金山县亭林遗址为例,它被压于西周印纹陶遗存之下,而叠压于良渚文化层之上。因此,它的时代上下限应是早于西周而晚于良渚文化。

(2) 根据碳十四和热释光测定的数据分析,碳十四测定数据有两个:亭林遗址中层木头距今为 3 730±150 年;查山遗址中层木头距今为 3 114±120 年。热释光测定数据有五个:马桥遗址中层陶片距今为 3 030±333 年和 3 470±382 年;查山遗址中层陶片距今为 2 930±322 年、2 890±318 年、3 260±359 年[7]。

(3) 出土遗物中如觚、觯、尊、簋、瓦足盘以及拍印的云雷纹等的特点显示,其与中原地区河南偃师二里头[8]、郑州二里岗[9]的夏商文化有着紧密的联系,所以其年代应相当于夏商时代。

二、马桥类型文化的来源分析

马桥类型的文化渊源,从其特征来看,大致来自如下三个方面:

其一,它继承了良渚文化的传统。在生活用具中炊器多为鼎,无鬲,这也是良渚的特点。陶系中有一类泥质黑衣灰陶,质软而细腻,陶衣容易脱落,制法多用轮制,其陶质和制法都源于良渚文化。从马桥的基本生产工具来看,如有段石锛、三角形石犁、石镰和石耘田器等的形制都与良渚文化一脉相承。并且在地域上,马桥与良渚文化也处于同一分布范围。

其二,它与江南地区以几何印纹陶为特征的诸文化遗存有密切联系。马桥类型几何形印纹陶与良渚文化诸陶系相比,不论在制法、造型或纹饰等各方面都不相同,而且在良渚文化中未见其早期因素,从良渚至马桥类型显然是起了一个突变。例如良渚陶器采用轮制方法,但马桥类型陶器则以泥条圈叠加轮修制成。良渚多素面,偶有刻划纹、锥刺纹或镂孔,而马桥类型陶器则遍体(包括器底)拍印印纹。器形上,良渚多平底和圈足器,马桥几乎千篇一律的作圜凹底。但在福建闽侯县石山遗址[10]中层新石器时代文化遗物中,已经存在拍印篮纹或绳纹的印纹陶。在距今约5 000年的江西修水山背文化中也出现了折线纹圜底罐。因此,我们认为浙江太湖一带马桥类型的几何印纹陶,有可能是受浙南、闽北或赣北印纹陶遗存影响的产物。

其三,它与中原地区夏商文化存在一定联系。这反映在以下两个方面:例如在石器方面,扁平三角形石镞是河南偃师二里头文化的典型器物,凡是早商遗址都有出土,往后则逐渐不见。在太湖地区,石镞的传统形制则是柳叶形或菱形带铤或带翼。而马桥第四层,除出土上述形制的石镞以外,还出现了大量扁平三角形石镞。半月形带孔石刀在中原地区也是习见的器形,它从河南陕县庙底沟新石器时代文化起,至商周文化都一直沿用,可说是粟稷产地的收割工具。而在我国东部沿海地区从山东龙山、浙江良渚文化起,沿用的都是石镰。马桥类型遗址中,除有石镰以外,也同时有大量的半月形石刀出土。至于在陶器方面,值得研究的是觚、斝、尊等一类器物,从它的陶质与制作方法来看,虽然是沿袭良渚文化而来的,但压印的带状云雷纹与郑州二里岗商代早期文化的极为相似。觚、斝的造型与河南偃师二里头的也近似。其是否为马桥类型受中原地区文化影响的产物,也是一个值得探讨的问题。所以,我们认为马桥类型可能是一类起源于良渚文化而接受南方印纹陶和中原地区文化影响的文化遗存。

对于马桥类型的去向问题,可以从这一地区的亭林类型文化遗存中找到它的脉络。亭林类型的文化特征是:石器尚残存三角形带柄石刀、石镰和石镞;印纹陶以硬陶为主,有圆球腹圜底的罍、扁腹平底的瓿、卷沿弧腹的坛和浅盆形高圈足带镂孔的豆等;夹砂陶仍有鼎无鬲,鼎的特点是器足外撇,泥质灰黑陶中以浅盘细高把带二凸棱的豆和浅腹器足外撇的三足盘最具特征;原始瓷器还较少见[11]。这与江苏句容浮山果园西周土墩墓的[12]鼎、鬲共存,以及常见原始瓷器的特点存在一定的区别。

亭林类型的各类器物,如石镰和三角形带柄石刀等显然是继承马桥类型而来的,鼎是马桥圆锥足或舌形足鼎的演变,镂孔硬陶豆也来源于马桥的泥质陶豆,灰陶三足盘是太湖地区古文化习见的器形。从这些器物的特征可以看到马桥类型与亭林类型两者之间的密切关系。至于如罍、瓿、原始瓷豆的制作和形制,与湖熟文化二期同类器物很相似,可能是受湖熟二期文化的影响。

三、马桥类型文化与吴越文化的关系

马桥类型到底是先吴文化,还是先越文化,可以通过与相邻的湖熟文化的比较来加以明确。

湖熟文化[13]是1951年在江宁县湖熟镇首次发现的。它的分布范围,大体是南部和西部已进入安徽省境,北部抵江淮之间,东部似以茅山为界,而以宁镇山脉及秦淮河流域分布最为密集。

湖熟文化的主要特征是:

(一)有较多的青铜器发现,种类有刀、镞、斧、凿、铃、鼎耳及足和鱼钩等,在北阴阳营遗址上层还发现炼铜用的陶钵、陶勺以及铜炼渣等。

(二)石器以锛、镰、刀、镞所占数量最多,器形为有段石锛、有槽石斧、穿孔石斧、石镰、半月形石刀、近似等腰三角形的石矛头与石镞等。

(三)陶器有四大陶系:

(1)夹砂粗陶的器形以鬲、盆、罐较多,也有甗。鬲有带把手的。纹饰多绳纹、附加堆纹和指窝纹。

(2)泥质印纹红陶器形有罐和钵,纹饰多蓆纹、篮纹、回字纹、方格纹、菱形纹和曲折纹,也有云雷纹和编织纹的组合。

(3)灰陶和泥质黑衣陶器形以豆、罐、盆、钵、盘较多,此外尚有罍和瓿。纹饰多弦纹、贝纹、凹点纹、镂孔纹、菱形划纹、折带纹和云雷纹。

(4)夹砂质几何印纹硬陶(多发现在上层,下层仅有极少数),器形有瓿、尊和缶,纹饰多回字纹、变形云雷纹、波浪纹和编织纹。

(四)发现了卜骨和卜甲。

湖熟文化究竟是从哪个体系发展来的呢?从这一地区的文化发展序列来看,湖熟文化的前面是北阴阳营文化,北阴阳营是以鼎和彩陶为特征的文化,时间大致在5 000年以上,与湖熟的以鬲、印纹陶为主,时间约在3 000多年相比,其间脱了一大节。目前还不清楚它前一阶段的文化面貌。我们试从以下两个方面加以探讨:

与中原殷周文化关系密切。湖熟文化下层的陶器,在类别、器形或纹饰等方面与殷周的陶器有很多共同点,如均出大量的鬲和甗,其次是罐、豆和盆等,鼎则很少见。特别是北阴阳营的有刻划纹的陶钵在郑州二里岗、洛阳东干沟、陕县七里铺等地均有发现,是仅见于殷商早期遗址的典型器物[14]。湖熟文化发现的青铜镞和铜鼎的耳和足都与殷周的形制相同。锁金村发现的青铜小刀与江苏徐州高皇庙遗址殷代文化层所出的相同[15]。在生产工具中,湖熟所出的各式石斧、石刀和石镞绝大部分都为殷周遗址所常见。在北阴阳营发现的只钻不凿的卜骨和卜甲也与商代前期的风格类同。这些都说明了它与殷周文化的密切关系。

此外,湖熟的印纹陶与马桥类型一样,也存在着来自南方的因素,而有段石锛、黑衣陶则与良渚文化有密切关系。

上述诸点与马桥类型相比,究竟哪个是先吴文化?哪个是先越文化?

我们再从地理位置上来分析:

马桥遗址位于长江下游、太湖流域和浙北地区。据《史记·越王勾践世家》记载:"越王勾践,其先禹之苗裔,而夏后帝少康之庶子也。封于会稽,以奉守禹之祀。文身断发,披草莱而邑焉。后二十余世,至于允常。允常之时,与吴王阖庐战而相怨伐。允常卒,子勾践立,是为越王。"另据《史记》第四十一卷引正义贺循《会稽记》云:"少康其少子,号曰于越,越国之称始此。"据此推测,越立国虽较楚、吴稍后,但距周初也不会太远,政治中心则在会稽(今浙江绍兴东南)。马桥类型与浙北同期的遗物一致,而与湖熟差异较大,与上述传说地点比较相符。

湖熟文化的分布范围主要在宁镇地区和皖南、赣北一带。据《史记·吴世家》"自号勾吴"的"索隐"中注"……吴名起于太伯,明以前未有吴号,地在楚越之界"。这里讲的所谓"楚越之界",《同治上元、江宁两县志》卷二上《考》曾提出:"周武王有天下,封周章于其地(即指今南京地区)。"吴的立国应在宁镇地区。

从文化主流来看,马桥类型来源于良渚,而湖熟文化则以商周文化为主体,已见前述。《史记·吴太伯世家》记载:"吴太伯,太伯弟仲雍,皆周太王之子……太王欲立季历以及昌,于是太伯、仲雍二人乃奔荆蛮,文身断发,示不可用,以避季历。季历果立,是为王季,而昌为文王。太伯之奔荆蛮,自号勾吴。荆蛮义之,从而归之千余家,立为吴太伯。"这种周文化与当地文化结合成为吴文化的传说,是与湖熟特点相吻合的。

再从马桥和湖熟文化的去向来看,马桥文化的延续是亭林类型,在浙江宁绍一带也发现有这类文化遗存。而湖熟文化的延续是锁金村、安怀村类型。这一类型所出的遗物,炊器以红砂陶鬲和陶鼎为主,鬲和鼎上还多带有角状把手。食器以喇叭形高圈足的原始瓷豆最具特征。并且常有青铜礼器伴出,例如江苏溧水乌山二号墓,共存的有青铜鼎、提梁卣、盘、戈等4件,铜鼎呈方形,腹部饰有两组细线条组成的大云雷纹,提梁卣下腹垂大;又如句容浮山果园二号墩八号墓出土的青铜戈,长胡三穿,锋为直线三角形,援上刃和内上缘连成一线,这些均与中原地区西周墓的同类器物相近[16]。

直到西周后期、春秋前期，两地出土遗物才趋一致。宁镇地区的鬲至此时业已消失，炊器只有夹砂陶鼎一种，太湖浙北地区，印纹陶瓿、罍和原始瓷豆也较为习见。所以，从两者的延续来看，似乎也是湖熟类型更像是西周时代的吴文化[17]。

因此，综上所述，我们认为马桥类型是良渚文化接受印纹陶文化和商文化影响的产物，应是越文化的先驱；而湖熟文化是来自中原地区的商周文化，接受了印纹陶等当地土著文化的影响，可能即是吴文化的先驱。

注释

[1] 上海市文物保管委员会：《上海马桥遗址第一、二次发掘》，《考古学报》1978年第1期。

[2]、[11] 上海市文物保管委员会：上海市金山县亭林遗址试掘资料。

[3] 上海市文物保管委员会：上海市金山县查山遗址试掘资料。

[4] 上海市文物保管委员会：上海市青浦县福泉山遗址试掘资料。

[5] 浙江省文物管理委员会：《吴兴钱山漾遗址第一、二次发掘报告》，《考古学报》1960年第2期。

[6] 浙江省文物管理委员会：《杭州水田畈遗址发掘报告》，《考古学报》1960年第2期。

[7] 夏鼐：《碳-14测定年代和中国史前考古学》，《考古》1977年第4期。王维达：《古代陶器的热释光测定年代》，《考古》1979年第1期。

[8] 中国科学院考古研究所洛阳发掘队：《河南偃师二里头遗址发掘简报》，《考古》1965年第5期。

[9] 河南省文化局文物工作队：《郑州二里岗》，科学出版社，1959年。

[10] 福建省博物馆：《闽侯县石山遗址第六次发掘报告》，《考古学报》1976年第1期。庄锦清：《福建地区几何印纹陶分期初探》，载《文物集刊》第3辑，文物出版社，1981年。

[12] 南京博物院：《江苏句容县浮山果园西周墓》，《考古》1977年第5期。镇江市博物馆：《江苏句容浮山果园土墩墓》，《考古》1979年第2期。

[13] 曾昭燏、尹焕章：《古代江苏历史上的两个问题》，《江苏省出土文物选集》，文物出版社，1963年。曾昭燏、尹焕章：《试论湖熟文化》，《考古学报》1959年第4期。

[14] 南京博物院：《南京市北阴阳营第一、二次发掘》，《考古学报》1958年第1期。河南省文化局文物工作队：《郑州二里岗》，科学出版社，1959年。考古研究所洛阳发掘队：《1958年洛阳东干沟遗址发掘简报》，《考古》1959年第10期。黄河水库考古工作队河南分队：《河南陕县七里铺商代遗址的发掘》，《考古学报》1960年第1期。张永年：《关于"湖熟文化"的若干问题》，《考古》1962年第1期。

[15] 南京博物院：《南京锁金村遗址第一、二次发掘报告》，《考古学报》1957年第3期。江苏省文管会：《徐州高皇庙遗址清理报告》，《考古学报》1958年第4期。

[16] 南京博物院：《南京锁金村遗址第一、二次发掘报告》，《考古学报》1957年第3期。南京博物院：《南京安怀村古遗址发掘简报》，《考古通讯》1957年第5期。肖梦龙：《初论吴文化》，《江苏社联通讯》1980年第1期。刘兴、吴大林：《江苏溧水发现西周墓》，《考古》1976年第4期。镇江市博物馆：《江苏溧水乌山西周二号墓清理简报》，《文物资料丛刊》(2)，文物出版社，1978年。南京博物院：《江苏句容县浮山果园西周墓》，《考古》1977年第5期。

[17] 朱江等：《吴县五峰山烽燧墩清理简报》，《考古通讯》1955年第4期。南京博物院：《江苏吴县

草鞋山遗址》,《文物资料丛刊》(3),文物出版社,1980年。镇江市博物馆:《江苏句容浮山果园土墩墓》,《考古》1979年第2期。

(本文原载于《1981年江苏省考古学会第二次年会暨吴文化学术讨论会论文集》,1981年)

上 海 宋 墓

1959年前后,上海市文物保管委员会在市郊嘉定、宝山、上海等县配合基建工程中,清理发掘了约10座宋墓。这批宋墓一般都埋葬在地面以下深约50厘米处,地上没有封土。墓的结构,大致可分石板砖室墓、土坑木棺墓和火葬墓三类。现将情况简介如下:

一、石板砖室墓

6座。这类墓主要是用砖块砌成长方形的墓穴,上盖石板为顶。一般都系夫妇合葬双穴墓,只有个别是单穴的。墓室内大体都有壁龛。壁龛凡开在左右两壁的,一穴计4个,内置镇墓的铁牛;凡开在南端的,则仅1个,中置瓷盒、铜钱等随葬品。墓室一般都较高大。上海地区明墓也有石板砖室的,但和宋墓比有很多不同之处,其不同如:1. 宋代墓室高约105~147、宽96~187厘米。而大型的明墓,除了室壁建筑特厚以外,墓穴一般仅高90、宽约68~84厘米,极为狭窄。2. 宋墓上盖的大石板,一般用两三块合并而成,两面平整。明墓的顶盖石板都只是向墓穴的单面平整。讲究的大墓,虽用厚达尺余的独幅大石为顶,但加工也很粗糙。3. 宋墓砖一般都比较宽大厚重,长39、宽19、厚6厘米。明砖的则长仅36厘米左右,要狭小得多。4. 宋墓填嵌砖缝的材料,多用黄土石灰,而明墓发展到使用细石灰、黄土、糯米粥和黄酒等合成的所谓糯米浆土,极其坚韧。

石板砖室墓内的随葬品一般都较其他类型宋墓丰富,以镇墓的4只铁牛和影青瓷盒、瓷罐、瓷盂以及铜镜等为其特色。漆器虽然也有较多发现,但无一是完整的。铜钱一般都分布墓的底砖上,数量有多至820余枚的,也有个别在墓的底砖下面还放有大量的钱币。最常见的是宋代年号钱和开元通宝,但也有汉五铢钱。棺底常有水银发现,可能是有意放置的防腐剂。此外还发现有铁买地券和小陶瓶,买地券长方形,铭文隔行正反倒置,并且上面涂有松香。陶瓶敛口小平底。仅有宝山月浦宝祐四年赵氏墓出土过金银饰品,其中有錾花金手镯、錾花金发簪、盘花金首银簪、涂金银簪、涂金簧形银钏、银耳挖等,墓中还出土了压花铅粉盒和银罐等器物(图 44-1-4～10、13)。

石板砖室墓一般都有圹志,嵌置在墓室的北端砖壁内。根据圹志记载,这些墓的年代最早为北宋治平三年(1066年),最迟到南宋宝祐四年(1256年)。死者生前有承信郎、承节郎、承直郎和保义郎等官阶,有的曾监绍兴府肖山县酒税,有的监镇江府大港镇税[*]。

二、土坑木棺墓

1959年9月普查嘉定县文物时,在外冈地方发现了多座,清理了其中一座。这类墓的结构,仅仅是土坑加木棺,有的在土坑的底部灌浇一层黄土石灰浆。土坑狭小,宽仅45厘米,棺木也极薄,一般都早已朽烂。随葬品只发现残黄釉宋瓷碗1件。这类墓可能都是宋代的平民墓。

三、火 葬 墓

这类墓以前一般都不了解,1959年以来,曾在宝山县地下发现成批的釉陶罐和盖碗。收集的1只碗为米黄色釉,内底有刻花,颇像宋代定窑瓷器。罐的器形和小酒坛相似,内有骨灰,当时推测这类带有碗盖的罐,可能是一种火葬墓。1959年11月,我们在市郊曹杨新村清理了一座火葬墓(图44-2)。这座墓仅用5块小砖平铺作底,上面以楔形砖围成十一角的多面筒形壁,中间放一件黄绿釉带盖小口平底鼓腹的骨灰陶罐。砖壁外有宋代的长筒形小陶瓶7个。结构简单,全墓高仅40余、径约65厘米。此外在嘉定县西门外和外冈地方,有由群众收集的石盒和黑陶盒各1件,推测也是这类火葬墓的葬具。石盒外面四方形,内作圆形,盖顶呈屋脊状(图44-3-2)。陶盒六角形,平底,带盖,下附6小足,形制与青浦元任氏墓出土的漆奁相近(图44-3-1)。这类盒发现时,据说近旁同样有小陶瓶和瓷碗,和曹安新村火葬墓相类似。在青浦县青龙镇一带及嘉定县外冈沿冈身等地,常发现宋代的各色瓷碗、瓷粉盒以及釉陶

·上海宋墓·

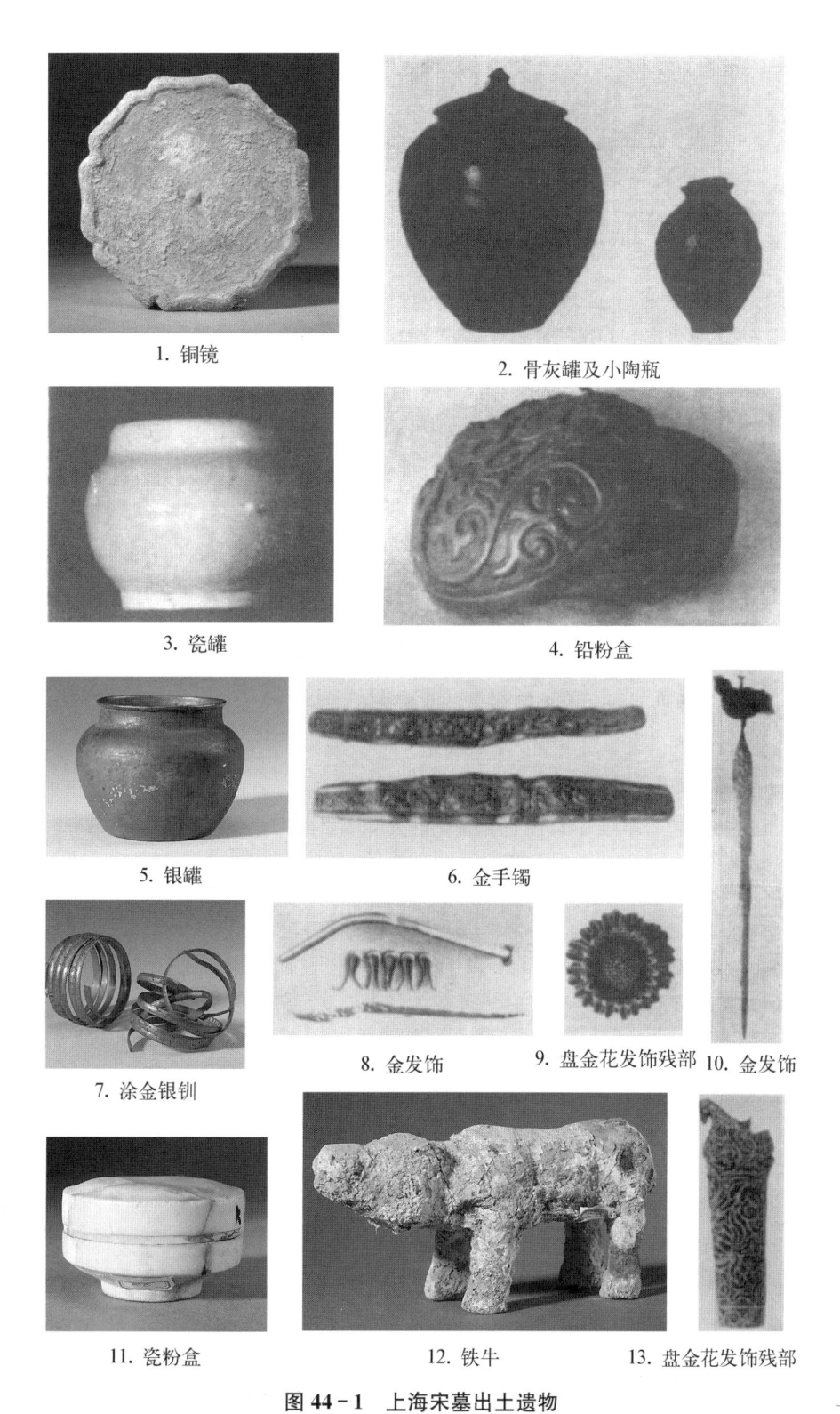

1. 铜镜
2. 骨灰罐及小陶瓶
3. 瓷罐
4. 铅粉盒
5. 银罐
6. 金手镯
7. 涂金银钏
8. 金发饰
9. 盘金花发饰残部
10. 金发饰
11. 瓷粉盒
12. 铁牛
13. 盘金花发饰残部

图 44-1　上海宋墓出土遗物

(1、3、11、12. 嘉定宋墓出土　2. 漕安新村火葬墓出土　4～10、13. 宝山宋墓出土)

图 44 - 2　曹安新村火葬墓平面图
1～7. 陶罐　8. 骨灰罐

图 44 - 3
1. 陶盒　2. 石盒

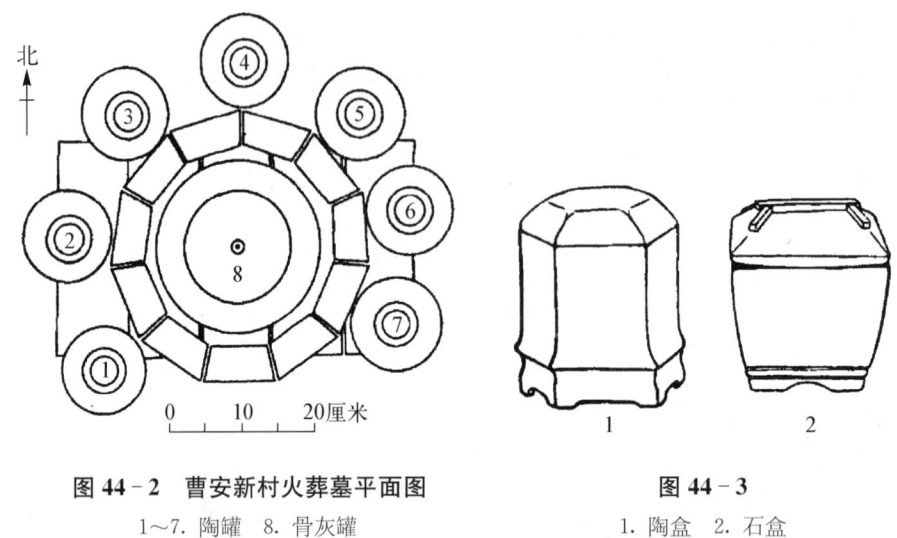

罐和小陶瓶等碎片,附近又无其他居住遗迹,估计也是火葬墓的遗物。

　　以上三类墓葬,大体反映了上海宋墓的主要形式。我们认为:石板砖室墓的数量最少,随葬品较多,多为上层阶级的墓葬。土坑木棺墓,大体是当时社会中下层的墓葬。火葬墓的大量出现,可能和当时的宗教信仰有一定的联系,但从随葬品数量少和简单来看,主要还是劳苦群众的墓葬。

　　＊以上参考上海市文物保管委员会的有关资料:1. 嘉定西门外宋景定元年吕处淑墓清理资料。2. 嘉定西门外3号墓清理资料。3. 嘉定西门外宋周必强墓清理资料。4. 宝山县月浦宋宝祐四年赵淑真墓清理资料。5. 上海朱行宋张肆墓调查材料。

(本文原载于《考古》1962年第8期)

上海出土唐宋元明清玉器（主编前言）

我国是玉文化历史悠久的国家之一，在新石器时代中期东北地区的兴隆洼、查海，江南太湖流域的马家浜文化以及浙北的河姆渡文化中，已经出现了使用线割技术的玉器，在制造工艺上，玉器与石器开始分野。到了新石器时代晚期，红山和良渚文化的玉雕技术已趋成熟，具备了锯割成形、减地浮雕、镂空与细刻纹饰，以至成器后的器表抛光等一系列技艺，玉雕已经成为独立的工艺。若以玉文化的内涵区分，则在公元前60世纪至前30世纪为管、玦、璜、环、镯的饰件时期，公元前30世纪至公元前5世纪进入了琮、璧、钺、圭、璋等礼仪用玉时期，隋唐以后，用玉风气大变，由贵族垄断专用而转向民间，属于所谓的世俗化时期，盛行文玩、摆设与佩挂类玉器。至于历代对玉器的研究，则长期以来偏重探讨夏、商、周三代的礼仪用玉，唐宋以后的玉器则很少有人注意，以为仅是一般的工艺品，玉文化已经衰落。其实唐宋以后时期的玉器，无论种类、数量、雕琢工艺水平，以至社会化程度，都大大超过前两期，真正处于制玉用玉的高峰，作为玉文化研究的一个环节，实在不应忽视。新中国成立以来，随着考古事业的蓬勃发展，玉文化的研究也形成高潮，并逐步深入到唐宋以后的领域。如在《中国玉器全集》中，以第五集专题介绍唐、宋、元、明、清的玉雕；《古玉新鉴》和《古玉精英》等著作，其年代也延续至明、清。但是，由于考古工作在一定程度上存在着厚古薄今的现象，明、清遗存的清理发掘做得很少，至于发表的资料就更少，因此也使对唐宋以后玉器的研究常有科学依据不足之感。

我国太湖流域是玉文化的发源地之一，除了发现许多马家浜、崧泽和良渚文化的新石器时代玉器之外，到元、明以后，苏州已成为全国玉雕手工业的中心，在明宋应星的《天工开物》中，就有"良玉虽集京师，工巧则推苏郡"之说。作为苏州近邻的上海地区，在清理发掘各类古遗存中，即常常发现玉器，至今已获得了出自元、明、清古塔古墓的玉器15批630件，是我国出土元、明、清时期玉器最多的地区。这批玉器大部分具有纪年资料,或者可以按遗存构筑的特征及共存器物予以断代,是一份研究元、明、清民间用玉的珍贵资料。这批玉器除属于当时制作的之外,也包含了多件前期的遗物,如明正统年间迁建的松江西林塔的天、地宫内,就有新石器时代良渚文化的玉璧。此璧的玉色虽然经过长期收藏把玩,已经成为"熟坑",玻璃般光泽消失。但良渚文化的斑杂玉质和古朴形制,以及原始工具的旋痕仍然有助于鉴定断代。在明万历年间古墓中出土的玉器,也发现了战国和汉代的谷纹玉璧;明嘉靖年间的陆深墓内同样见到汉代的玉蝉。至于明塔内有元玉,或元塔内有宋玉,数量则更多,充分反映元明时期人们喜爱古玉的风尚。本书发表这份资料并且进行探讨,在一定程度上填补了这方面研究的空白。

我国玉文化的发展,在两汉以后经历三国两晋南北朝的战乱,进入衰退期。但到了隋唐,由于国家统一,经济复苏,制玉用玉风气再度兴起,并且使用内涵开始脱离礼制的束缚,而与日常生活结合,新出现了一批碗、杯、角等容器以及簪、珥、步摇等饰件。但在总体上,制作数量仍然较少,考古出土的地点主要集中在古都长安及其周围地区,其他各地极为罕见,显示用玉的对象还局限于王公贵族。上海也与其他地区一样,除了传世品,罕见隋唐玉器出土。

宋、辽、金时期玉雕逐渐繁荣,用玉进入民间,在北京、黑龙江、辽宁、四川、陕西、安徽、江苏、浙江等地,常有这一时期的玉器出土。在上海,建于宋末元初的嘉定法华塔地宫中也藏有宋玉;在始建于南宋咸淳年间,重建于明洪武年间,正统年间又迁建的松江西林塔的天、地宫内,也包含多件宋玉,这些都是当地士庶商贾在礼佛时的奉献。类别有达摩、弥勒、居士和舞人等人物像,及双鹅等动物圆雕。作品刻工细致写实,富有画意,如达摩像的脸部肌肉突显,耳垂上有孔,僧衣微微飘动,形像肃穆。舞人则穿着少数民族的服装,双膝微曲,并见一足跟着地,另一足尖踮起,双手挥袖翩翩起舞,生动而优美。这一时期的作品,正面雕琢工细,背面在帽披下露发,腰带上可见带扣,刻琢严谨而周到。

元代玉雕在原有基础上有更大发展,在上海,除了在元代任氏墓出土玉器之外,在法华塔、西林塔和李塔内都也有较多蕴藏,类别有反映少数民族习俗的羊距骨和春水、秋山玉,也有祈求吉祥的持荷童子、鳜鱼、子母猴,以及仿古的龙纹与螭纹环、璧、带钩和剑饰等。玉料除有青白玉外,还常见一种皮下带黑色斑点的灰白玉,这一时期的雕琢盛行重刀法,刻线粗壮有力,造型上多呈动态,如鳜鱼的鱼头比例较大,鱼口张开,口角线向上倾斜,背鳍中的骨刺线条刚直有力。尾鳍作扇形舒张,显示矫健凶猛姿态。各类玉童,有的两足交叉一前一后作步行状,有的身上帛带飘动迎风而立。一些炉顶开创了多层镂雕工艺,玲珑剔透,枝叶勃张。在玉雕技艺上进入高峰。

明代时用玉普及到士庶阶层,一般文人雅士的墓内都出土玉器。上海地区见于志书记载的名门望族明陆深父子墓群,出土玉器60件;明太仆少卿陈所蕴夫妇墓有玉器5件;明正德进士朱察卿夫妇墓也有玉器30件。一些既无墓志也不见买地券的墓葬,同样见玉器,闵行区北桥明墓出土1件,松江工业区明墓出土3件,卢湾区李惠利中学内明墓出土8件。所以玉器是上海地区的明墓考古的一项重要内容。

明代玉雕的特征,前期与元代近似,约自中期起形成独特的时代风格,雕琢上虽然用刀粗放,但造型渐向静止平和方向发展,如炉顶的镂空,草叶减少,枝干突出,顶面趋向圆弧,手摸不再有棘刺等。玉鱼往往如静止于水中,玉童所持荷叶附于肩背,不再挺伸在肩上。牌饰的边框、亚字形和海棠形等弧曲逐渐消失,变为纯的正方形、长方形、圆形或椭圆形,多层镂空的透雕工艺到晚期衰退,主纹往往紧贴地纹。在器类上则佩挂件和镶嵌件增多,如在文房用具的镇纸木上镶嵌玉犬,发饰的钗簪上见金镶玉鱼、玉蝶、玉童、玉佛,身上的佩挂折扇的扇坠出现玉童。制造上由于用玉的数量大增,作为商品化生产,除部分作品精雕外,出现较多粗作玉器,给人以"粗大明"的印象。

清代时爱好玉雕的习俗更为普遍,太湖周围城镇大户人家的帐帏、儿童的颈肩胸围都悬挂或缝缀玉器,至于收藏把玩的就更多。上海地区在"文化大革命"期间,大批清代墓葬被破坏,流失或上交给文物管理部门的玉器即达数千件。可是这批玉器已失去墓葬资料,难以用作断代的依据。本书仅选录经科学发掘的两例予以介绍。

清代的玉雕由于新疆玉料来源畅通,同时受帝王爱好的影响,选料和雕工都比前代讲究,尤其是在乾隆时玉器的制作达到顶峰,文化气息更为浓厚,常见山水、人物、动物、花果、草虫、植物,以及翎管、扳指和鼻烟壶等作品,有的还在其上面填刻诗词和款识。

为了便于研究我国唐宋以来玉雕的成就,本书特选录了上海出土具备考古记录的玉器153件,供古玉爱好者鉴赏和研究,并在说明中对玉器的鉴定阐述了见解,以作参考。

(本文为《上海出土唐宋元明清玉器》的主编前言,上海人民出版社,2001年)

中国隋唐至清代玉器
研讨会论文集（前言）

　　中国先民使用玉器的历史可上溯到 8 000 年前，是世界上用玉最早的国家，素有"玉石之国"的美誉。玉在古代社会内涵丰富，曾广泛用于祭祀、朝聘、宴享、辟邪、随葬、装饰等领域，其对社会政治、经济、文化、宗教、伦理生活等影响深远，是中国古代文明的标志之一。

　　近年来，随着田野考古工作的新进展，大批古玉不断出土，极大地开阔了人们的眼界，丰富了对古玉的既有认识，从而出现了研究与收藏古玉的持续热潮。但相比之下，隋唐以前和隋唐以后的研究呈现出不平衡的状况，我们过去大多将兴趣和目光投注于前者，而对后者则关注得较少。而事实上，就隋唐以后玉器整体而言，在种类、数量和社会化程度上均大大超过隋唐之前，作为玉文化研究的一个重要环节，不应该被忽视。基于此，上海博物馆于 2001 年 11 月 20 日至 22 日举办了"中国隋唐至清代玉器学术研讨会"，旨在促进和推动对隋唐以后玉器的研究，弥补目前学术研究中的某些不足，以便更好地把握和展示中国玉器发展演变的全貌，认识其在中国历史进程和文化史中的应有地位。

　　参加本次会议的代表有近百人，是来自美国、英国、中国大陆、港台等地的学者专家，共提交论文 30 余篇，这些论文内容涉及面较广，既有新的考古资料公布，又有各项专题研究。不少论文依据出土实物及文献记载，提出了一些较有价值的新观点。在为期 3 天的会议中，代表们就有关课题展开了专门讨论，并观摩了从各地商借到的出土的隋唐至清代玉器实物标本，这些标本不少是未经正式发表的新资料，它们对认识此一阶段玉器的时代风格、造型和纹饰特征、工艺制作等提供了难得的第一手资料，并为断代等研究提供了较为科学的依据。如浙江临安五代吴越国马王后墓和杭州雷峰塔地宫出土的五代玉器，四川广汉、蓬安、华蓥窖藏或墓地出土的宋代玉器，辽宁朝阳北塔天宫出土的辽代玉器，陕西户县出土的元代玉器，上海松江西林塔、李塔、嘉定法华塔及元明清墓葬出土的唐至清代玉器等都令与会者产生了全新的观感。会议取得了积极的成果，尤其是将隋唐至清代玉器的研究向前推进了一步，提高了人们的重视和认知程度，为今后的学术发展奠定了良好基础，展现出中国玉文化研究的宽阔前景。

隋唐以后的玉器专题研讨尚属首次，为使此次会议的成果公诸于世，我们特将会议论文选编成集，以提供研究参考。其中一些论文在会后经过了作者修改，此外，还新收了部分有关文章。凡会议观摩玉器均以彩版形式刊登于后，使读者有一个更清晰的直观认识。

2002年适逢上海博物馆建馆五十周年，谨以此书志庆。

(本文为《中国隋唐至清代玉器研讨会论文集》的前言，上海古籍出版社，2004年)

上海马桥遗址第一、二次发掘(结语)

马桥遗址的这两次发掘,进一步增进了对于我国东南地区古文化面貌的认识,有一定的收获。

(一) 第五层文化,盛行轮制的灰、黑陶;习用贯耳,圈足,阔把,断面呈丁字形和扁方形的器足;纹饰常见弦纹、镂孔和锥刺纹。它是新石器时代晚期的良渚文化层。

马桥良渚文化遗址位于地形高阜的古代海岸(冈身)上,居住地在东,墓地在西。这是第一次发现良渚文化居址和墓地的位置关系。

出土器物中的高颈贯耳壶,有盖、身合在一起的完整器;阔把壶在嘉兴雀幕桥也有发现,但阔把残缺[1],现在有了完整器;柱足盉在陶器中占有一定比例,这种盉在上海松江县广富林、金山县亭林和青浦县果园村等遗址都有发现[2],说明它是良渚文化具有代表性的器形之一。这些器物连同丁字形足鼎、高圈足镂孔豆、圈足盘、锥刺纹高领弧腹罐等,都是良渚文化的典型器。

陶器造型精巧,陶胎较薄而匀称。如柱足盉器壁最薄处仅厚1.3毫米,椭圆形的器口与器身制造技巧极高。容器部分采用泥质陶,受热部分采用夹砂陶,配制适当,反映出陶器的制作具有高度的手艺和技巧,已有一定的专业水平。阔把杯底部的两个刻划陶文或符号,其结构与商代的甲骨文相近,为研究商代以前文字的发展史增添了资料。

马桥良渚文化墓葬的分布极为分散,这与崧泽墓地的氏族成员集中埋葬的情况相比,有了显著变化。联系这一时期生产力的发展,这种按个体埋葬的情况应是原始社会晚期,由于父权制的确立,个体家庭在社会经济中已成为主体的反映。

马桥良渚文化的器物类别和特征,与浙江嘉兴雀幕桥和本市金山县亭林遗址的良渚文化层出土遗物极为接近。这两处遗址的碳十四测定可供参考,雀幕桥年代距今3 940±95年[3],亭林距今3 840±95年(半衰期值均5 730年)[4]。马桥良渚文化的年代大致距今 4 000 年左右。

(二) 第四层文化,其主要内涵有大量拍印绳纹和编织纹的印纹陶,以及形制和纹饰与商文化有密切联系的灰、黑陶。从主要器形来看,如凹弧形足鼎、鸭形壶、折沿凹底罐、盆和杯,以及饰云雷纹的簋、豆、觚、觯、尊等,它与以鬲为主要炊器的湖熟文化相比,差异较大,而与太湖流域的浙江杭州水田畈、吴兴钱山漾等遗址[5]的上层印纹陶文化比较接近,是印纹陶文化的一种类型。

出土的石斧,刃部延长,两端翘起,其形制显然受了铜斧的影响。石犁(三角形石器)的出现,说明农业生产可能已进入犁耕阶段。石镰和半月形石刀在石器中占了极大的比重,反映了农作物产量的提高,需要更多专门用于收割的工具。陶觚、觯、尊、壶等酒器的种类和数量之多,是其他早期遗址所未见的,这从另一侧面反映了农业生产的发展。这层出现了小件铜器,从经过化学分析的铜刀来看,质脆并含有大量杂质,断裂面呈现出一种选择性结晶,说明铜质虽然较差,但制造方法已使用浇铸。制陶工艺也有极大提高,一些陶色紫褐的器物,硬度高而吸水性小,质量大大提高。大部分印纹陶上刻有各种符号,标志这些陶器为谁所有或是谁制作的,这反映了私有观念的普遍存在。

出土的扁平三角形石镞,陶觚、觯、尊、簋,以及许多仿青铜器的纹饰等,与河南偃师二里头、郑州二里冈的商代早中期文化有着紧密的联系[6]。因此,这一时期的生产力似已进入青铜器时代,生产关系可能已是奴隶社会。

至于第四层文化的年代,目前由于资料缺乏,还是需要进一步探讨的问题。过去有的同志曾把它列入湖熟文化范畴,认为它的时代大体与良渚文化共存[7],现在发现了这类早期印纹陶文化层叠压在良渚文化层之上的地层关系,可以纠正这一认识。出土遗物与第五层相比,第五层系素面的夹砂红陶和泥质灰、黑陶,不见印纹陶。而第四层出现大量拍印绳纹和圜底、凹底的印纹陶,其制法和风格有显著变化,说明二者不是直接的承袭关系。与第三层相比,虽同为印纹陶,但第三层陶器全系平底,不见圜底器和凹底器,拍印的纹饰和烧制火候也有极大的不同。未见石器。而早期瓷器以比较成熟的面貌出现。反映出二者的差异极为显著,似乎它们中间还缺少类似江苏无锡华利湾古墓出土的西周印纹陶这一环节[8]。因此,第四层的相对年代应处于第五层的新石器时代晚期至第三层的春秋战国之间,其年代大致在商代的中晚期至西周早期。

(三) 第三层文化,是我国东南地区常见的几何印纹硬陶文化。出土的遗物与江苏吴县五峰山烽燧墩、浙江绍兴漓渚战国墓,以及本市金山县戚家墩遗址等[9]都属于同一时期、同一类型的文化,属于春秋战国时代。

注释

[1][4] 浙江省嘉兴县博物馆、展览馆:《浙江嘉兴雀幕桥发现一批黑陶》,《考古》1974年第4期,第249页。

[2] 上海市文物保管委员会:《上海市松江县广富林新石器时代遗址试探》,《考古》1962年第9期,第465页;金山县亭林遗址和青浦县果园村遗址,分别于1971年和1973年进行试掘,下层良渚文化中均出陶盉。

[3] 考古研究所实验室测定。

[5] 曾昭燏、尹焕章:《试论湖熟文化》,《考古学报》1959年第4期,第47页;浙江省文物管理委员会:《杭州水田畈遗址发掘报告》,《考古学报》1960年第2期,第93页,《吴兴钱山漾遗址第一、二次发掘报告》,《考古学报》1960年第2期,第73页。

[6] 考古研究所洛阳发掘队:《河南期偃师二里头遗址发掘简报》,《考古》1965年第5期,第215页;河南省文化局文物工作队:《郑州二里冈》,科学出版社,1959年。

[7] 尹焕章、张正祥:《对江苏太湖地区新石器文化的一些认识》,《考古》1962年第3期,第147页。

[8] 魏百龄、谢春祝:《无锡华利湾古墓清理简报》,《文物参考资料》1956年第12期,第47页。

[9] 朱江:《吴县五峰山烽燧墩清理简报》,《考古通讯》1955年第4期,第50页;浙江省文物管理委员会:《绍兴漓渚的汉墓》,《考古学报》1957年第1期,第133页;上海市文物保管委员会:《上海市金山县戚家墩遗址发掘简报》,《考古》1973年第1期,第16页。

(本文为《上海马桥遗址第一、二次发掘》的结语,《考古学报》1978年第1期)

崧　　泽
——新石器时代遗址发掘报告（结语）

一、关于各层文化面貌与年代

崧泽遗址经过试掘和两次发掘，已知其基本文化内涵可分三层。

下层是一层居住堆积。主要特点是石器遗留极少，仅见的一件穿孔石斧，器形厚实，器身较短，孔用锥形钻从两面对钻，并经琢凿加工而成。陶器以手制的素面夹砂红陶和泥质红陶为主，器表盛行磨光和加施红褐色陶衣。器形有附宽沿和小方把的陶釜、喇叭形圈足豆、折沿窄肩平底盆，附有牛鼻式耳、泥片状耳或宽带形两侧有指按纹器耳的罐和壶，炉箅也较常见。玉器出现玦。并有大量的动物骨骼。其特点与嘉兴马家浜、吴兴邱城下层、吴江梅堰下层的文化面貌相似，应同属于马家浜文化。但是，在崧泽下层未见盉形器，宽沿釜的器形有的已见平底内削的圈足，并偶见带有金属光泽的泥质黑衣陶。因此，其年代要比上述各遗址稍晚，应是马家浜文化晚期的堆积。关于这一层的绝对年代，经用碳十四测定，有五个数据，以61T1下层木头测定的结果为例，距今5 985±140年（经树轮校正年代，下同）。

中层是一处墓地。葬俗上习用仰身直肢，在平地上盖土掩埋。随葬器物的特征，石器常见斧、锛、凿。扁平长方形弧刃穿孔斧，是这一层斧的基本形制。锛作长条形，平背。陶器与下层相比起了极大的变化，制法上采用手制轮修，器壁比较匀称。由于已能控制烧成时的温度，陶色除夹砂陶仍为红色以外，泥质陶大部为灰色，部分器表附黑衣。器物上的纹饰盛行压划编织纹，镂刻圆形和凹弧边三角形的镂孔，彩绘宽带纹、波浪纹等红褐色图案，以及饰锯齿形堆纹。器形也极为丰富，除常见鼎、豆、罐、壶、盆以外，尚有杯、觚、钵、匜、澄滤器、碗、盏、勺等。鼎以扁铲形或凹弧形的抱腹式器足为主,豆的高把常作多节形,罐、壶的器壁习见折腹、折肩折腹或瓦棱腹,一些杯、壶的花瓣形圈足极具特征。玉器已有较多发现,主要形制为条形和半璧形璜,也有镯、璧、环、珑等。

从以上这些特征来看,它既不同于马家浜文化,也与良渚文化有较大差别,在太湖地区是一种新的文化类型,因此可命名为"崧泽文化"。在时代上,它在本址叠压于马家浜文化之上,而在草鞋山、张陵山和福泉山遗址,又被压于良渚文化层之下,所以,它应晚于马家浜而早于良渚文化。据 M87 和 M90 的人骨碳十四测定,前者为 5 180±140 年,后者为 5 860±245 年,绝对年代在 5 100～5 800 年之间。

上层也是居址堆积,遗物除有大量印纹硬陶和原始瓷器外,尚有少量石器,偶见铜器。应属于青铜时代文化。

这一层器物的主要特征,硬陶豆作浅盘高把,饰三角形镂孔,原始瓷碗和瓷盒内壁有深凹的轮旋纹,夹砂绳纹陶鬲的袋足裆高。印纹陶的主要纹饰为篮纹、曲折纹、回字纹、蓆纹等。其时代大致与江苏南部土墩墓的第二、三期相当,约在西周晚期至春秋早中期。至于在这一层面上发现的拍印米字纹、细方格纹、填线方格纹和米筛纹的陶器,以及原始瓷器杯等,都是上海金山县戚家墩遗址中常见的器物,年代约晚至战国早期。

二、关于中层(崧泽)文化的分期

中层文化的主要特征已如上节所述。这一层文化前后延续约 800 余年。根据所处土层的不同,清理的墓葬年代可以分为三期。三期的特征存在着一定的差异。

第一期墓葬 个体掩埋,比较分散,头向多为北向。随葬器物少,一般只有 1 至 3 件,有的无随葬品,仅一墓(M21)有 17 件,其中生产工具较多。器物的主要特征是,石斧厚实,狭长,呈舌形。石锛作扁平长条形。陶釜折沿弧腹,圜底。陶豆的豆盘有敞口折腹浅盆形或敛口弧腹附垂棱形的,豆把都作喇叭形,有圆形或长条形的简单镂孔。陶壶多高颈扁圆腹平底,也有一种圆球腹,圜底,腹附 4 个泥片耳的,形制比较接近下层文化。

第二期墓葬 虽然仍为个体掩埋,但常常数具人骨架在一起,较有规律。头向为北偏东或南偏东。随葬器物增多,一般为 2 至 5 件,有的多至 14 件。随葬的石器数量减少,陶器已可看出组合。最常见的是鼎、豆、罐、壶,其他尚有盆、钵、觚、碗、盏、澄滤器等。器物特征,石斧多作长方形弧刃,并有环形石斧;石锛较一期短小,并出现弧背;玉器有了半环形璜和桥形璜,并出现玲。陶器中陶鼎以深腹釜形的为主,偶见罐形和盆形的,鼎足多作扁铲形或凹弧形;陶豆的豆盘大部呈浅盆形,豆把较一期有所变化,有高把的、低把的,有的作多节形,纹饰以弦纹和圆形、凹弧边三角形组成的镂孔为主,也有再加压划纹和彩绘的;罐多折腹和折肩折腹,弧腹的较少,器形较矮,纹饰习见锯齿形堆纹、压划纹和彩绘,器底以平底为主,偶见圈足器,多为平底圈足;壶多折腹、折肩折腹或瓦棱形腹,也以平底为主,圈足偶见。

第三期墓葬　埋葬特点大体与第二期相似。随葬器物中生活用具增多,生产工具少见。随葬品有2至14件。陶器的组合为鼎、豆、罐、壶、杯,此外还出现瓶、尊、坛、碗等新的器形。器物特征:石斧扁平长方形,弧刃稍平;石锛的弧背,有的微露脊棱;玉璜以半璧形的为主。陶器大部分延续第二期的形制,但出现了专为陪葬而制作的小件明器。鼎以大口浅腹盆形鼎为主,有少量盘形鼎和小口壶形鼎,鼎足常见带棱的扁铲足、扁方侧足、扁凿足和圆柱足等,足根多外拐;豆有平唇浅盘豆和深腹碗形豆等种,豆把变化较大,有多节形的、假腹式的、扁鼓形的或折腰的;罐、壶的形制与第二期接近,但罐的器形变高,鼓肩斜腹罐增多,还出现带鼻穿的小罐,罐、壶有圈足的明显增多,壶的圈足大部作花瓣形(图48-1~4)。

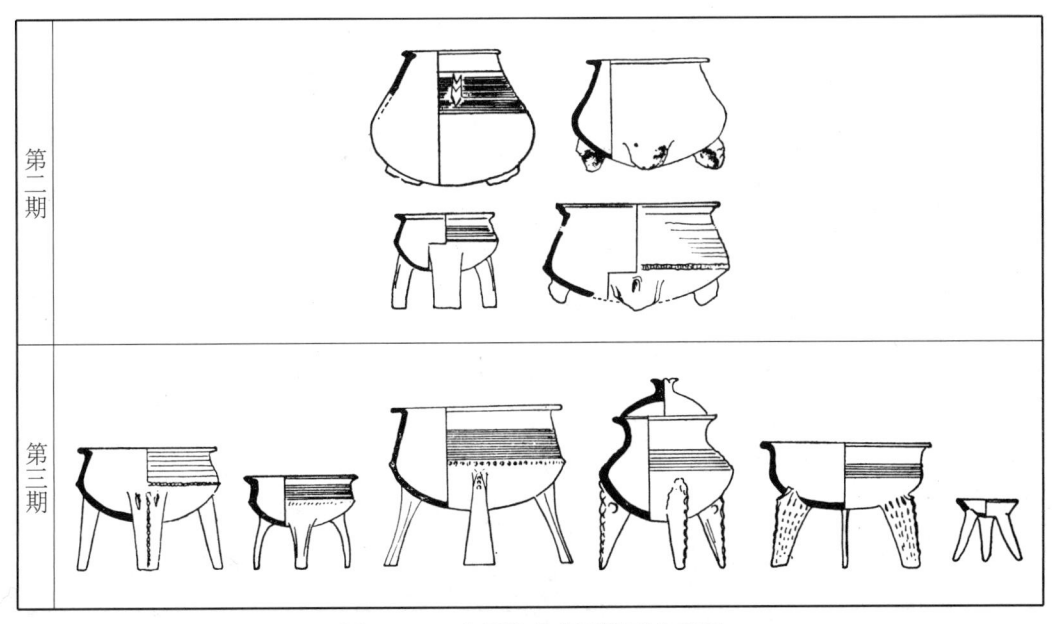

图 48-1　中层陶鼎主要器形分期图

图 48-2　中层陶豆主要器形分期图

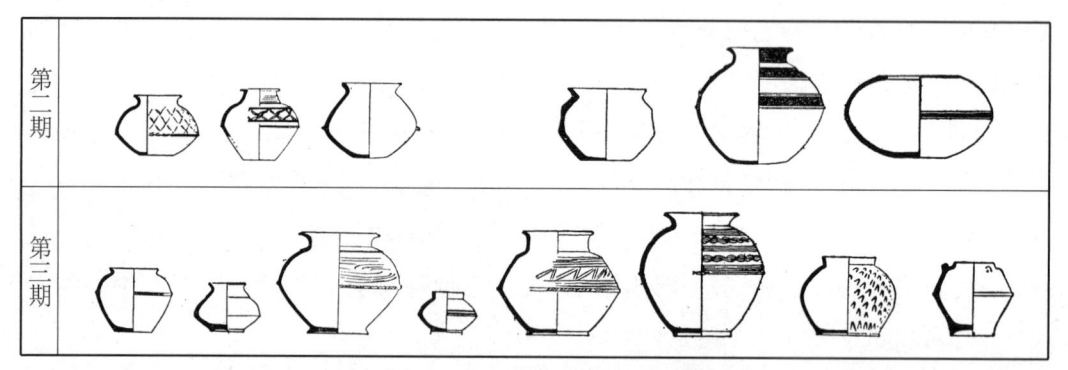

图 48-3　中层陶罐主要器形分期图

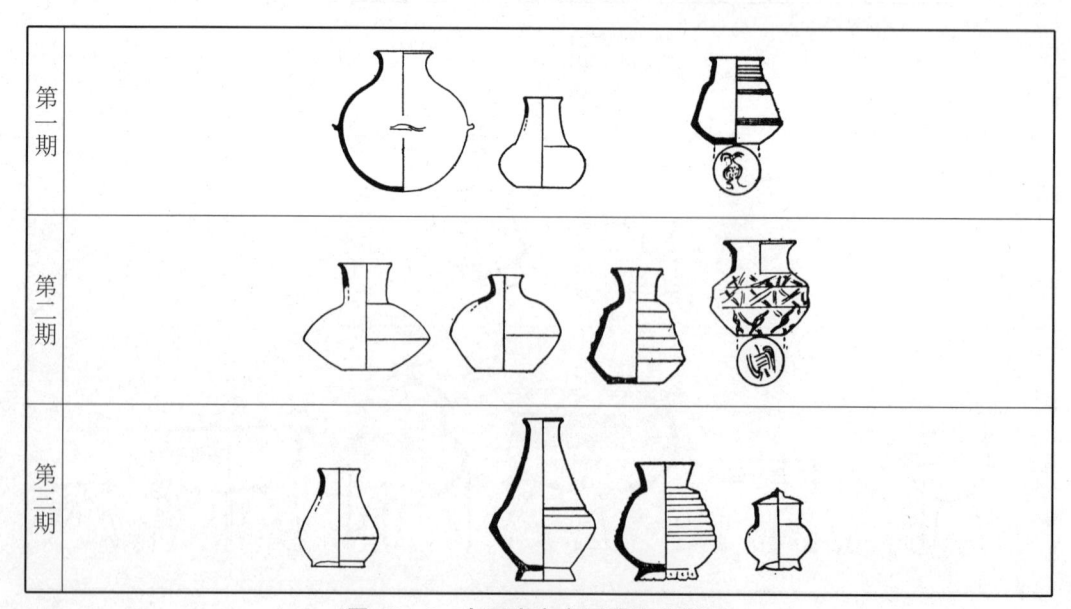

图 48-4　中层陶壶主要器形分期图

由于各墓时代上的紧密衔接,因此,在器物造型的演变上也显示了渐变的迹象。

三、中层(崧泽)文化与其他文化的关系

与中层(崧泽)文化同类的遗址,至今已发掘多处,在江苏境内的有吴县草鞋山第六、七层,张陵山的下层,越城下层,武进圩墩上层;在浙江境内有吴兴邱城中层,上海市郊有青浦寺前村下层、福泉山下层、松江汤庙村下层等。它与马家浜、良渚文化同属太湖地区新石器时代的主要文化,彼此有着继承与发展的关系。

1. 崧泽文化与马家浜文化的关系

从本址以及草鞋山、邱城、圩墩都发现了崧泽层叠压于马家浜层之上的地层关系看,马家浜文化早于崧泽文化。

在文化特征上,马家浜文化以腰檐釜配以炉箅作为炊器,而崧泽文化以鼎作为主要炊器,釜、箅少见。

马家浜文化的陶制生活用具中,常见管嘴盉和垂囊形盉,而崧泽文化无盉,但觚、瓶及澄滤器,在马家浜文化亦未见。

马家浜文化与崧泽文化共有的罐、豆、壶,其器形也各不相同。前者常见牛鼻耳或环耳弧腹罐、泥片状耳壶,内黑外红豆;后者则多折腹附凸棱和鸡冠耳的罐,折肩或折肩折腹壶,以及多节形把豆。

马家浜文化陶器以泥条盘筑法制作的夹砂红褐陶为主,而崧泽文化以泥条盘筑法成形后再加轮修的泥质灰、黑陶为主。

马家浜文化的玉器以玦为主,璜少见;而崧泽文化则以璜为主,玦少见或不见。

在埋葬习俗上,马家浜文化多为俯身葬,头向北;而崧泽文化主要是仰身直肢葬,头向东或南。两者有着显著的区别。

但以马家浜文化晚期与崧泽第一期墓葬比较,两者又有密切的联系。例如崧泽文化盛行的鼎在马家浜文化晚期已经出现。草鞋山遗址马家浜文化墓葬出土的鼎,腹部有类似宽沿的凸棱,肩部有把手,呈现腰檐釜向釜形鼎过渡的迹象。

崧泽第一期墓葬出土的敞口浅盆豆与弧腹垂棱豆,其器形与马家浜的也相似。崧泽文化常见的喇叭形、上端束颈状的豆把在马家浜文化晚期已有所见。崧泽早期豆把上的镂孔小而稀少,也具有马家浜文化的风格。

崧泽第一期墓葬出土的一件小颈球腹泥片状耳壶,仍显示出马家浜文化的特征。

崧泽文化罐、壶上盛行的鸡冠耳,应该是从马家浜文化常见的泥片状耳演变而来的。

马家浜文化与崧泽文化的墓葬都采用平地盖土掩埋,并且崧泽第一期人骨架的头向仍为北向,两者也相似。

所以,崧泽文化与马家浜文化在地层上相接,文化特征上也相连,应该是一种承继与发展的关系。

2. 崧泽文化与良渚文化的关系

福泉山、草鞋山、张陵山、越城等遗址都发现了良渚层叠压在崧泽层之上的地层关系,崧泽文化当早于良渚文化。

在文化特征上,两者有较大差异。如崧泽文化的石器主要是斧、锛、凿,其他器形少见,而良渚文化除此三器之外,尚有镰、犁、耘田器、三角形石刀、半月形石刀等新的生产工具,并且有了有肩石斧和有段石锛。

崧泽文化的鼎,器足多作扁铲形、凹弧形或扁凿形,足根支撑在器腹下部,呈现抱腹式;而良渚文化鼎的器足多鱼鳍形、扁方形和丁字形,足根支撑在器底。

良渚文化出土的罐,多作弧肩或弧腹,豆把无论细长或粗矮的,常作竹节形,壶的器腹多见圆弧腹或筒形腹,不见或少见折腹和折肩折腹的,造型上有双鼻壶、贯耳壶、阔把翘流壶等,杯的器底不见花瓣形足,与崧泽文化所见的同类器不同。

陶器的纹饰,崧泽文化常见压划编织纹,镂刻圆形和凹弧边三角形的镂孔,有锯齿形的附加堆纹以及宽带形和弧线组成的各种彩绘;良渚文化则以细刻曲折纹、陶纹、蟠螭纹、禽鸟纹等为主,彩绘和附加堆纹少见,镂孔亦变为方形、圆形、月牙形。两者有很大差别。

良渚文化的玉器,在崧泽文化常见的璜已属偶见,而出现琮、璧、锥形器和珮等,并且已经有了多种玉器组合的挂饰。

在埋葬习俗上,良渚文化的大墓与小墓分别埋葬在不同的墓地,尤其是大墓,既用土坑,也有葬具。随葬器物量多而精。与崧泽文化保持氏族公共墓地的情况也不同。

但以崧泽第三期墓葬与良渚文化早期比较,两者也有许多继承与发展的迹象。例如崧泽第三期的石斧,已经器体扁薄,弧刃近平,与良渚文化的斧接近。石锛也呈弧背,甚至背部露出脊线,形制可与良渚文化的有段石锛衔接。崧泽第三期的罐已经是弧腹的增多,器形变高,与良渚文化弧肩弧腹的罐也近似。良渚文化使用的犁的同类器在邱城中层和汤庙村的崧泽晚期墓地也发现了两例。良渚文化早期的扁方侧足鼎在崧泽第三期也有发现。良渚文化早期的豆和壶与崧泽三期的也非常接近。因此,两者也可相接。

至于在葬俗方面,良渚文化早期墓葬仍为平地掩埋,仰身直肢,头向东或南,基本还是崧泽第三期的遗俗。可以说良渚文化与崧泽文化,比崧泽文化与马家浜文化更为接近。

综上所述,崧泽文化在太湖地区的新石器时代文化中,应是连接马家浜文化与良渚文化的重要环节。

除此之外,在中层(崧泽)文化中,也有某些其他地区古文化的遗物和影响。例如61T3中层出土的一片彩陶,细泥红陶,上白衣,绘黑褐彩,纹饰图案为圆点与弧线三角纹,从陶质、陶色以至装饰风格,都与本地习见的彩绘陶不同,而与河南庙底沟类型彩陶极为相似。中层地层中出土的陶环在马家浜文化时期没有,良渚文化中也未见出土,崧泽文化这一段有寥寥数件,可能也与仰韶文化盛行的陶环有关。又如61T6出土的一件高柄杯,浅盘、粗把,形制上近似大汶口文化刘林期的同类器,而在崧泽文化中,实为罕见之物。至于M51出土的三口器,与刘林期的杯形器器形近似。崧泽第三期墓葬出土的盆形扁凿足鼎,与花厅期的陶鼎相比,容器的造型虽不相同,但器足足根外拐,上厚下薄,造型基本相同,很难说是一种巧合。再加上太湖地区从马家浜文化至崧泽文化的主要葬俗,都是平地堆土掩埋,但在崧泽中层出现了两座浅穴土坑墓,与大汶口文化的葬俗也近似。所以,崧泽文化在承继马家浜文化的基础上,与仰韶文化和大汶口文化可能也有了一定的联系,接受了外地文化的某些影响。

四、中下层文化反映的历史概况

崧泽遗址上层属于西周后期至春秋时期的几何印纹陶遗存。按古史记载,这一时期,这一带已建立了吴国,社会处于奴隶制的末期,所以这里不再进行讨论。主要分析中、下层的历史状况。

崧泽遗址包含中、下层文化的假山墩,它的下层马家浜文化的古代地面,约为现代海拔高度的2.08米,地下生土属亚砂土,土质坚实。而土墩周围发现的两周时代的古地面高度为今海拔的1.28米,下面是土质松软的淤泥土。可见上海地区马家浜文化时代的先民是在沼泽地带中选择高地居住的,只是到了周代以后,土地逐步干爽,平地才适于人们居住。

上海地区的古代气候,根据上海同济大学海洋地质系所作的崧泽遗址孢粉资料分析,生土层为中亚热带气候,比目前平均温度高2～3℃。下文化层马家浜文化时期的气候和生土层相仿。中层崧泽文化时期,早期温度较前有所降低,中期比目前凉干,晚期又转为温热湿润,约比之前的平均温度高1～2℃,与现在的大致相近。上文化层早期与中层晚期略同,晚期较目前凉干。

崧泽遗址下层马家浜文化,在灰坑遗迹中发现了稻谷和稻叶残片。稻谷的种类已可区分出籼稻和粳稻两种,属于人工培植的水稻,证明人们在农业生产中已经种植水稻。但在另一方面,遗物中动物骨骼极多,种类有蚌、蛤、青鱼、乌龟、梅花鹿、四不像、獐、猪、狗、牛等,其中以猪和鹿的骨骼最多。这些骨骼都被敲碎,属于食用后的丢弃物。可见,马家浜文化的人们,在农业生产上虽然已经种植水稻,但畜牧和渔猎在生产活动中仍占有很大的比重。

马家浜文化制造的石器,虽然已采用整体磨光,但钻孔技术主要使用尖锥器,从两面对钻,有时还要借助琢凿加工,比较进步的管钻方法尚不多见。由于石器制作难度较大和上海地区石料较少,这一时期的石器很少丢弃,遗址中仅见的一件石斧,器身短矮,装上木柄已很难使用,可能是经长期使用,刃部不断磨损,已到了废弃的程度才丢弃的,可见石器之被珍视。至于其他农业生产工具,遗址内未见出土,尚不清楚。从相邻的河姆渡和罗家角遗址出土骨耜来看,农业可能处于耜耕阶段。渔猎主要使用弓箭,有骨制箭头出土。

陶器的制造,使用泥条盘叠法,以氧化焰烧成。因此,器壁不很平整,陶色常见红褐。

社会组织,从马家浜遗址发现多人成直线相互叠压的埋葬现象和圩墩遗址有同性合葬墓来分析,人们的血缘关系极为密切,当处于母系氏族社会阶段。

中层大批墓葬所反映的生产和生活情况大致如下:制作炊器的陶土中常常以稻草屑和谷壳作羼和料,可见,那时水稻的种植已比较普遍。这一时期的生产工具,常见的有斧、锛、凿等农业和手工业工具,而狩猎工具少见,狩猎可能已退居次要地位。出土的猪残骨,经上海自然博物馆动物组的鉴定,猪的牙床泡沫状牙面已经衰退,呈现出家猪的形态。而在墓葬中又有以猪、鹿牙床骨随葬的现象,在M52随葬器物中还发现一件家猪造型的陶匜,说明猪的饲养已占有一定的地位。崧泽文化是一类以农业和畜牧业为主要生产活动的原始文化。

石器的制造已达到很高水平,不但廓线挺直,器表光洁,而且钻孔普遍使用管钻。

陶器的制作技术,在泥条盘筑的基础上,进一步使用慢轮修整,晚期还个别出现轮制,器壁匀称,器形规整,烧制技术等已较熟练地使用还原焰烧成的方法,使陶器除炊器以外,都以灰、黑陶为主。

陶器造型多样,压划的纹饰、图案朴实美观,镂孔纹玲珑剔透,有的还施用鲜艳的淡黄和红褐彩绘。这些陶器既是实用的生活器皿,又是精美的工艺品。陶文或符号已在陶器上出现。这些都反映手工业的技艺较下层文化有了很大提高,已逐步向专业方向发展。

女性佩带玉饰的风气开始盛行,墓葬中不少女性颈部悬挂玉璜,有的手臂佩带石镯,个别死者口中还置有玉琀。

从墓葬所反映的情况来看,这时人们与自然界的斗争还很艰苦。从已作年龄和性别鉴定的52座墓葬的54具人骨架作统计,崧泽先民绝大部分死于中青年时期。但人们的社会地位还是平等的,葬式多为单人仰身直肢、平地掩埋,有葬具的仅见两例。另一例男性成年俯身葬(M71)无任何随葬品,一例儿童身旁有一中年男性的头骨(M94),前者可能属于异常死亡或非本氏族成员,后者陪葬的头骨或许与复仇有关。至于随葬器物在同期的墓葬中差异不大,说明当时的社会还是以共同劳动、平均分配为基础的。此外,发现的两座合葬墓都是女性与儿童合葬,反映出子女从母的习俗。男性和女性随葬器物的数量,从两次发掘已作鉴定的40座墓来看,男性16座,随葬器物共95件,每座平均5至6件;女性24座,随葬器物共144件,平均每座6件,女性随葬品略多于男性;并且葬有玉器和彩绘陶的墓葬,基本上是女性墓,说明当时女性在社会上仍处于受尊重的地位。因此,我们推测崧泽时期可能处于母系氏族社会的晚期阶段。

参 考 资 料

1. 吴苏:《圩墩新石器时代遗址发掘简报》,《考古》1978年第4期。
2. 常州市博物馆:《江苏常州圩墩村新石器时代遗址的调查和试掘》,《考古》1974年第2期。
3. 南京博物院:《江苏吴县草鞋山遗址》,《文物资料丛刊》(3),文物出版社,1980年。
4. 南京博物院:《江苏吴县张陵山遗址发掘简报》,《文物资料丛刊》(6),文物出版社,1982年。
5. 梅福根:《江苏吴兴邱城遗址发掘简介》,《考古》1959年第9期。
6. 浙江省文物管理委员会:《浙江嘉兴马家浜新石器时代遗址的发掘》,《考古》1961年第7期。
7. 江苏省文物工作队:《江苏吴江梅堰新石器时代遗址》,《考古》1963年第6期。
8. 南京博物院:《江苏越城遗址的发掘》,《考古》1982年第5期。
9. 江苏省文物工作队:《江苏邳县刘林新石器时代遗址第一次发掘》,《考古学报》1962年第1期。
10. 南京博物院:《江苏邳县刘林新石器时代遗址第二次发掘》,《考古学报》1965年第2期。
11. 南京博物院:《江苏邳县四户镇大墩子遗址探掘报告》,《考古学报》1964年第2期。
12. 中国科学院考古研究所:《庙底沟与三里桥》,科学出版社,1959年。
13. 上海市文物保管委员会:《上海青浦福泉山新石器时代遗址发掘简报》,《考古》待刊。
14. 《上海青浦寺前村遗址试掘简报》,上海市文物保管委员会资料。
15. 上海市文物保管委员会:《上海松江县汤庙村遗址》,《考古》1985年第7期。
16. 上海市文物保管委员会:《上海马桥遗址第一、二次发掘》,《考古学报》1978年第1期。
17. 上海市文物保管委员会:《上海市松江县广富林新石器时代遗址试探》,《考古》1962年第9期。

18. 上海市文物保管委员会:《上海市金山县戚家墩遗址发掘简报》,《考古》1973 年第 1 期。
19. 刘兴、吴大林:《谈谈镇江地区土墩墓的分期》,《文物资料丛刊》(6),文物出版社,1982 年。
20. 邹厚本:《江苏南部土墩墓》,《文物资料丛刊》(6),文物出版社,1982 年。
21. 黄宣佩、孙维昌:《上海地区几何印纹陶遗存的分期》,《文物集刊》第 3 辑,文物出版社,1981 年。

(本文为《崧泽——新石器时代遗址发掘报告》的结语,文物出版社,1987 年)

福 泉 山
——新石器时代遗址发掘报告(结语)

第一节 分期与年代

福泉山遗址包含几类文化堆积,自上而下有:以早期圜底印纹陶和拍印各种带形云雷纹的灰陶甗、觯、簋、豆为特征的马桥文化层;以鱼鳍形足或T字形足鼎、双鼻壶、阔把翘流壶、竹节把豆、三鼻簋等为特征的良渚文化层;以扁铲形足或扁凿形足鼎、折肩折腹壶和罐、底附垂棱把饰圆形与弧边三角形组合镂孔的豆以及花瓣形足杯为特征的崧泽文化层;最下还有以腰檐釜、牛鼻耳罐、外红内黑豆以及长条炉箅等为特征的马家浜文化层,呈现了上海地区古文化较完整的发展序列。

不仅如此,由于崧泽文化的堆积可以划分为青灰土和灰黑土两个文化层。良渚文化也有灰黄土、黑褐土和黄土三个土层。对崧泽文化和良渚文化还可以作进一步分期研究。

1. 崧泽文化在青灰土层除土层中遗物以外,还清理了9座墓葬(M11~13、17、18、22、23、27、110),出土一批随葬器物。这一期遗物特征是:石斧长方梯形,器形瘦长,舌形弧刃,石锛与石凿平背长条形,陶鼎多作釜形,附扁铲形足或长方形侧足,陶豆全系浅盆形盘附喇叭形高圈足,饰圆形、三角形与长方形的组合镂孔,陶器组合中有壶无杯。这一层的特征与崧泽遗址墓地的中期相似[1],所出炭化木的碳十四测定分别为:距今5 620±110年(经树轮校正,下同)、5 555±110年、5 840±105年,与崧泽遗址墓地中期M90的人骨碳十四测定距今5 860±245年相近。在灰黑土层也见墓葬10座(M14~16、19~21、24、25、147、148),遗物特征为:石斧与石锛器形均较青灰土层矮宽,石斧稍薄呈长方梯形,石锛显露弧背,陶鼎都为盆形鼎附角尺形足、凿形足或短矮的扁铲足,豆常见粗矮圈足的碗形豆,饰大方孔或小圆孔,这一期壶、杯盛行,壶多折肩或折肩折腹,杯呈腰鼓形,无论圆饼形平底或附圈足,往往分割成花瓣状。这一期的器形与崧泽遗址墓地的晚期特征相似,所出炭化木的碳十四年代为 5 295±110 年,与崧泽遗址晚期的 M87 人骨碳十四距今 5 180±140 年,年代亦相近。因此福泉山青灰土层与灰黑土层遗存,为研究崧泽文化的中、晚期增添了一批新资料(图 49-1)。

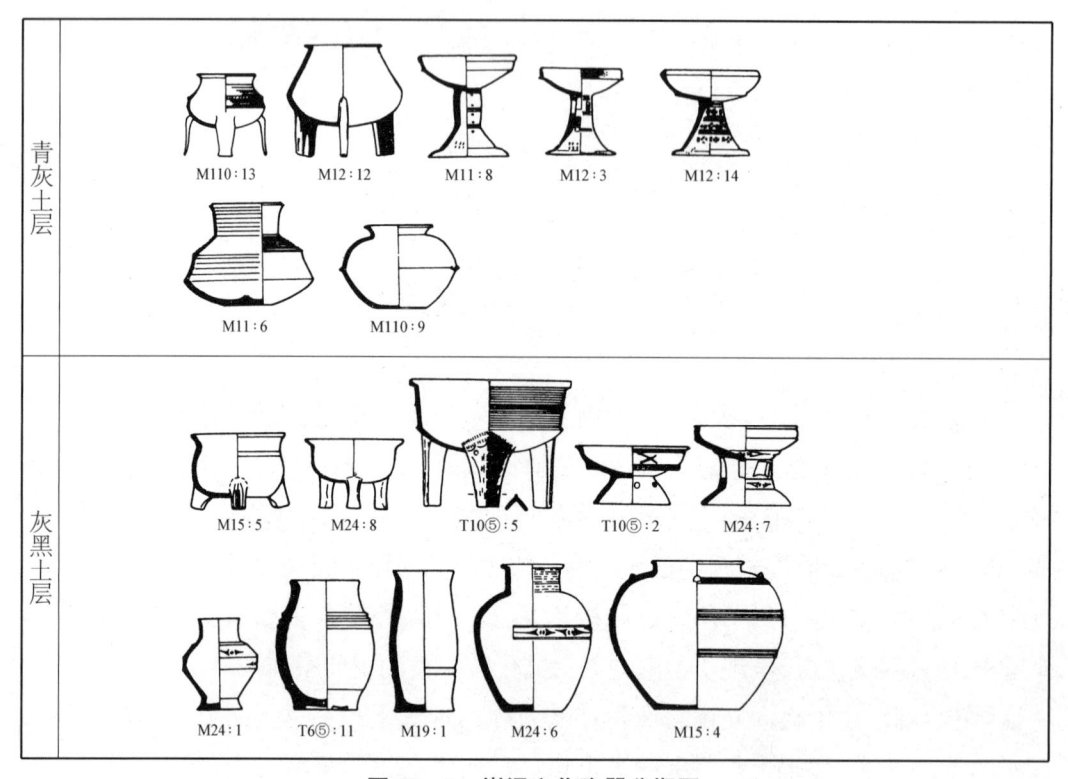

图 49-1 崧泽文化陶器分期图

2. 福泉山良渚文化除按不同土色可分三层以外,尚有三组墓葬叠压关系可资分期参考。据所处土层、墓口深度以及墓葬的叠压关系,可以分为五期:即第 3 层黄土层的 8 座墓(M1、2、126、139、143、149~151)为第一期;第 2 层黑褐土层的 6 座(M115、120、124、135、140、145)为第二期;第 1 层灰黄土层下部的 5 座(M94、109、132、144、146)为第三期;第 1 层中部的 6 座(M53、60、65、74、103、136)为第四期;第 1 层上部的 5 座(M9、40、67、101、128)为第五期。五期遗物(大部是礼器)的演变为:

玉、石器中主要是斧、钺、琮、璧、锥形器、冠形器等。

斧,一、二期器体厚实狭长,三至五期成为长方梯形,大孔弧刃,除了钻大孔和刃部钝口以及器表抛光以外,与崧泽文化斧基本一致,是一种仿古的形制。

钺,一、二期为长方梯形,两侧斜直,平刃或弧刃,孔较小,三、四期盛行弧刃,刃角外翘,呈风字形,有的顶部两角凹入成为有肩,这一期的穿孔均较大,五期器形狭长,弧凸刃,小穿孔,倒置似圭。

琮,出现在四、五期,四期多为上神脸下兽面琮,器形短矮,五期见多节单一神脸的长琮。

璧,在福泉山始见于三期,器形较小,直径10厘米左右,孔径约4.3～5.5厘米,孔大于边宽,四期器较大,直径约12.9～17.5厘米,孔径3.8～4.8厘米,接近边宽,五期出大型璧,直径约19.2～23厘米,孔径4.2～5.6厘米,孔径小于边宽。器径由小变大,孔径与边宽之比由大而小是主要变化。

锥形器,一期似骨锥,一端穿一孔,另一端尖锥,器身不圆整,二期两端尖锥呈橄榄形,三期作圆柱形,一端尖锥,另一端扁圆或微露小柄,四、五期除圆柱形外,更有作方柱形的,一端为圆柱形小柄,另一端作钝尖,并出现琮形方柱锥形器。

冠形器,在张陵山良渚文化早期已经出现,福泉山始见于三期,倒梯形扁矮,顶部中间笠形角突出,四期倒梯形稍高,两侧下角凹入,顶部笠形角低矮,五期倒梯形窄高,顶部笠形近平,仅突出尖角。

陶器各期器形变化较为显著。

鼎,罐形或盆形附三足,主要变化在足部,一期以鱼鳍形足为主,兼有凿形足、圆柱形足和扁圆形抱腹式足,二期出现方鳍形足,鼎足的外侧垂直,三期有扁方形足,足的外侧加厚,向T字形发展,四期见T字形足,五期T字形足的外侧特别宽阔,超过内侧(图49-2)。

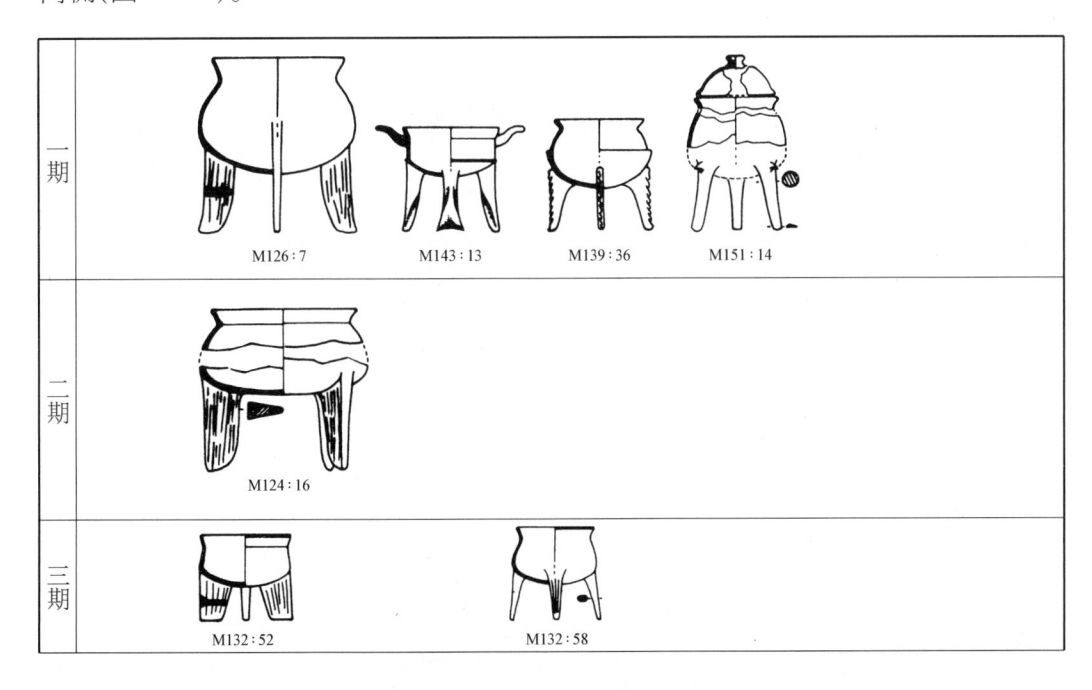

一期	M126:7	M143:13	M139:36	M151:14
二期	M124:16			
三期	M132:52	M132:58		

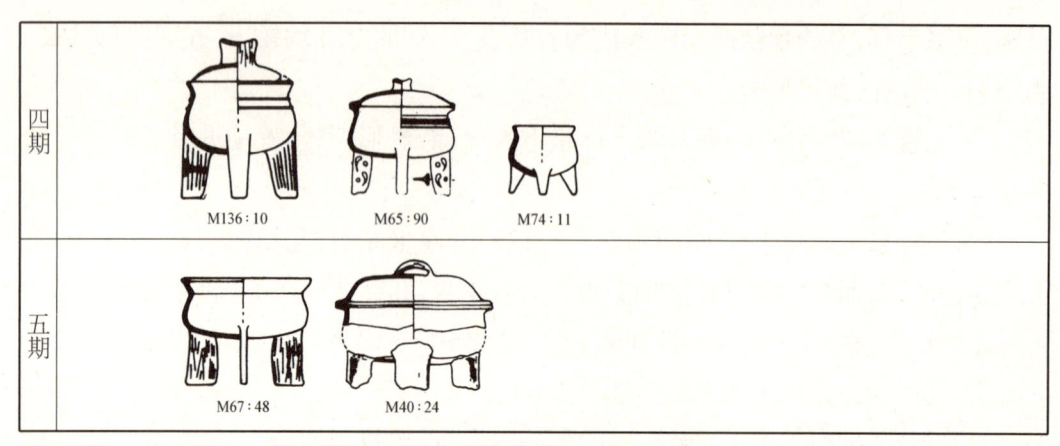

四期	
	M136:10　　M65:90　　M74:11
五期	M67:48　　M40:24

图 49-2　良渚文化陶鼎分期图

豆，以盆形附高把的为主，一期在盆底附垂棱，粗高把上饰圆形与弧边三角形组合镂孔，二期的粗高把上皆见凹弦纹及圆角长方形小孔，三期高把上饰宽带形凸棱及长方形小孔，四期出现椭圆形豆及碗形豆，豆把均细高，把上有瓦棱纹或凸弦纹组成的竹节纹，五期器形与四期近似，但豆把高直，竹节纹由多道凸棱组成，并饰稀疏的小圆孔（图 49-3）。

一期	M139:30　　M139:42
二期	M135:4　　M120:9　　M124:2
三期	M132:51　　M132:56　　M144:29
四期	M74:2　　M65:93　　M74:7

·福泉山·

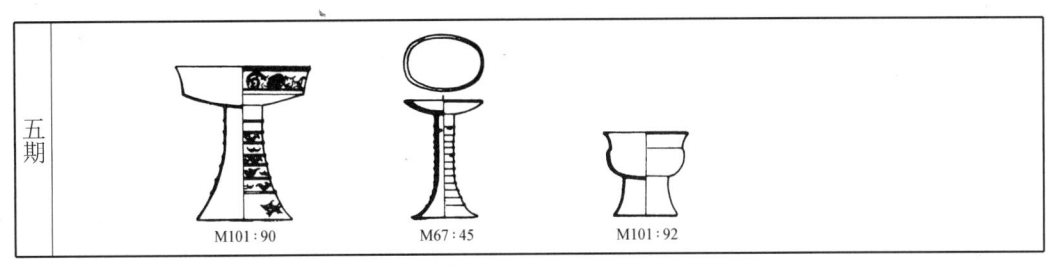

图 49－3　良渚文化陶豆分期图

双鼻壶,一期作矮直颈,圆鼓腹,圆饼形平底,口沿处两小鼻,有的已穿孔,有的尚未穿孔,二期颈部微凹,扁圆腹,附圈足,三、四期器形同二期,圈足外撇,五期高直颈,直圈足(图 49－4)。

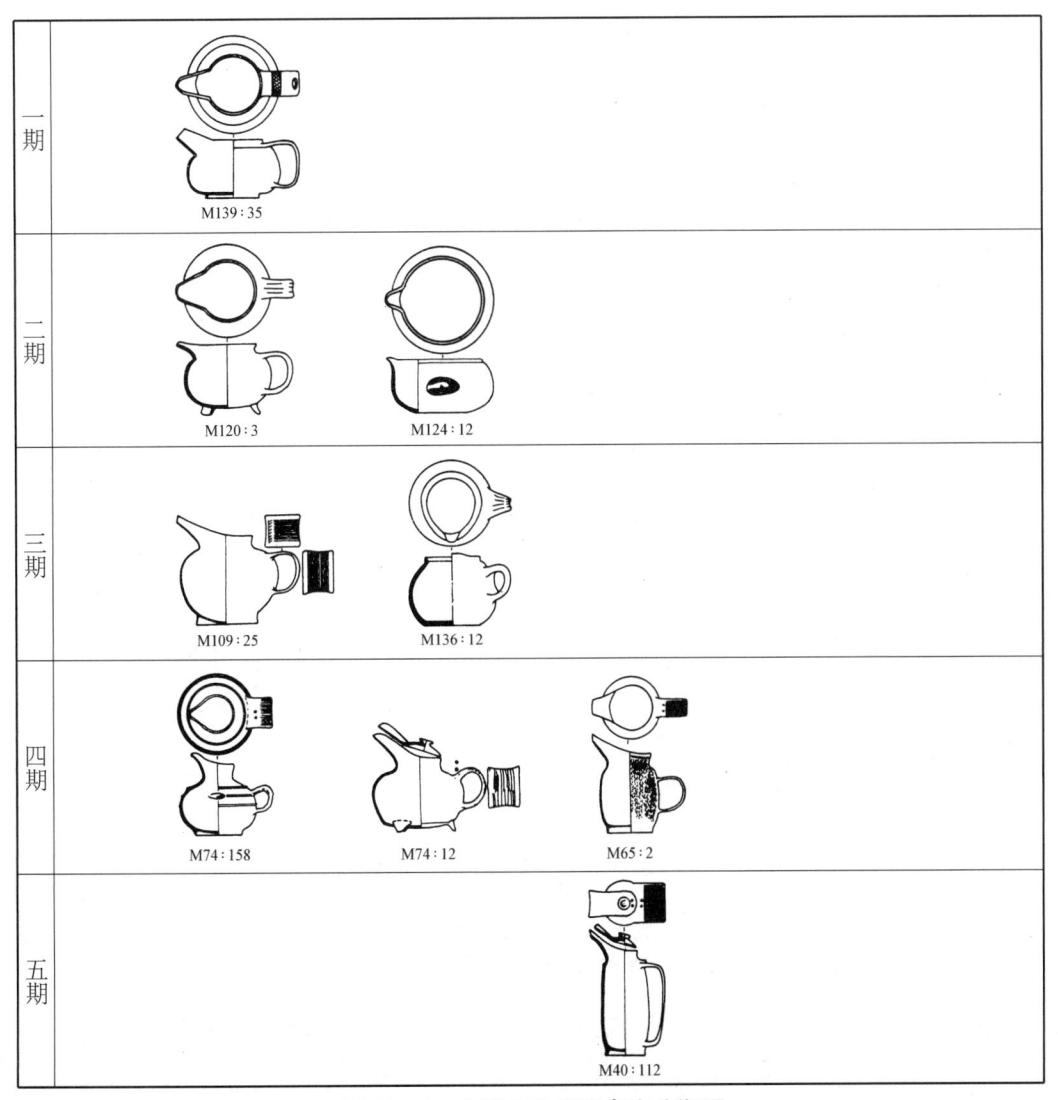

图 49－4　良渚文化陶双鼻壶分期图

阔把翘流壶,始见于四期,腰鼓形腹,器形肥胖,五期作直筒形腹,器形瘦长(图 49-5)。

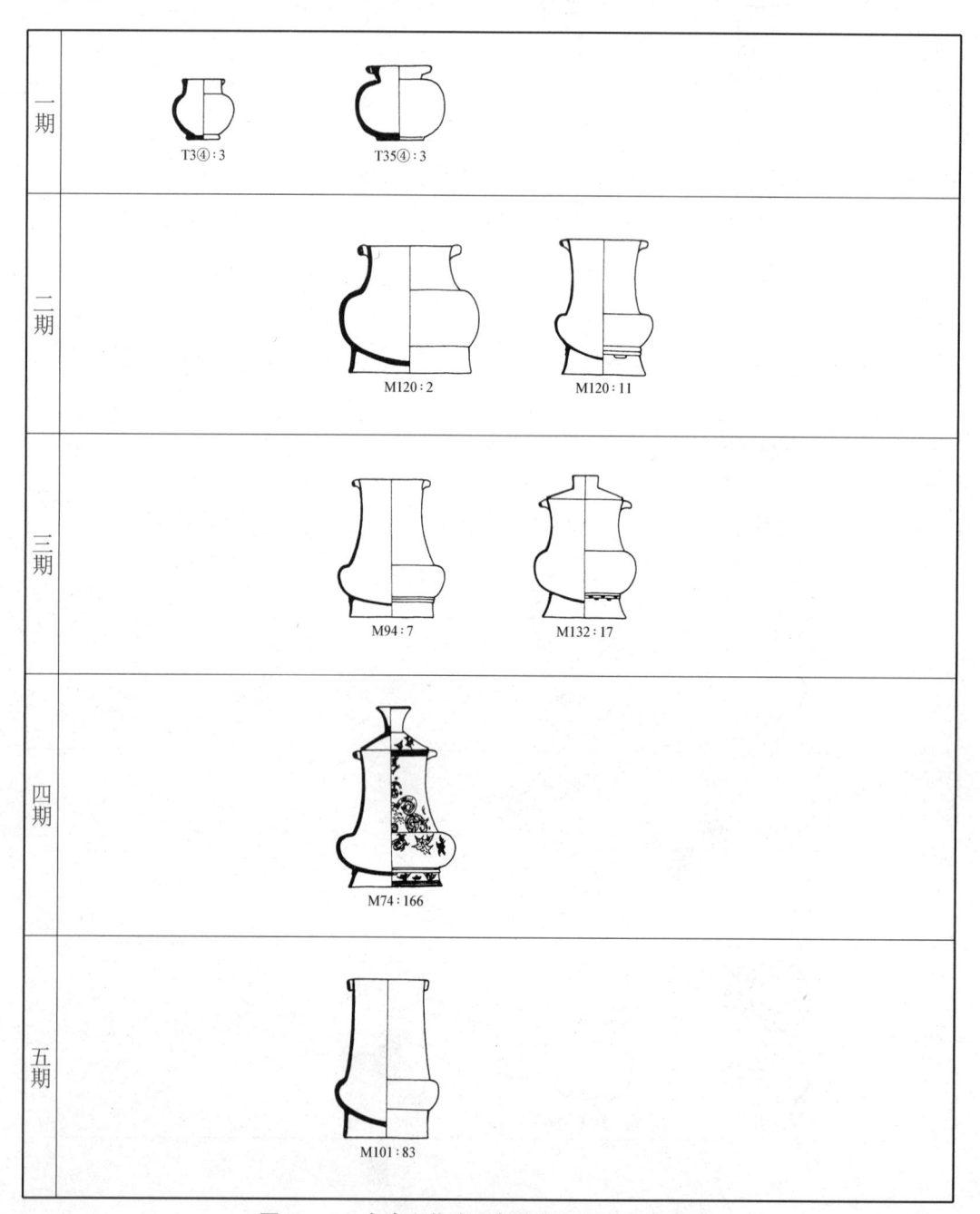

期		
一期	T3④:3	T35④:3
二期	M120:2	M120:11
三期	M94:7	M132:17
四期	M74:166	
五期	M101:83	

图 49-5 良渚文化陶匜与陶阔把翘流壶分期图

匜,一、二期器形矮胖,宽大于高,环把狭窄,三期器形升高,环把饰粗放的直条纹,四期颈部较细,环把较宽,把上饰细密的直条纹(图49-5)。

·福泉山·

簋,始见于三期,为折腹盆形,高圈足,口沿附四个直穿的小鼻,四期有折腹盆形与弧腹碗形两种,前者口沿附三横穿小鼻,后者腹部附一环把,五期多为大口深腹高圈足,饰篮纹或弦纹(图49-6)。

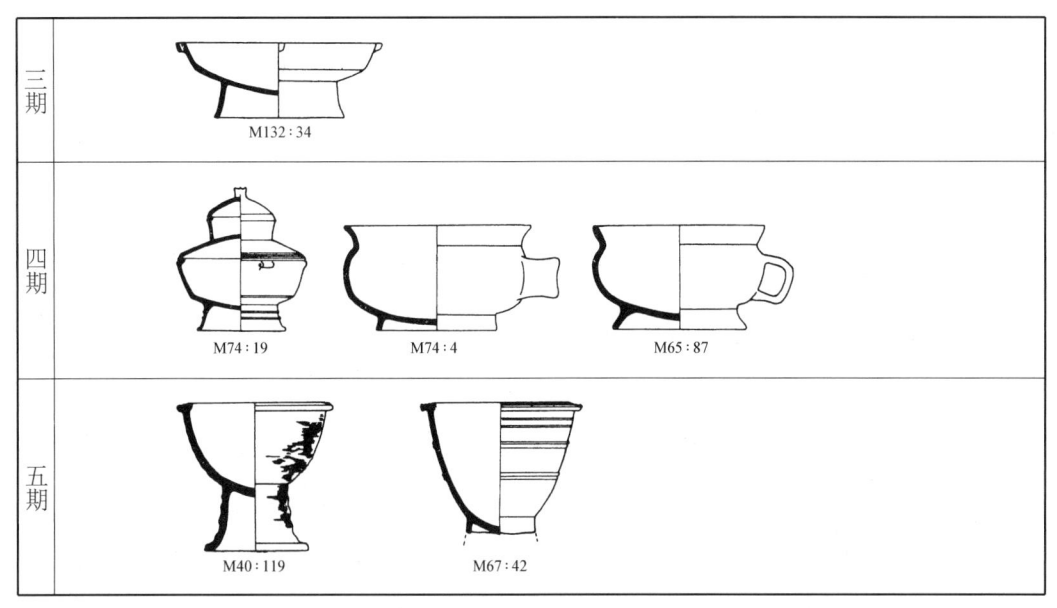

三期	M132:34
四期	M74:19 M74:4 M65:87
五期	M40:119 M67:42

图49-6 良渚文化陶簋分期图

上列器物演变大体是:

一期,具有浓厚的崧泽文化遗风,但已出现了良渚文化的典型器,属于崧泽向良渚的过渡期。

二期,已显示良渚文化的各种特征。

三期,良渚文化常见的各类器物齐全。

四期,是良渚文化的鼎盛期。

五期,良渚文化的部分器物似乎粗糙退化。

关于各期的绝对年代,参考碳十四和热释光的测定。一期年代与崧泽文化晚期相近,福泉山崧泽晚期的炭化木碳十四为距今 5 295±110 年,一期的年代大致距今 5 200～5 100 年。二期文化与安徽薛家岗三期有较多的联系,如薛家岗三期的扁平长方形石钺、分段偏高的有段石锛、两端尖锥的玉锥形器以及凿足鼎等在良渚文化中都见于二期。薛家岗三期的碳十四年代为距今 5 170±125 年,5 110±170 年和 4 980±205 年[2],二期的年代约为距今 5 000～4 900 年。三期特征与上海青浦果园村遗址下层相近,果园村下层木条碳十四为距今 4 500±145 年[3],三期的年代约为距今 4 800～4 600 年。四期有马桥遗址下层陶器的热释光资料可资参考,其中四期所见的划细密直条纹的黑衣灰陶阔把为4 490±470年,橘黄陶锥刺纹罐的口沿为距今4 510±440年,夹细砂红陶鬶的袋足为距今4 550±460年[4],四期年代约为距今4 500～4 400年。五期的同类器物见于浙江的雀幕桥和亭林良渚文化遗址,雀幕桥木板碳十四为4 300±150年[5],亭林炭化木碳十四为4 200±145年[6],五期年代约为距今4 300～4 200年。

第二节 社会发展阶段

福泉山的发掘为研究我国太湖地区新石器时代晚期社会提供了一份新资料。

1. 福泉山的崧泽文化前期,生产技术已比马家浜文化有很大提高。石器的制造,除了通体精磨之外,石斧的钻孔从马家浜使用尖头钻加琢穿,改为以管形钻从两面直向对钻的穿孔方法,因为减少了钻体与被钻体的研磨面,提高了钻制的功能,而且钻成的孔形圆整,孔壁相对较直。这种钻孔方法,为此后良渚文化的钻制琮、璧、镯等的大孔创造了条件。而陶器制造方法变化更大,福泉山的青灰土层崧泽文化前期,制陶在泥条盘叠法的基础上已经使用慢轮加以修整,到了灰黑土层崧泽晚期,制造小件陶器如壶、杯等,普遍出现了用快轮拉坯成形的方法,这些器的外壁经过修整,虽然已难辨轮制痕迹,但内壁仍保留了从器底螺旋上升,直至颈部的快轮拉坯旋痕。这一类器的饼形底,常用内削方法做成圈足,应该也与轮削有关。轮制陶器在我国新石器时代文化中,过去见于大汶口文化的中期及良渚文化之中,现在相当于大汶口文化前期的崧泽文化出现轮制陶器,把轮制的年代推前到5 500年前,说明太湖地区是首先掌握轮制陶器的地区之一。崧泽文化的生产力水平较马家浜文化有很大发展。

崧泽文化氏族状况在墓葬中的反映。在崧泽遗址墓地除大部为单人葬以外,至晚期见一座成年女性一次葬人骨的左手旁合葬一儿童的一次葬骨架,以及一座中年女性一次葬人骨的头部左侧合葬一具二次葬的胎儿骨架,显示子女从母的母系氏族现象[7]。在草鞋山崧泽文化墓地发现的两座二人合葬墓,已为成年男女合葬,男西女东,属于一种对偶婚迹象[8]。而在福泉山的崧泽文化墓地,前期出现了一座三人合葬墓,为中间一个成年男性一次葬骨架,左右各依附一具儿童的一次葬骨架。在晚期则有一座男东女西的成年人一次葬二人合葬墓,说明在崧泽文化的中后期已经以男子为主体,逐步从母系进入父系氏族社会。

福泉山崧泽文化墓地建于废弃的居住地上,经过前后两期墓葬堆土的叠压,逐渐形成比近旁同期居住遗址高出近2米的小高地,在墓地之南的高地上还发现了东、西各一片燎祭遗迹,遗迹上有一层大火燃烧遗留的灰烬及撒在其中的介壳屑,其中一处中间尚有数块红烧土块和一件残陶鼎。良渚文化出现的高台燎祭祭坛墓地,应由此发展而来。

2. 福泉山良渚文化高台墓地的清理是三次发掘的主要收获。此山北近苏州河,在古代已濒临长江口,其余三面均见良渚文化居住遗址,东有果园村、马桥、柘林与江海,南有千步村、广富林、亭林、招贤浜、平原村和姚家圈,西有淀山湖、金山坟、汤庙村等[9],是上海境内规模最大、地位最高的一处良渚显贵墓地。此山土质土色混乱,土层中包含遗物,第2层有马家浜,第3层有崧泽,第4层见良渚文化遗物,年代顺序颠倒,属于人工堆成的高土墩,是在崧泽文化墓地之上,经过良渚一、二期墓群的层层堆土,至良渚三期进行大规模修建的高台墓地。高台体形规整,东南西三面为斜坡,北部有两级台阶,顶面平整,修筑工程如果以第1层灰黄土的厚度,中部厚约1~1.5米,周围厚约2~3米,平均厚2米计算,这一层的堆土量约在11 800立方米左右。山的主人可以使用大批人力为自己修建墓地,可见其权势之大。

福泉山上埋葬的良渚墓有30座,属于第一期的8座,其中6座位于山顶平台,2座处于北坡第一台地上。山顶上诸墓有墓坑、有葬具,随葬器物丰富,并有一座(M139)的墓主人口含玛瑙琀,身上排列两行12件石钺,足后放置带彩绘的陶器,还在墓外使用人牲与大口缸作祭祀。而位于北坡台阶上的两座,未见墓坑葬具,无随葬器或仅有1件残陶罐,又与一堆祭祀器物在一起。显然前者属于显赫的主人,后者的地位低下,而且与祭祀有关。第二期的6座都位于山顶平台上,同样有墓坑、葬具与大量的随葬器,其中也有一座(M145)使用人牲墓,此墓主人口中有玉琀,身旁有玉镯与彩绘陶罐,墓坑之北另有一祭祀坑,内埋2具人牲。第三期5座,情况亦与二期相似,有一座(M144)人殉墓,墓挖深坑,有棺有椁,墓主人身旁有玉钺与彩绘石钺等,椁板上见一人殉。第四、五期11座,均位于燎祭祭坛之东或南侧,几乎各座墓都随葬一批玉器与精美陶器。其中随葬玉器钺、琮、璧的有3座,有钺、璧无琮的1座,有钺而无琮、璧的3座,有璧无钺、琮的2座。至于有玉钺的7座中,有1座出4件,1座出3件,2座各见2件,仅1件的为3座,与反山、瑶山每墓仅1件玉钺的不同。因此综观福泉山的五期墓葬,一至三期墓群,每期有1座人牲或人殉的大墓,其他为一般良渚墓葬,墓有主次之分。四、五期则普遍为随葬玉器钺、琮、璧,生前掌握军政权与神权的大墓,在墓地的中心,M144之上还有一座燎祭祭坛。五期的M101则打破了祭坛南部边缘。这些现象与余杭的反山和瑶山墓地相比,后者墓位在同一平面上排列,都有象征权力和地位的玉制斧、钺、琮、璧随葬,而福泉山墓群,上下叠压分属不同时期,并且前三期尚有主次之分,因此如果反山与瑶山墓群是某一时期良渚王权诸显贵的墓葬,则福泉山该是某一贵族前后继承的家族墓地,既有显贵本人,也有一般成员。

再以福泉山与上海境内的其他良渚墓地相比,位于金山区的亭林墓地,地形高出农田约1.5米,是一处小高地,其上发现的23座良渚墓作人字形排列,每座墓有墓坑、有葬具,各墓普遍随葬生产工具石斧、锛、凿、镰、犁与耘田器。随葬的陶器也制作很精。玉器虽然有一定数量,但除珠、管和锥形器以外,仅在人字形排列的墓群头前一墓出玉琮1件,这是一处地位低于福泉山的某一家属族地。再与闵行区的马桥遗址良渚墓地相比,马桥墓地位于居住遗址边缘的平地,各墓不见墓坑,亦无葬具,随葬器仅有数件生前使用的鼎、豆、壶等陶器,甚至空无一物,是一处良渚平民的墓地[10]。所以从福泉山高台到亭林的小高地,以至马桥等的平地墓群,显示良渚文化古人的埋葬有地位上的差别。

福泉山山顶诸墓的随葬器,大部属于礼仪用器,石制的斧、钺、锛、凿,器形规整,刃部往往钝口,器表抛光锃亮如镜,是一种特殊的工具。玉器中的斧、钺、琮、璧更是权力的象征。陶器如双鼻壶与高柄盖罐,器盖上捉手呈管状,上下贯通,并不实用。有的豆与壶器表经过打磨,呈现铅样光泽,并且通体细刻图像神秘的鸟纹与鸟首盘蛇纹,应与祭祀有关。陶鼎的陶质多件属于泥质黑衣灰红陶,不能用于烹饪,否则器身开裂,黑衣亦会氧化变红,更有一件黑衣陶鼎,从器盖至鼎足通体细刻鸟首盘蛇纹,盖上尚有两孔一组的三组小镂孔,孔位与鼎足上的镂孔相对,可以穿绳缚盖,可见此鼎已脱离烹饪功能,变为纯粹的祭祀用器。上列器物表明礼器在良渚文化中已经出现。福泉山发现的种种迹象显示,良渚文化进入了文明时期。

第三节 良渚文化玉器研究

福泉山三次发掘出土了613件(粒)良渚玉器,种类有权杖性质的斧与钺,原始宗教用的琮、璧,饰件珠、管、环、镯、坠、冠形器、半圆形器和镶嵌用的小玉片,以及鸟、钻、靴形器和棒形器、角形器等,是研究良渚玉器制作工艺与用途的一份珍贵资料。

1. 玉器的用途

玉钺,是从斧派生而来的,1970年代以前,在考古报告中往往统称为斧。自从良渚高台大墓发掘之后,尤其是柄上有上下端饰的玉钺的发现,逐渐把这一类玉斧正名为玉钺。其实良渚玉器的斧钺还是应该有所区分的,体厚弧刃,刃两端不露刃角的,应称为斧。器体扁薄,刃两端露刃角,有的刃角外翘,整器呈风字形的应称为钺。玉钺是一种权贵用器,不见于一般墓地,即使在高台墓地也出土不多,如反山11座墓中,仅南列的4座与北列的1座各出1件[11],瑶山的11座,在南列有5墓各出1

件[12]。福泉山在山顶28座墓中，M101、109、144三墓各出1件，M9、65两墓各出2件，M40一墓出了3件，M74一墓出了4件，合计14件，数量之多，在良渚各墓地中是罕见的，其中3件还具有柄的上下端饰，无端饰的在钺顶上也见曾经嵌入柄銎的摩擦痕，在孔的旁侧尚有上、左、右各一道用绳穿过钺孔缚柄的痕迹，可见玉钺原来都是装柄使用的。玉钺在墓中的部位大部分位于人骨右侧，以有柄端饰的三件为例，M9：25在胸部右侧，柄下端饰在右腰部。M65：46在右肩上，柄上端饰在胸腹部，下端饰在头骨左侧，M74：37在腹部右侧，上端饰在钺的下方，下肢骨旁侧，下端饰在胸部右侧边。这三件钺的柄上端饰虽然因良渚的葬俗，可能是入棺后先"厝"后埋葬，在棺内的位置可能会有移位，但仍然可见钺在下、柄在上作倒置安放。如按《尚书·牧誓》所说"王左杖黄钺右秉白旄以麾"，这种玉钺是指挥权的象征，是一种权杖。所以在福泉山凡随葬玉钺的墓，都位于高台的顶上、祭坛之下或附近，不仅墓内有各类石、玉、陶礼器，有的墓旁尚有祭祀用的大口缸与人牲，其地位高于其他墓葬。

玉琮，是良渚文化首创的器物。在福泉山M9出1件，M53与65各出2件，M40出了3件。出琮的墓除了残墓都出钺、璧，但出璜的墓，虽然也有钺而不出琮，如M74，有玉钺、玉璜、玉纺轮、玉冠形器而无琮。M60出璧、璜与冠形器也不出琮。因此琮可能为男性所用。琮上雕琢的纹饰，主纹划一的是神像或者近旁再增刻鸟纹。神像都为头戴羽冠，脸部圆眼横鼻，身上有兽面装饰。神像的形式有三种，一是全身的神像如反山玉琮上的雕刻，头上有羽冠，神脸有眼鼻口，身躯上有箕张的双臂与五指，其下有兽面与蛙形腿。二是隐去手足仅见凸出部分的神像，则分为上下两节，上节以两条横棱作冠，双圈作眼，一条短横棱作鼻，下节有兽面不见双手、腿与爪。再有一种简化的神像，是琮分多节，每节单一雕琢两条横棱，一对圆眼与一条横鼻的神脸。在福泉山仅见后两种。在良渚文化分布范围内，如此高度一致的图像，加上其旁惟一增刻的为人神之间的交通使者飞鸟，因此可以认定这是良渚人统一崇拜的神祇，而琮则是神的一种载体。于是占有玉琮，就是掌握了祀神权。琮的器形是上大下小，内圆外方，四方似乎象征大地，从孔中上望则见圆天，这是古人天圆地方宇宙观的反映。琮因为上大下小，使用时就应高举在上，才能看清神像，所以它是祀神祀天的器物，而不是如《周礼》所记的"黄琮礼地"。琮在墓内的部位，M9出土于腰部右侧，M65位于腹上，M40的3件，一件在腰部附近，另两件分置头前足后。这后两件是用同一件长琮从中锯开后改制成两件的，按此现象置于墓内尚有避邪卫身的作用。

璧，扁平圆形，中间有孔，一般认为象天象日。福泉山良渚墓出土15件，其中M9有4件，1件垫于背下，2件被压于右肢骨下，另1件压在左肢骨下；M40有3件，为头前2件，足后1件；M60属二人合葬墓，两具葬具中各出1件，一在胸侧，另一在足后；M65

出2件，均在胸部玉琮的上侧。福泉山的玉璧，器形圆整，器表平滑，制作较精，与反山墓地成堆置于足后、器表粗糙的一类不同。根据福泉山玉璧分别见于人骨上下和前后，应有护身的作用。一些粗制而成堆放置的玉璧，是临时赶制的，可能属于明器。

锥形器，出土了59件，数量仅次于珠管。以一至五期的器形演变来看，从骨锥形到橄榄形，再变为圆柱形与方柱形，尖端从锐尖到钝尖，尾部从无小柄到有小柄，器表从光素到出现神像纹。因此它是从锥刺器演变而来的。这类器上所刻的神像代表神冠的两条横棱在钝尖一端，横鼻在小柄一端，所以正摆应是尖端朝上。尾端的小柄，又有穿孔与无孔的两种，尤其如M101:69的一件，尾部小柄上尚有套管，以此分析，锥形器有的可以佩戴，有的只能插于某些器物上。出土的部位：M40的3件，1件在胸部右侧，1件在腰的左侧，另1件在足后与陶器在一起；M60二人合葬墓出8件，均出于东面一具葬具内，其中7件在下肢骨旁，1件在腰的左侧；M65出5件，1在头骨面部上，1在下颌骨上，另3件分别位于左右下肢骨旁及足后；M74出了12件，2件在右下肢骨旁，1件在左下肢骨旁，2件在腰右侧，7件在胸部右侧。如加上反山、瑶山及新沂花厅等地出土的[13]，有的置于头前和身侧，可见锥形器在人骨周围均见，并无固定部位。此外在M101人骨的右侧，有4件锥形器与一堆有排列规律的4件环、2件管以及32颗珠在一起，其旁尚有1件冠形器。在M74胸部右侧的7件，也有6件似与47颗珠、2件管串联在一起。锥形器可能与其他玉饰品串联在一起。从上列各种迹象观察，锥形器的作用是在尖端，并且是从锐尖变为钝尖，又从一般用器逐渐神化。因此可能是我国的传统医术、锥压穴道治病的用具——玉砭，由于这种医术是一种经验的积累，古人并不了解针灸治病的原理，因此逐渐神化，成为既可治病又可护身的器物。所以此器或者可以称为玉砭。

冠形器，倒梯形，上边宽下边窄，上边左右向上突出两耳，中间有一笠形角，下边有一条插榫，带插销孔，器形与反山琮王上所刻神像的冠一致，所以暂名冠形器。福泉山出土4件，正反面均光素。M60合葬墓的一件出于西面葬具的南端，肩部的左侧，如果东面葬具出玉璜的为女性，此件当属男性所用；M74一件，位于胸部右侧，又与玉璜共出，似属女性，则冠形器的使用应无性别的区别，M101肩部右侧的1件，出土状况如前所述，像是插在木质器座上的，类似现象在瑶山的M2也有发现，M2:1冠形器出土时，插榫部位有朱砂痕迹，并和长约8厘米的木质纤维朽痕相连。该器原来应该是插嵌在某一物件上的，所以冠形器并非饰件，而是一种神像的标志。

玉半圆形器，福泉山仅出土一件，正面略为弧凸，背面微凹，正面光素无纹，但经过抛光，背面未作抛光而有按品字形排列的三组牛鼻形孔。据外地所出，有的器面雕刻神像，是圆弧边在上，平边在下。福泉山M74的一件，出土于腰部，反山与瑶山所出的也有位于头部的。其应该是一种穿缀在衣帽上的饰件。

玉璜,均作半璧形,上部左右各穿一孔。福泉山出土2件,均在人骨的胸腹部位。璜在崧泽文化中发现于女性的颈部,在良渚文化中也常与女性使用的纺轮共出,并且有璜的无琮。但佩戴的部位下移,如余杭吴家埠M8所见,位于一串玉项饰之下[14],已经成为女性珠管等组合项饰的一部分。

2. 良渚玉器上的制作痕迹是探讨这一时期制玉工艺的重要线索

良渚玉器上除常见研磨遗留的一块块小平面以外,另有一些以片状物质用砂作介质往来锯割遗留的凹槽,这种凹槽平直而光滑。如在M60∶14璧的边缘上,可见一条直线凹槽,这是璧在一个扁平的方体上制作,经过多次切角,从四角到八角、十六角……再作研磨形成整圆过程中遗留的一条切割痕。又如钺的顶部,由于嵌入柄的銎内,因此往往成器后不再研磨修整,维持折断的痕迹,在有的器两面断裂痕的边缘,各见一条锯割的凹槽。这是制作时,将钺顶的多余部分从两面相向锯割,在接近锯断时将它折断。在一件冠形器的顶部,方耳与笠形角之间也遗留一条锯割的凹槽,是先将玉片锯割成大体形状,再作研磨成器。这些凹槽的发现,说明锯割是良渚玉器成形的主要方法。

钻孔在良渚玉器制作工艺上是重要工序之一。大体使用尖头钻与管形钻两种工具,大部采用从两面相向对钻穿孔的方法。尖头钻用于钻制小孔,如珠、管、璜、坠和锥形器、冠形器的榫上插销孔等,这类孔壁口大、底小,倾斜度大。琮、镯、环等大孔使用管钻并在钻透以后对孔壁再作研磨,将孔扩大,所以孔壁光滑见研磨面,而钻痕不清晰。斧、钺、璧、环的孔使用管钻,孔壁较直,壁面有一圈圈旋痕以及因相向对钻在穿透处出现一周凸脊。这些旋痕线条较粗,与金属管钻旋线的锐利感觉不同,并且璧的孔壁在钻透以后也稍作研磨,略显光滑但仍见旋痕。

良渚玉器上的纹饰,有高于器面的凸纹和阴线两种。凸纹如神脸上的两条代表冠的横棱、横鼻及兽面上的蛋圆形眼睑、桥形额、横鼻,采用减地法使纹饰凸出。在琮的直槽或横鼻的边侧,有的可见一条划界的凹线,像是先用锯磨方法勾勒出减地范围,再进行磨低减地。凸面上或减地后平面上的阴线纹饰,制作方法有多种,如表示眼睛的圆圈,有的使用管钻旋出凹圈,圈形圆整,凹线光滑,有的使用尖锐器刻划,刻划的圆圈由多条刻线围成,呈不规则圆形。至于神像的横鼻上与代表冠的两条横棱中间,以及额和眼睑上填刻的云纹与弧线,或神像边旁的飞鸟纹,细小而浅,都用尖锐器刻划,刻线在放大镜下粗糙曲折,并有毛茬逸出。代表神冠的两条横棱上的多道平行直条阴线,有的是位于弧面方角琮的弧凸面上,如用片状物质锯磨,由于锯磨面呈弧形必须不断变换磨角，阴线的底面必然出现折棱。今观察这些阴线，浅细和宽狭，与刻划线一致，并且有些线条并不挺直，甚至有两线交叉的现象，应该不属于锯磨痕而仍是一种刻划线。所以良渚玉器纹饰中的阴线使用尖锐器刻划而非砣刻，成为一种重要的特征。

良渚玉器在某些凹凸面上还出现了砣制的痕迹。福泉山 M60：38 圆柱锥形器的器面上，有一对以三圈阳线表现的目纹，目纹长、宽各 1.2 厘米。每圈间隔仅 0.24 厘米，面积小又处于圆弧面上，制作的难度很大，尤其是阳纹的内圈并无往来研磨的余地。现经放大镜观察，两条阳纹中间的凹弧面上有一个个浅浅的凹窝，它是使用很小球面状的物体，通过旋转研磨形成的凹弧面，这该是一种砣旋的痕迹。又如 M65：50 玉琮兽面的蛋圆形眼睑上的凹弧面和 M40：120 方琮形锥形器横鼻上的凹弧面，同样面积很小。凹弧是用轮旋磨成的迹象，再如 M53：9 锥形器小柄上的套管，最大直径仅 0.75 厘米，圆整而无平面研磨迹象，器壁厚仅 0.05 厘米，薄如蛋壳，除用砣旋否则很难制成此种精巧的小件。此外，在一些良渚玉器上还经常发现一种长条凹槽，如 M109：11、7，M74：9、31、35，M101：69 以及 M9：4 等圆柱形或方柱形锥形器上，都见一条凹槽，这种凹槽宽深而光滑，决非锐器刻划的痕迹，并且两端浅窄、中间宽深，也不是线割痕，只有用旋磨才能出现这种迹象，应该也与砣旋有关。所以避开那些琮、璧、钺上发现的凹弧线究竟属于砣旋还是线割的争论，据上列各种制作痕迹，良渚玉器的制作确实已经使用了旋转的工具。其实在良渚制陶中，早已使用陶轮。玉石器的钻孔也熟练地使用以绳缠绕钻杆，拉动旋转钻孔的方法，已经掌握了旋转功能的原理，只要把钻杆横向放置转动，就成了旋转的砣具。所以良渚制玉具备了用砣的条件。

综上所述，良渚玉器在种类上有了权杖、神器、饰件等各种器物，技术上掌握了线割、锯割、钻孔、砣旋以及减地法、刻划和抛光等一系列制玉工艺，反映这一时期的制玉已经进入了成熟阶段。

注释

[1][7] 上海市文物保管委员会：《崧泽——新石器时代遗址发掘报告》，文物出版社，1987年。
[2] 安徽省文物工作队：《潜山薛家岗新石器时代遗址》，《考古学报》1982年第4期。
[3] 孙维昌：《上海青浦寺前村和果园村遗址试掘》，《南方文物》1998年第1期。
[4] 黄宣佩：《关于良渚文化绝对年代的探讨》，《中华文物学会》1993年刊。
[5] 浙江省嘉兴博物馆、展览馆：《浙江嘉兴雀幕桥发现一批黑陶》，《考古》1974年第4期。
[6] 孙维昌：《上海市金山县查山和亭林遗址试掘》，《南方文物》1997年第3期。

[8] 南京博物院：《江苏吴县草鞋山遗址》，《文物资料丛刊》(3)，文物出版社，1980年。
[9] 黄宣佩、张明华：《上海地区古文化遗址综述》，《上海博物馆集刊——建馆三十周年特辑》，上海古籍出版社，1983年。
[10] 上海市文物保管委员会：《上海马桥遗址第一、二次发掘》，《考古学报》1978年第1期。
[11] 浙江省文物考古研究所：《浙江余杭反山良渚墓地发掘简报》，《文物》1988年第1期。
[12] 浙江省文物考古研究所：《余杭瑶山良渚文化祭坛遗址发掘简报》，《文物》1988年第1期。
[13] 南京博物院：《1987年江苏新沂花厅遗址的发掘》，《文物》1990年第2期。
[14] 浙江省文物考古研究所：《余杭吴家埠新石器时代遗址》，《浙江省文物考古研究所学刊(1980～1990)》，科学出版社，1993年。

(本文原为《福泉山——新石器时代遗址发掘报告》的结语，文物出版社，2000年)

甲子华诞话上博

退休后离开上海博物馆已有7年,但是每当晨起从电视节目"上海早晨"的屏幕上看到那座群鸽飞舞环绕、天圆地方的城堡式上博建筑时,总会引起一阵激动和深切的怀念。

上海博物馆如今已是国际闻名、国内领先的国家级大型博物馆。在上海第一任市长陈毅元帅的亲切关心下,经过几代上博人60个春秋的奋斗,才造就了今天的辉煌。

上海博物馆的馆址曾经三迁,最早的馆址在南京西路325号原跑马总会,这是一座东侧建有看台、楼顶有钟楼的宾馆式的建筑,现在已被立为市级文物保护单位(图50-1)。在解放前,这里是洋人、大官僚、大富豪看赛马进行豪赌享乐的场所,普通民众是被拒绝进入的。东面和南面是一片空旷的跑马场,西面过黄陂路是马厩和外国坟山(墓地)。过南京西路在黄陂路的转角处还矗立着一对高大的明代石翁仲,常有人来焚香。跑马场北面原来还有一条小水沟,沟北的南京西路则是繁华的市区,有著名的华侨大厦、大光明电影院和国际饭店等,所以上海博物馆的环境是闹中取静。

1952年5月16日,经考试录取,我们一批青年失业知识分子被安排到市文物保

图50-1　陈毅市长为博物馆、图书馆选定的场地——"跑马厅"旧照

管委员会工作。初进这座原为普通人不得入内的建筑,精神上感到一种由衷的翻身感和自豪感。据说是陈毅市长关心保护文物,解放军进城以后,就指示成立文物保管机构,这里是他亲自驱车选定的文管会会址,并把在抗日战争和解放战争中收集的文物,其中包括许多挖掘战壕时的出土文物交给了文管会。他还经常在繁忙的公务活动之余,来文管会察看文物保护情况并鉴赏文物。在百废待兴、财政十分困难时期,还拨给我们文物收购经费,并指示一定要按政策收购,所以当时上海是最能出价收购文物的城市,北京、天津、苏州等地的文物商人纷纷送文物来上海出售,使我们购得大量珍贵藏品。他还及时拨给博物馆开办经费,让我们置备了大批陈列设备,解决了设备缺乏的问题,所以全馆都知道是陈市长造就了上博。

上海博物馆是由市文物保管委员会的古物整理处筹备的。文管会的主任秘书和古物整理处处长是杨宽,他也是上海博物馆的第一任副馆长(当时没有设馆长)。杨宽馆长建国前是原上海市历史博物馆的馆长,他有办馆经验,也很有魄力,并且在就读大学历史系时就有"神童"之称。

上海博物馆于1950年4月开始筹建,在"三反"运动结束后的1952年1月就要求在年底建成开放。当时跑马总会内的划分是:大楼的底层和一楼筹建上海图书馆,二、三层作为上博的陈列室。二、三层每层有十套客房,要改造成十大陈列室。而全馆人员在年初仅30余人,到年中我们这批青年进馆后才增至80人,既缺乏业务骨干又缺乏陈列设备。就是在这样条件下,杨宽馆长挑起了建馆重担。全馆布置了十大陈列室:史前时代、殷商时代、西周、春秋战国时代、秦汉时代、魏晋南北朝时代、隋唐五代、宋元时代、明代、清代和近代工艺品。这些陈列室陈列的我国历代的艺术珍品,既反映了朝代的变迁,可供历史教育参考,又可供艺术欣赏。其中有建国之初险被走私出口而从海关扣下的山西浑源出土的春秋晚期青铜牺尊,有爱国大收藏家潘达于捐赠的国宝西周大克鼎、大盂鼎,珍贵的唐代孙位《高逸图》,宋徽宗赵佶的《柳鸦芦雁图》,元代王蒙的《青卞隐居图》和一批宋、元、明、清官窑瓷器等。开馆之初,仰慕博物馆文物和想一睹这座神秘大厦的观众人山人海,排队购票的人从南京西路大门口一直延伸到黄陂路武胜路口,盛况空前。

开馆之后,馆内就着手培养业务干部。像我们这批青年,先学习文物和考古知识3个月,然后每月上专题大课,杨馆长亲自为我们讲授业务知识,谢稚柳先生讲授中国绘画史,有丰富陶瓷鉴定经验的马泽溥先生讲授中国明清瓷器。还采取了师傅带徒弟的方法,让钟银兰、朱恒蔚跟随沈剑知、江南苹学绘画鉴赏,陈佩芬跟蒋大沂学青铜器。1954年,指派我参加由文化部文物局、中国科学院考古研究所和北京大学联合举办的第三期考古训练班。在训练班结业后的次年,研究部下就设立了考古组,我从此走上考古专业道路。杨馆长仅仅用了一个星期就编写了一本上海博物馆陈列说明书,受到国家文物局局长的赞扬。这一时期,因为受新中国成立和新成立的上海博物馆的影响,社会上有许多收藏家捐赠或出售珍贵文物给我馆,为上海博物馆的日后发展奠定了坚实的基础。

  1957年6月~1958年5月,市委常委王一平兼任上海博物馆馆长、言行任副馆长。那时正值"整风反右",全馆人心惶惶。王馆长来抓业务,他参与鉴定文物,并与业务骨干谈心,大大稳定了人心。后来知道是他向上面表示,上海博物馆没有右派,这才保护了一批业务干部,使上海博物馆能够稳定发展,所以上海博物馆的老同志至今很感激他、怀念他。他在离开上海博物馆后,还将珍藏的一批心爱的珍贵书画捐赠给馆里,并提出了不要奖金、不要奖状、不上传媒、不留姓名的要求,体现出一位共产党员的高贵品德。

  1958年杨宽馆长离馆之后,原文化局社文处处长沈之瑜来馆任副馆长和党支部书记,为上海博物馆的大发展做出了大贡献。1959年,随着社会文化事业的发展,跑马厅大楼无法容纳上海图书馆、上海博物馆两个大馆(图50-2),所以市里决定上海博物馆迁馆,搬到河南南路16号的中汇大楼(原杜月笙的中汇银行,图50-3)。这一搬迁使馆舍从数千平方米增至一万多平方米,为上海博物馆提供了进一步发展的条件。在沈馆长的安排指挥下,全馆同志齐心协力,数万件等级文物无损、无漏、安全搬迁。

图50-2 50年代初,上海博物馆和上海图书馆在同一幢楼里

图50-3 1959年9月,上海博物馆从原跑马厅搬迁到中汇大楼

搬迁后的上海博物馆河南南路新馆陈列面积扩大了一倍,陈列室的划分也从原来按朝代排列改为按社会发展阶段划分,具体分为原始社会,奴隶社会,封建社会前期、后期,近现代工艺品陈列室。又把文物修复组扩大,成立了文物修复复制工场,包括青铜器修复组、陶瓷杂件修复组、书画装裱组和一个珂罗版印刷组。工场集中了全国修复技术高精人才,如修陶瓷的饶鸿发、修青铜的王荣达、修漆木杂件的吴福宝、装裱师严桂荣等,力量之强大为全国之最。在文物的保护研究方面,则成立了科学实验室,开始了热释光测定陶瓷年代的探索和研究,这在全国文博界也是最早的。青铜器防治有害锈和漆木器的修复等科学研究项目都获得国家文物局的嘉奖。从1960年开始,市文管会与上海博物馆合署办公,成为两块牌子一个机构,这一变化大大增强了上海博物馆的力量,文管会的收藏并进上海博物馆,使上海博物馆的文物增加了三分之一;业务力量上,版本研究专家徐森玉来上海博物馆担任馆长,著名画家和鉴定家谢稚柳当了上海博物馆顾问,对国学研究有很深造诣的沈宗威也进入上海博物馆,还有研究上海史的专家吴静山和顾景炎的加入,还成立了地方史研究部,这时的上海博物馆人才济济。

1958年年底,上海打破了在考古界的沉默,1959年和1966年的马桥遗址发掘,在考古领域获得"马桥文化"的命名;1960年、1974年和1987年的崧泽遗址的发掘,又获得"崧泽文化"的命名,使上海史的研究从1 400年前仅是一个沪渎渔村概念跃升到距今6 000年前已有先民在此种植水稻、饲养家畜的新认识。20世纪80年代,美国科学院院士、研究中国考古的著名教授张光直在他编写的中国考古学专著中,引用了大量马桥与崧泽遗址考古成果,也引起了国内外学者的注目。1982年、1984年和1986年对福泉山的发掘,证明在距今5 000年前,上海已出现进入文明时代的迹象。福泉山遗址被考古界的老专家称为是中国的土建金字塔,是研究中国文明起源的重点之一,吸引了国内外许多文物专家和爱好者前来参观,福泉山遗址被国务院列为全国重点文物保护单位。到21世纪初,全国考古界评选20世纪的百项重大考古成就,崧泽文化的发现被列为其中之一。

继1980年与市手工业局联合去日本横滨举办展览之后,从1983年起上海博物馆不断举办藏品出国出境展览和专家专题讲座,如1984年赴美国的旧金山、芝加哥、休斯敦和华盛顿4个城市展出的"中国六千年文物展",并在纽约的亚洲学会、哈佛大学作中国新石器时代玉器演讲。1992年到香港举办了"良渚文化特展",同时组织了良渚文化学术研讨会,都取得很好的反响。从1981年起,上海博物馆开始出版《上海博物馆馆刊》,进一步扩大了在海内外的影响。

在"文化大革命"之后的1979年2月,市文化局任命沈之瑜为馆长,黄宣佩为副馆长,上博迎来新一轮的改革。成立陈列研究部,下设青铜、陶瓷、书画、工艺四个专题研究小组,将陈列体系从按社会发展阶段的综合陈列改为青铜馆、陶瓷馆、书画馆等专题馆,真正体现出工艺美术史性质的陈列方式。

1985年沈之瑜馆长离休,改任名誉馆长。任命了马承源为馆长,黄宣佩、李俊杰、汪庆正为副馆长。马承源是一位对文博事业极为爱好,又十分精通业务的专业干部。上任之后,即大刀阔斧地对上海博物馆体制作了重大调整,将原有的陈列研究部分为青铜、陶瓷、书画、工艺研究四个部,并且各部可与保管部相应的四个组直接沟通,给予出入库房鉴看文物的便利。又将群工部改为宣教部,加强博物馆的社会教育功能的发挥。开展了"上海博物馆之友"的活动,结交了一批重要的文博爱好者和大力支持文博事业的朋友,盘活了上海博物馆与国内外相关人士的关系。

20世纪的80年代末,国家文物局在上海博物馆召开全国各省市博物馆的馆长会,交流办馆经验。在会上,国家文物局局长张德勤赞扬上海博物馆的领导班子是专业很强、很团结又很有能力的班子。当年馆领导班子向黄菊市长提出,上海博物馆是馆藏珍宝数量巨大的大馆,现存库内的12万多件珍贵藏品只能展出其中的百分之十左右,不能发挥其应有作用,建议筹建新馆。市里先派了一位管财政的领导来馆听取意见,这位干部一开口就表示目前市里没有经济力量,难以筹办,而马馆长则爽直地说,这哪里是经济困难,只是市里未能把办博物馆摆上位子罢了。于是馆里计划自筹一部分经费,如在短期内文物商店能上交相当数量的经费,可以拨划一部分,又提出去境外自筹经费一千万美元,然后再寻求市财政的帮助。这一设想获得黄菊市长的赞同。于是市里决定在人民广场新市府大厦的西侧建上博分馆,保留老馆。但这一方案遭市规划局的反对,认为这是不合理使用土地。当年市计委主任徐匡迪建议上海博物馆放弃河南南路老馆,并把它卖掉,将资金投入造新馆,可以造一座更大规模的新馆。这个方案我们自然赞同,不过对馆的位置,市文管会副主任、建筑大师陈植认为,博物馆设于市府西侧的黄陂路旁位置太偏,建议应位于市府的正南方,面向延安东路,这样气势雄壮。但这一方案的位置太好,马承源怕市府不能接受,反而弄得两头落空。而陈老却充满信心,认为可以办到。果然没隔几天,黄菊市长在主管基建的倪天增副市长陪同下再次来上海博物馆商谈在南广场建馆事宜,虽然有不少难题,但倪天增副市长当场提出解决方案,落实到位,使得皆大欢喜。于是筹建工作正式开始,马、汪二位馆长联袂赴港筹款。新馆筹建组由胡建中任组长、李俊杰为副组长。1992年7月,新提拔顾祥虞为副馆长并协助建馆,12月新提陈佩芬为副馆长;1995年7月,又提王仁波为副馆长,协助新馆陈列方案的设计和试样。

新馆于1993年正式动工,馆内的陈列方案设想同时起步,直到1996年新馆建成。一座上圆下方,远视类似一个古良渚文化的玉琮,俯视又似一面四环大古镜,既突破我国翘檐斗栱的古建筑形式,又与西方文博建筑不同的新型博物馆屹立在新市府的正南方(图50-4)。

图50-4 上海博物馆新馆外观

新馆建筑上下共有7层,地下2层,地上5层。地下开辟了一座设备先进的多功能演讲厅,厅外有供来宾休息的茶座。地下二层有大型图书馆,收藏了国内外出版的文博书籍与文献资料,以及一批珍贵古版书籍。图书馆对全国文博界开放。地下二层还建造了一座贵宾接待厅。这座接待厅是明式的园林,花木亭榭,中置一长方形的唐式画桌,并不时传来秋虫的低鸣。顶部用影视屏幕展现天上的白云、星星、月亮,甚至流星。这座专供贵宾鉴赏馆藏珍宝的场所,建成后颇受国内外来宾的赞赏。博物馆1~4层,布置了青铜、雕塑、陶瓷、绘画、书法艺术、玉器、钱币、家具、印章和少数民族工艺等专馆,以及胡惠春捐赠陶瓷馆和3个临时展览厅。陈列面积比老馆增加了3倍,而且陈列形式新颖,设施先进,陈列水平可与国际一流博物馆媲美。

新馆建成开放,邀请了国家文物局、全国著名文博专家和各省市博物馆馆长前来参加开幕式,赞誉之声不绝,认为这是一座国内领先、世界一流的大馆。前来参观的观众非常踊跃,往往晨起即有人前来排队。此后我馆又接连筹办了国内外文物精品大展,成为国内外文物爱好者瞩目的中心。

2002年,上博建馆50周年,这一届馆领导决定用学术研究成果来进行庆祝,在馆庆时连续召开几个重大国际学术研讨会。当时我正在编辑《上海出土唐宋元明清玉器》图集,由于历来的古玉研究很少有人注意唐以后的玉器,但这一时期的古玉量既多又很精美,所以以此为契机,决定召开这一时期的玉器研讨会。为此我们还特向全国有关省市商借了一批早已出土但从未对外发表的实物,以作借鉴,使开会时既进行研讨又有实物可以查对。因此,上博召开这一专题研讨会时,国外的大批古玉研究专家踊跃参加,成为古玉研究史上的一次盛举。以后又召开了青铜、书画、陶瓷方面的学术讨论会,将建馆50周年的庆祝活动搞得很有特色。

今年是上海博物馆60周年大庆,祝愿上博事业不断取得新发展,再铸新的辉煌。

(本文原载于《六十风华——上海博物馆建馆60周年纪念文集》,上海书画出版社,2012年)

我的考古之路

一、初涉考古仅是偶然

1930年,我出生于一个海员家庭。父亲是一艘法国货轮上的轮机长,我原本的志愿也是成为一名航海船长。1950年,我从上海水产学院[1]毕业,当时新中国刚刚建立,海运事业停滞,我失去了成为一名海员的外界条件,某种程度上说成了一名待业者。恰巧上海市文物保管委员会(以下简称文管委)招聘,我通过组织介绍,参加了考试并被录用。1952年5月16日,我被分配到了上海博物馆筹备处。刚进上海博物馆时,我主要从事博物馆方面的工作,先在群工部导引组,之后被安排到保管部征集组。

我之所以走上考古工作的道路,是与时任上海博物馆副馆长的杨宽[2]先生分不开的。当时上海博物馆没有正馆长,由杨宽先生主持工作。杨宽先生极力主张,一个像样的博物馆应当设有考古部门。因此,1954年馆领导派我参加了由国家文物局和中国社会科学院考古研究所联合举办的第三届全国考古工作人员训练班。1956年,上海博物馆考古组成立,隶属于研究部,由我担任考古组组长。

当时上海正处于"无古可考"的尴尬处境,在上海市所辖的范围内,除了1935年发现的金山县金山嘴戚家墩东周战国时代遗址[3]外,几乎没有什么古代遗址。我曾打趣地说:"上海考古是在柏油马路上考古。"开展考古工作的条件可谓相当的差,但

---

* 黄宣佩先生是著名的考古学家,原上海博物馆副馆长、上海市文物管理委员会委员、上海文物博物馆学会副理事长、上海大学文学院兼职教授、华东师范大学城市与环境考古遥感开放研究实验室学术委员、中国社会科学院中国古代文明研究中心专家委员会委员。先后主持发掘了马桥、崧泽、福泉山等一批新石器时代遗址,主持筹建了青浦、嘉定、松江、奉贤等区县博物馆。1993年获国务院颁发的为文化艺术事业作出突出贡献证书。访谈于2010年4月20日进行,本文即根据当时的录音整理而成。黄宣佩口述,黄翔采访整理。

上海也是一块未被开垦过的处女地,因此我本人对上海地区的考古工作还是充满信心的。

1958年开始的"大跃进"运动,虽然对国家造成了巨大的损失,但对上海地区的考古事业来说却是一个前所未有的机遇。上海地势较低,地下水位高,古代遗存大部分埋藏于水线之下,地下的古代遗物与遗迹不易暴露,地面无明显迹象,志书中也无相关记载,因此上海的古遗址长期未能发现,这才造成了上海地区"无古可考"的误说。

1958年大炼钢铁[4]时,大家都去淀山湖打捞湖底的"狗屎铁"。尽管"狗屎铁"根本不能炼出钢铁,但同时打捞上来的石器、陶器、骨器和各种动物骨骼,使我们发现了由陆变湖的淀山湖遗址。这一发现证明上海是有古可考的。

上海博物馆考古组成立后,在上海境内寻找古文化遗址成为当时最主要的工作。一方面,以古遗址的分布规律,结合志书记载的某些传说进行古遗址调查,先后发现了崧泽、福泉山、金山坟遗址;另一方面,通过举办文物展览,介绍文物知识,发动群众提供线索,又发现了柘林、果园村、广富林和亭林等20余处遗址。

二、上海地区第一次考古发掘

上海地区第一次真正意义上的考古发掘,应当是1958年年底至1960年年初的马桥遗址第一次发掘,也是我第一次担当领队主持的发掘。1958年底,上海重型机器厂建造厂房,在上海县马桥镇一处古海岸遗迹——"冈身"[5]上取土,施工过程中在地下发现了许多古代遗存,上海的第一个古文化遗址就在挖掘机的隆隆声中被发现了。马桥遗址发现后,我就组织了一支队伍前去进行抢救性发掘,发掘面积2 000平方米。当时上海地区考古专业人员很少,除了我以外还有孙维昌、倪文俊、杨辉、姜泉生等同志,组成了上海第一支考古发掘队伍。经过两个多月的发掘,收获颇丰。发掘工作结束后,我们请了曾昭燏[6]、尹焕章[7]等老专家到上海马桥进行研讨,专家们一致认为马桥遗址的发掘是一次科学的考古发掘,在地层中第一次发现良渚文化、马桥文化(当时尚未定性和命名)和吴越文化的叠压关系。专家们的意见是对上海考古田野工作的充分肯定。但是田野工作的结束仅仅是考古研究工作的开端,对于发掘出土的物质遗存的研究,尤其是介于良渚文化和吴越文化之间以印纹陶为特点的文化遗存,其年代的争论相当激烈。在编写发掘报告时,我们请了蒋大沂[8]和郭若愚[9]两位专家进行指导。郭先生认为应是商代遗存,蒋先生认为是西周晚期到春秋时期的遗存。经过研究比对,我认为这批遗存的年代应是商代至西周早、中期。为了使研究工作更加科学严谨,我采用了墙报的方式,将各人的观点发表其上,让大家相互学习讨论。这一过程对于考古组的同志们,尤其是我个人的学术进步起到了重要的推动作用。就这样,经过细致的讨论研究,我们对这批遗存的年代有了科学的认识,最后将这批遗存命名为马桥文化,这一命名也得到了全国考古学界同行们的认同。

马桥遗址的发掘影响是很大的,我认为至少有三大影响:第一,将上海历史向前追溯到了远古时代。以前人们总认为上海是由 1 600 多年前的一个小渔村发展而来的,但马桥遗址的发掘证明上海地区有良渚文化的分布,也就是说上海至少有四五千年的历史。第二,将上海的成陆年代向前推。当时学术界有一些老先生认为 6 000 年前长江的出海口在镇江一带,2 000 年前的上海大部分地区尚未成陆。通过马桥遗址的发掘,证明至少在 5 000 年前上海西部及西南部已经成陆,良渚先民已在此生活,那时的海岸线"竹冈"[10]已十分稳定。这一观点后来也得到了学术界的肯定,并专门制作了有关上海成陆年代的科教片在中央电视台播放。第三,确认了良渚文化与马桥文化的先后关系。当时我国考古学尚处于发展的初级阶段,很多认识还不太成熟,因此有学者认为良渚文化与以印纹陶为代表的马桥文化是共存关系。正是马桥遗址的发掘,找到了马桥文化与良渚文化的叠压关系,为判断良渚文化早于马桥文化提供了直接的地层依据。

此外,在良渚文化古井中出土的一件黑陶杯底部还发现了两个类似甲骨文的刻符,早于商代甲骨文,说明我国在 4 000 多年前的良渚文化时期文字已经相当成熟。在良渚文化考古中,马桥遗址中的良渚文化墓葬还是第一次发现,而且遗骨保存得很好。后根据复旦大学人类学专家吴定良的研究成果,成功复原了一位 4 000 年前 40 岁妇女的形象,显现了最早的上海人容貌。

马桥遗址发掘取得了丰硕的成果,因此上海博物馆考古队于 1961 年被评为上海文化先进集体和上海青年先进集体。这给了我极大的鼓舞,使我对考古更为入迷,自此我与考古结下了半个多世纪的缘分。

三、崧泽和福泉山

上海地区另两处重要的考古遗址是崧泽遗址和福泉山遗址。崧泽遗址入选 20 世纪中国考古百项重大发现,福泉山则是上海古文化遗址中唯一一处全国重点文物保护单位。

崧泽遗址发掘工作由我担任领队,1961年、1974年和1994年一共进行了三次发掘,遗址中包含了马家浜文化、崧泽文化和吴越文化遗存。崧泽遗址的发掘使我们发现并命名了崧泽文化,这样一来就填补了马家浜文化与良渚文化之间的缺环,建立了太湖地区新石器时代"马家浜—崧泽—良渚"的年代序列。在崧泽遗址,还首次发现了我国年代最早的6 000年前的水井,以及人工栽培的水稻稻谷,早在5 000年前这里的先民已经使用陶轮快速旋转拉坯成形的先进制陶工艺,这一切都可说明古代上海在经济和文化方面都处于全国发展的前列。2004年,在崧泽遗址又发现了马家浜文化墓葬,出土了上海地区最早先民的头骨。

  福泉山遗址的发掘可以说是上海考古史上的一件大事。由我领队,1981年、1983年和1986年对福泉山遗址作了三次大规模发掘。遗址堆积非常丰富,自下而上分别为马家浜文化、崧泽文化、良渚文化、马桥文化和吴越文化,就像是一份远古时代的历史年表。福泉山土墩内又先后发现了十几座良渚时期高等级墓葬,出土了大量精美的玉器、石器、陶器、象牙器,并发现有人牲、燎祭等现象。时任上海市市长的朱镕基同志亲临福泉山发掘现场视察,指示要保护好这一遗址,以后要建立博物馆。福泉山遗址发掘的意义有二:首先,搞清楚了福泉山并非自然形成,而是良渚时期由人工堆筑的土墩,用于埋葬贵族。苏秉琦[11]先生曾经说过:"福泉山发掘的重大意义不在于发现了多少精美的玉器,而在于其土墩本身。"他将福泉山比喻为"中国的土建金字塔"。这样一来,考古学家对江苏、浙江的同类型土墩也有了明确的认识。其次,历来有观点认为中国文明起源于黄河流域,但是四千多年前的上海先民竟然可以动用上万劳动力堆筑福泉山这样规模的土墩,其中的贵族大墓随葬有精美的玉器,并伴有人牲、燎祭现象,这都证明了良渚文化的高度发达。于是,我较早地提出了良渚时期南方地区已经进入文明阶段的大胆论断。福泉山遗址的发掘成果,成为苏秉琦先生关于中国文明起源"满天星斗"理论的实证之一。

四、半个多世纪的考古情怀

  对于大多数考古爱好者而言,考古是充满浪漫色彩的,可是对于我们这些以考古为专业的人来说,更多的是严寒酷暑的考验与枯燥寂寞的陪伴。大家可能很难想象,我以前都是背着铺盖卷前往发掘地点的,找一位当地老乡,借用他家的柴草堆甚至牛棚作为住宿地点。20世纪80年代之后,条件才渐渐好了起来。听说近些年来田野考古条件有了翻天覆地的变化,我很高兴看到上海考古事业日益兴旺蓬勃发展的这股势头。

与考古结缘已经五十多年了,有人问我这些年我是如何走过来的?我想说,是兴趣让我乐此不疲。我自小喜欢看历史故事,研究历史是我读书时的一个爱好,田野考古恰恰满足了这点。在考古发掘中发现问题,需要查阅相关书籍,不找到答案绝不罢手。而且我作为上海人,总听人说上海无古可考,心中不是滋味,因此寻找上海历史之源也是我工作的动力之一吧!考古工作十分艰苦,考古工作者要学会苦中作乐,而乐中有苦才是考古工作者真实的生活境况。

大跃进期间,我被下放到农村进行劳动锻炼。由于大规模平整土地,发现了大批古墓葬,市文化局觉得需要有人搞考古工作,也希望能找到典型的墓葬作为样板,以召开现场会的形式宣传文物保护政策法规。于是,市文化局专门向市委打报告,将我调回上海博物馆。不久,组织上又将我调往市文化局社文处,负责全市博物馆、纪念馆联系事宜。这意味着我要脱离考古专业,转向机关行政工作,可我又不愿意放弃考古。两个月后,我向组织提出申请,想回上海博物馆继续从事考古研究。恰巧当时市文管委急需加强干部力量,组织上就安排我到市文管委负责考古组。后来,市文管委与上海博物馆合署办公,成立了地方历史研究部,由我担任该部的考古组长。

"文化大革命"开始后,大量考古资料被毁坏,一切田野工作和研究工作被迫停止,我也受到冲击而"靠边站"了。被"解放"后,我立即着手恢复考古工作,先后进行了金山亭林遗址的试掘和第一次发掘、青浦崧泽遗址的第二次发掘、金山查山遗址的试掘和青浦果园村遗址的清理发掘工作。每一位参加发掘工作的同志都充满着干劲,希望上海的考古工作能早一点步入正常的发展轨道。因此,"文革"时期上海的考古工作受到的冲击和损失相对较小。

1979年,我被上海市文化局任命为上海博物馆副馆长,分管市文物管理委员会及文物保护技术科学实验室。同时,我还兼任上海博物馆考古部主任,仍挤出时间进行考古研究。当时上海博物馆馆长马承源同志明确提出,医院要靠医生,博物馆必须靠专家,上海博物馆馆长、副馆长不能脱离本身的业务。马承源不脱离青铜器,另一位副馆长汪庆正不脱离陶瓷器,我不脱离考古。正因为如此,才奠定了上海博物馆扎实的基础和深厚的研究实力。担任副馆长之后,除了考古以外,我将其余精力都扑在了组建区县博物馆的工作上。在我的指导帮助下,上海地区先后成立了青浦、嘉定、松江、金山等区县级博物馆。

2000年我退休了,之后作为返聘专家仍在上海博物馆工作。2005年,在工作了整整53年后我"二度退休",才真正离开了上海博物馆。如今的我算是清闲下来了,可以回到家中安享晚年，可是我的这颗心还在考古工地上，还在考古研究上。2008年，广富林遗址考古发掘电视直播，我也受邀去了现场，担任演播嘉宾。1961年，我曾带队在广富林试掘过，虽然已相隔了47年，工地上的一切仍让我激动不已。这是上海有史以来规模最大的考古发掘，看到那么多年轻人加入了考古队伍，社会各界对考古事业又是如此的重视，让我这个老人感到十分欣慰。去年，福泉山遗址又传来好消息，在土墩的北侧再次发现高等级良渚墓地。作为老一代的上海考古工作者，我衷心希望上海的考古事业能够继续兴旺发达下去，不断有新的进步，这也算是我对年轻人的期望吧！

注释

[1] 当时还是江苏省立水产学校，1952年成为国内第一所本科水产高校——上海水产学院，1985年更名为上海水产大学，2008年经教育部批准更名为上海海洋大学。

[2] 杨宽（1914—2005），上海青浦人。毕业于光华大学中文系，师从吕思勉、蒋维乔、钱基博等国学大家。1936年参与上海市博物馆筹建工作，1946年任上海市博物馆长兼光华大学历史系教授。新中国成立后，历任上海博物馆副馆长、复旦大学历史系教授、上海社会科学院历史研究所副所长、上海市文物保管委员会主任秘书等职，是中国先秦史学会第一届至第三届副理事长。

[3] 戚家墩遗址位于杭州湾北岸金山区戚家墩村地下及村西南海滩。因长期海浪冲刷，大批陶、瓷、铜、铁器暴露，1948年上海市博物馆曾组织小规模挖掘，为上海地区第一次遗址发掘。

[4] 1956年我国生产资料私有制的社会主义改造基本完成，1957年又完成了发展国民经济的第一个五年计划，开始进入全面建设社会主义的新时期。在这种情况下，由于对经济发展规律和中国经济基本情况认识不足，没有经过认真的调查研究和试点，就在总路线提出后轻率地发动了"大跃进"运动。在当时，钢铁产量被视作一个国家现代化和强大的标志，1958年8月17日，中共中央在北戴河召开政治局扩大会议，提出"以钢为纲"的口号，从而掀起了轰轰烈烈的全民大炼钢铁运动。

[5] 长江口南岸，由长江挟带的大量泥沙进入河口，同沿岸细砂、中砂和黄蚬、文蛤、青蛤等贝壳残骸碎屑在大风和海浪作用下不断向岸边运移，自常熟福山起，经太仓、嘉定方泰、上海马桥、奉贤新寺，直至金山漕泾，形成了上海西部数条西北—东南走向的贝壳砂堤，因其地势高爽，俗称冈身。

[6] 曾昭燏（1909—1964），中国著名女考古学家。1939年初，任国立中央博物院筹备处专门设计委员。新中国成立后，历任南京大学历史系教授、南京博物院院长、江苏省文物管理委员会副主任、江苏省社联副主席等职。

[7] 尹焕章（1909—1969），河南南阳人。1929年起先后在中央研究院历史语言研究所史学组、中央博物院筹备处工作。新中国成立后，历任南京博物院保管部主任、华东文物工作队副队长、江苏省文物管理委员会委员等。

[8] 蒋大沂（1904—1981），江苏苏州人。1930年毕业于上海持志大学国学系。新中国成立后，历任同济大学副教授、华东文化部文物科科长、上海博物馆地方历史研究部主任、上海博物馆馆刊编辑委员会委员等职。曾指导上海马桥古文化遗址的首次发掘。对青铜器和古文字研究

[9] 郭若愚(1924—   ),上海市人。光华大学毕业,获文学学士学位。先后师从邓散木、阮性山、郭沫若等学习金石、书法、绘画、篆刻,后在上海市文管委工作。著有《殷契拾掇》、《殷契文字缀合》、《战国楚简文字编》、《先秦铸币文字考释和辨伪》等学术著作。

[10] 在吴淞江以北,自西向东有浅冈、沙冈、外冈、青冈、东冈5条贝壳砂带和砂带;吴淞江以南,自西向东有沙冈、紫冈、竹冈、横泾冈4条贝壳砂带。各砂带延伸的位置,显示着不同时期形成的海岸线。

[11] 苏秉琦(1909—1997),河北省保定市人。著名考古学家,中国现代考古的奠基与开创者、考古学教育的主要创办者。20世纪三四十年代在北平研究院史学研究所任副研究员。新中国成立后,历任北京大学考古教研室主任、中国社会科学院考古研究所学术委员、中国考古学会理事长、国家文物鉴定委员会委员等职。

(本文原载于《往事与记忆——上海地区博物馆、纪念馆口述访谈录》,上海辞书出版社,2010年)

附録　上海福泉山遺跡と良渚文化の編年

1　はじめに

　1936年に施昕更先生が初めて良渚文化の存在を発見して以来、すでに60年が経過した。この間、数十ヶ所にわたる居住遺跡と墓地に対する発掘調査と考古学者の研究成果とによって、良渚文化が中国新石器時代後期におけるきわめて高度で輝かしい古文化であったことが証明された。崧沢文化を受け継いだこの文化は、形成、発展から消滅するまで千年近く存続した。文化の様相はその間に大きく変化しており、いくつかの段階に分期することが可能である。分期問題については、ここ十年来一部の学者がすでに器物の型式分類によって編年案を組み立て、発表している。本論では、上海青浦県福泉山遺跡で確認された良渚文化の文化層と墓葬の層位関係に基づいて、この問題を考えてみたい。

2　福泉山遺跡の概要

　福泉山遺跡は良渚文化期に人工的に築造された墳丘墓である。1979年より1988年まで、国家文物局の承認を経て4回の試掘と発掘を行ない、調査面積は2 235 m² に達した。良渚文化期の祭壇と墓葬が発見され、多くの石器、玉器、骨角器、土器が出土した(注)。福泉山遺跡の良渚文化層は計3層に分けられる。第1層は灰黄色の五花土で、この中には16基の良渚文化墓が含まれる。第2層は黒色の攪乱層で、6基の良渚文化墓が確認された。第3層は黄色土で、10基の良渚文化墓が発見されている。崧沢文化の前、後期の墓地と住居址が確認されている第4層以下については本論では取り上げない。この32基の良渚文化期の墓葬では、次の3組の重なり合い、あるいは切り合い関係がみられる。M94(94号墓の意味。以

・附録　上海福泉山遺跡と良渚文化の編年・　　　　　　　　　　　　　　　・461・

下同じ。)はM126の上に乗っている。M101、132、135、139の4基は順次重なり合い、しかもM139はM143を破壊している。M144とM146はM145の上に、M145の下にはM149とM150が重複し、M150の下にM151が存在している。これらの関係は、良渚文化の編年を合理的に組み立てる上できわめて貴重な資料である。層位の上下関係および墓葬の重なり合いに基づき、併せて器物の型式変化を参考にし、福泉山遺跡の良渚文化を以下の5期に分けることができる。

1期(＝第3層)：M1〜M3、M126、M139、M143、M148〜M151(計10基)
2期(＝第2層)：M115、M120、M124、M135、M140、M145(計6基)
3期(＝第1層下層)：M94、M109、M132、M144、M146(計5基)
4期(＝第1層中層)：M53、M60、M65、M74、M103、M136(計6基)
5期(＝第1層上層)：M9、M40、M67、M101、M128(計5基)

5期にわたって、墓制上には明らかな変化は見られず、大部分は深さ20〜30 cmの浅い長方形墓壙に埋葬されている。埋葬状況は単身の仰臥伸展葬で、頭位方向は南からやや東に傾いている。ただ3、4期のうちの3基は、深さ90〜285 cmの深い墓壙に埋葬されており、4期の1基は2体合葬墓である。また1、4、5期に属する6基は墓壙が確認できず、平地上に土盛りをして埋葬したと考えられる。墓壙をもつ墓の大部分では、木棺の痕跡が見つかっている。

3　出土遺物の型式分類

32基の墓葬から土器、石器、玉器、骨角器等が併せて1027点出土しており、編年研究の基礎資料を提供している。まず、土器のなかで点数が多く、かつ型式変化が明らかなものは鼎、豆、双鼻壺、闊把壺[訳注：幅広の把手の付いた壺]、杯、簋などである。

鼎は計43点出土した。大部分は口縁部が外反し、すぼまる頸部、楕円形の胴部、円底を有し、三足が付く。型式変化は足部が最もはっきりしており、11型式に分けられる。

Ⅰ式：1期に1点出土。胴部中央に段差があり、下半が肥厚する。断面が楕円形を呈する足部は上部が広く下部がすぼまり、先端部はやや外反する。外縁には捻られた波形の装飾が付く。器形は崧沢文化後期のものに近い(図1-1)。

Ⅱ式：1期から3点出土。鑿形状の足部を持ち、足部の上部の断面は隅丸方形で、先端部は偏平である。なかには、屈曲した胴部に二つの把手が付されるものもある(図1-2)。

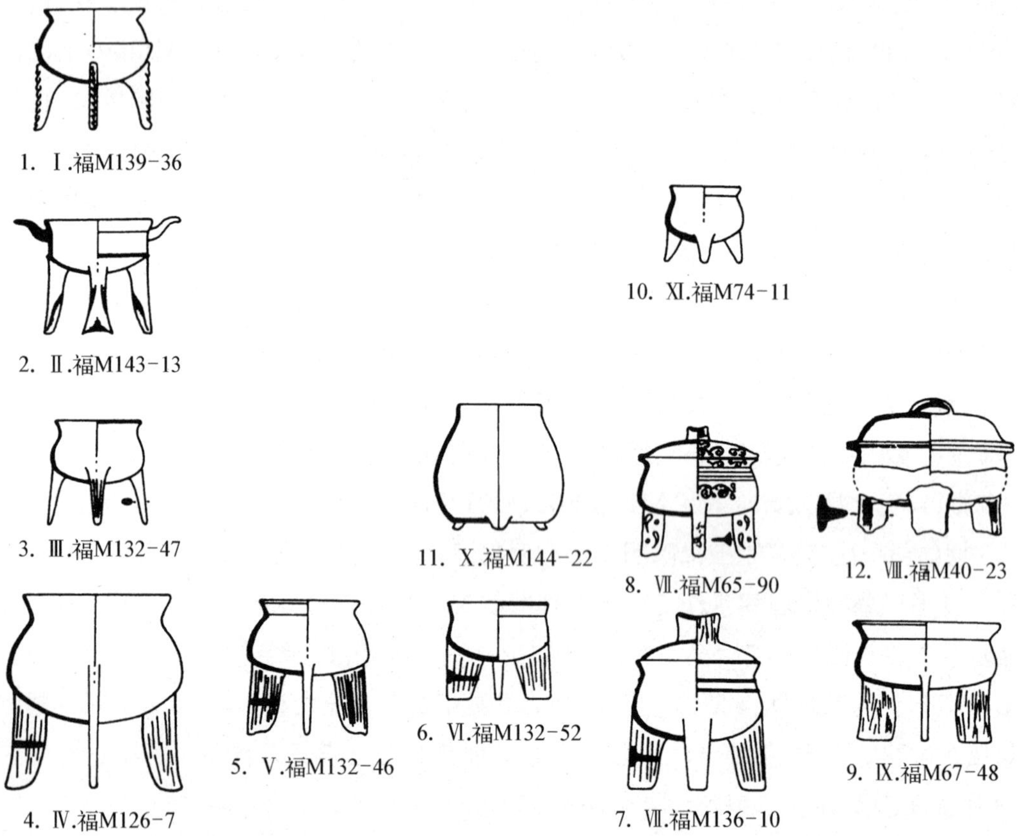

1. Ⅰ.福M139-36

2. Ⅱ.福M143-13

3. Ⅲ.福M132-47

4. Ⅳ.福M126-7

5. Ⅴ.福M132-46

6. Ⅵ.福M132-52

7. Ⅶ.福M136-10

8. Ⅶ.福M65-90

9. Ⅸ.福M67-48

10. Ⅺ.福M74-11

11. Ⅹ.福M144-22

12. Ⅷ.福M40-23

図1　鼎

Ⅲ式：1、2、3期から各1点、計3点出土。足部は胴部を抱え込むように支え、外縁に直条文が刻まれるもの、上端に指頭押捺文が見られるものなどがある。足断面は楕円形である（図1-3）。

Ⅳ式：1期3点、2、3期各2点、計7点出土。鰭状足をもつ。足部外縁がわずかに外反し、内辺はカーブを描き、側面には人字状文、あるいは直条文が刻まれる（図1-4）。

Ⅴ式：2期1点、3期3点、5期2点、計6点出土。足部は先端がやや角張った鰭状である。足部の外縁は直線的であり、内辺はカーブを描き、側面には直条文が刻まれる。なかには、足部外縁が膨らみ、断面T字形を呈するものもある（図1-5）。

Ⅵ式：3、4期から各6点、計12点出土。足部が板状の長方形を呈する。足部外縁がⅤ式のように膨らみ、断面T字形のものも出現する（図1-6）。

Ⅶ式：4期5点、5期3点、計8点出土。足部はやはり外縁部が膨らみ、断面T字形を呈する。側面は三日月形と円形の透孔や直条文で飾られる(図1-7、8)。

Ⅷ式：5期から1点出土。足部断面はT字形で、外縁幅が特に広い(図1-12)。

Ⅸ式：5期から1点出土。足部は台形に近く、上部がやや狭く、下部がやや広い。側面には人字状文が刻まれる(図1-9)。

Ⅹ式：3期から1点出土。胴部は深目で、張り出してカーブを描く。平底で、小さな三角形の足をもつ(図1-11)。

Ⅺ式：4期から1点出土。側面形が三角形の足部をもち、器表は無文である(図1-10)。

以上の関係から見て、鼎の足部は、魚鰭形→方形状鰭形→方形→幅狭T字形→幅広T字形へと変化している。また、前期には崧沢文化に見られた鏧形足、抱胴式足、捻り波形文楕円足が存在し、後期になると徐々に円錐形足が現れている。

豆は計30点出土している。盤部と脚部の変化から7型式に分けられる。

Ⅰ式は17点出土している。盤部は口縁が広がり胴部が屈曲した盆形をなす。さらに7タイプに細分される。

A型：1期から2点出土。盤の下部に突線がめぐる。脚部は湾曲し、円形と楔形の透孔が入る。崧沢文化後期の豆に類似する。2点のうち1点は口縁が平坦で、もう1点は平坦な口唇が外折する(図2-1)。

B型：2期から1点出土。口唇部は平坦で外折する。脚部は湾曲し、幅広で低い。1本の突線がめぐり、楕円形の透孔が入る(図2-2)。

C型：3期から1点出土。口唇部は平坦で外折する。脚部は湾曲し、幅広で高い。圏足先端部は内折し、突稜がめぐる。脚上部にも突帯がめぐり、楕円形透孔が入る(図2-3)。

D型：2、3期各1点、計2点出土。口縁部は垂直で、盤の深さは比較的浅い。脚部は底部に向かって裾広がりで、C型と同じく突帯と楕円形の透孔が見られる(図2-4)。

E型：3期から1点出土。盤の底部が厚めで、そのため凸状の段差がある。脚上部はすぼまり、数本の沈線がめぐる。下部はラッパ状に開く。脚部全体を小円孔で飾る(図2-5)。

F型：4、5期各3点、計6点出土。口縁部は直線的でやや外反する。脚部は長めで、底部に向かって広がる。竹節状に数本の突線がめぐり、その間に鳥首蛇身文と様々な鳥文が細刻されたり、数本の沈線がめぐり、楕円形の透孔が穿たれたりする(図2-6)。

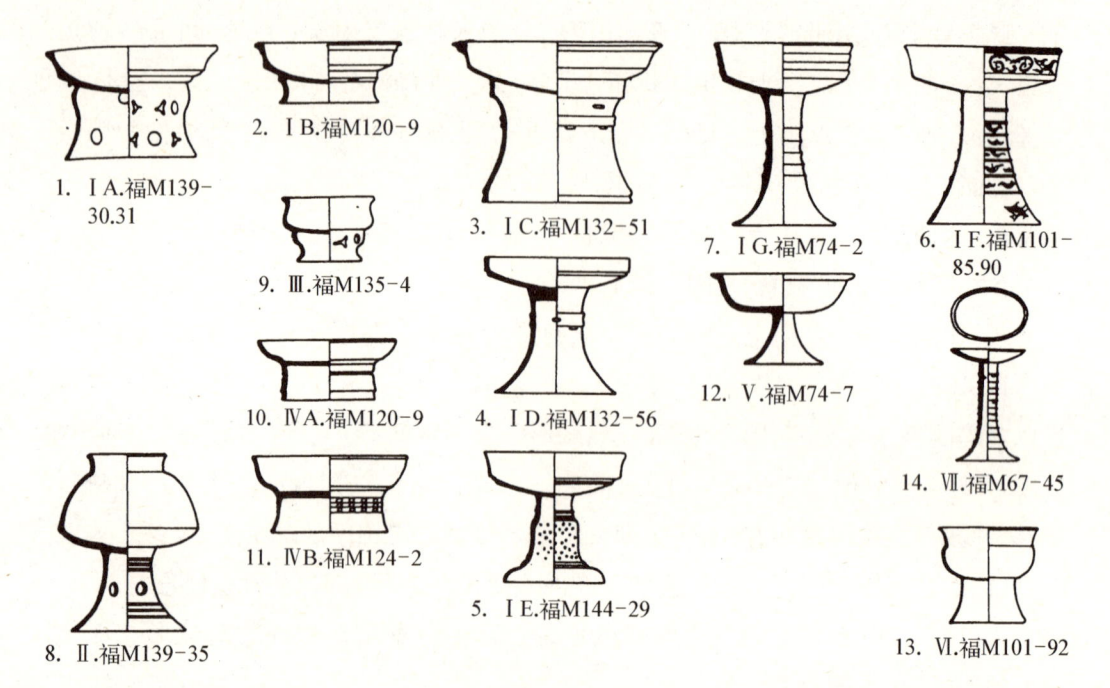

1. ⅠA.福M139-30.31
2. ⅠB.福M120-9
3. ⅠC.福M132-51
7. ⅠG.福M74-2
6. ⅠF.福M101-85.90
9. Ⅲ.福M135-4
10. ⅣA.福M120-9
4. ⅠD.福M132-56
12. Ⅴ.福M74-7
14. Ⅶ.福M67-45
8. Ⅱ.福M139-35
11. ⅣB.福M124-2
5. ⅠE.福M144-29
13. Ⅵ.福M101-92

図2　豆

　G型：4期から4点出土。盤の形状はF型と同じである。脚部は細くて高さがあり、竹節状に凸線がめぐるもの、瓦棱文を飾るものなどがある（図2-7）。
　Ⅱ式は1点出土している。盤は、口縁部がやや外反し、頚部はすぼまり、肩が丸みを帯びて広がり、胴下部が最大径となる壺形を呈する。脚部はラッパ状で、数本の沈線がめぐり、円形透孔が見られる。1期からの出土である（図2-8）。
　Ⅲ式も1点の出土である。盤は口縁部がやや外反し、頚部はすぼまり、胴下部が広がる盃形を呈する。脚部はS字状に屈曲し、幅広で丈が低い。円形と楔形の透孔が見られる。2期からの出土である（図2-9）。
Ⅳ式は3点の出土である。口縁部が開き、口唇部が平坦で、胴部は丸みのある盆形である。さらに2つのタイプに分かれる。
　A型：2、3期各1点、計2点出土。脚部は幅広で丈が低く、筒形を呈する。1点は上部が1条の沈線と楕円形透孔で飾られ、下部はやや細くなり、段差部分に突稜が入る。もう1点は無文である（図2-10）。
　B型：2期から1点出土。脚部は幅広で丈が低く、ラッパ状である。沈線と楕円形透孔で飾られる（図2-11）。
　Ⅴ式は5点出土している。盤の口縁部は直線的に開き、口唇部は平坦で外反し、碗形を呈する。脚部は低くラッパ状である。4期から4点、5期から1点の出土で

・附録　上海福泉山遺跡と良渚文化の編年・

ある(図2-12)。

　Ⅵ式は1点のみの出土である。盤の口縁部はやや外反し、頸部はすぼまり、胴部が丸く深めの盆形を呈する。脚部は幅広で丈が低い。5期の出土である(図2-13)。

　Ⅶ式は2点出土している。平面が楕円形の浅盤と、細くて丈の高い筒形の脚部からなっている。4期出土のものは瓦棱文を飾り、5期出土のものは竹節状に突線がめぐり、楕円形透孔をもつ(図2-14)。

　豆の脚部の形態は、湾曲多節形→内湾ラッパ形→細高筒形と変化し、文様装飾は、円形と楔形を組み合わせた透孔→突帯と楕円形小透孔→竹節状突線に鳥首蛇身文と様々な鳥文の細刻、と変化している。

　双鼻壺は計30点出土している。頸部が長く、胴部が強く張り出し、圏足がつく。口縁部には双鼻が付される。5型式に分けられる。

　Ⅰ式：1期から1点出土。直線的で短めの頸部に、丸く張り出した胴部、平底に円餅状の仮圏足がつく。口縁部には双鼻が突き出す。この鼻は無孔である(図3-1)。

　Ⅱ式：2期から1点出土。直線的で短い頸部に、偏平で張り出した胴部、平底に円餅状の仮圏足がつく。口縁部には穿孔のある双鼻が付される(図3-2)。

　Ⅲ式：2期2点、3期4点、計6点出土。頸部は太く短めでやや内湾する。偏平で張り出した胴部に丸底が付く。圏足も僅かに内湾する。2期のものは、圏足

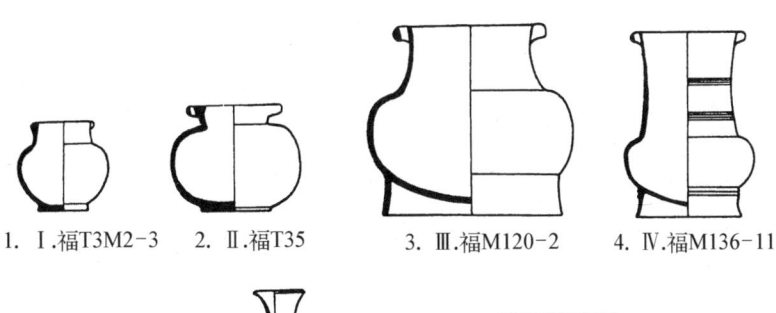

1. Ⅰ.福T3M2-3　2. Ⅱ.福T35　3. Ⅲ.福M120-2　4. Ⅳ.福M136-11

5. Ⅳ.福M74-166　6. Ⅴ.福M101-83

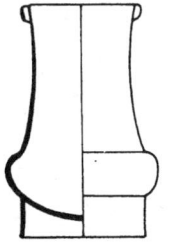

図3　双鼻壺

が比較的直線に近い(図3-3)。

Ⅳ式：2期7点、3期8点、4期6点、計21点出土。頸部が長く、わずかに内湾する。胴部は偏平で張り出し、丸底である。圏足は外反する。4期のものには器表を細線文様で飾るものがある(図3-4、5)。

Ⅴ式：5期から1点出土。頸部が長く、僅かに内湾する。胴部は偏平につぶれ、丸底である。筒状の圏足が付く(図3-6)。

双耳壺は、頸部が短いものから長いものへ、胴部が円形から偏平で張り出す形に変化している。また圏足は2期から4期が外側に広がり、1期と5期は比較的垂直に近い。器底は1期と5期には円餅状の仮圏足がよく見られるが、2期から4期は丸底が多い。造型的には1期と5期は直線的に伸びた感じであるが、2期から4期は輪郭が曲線的で、優美な感じである。器表の文様装飾は、3期までは沈線が時折見られるほかは無文であるが、4期と5期では細線文様が現れる。

匜は10点出土している。頸部は短く、上向いた注ぎ口に丸い胴部からなる。胴部の側面には把手が一つ付く。2型式に分けられる。

Ⅰ式は8点出土している。把手と注口が直線上に位置する。さらに5タイプに分かれる。

A型：1期から1点出土。胴部は偏平で張り出し、平底で圏足をもつ。胴部には幅のある環状把手が付く。把手上部には方格文が刻まれ、中部には円孔を穿つ(図4-1)。

B型：2期から1点出土。胴部は偏平で張り出し、底部はわずかに丸みを帯びる。3つの小さな楔形足をもつ。環状把手には粗い直条文が見られる(図4-2)。

C型：3期から2点出土。胴部は球形で、器高はやや高い。平底であること以外はB型と類似する(図4-3)。

D型：4期から2点出土。器形はB型と類似する。ただ環状把手の幅が広く、細かい直条文が施される(図4-4)。

E型：4期から2点出土。頸部が細く高く、底部はわずかに丸みを帯び、圏足が付く。広めの環状把手に細かい直条文が見られる。把手上部には2つの小円孔が空く(図4-5)。

Ⅱ式は2点出土している。平底で、把手と注口とが直角の位置に付く。さらに2タイプに分かれる。

A型：2期から1点出土。胴部は偏平で張り出し、角状の把手が付く(図4-6)。

B型：4期から1点出土。胴部はカーブを描き、器高はやや高い。粗い直条文で

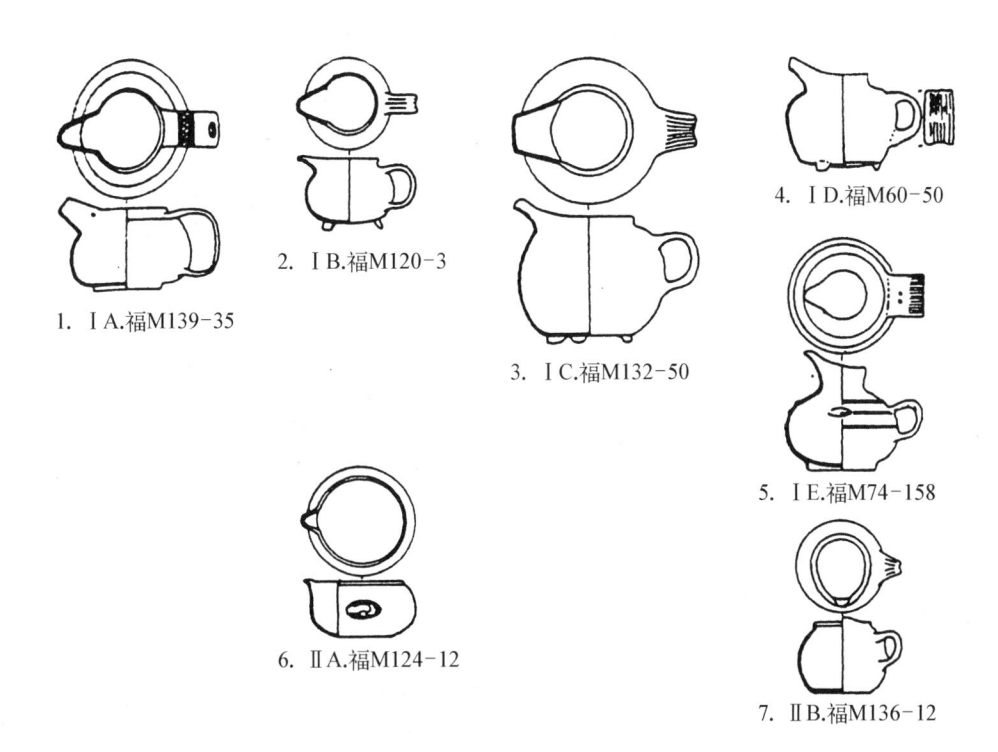

・附録　上海福泉山遺跡と良渚文化の編年・　　　　　　　　　　　　　　・467・

図4　匜

飾られた環状把手をもつ(図4-7)。

匜は、器形は低く幅広なものから高くて大柄のものへ、把手は幅の狭いものから広いものへ、把手上の直条文は粗いものから細密なものへと、それぞれ変化している。

闊把壺は7点出土している。上向きの注口と環状の把手をもつ。把手と注口とが直線上に位置する。3型式に分かれる。

Ⅰ式：4期から2点出土。胴部は緩やかなカーブを描き、平底に圏足が付される。細かな直条文で飾られた、幅のある把手をもつ。把手上端には双小孔が空く。うち1点は、器表に細かな曲折文と鳥文とが刻まれる(図5-1)。

Ⅱ式：5期から4点出土。胴部は長筒状を呈し、平底に圏足が付される。細かな直条文で飾られた、幅広で長めの環状把手をもつ。把手には双小孔が空く(図5-2)。

Ⅲ式：5期から1点出土。胴部は縦長の楕円形を呈し、丸底に3本の楔形の小足をもつ。胴部には絡縄様の環状把手が付される。全体形は佇むペンギンのようである(図5-3)。

総合的に見て、闊把壺は匜から発展してきたものと考えられる。最早例は4期

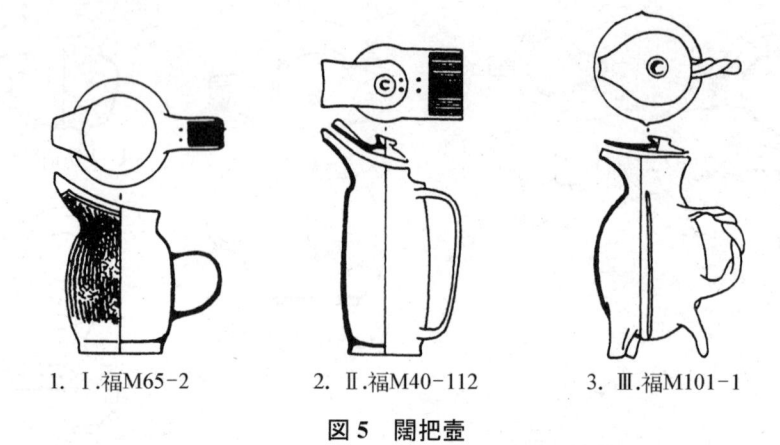

1. Ⅰ.福M65-2　　　2. Ⅱ.福M40-112　　　3. Ⅲ.福M101-1
図5　闊把壺

に見られ、この時期にはやや器体が太めであるが、5期にはやや細長くなる。

杯は18点出土している。6型式に分かれる。

Ⅰ式は9点出土している。口縁部が外反し、頸部がすぼまる。胴部は外側に緩やかなカーブを描いて張り出し、底部は平底である。底部の変化から3タイプに分かれる。

A型：1期から6点出土。胴下部に1条の突稜がめぐる。肩部に瓦棱文あるいは弦文を飾るもの、また彩文を施すものなどが見られる。底部には台形の小圏足が付く（図6-1）。

B型：2期から2点出土。平底で、仮圏足である（図6-2）。

C型：4期から1点出土。底部に圏足をもつ（図6-3）。

Ⅱ式は2点出土している。口縁部が外反し、頸部がすぼまる。胴上部から外側に緩やかなカーブを描き、下部は丸く張り出す。平底をもつ。さらに2タイプに分かれる。

A型：1期から1点出土。胴下部に1条の突稜がめぐる。底部には台形の小圏足が付く（図6-4）。

B型：1期から1点出土。胴下部が内湾する。平底で仮圏足である（図6-5）。

Ⅲ式は1、2期各1点、計2点出土している。頸部は垂直で、胴部は偏平なカーブを描き、下部が張り出す。底部には小圏足が付く。器表には彩色が施される（図6-6）。

Ⅳ式は1期から1点出土している。口縁部が外反し、胴部はカーブを描き、下部が張り出す。圏足は外側に開く（図6-7）。

Ⅴ式は2点出土している。有蓋である。口縁部が外反し、頸部は短い。胴部は、

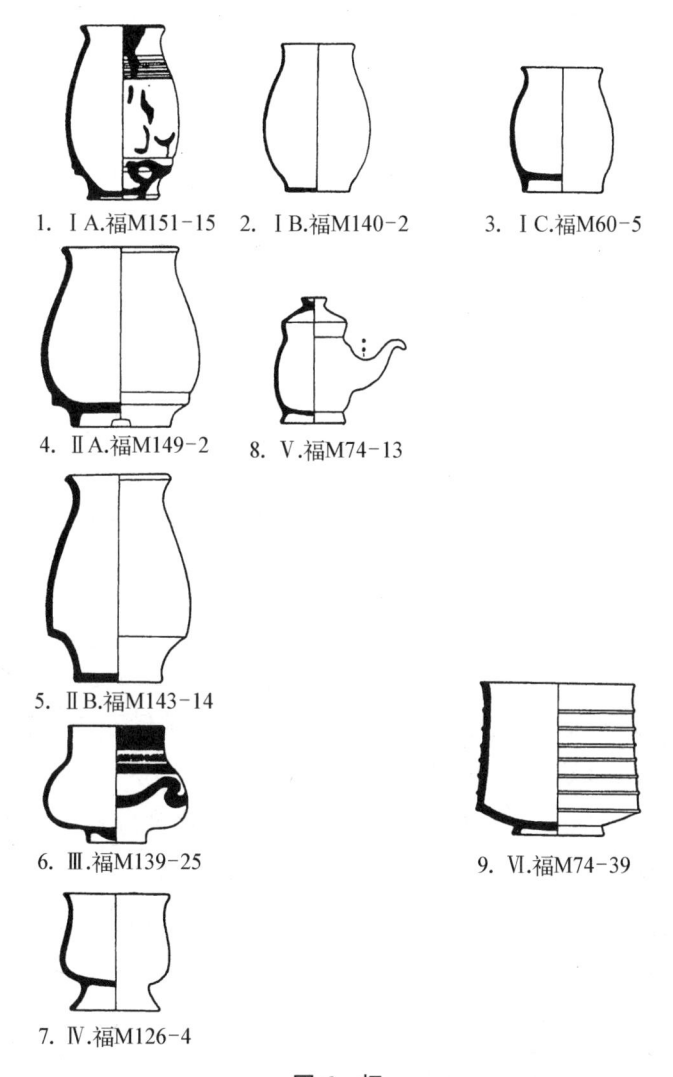

・附録　上海福泉山遺跡と良渚文化の編年・　　　　　　　　　　　　　　　　・469・

1. ⅠA.福M151-15　2. ⅠB.福M140-2　3. ⅠC.福M60-5

4. ⅡA.福M149-2　　8. Ⅴ.福M74-13

5. ⅡB.福M143-14

6. Ⅲ.福M139-25　　　　　　　　9. Ⅵ.福M74-39

7. Ⅳ.福M126-4

図6　杯

外側に緩やかなカーブを描いて張り出し、底部は平底で圏足をもつ。胴部には角形把手が付く。4期の出土である(図6-8)。

　Ⅵ式は2点出土している。胴部は筒形で、竹節状に数本の突線がめぐる。底部は丸底で、小圏足をもつ。2点とも4期の出土である(図6-9)。

　杯は良渚文化のなかでは1、2期によく見られ、その後は減少する。早い時期の杯は、胴下部に常に突稜が見られ、底部には台形小圏足が付き、器表は彩色される。これらはいずれも崧沢文化の特徴である。遅い時期には、竹節状の突線を配した杯が出現する。

　簋は6点出土しており、4型式に分かれる。

Ⅰ式：3期から1点出土。口縁部が開き、平坦な口唇をもつ。胴部はやや屈曲し、丸底に圏足が付く。口縁部には4ヶ所に縦貫耳が付く（図7-1）。

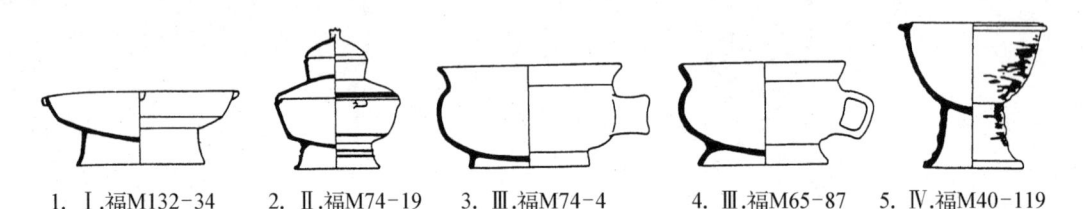

1. Ⅰ.福M132-34　2. Ⅱ.福M74-19　3. Ⅲ.福M74-4　4. Ⅲ.福M65-87　5. Ⅳ.福M40-119

図7　簋

Ⅱ式：4期から1点出土。口縁部が内折し、口唇部も内側に傾斜する。胴下部は屈曲し、丸底に低圏足が付く。圏足上には平行突線がめぐり、口縁部の3ヶ所には横貫耳が付く。2層の蓋をもち、下層蓋の鈕は筒状で、口縁部の3ヶ所に横貫耳が付き、器としての利用も可能である。上層蓋は浅い盤形を呈し、三つ又状の鈕をもつ（図7-2）。

Ⅲ式：4期から2点出土。口縁部は外反し、頸部がすぼまる。胴部は偏平で丸く張り出し、丸底で低めの圏足をもつ。1点には胴部側面に縦貫の環状把手が、別の1点には横貫の環状把手が付される（図7-3,4）。

Ⅳ式：5期から2点出土。口縁部がやや内折し、口唇部は外側に傾斜する。胴部は深く、緩やかなカーブを描き半球状を呈する。器表には網目文、あるいは沈線を施す。丸底で、ラッパ状の高圏足をもつ（図7-5）。

簋は、3、4期では胴部が屈曲し、口縁部の3ヶ所に耳が付されるか、あるいは幅のある環状把手の付いた、丸く張り出す胴部をもつ形であるが、5期になると大きく変化し、高圏足の付いた深い胴部をもつ器形が現れる。

玉・石器には、鉞、錐、琮、璧、冠状器などが見られ、時期によってその形状の変化は顕著である。

鉞は67点が出土している。長方形で、刃の両端は鋭角を呈し、孔が1つか2つ穿たれる。断面は偏平で薄い。3型式に分けられる。

Ⅰ式は55点出土している。刃が弧を描く。基部の形態からさらに2タイプに分かれる。

A型：1から5期を通じて計52点出土。基部が平坦であるか、あるいは打製後平坦に研磨されていないものである（図8-2）。

B型：3期1点、5期2点、計3点出土。幅広で、有肩である（図8-3）。

Ⅱ式は8点出土している。刃が直線的で、基部の形態からさらに2タイプに分け

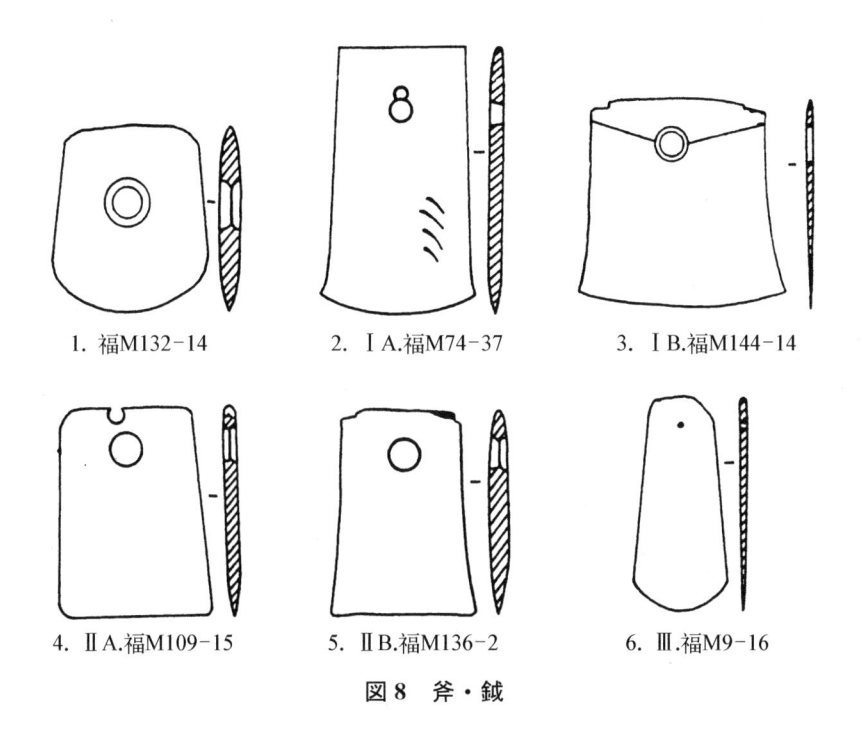

・附録　上海福泉山遺跡と良渚文化の編年・

1. 福M132-14　　2. ⅠA.福M74-37　　3. ⅠB.福M144-14

4. ⅡA.福M109-15　　5. ⅡB.福M136-2　　6. Ⅲ.福M9-16

図8　斧・鉞

られる。

A型：1期2点、2期1点、3期4点、計7点出土。基部はⅠ式A型と同形態である（図8-4）。

B型：4期から1点出土。有肩である（図8-5）。

Ⅲ式は4点出土している。幅が狭く縦長で、刃部は張り出した弧を描き、上端に小孔が穿たれる。上下を逆にすると圭の形に似る。すべて5期の出土である（図8-6）。

鉞の形状は、1期から4期までは大きな変化が見られないが、5期に入ると小孔を穿ち張り出した弧刃をもつ圭形鉞が出現する。

錐形器は52点出土している。細長形をしており、一端には孔が穿たれ、もう一端は尖った錐状である。6型式に分けられる。

Ⅰ式：1、2期各1点、3期2点、計4点出土。骨角錐に似ており、一端は尖った錐状で、もう一端には穿孔される（図9-1）。

Ⅱ式：2期1点、3期3点、計4点出土。両端とも尖っており、その形状は橄欖に似る。一端には孔が穿たれる（図9-2）。

Ⅲ式：3期から3点出土。円柱形を呈し、一端は楕円形で孔が空く。もう一端は尖る（図9-3）。

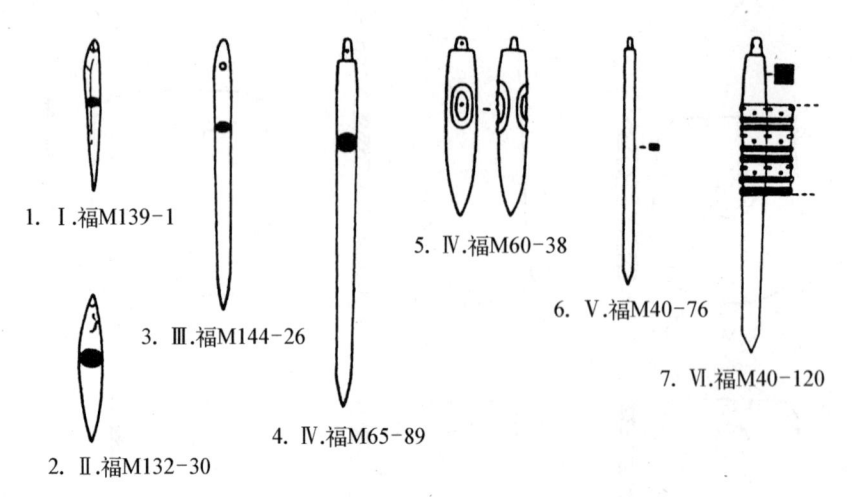

1. Ⅰ.福M139-1
2. Ⅱ.福M132-30
3. Ⅲ.福M144-26
4. Ⅳ.福M65-89
5. Ⅳ.福M60-38
6. Ⅴ.福M40-76
7. Ⅵ.福M40-120

図9　錐形器

Ⅳ式：4期18点、5期9点、計27点出土。やはり円柱形を呈し、一端にはさらに細い円柱状突起が付き出し、小孔が空く。もう一端はやや鈍く尖る（図9-4、5）。

Ⅴ式：4期4点、5期6点、計10点出土。方柱状を呈し、一端には細い突起が付き出す。この突起に小孔の空くものと無孔のものとがある。もう一端は鈍く尖る（図9-6）。

Ⅵ式：5期から4点出土。方柱状形を呈し、中部上段に多節琮形の文様が彫刻される（図9-7）。

錐形器は、早い時期のものは骨角錐に類似し、柄の部分は未加工か、あるいは両端とも尖っている。その後円柱形が主流となり、また方柱形と琮形のものも現れる。柄の部分は楕円形から突起状の小円柱形に、また先端も鋭いものから鈍い尖頭に変化している。

琮は9点出土している。円形の鐲型、あるいは方柱状を呈し、器表には神像が彫り込まれる。6型式に分けられる。

Ⅰ式：5期から1点出土。円形鐲型で、内孔径が大きく、器壁がやや薄い。琮形鐲と称することも可能である。器表には、それに沿って弧を描く4つの長方形突出面がある。突出面の中央部はやや厚いが、角を形成するには至っていない。突出面上の文様は上下2節に分かれ、浅い浮き彫りと沈線により、上節には2本の突帯と一対の円い眼と短い横帯からなる神顔が、下節には双眼、瞼、額からなる獣面が刻まれる（図10-1）。

Ⅱ式：5期から1点出土。方形鐲型で、内孔が大きく、器壁がやや薄い。突出面

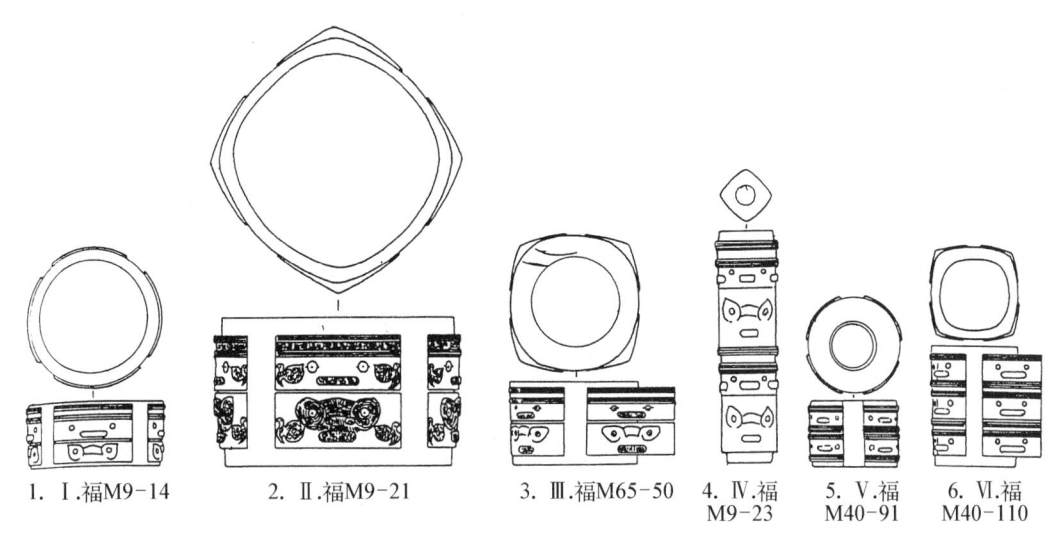

・附録　上海福泉山遺跡と良渚文化の編年・　　　　　　　　　　　　　　　・473・

1. Ⅰ.福M9-14　　2. Ⅱ.福M9-21　　3. Ⅲ.福M65-50　　4. Ⅳ.福M9-23　　5. Ⅴ.福M40-91　　6. Ⅵ.福M40-110

図10　琮

は稜角を成す。全体形は琮形鐲に似る。突出面の上下2節には神顔と獣面が刻まれ、神顔の2突帯間、短い横帯上、獣面の瞼、額上、短い横帯上は、縦横の曲線と渦文で埋められる。さらに神顔と獣面の両脇には、それぞれ一羽ずつの鳥が線刻される(図10-2)。

Ⅲ式：4、5期各1点、計2点出土。丈の短い方柱形で、孔はやや小さく、器体は重厚である。突出面は稜角を成し、全体は内円外方形である。突出面の上下2節には神顔と獣面が刻まれ、1点は、神顔と獣面の短い横帯上が縦横の曲線と渦文で埋められる(図10-3)。

Ⅳ式：5期から2点出土。丈の長い方形の管形で、琮形管ともいえる。器表突出面は4節に分かれ、上下に神顔と獣面が2組刻まれる(図10-4)。

Ⅴ式：5期から1点出土。円柱形で、孔が小さく、重厚である。器表には、それに沿って弧を描く4つの長方形突出面がある。突出面上には上下2節にそれぞれ神顔が彫り込まれる(図10-5)。

Ⅵ式：5期から2点出土。丈の長い方柱形で、孔が大きく、器壁はやや薄い。器表の突出面は稜角を成し、3節に分かれ、各節ごとに神顔が一面刻まれる(図10-6)。

琮は、張陵山の良渚文化前期墓地出土例が円形鐲型であったことから、器形上は、円形鐲型が先行し、丈の短い方柱形が続き、最後に丈の長い方柱形が出現すると考えられる。彫刻されるモチーフについては、まず獣面が先行し、神顔と獣面の両者が続き、最後に神顔のみがいくつか組となるパターンとなる。

璧は15点出土している。平たい円盤状で、中央に一孔が穿たれる。3型式に分けられる。

Ⅰ式：3期から3点出土。やや小型で、直径は10－10.7cmである。孔はやや大きく、孔径は4.3－5.5cmであり、周縁部幅よりも孔径が大きい(図11－1)。

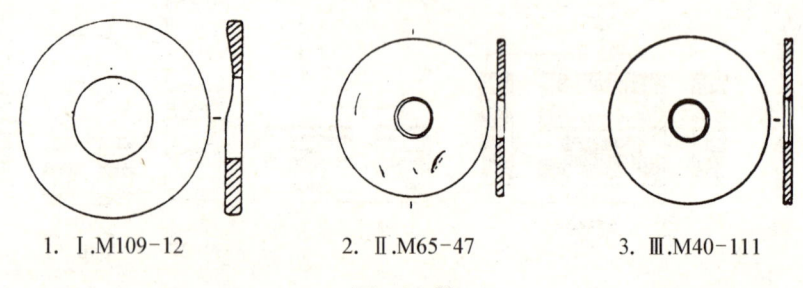

1．Ⅰ.M109-12　　2．Ⅱ.M65-47　　3．Ⅲ.M40-111

図11　璧

Ⅱ式：4期から5点出土。やや大型で、直径12.9－17.5cm、孔径3.8－4.8cmで、周縁部幅と孔径の大きさが接近する(図11－2)。

Ⅲ式：5期から7点出土。大型で、直径19.2－23cm、孔径4.2－5.6cmである。孔径が周縁部幅よりも小さい(図11－3)。

璧の最古例は崧沢文化で発見されており、それらは直径4cm前後の小璧である。良渚文化は崧沢文化の璧の形態を受け継ぎ、直径が小さいものから大きいものへ、孔径の周縁部の幅に対する比率が大きいものから小さいものへと変化している。

冠状器は4点出土している。逆台形で、上辺左右両端は方形耳状で、中央には凸字状の突起が付く。下辺には横長のほぞ状突起があり、そこに孔が空く。2型式に分かれる。

Ⅰ式：3期1点、4期2点、計3点出土。形状は、丈よりも幅が広く、上辺中央部は編み笠状を呈し、突起が付く(図12－1)。

Ⅱ式：5期から1点出土。形状は縦長で、上辺中央部の編み笠状部分が消失し、突起部のみが残る(図12－2)。

冠状器は、形状が幅が広く丈の短いものから縦長のものへ、上辺中央部が編み笠状から平坦で突起部のみを残すものへと変化している。

4　福泉山遺跡における良渚文化の分期

これまで述べてきた土器と玉・石器の変化から、福泉山の良渚文化各期の特徴

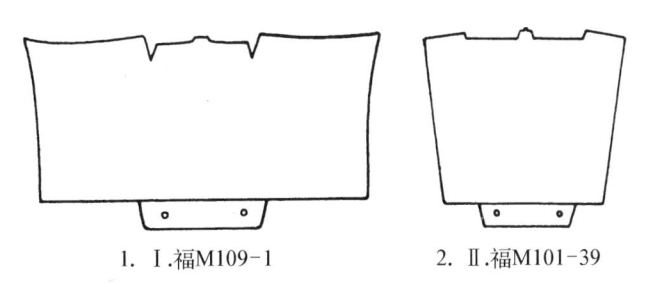

・附录　上海福泉山遺跡と良渚文化の編年・　　　　　　　　　　　　　　・475・

　　　　1. Ⅰ.福M109-1　　　2. Ⅱ.福M101-39
　　　　　　　　図12　冠状器

を次のようにまとめることができる。

1期　鼎は魚鰭形足鼎で、崧沢文化に見られる鑿形足鼎や抱胴式足鼎なども共存する。豆は盤下部に突稜がめぐるものがよく見られ、脚部は湾曲多節形で、円形と楔形を組み合わせた透孔を施す。双鼻壺は頸部が短く垂直で、平底に円餅状仮圏足が付き、双鼻部分が穿孔されないものも見られる。この時期には、高さが低く幅広で圏足の付いた匜はあるが、闊把壺は見られない。杯の数量はやや多く、大部分は胴部が外側に緩やかなカーブを描いて張り出し、底部には台形状あるいは花弁状の足が付き、器表は彩色される。玉器の鉞の形状は長方形に近く、刃がやや弧を描き、刃の両端は鋭角を呈し、1孔が穿たれる。錐形器は骨角錐に類似し、柄の部分は精緻に加工されず、1孔が穿たれるだけである。この1期は、全体的な風格として崧沢文化の特徴を濃厚に備えているが、また一方では良渚文化の典型器も出現しており、崧沢文化から良渚文化への過渡期に属するといえる(図13)。

2期　鼎は魚鰭形足鼎を主流とし、方形状鰭形足鼎も出現する。豆は幅広で低い脚部をもち、沈線と楕円形透孔を施すものが多い。匜の器形は1期に近いが、器底には楔形の小足が付く。双鼻壺は頸部が長くなりやや内湾し、器底は丸底で圏足がやや高い。杯はまだ胴部が緩やかなカーブを描いて張り出すものが主流であるが、底部は平底または圏足付きで、台形状あるいは花弁状の足は姿を消す。玉器の資料は少なく、わずかに錐形器が両端とも尖る橄欖形に似た形態となることが知られる。この時期は、すでに十分に良渚文化の特徴が示されている(図14)。

3期　鼎は板状の方形足鼎が比較的多いが、足部外縁が膨らみT字形を呈するものも見られる。豆は脚部の中央が内湾する丈の高いラッパ形で、突帯と楕円形透孔を施すものが多くなる。匜は丈が高くなり、球形の胴部をもつ。双鼻壺は2期と同形である。簋は胴部が屈曲し、圏足をもち、口縁部に3耳を付す

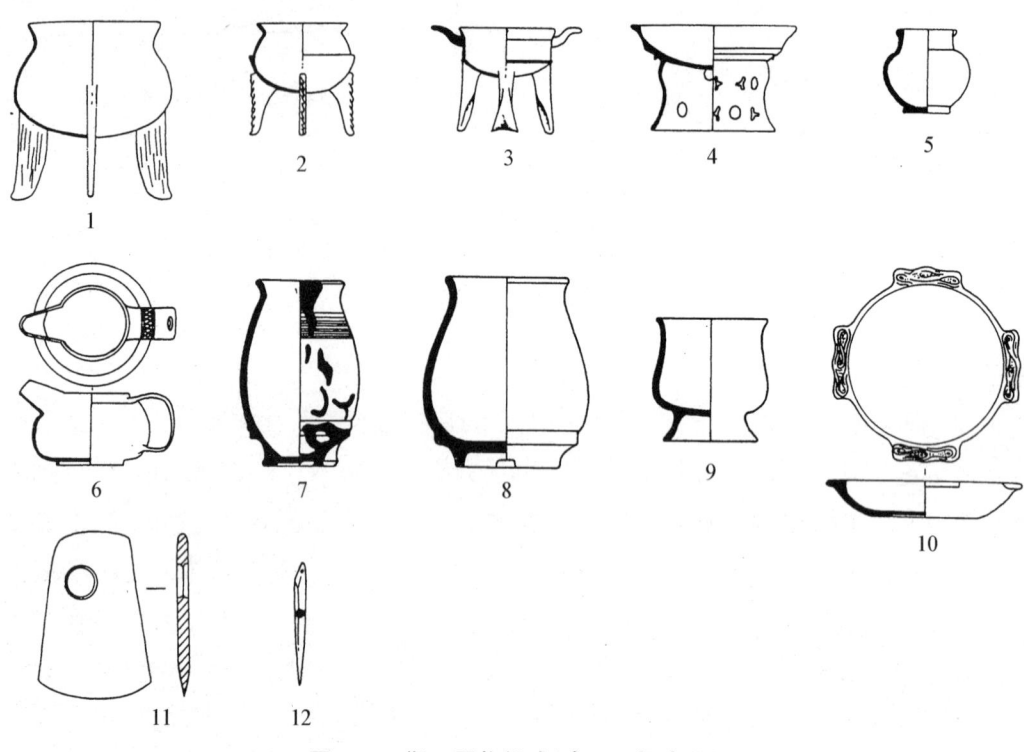

図13　1期の器物組成(すべて福泉山)

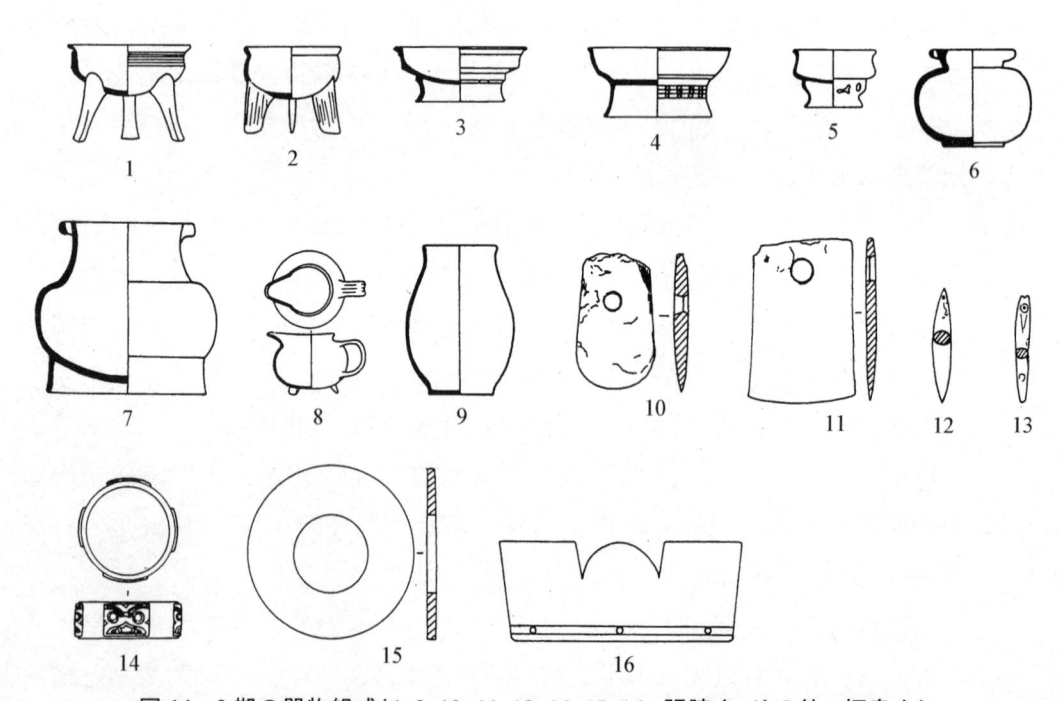

図14　2期の器物組成(1,2,10,11,13,14,15,16：張陵山、その他：福泉山)

・附録　上海福泉山遺跡と良渚文化の編年・　　　　　　　　　　　　　　　・477・

ものが出現する。玉器では、錐形器がすでに円柱形となり、柄が孔の穿たれた楕円形を、先端が尖った錐状を呈している。壁は直径が10 cm前後とやや小型で、孔径が周縁部の幅よりも大きい。冠状器は幅が丈よりも広く、上辺中央部が編み笠状を呈している(図15)。

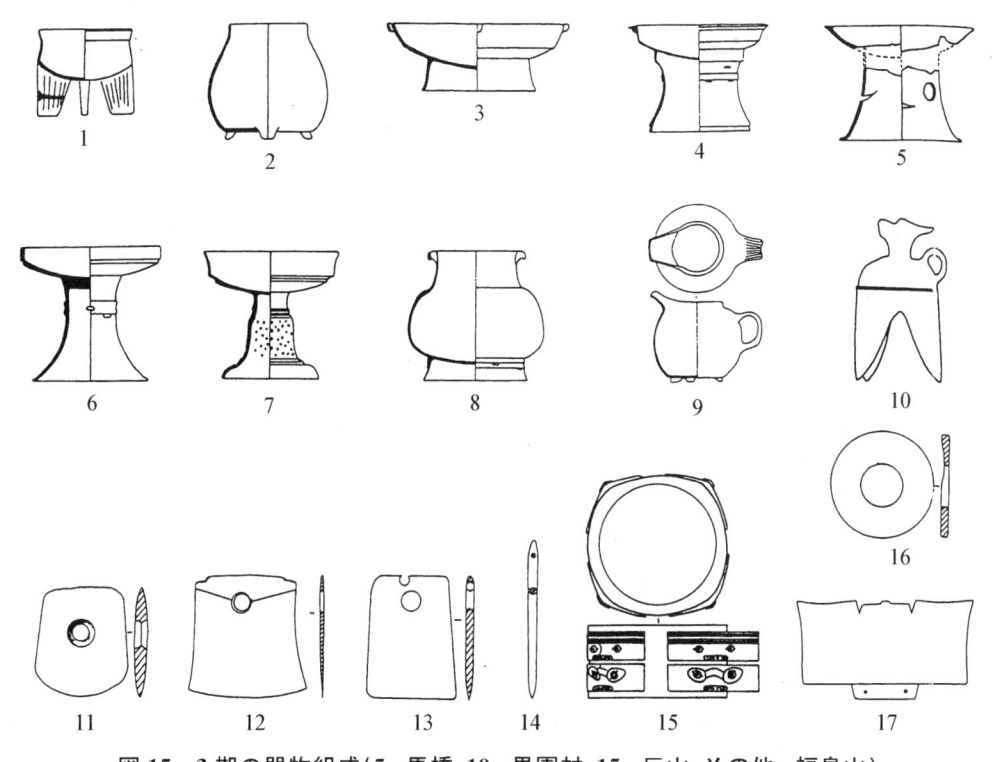

図15　3期の器物組成(5：馬橋、10：果園村、15：反山、その他：福泉山)

4期　鼎はT字形足が主流となり、足上に直条文や人字文がよく見られるほかに、三日月形と円形を組み合わせた透孔を飾るものもある。豆は細く高い脚部が主流となり、脚上には瓦棱文が飾られる。また平面が楕円形を呈する浅盤や碗形盤をもつものも現れる。闊把壺も登場し始めるが、この時期のものは胴部が緩やかに張り出し、丈が高い形状を呈している。杯は筒形の胴部に竹節状の突棱を配し、短めの圏足を付したものが主流となる。簋は偏平で張り出した胴部と圏足からなり、環状把手が付される。実足の盉もこの時期に出現し始める。この時期には土器の文様装飾が最も大きく変化する。幅広の把手に刻まれた直条文は、2、3期の粗いものから、細密で精緻ねものに変わり、鼎、豆、壺には様々な鳥文、鳥首蛇身文、曲折文などの細刻文様が出現する。玉器では、錐形器の柄の部分が突起状の小円柱形となり、先端が鈍い尖頭に変化する。また円柱形のほかに方柱形のものも見られる。琮は丈の短い方柱形である。器表には、上下2節に神顔と獣面とが分けて彫刻される。璧は直径が12.9－17.5cmと大きく、孔径と周縁部幅の長さが接近している。冠状器は3期のものと類似する(図16)。

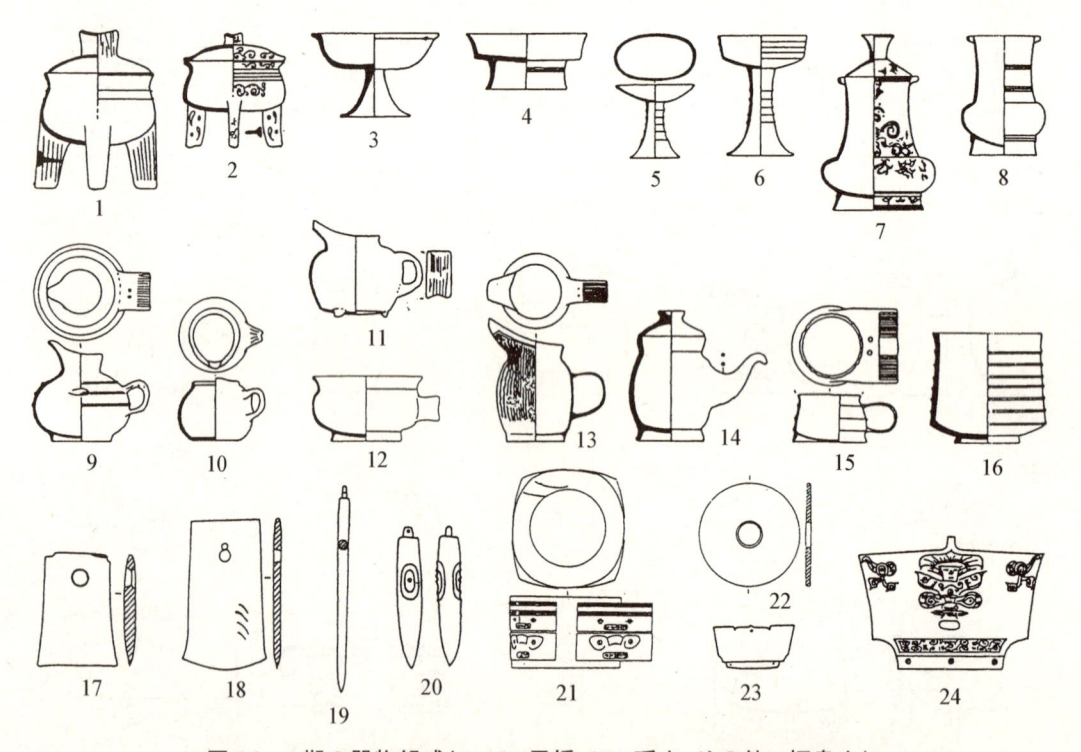

図16　4期の器物組成(4,15：馬橋、24：瑶山、その他：福泉山)

5期　鼎はT字形足の外縁部分がより一層幅広になり、外縁幅が軸長よりも長くなるものも出てくる。豆は脚部が細く高い竹節状で、突稜を飾るものが多い。闊把壺は胴部が長筒状を呈し、幅広で長めの環状把手になる。双鼻壺は頚部と圏足の湾曲が弱まって直線に近くなり、胴部は楕円状に張り出す。簋は器形が大きく変化し、口縁部が大きく開き、胴部が深い半球形を呈し、高い圏足の付く形状となる。玉器では、鉞に幅が狭く縦長で、上方の孔が小さく、刃が弧出した圭形のものが出現する。琮は数節に分かれた方柱形を呈する。節ごとの神顔と獣面のモチーフは簡略化され、神顔のみが刻まれる。冠状器は縦長となり、上辺中央部の編み笠状部分が消失し、突起部のみが残る。この段階においても、土器上の精緻で細かい文様と、玉器の神像部分を埋める幾何学文様は存続している(図17)。

・附録　上海福泉山遺跡と良渚文化の編年・

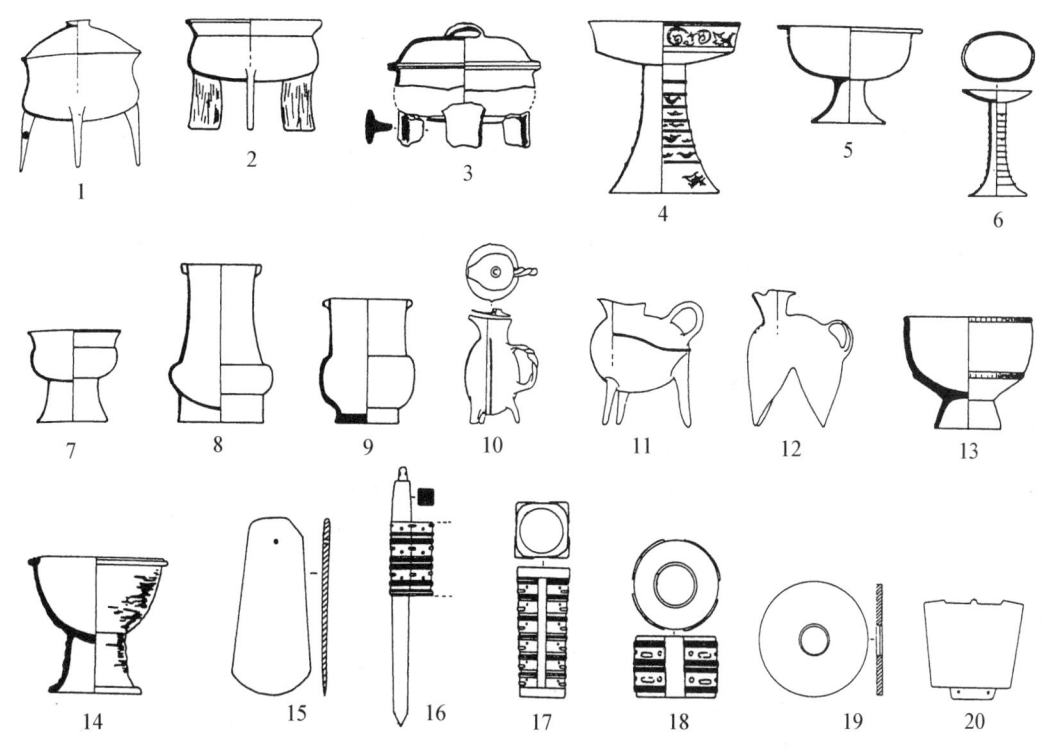

図17　5期の器物組成（1, 9, 11, 12, 13：亭林、17：草鞋山、その他：福泉山）

5　良渚文化諸遺跡の編年序列

　福泉山遺跡から出土した良渚文化遺物の分期を基準に、江蘇、浙江、上海地区で出土した良渚文化の遺物群を対照させて配列し、さらにこれらの遺物群により福泉山遺跡の資料を補うことで、比較的完備した良渚文化の分期図を組み立てることができる。

　例えば、江蘇呉県張陵山遺跡上層で発見された5基の墓葬から出土した土器には鑿形足鼎が含まれている。しかし、すでに魚鰭形足鼎が主流であり、豆は脚部が幅広で丈が低く、円形と楔形を組み合わせた透孔を施している。双鼻壺は丈が低くでっぷりとした感じで、平底に穿孔のある双鼻を備え、杯は胴部が筒状で、底部下の台形状の小三足、あるいは花弁状足が消失している。これらはいずれも、2期に属する器形である。ただし、匜の丈がやや高く、玉錐形器には骨角錐形が見られる一方、柄が楕円形であるものも含まれている。したがって3期に近いと考えられ、2期後半とすべきであろう。

表1　良渚文化遺跡編年表

遺　跡　名	分　　期	出　　典
福泉山遺跡良渚文化墓葬	1　2　3　4　5	
馬橋遺跡墓葬	○　○	『考古学報』1978年第1期
広富林遺跡墓葬	○	『考古』1962年第9期
亭林遺跡墓葬	○	上海市文物管理委員会資料
果園村遺跡上・下層	○　○	上海市文物管理委員会資料
金山墳遺跡墓葬	○	『考古』1989年第7期
銭山漾遺跡下層	○　○	『考古学報』1960年第2期
反山遺跡墓葬	○　○	『文物』1988年第1期
瑶山遺跡墓葬	○　○	『文物』1988年第1期
良渚遺跡	○　○	『良渚』杭県第二区黒陶文化遺址初歩報告
名山後遺跡7〜12層	○　○　○	『浙江省文物考古所学刊』1980〜1990
廟前遺跡墓葬	○	『浙江省文物考古所学刊』1980〜1990
慈湖遺跡墓葬	○　○	『浙江省文物考古所学刊』1980〜1990
千金角遺跡墓葬	○　○	『浙江省文物考古所学刊』1980〜1990
徐歩橋遺跡	○　○　○　○	『浙江省文物考古所学刊』1980〜1990
平邱墩遺跡墓葬	○　○　○	『浙江省文物考古所学刊』1980〜1990
雀幕橋遺跡墓葬	○　○　○	『浙江省文物考古所学刊』1980〜1990
呉家埠遺跡第一、二層	○　○	『浙江省文物考古所学刊』1980〜1990
草鞋山遺跡二、四層墓葬	○　　　○	『文物資料叢刊』3期
張陵山遺跡上層墓葬	○	『文物資料叢刊』6期
張陵山東山遺跡1号墓	○	『文物』1986年第10期
綽墩遺跡1号墓	○	『文物』1984年第2期
寺墩遺跡3号墓	○	『文物』1984年第2期

　浙江余杭反山遺跡の墓葬群はきわめて重要な資料であるが、全面的な発掘報告がまだなされておらず、現在簡報で公表されている出土遺物は修復された数点の土器のみである。この中には、方形状鰭形足鼎や、幅広で高い脚部に突線と楕円形透孔を施した豆など、いずれも3期でよく見られる器形が含まれている。しかし、精緻な文様装飾を刻んだ琮や、円柱形で小さな突起状の柄の錐形器は4期のものと類似している。こうしたことから考えて、あるいは反山墓葬群は分期可能な資料であるかもしれない。

・附録　上海福泉山遺跡と良渚文化の編年・　　　　　　　　　　　　　　　・481・

　江蘇呉県草鞋山遺跡第2層のM198からは、T字形足上に三日月形と円形の小透孔を飾り、器蓋に鳥首蛇身文の細刻を施した鼎と、長くわずかに内湾する頸部とラッパ状の圈足をもち、全体に鳥文の細刻を施す双鼻壺が出土している。これらはいずれも4期に近い。しかし、口縁部が大きく開き、胴部が深く、小圈足の付く簋や、方柱形を呈する琮などはみな5期の器物である。したがってこの墓葬は、5期の早い段階に属するものであろう。

　浙江嘉興雀幕橋遺跡の木造井戸からは、長筒状の胴部をもつ闊把壺や、太めで中空の袋足をもつ鬶、鳥文の細刻を施す双鼻壺が出土しており、5期に置くべきであろう。

　上海青浦果園村遺跡の上層からは、T字形足鼎、長い頸部と張り出した胴部に圈足をもつ尊、三角形帯柄石刀が出土しており、5期に属すると考えられる。下層には、長方形状鰭形足鼎や大透孔豆、ラッパ状圈足をもつ杯などが見られ、3期に属する資料となる。

　上海閔行馬橋遺跡下層からは、緩やかなカーブを描く縦長の胴部をもつ闊把壺や、胴部が屈曲し3耳を付した簋、口縁部に針で刺したような細かい破線の文様を施した橙色の罐が出土しており、4期に属すると考えられる。

　上海金山亭林遺跡の墓葬群からは、竹節状の脚部をもつ豆、外縁幅の広いT字形足鼎、頸部が直線になり胴部が楕円状に張り出し仮圈足をもった双鼻壺、縦長の方柱形をした琮などが出土し、5期に属すると考えられる。

　これらの知見から、諸遺跡の編年序列を一覧表にまとめたものが表1である。

6　良渚文化の絶対年代

　考古学的層位関係を見ると、良渚文化の文化層は、新石器時代後期の崧沢文化と夏商周時代の馬橋文化の間に位置しており、その年代は新石器時代末期に当たっている。

　放射性炭素年代と熱ルミネッセンス法測定年代を参考に、各期の絶対年代を示すと次のようになる。

　1期は崧沢文化後期と近い。福泉山遺跡の崧沢文化後期の炭化木の^{14}C年代は5 295±110年である。江蘇海安青墩遺跡の上層下部は崧沢文化後期に相当し、^{14}C年代は5 235±125年と5 405±110年を示している。したがって、1期の絶対年代は現在から約5 200年前となる。

　2期では、この時期とされる江蘇呉県張陵山遺跡上層の木炭が^{14}C年代で5 785±

240年、浙江湖州銭山漾遺跡で5 255±130年と5 260±135年を示している。しかし、年代測定値がいずれも古すぎ、崧沢文化の年代領域に入ってしまっている。しかも張陵山遺跡の資料は墓地堆土中の木炭であるので、おそらくは下層の崧沢文化の遺物が混入したものと考えられる。したがって、2期の年代は安徽潜山薛家崗遺跡3期の年代を参考にすべきである。薛家崗遺跡の3期には、断面が偏平で平面が長方形を呈し、刃の両端が鋭角に突き出した石鉞、基部の厚みが薄い有段石錛、両端の尖った玉錐形器、鑿形足鼎などが含まれているが、これらはみな良渚文化2期にも見られる器物である。薛家崗遺跡3期の^{14}C年代は5 170±125年、5 110±170年、4 980±205年を示している。したがって、2期の絶対年代は現在から約4 900－5 100年前となる。

　3期では、上海青浦果園村遺跡下層出土の木片の^{14}C年代が、4 500±145年という参考に値する数値を示している。3期の絶対年代は、現在から約4 600－4 800年前となる。

　4期では、上海閔行馬橋遺跡下層の土器で熱ルミネッセンス法による測定が行われている。細密な直条文を施した表面黒色の灰色土器（灰胎黒衣陶）の把手部分が4 490±470年、橙色の罐の刺突文を施した口縁部分が4 510±440年、夾砂紅陶鬲の袋足部分が4 550±460年を示しており、3期の絶対年代は現在から約4 400－4 500年前となる。

　5期では、浙江嘉興雀幕橋遺跡で出土した井戸の木板の^{14}C年代が4 300±150年、上海金山亭林遺跡で出土した炭化木の^{14}C年代が4 200±145年を示しており、5期の絶対年代は現在から約4 200－4 300年前となる。

　以上のデータのうち、1期は崧沢文化との過渡期にあたる。したがって良渚文化の年代は5 100年前から4 200年前までということになろう。

【注】

発掘報告としては以下のものがある。
上海市文物保管委員会「上海福泉山良渚文化墓葬」『文物』1984－2
上海市文物保管委員会「上海青浦福泉山良渚文化墓地」『文物』1986－10
黄宣佩・張明華「上海青浦福泉山遺址」『東南文化』1987－1
上海市文物保管委員会「福泉山遺址第三次発掘的重要発現」『東南文化』1987－3
また、遺構の概要と出土遺物の編年については、以下の2篇の拙論を参照されたい。
黄宣佩「論良渚文化的分期」『上海博物館集刊』6期、1992
黄宣佩「福泉山遺址発現的文明跡象」『考古』1993－2

黄宣佩论著目录

1. 《上海市嘉定县外冈古墓清理》,《考古》1959年第12期。
2. 《上海市青浦县骆驼墩汉墓发掘》,《考古》1959年第12期。
3. 《上海宋墓》,《考古》1962年第8期。
4. 《上海市松江县汤庙村古遗址调查》,《考古》1963年第1期,与孙维昌合著。
5. 《上海青浦县发现千步村遗址》,《考古》1963年第3期。
6. 《上海市金山县戚家墩遗址发掘简报》,《考古》1973年第1期,与梁志成合著。
7. 《从严桥遗址推断上海唐代海岸的位置》,《考古》1976年第5期,与吴贵芳合著。
8. 《从考古发现谈上海成陆年代及港口发展》,《文物》1976年第11期,与吴贵芳、杨嘉祐合著。
9. 《上海马桥遗址第一、二次发掘》(结语),《考古学报》1978年第1期。
10. 《关于良渚文化若干问题的认识》,载《中国考古学会第一次年会论文集》,文物出版社,1979年。
11. 《关于崧泽墓地文化的几点认识》,载《文物集刊》第1辑,文物出版社,1980年,与张明华合著。
12. 《青浦县崧泽遗址第二次发掘》,《考古学报》1980年第1期,与张明华合著。
13. 《略论太湖地区几何印纹陶遗存的分期》,载《上海博物馆集刊》(1),上海古籍出版社,1981年,与孙维昌合著。
14. 《马桥类型文化分析》,载《1981年江苏省考古学会第二次年会暨吴文化学术讨论会论文集》,1981年。
15. 《上海地区古文化遗址综述》,载《上海博物馆集刊——建馆三十周年特辑》,上海古籍出版社,1983年,与张明华合著。
16. 《太湖地区新石器时代文化剖析》,《史前研究》1984年第3期。
17. 《略论崧泽文化的分期》,载《中国考古学会第三次年会(1981)论文集》,文物出版社,1984年。

18.《崧泽——新石器时代遗址发掘报告》(结语),文物出版社,1987年。
19.《略论我国新石器时代玉器》,载《上海博物馆集刊》(4),上海古籍出版社,1987年。
20.《上海青浦福泉山遗址》,《东南文化》1987年第1期。
21.《新石器时代崧泽文化的陶器和玉器》,《中华文物学会》1989年刊。
22.《良渚文化特征分析》,载《上海博物馆集刊》(5),上海古籍出版社,1990年。
23.《远古时代上海历史探索》,《东南文化》1990年第1期。
24.《关于良渚玉器的研讨》,《中华文物学会》1990年刊。
25.《关于良渚文化"神像"的探讨》,载《史前研究》(1990—1991年)辑刊。
26.《论良渚文化的分期》,载《上海博物馆集刊》(6),上海古籍出版社,1992年。
27.《关于崧泽文化》,载《崧泽文化》,上海人民出版社,1992年。
28.《良渚文化》,载《良渚文化珍品展》,香港博物馆,1992年。
29.《关于良渚文化绝对年代的探讨》,载《中华文物学会》1993年刊。
30.《福泉山遗址发现的文明迹象》,《考古》1993年第2期。
31.《良渚文化陶器》,载《敏求精舍三十周年纪念论文集》,两木出版社,1995年。
32.《上海福泉山遗址与良渚文化的编年》,载《良渚文化——中国文明的曙光》,勉诚社,1996年。
33.《良渚玉器与中华文明起源》,载《中华文物学会》1996年刊,与牟永抗合著。
34.《良渚文化研究的回顾与前瞻》,《浙江学刊》1996年第5期。
35.《陶鬶起源探讨》,《东南文化》1997年第2期。
36.《上海考古发现与古地理环境》,《同济大学学报(人文社会科学版)》1997年第2期,与周丽娟合著。
37.《说琮》,《上海工艺美术》1997年第3期。
38.《福泉山良渚文化》,载《良渚文化特展》,财团法人自然科学博物馆文教基金会·上海博物馆,1997年。
39.《良渚文化分布范围的探讨》,《文物》1998年第2期。
40.《关于河姆渡遗址年代的讨论》,载《河姆渡文化研究》,杭州大学出版社,1998年。
41.《良渚玉器用途之研究》,载《良渚文化论坛》(第一辑),浙江古籍出版社,1999年。
42.《齐家文化玉礼器》,载《东亚玉器》,1999年。
43.《上海考古五十年成就》,载《上海博物馆集刊》(8),上海书画出版社,2000年。
44.《良渚文化研究五十年》,载《史前研究》,三秦出版社,2000年。

45. 《福泉山——新石器时代遗址发掘报告》(结语),文物出版社,2000年。
46. 《崧泽文化显示的文明曙光——纪念苏秉琦先生诞辰90周年》,载《苏秉琦与当代中国考古学》,科学出版社,2001年。
47. 《良渚文化玉砭——锥形器之探讨》,载《中华文物学会》2001年刊。
48. 《上海出土唐宋元明清玉器》(主编前言),载《上海出土唐宋元明清玉器》,上海人民出版社,2001年。
49. 《福泉山良渚文化玉器》,《收藏家》2001年第11期。
50. 《崧泽文化对中国远古文明历史的贡献》,载《上海博物馆集刊》(9),上海书画出版社,2002年。
51. 《福泉山考古记》,《上海文博论丛》2002年第1期。
52. 《福泉山良渚文化墓地的家族与奴隶迹象》,载《良渚文化论坛》,中国文化艺术出版社,2003年。
53. 《良渚玉器上砣研痕之研究》,载《史前琢玉工艺技术》,台湾博物馆,2003年。
54. 《马家浜文化对我国远古科技文化的贡献》,载《嘉兴文博·马家浜文化发现45周年研讨会》,2004年。
55. 《中国隋唐至清代玉器研讨会论文集》(前言),上海古籍出版社,2004年。
56. 《良渚文化晚期玉器的异变》,载《浙江省文物考古研究所学刊——第二届中国古代玉器与传统文化学术讨论会专辑》,杭州出版社,2004年。
57. 《良渚文化玉器变白之研究》,载《上海博物馆集刊》(10),上海书画出版社,2005年。
58. 《金沙村十节神面纹玉琮分析》,载《三星堆与长江文明》,四川文艺出版社,2005年。
59. 《上海博物馆馆藏良渚文化刻符玉器》,载《中国玉文化玉学论丛》,紫禁城出版社,2005年。
60. 《上海考古精萃前言》,上海人民美术出版社,2006年。
61. 《我的考古之路》,载《往事与记忆——上海地区博物馆、纪念馆口述访谈录》,上海辞书出版社,2010年。
62. 《甲子华诞话上博》,载《六十风华——上海博物馆建馆60周年纪念文集》,上海书画出版社,2012年。

编　后　记

　　2012年，适逢上海博物馆建馆60周年，馆里准备开展多种形式的活动以庆祝节日。在一次退休职工会议上，与会的一位馆领导提出由馆里安排，将研究人员历年来发表的论文结集出版。参加会议的考古研究部原副主任孙维昌表示，愿意出版个人文集，并在会后将这一信息告诉了宋建。这是上海博物馆第一次在面向（退休）职工的会议上正式表达由组织为研究人员出版个人文集的想法。当时黄宣佩先生已抱恙在家，未能出席这次会议。宋建得知信息后觉得，黄宣佩先生是上海考古事业的奠基人，多年来撰写了许多论文，成果累累，成就斐然，在考古学科有重要建树，但一直没有合适的机会将个人的研究成果汇集出版。有此良机，当然应该出版黄先生的文集。宋建就此事同黄先生进行了电话沟通，黄先生欣然同意，遂约定时间上门拜访并具体商讨此事。宋建安排王建文负责具体编排工作，并一同去看望了黄先生，商讨论文集出版事宜。其时黄先生正在家静养，虽经数次化疗，但气色尚好，唯不能多讲话。黄先生提供了一份著作目录。后经查找，又对著作目录进行了较多的补充，并着手开始搜集、复印稿件。

　　论文集所收文章略有取舍，以学术论文为主，按专题编排，前面五篇文章是对上海考古的综论，后面则按考古学文化年代分为河姆渡、马家浜、崧泽、良渚、马桥、唐宋等几部分，最后是考古报告的结语部分。对于论及相同文化年代的文章，则先综合研究，后专项研究。每篇文章在文末注明出处，与人合作撰写的文章在题名后用星号注明。论文集后附按撰写年代编排的黄宣佩论著目录，从中可以了解黄先生的治学兴趣与路径。

　　黄宣佩先生不幸于2013年6月13日逝世，未能看到论文集的出版，我们深感遗憾。借此论文集的出版，表达我们对黄宣佩先生的深切怀念。

上海博物馆考古研究部